JN260221

銀行実務詳説
証券

みずほコーポレート銀行証券部 ［編］

一般社団法人 金融財政事情研究会

はしがき

　1996年に「日本版金融ビッグバン」構想が発表されて以降、金融制度の諸改革が行われてきた。このうち証券市場に関する改革に目を向けると、証券取引法が幅広い金融商品を対象とした金融商品取引法に改正されたことは別格としても、毎年のように制度改正が行われてきたといっても過言ではなく、経済環境の変化とあわせ、わが国証券市場の姿は大きく変容したといえよう。

　銀行は、証券市場のインフラの担い手として、公社債の発行体や投資家に対する事務や管理等のさまざまなサービスを提供し、さらに、各種商品の組成・販売にも積極的に関与している。加えて、銀行自身が証券市場における運用者として参画しており、上記の一連の改正は銀行実務にさまざまな影響を与えることとなったのは周知のとおりである。

　たとえば、金融商品取引法の制定前後に頻繁に実施された法改正により、銀行および関係会社の業務内容の変化・拡大が大きく進展した。一方、現在の振替決済制度のもととなった証券決済制度改革は、サービス提供者としての銀行のみならず、運用者としての銀行の実務の変更を求めることとなった。

　また、銀行業務の一分野として確立した、いわゆる証券化商品に係る業務やファンド投資は、証券市場の資金の流れに大きな変化を与えたといってよい。さらには、2001年の財政投融資改革や2006年の会社法の施行など証券市場を包含する大きな枠組みの変化はさまざまな影響をもたらしている。

　本書は、こうした証券業務に係る銀行実務を幅広く対象とすることで、各業務に携わる銀行の担当者が証券業務の全貌および個別業務の具体的内容を把握する局面で活用されることを目的とするものである。もちろん、銀行の実務担当者のみならず、証券市場に係る多くの関係者にとっても有益であることを意識したことはいうまでもない。

　こうしたねらいを実現するために、本書では、そのベースとなった金融取引選書　『証券』（金融財政事情研究会、1996年）の編集方針を基本的には引

き継いだ。すなわち、第1に銀行の証券業務・証券関連業務全般を極力幅広く取り上げた実務書となるように努めたこと、第2に、同時にそれと相反する専門性についても十分意を用い法律問題等にもできるだけ言及するよう努めたことである。とはいえ、わが国証券市場の変化は加速する一方であり、日進月歩の最前線の実務を網羅することは至難である。

これまでもそうであったように、証券市場は今後も不断に進展するであろう。2010年に策定された政府の「新成長戦略」においても、金融自身が成長産業として発展できるよう、市場や取引所の整備、金融法制の改革等を進め、ユーザーにとって信頼できる利便性の高い金融産業を構築することが求められている。

そうした今後の最新動向に係るご照会はもちろん、記載内容に関するご批判・ご感想を、執筆にあたった後掲の弊行関係各部にお寄せいただければ幸いである。なお、執筆に際しては、みずほ証券やみずほ銀行などみずほフィナンシャルグループの関係各社の協力も得たうえで、取りまとめを証券部が行っている。

最後となるが、本書の刊行にあたっては金融財政事情研究会出版部の佐藤友紀氏にご尽力をいただいた。紙上を借りて厚く感謝の意を表する次第である。

2011年8月

㈱みずほコーポレート銀行

証券部長　住田　直伸

執筆者一覧

証 券 部　　　大類　雄司　（総括）
　　　　　　　陶山　健二　（総括）
　　　　　　　横沢　泰志　（第1章 第1節・第2節・第4節・第5節、第2章第1節・第3節、第6章）
　　　　　　　釜谷　光　　（第1章 第1節、第2章 第1節・第3節、第6章）
　　　　　　　松野尾　啓文（第1章第2節・4節、第3章第1節）
　　　　　　　藤曲　洋平　（第1章第3節、第3章第1節、第5章）
　　　　　　　橋田　亮　　（第1章第5節、第5章）
　　　　　　　白川　至　　（第2章第2節）
　　　　　　　石坂　昌平　（第3章第2節・第3節）
　　　　　　　小高　宰　　（第9章）
　　　　　　　村松　健　　（第9章）

国際法人営業部　野口　宏　　（第4章）
　　　　　　　大日向　葉子（第4章）

決済営業部　　小島　知子　（第10章）
　　　　　　　堀田　尚　　（第10章）
　　　　　　　永井　裕子　（第10章）
　　　　　　　安部　聡彦　（第10章）
　　　　　　　合田　隆太郎（第10章）
　　　　　　　赤羽　裕　　（第10章）
　　　　　　　足達　博一　（第10章）

資金証券部	大沼　明	（第7章第1節・第3節）
	小野口　高史	（第7章第1節・第3節）
	皆川　高志	（第8章第1節）
	播磨　有幸	（第8章第1節）
	長谷川　弘	（第8章第1節）

グローバルクレジット投資部		
	山口　洋	（第7章第1節・第2節）
	佐村　英郎	（第7章第1節・第2節）
	殿岡　大将	（第7章第1節・第2節）
	山田　尚生	（第7章第1節・第2節）
	三木　順一郎	（第8章第4節）

国際資金証券部	桜井　孝治	（第8章第2節）
	石樽　信宏	（第8章第2節）
	松藤　高晴	（第8章第2節）
	阿部　登太	（第8章第2節）

| 市場事務部 | 岩下　雄一郎 | （第8章第1節） |

| アセットマネジメント業務管理部 | | |
| | 坂野　正和 | （第1章第4節） |

| 戦略投資部 | 荻原　聖司 | （第8章第3節） |
| | 吉光　諭史 | （第8章第3節） |

（所属部署は執筆時）

目　次

第1章　証券市場の概要

第1節　証券市場の概要……………………………………………………2
　1　証券市場の機能…………………………………………………2
　2　証券市場の沿革…………………………………………………2
　3　証券の種類………………………………………………………6
　　(1)　債　　券………………………………………………………6
　　(2)　株　　式………………………………………………………8
　　(3)　その他の商品…………………………………………………8
　　(4)　デリバティブ（金融派生商品）……………………………9
　4　市場関係者………………………………………………………11
　　(1)　発 行 者………………………………………………………11
　　(2)　投 資 家………………………………………………………14
　　(3)　引受会社（アンダーライター）……………………………14
　　(4)　社債管理者・財務代理人（FA）・担保の受託会社………16
　　(5)　格付会社………………………………………………………18
　　(6)　ブローカー／ディーラー……………………………………18
　　(7)　振替機関・口座管理機関……………………………………19
　　(8)　清算機関………………………………………………………20
　　(9)　取 引 所………………………………………………………21
　　(10)　その他…………………………………………………………21
第2節　証券市場をめぐる法規制…………………………………………23
　1　法規制の概要……………………………………………………23
　2　証券取引法から金融商品取引法へ……………………………23
　　(1)　投資性商品を幅広く対象とする横断的な規制の整備……31
　　(2)　開示制度の拡充………………………………………………33

目　次　v

(3) 開示書類の虚偽記載および不公正取引の罰則強化……………34
　　　(4) 取引所における自主規制機能の強化等………………………34
　3 金融商品取引法の概要……………………………………………35
　　　(1) 特　　色……………………………………………………………35
　　　(2) 金融商品取引法上の重要概念・制度…………………………35
第3節　証券決済制度改革………………………………………………68
　1 わが国の一般債の決済制度………………………………………68
　2 一般債決済制度の沿革……………………………………………69
　3 一般債に係る決済制度改革の経緯………………………………70
　4 証券決済に関する法制度の整備…………………………………72
　　　(1) 短期社債等振替法…………………………………………………72
　　　(2) 社債等振替法………………………………………………………73
　　　(3) その後の改正（社債、株式等の振替に関する法律の成立ほか）………78
第4節　銀行の証券関連業務……………………………………………82
　1 証券関連業務と銀行経営…………………………………………82
　2 銀行の証券関連業務の法律上の位置づけ………………………84
　　　(1) 銀行法上の位置づけ………………………………………………87
　　　(2) 金融商品取引法上の位置づけ……………………………………89
　3 銀行の投資信託窓口販売業務……………………………………97
　　　(1) 金融商品取引法（旧証券取引法）上の位置づけ………………97
　　　(2) 投資信託市場動向…………………………………………………98
　　　(3) 投信窓販の銀行経営上の位置づけ ………………………………100
第5節　グループ会社による証券関連業務……………………………102
　1 証券子会社…………………………………………………………102
　　　(1) 概　　説……………………………………………………………102
　　　(2) 証券子会社の業務範囲 ……………………………………………105
　　　(3) 弊害防止措置（ファイアーウォール規制）……………………107
　2 資産運用子会社……………………………………………………124
　　　(1) 概　　説……………………………………………………………124
　　　(2) 資産運用子会社の業務範囲 ………………………………………126

(3) 資産運用子会社に係る規制 ……………………………………129

第2章　公 共 債

第1節　概　　論 ……………………………………………………134
　1　公共債とは ……………………………………………………134
　2　銀行業務における位置づけ …………………………………134
　3　沿　　革 ………………………………………………………137
第2節　公共債の発行・引受け ……………………………………146
　1　国　　債 ………………………………………………………146
　　(1) 国債の分類（発行目的等による分類） …………………146
　　(2) 金融商品としての国債の種類 ……………………………152
　　(3) 国債の発行方式 ……………………………………………154
　2　地　方　債 ……………………………………………………160
　　(1) 地方債の法規等 ……………………………………………160
　　(2) 地方債の種類と発行方法 …………………………………170
　　(3) 地方公共団体金融機構債券・地方公社債券 ……………180
　3　政府関係機関債 ………………………………………………181
　　(1) 政府関係機関債の種類 ……………………………………181
　　(2) 政府関係機関債に関する法規 ……………………………184
　　(3) 政府関係機関債の発行方法 ………………………………186
第3節　公共債の窓口販売、流通関連業務 ………………………189
　1　公共債の窓口販売 ……………………………………………189
　　(1) 窓口販売業務の概要 ………………………………………189
　　(2) 国債の募集販売 ……………………………………………190
　　(3) 地方債の募集販売 …………………………………………194
　　(4) 窓口販売した公共債の買取り ……………………………196
　2　公共債流通関連業務 …………………………………………196
　　(1) 現物取引 ……………………………………………………196

	(2)	債券先物取引 ……………………………………………	204
	(3)	オプション取引 …………………………………………	214
	(4)	現金担保付債券貸借取引（日本版レポ取引）…………	225
3		公共債流通関連業務の事務処理 ………………………………	230
	(1)	現物取引 ……………………………………………………	230
	(2)	国債先物・オプション取引 …………………………………	251

第3章 社　債

第1節 概　論 …………………………………………………………262
1 社債の法律的性格 …………………………………………………262
- (1) 社債法の技術性 …………………………………………263
- (2) 申込者・社債権者の保護 ………………………………264
- (3) 社債の流通性の確保 ……………………………………268

2 わが国社債制度の沿革 ……………………………………………269
- (1) 戦前から1980年代までの社債制度 ……………………269
- (2) 平成5年社債法改正 ……………………………………273
- (3) 平成5年改正以降の社債法をめぐる変化 ……………276

3 社債の種類と特徴 …………………………………………………282
- (1) 仕組みによる区分 ………………………………………282
- (2) 担保による区分 …………………………………………283
- (3) 募集方法による区分 ……………………………………285

第2節 社債の発行 ………………………………………………287
1 社債発行に関連する法律 …………………………………………287
- (1) 会　社　法 ………………………………………………288
- (2) 金融商品取引法 …………………………………………290
- (3) 社債等振替法 ……………………………………………295

2 社債発行手続 ………………………………………………………296
- (1) 公募無担保社債 …………………………………………297

(2) 転換社債型新株予約権付社債 …………………………318
　　(3) 担保付社債 ………………………………………………321
　　(4) 私募債 ……………………………………………………325
第3節 社債の期中管理・償還 …………………………………331
　1 社債の償還と利息の支払 …………………………………331
　　(1) 社債管理者、財務代理人による弁済金の受領と社債権者への
　　　　支払 …………………………………………………………332
　　(2) 社債償還の方法および期限 ……………………………333
　　(3) 一部債務不履行の場合における会社法の規定 ………334
　　(4) その他付随事項 …………………………………………334
　2 買入消却 ……………………………………………………336
　　(1) 現物債における買入消却 ………………………………336
　　(2) 振替債における買入消却 ………………………………336
　3 社債管理者 …………………………………………………337
　　(1) 社債管理者の権限 ………………………………………337
　　(2) 社債管理者の義務 ………………………………………339
　　(3) 社債管理者の損害賠償責任 ……………………………340
　4 社債権者集会 ………………………………………………340
　　(1) 社債権者集会の意義および性質 ………………………340
　　(2) 社債権者集会の招集 ……………………………………341
　　(3) 社債権者集会の決議 ……………………………………341
　5 新株予約権付社債における新株予約権の行使 …………343
　　(1) 振替新株予約権付社債における新株予約権行使手続 …343
　　(2) 振替制度外の新株予約権行使手続 ……………………345
　6 担保付社債における管理 …………………………………346
　　(1) 担保の受託会社における社債の管理および担保権の管理・処
　　　　分に関する権限・義務 …………………………………346
　　(2) 保険による担保の保全 …………………………………346
　　(3) 担保の追加・変更 ………………………………………347
　7 社債の整理 …………………………………………………347

(1)　社債管理者の役割 ……………………………………………348
　　(2)　民事再生手続における無担保社債および担保付社債の取扱い …348
　　(3)　担保付社債における担保権の取扱い …………………………351

第4章　円建外債

第1節　概　　論 …………………………………………………………354
　1　円建外債の定義 ………………………………………………………354
　2　市場の概要 ……………………………………………………………354
　　(1)　市場規模 …………………………………………………………354
　　(2)　沿　　革 …………………………………………………………355
　3　円建外債特有の法規制 ………………………………………………357
　　(1)　債券の発行に伴う各種規制 ……………………………………357
　　(2)　準　拠　法 ………………………………………………………361
　　(3)　税　　法 …………………………………………………………363
　　(4)　そ の 他 …………………………………………………………365
第2節　円建外債に係る実務 ……………………………………………366
　1　発行関係者 ……………………………………………………………366
　2　円建外債に係る契約書類 ……………………………………………370
　3　発行手順（日程）……………………………………………………373
　　(1)　関係者の指名等 …………………………………………………373
　　(2)　諸契約の準備 ……………………………………………………375
　　(3)　諸届出および申請の準備 ………………………………………375
　　(4)　条件決定 …………………………………………………………377
　　(5)　調　　印 …………………………………………………………378
　　(6)　募集期間 …………………………………………………………378
　　(7)　払 込 み …………………………………………………………378
　4　発行後の業務 …………………………………………………………379
　　(1)　債権管理機能（債券の管理会社が置かれる場合）……………380

(2) 債権者集会に関連する実務 ……………………………………………381
　(3) 債券原簿の管理 …………………………………………………………382
　(4) 買入消却事務 ……………………………………………………………383

第5章　証券化商品

第1節　概　論 …………………………………………………………386
1　証券化とは …………………………………………………………386
2　証券化のメリット …………………………………………………387
　(1) 資産保有者の観点 ………………………………………………388
　(2) 投資家の観点 ……………………………………………………389
3　証券化の仕組み・特徴 ……………………………………………390
　(1) 証券化におけるプレーヤー ……………………………………391
　(2) 証券化を成り立たせる仕組み …………………………………392
第2節　証券化をめぐる諸制度 ……………………………………395
1　わが国の証券化の歴史 ……………………………………………395
　(1) 1980年代まで ……………………………………………………395
　(2) 1980年代終わり～2000年頃 ……………………………………396
　(3) 2000年以降 ………………………………………………………397
2　証券化関連の法制度 ………………………………………………399
　(1) 概　観 ……………………………………………………………399
　(2) 個別の法律 ………………………………………………………399
第3節　証券化商品をめぐる業務 …………………………………403
1　証券化と金融機関の業務とのかかわり …………………………403
　(1) リスク管理の観点 ………………………………………………403
　(2) 収益の観点 ………………………………………………………404
2　金融機関における証券化関連業務とそれに対する規制 ………404
　(1) アレンジャー ……………………………………………………404
　(2) サービサー ………………………………………………………405

（3）　債券の受託 ……………………………………………………… 405
第 4 節　さまざまな証券化商品 ……………………………………………… 407
　1　概　　観 …………………………………………………………………… 407
　　（1）　ABS（Asset Backed Securities） ……………………………… 408
　　（2）　ABCP（Asset Backed Commercial Paper） ………………… 408
　　（3）　信託受益権 …………………………………………………………… 408
　　（4）　集団投資スキーム持分 ……………………………………………… 409
　　（5）　その他 ………………………………………………………………… 409
　2　証券化商品の具体的事例 ………………………………………………… 410
　　（1）　特定目的会社の発行する特定社債〜財政融資マスタートラス
　　　　 ト案件〜 ………………………………………………………………… 410
　　（2）　信託受益権〜小口債権の証券化の例〜 …………………………… 411
　　（3）　住宅金融支援機構RMBS …………………………………………… 412

第 6 章　外　　債

第 1 節　概　　論 ……………………………………………………………… 416
　1　国際債券市場からの資金調達 …………………………………………… 416
　　（1）　外債とは ……………………………………………………………… 416
　　（2）　外債発行の目的 ……………………………………………………… 417
　　（3）　外債発行状況の推移 ………………………………………………… 418
　2　ユーロ市場の概要 ………………………………………………………… 419
　　（1）　ユーロ債とは ………………………………………………………… 419
　　（2）　ユーロドル債（米ドル建ユーロ債）とは ………………………… 421
　　（3）　ユーロ円債（円建ユーロ債）とは ………………………………… 423
　3　外債の主要スキーム ……………………………………………………… 424
　　（1）　ユーロMTNプログラム …………………………………………… 424
　　（2）　ユーロ円CB ………………………………………………………… 425
　　（3）　非居住者ユーロ円債 ………………………………………………… 429

第2節　外債発行の実務 …………………………………………430
　1　外債発行に関する法規制 …………………………………430
　　(1)　会社法上の取扱い …………………………………430
　　(2)　金融商品取引法上の取扱い …………………………431
　　(3)　外国為替及び外国貿易法上の取扱い ………………432
　　(4)　租税特別措置法上の取扱い（投資家が非居住者または外国法人の場合）……………………………………433
　　(5)　租税特別措置法上の取扱い（投資家が居住者の場合）………434
　2　発行関係者 …………………………………………………436
　　(1)　ユーロ債の発行関係者 ……………………………436
　3　契約書、目論見書および債券の要項 ……………………443
　　(1)　契　約　書 …………………………………………443
　　(2)　目論見書 ……………………………………………444
　　(3)　債券の要項 …………………………………………445
　4　発行スケジュール（居住者外債）………………………447
　　(1)　外債発行準備段階 …………………………………448
　　(2)　書類作成および関連諸手続 ………………………448
　　(3)　条件決定および募集段階 …………………………449
　　(4)　国内証券取引所等への手続 ………………………453
　　(5)　払込み後の事務 ……………………………………453
　5　発行スケジュール（非居住者ユーロ円債）………………455
　　(1)　発行準備段階 ………………………………………455
　　(2)　引受幹事団の組成 …………………………………455
　　(3)　諸契約および目論見書の準備 ……………………456
　　(4)　払込み時の手続 ……………………………………456
　6　MTNプログラム …………………………………………457
　　(1)　MTNプログラムの設定 ……………………………457
　　(2)　MTNプログラムのもとでの債券発行 ……………457
　　(3)　MTNプログラムの管理・維持 ……………………458

第7章 CP、その他短期金融商品

- 第1節 概論 …………………………………………………………………462
  - 1 わが国の短期金融市場の概要 ………………………………………462
  - 2 銀行業務にとってのオープン市場取引の意義 ……………………464
  - 3 業務の法律上の位置づけ ……………………………………………464
- 第2節 国内CP市場 ……………………………………………………466
  - 1 概要 ……………………………………………………………………466
    - (1) 国内CP市場の創設と経緯 ………………………………………466
    - (2) CPの商品性と基本的な枠組み …………………………………467
    - (3) 市場動向 …………………………………………………………468
  - 2 国内CPの発行と流通 ………………………………………………469
    - (1) 国内電子CPの発行に係る関係者と各種契約の概要 …………469
    - (2) 国内電子CPのディーラー契約締結 ……………………………469
    - (3) 外部格付とバックアップライン …………………………………470
    - (4) 金融商品取引法上の開示規制 …………………………………472
    - (5) 国内CP発行条件の提示 …………………………………………472
    - (6) CPの新規発行 ……………………………………………………473
    - (7) CPの流通形態と売買手続 ………………………………………473
    - (8) CPの償還手続 ……………………………………………………474
- 第3節 その他の短期金融商品 ………………………………………475
  - 1 国内CD市場 …………………………………………………………475
    - (1) 概要 ………………………………………………………………475
    - (2) CDの商品性 ………………………………………………………476
    - (3) 国内CDの特徴 ……………………………………………………477
  - 2 国庫短期証券（T-Bill）市場 ………………………………………478
    - (1) 概要 ………………………………………………………………478
    - (2) T-Billの商品性 ……………………………………………………480
    - (3) T-Billの流通市場 …………………………………………………481

| 3　債券現先・債券レポ市場 ……………………………………………482
| 　(1)　概　　要 ………………………………………………………482
| 　(2)　債券現先取引の仕組み …………………………………………486
| 　(3)　債券レポ取引の仕組み …………………………………………486

第8章　有価証券運用

第1節　公社債 …………………………………………………………492
　1　金融機関にとっての債券投資の意義と動向 …………………492
　2　債券ポートフォリオの運営 ……………………………………493
　　(1)　資金ポジション対策のためのオペレーション ………………494
　　(2)　積極的運用 …………………………………………………495
　　(3)　保守的運用 …………………………………………………496
　　(4)　インデックス運用 …………………………………………497
　　(5)　オプションの活用 …………………………………………498
　3　債券売買の実務 …………………………………………………498
　　(1)　新発債の取得事務 …………………………………………498
　　(2)　既発債の売買事務 …………………………………………499
　　(3)　元利金の受入事務 …………………………………………499
　　(4)　保管事務 ……………………………………………………500
　4　債券投資の会計 …………………………………………………500
　　(1)　取得時の経理処理 …………………………………………500
　　(2)　利払時の経理処理 …………………………………………500
　　(3)　期末評価 ……………………………………………………501
　　(4)　売却（償還）時の経理処理 ………………………………504
　　(5)　有価証券の認識および消滅 ………………………………505
第2節　公社債（外債） ………………………………………………506
　1　外債投資の意義と動向 …………………………………………506
　　(1)　国際分散投資の必要性 ……………………………………506

(2) 国際分散投資の歴史と現状 ……………………………………506
　2　外債投資の対象 ……………………………………………………507
　　(1) 米ドル債市場 ……………………………………………………507
　　(2) ユーロ債市場 ……………………………………………………511
　　(3) ユーロ圏債券市場 ………………………………………………512
　　(4) 英国債市場 ………………………………………………………516
　　(5) 豪ドル債市場 ……………………………………………………517
　　(6) カナダ国債市場 …………………………………………………517
　　(7) エマージング国債等 ……………………………………………518
　3　外債ポートフォリオの構築 ………………………………………518
　　(1) 資金調達手段 ……………………………………………………518
　　(2) ポートフォリオの型 ……………………………………………519
　　(3) ポートフォリオ運用手法 ………………………………………520
　　(4) パフォーマンス分析 ……………………………………………520
　4　外債取引の基本 ……………………………………………………522
　　(1) 外債の取得と譲渡 ………………………………………………522
　　(2) 売買計算 …………………………………………………………522
　　(3) 税　　金 …………………………………………………………524
　　(4) 外債の保管・管理 ………………………………………………524
　5　外債投資の会計 ……………………………………………………525
第3節　株　　式 …………………………………………………………526
　1　株式の投資環境 ……………………………………………………526
　　(1) わが国株式市場の投資環境 ……………………………………526
　　(2) 株価の形成 ………………………………………………………527
　2　株式投資の目的 ……………………………………………………529
　　(1) 銀行取引政策上の手段としての株式投資 ……………………530
　　(2) 運用目的の純粋な株式投資 ……………………………………530
　3　株式の取得 …………………………………………………………531
　　(1) 概　　説 …………………………………………………………531
　　(2) 新株発行に伴う取得 ……………………………………………531

     (3) 株式の買入れによる取得 …………………………………534
     (4) その他の特殊な方法による株式の取得 …………………537
   4 株式の売却 ……………………………………………………538
     (1) 株式の売却形態 …………………………………………539
     (2) 売却損益と法人税 ………………………………………540
   5 保有株式の管理・運用 ………………………………………541
     (1) 株式の保管 ………………………………………………541
     (2) 株券の電子化 ……………………………………………542
     (3) 保有株式の議決権行使 …………………………………542
     (4) 株式配当金の受領 ………………………………………544
     (5) 保有株式の期末評価 ……………………………………546
     (6) 株の貸借取引 ……………………………………………547
   6 株式投資に係る規制 …………………………………………548
     (1) 銀行法5％ルール・15％ルールによる規制 …………548
     (2) 独占禁止法による規制 …………………………………549
     (3) インサイダー取引規制 …………………………………550
     (4) 株券等の大量保有の状況に関する開示制度 …………553
     (5) 株式保有制限法 …………………………………………554
   7 ヘッジ取引 ……………………………………………………555
     (1) 株価指数先物取引・株価指数オプション取引 ………555
     (2) 信用取引 …………………………………………………558
     (3) その他のデリバティブ取引 ……………………………559

 第4節 ヘッジファンド投資 ………………………………………565
   1 ヘッジファンド投資の目的 …………………………………565
     (1) ファンド投資の種類 ……………………………………566
     (2) ヘッジファンド投資の歴史と現状 ……………………567
     (3) ヘッジファンド投資のメリットと意義 ………………571
   2 ヘッジファンド投資の種類と特徴 …………………………572
     (1) 投資家の運用形態 ………………………………………572
     (2) 戦略別動向 ………………………………………………573

(3)　ヘッジファンドのストラクチャー ………………………………575
　　　(4)　ヘッジファンド運営の関係者 ……………………………………577
　　　(5)　ヘッジファンドの特徴 ……………………………………………578
　　3　ヘッジファンドへの投資に際して ………………………………579
　　　(1)　デューデリジェンスのポイント …………………………………579
　　　(2)　事後モニタリングを含めた運用手法 ……………………………582
　　4　ファンド投資のマクロ環境と今後 ………………………………585
　　　(1)　海外の規制動向 ……………………………………………………585
　　　(2)　本邦金融機関の動向 ………………………………………………586
　　　(3)　本邦金融機関の今後のテーマ ……………………………………586

第9章　一般債振替制度等証券関連事務

第1節　概　　論 ………………………………………………………………590
第2節　一般債振替制度における実務 ………………………………………591
　1　一般債振替制度における実務の概要 ……………………………591
　2　銀行等の役割 ………………………………………………………592
　　　(1)　発行事務代行会社および期中事務代行会社 ……………………592
　　　(2)　発行代理人および支払代理人 ……………………………………593
　　　(3)　一般債振替制度の導入に伴う業務の変容 ………………………595
　3　発行時の実務 ………………………………………………………596
　　　(1)　手続の概要 …………………………………………………………597
　　　(2)　事前準備 ……………………………………………………………599
　　　(3)　銘柄情報登録 ………………………………………………………603
　　　(4)　新規記録 ……………………………………………………………605
　　　(5)　発行代理人による新規記録手数料の授受 ………………………608
　　　(6)　私募債等の特例 ……………………………………………………609
　4　元利払の実務 ………………………………………………………611
　　　(1)　「機構関与方式」と「機構非関与方式」 …………………………611

(2) 「機構関与方式」の概要 ……………………………………… 612
　　(3) 請求および支払の実務 ………………………………………… 616
　　(4) 償還金の支払に伴う抹消記録 ………………………………… 621
　　(5) 「機構非関与方式」について ………………………………… 624
　　(6) 納税事務 ………………………………………………………… 625
　　(7) 元利払手数料の取扱い ………………………………………… 626
　5　その他の期中実務 …………………………………………………… 627
　　(1) 機構における情報把握のための実務 ………………………… 627
　　(2) 発行会社に関する情報の確認 ………………………………… 629
　　(3) 買入消却 ………………………………………………………… 629
　　(4) 社債権者集会 …………………………………………………… 630
　　(5) 担　　保 ………………………………………………………… 632
　　(6) 差　　押 ………………………………………………………… 632
　　(7) デフォルト時等の処理 ………………………………………… 633
　6　特定口座管理機関業務 ……………………………………………… 634
　　(1) 概　　説 ………………………………………………………… 634
　　(2) 特定口座管理機関の実務 ……………………………………… 636
第3節　その他の振替制度における実務 ……………………………… 640
　1　概　　説 ……………………………………………………………… 640
　2　新株予約権付社債に関する実務 …………………………………… 640
　　(1) 株式等振替制度と新株予約権付社債 ………………………… 640
　　(2) 新株予約権付社債における発行代理人・支払代理人の役割 …… 641
第4節　その他の証券代理事務 ………………………………………… 643
　1　現物債における公社債元利金支払代理事務 ……………………… 643
　　(1) 事務フロー概略 ………………………………………………… 643
　　(2) 元利金支払のまとめ事務 ……………………………………… 645
　　(3) 取扱店における元利金支払事務 ……………………………… 649
　　(4) 利子課税 ………………………………………………………… 655
　2　国債元利金支払代理事務 …………………………………………… 661
　　(1) 新しい国債振替決済制度 ……………………………………… 661

目　次　xix

(2) 国債振替決済制度の実務 …………………………………662
　(3) その他国債固有の実務 ……………………………………663
　(4) 利子課税 ……………………………………………………667
　(5) 国債証券の滅失・紛失および汚損 ………………………667
　(6) 手数料の受入れ ……………………………………………668
 3 新株予約権付社債の行使請求取扱事務 ………………………669
　(1) 概　　説 ……………………………………………………669
　(2) 株式等振替制度における新株予約権付社債の行使請求取扱事務 …………………………………………………………………670
　(3) 現物債における新株予約権付社債の新株予約権行使請求取扱事務 …………………………………………………………………673
 4 株式払込金の受入事務 …………………………………………677
　(1) 概　　説 ……………………………………………………677
　(2) 株式払込事務の受託 ………………………………………678
　(3) 株式払込金の受入事務 ……………………………………684
　(4) 株式等振替制度に基づく実務 ……………………………688
 5 株式配当金支払代理事務 ………………………………………690
　(1) 概　　説 ……………………………………………………690
　(2) 株式配当金の振込指定方法 ………………………………691
　(3) データ授受手法 ……………………………………………692
　(4) 事務フロー …………………………………………………693
　(5) 現物債における株式配当金支払事務 ……………………693

第10章　カストディ業務

第1節　対日証券投資カストディ業務 ……………………………696
 1 常任代理人 ………………………………………………………696
　(1) 常任代理人の必要性・意義 ………………………………696
　(2) 常任代理契約の内容 ………………………………………697

2　外国投資家による本邦証券取得に関する法的取扱い ……………699
　　　(1)　税法上の取扱い …………………………………………………699
　　　(2)　外為法上の規則 …………………………………………………702
　　3　常任代理人業務の仕組みと実務 …………………………………703
　　　(1)　証券の決済事務 …………………………………………………703
　　　(2)　保管証券の権利に係る管理事務 ………………………………706
　　4　証券決済指示・レポーティング時の通信手段等 ………………708
第2節　グローバル・カストディ業務 ……………………………………710
第3節　その他クロスボーダー証券取引に関する業務 …………………712
　　1　預託証券（DR）原株保管業務 …………………………………712
　　　(1)　DRの意義 ………………………………………………………712
　　　(2)　発行・解約の具体的手続 ………………………………………712
　　2　新株予約権付社債の副転換代理人業務 …………………………713

◆事項索引 …………………………………………………………………714

第1章

証券市場の概要

第 1 節

証券市場の概要

❶ 証券市場の機能

　証券市場は、証券を媒介として資金の調達・運用が行われる市場であり、家計部門、企業部門、公共部門などさまざまな経済主体が参加している。

　証券市場を通じた資金調達・運用の第一の特徴は、高い流動性である。証券は流通市場での売却による投下資本の回収が容易であるため、投資家は満期までの保有を前提とする必要がない。この流動性のメリットにより、投資家は柔軟な投資を行うことが可能となり、調達者は長期かつ安定的な資金調達が容易になる。第二の特徴は、相対型の銀行借入れに比して多数の当事者が参加するという点である。証券の発行は、多数の投資家に販売することで巨額の資金調達を容易にする。こうした多数当事者間の関係を扱うため、証券発行に係る契約や手続は複雑になり、専門的な仲介者の役割が重要となる。また、多数の参加者の証券取引に対する信頼を確保することが証券市場の円滑な機能を図るうえでは不可欠であり、このため、投資家保護や取引の公正性を確保するための制度的な枠組みが必要とされるのである。

❷ 証券市場の沿革

　戦後わが国では、重点産業に資金を集中的に配分することで経済の復興・発展を効率的に成し遂げるため、さまざまな金融規制が設けられていた。代表的なものは、大蔵省・日本銀行による預金金利規制や、外国為替及び外国

貿易管理法等による対外取引規制、金融機関の業態ごとに細分化された業務規制、金融機関の免許制による新規参入規制などである。

　こうした規制が緩和され、証券市場が発展するきっかけとなったのは、1975年以降の国債大量発行による国債流通市場の急成長と、1983年のレーガン大統領訪日時における日米蔵相共同声明を受けて設置された「日米円・ドル委員会」（日米円ドルレート金融・資本市場問題特別会合）である。これらが契機となり、1979年以降の段階的な預金金利の自由化や1986年からの外国証券会社の国内進出、1993年施行の金融制度改革関連法による子会社方式での金融業態間の相互乗入れ解禁など金融市場の自由化が進展した。

　1996年11月、政府は、「2001年までに、わが国の金融市場がニューヨーク、ロンドン並みの国際金融市場となって再生することを目指す」との目標を掲げ、「日本版金融ビッグバン構想」を打ち出した。この構想に基づく金融システム改革法が1998年に成立し、金融市場全域における広範な改革が実現した。おもなものとして、投資信託の整備、証券デリバティブの全面解禁、証券会社等の提供するサービス・価格の自由化、参入の促進などがあげられる。

金融システム改革法によるおもな改正項目

1　資産運用手段の充実
　・新しい投資信託商品（いわゆる会社型投信や私募投信）の導入
　・銀行等による投資信託の窓口販売の導入
　・証券デリバティブの全面解禁（有価証券店頭デリバティブの導入）
2　活力ある仲介活動を通じた魅力あるサービスの提供
　(1) サービス提供の自由化（証券会社の専業義務の撤廃等）
　(2) 価格の自由化
　　・株式売買委託手数料の完全自由化
　　・火災保険、自動車保険等について、算定会の保険料率の使用義務を廃止
　(3) 参入の促進
　　・証券会社の免許制から原則登録制への移行
　　・銀行・証券・保険間の相互参入の促進（川下持株会社や子会社方式）
3　多様な市場と資金調達のチャンネルの整備
　・店頭登録市場の補完的位置づけの見直し
　・私設取引システム（電子的取引システム）の導入

> 4 利用者が安心して取引を行うための枠組みの構築
> (1) ディスクロージャーの充実と公正な取引の枠組みの確保
>   ・ディスクロージャー制度の整備・拡充（連結ベースのディスクロージャー等）
>   ・インサイダー取引規制等の公正取引ルールの整備（不正利得の没収等）
> (2) 仲介者についての健全性・公正性の確保と破綻の際の利用者保護の充実
>   ・銀行・保険による株式保有等の子会社規定の整備
>   ・証券の「投資者保護基金」および「保険契約者保護機構」の創設

出所：金融庁

その後、「証券市場の構造改革プログラム」（2001年8月）、「証券市場の改革促進プログラム」（2002年8月）が発表され、取引所等の株式会社化、銀行等による証券仲介業務の解禁、課徴金制度の導入等の証券取引法の改正、金融商品販売法の成立、証券決済制度改革、証券化・流動化の促進等証券市場に係る改革が続いた。

そして、2004年には、利用者保護ルールの整備・徹底や市場機能の充実・信頼性向上を志向する「金融改革プログラム―金融サービス立国への挑戦―」が金融庁より公表された。当時日本版金融ビッグバンにより投資家に対して多様な金融商品やサービスの提供が行われるようになった一方で、利用者保護法制は証券取引法や金融先物取引法など従前の商品ごとの縦割りのままであり、既存の規制の対象とならない金融商品により投資家が被害を受ける事例もみられた。このため、金融改革プログラムのなかで、金融商品・サービスに関する全体的・統一的な取引ルールの策定が指向され、「投資サービス法（仮称）」の制定が具体的施策として示された。その結果、2006年に金融商品取引法（以下「金商法」という）が成立することとなったのである。

> 金融改革プログラム「活力ある金融システムの創造」（抄）
> (1) 利用者ニーズの重視と利用者保護ルールの徹底
> ◇多様で良質な金融商品・サービスの提供に向けた制度設計
> ◇金融実態に対応した利用者保護ルール等の整備・徹底
>   ○「投資サービス法（仮称）」の制定
> ◇利用者保護のための情報提供・相談等の枠組みの充実

◇ペイオフ解禁拡大の円滑な実施
(2) ITの戦略的活用等による金融機関の競争力の強化及び金融市場インフラの整備
　◇ITの戦略的活用
　◇市場機能の充実と市場の信頼性の向上
　◇金融機関のガバナンス向上とリスク管理の高度化を通じた健全な競争の促進
(3) 国際的に開かれた金融システムの構築と金融行政の国際化
　◇金融の国際化・構造変化に対応した制度等の構築
　◇金融市場の国際的地位の向上に向けた取組み
　◇金融行政の国際化と国際的なルール作りへの積極的参加

　2007年には「金融・資本市場競争力強化プラン」が金融庁より発表され、2008年の金商法改正によるETF（上場投資信託）の多様化やファイアーウォール規制の見直し、2009年の東証AIM開設によるプロ向け市場の整備など市場の競争力強化に向けた取組みが実現している。

金融・資本市場競争力強化プランの概要（抄）

Ⅰ．金融・資本市場の信頼と活力
〈多様な資金運用・調達機会の提供の促進〉
◇取引所における取扱商品の多様化
　・ETF（上場投資信託）の多様化
　・金融商品取引所と商品取引所の相互乗入れ
◇プロ向け市場の枠組みの整備
◇「貯蓄から投資へ」の流れを強化するための証券税制
〈市場の公正性・透明性の確保〉
◇金融商品取引法上の課徴金制度の見直し
◇証券取引等監視委員会等の市場監視部門の体制強化
Ⅱ．金融サービス業の活力と競争を促すビジネス環境
◇銀行・証券・保険間のファイアーウォール規制の見直し
　・役職員の兼職規制の撤廃、銀行・証券間の非公開情報の授受の制限の緩和
◇銀行・保険会社グループの業務範囲の拡大
　・商品取引、イスラム金融、排出権取引、企業再生等のための株式保有
◇銀行・証券・保険における利益相反管理態勢の整備
◇海外ファンドマネージャー誘致のためのPEリスクの排除

❸ 証券の種類

(1) 債　券

　債券は、国、地方公共団体、株式会社等の債務を表章する有価証券の一種で、一般に公社債と呼ばれている。

　株式会社の発行する社債は、発行者の区分に応じて事業債と特に法律で認められた金融機関が発行する金融債、特別法に基づき設立される株式会社（成田国際空港㈱など）が発行するものに分けられる。事業債には電力会社の発行する電力債、NTT債などが含まれる。

　株式会社以外が発行する債券には、国が発行する国債、地方公共団体が発行する地方債、独立行政法人が発行する債券などがあり、このほか非居住者が発行する円建外債などもある（図表１－１）。

　債券は発行方法、債券の形式等により次のように分類できる。

〔公募債・私募債〕

　一般に、多数の投資家を対象として発行される債券を公募債といい、少人数の投資家を対象として発行される債券を私募債という（金融商品取引法の募集の概念につき本章第２節３(2)Ｂ ａ(b)参照）。

〔利付債・割引債〕

　定期的に利息が支払われるものが利付債であり、額面金額より割り引いた価格で発行され、期限に額面で償還されるものが割引債である。利付債は、その利率の定め方によって、固定利付債、変動利付債、ステップ・アップ債等に分類される。

〔振替債・現物債〕

　振替債とは、債券の保有者が㈱証券保管振替機構や、金融機関などの口座管理機関に開設した振替口座の増減を記録することで権利の移転を行う、ペーパーレス化された債券である。振替債に対し、現実に本券が発行される公社債を現物債という。

〔円建債・外貨建債〕

元本および利息が円貨で支払われるものを円建債といい、外貨で支払われるものを外貨建債という。また、元本と利息が異なる通貨で支払われるものはデュアル・カレンシー債と呼ばれている。
　以上にあげたもののほか、債券は担保や保証の有無などによっても分類されるし、事業債については、権利の内容により普通社債、新株予約権付社債

図表1－1　公社債の種類と発行体

			区　　分		発行体
公社債	国内債	公共債	国債	国庫短期証券（2カ月・3カ月・6カ月・1年）	政府
				中期国債（2年・5年）	
				長期国債（10年）	
				超長期国債（変動）（15年）	
				超長期国債（20年・30年・40年）	
				個人向け国債（3年・5年・10年）	
				物価連動国債（10年）	
				交付国債	
			地方債	公募地方債	地方自治体
				縁故地方債	
				交付公債	
			政府関係機関債	政府保証債	特殊会社 独立行政法人等
				財投機関債	
				縁故政府関係機関債	
		民間債	普通社債	一般債	事業会社等
				電力債	電力会社
				その他	日本放送協会等
			新株予約権付社債	新株予約権付社債	事業会社等
				転換社債型新株予約権付社債	
			金融債	利付債	金融機関（注）
				割引債	
			円建外債		外国政府・国際機関・外国法人等
	外債				

（注）　金融債発行機関……新生銀行、あおぞら銀行、農林中央金庫、商工組合中央金庫、信金中央金庫

に区分されることもある(第3章第1節3参照)。

(2) 株　　式

　株式とは、株式会社における株主の地位を細分化したものであり、有価証券である株券によって表章される。株主の権利は、基本的に会社法で規定されており、一般に、株主総会における議決権、株主提案権等の共益権(株主が株式会社の経営に参与し、あるいは取締役の行為を監督するといった権利)と、剰余金の配当請求権、残余財産分配請求権等の自益権(株主が株式会社から経済的利益を受ける権利)からなる。一方で、株主は株式会社の債務については、自らの出資分についてのみ責任を負い、それ以上の責任は問われない(有限責任)。

　各株式の権利内容は同一であるのが原則(株主平等の原則)であるが、会社法108条1項においては、同項各号に定める事項について異なる定めをした内容の異なる2以上の種類の株式を発行することができるものと定められている。他の株式に比べて剰余金の配当および残余財産の分配に関する優先的な権利を認められている優先株式、議決権を制限された(有しない)議決権制限株式、株主が株式の取得を請求することができる取得請求権付株式がその代表例である。

(3)　その他の商品

A　投資信託および投資法人

　個人などの小口投資家にとって、証券市場において分散投資を行うことや専門的投資ノウハウを有するファンドマネージャーを雇うことは困難である。小口投資家でもこれらのサービスを享受できる仕組みが「投資信託及び投資法人に関する法律」に規定される投資信託や投資法人である。

　投資信託および投資法人とは、一般の投資家の資金を集合して投資家以外の者が運用し、それによって生じた収益を個々の投資家に分配する仕組みである。投資信託及び投資法人に関する法律上は契約型投資信託と会社型投資信託に分けられ、一般的に前者は投資信託と呼ばれ、後者は投資法人と呼ば

れている。また、投資信託のうち株式を組み入れず公社債のみを投資対象とするものを公社債投資信託、約款に株式を投資対象として組み入れることができると記載されているものを株式投資信託という。その他、不動産を投資の対象とするものは不動産投資信託（REIT）と呼ばれており、証券取引所における売買の対象となっている。

B 証券化商品

　証券化商品とは、不動産や債権などの資産を裏付けとして発行される有価証券のことである。証券化のスキームは千差万別であるが、資産の保有者（オリジネーター）が保有している資産を特別目的会社（SPV：Special Purpose Vehicle）に譲渡した後、SPVがその資産が生み出すキャッシュフローを返済原資とした証券を発行し、資金を調達するスキームが一般的である。証券化には、格付の低い企業でも裏付資産の内容によって有利な資金調達が可能となったり、資産のオフバランス効果により資本効率を高めることができるなどのメリットがある。不動産担保融資を裏付けとするMBS（Mortgage-backed Securities）や貸付債権を担保とするCLO（Collateralized Loan Obligation）などがおもな商品としてあげられる。

（4） デリバティブ（金融派生商品）

　デリバティブとは、金融商品の内包するリスクをヘッジするために、金融商品そのものから派生した商品の総称であり、具体的には、有価証券や預金債権・通貨などの金融商品の価格・天候に係る数値・統計情報などの指標を対象として行われる先物取引、オプション取引、スワップ取引およびクレジットデリバティブのことである。金融商品の価格変動リスクのヘッジ手段として、デリバティブは証券市場において欠くことのできない存在である。

a　先物取引

　先物取引とは、将来の一定時期において特定の財と現時点で決めたその対価を授受することを約する売買取引であり、決済時には反対売買による差金決済がおもに利用される。例としては、現在保有している債券を先物で売りたてることにより、将来の金利上昇による価格下落リスクをヘッジする債券

先物取引などがあげられる。

b　オプション取引

オプション取引は、「将来の一定時期（あるいは一定期間内）に特定の財を現時点で決めた価格で買う権利」（コール）または「売る権利」（プット）を売買する取引である。オプションの買い手は、売り手に対し権利の対価に相当するプレミアムを支払うかわりに、権利を行使するか否かの選択権を取得する。買い手が権利を行使した場合には、売り手はあらかじめ決められた価格（行使価格）によりその財を売る義務（コールの場合）もしくは買う義務（プットの場合）を負う。

オプションの買い手は取引時にプレミアムを支払うが、財の価格が権利行使により利益をもたらす水準にあれば、権利を行使する。逆に財の価格が権利行使により利益が出ない水準にある場合には権利を放棄すればよく、損失は当初支払ったプレミアム分にとどまる。一方、オプションの売り手は当初プレミアムを受け取るが、財の価格変動次第では非常に大きな損失リスクを負うことになる。

たとえば国債先物オプション取引では、国債を売る権利（プット）を購入することで将来的な国債の価格下落リスクに備えることができる。

c　クレジットデリバティブ

クレジットデリバティブとは、信用リスクを原資産とするデリバティブであり、代表的なものがCDS（Credit Default Swap）である。CDSとは買い手（protection buyer）が売り手（protection seller）に対しプレミアムを支払うかわりに、対象とする企業など（参照組織と呼称される）にクレジット・イベント（倒産や延滞など）が発生した場合は契約されたキャッシュフローを受け取ることができる取引であり、保険や保証と類似した経済効果を得ることができる。また、CDSを原資産とする証券化商品であるシンセティックCDO（Synthetic Collateralized Debt Obligation）なども発行されている。

4 市場関係者

(1) 発 行 者

　株式の発行者は株式会社に限定されるが、債券の発行者は国および地方公共団体、独立行政法人、特殊法人、株式会社、さらに国際機関・外国政府・外国法人等の非居住者などさまざまである。

　株式会社である企業は、実際の資金調達にあたり、調達目的、調達コスト、資金のアベイラビリティなどを勘案して、内部資金か外部資金か、外部資金であれば株式もしくは社債の発行か銀行借入れかなどの資金調達手段を決定する。

　また、国や地方公共団体の財源調達の基本は租税収入であるが、景気低迷時の租税収入の伸び悩みや景気回復のための財政支出拡大などの事情により歳入を上回る歳出が必要とされる場合には、国債や地方債の発行などにより資金が調達される。近年では恒常的に大量の公共債の発行がなされている状況である（第2章第1節3参照（公社債の発行額推移につき図表1－2、公社債発行残高推移につき図表1－3参照））。

図表1－2　公社債の発行額推移　　　　　　　　　　　　　　　　（単位：兆円）

年度	普通国債および財投債	政府関係機関債	地方債	社債	利付金融債	割引金融債	円建外債（公募債）
2004	185.1	13.6	8.4	9.8	4.8	3.1	1.7
2005	180.7	12.4	8.4	11.3	6.0	2.7	1.6
2006	170.4	9.3	7.7	10.9	4.8	1.9	0.8
2007	136.5	9.8	7.7	11.9	5.3	1.2	2.6
2008	123.9	8.9	8.9	9.9	4.5	1.0	2.1
2009	156.0	9.4	10.0	10.6	3.4	0.8	1.2
2010	160.4	9.3	9.3	10.1	3.1	0.6	1.9

（注）　政府関係機関債は政府保証債および財投機関債の合計。
出所：日本証券業協会、地方債協会資料よりみずほコーポレート銀行調べ

図表1－3　公社債発行残高推移（総括表）

年度末	国債			政府関係機関債				地方債		
		うち、普通国債および財投債	うち、短期国債(TB)		政府保証債	電々債/財投機関債	非募債	公募債		公募債	非公募債
1993	1,951,354	1,925,395	101,073	665,006	197,192	778	467,036	249,627	84,286	165,341
94	2,093,643	2,066,047	110,696	710,734	204,294	400	506,040	300,498	91,572	208,926
95	2,279,753	2,251,848	120,827	751,709	218,375	―	533,334	362,254	102,965	259,289
96	2,474,623	2,446,582	125,182	787,004	231,330	―	555,674	387,516	113,982	273,534
97	2,739,070	2,579,876	128,254	777,819	237,722	―	540,097	422,956	124,271	298,685
98	3,107,402	2,952,492	170,208	703,115	211,570	―	491,545	467,331	135,074	332,257
99	3,431,336	3,316,986	270,013	700,586	228,207	―	472,379	506,114	148,328	357,786
2000	3,806,546	3,675,913	296,418	715,394	263,545	3,730	448,119	524,911	164,596	360,315
01	4,481,625	4,361,946	275,973	708,640	288,630	11,326	408,684	541,755	181,200	360,555
02	5,042,536	4,966,635	309,973	714,983	317,017	37,076	360,890	548,644	198,431	350,213
03	5,564,163	5,488,230	341,984	740,542	353,304	63,151	324,087	563,888	230,928	332,960
04	6,263,633	6,205,723	333,959	776,453	397,854	86,643	291,956	588,567	271,685	316,882
05	6,705,794	6,662,842	299,107	788,975	404,109	130,852	254,014	600,620	310,109	290,511
06	6,741,221	6,706,112	247,995	761,045	380,102	167,431	213,512	608,813	344,632	264,181
07	6,843,278	6,811,555	227,959	734,643	369,440	199,633	165,570	623,348	375,394	247,954
08	6,804,482	6,769,333	209,997	583,529	363,279	220,251	N.A.	636,696	407,749	228,947
09	7,204,890	7,162,372	328,993	611,752	366,004	245,748	N.A.	660,381	445,854	214,527
10	7,585,690	7,545,486	299,992	636,849	358,968	277,881	N.A.	676,826	484,365	192,461

（注1）　国債には交付国債、出資・拠出国債を含む。
（注2）　電々債欄は2000年度末より財投機関債欄に変更。
（注3）　社債のうち一般事業債の上段は資産担保型社債。内数。
（注4）　円建外債の上段は資産担保型社債。内数。
（注5）　合計には2008年度以降、政府関係機関債および社債の非公募債を含まない。
出所：財務省、日本証券業協会、地方債協会

(単位：億円)

社債						非公募債	金融債		円建外債(公募)	合計
公募債	うち、電力債	うち、一般事業債	うち、NTT債	うち、新株予約権付社債	うち、転換社債型新株予約権付社債		利付債	割引債		
401,084	354,889	106,642	40,768	15,517	9,187	182,775	46,195	553,492	224,100	75,539	4,120,202
431,375	386,132	113,544	55,248	18,310	4,967	194,063	45,243	551,164	235,816	82,314	4,405,544
471,425	429,720	122,662	91,565 (559)	17,229	3,112	195,152	41,705	496,265	264,542	99,482	4,725,430
505,866	469,135	128,794	128,478 (1,425)	14,465	2,765	194,633	36,731	500,445	243,666	122,819 (237)	5,021,939
545,474	513,750	139,028	188,401 (4,827)	14,651	2,315	169,355	31,724	473,082	172,889	114,373 (2,512)	5,245,663
590,417	558,941	153,598	260,872 (8,096)	13,837	1,815	128,819	31,476	437,306	135,125	95,974 (3,304)	5,536,670
628,947	597,388	156,437	305,335 (9,606)	13,823	—	121,793	31,559	427,459	124,706	78,361 (4,154)	5,897,509
655,401	616,159	159,623	334,440 (9,266)	13,258	—	108,838	39,242	361,386	120,299	82,354 (2,923)	6,266,291
672,313	621,231	160,721	355,729 (11,555)	13,800	—	90,981	51,082	328,282	91,345	76,296 (2,253)	6,900,256
677,449	610,065	157,178	367,189 (10,921)	14,600	—	71,098	67,384	300,386	53,264	66,048 (1,966)	7,403,310
676,002	587,066	148,818	379,447	14,100	—	44,701	88,936	263,552	37,874	59,280 (1,058)	7,905,301
664,289	557,092	N.A.	N.A.	N.A.	—	26,903	107,197	237,876	29,546	66,489 (127)	8,626,853
665,376	544,983	N.A.	N.A.	N.A.	—	14,812	120,393	229,699	25,669	67,309 (—)	9,083,442
666,834	543,270	N.A.	N.A.	N.A.	—	15,072	123,564	211,503	17,535	65,201 (—)	9,072,152
674,167	566,667	N.A.	N.A.	N.A.	—	13,648	107,500	208,662	11,431	80,766 (—)	9,176,295
581,195	581,195	N.A.	N.A.	N.A.	—	11,298	N.A.	199,429	9,201	93,337 (—)	8,907,868
614,285	614,285	N.A.	N.A.	N.A.	—	11,845	N.A.	182,149	7,332	90,049	9,370,838
641,111	641,111	N.A.	N.A.	N.A.	—	11,610	N.A.	160,848	6,135	95,817	N.A.

図表1－4　公社債投資家別保有状況（2010年度末）

〈合計1,129兆円〉

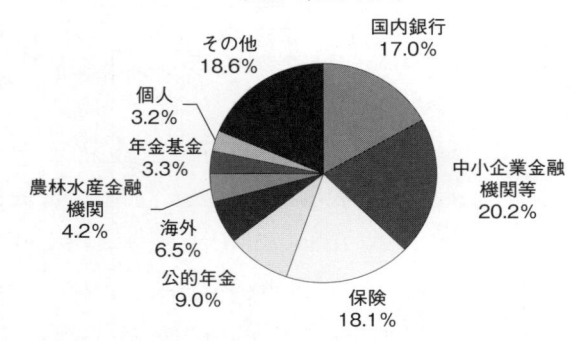

- 国内銀行　17.0%
- 中小企業金融機関等　20.2%
- 保険　18.1%
- 公的年金　9.0%
- 海外　6.5%
- 農林水産金融機関　4.2%
- 年金基金　3.3%
- 個人　3.2%
- その他　18.6%

出所：日本銀行資金循環統計よりみずほコーポレート銀行作成。
　　　国庫短期証券、国債、地方債、政府関係機関債、金融債、
　　　事業債、居住者発行外債の合計

(2) 投資家

　公社債には個人を含めさまざまな投資家が投資しているが、個人の保有割合は低く、大部分は銀行や、保険会社、年金基金などの機関投資家により保有されている（図表1－4）。

　機関投資家とは、狭義には保険会社や年金基金など、他者から資金運用の委託を受けている者を指し、広義には、自らのために投資を行う銀行等金融機関も含む者も指す。一方、金商法においては「適格機関投資家（いわゆるプロ投資家）」、「特定投資家」といった概念が存在している。そこでは銀行や証券会社、一定の要件を満たす個人投資家なども含めた広範囲の投資家が対象とされ、開示規制などにおいて規制の緩和が図られている（適格機関投資家の定義については、本章第2節図表1－13参照）。

(3) 引受会社（アンダーライター）

　証券の発行においては、引受会社が市場環境や投資家のニーズ等をふまえて発行条件の決定に関与し、発行者にかわって証券の募集活動を行っている。公募証券の発行においては、通常、引受主幹事のもとに引受シンジケー

図表1-5　公募普通社債リーグテーブル
○引受実績
2007年度

順位	証券会社名	主幹事関与額(億円)	シェア(%)
1	野村證券	19,155	19.4
2	三菱UFJ証券	17,999	18.2
3	大和証券エスエムビーシー	17,108	17.3
4	みずほ証券	16,400	16.6
5	日興シティグループ証券	11,230	11.4
6	ゴールドマン・サックス証券	5,277	5.3
7	メリルリンチ日本証券	2,292	2.3
8	新光証券	1,972	2.0
9	クレディ・スイス証券	1,583	1.6
10	UBS証券	1,567	1.6

2008年度

順位	証券会社名	主幹事関与額(億円)	シェア(%)
1	野村證券	18,262	18.9
2	三菱UFJ証券	17,119	17.7
3	大和証券エスエムビーシー	16,269	16.9
4	みずほ証券	15,516	16.1
5	日興シティグループ証券	14,711	15.3
6	ゴールドマン・サックス証券	4,145	4.3
7	新光証券	2,982	3.1
8	モルガン・スタンレー証券	1,742	1.8
9	メリルリンチ日本証券	1,567	1.6
10	トヨタファイナンシャルサービス証券	1,085	1.1

2009年度

順位	証券会社名	主幹事関与額(億円)	シェア(%)
1	野村證券	22,504	22.7
2	大和証券キャピタル・マーケッツ	20,722	20.9
3	みずほ証券	18,929	19.1
4	三菱UFJ証券	16,662	16.8
5	日興コーディアル証券	6,029	6.1
6	シティグループ証券	5,786	5.8
7	ゴールドマン・サックス証券	3,573	3.6
8	メリルリンチ日本証券	1,119	1.1
9	モルガン・スタンレー証券	952	1.0
10	トヨタファイナンシャルサービス証券	727	0.7

(注1)　ローンチベース。
(注2)　公的資金による劣後債、自己募集、ABS、銀行社債におけるグループ証券会社の関与額を除く。
出所：みずほ証券調べ

ト団が組織され、これによって証券の販売力が強化されるとともに、発行証券の売れ残りによる引受リスクの分散が図られている。なお、近年の傾向として、複数の引受主幹事のみで引受けを行うケースも多い。また、国債・政府保証債・地方債については銀行や証券会社が引受業務を行うことができるが、株式および社債については証券会社のみが引受業務を行いうる。株式および社債の引受けにあたって、引受会社は引受審査を行い、投資家保護機能の一部を担う（図表1-5）。

(4) 社債管理者・財務代理人 (FA)・担保の受託会社

社債においては、発行者と多数の社債権者間の債権・債務関係を円滑に処理し、社債権者の保護を図るため、会社法702条により社債管理者の設置が原則として義務づけられており、銀行や信託銀行などがこの機能を担っている。社債管理者は、会社法によって元利金の弁済受領や社債権の実現の保全のための権限が与えられており、平常時には発行者の契約遵守状況などをウォッチし、発行者の業況悪化時には担保付社債への切換えなど必要な措置を講ずることによって、社債権者保護の役割を担っている。なお、社債管理者の設置規定には例外規定があり、各社債の金額が1億円以下の場合、または社債の総額を社債の最低額をもって除した数が50未満の場合（社債権者の数が50人以上となる可能性がない場合）は社債管理者を設置する義務はないとされている。近年では、普通社債において社債管理者を設置せずに、発行者の事務を代行する財務代理人 (FA) を設置するケースも多く、財務代理人業務においては、資金決済機能を要することから、銀行等が就任するのが一般的である。

また、社債権者が個別に担保権を取得することは困難であり、転々流通する社債の商品性にかんがみ、社債権者と担保権者を分離する必要があることから、担保付社債の場合には担保付社債信託法により、担保の受託会社の設置が義務づけられている。担保の受託会社は、物上担保権を社債権者のために信託的に取得し、社債権者にかわって担保権を保存・実行することをそのおもな業務としており、社債管理者と同様に銀行などの金融機関が内閣総理大臣の免許を受け、その役割を担っている。

図表1－6　社債管理者公募普通社債リーグテーブル

○代表社債管理者・FA実績

2007年度

順位	銀行名	代表受託・FA額（億円）	シェア（％）
1	みずほコーポレート銀行	25,270	33.4
2	三菱東京UFJ銀行	21,340	28.2
3	三井住友銀行	17,130	22.6
4	りそな銀行	1,950	2.6
5	住友信託銀行	1,720	2.3
6	中央三井信託銀行	1,700	2.2
7	あおぞら銀行	1,590	2.1
8	三菱UFJ信託銀行	1,400	1.8
9	みずほ銀行	1,300	1.7
10	野村信託銀行	1,261	1.7

2008年度

順位	銀行名	代表受託・FA額（億円）	シェア（％）
1	みずほコーポレート銀行	27,370	37.3
2	三井住友銀行	23,169	31.6
3	三菱東京UFJ銀行	18,830	25.7
4	りそな銀行	2,005	2.7
5	住友信託銀行	800	1.1
6	三菱UFJ信託銀行	320	0.4
7	福岡銀行	300	0.4
8	中央三井信託銀行	240	0.3
9	埼玉りそな銀行	200	0.3
10	広島銀行	50	0.1

2009年度

順位	銀行名	代表受託・FA額（億円）	シェア（％）
1	みずほコーポレート銀行	25,442	34.6
2	三井住友銀行	20,900	28.4
3	三菱東京UFJ銀行	19,210	26.1
4	みずほ銀行	2,260	3.1
5	あおぞら銀行	1,250	1.7
6	りそな銀行	1,190	1.6
7	住友信託銀行	1,070	1.5
8	中央三井信託銀行	900	1.2
9	三菱UFJ信託銀行	570	0.8
10	農林中央金庫	340	0.5

（注1）　払込ベース。
（注2）　銀行劣後債、銀行社債、ABS、仕組債を除く。
出所：みずほコーポレート銀行調べ

国債以外の公共債はほとんどの場合社債管理者の権限に関する会社法の規定を準用しており、地方債では債券の募集または管理の委託を受けた会社（受託会社）が、独立行政法人の発行する債券では募集の事務の委託を受けた会社がこうした債権管理の機能を担っている（図表1－6）。

(5) 格付会社

格付とは個々の証券発行者の信用力を記号化したものであり、投資家の判断材料の1つとして利用され、投資家にとってはコストをかけずに発行者との間の情報格差を埋められるという利点が存在する。

1900年代初頭に米国で始まった格付は、投資家の判断に大きな影響を及ぼす位置づけとなっているが、一方で、長らく特段の規制の対象とはなっていなかった。しかし、エンロン事件やサブプライムローン問題をめぐり、格付会社のプロセス管理の欠如や情報開示の不足等の問題点が指摘され、その結果、国際的に格付会社に対する規制導入が進められた。わが国においても、2008年の金商法改正により、格付会社に対する規制が導入されている（第3章第1節1(2)D参照）。

(6) ブローカー／ディーラー

証券の流通においては、ブローカーやディーラーの仲介機能により、投資家の証券売買の円滑化が図られている。

ブローカーは証券の売り手と買い手の間に立って自らは取引当事者にならず、顧客から委託を受けて顧客の注文を取引所につなぐかまたは別の顧客を見つけることにより、取引成立を図る。ディーラーは、自らが取引当事者として、自己の勘定により顧客の注文の相手方となることで、取引を成立させる。

ブローカーを通じて各投資家の売り注文と買い注文が結びつけられ、また、ディーラーの在庫保有を通じて投資家間の需給の乖離の調整が行われることにより、証券に流動性が付与されている（図表1－7）。

図表1－7　公社債の流通額推移（暦年ベース）

(単位：兆円)

	2004年	2005年	2006年	2007年	2008年	2009年	2010年
売買高合計	6,481.2	6,757.2	9,152.3	12,096.1	11,286.7	8,562.6	7,553.0
国　　債	6,178.6	6,428.1	8,881.7	11,890.1	11,118.4	8,458.1	7,453.3
政　保　債	65.9	82.7	61.0	36.6	23.9	16.0	15.6
財投機関債	12.1	19.3	19.3	17.9	15.0	10.1	10.4
地　方　債	44.1	57.0	47.2	44.8	32.0	16.2	15.3
地　方　債（非公募債）	36.5	33.8	35.8	27.6	18.4	8.1	7.2
金　融　債（利付債・割引債）	36.8	30.6	23.0	17.0	14.0	12.1	11.6
電　力　債	23.0	16.9	10.0	7.7	12.3	5.1	3.6
一般事業債	61.5	63.0	56.2	40.8	39.8	27.7	28.4
そ　の　他（公募）	4.0	2.6	2.6	1.6	2.5	0.9	1.0
海　外　債	11.1	15.3	10.1	6.9	6.9	6.2	5.3
そ　の　他（非公募）	7.7	7.9	5.4	5.2	3.6	2.1	1.2

（注1）　売買高は売りと買いの合計額。ただし、金融機関ディーリング分を含む。
（注2）　特定社債は除く。
出所：日本証券業協会資料よりみずほコーポレート銀行作成

(7)　振替機関・口座管理機関

　振替機関の業務は、「社債、株式等の振替に関する法律」3条に基づき主務大臣の指定を受け営まれる。

　証券集中保管機関（CSD：Central Securities Depository）とも呼ばれ、投資家の証券を集中して管理し、証券の受渡しを口座の残高の移動により行う振替業務を提供する機関である。わが国では「社債、株式等の振替に関する法律」に基づき、国債以外は㈱証券保管振替機構が、国債については日本銀行がその役割を担っている。

　なお、わが国の振替決済制度では階層構造がとられており、振替機関のもとに銀行や証券会社などによる口座管理機関が置かれ、投資家の証券に関する権利を口座残高の移動により管理している。

図表1-8 清算機関

① 金商法上の規定の概要

業務の定義	金融商品債務引受業 (2条28項)	金融商品債務引受業対象業者(金融商品取引業者、登録金融機関または証券金融会社)を相手方として、金融商品債務引受業対象業者が行う対象取引(有価証券の売買もしくはデリバティブ取引またはこれらに付随し、もしくは関連する取引として政令で定める取引)に基づく債務を、引受け、更改その他の方法により負担することを業として行うこと
清算機関の定義	金融商品取引清算機関 (2条29項)	156条の2または156条の19第1項の規定により内閣総理大臣の免許または承認を受けて金融商品債務引受業を行う者
	外国金融商品取引清算機関(2条29項)	156条の20の2の規定により内閣総理大臣の免許を受けて金融商品債務引受業を行う者
参入規制	免許業務 (156条の2)	金融商品債務引受業は、内閣総理大臣の免許を受けた者でなければ、行ってはならない
業務規制	専業義務 (156条の6第2項)	金融商品取引清算機関は、金融商品債務引受業等およびこれに附帯する業務のほか、他の業務を営むことができない(以下略)
	業務方法書 (156条の7第1項)	金融商品取引清算機関は、業務方法書の定めるところにより、その業務を行わなければならない(1項)
	秘密保持義務 (156条の8)	金融商品取引清算機関の役員もしくは職員またはこれらの職にあった者は、その業務に関して知りえた秘密を漏らし、または盗用してはならず(1項)、その職務に関して知りえた情報を、金融商品取引清算機関の業務の用に供する目的以外に利用してはならない(2項)
	不当な差別的取扱いの禁止(156条の9)	金融商品取引清算機関は、特定の清算参加者に対し不当な差別的取扱いをしてはならない

② 業務の概要(有価証券の売買の例)

業務フロー	取引当事者A、B、C間の証券取引によって発生する債務(証券引渡債務、代金支払債務)を清算機関が引き受け、各債権債務の当事者となったうえでネッティング(相殺)
	A、B、Cと清算機関は、ネッティング後の債権債務につき決済
業務の目的 (効果)	複数の市場参加者との取引の相手方を清算機関に一本化することで、決済事務やリスク管理の効率化が図られる
	一部の清算参加者に決済不履行があった場合でも、清算機関が他の清算参加者との決済を履行することで、決済の保証が図られる

【業務フロー図】

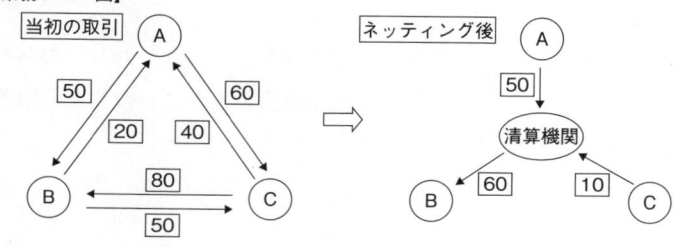

当初の取引:
- A ↔ B: 50, 20
- A ↔ C: 60, 40
- B ↔ C: 80, 50

ネッティング後:
- A → 清算機関: 50
- 清算機関 → B: 60
- C → 清算機関: 10

(8) 清算機関

　清算機関は金商法においては金融商品取引清算機関と規定され、その業務は金商法156条の2に基づき、金融商品債務引受業として内閣総理大臣の免許を受け営まれる。清算機関とは、証券売買の決済において引き渡される債券および支払われる資金の総額を計算し確定させる機関であり、おもな業務は債務引受、決済の履行保証、ネッティング、決済指図である。清算機関の存在により取引参加者は取引相手の信用リスクや決済が行われないリスクから解放され、ネッティングによる効率的な決済が可能となる。わが国では、国債以外の取引については㈱日本証券クリアリング機構と㈱ほふりクリアリングが、国債については㈱日本国債清算機関がこの役割を担っている（図表1-8）。

(9) 取引所

　取引所は、取引を行う「場」であると同時に、取引が集中することによる取引流動性の確保・需要と供給のバランスによる公正価格の提示・市場規律の維持といった役割を担う重要な市場インフラであり、国内では東京証券取引所や大阪証券取引所、東京金融取引所など7つの金融商品取引所が存在する。

　現在では、証券会社等が提供する私設取引システム（PTS：Proprietary Trading System）での取引が拡大している（本章第2節3(2)Ea参照）。

(10) その他

　金融機関等は、株式払込金の受入れ、株式配当金の支払、株主名簿の管理など、さまざまな事務手続を発行者にかわって代行するサービスを提供し、発行者と投資家の便宜を図っている。

　また、自主規制機関も証券市場における重要な関係者である。日本証券業協会は金商法67条に基づく認可金融商品取引業協会として、投資信託協会や日本証券投資顧問業協会、金融先物業協会は同法78条に基づく認定金融商品取引業協会として、そして証券取引所は同法84条に規定された自主規制業務

に基づき、所属会員の指導や処分、投資家からの苦情の解決などを行い、証券市場の健全な発展に尽力している。

第 2 節

証券市場をめぐる法規制

❶ 法規制の概要

　証券市場をめぐる法規制には、①発行体に関するもの（財政法、地方財政法、会社法等）、②市場の枠組みに関するもの（金融商品取引法、社債、株式等の振替に関する法律等）、③仲介業者に関するもの（金融商品取引法等）、④税制・会計制度に関するもの（所得税法、法人税法、会社法、金融商品取引法等）などがある。

　なかでも中心的な法規制は、金融商品取引法（以下「金商法」という）であるが、同法関係政省令、金融商品取引業者等向けの総合的な監督指針等金融庁の監督指針・事務ガイドラインや金融検査マニュアル、金融商品取引所（東京証券取引所等）の定款・業務規程・受託契約準則、金融商品取引業協会（日本証券業協会等）の定款・自主規制規則・統一慣習規則・紛争処理規則も実務上重要である（金商法については、本節 3「金融商品取引法の概要」で詳述する。また、社債、株式等の振替に関する法律については次節で詳述する）（証券市場関連の法律について図表 1 - 9、最近の金融関連立法について図表 1 - 10）。

❷ 証券取引法から金融商品取引法へ

　わが国の証券市場をめぐる法規制は、急速に進展する金融商品・サービスの多様化や国際化に対応するべく、1990年代末から現在にわたる十数年間、かつてないほど画期的かつ大規模な改革が繰り返されてきた。従来の法規制

図表1-9　証券市場関連の法律

発　行	国債・地方債	財政法（1947年） 各年度における公債発行の特例に関する法律 地方財政法（1948年） 特別会計に関する法律（2007年）
	政府関係機関債	各政府関係機関の設立根拠法
	金融債	長期信用銀行法（1952年） 農林中央金庫法（2001年） 株式会社商工組合中央金庫法（2007年） 信用金庫法（1951年）
	民間証券	会社法（2005年） 金融業者の貸付業務のための社債の発行等に関する法律（1999年） 保険業法（1995年） 担保付社債信託法（1905年） 企業担保法（1958年） 投資信託及び投資法人に関する法律（1951年） 資産の流動化に関する法律（1998年） 協同組織金融機関の優先出資に関する法律（1993年） 貸付信託法（1952年） 投資事業有限責任組合契約に関する法律（1998年） 商品投資に係る事業の規制に関する法律（1991年）　等
市場・流通		金融商品取引法（1948年） 社債、株式等の振替に関する法律（2001年）　等
仲　介		金融商品取引法（1948年） 金融商品の販売等に関する法律（2000年） 消費者契約法（2000年） 犯罪による収益の移転防止に関する法律（2007年）　等
その他（税制等）		所得税法（1965年） 法人税法（1965年） 租税特別措置法（1957年） 印紙税法（1967年） 勤労者財産形成促進法（1971年） 公認会計士法（1948年） 私的独占の禁止及び公正取引の確保に関する法律（1947年） 銀行等の株式等の保有の制限等に関する法律（2001年）　等

図表1-10　最近の金融関連立法

	証券・会社法制　関連立法	その他金融関連立法
平成13年 第151回 通常国会	○短期社債等の振替に関する法律 　ペーパーレスCPを短期社債と位置付けるとともに、短期社債等の振替制度及び振替機関に係る規定を整備〔公布：13.6.27、施行：14.4.1〕 ○株券等の保管及び振替に関する法律の一部を改正する法律 　保管振替機関の組織形態について従来の公益法人形態を株式会社形態に改めるもの〔公布：13.6.27、施行：14.4.1〕 ○商法等の一部を改正する等の法律 　金庫株の解禁、法定準備金制度の改正、純資産額規制の廃止、端株制度の改正、単元株制度の創設（単位株制度の廃止）等を行うもの〔公布：13.6.29、施行：13.10.1〕 ○商法等の一部を改正する等の法律の施行に伴う関係法律の整備に関する法律 　金庫株の解禁に伴うインサイダー取引規制の整備、相場操縦の防止に関するルールの整備、ディスクロージャーの充実等を行なうもの〔公布：13.6.29、施行：13.10.1〕	○金融機能の再生のための緊急措置に関する法律の一部を改正する法律 　金融機関等が預金保険機構に対し、資産の買取りの申込みを行うことができる期限を平成16年3月31日まで延長するもの〔公布：13.6.27、施行：13.6.27〕
平成13年 第153回 臨時国会	○商法等の一部を改正する法律 　新株発行規制・種類株式・新株予約権（付社債）に関する改正、会社関係書類の電子化等を行うもの〔公布：13.11.28、施行：14.4.1〕 ○商法及び株式会社の監査等に関する商法の特例に関する法律の一部を改正する法律 　監査役の機能の強化、取締役等の責任軽減、株主代表訴訟の合理化等を行うもの〔公布：13.12.12、施行：14.5.1等〕	○銀行法等の一部を改正する法律 　主要株主に関するルール整備、営業所の設置等の「届出制」化、銀行等の本体での信託業務への参入等の規制緩和を行う等の改正〔公布：13.11.9、施行：14.4.1等〕 ○銀行等の株式等の保有の制限等に関する法律 　銀行等に新たに株式保有制限を課すと共に、株式等の市場への売却を補完するセーフティネットとして銀行等保有株式取得機構を設立〔公布：13.11.28、施行：14.1.4〕 ○金融機能の再生のための緊急措置に関する法律の一部を改正する法律 　不良債権処理の促進のため、買取価格を時価とする価格決定方式の弾力化、買取方法の多様化などの改正を行うもの〔公布：13.12.14、施行：14.1.11〕

平成14年 第154回 通常国会	○証券決済制度等の改革による証券市場の整備のための関係法律の整備等に関する法律 社債、国債等について券面を必要としない新たな振替制度を創設する等、決済の迅速化・確実化をはじめとする証券市場の整備のため所要の改正を行うもの〔公布：14.6.12、施行：15.1.6等〕 ○商法等の一部を改正する法律 現物出資等における検査役制度の緩和、端株等の買増制度の整備、所在不明株主の株式売却制度等の創設、株券失効制度の創設、委員会等設置会社制度の導入等を行うもの〔公布：14.5.29、施行：15.4.1〕	○金融機関等による顧客等の本人確認等に関する法律 金融機関等に対して本人確認及び取引記録保存を義務付ける等、所要の措置を講ずるもの〔公布：14.4.26、施行：15.1.6〕
平成14年 第155回 臨時国会		○金融機関等の組織再編成の促進に関する特別措置法 金融機関等の組織再編成にかかる手続の簡素化、預金保険機構による資本増強等の特例等を設けるもの〔公布：14.12.18、施行：15.1.1等〕 ○預金保険法及び金融機関等の更生手続の特例等に関する法律の一部を改正する法律 金融機関の破綻時に全額保護される預金として、利息を付さないこと等を要件とする決済用預金を制度として用意する措置等を講ずるもの（但し、平成17年3月末までは、利息の付く普通預金等も引き続き全額保護）〔公布：14.12.18、施行：15.4.1〕 ○銀行等の株式等の保有の制限等に関する法律の一部を改正する法律 事業法人の保有する銀行株を銀行等保有株式取得機構の買取対象に加え、セーフティネットとしての機構の機能を強化するもの〔公布：14.12.18、施行：14.1.31〕
平成15年 第156回 臨時国会	○証券取引法等の一部を改正する法律 証券会社と顧客の仲介を行う証券仲介業制度や主要株主ルール、取引所の持株会社制度の導入等、所要の改正を行う〔公布：15.5.30、施行：16.4.1等〕 ○商法及び株式会社の監査等に関する商法	○保険業法の一部を改正する法律 生命保険契約者保護のための資金援助制度の整備、保険会社の業務範囲の拡大等を行うもの〔公布：15.5.9、施行：15.6.8〕 ○公認会計士法の一部を改正する法律

	の特例に関する法律の一部を改正する法律 定款授権に基づく取締役会決議による自己株式の取得制度の創設、中間配当限度額の見直し等を行うもの〔公布：15.7.30、施行：15.9.25〕	公認会計士等の独立性の確保のための諸制度の導入、監査法人等に対する監視・監督体制の強化等、所要の改正を行うもの〔公布：15.6.6、施行：16.4.1等〕 ○保険業法の一部を改正する法律 保険会社・保険契約者間の自治的な手続きにより、契約条件を変更する仕組みを整備するもの〔公布：15.7.25、施行：15.8.24〕 ○銀行等の株式等の保有の制限等に関する法律の一部を改正する法律 銀行等の株式保有制限の適用時期を2年延長するほか、売却時拠出金の廃止等、銀行等保有株式取得機構の機能の改善を図るもの〔公布：15.8.1、施行：15.8.30〕 ○貸金業の規制等に関する法律及び出資の受入れ、預り金及び金利等の取締りに関する法律の一部を改正する法律 貸金業の登録要件の厳格化、無登録業者が行う一定の行為に対する規制の強化、取立行為規制の強化、罰則の強化等を規定するもの〔公布：15.8.1、施行：16.1.1〕
平成16年 第159回 通常国会	○証券取引法等の一部を改正する法律 銀行等による証券仲介業務の解禁、市場監視機能・体制の強化、ディスクロージャーの合理化、組合型ファンドへの投資家保護範囲の拡大、市場間競争の制度的枠組みの整備等を行うもの〔公布：16.6.9、施行：17.4.1等〕 ○株式等の取引に係る決済の合理化を図るための社債等の振替に関する法律等の一部を改正する法律 株式等について、決済の迅速化・確実化を実現するために、ペーパーレス化を図るとともに新たに振替制度の対象とするもの〔公布：16.6.9、施行：16.10.1、21.1.5〕 ○電子公告制度の導入のための商法等の一部を改正する法律 電子公告制度の導入、債権者保護手続における個別催告の省略等を行うもの〔公告：16.6.9、施行：17.2.1〕	○金融機能の強化のための特別措置に関する法律 経営改革を行い地域における金融の円滑化等健全な金融機能を発揮しうる金融機関に対して国が資本参加する新たな公的資金制度を創設するもの〔公布：16.6.18、施行：16.8.1〕 ○預金保険法の一部を改正する法律 銀行持株会社等に対する資本増強を可能とする等の措置を講ずるための規定を整備するもの〔公布：16.6.18、施行：16.8.1〕

平成16年 第161回 臨時国会		○信託業法 信託の利用者の保護を図りつつ、受託可能財産の範囲や信託サービスの担い手の拡大等を行うための規定を整備〔公布：16.12.3、施行：16.12.30〕 ○金融先物取引法の一部を改正する法律 外国為替証拠金取引等を取り扱う業者を「金融先物取引業者」の定義に含め規制対象とするとともに、顧客保護のために必要な規制を整備〔公布：16.12.8、施行：17.7.1〕
平成17年 第162回 通常国会	○証券取引法の一部を改正する法律 公開買付制度の適用範囲の見直し、親会社等情報の開示制度、英文開示制度、継続開示義務違反に係る課徴金制度の導入等〔公布：17.6.29、施行：17.7.9、17.12.1等〕 ○会社法 会社法制の現代化を図るため、現行の商法第2編、有限会社法、監査特例法等の各規定について、1つの法典として再編成するとともに、会社法制に関するさまざまな制度の見直しを行うもの〔公布：17.7.26、施行：18.5.1〕	○保険業法等の一部を改正する法律 保険業法の適用範囲・保険契約者保護制度の見直し、小額短期保険業者の特例の創設、保険会社の子会社規制の緩和等を行うもの〔公布：17.5.2、施行：18.4.1〕
平成17年 第163回 臨時国会		○銀行法等の一部を改正する法律 銀行代理業制度等の創設、銀行等の子会社規制・業務規制等の緩和、銀行等の適切な業務運営確保のための措置等〔公布：17.11.2、施行：18.4.1〕
平成18年 第164回 通常国会	○証券取引法等の一部を改正する法律 証券取引法等の一部を改正する法律の施行に伴う関係法律の整備等に関する法律 投資性の強い金融商品を幅広く対象とする横断的な制度の整備（金融商品取引法）、公開買付制度・大量保有報告制度の見直し、四半期報告制度の導入および財務報告に係る内部統制の強化等に関する制度整備、開示書類の虚偽記載等の罰則強化・見せ玉の刑事罰等の対象化、取引所における自主規制機能の独立性強化に関する制度整備、その他関係法律の整備〔公布：18.6.14、施行：一部について18.7.4、その他19.9.30〕	

平成18年 第165回 臨時国会		○信託法 信託法の施行に伴う関係法律の整備等に関する法律 自己信託・受益証券発行信託・限定責任信託・受益者の定めのない信託の創設、受託者の忠実義務や自己執行義務に関する規定の合理化、受益者の帳簿等の作成・保存・報告・閲覧等の規定の整備、受益者による差止請求の制度の導入、その他関係法律の整備〔公布：18.12.15、施行：19.9.30〕 ○貸金業の規制等に関する法律等の一部を改正する法律 参入厳格化、貸金業規制の自主規制機能強化、行為規制の強化、業務改善命令の導入、上限金利の引下げ、ヤミ金融に対する罰則強化〔公布：18.12.20、施行：19.1.20、20.12.19、21.6.18、22.6.18〕
平成19年 第166回 通常国会		○電子記録債権法 磁気ディスク等をもって電子債権記録機関が作成する記録原簿への電子記録を債権の発生、譲渡等の効力要件とする電子記録債権について規定するとともに、電子債権記録機関に対する監督等について必要な事項を定めることにより、電子記録債権制度を創設〔公布：19.6.27、施行：20.12.1〕 ○犯罪による収益の移転防止に関する法律〔公布：19.3.31、施行：19.4.1〕
平成20年 第169回 通常国会	○金融商品取引法等の一部を改正する法律 プロ向け市場創設、ETF等の多様化、ファイアーウォール規制の見直し、銀行等・保険会社の業務範囲の見直し、課徴金制度の見直し、その他関係法律の整備〔公布：20.6.13、施行：20.12.12、21.6.1〕	○保険法 保険法の施行に伴う関係法律の整備に関する法律 商法上の保険契約と共済契約を含め保険契約一般につき新たに法典化、関係法律の整備、その他〔公布：20.6.6、施行：22.4.1〕
平成21年 第170回 臨時国会		○金融機能の強化のための特別措置に関する法律及び金融機関等の組織再編成の促進に関する特別措置法の一部を改正する法律 国による株式等の引受け等に係る申込みの期限の延長、株式等の引受け等の要件等の修正、協同組織中央金融機関等に対

第2節 証券市場をめぐる法規制　29

		する資本の増強に関する特別措置の新設〔公布：20.12.16、施行：20.12.17〕 ○保険業法の一部を改正する法律 生命保険契約者等保護に係る特例措置の延長〔公布：20.12.16、施行：20.12.16〕
平成21年 第171回 通常国会	○金融商品取引法等の一部を改正する法律 開示規制の見直し、特定投資家（プロ）と一般投資家（アマ）の移行手続の見直し、有価証券店頭デリバティブ取引への分別管理義務の導入、信用格付業者の業務に関する規定の整備、金融商品取引所と商品取引所の相互乗入れ、指定紛争解決制度の創設〔公布：21.6.24、施行：22.4.1、22.6.18、22.7.1、22.9.30、22.10.1、23.1.1〕	○資金決済に関する法律 前払式支払手段の発行、銀行等以外の者が行う為替取引及び銀行等の間で生じた為替取引に係る債権債務の清算についての必要な措置の整備等、その他〔公布：21.6.26、施行：22.4.1〕
平成22年 第173回 臨時国会		○中小企業者等に対する金融の円滑化を図るための臨時措置に関する法律 銀行等の金融機関に対し、中小企業者等からの貸付条件の変更等の申込みに応じる努力義務を課し、貸付条件の変更に対応するための体制整備、実施状況等の開示、当局への報告等を求めるもの〔公布：21.12.3、施行：21.12.4〕
平成22年 第174回 通常国会	○金融商品取引法等の一部を改正する法律 一定の店頭デリバティブ取引等に関する清算機関の利用義務づけ、証券会社・保険会社の連結規制・監督の導入、その他〔公布：22.5.19、施行：22.5.19、22.6.8、23.4.1、一部未施行〕	
平成22年 第176回 臨時国会		○保険業法等の一部を改正する法律の一部を改正する法律 一定の共済事業者について、保険業法の規制の特例を設け、当分の間その実態に則した監督を行うもの〔公布：22.11.19、施行：23.5.13〕
平成23年 第177回 通常国会		○中小企業者等に対する金融の円滑化を図るための臨時措置に関する法律の一部を改正する法律 法律の失効期限を1年間延長するもの〔公布：23.3.31、施行：23.3.31〕

ではカバーできない新たな金融商品・サービスが次々と現れるなか、あらゆる金融商品・サービスを包括的に規制する「金融サービス法」の制定に対する要請が強まった。この要請に応えるべく、2000年に制定された金融商品の販売等に関する法律（金融商品販売法）は、証券だけでなく預金や保険も規制の対象に含むものであったものの、金融商品・サービスの販売・勧誘の側面のみを規制するもの（具体的には、金融商品の販売を行う業者に対し元本毀損リスクの説明義務と損害賠償義務を課し、また勧誘方針の策定・公表を義務づけるもの）であり、金融商品・サービスの組成から償還までを包括的に規制するには至らないものであった。

一方、金融商品販売法の制定の後も、従来の法規制の隙間で開発された金融商品・サービス（たとえば、組合契約等を利用した各種ファンドや外国為替証拠金取引など）による投資被害が多発し、早急な投資家保護法制の策定が求められた。そこで、預金や保険も含めたあらゆる金融商品・サービスを規制する「金融サービス法」の制定は将来的な検討課題としたうえ、まずは、元本の毀損のおそれのある「投資サービス」（投資性商品）に限って横断的に規制する「投資サービス法」の制定を目指すという方針が定められた。こうした議論の流れを受け、2005年12月に金融審議会金融分科会第一部会が取りまとめた「―投資サービス法（仮称）に向けて―」に基づき、翌2006年6月7日、証券取引法の全面的改正によって、金商法が制定された。

金商法の制定によって行われた改革の柱は、以下で述べる①横断的規制の整備、②開示制度の拡充、③罰則強化、④取引所の自主規制機能強化である。

(1) 投資性商品を幅広く対象とする横断的な規制の整備

まず、「証券取引法」という法令名を「金融商品取引法」に改称し、あらゆる投資性商品について横断的に規制する法であることを明らかにした。

具体的な規定としては、「集団投資スキーム」（いわゆるファンド。原則多数の投資家から集めた資金を運用し収益を分配する仕組み。民法上の組合契約等を利用する）に関する権利について、有価証券として包含する定義規定を設け

たほか、抵当証券、信託受益権の全般を有価証券として規制対象とした。さらに、デリバティブ取引の定義に有価証券以外の資産を原資産とするものも含め、天候デリバティブ取引、クレジットデリバティブ取引、金利スワップ取引などを新しく規制対象とした。

そのうえで、有価証券およびデリバティブ取引に係る販売・勧誘業務のほか、資産運用・助言業務および有価証券等管理業務を包括的に「金融商品取引業」と位置づけ（規制の横断化）、原則登録制とするとともに、その業務内容に応じた登録拒否要件を整備した（規制の柔軟化）。

これにより、従来縦割りで規制されていた、「証券業」（証券取引法及び外国証券業者に関する法律）、「金融先物取引業」（金融先物取引法）、「抵当証券業」（抵当証券業の規制等に関する法律）、「信託受益権販売業」（信託業法）、「商品投資販売業」（商品投資に係る事業の規制に関する法律）、「投資顧問業」（有価証券に係る投資顧問業の規制等に関する法律）、「投資一任契約に係る業務」（有価証券に係る投資顧問業の規制等に関する法律）、「投資信託委託業及び投資法人資産運用業」（投資信託及び投資法人に関する法律）が、金融商品取引業に統合された。

金融商品取引業者に対しては、契約締結前の書面交付義務や適合性原則をはじめとして、利用者保護のための行為規制を横断的に適用することとした一方で、顧客がプロの投資家（適格機関投資家および特定投資家）である場合には、契約締結前の書面交付義務等を適用除外とするなど、行為規制の適用を柔軟化することとした。

また、「銀行業」「保険業」「信託業」については、各業法において高度な業規制が課されていたことから、金商法の直接の対象とはしなかったものの、「同じ経済的性質を有する金融商品・サービスには同じルールを適用する」との考え方のもと、投資性の強い預金・保険・信託（デリバティブ預金、外貨預金、変額保険等）については、金商法と同等の行為規制が適用されるよう、各業法を改正した。さらに、「不動産特定共同事業」（複数の投資家が出資して、不動産会社などが不動産投資等を行い、その運用収益を投資家に分配する事業）については、不動産特定共同事業法において不動産の特性をふまえた固有の規制が多く定められていたこと、「商品先物取引業」について

は、農産物や石油・金属等の現物のやりとりも行われる商品市場に関する制度としての側面があることをふまえ（旧）商品取引所法において規制されていたことから、引き続きこれらの法律において規制することとしたものの、これらの取引についても金商法とおおむね同等の行為規制が課せられるよう法改正を行った。なお、（旧）商品取引所法は2009年に大幅に改正され「商品先物取引法」となった。この改正において、投資家がプロ（特定投資家）かアマ（一般投資家）かで規制に強弱をつけるいわゆる「プロ・アマ規制」（金商法45条、商品先物取引法220条の4）や「不招請勧誘の禁止」（金商法38条1項4号、商品先物取引法214条1項9号）など、金商法には導入されていたが（旧）商品取引所法においては導入されていなかった規制が導入され、よりその規制内容が近づくこととなった。

(2) 開示制度の拡充

金商法は、企業合併・買収（M&A）件数の急速な伸びをふまえ、公開買付制度について市場内外の取引を組み合わせた買付けへの対応、投資者への情報提供の充実、公開買付期間の伸長、公開買付けの撤回等の柔軟化、応募株式の全部買付けの一部義務化、買付者間の公平性の確保等についての措置を講じた。

また、大量保有報告制度（いわゆる「5％ルール」）について、機関投資家に認められている特例報告に係る報告期限・頻度の見直し、特例報告制度が適用されない「事業支配目的」の明確化、大量保有報告書の電子提出の義務化等の規定の整備を行った。

このほか、それまで取引所の自主ルールに基づいて行われていた上場企業の四半期開示を法定の制度として位置づけた。また、財務報告に係る内部統制の有効性に関し、経営者による評価と公認会計士による監査を義務化するとともに、これに関する確認書の提出を義務づけることとした（この規制に関する規定は、「J-SOX法」と呼称されることがある）。

(3) 開示書類の虚偽記載および不公正取引の罰則強化

開示書類の虚偽記載および不公正取引に対する規制の実効性を確保するため、有価証券届出書等の虚偽記載、風説の流布・偽計、相場操縦およびインサイダー取引等の不公正取引について罰則を強化した。

(4) 取引所における自主規制機能の強化等

取引所の自主規制機能の遂行の独立性を確保するため、自主規制業務を担う機関として、「自主規制法人」(別法人)の設立、または「自主規制委員会」(同一法人内の別組織)の設置を可能とする制度を整備した。また、株式会社形態の取引所がその株式等を上場する場合の内閣総理大臣の承認制度を整備した。あわせて、株式会社形態の取引所の主要株主規制として、金融商品取引所、地方公共団体等を除き一者で20％以上の議決権の取得・保有を禁止することとした。

以上が金商法の制定によって行われた改革の柱である。

2006年に制定された金商法であるが、その後も金融市場の急速な変化に柔軟に対応するために累次にわたる改正が行われている。なかでも2008年の改正は、①多様な資産運用・調達機会の提供のためのプロ向け市場の創設およびETF（Exchange-Traded Fund、上場投資信託）の多様化、②多様で質の高い金融サービスの提供のための証券・銀行・保険会社間のファイアーウォール規制の見直し、③公正・透明で信頼性のある市場の構築のための課徴金制度の見直しを柱とするものであるが、このうち、②の証券・銀行・保険会社間のファイアーウォール規制の見直しは、銀行の証券子会社による証券業務に大きな影響を与える改正（具体的には取締役等の兼職規定の撤廃等）であった（証券子会社による証券業務については、本章第5節「グループ会社による証券関連業務」で詳述する）。

❸ 金融商品取引法の概要

(1) 特　色

　金商法は、投資家の保護を主眼とし、発行・流通市場の円滑化を図るものであり、証券市場にかかわる法規制の中核をなしている。金商法の規制の枠組みは、①投資判断のための適切な情報の開示を目的とするディスクロージャー規制、②証券取引の公正の確保を目的とする不公正取引の禁止規制、③仲介業者や取引所をはじめ証券取引に関与する業者や機関にかかわる規制、の3つの規制を基本的な柱としている。

(2) 金融商品取引法上の重要概念・制度

　以下では、金商法上の重要な概念や制度について簡単に解説することとする（図表1-11、図表1-12）。

図表1−11　金融商品取引法の体系

	金融商品取引法		金融商品取引法施行令
第1章	総則（1・2条）	第1章	総則（1条〜1条の21）
第2章	企業内容等の開示（2条の2〜27条）	第2章	企業内容等の開示（2条〜5条）
第2章の2	公開買付けに関する開示（27条の2〜27条の22の4）	第3章	公開買付けに関する開示（6条〜14条の3の13）
第2章の3	株券等の大量保有の状況に関する開示（27条の23〜27条の30）	第3章の2	株券等の大量保有の状況に関する開示（14条の4〜14条の9）
第2章の4	開示用電子情報処理組織による手続の特例等（27条の30の2〜27条30の11）	第3章の3	開示用電子情報処理組織による手続の特例等（14条の10〜14条の13）
第2章の5	特定証券情報等の提供又は公表（27条の31〜27条の35）	第3章の4	特定証券情報等の提供又は公表（14条の14）
第3章	金融商品取引業者等（28条〜65条の6）	第4章	金融商品取引業者等（15条〜17条の16）
第3章の2	金融商品仲介業者（66条〜66条の26）	第4章の2	金融商品仲介業者（18条〜18条の4）
第3章の3	信用格付業者（66条の27〜66条の49）	第4章の3	信用格付業者（18条の4の2〜18条の4の8）
第4章	金融商品取引業協会（67条〜79条の19）	第4章の4	金融商品取引業協会（18条の4の9〜18条の4の11）
第4章の2	投資者保護基金（79条の20〜79条の80）	第4章の5	投資者保護基金（18条の5〜18条の15）
第5章	金融商品取引所（80条〜154条の2）	第5章	金融商品取引所（19条〜19条の3の16）
第5章の2	外国金融商品取引所（155条〜156条）	第5章の2	外国金融商品取引所（19条の4）
第5章の3	金融商品取引清算機関等（156条の2〜156条の22）		
第5章の4	証券金融会社（156条の23〜156条の37）	第5章の3	証券金融会社（19条の5、19条の6）
第5章の5	指定紛争解決機関（156条の38〜156条の61）	第5章の4	指定紛争解決機関（19条の7〜19条の9）
第6章	有価証券の取引等に関する規制（157条〜171条）	第6章	有価証券の取引等に関する規制（20条〜33条の4）
第6章の2	課徴金（172条〜185条の21）	第6章の2	課徴金（33条の5〜33条の17）
第7章	雑則（186条〜196条の2）	第7章	雑則（34条〜37条）
第8章	罰則（197条〜209条）	第8章	権限の委任（37条の2〜44条の5）
第9章	犯則事件の調査等（210条〜227条）	第9章	犯則事件の調査等（45条）

関連する主要な政省令
金融商品取引法第二条に規定する定義に関する内閣府令
企業内容等の開示に関する内閣府令、外国債等の発行者の内容等の開示に関する内閣府令
特定有価証券の内容等の開示に関する内閣府令
財務計算に関する書類その他の情報の適正性を確保するための体制に関する内閣府令
発行者以外の者による株券等の公開買付けの開示に関する内閣府令
発行者による上場株券等の公開買付けの開示に関する内閣府令
株券等の大量保有の状況の開示に関する内閣府令
開示用電子情報処理組織による手続の特例等に関する内閣府令
証券情報等の提供又は公表に関する内閣府令
金融商品取引業等に関する内閣府令 金融商品取引業者営業保証金規則
金融商品取引業協会等に関する内閣府令
投資者保護基金に関する命令
金融商品取引所等に関する内閣府令
金融商品取引清算機関等に関する内閣府令
証券金融会社に関する内閣府令
金融商品取引法第五章の五の規定による指定紛争解決機関に関する内閣府令
有価証券の取引等の規制に関する内閣府令 金融商品取引法第百六十一条の二に規定する取引及びその保証金に関する内閣府令
金融商品取引法第六章の二の規定による課徴金に関する内閣府令
財務諸表等の監査証明に関する内閣府令　上場株式の議決権の代理行使の勧誘に関する内閣府令　証券取引等監視委員会の職員が検査及び犯則事件の調査をするときに携帯すべき証票等の様式を定める内閣府令　財務諸表等の用語、様式及び作成方法に関する規則　中間財務諸表等の用語、様式及び作成方法に関する規則　連結財務諸表の用語、様式及び作成方法に関する規則　中間連結財務諸表の用語、様式及び作成方法に関する規則　四半期財務諸表等の用語、様式及び作成方法に関する規則　四半期連結財務諸表の用語、様式及び作成方法に関する規則

図表1-12　金融商品取引業等
法：金融商品取引法
1　金融商品取引業（法2条8項）

第一種金融商品取引業（法28条1項）			法2条8項で相当する箇所
1号	一項有価証券（注1）についての		
	①	売買・市場デリバティブ取引・外国市場デリバティブ取引	1号
	②	①の媒介・取次ぎ・代理	2号
	③	「取引金融商品市場・外国金融商品市場における有価証券の売買・市場デリバティブ取引・外国市場デリバティブ取引」の委託の媒介・取次ぎ・代理	3号
	④	有価証券等清算取次ぎ	5号
	⑤	有価証券の売出し・特定投資家向け売付勧誘等	8号
	⑥	有価証券の募集・売出しの取扱い、私募・特定投資家向け売付勧誘等の取扱い	9号
2号	①	店頭デリバティブ取引、その媒介・取次ぎ・代理	4号
	②	有価証券等清算取次ぎ	5号
3号	①	有価証券の元引受け	6号
	②	有価証券の引受け	6号
4号	私設取引システムによる有価証券の売買、その媒介・取次ぎ・代理		10号
5号	①	法2条8項1号～10号に掲げる行為に関して、顧客から金銭または有価証券もしくは証書の預託を受けること	16号
	②	社債、株式等の振替に関する法律に基づき振替口座の開設を受け社債等の振替えを行うこと	17号

第二種金融商品取引業（法28条2項）			法2条8項で相当する箇所
1号	有価証券（次に掲げるものに限る）の募集または私募		7号
	①	委託者指図型投資信託の受益権に係る受益証券	
	②	外国投資信託の受益証券	
	③	抵当証券、外国抵当証券	

	④ ①〜③に掲げる有価証券に表示されるべき権利であって、法2条2項により有価証券とみなされるもの	
	⑤ 法2条2項5号・6号に掲げる権利（集団投資スキーム持分）	
	⑥ ①〜⑤以外に政令で定める有価証券（受益証券発行信託の受益証券）	
2号	二項有価証券（注2）についての	
	① 売買・市場デリバティブ取引・外国市場デリバティブ取引	1号
	② ①の媒介・取次ぎ・代理	2号
	③ 「取引金融商品市場・外国金融商品市場における有価証券の売買・市場デリバティブ取引ぎ・外国市場デリバティブ取引」の委託の媒介・取次ぎ・代理	3号
	④ 有価証券等清算取次ぎ	5号
	⑤ 有価証券の売出し・特定投資家向け売付勧誘等	8号
	⑥ 有価証券の募集・売出しの取扱い、私募・特定投資家向け売付勧誘等の取扱い	9号
3号	有価証券以外についての	
	① 市場デリバティブ取引・外国市場デリバティブ取引	1号
	② ①の媒介・取次ぎ・代理	2号
	③ ①の委託の媒介・取次ぎ・代理	3号
	④ 有価証券等清算取次ぎ	5号
4号	法2条8項1号〜17号に掲げる行為に類するものとして政令で定める行為（委託者指図型投資信託の受益権・外国投資信託の受益証券の募集・私募に係る当該受益権等の転売を目的としない買取り）	18号

投資助言・代理業（法28条3項）		法2条8項で相当する箇所
1号	有価証券・金融商品の価値等に関し、投資顧問契約を締結し、当該投資顧問契約に基づき、助言を行うこと	11号
2号	投資顧問契約・投資一任契約の締結の代理・媒介	13号

第2節　証券市場をめぐる法規制　39

投資運用業（法28条4項）			法2条8項で相当する箇所
1号	次のいずれかの契約を締結し、当該契約に基づき、金融商品の価値等の分析に基づく投資判断に基づいて有価証券またはデリバティブ取引に係る権利に対する投資として、金銭その他の財産の運用（その指図を含む）を行うこと ①　投資法人と締結する資産運用委託契約 ②　投資一任契約		12号
2号	金融商品の価値等の分析に基づく投資判断に基づいて有価証券またはデリバティブ取引に係る権利に対する投資として、投資信託の受益証券等の権利者から拠出された財産を運用すること		14号
3号	金融商品の価値等の分析に基づく投資判断に基づいて主として有価証券またはデリバティブ取引に係る権利の投資として、次に掲げる権利等を有する者から出資・拠出を受けた金銭その他の財産の運用を行うこと ①　受益証券発行信託（外国の法令に基づくものを含む）の受益証券 ②　信託受益権（外国の者に対する権利を含む） ③　法2条2項5号・6号に掲げる権利（集団投資スキーム持分（外国の法令に基づくものを含む））		15号

（注1）　一項有価証券＝法2条1項各号に掲げる有価証券
　　　　　　　　　　法2条2項の規定により有価証券とみなされる有価証券表示権利
（注2）　二項有価証券＝法2条2項各号に掲げる権利（有価証券表示権利を除く）

2　金融商品仲介業（法2条11項）

他の金融商品取引業者（第一種金融商品取引業または投資運用業を行う者に限る）または登録金融機関の委託を受けて、次のいずれかの行為を行う業務		法2条8項で相当する箇所
1号	有価証券の売買の媒介（私設取引システムによるものを除く）	1号
2号	取引所金融商品市場・外国金融商品市場における有価証券の売買・市場デリバティブ取引・外国市場デリバティブ取引の委託の媒介	3号

40　第1章　証券市場の概要

3号	有価証券の募集・売出しの取扱い、私募・特定投資家向け売付勧誘等の取扱い	9号
4号	投資顧問契約・投資一任契約の締結の媒介	13号

3　登録金融機関業務（法33条の2）

1号	書面取次行為		
2号	33条2項各号に掲げる有価証券または取引についての当該各号に定める行為（33条1項ただし書に該当するものを除く）		
		対象となる有価証券または取引	対象となる行為
	1号	国債証券、地方債証券、政府保証債、短期社債、特定社債券、資産流動化法上の優先出資証券、貸付信託受益証券、特定目的信託受益証券、受益証券、受益証券発行信託の受益証券、抵当証券、二項有価証券　等	・2条8項1号～3号 ・2条8項6号 ・2条8項8号 ・2条8項9号
	2号	投資信託及び投資法人に関する法律に定める投資信託受益証券、投資証券、投資法人債券　等	・2条8項1号～3号 ・2条8項9号 （売出しの取扱いおよび特定投資家向け売付け勧誘等の取扱いを除く）
	3号	外国国債	・市場デリバティブ取引等 ・私募の取扱い ・金融商品仲介業（2条11項1号～3号）
	4号	1号～3号に掲げる有価証券以外の有価証券等	・私募の取扱い （政令で定める有価証券に係るものを除く） ・金融商品仲介業（2条11項1号～3号）
	5号	1号に掲げる有価証券に係る店頭デリバティブ取引、2号～4号に掲げる有価証券に係る店頭デリバ	・2条8項4号 （店頭デリバティブ取引等）

		ティブ取引（差金決済のものに限る）	
	6号	有価証券の売買および有価証券関連デリバティブ取引その他政令で定める取引	・有価証券等清算取次
3号	有価証券関連デリバティブ取引等を除くデリバティブ取引等 有価証券の売買および有価証券関連デリバティブ取引等以外についての有価証券清算取次ぎ		
4号	法2条8項7号に掲げる行為（委託者指図型投資信託の受益権に係る受益証券等の自己募集）		
各号列記以外の部分	投資助言・代理業 有価証券等管理業務		

4　金融商品取引業の適用除外行為（法2条8項柱書、金商法施行令1条の8の6、金融商品取引法第二条に規定する定義に関する内閣府令15条、16条）

	令1条の8の6で相当する箇所
(イ)国・(ロ)地方公共団体・(ハ)日本銀行・(ニ)外国政府その他の外国の法令上(イ)〜(ハ)に掲げる者に相当する者が行う行為	1号
有価証券の売買・デリバティブ取引、その媒介・取次・代理等	
○(イ)デリバティブ取引に関する専門的知識および経験を有すると認められるとして内閣府令で定める者（※）、(ロ)資本金の額が10億円以上の株式会社を相手方とする店頭デリバティブ取引（有価証券関連店頭デリバティブ取引を除く） ※ (i)金融商品取引業者（第一種金融商品取引業を行う者に限る）・登録金融機関、(ii)適格機関投資家、(iii)外国の法令上(i)(ii)に掲げる者に相当する者、(iv)金融庁長官が指定する者 ○勧誘をせずに金融商品取引業者等の代理・媒介により行う信託	2号 4号

	受益権の販売	4号
	○投資運用業者が外国において投資運用業を営むその子会社等の委託を受けて行うもの	4号
	○為替リスクをヘッジする目的で行う先渡取引・オプション取引 ・物品の売買等を業とする者が、当該事業者を相手方として行う取引 ・有価証券報告書提出会社が子会社向けに行う取引	
有価証券の引受け		
	○第二種金融商品取引業者（資本金5,000万円以上）による、リース事業を行う匿名組合（完全子会社が営業者であるものに限る）の出資持分の引受け	4号
	○第二種金融商品取引業者による、2層構造不動産ファンドの子ファンド持分の引受け（親ファンドに取得させることを目的とするもの）	4号
	○信託会社等が、自ら受託した信託に係る信託受益権の募集・私募に際して行う当該信託受益権の引受け	4号
	○一定の要件を満たす従業員持株会を通じた株式所有スキームにおいて行う引受け	4号
投資一任契約に基づく運用行為		
	○金融商品取引業者が外国において金融商品取引業を営むその子会社等のために行う投資一任契約に係る行為	4号
	○商品投資顧問業者等が商品投資に付随して為替リスクをヘッジする目的で行う通貨デリバティブへの投資運用を行う投資一任契約に係る業務	4号
自己運用等		
	○集団投資スキームのうち、投資一任契約により運用権限の全部を投資運用業登録業者に委託して所要の届出等をしている場合における自己運用行為	4号
	○集団投資スキームのうち、2層構造不動産ファンドで親ファンド運営者が所要の届出等をしている場合における自己運用行為	4号
	○競走用馬ファンドスキームにおける自己運用行為	4号
	○外国集団投資スキームのうち、出資者が合計10名未満の適格機関投資家・特例業務届出者に限られ、かつこれらの者の出資額が当該外国集団スキームの総出資者が3分の1以下である場合における自己運用行為	4号

○商品ファンドスキームにおける一の法人への全部出資に係る投資運用行為	3号
有価証券等管理行為	
○第二種金融商品取引業者（資本金5,000万円以上）が信託受益権・集団投資スキーム持分に係る募集・私募の取扱いに関して顧客から金銭の預託を受ける行為であって、当該金銭について分別管理をしているもの	4号
○外国口座管理機関や投資信託受益権の募集または私募を行う金融商品取引業者が自己財産と分別して行う社債等の振替え	4号

A 有価証券とデリバティブ取引

　金商法は「有価証券」と「デリバティブ取引」に対して適用される。たとえば、有価証券の売買やデリバティブ取引等を業として行うことが金融商品取引業であるとされ（金商法2条8項）、ディスクロージャー関係規定や不公正取引禁止規定は有価証券の発行や売買、デリバティブ取引に対して適用される。よって、これらの概念についてその範囲等を理解することはきわめて重要である。

　また、金商法33条1項は銀行が有価証券の売買、デリバティブ取引、これらの売買や取引の取次などの業務（「有価証券関連業」。金商法28条8項。旧証券取引法における証券業に相当する）を行うことを原則として禁じており、基本的には、ある商品や取引が有価証券もしくはデリバティブ取引に該当するかどうかという問題が、銀行における取扱可否を規定することになる（ただし近年の規制緩和の結果、銀行本体による有価証券関連業への参入は一定程度可能になっており、また、種々の制約のもとではあるが、証券子会社を通じて銀行グループとして有価証券関連業への参入が可能となっている。この点については第4節以降詳述する）。

a 有価証券

　金商法が適用される有価証券および権利は以下のとおり。

規定 (法2条)		種類	具体例等
有価証券			
1項1号	1	国債証券	
1項2号	2	地方債証券	
1項3号	3	特別法により法人の発行する債券（4および11を除く）	独立行政法人の発行する債券、金融債
1項4号	4	資産の流動化に関する法律（以下「資産流動化法」という）に規定する特定社債券	
1項5号	5	社債券（相互会社の社債券を含む）	
1項6号	6	特別法により設立された法人の発行する出資証券（7、8、11を除く）	日本銀行の出資証券
1項7号	7	協同組織金融機関の優先出資に関する法律に規定する優先出資証券	農林中金、信金中金等の優先出資証券
1項8号	8	資産流動化法に規定する優先出資証券または新優先出資引受権を表示する証券	
1項9号	9	株券または新株予約権	
1項10号	10	投資信託または外国投資信託の受益証券	
1項11号	11	投資証券もしくは投資法人債券または外国投資証券	
1項12号	12	貸付信託の受益証券	
1項13号	13	資産流動化法に規定する特定目的信託の受益証券	
1項14号	14	信託法に規定する受益証券発行信託の受益証券	
1項15号 (定義府令2条)	15	法人が事業に必要な資金を調達するために発行する約束手形のうち、内閣府令で定めるもの	コマーシャル・ペーパー（CP）
1項16号	16	抵当証券法に規定する抵当証券	
1項17号	17	外国または外国の者の発行する証券または証書	外国株、海外CP

			で1〜9、12〜16の性質を有するもの（18を除く）	
1項18号	18		外国の者の発行する証券または証書で銀行業を営む者その他の金銭の貸付を業として行う者の貸付債券を信託する信託の受益権またはこれに類する権利を表示するもののうち、内閣府令で定めるもの	外国貸付債権受益証券等
1項19号	19		有価証券に係るオプションを表示する証券または証書	カバードワラント
1項20号	20		預託証券・預託証書	預託証券（DR）
1項21号（施行令1条）	21		1〜20のほか、流通性その他の事情を勘案し、公益または投資者の保護を確保することが必要と認められるものとして政令で定める証券または証書	海外CD（譲渡性預金）、学校債（内、金銭債権（指名債権でないもの）に係る証券または証書）
みなし有価証券				
2項	22		① 1〜15、17、18の有価証券に表示されるべき権利、16、17、19〜21の有価証券であって内閣府令で定めるものに表示されるべき権利（有価証券が発行されていないもの：有価証券表示権利） ② 電子記録債権法に規定する電子記録債権のうち政令で定めるもの	①振替国債、振替社債、振替株式等ペーパーレス化されたもの ②電子記録債権
2項1号	23		信託受益権	
2項2号	24		外国の者に対する権利で、23の権利の性質を有するもの	
2項3号	25		合名会社もしくは合資会社の社員権（政令で定めるものに限る）または合同会社の社員権	
2項4号	26		外国法人の社員権で25の権利の性質を有するもの	
2項5号	27		民法上の任意組合、商法上の匿名組合、投資事業有限責任組合契約または有限責任事業組合契	

		約に基づく権利、社団法人の社員権その他の権利のうち、当該権利を有する者が出資または拠出をした金銭を充てて行う事業から生ずる収益の配当または当該出資対象事業に係る財産の分配を受けることができる権利（集団投資スキーム持分）	
2項6号	28	外国の法令に基づく権利で、27に類するもの	
2項7号（施行令1条の3の4）	29	23〜28のほか、1〜28と同様の経済的性質を有することその他の事情を勘案し、有価証券とみなすことにより公益または投資者の保護を確保することが必要かつ適当と認められるものとして政令で定める権利	学校債（内、貸付に係る債権）

※「施行令」：金融商品取引法施行令、「定義府令」：金融商品取引法第2条に規定する定義に関する内閣府令

b　デリバティブ取引

　金商法では、デリバティブ取引を取引が行われる場所に応じて、「市場デリバティブ取引」「店頭デリバティブ取引」「外国市場デリバティブ取引」に分類して規定している（金商法2条20項）。なお、それぞれの分類において限定列挙に加えて「政令で定める取引」という条項を設けることで、今後従来の取引類型に当てはまらない新たな取引が現れた場合も、投資家保護の必要性に応じて政令で個別に定めることとし、機動的にデリバティブ取引として規制の対象とすることを可能としている。

(a)　**市場デリバティブ取引**（金商法2条21項）

　金融商品市場において、金融商品市場を開設する者の定める基準および方法に従って行う以下の取引をいう。

① 　金融商品先物取引（1号）……売買の当事者が将来の一定時期に、金融商品およびその対価の授受を約する売買で、その売買の目的となっている金融商品の転売または買戻しをしたときは、差金の授受によって決済できる取引。

② 　金融指標先物取引（2号）……当事者があらかじめ金融指標として約定する数値の差に基づいて算出される金銭の授受を約する取引。

③ 金融商品等のオプション取引（3号）……当事者の一方の意思表示により、当事者で金融商品の売買や金融指標先物取引等を成立させることができる権利を相手方が当事者の一方に付与し、当事者の一方がこれに対して対価を支払うことを約束する取引。
④ 金利等のスワップ取引（4号）……当事者が元本として定めた金額について当事者の一方が相手方と取り決めた金融商品の利率等、または金融指標の約定した期間における変化率に基づいて金銭を支払うことを相互に約する取引。
⑤ 特定の事由の発生に係る市場デリバティブ取引（5号）……クレジットデリバティブ取引など。
⑥ その他政令で定める取引（6号）……現状、特段定められていない。

(b) **店頭デリバティブ取引**（金商法2条22項）

金融商品市場および外国金融商品市場によらず、相対で行う以下の取引をいう。

① 金融商品先渡取引（1号）……売買の当事者が将来の一定の時期に金融商品およびその対価の授受を約する売買で、その売買の目的となっている金融商品の売戻しまたは買戻し等をしたときに差金の授受で決済することができる取引。
② 金融指標先渡取引（2号）……約定数値と現実数値の差に基づいて算出される金銭の授受を約する取引またはこれに類似する取引。
③ 金融商品等店頭オプション取引（3号）……当事者の一方の意思表示によって、当事者間で金融商品の売買や金融指標先物取引等の取引を成立させることができる権利を相手方が当事者の一方に付与し、当事者の一方がこれに対して対価を支払うことを約する取引またはこれに類似する取引。
④ 金融指標店頭オプション取引（4号）……当事者の一方の意思表示により、当事者間でその意思表示を行う場合の金融指標としてあらかじめ約定する数値と現にその意思表示を行った時期での現実の金融指標の数値の差に基づいて算出される金銭を授受することとなる取引を成立させることができる権利を、相手方が当事者の一方に付与し、当事者の一方がこれに対して対価を支払うことを約する取引またはこれに類似する取引。

⑤ 金利等スワップ取引（5号）……当事者が元本として定めた金額について当事者の一方が相手方と取り決めた金融商品の利率等もしくは金融指標の約定した期間における変化率に基づいて金銭を支払うことを相互に約する取引またはこれに類似する取引。

⑥ 特定の事由の発生に係る店頭デリバティブ取引（6号）……クレジットデリバティブ取引等。

⑦ その他政令で定める取引（7号）……現状、特段定められていない。

(c) **外国市場デリバティブ取引**（金商法2条23項）

外国金融商品市場において行う取引であって、市場デリバティブ取引と類似の取引をいう。

B　ディスクロージャー規制

ディスクロージャー規制は、金商法における投資家保護の根幹をなすものといえる。この規制の目的は、発行者等に有価証券に関する情報開示義務を課すことによって、投資家に対し合理的な投資判断を行うために必要な情報を提供し、投資家や発行者等当事者間の公平と証券市場における公正の実現を図ることにある。また、こうした情報開示義務が課されることで発行者等の自己規制が促進され、不正行為を抑止する効果も期待される。

金商法は以下4つの開示について定めている。このうち発行開示と継続開示は、おもに発行者が求められる開示であり、公開買付けに関する開示と株券等の大量保有の状況に関する開示は、おもに特定の投資家に求められる開示である（図表1-13）。

図表1-13　ディスクロージャー制度の対象
法：金融商品取引法
令：金融商品取引法施行令
定義府令：金融商品取引法第二条に規定する定義に関する内閣府令

1　適用除外有価証券（法3条）

1号	国債証券、地方債証券
2号	特別法により法人の発行する債券、特別の法律により設立された法人の発行する出資証券、貸付信託の受益証券 （ただし、企業内容等の開示を行わせることが公益または投資者保護のため必要かつ適当なものとして政令で定めるもの（医療法に規定する社会医療法人債券）を除く）
3号	法2条2項各号に掲げる権利（二項有価証券） （ただし、有価証券投資事業権利等（※）を除く） ※a　集団投資スキーム持分のうち、出資額の50%を超える額を有価証券に対して投資する事業を出資対象事業とするもの ※b　集団投資スキーム持分を除く法2条2項各号に掲げる権利のうち、aに規定する集団投資スキーム持分に類するものとして政令で定めるもの 　―出資総額の50%を超える額を有価証券に対する投資に充てて運用または事業を行う信託受益権や合同会社の社員権等法2条2項各号の権利 ※c　学校法人等に対する貸付に係る一定の債権
4号	政府が元本の償還および利息の支払について保証している社債券
5号	1号～4号に掲げる有価証券以外の有価証券で政令で定めるもの（※） ※日本国の加盟する条約により設立された機関が発行する債券で、当該条約により国内での募集または売出しに日本政府の同意を要するもの

2　募集・売出しの概念

［一項有価証券（法2条1項各号に掲げる有価証券、有価証券表示権利）の募集］

募集 （法2条3項 1号、2号）	1	50人以上に勧誘（特定投資家（※）のみに勧誘する場合を除く） ※法2条31項、定義府令23条
	2-a	50人未満または特定投資家のみに勧誘、2-b・2-c・2-dに該当しない場合

適格機関投資家私募 （法2条3項2号イ）	2-b	適格機関投資家（※1、以下「プロ」）、のみに勧誘、プロ以外への勧誘を禁止する譲渡制限がある場合（※2）　※1法2条3項1号、定義府令10条1項　※2令1条の4、定義府令11条
特定投資家私募 （法2条3項2号ロ）	2-c	特定投資家のみに勧誘、金融商品取引業者等が顧客からの委託により、または自己のために行う勧誘であり、かつ、特定投資家以外への勧誘を禁止する譲渡制限がある場合（※）　※1条の5の2
少人数私募 （法2条3項2号ハ）	2-d	50人未満に勧誘、多数の者（50人以上）への勧誘を禁止する譲渡制限がある場合（※）　※令1条の7、定義府令13条

[第2項有価証券（法2条2項各号に掲げる権利（有価証券表示権利を除く））の募集]

募集 （法2条3項3号）		その取得勧誘に応じることにより相当程度多数の者（500名以上）が当該取得勧誘に係る有価証券を所有することになる場合

[第1項有価証券（法2条1項各号に掲げる有価証券、有価証券表示権利）の売出し]

売出し （法2条4項1号）	1	すでに発行された有価証券の売付勧誘等のうち、多数の者（50人以上）を相手方として行う場合（特定投資家のみに勧誘する場合を除く）
	2-a	50人未満または特定投資家のみに勧誘、2-b・2-c・2-dに該当しない場合
適格機関投資家私売出し （法2条4項2号）	2-b	プロのみに勧誘、プロ以外への勧誘を禁止する譲渡制限がある場合（※）　※令1条の7の4、定義府令13条の4
特定投資家私売出し （法2条4項2号）	2-c	特定投資家のみに勧誘、金融商品取引業者等が顧客からの委託により、または自己のために行う勧誘であり、かつ、特定投資家以外への勧誘を禁止する譲渡制限がある場合（※）　※令1条の8の2
少人数私売出し	2-d	50人未満に勧誘、多数の者（50人以上）への勧誘を

(法2条4項2号)	禁止する譲渡制限がある場合（※）　※令1条の8の3、定義府令13条の7

[第2項有価証券（法2条2項各号に掲げる権利（有価証券表示権利を除く））の売出し]

売出し （法2条4項3号）	すでに発行された有価証券の売付勧誘等のうち、その売付勧誘に応じることにより相当程度多数の者（500名以上）が当該売付勧誘に係る有価証券を所有することになる場合

3　有価証券届出書の提出義務（法4条1項〜3項）

[募集・売出しに該当する場合：原則、届出要。ただし、以下は届出不要（法4条1項）]

1号	有価証券の募集または売出しの相手方が、当該有価証券に係る情報をすでに取得している場合または容易に取得することができる場合として政令（※）で定める場合 ※取締役等にストックオプションを付与する場合等
2号	組織再編成により新たに有価証券が発行されまたはすでに発行された有価証券が交付される場合において、当該組織再編成対象会社が発行した株券等について開示が行われていない場合、または当該新たに発行されまたは交付される有価証券について開示が行われている場合
3号	売出しされる有価証券について開示が行われている場合
4号	外国ですでに発行された有価証券またはこれに準ずるものとして政令で定める有価証券（※）の売出しのうち、国内における当該有価証券に係る売買価格に関する情報を容易に取得できること等の政令で定める要件を満たす場合 ※国内ですでに発行された有価証券のうち、その有価証券発行勧誘が国内で行われなかったもの
5号	発行価額または売出価額の総額が1億円未満で内閣府令で定める場合

[募集・売出しに該当しない場合：原則、届出不要。ただし、以下は届出要（法4条2項・3項）]

・新規発行時の取得の申込み勧誘等が適格機関投資家私募等によりなされた有価証券交付勧誘等（売付勧誘等および組織再編成交付手続）で、適格機関投資家が適格機関投資家以外に対して勧誘する場合（ただし、当該有価証券に

ついて開示が行われている場合、および内閣府令で定めるやむをえない理由により行われることその他の内閣府令で定める要件を満たす場合（※）を除く）

※勧誘が当該有価証券の発行者に対して行われる場合

・特定投資家向け有価証券（特定投資家に対して取得勧誘または売付勧誘等がなされた有価証券）について、特定投資家以外の者に対して有価証券交付勧誘等を行う場合

4 適格機関投資家の範囲（法2条3項1号、定義府令10条）

	定義府令10条で相当する箇所
金融商品取引業者（第一種金融商品取引業（有価証券関連業に該当する者に限る）または投資運用業を行う者に限る）	1号
投資信託及び投資法人に関する法律に規定する投資法人、外国投資法人	2号・3号
銀行、保険会社、外国保険会社等	4号・5号・6号
信用金庫・信用金庫連合会、労働金庫・労働金庫連合会	7号
農林中央金庫、株式会社商工組合中央金庫	8号
信用協同組合のうち金融庁長官に届出を行った者・信用協同組合連合会、業として預金もしくは貯金の受入れまたは共済に関する施設の事業をすることができる農業協同組合連合会および共済水産業協同組合連合会	9号
株式会社企業再生支援機構（株式会社企業再生支援機構法22条1項1号ならびに2号イおよびハに掲げる業務（※支援対象事業者に対して他の金融機関が有する債権の買取り、当該事業者の社債の引受け、当該事業者に対する出資）を行う場合に限る）	10号
財政融資資金の管理および運用をする者、年金積立金管理運用独立行政法人	11号・12号
株式会社日本政策金融公庫、沖縄振興開発金融公庫、株式会社日本政策投資銀行	13号・14号
業として預金または貯金の受入れをすることができる農業協同組合	15号

および漁業協同組合連合会	
令1条の9第5号に掲げる者（※主としてコール資金の貸付またはその貸借の媒介を業として行う者のうち金融庁長官の指定するもの）（法33条の2の規定により登録を受けたものに限る）	16号
銀行法施行規則17条の3第2項12号に掲げる業務を行う株式会社のうち、当該業務を行う旨が定款において定められ、かつ、届出時点における資本金の額が5億円以上であるものとして金融庁長官に届出を行った者	17号
投資事業有限責任組合契約に関する法律2条2項に規定する投資事業有限責任組合	18号
厚生年金基金および企業年金基金のうち最近事業年度に係る年金経理に係る貸借対照表における流動資産の金額および固定資産の金額の合計額から流動負債の金額および支払備金の金額等の合計額を控除した額が100億円以上であるものとして金融庁長官に届出を行った者ならびに企業年金連合会	19号
都市再生特別措置法29条1項2号に掲げる業務を行うものとして同項の承認を受けた者（同項2号に掲げる業務を行う場合に限る）	20号
信託業法2条2項・6項に規定する信託会社・外国信託会社（管理型信託会社・管理型外国信託会社を除く）のうち金融庁長官に届出を行った者	21号・22号
次に掲げる要件のいずれかに該当するものとして金融庁長官に届出を行った法人 イ　当該届出を行おうとする日の直近の日における当該法人が保有する有価証券の残高が10億円以上であること ロ　当該法人が業務執行組合員等であって、直近日における組合契約等に係る出資対象事業により業務執行組合員等として当該法人が保有する有価証券の残高が10億円以上であること等の法令で定めるすべての要件に該当すること ハ　当該法人が資産流動化法に規定する特定目的会社であり、資産流動化計画における特定資産に有価証券が含まれ、その価額が10億円以上であること	23号
次に掲げる要件のいずれかに該当するものとして金融庁長官に届出を行った個人 イ　次に掲げるすべての要件に該当すること 　(1)直近日における当該個人が保有する有価証券の残高が10億円以上	24号

上であること (2)当該個人が金融商品取引業者等に有価証券の取引を行うための口座を開設した日から起算して1年を経過していること ロ　当該個人が業務執行組合員等で、直近日における組合契約等に係る出資対象事業により業務執行組合員等として当該個人が保有する有価証券の残高が10億円以上であること等の法令に定めるすべての要件に該当すること	
外国の法令に準拠して外国において次に掲げる業を行う者（個人を除く）で、この号の届出の時における資本金もしくは出資の額または基金の総額がそれぞれ次に定める金額以上であるものとして金融庁長官に届出を行った者 イ　第一種金融商品取引業（有価証券関連業に該当するものに限る）　5,000万円 ロ　投資運用業　　5,000万円 ハ　銀行業　　　　20億円 ニ　保険業　　　　10億円 ホ　信託業　　　　1億円	25号
外国政府、外国の政府機関、外国の地方公共団体、外国の中央銀行および日本国が加盟している国際機関のうち金融庁長官に届出を行った者	26号

（参考）　金融商品取引法における特定投資家（法2条31項、定義府令23条）

〔特定投資家Ⅰ〕 一般投資家への 移行不可	・適格機関投資家 ・国 ・日本銀行
〔特定投資家Ⅱ〕 申出により 一般投資家への 移行可能	・特別の法律により特別の設立行為をもって設立された法人 ・法79条の21に規定する投資者保護基金 ・預金保険機構 ・農水産業協同組合貯金保険機構 ・保険業法に規定する保険契約者保護機構 ・特定目的会社 ・金融商品取引所に上場されている株券の発行者である会社 ・取引の状況その他の事情から合理的に判断して資本金の額が5億円以上であると見込まれる株式会社 ・金融商品取引業者または法63条3項に規定する特例業務届

	出者である法人
	・外国法人

※以下の投資家は申出により特定投資家に移行可能（法34条の3、4、定義府令23条）。
・特定投資家Ⅰ・Ⅱ以外の法人（地方公共団体を含む（注））
・純資産・投資資産の額が3億円以上かつ投資経験1年以上の個人、等
（注）　地方公共団体は、2011年3月31日まで特定投資家Ⅱとして取り扱われていた。

a　発行開示
(a)　発行開示の概要

　金商法上の有価証券の募集または売出し（募集は新たに発行される有価証券の取得の申込みの勧誘をいい、売出しはすでに発行された有価証券の売付けの申込みまたはその買付けの申込みの勧誘をいう）にあたっては、原則として、発行者が内閣総理大臣に対し、当該募集または売出しに関する事項と発行者の商号や経理の状況など発行者に関する所定の事項を記載した有価証券届出書を提出しておく必要がある（金商法4条、5条1項）。届出の効力が生じてからでなければ、有価証券を取得させまたは売り付けてはならない（同法15条1項）。届出書の内容は公衆への縦覧に供せられる（間接開示。同法25条）。また、有価証券を取得させまたは売り付ける際には、目論見書（有価証券届出書の記載事項のうち重要な事項等を記載した書類。同法2条10項、13条2項等）の交付が義務づけられており（同法15条2項）、投資家に対する直接開示が図られている。

　なお、一定期間の継続開示（後述）を行っている会社が募集または売出しを行おうとするときは、有価証券届出書に提出ずみの有価証券報告書等の写しを綴じ込むこと（組込方式。金商法5条3項）、または提出ずみの有価証券報告書等を参照すべき旨を有価証券届出書に記載すること（参照方式。同法5条4項）により、発行者に関する所定の事項の記載にかえることができるという柔軟化が図られている。

　組込方式は1年間以上有価証券報告書の継続開示を行っている発行会社に、参照方式は1年間以上の継続開示に加え一定の周知性要件（たとえば株式の市場取引における取引総額および時価総額が各100億円以上の場合など）を満

図表1-14　発行開示制度（各種発行開示方法一覧）

法：金融商品取引法
開示府令：企業内容等の開示に関する内閣府令

発行開示方法	概　要	利用適格要件（概要）
完全開示方式	○届出書に記載すべき企業情報のすべてを直接届出書に記載する方式 　他の方式等が利用できない場合に使用 ○届出書の効力発生は中15日後（法8条） →効力発生後、有価証券を募集・売出しにより取得させ、売り付けること（以下「取得・売付け」という）が可能に	
組込方式 （法5条3項、開示府令9条の3）	○直近の有価証券報告書等を綴じ込む方法により有価証券届出書を作成する方式 ○届出書の効力発生は実務上中7日後 →効力発生後、「取得・売付け」が可能に	1年間継続開示を行っていること
参照方式 （法5条4項、開示府令9条の4）	○直近の有価証券報告書等を参照すべき旨を記載する方法で有価証券届出書を作成する方式 ○届出書の効力発生は実務上中7日後 →効力発生後、「取得・売付け」が可能に	次の(1)かつ(2)の要件を満たしていること (1)　継続開示要件 　　1年間継続して有価証券報告書を提出していること (2)　周知性要件 　　原則として次のいずれかに該当すること 　（イ）最近3年間の平均の年間株式売買金額100億円以上かつ時価総額100億円以上であること 　（ロ）最近3年間の平均の時価総額250億円以上であること 　（ハ）最近5年間に有価証券届出書または発行登録追補書類を提出することにより発行した社債券の券面総額又は振替社債の総額が100億円以上であること 　（ニ）法令により優先弁済を受ける権利を保証されている社債の発行実績があること
発行登録制度 （法23条の3～23条の12）	○1年ないし2年の発行予定額、社債の種類等を記載した「発行登録書」をあらかじめ提出して発行登録をしておけば、証券情報のみを記載した「発行登録追補書類」を提出すれば、直ちに「取得・売付け」を可能とする制度 ○発行登録書の効力発生は実務上中7日後 →効力発生、かつ発行登録追補書類提出後、「取得・売付け」が可能に	

たす会社に認められる。また、1988年の旧証券取引法改正で、米国の制度に倣った発行登録制度が導入され、参照方式の利用適格要件を満たし、法令に定める要件を充足する会社は、将来2年間に発行予定の有価証券についてあらかじめ発行登録書を提出することにより、有価証券発行時には簡略な発行登録追補書類を提出するのみで、有価証券の募集または売出しを行うことができる（金商法23条の3から23条の12）（図表1－14）。

(b) **発行開示の適用除外**

発行開示には、以下5つの適用除外がある。このうち、③〜⑤に該当する有価証券の募集を「私募」といい、これを除く募集を一般的に「公募」という（法令上は単に「募集」という）。

① 適用除外有価証券……募集様態にかかわらず開示（発行開示および後述する継続開示）が免除されている有価証券がある（金商法3条）。具体的には、発行体が公共法人かこれに準ずる存在で通常の開示規制になじまないもの（国債、地方債、特別の法律に基づき法人が発行する債券、特別の法律により設立された法人の発行する出資証券、貸付信託の受益証券）と、典型的な有価証券ではなく流動性に乏しいためその情報を公衆縦覧により広く開示する必要性の少ないもの（金商法2条2項のいわゆる「みなし有価証券」。ただし有価証券投資のための集団投資スキームは開示対象となる）、政府が保証している社債その他。

② 少額募集・売出し……原則として、発行価額・売出価額の総額が1億円未満の場合には発行開示が免除される（金商法4条1項5号）。

③ 適格機関投資家私募・私売出し（プロ私募・私売出し）……適格機関投資家のみを対象として募集または売出しを行う場合であって、転売制限が付されるなど適格機関投資家以外の者に譲渡されるおそれが少ない場合に限って、多数の者を相手にしていても、発行開示が免除される（金商法2条3項2号イ、同条4項2号イ）。

④ 特定投資家私募・私売出し……特定投資家（国、日本銀行、適格機関投資家、上場会社等。金商法2条31項）のみを対象として募集または売出しを行う場合であって、金融商品取引業者等が顧客からの委託等により有価証券の取得の申込みの勧誘を行う場合であり、かつ転売制限が付されるなど特

定投資家以外の者へ譲渡されるおそれが少ない場合（金融商品取引法施行令1条の5の2、1条の8の2）に限って、多数の者を相手にしていても、発行開示が免除される（金商法2条3項2号ロ、同条4項2号ロ）。ただし、特定投資家私募の場合、通常の発行開示は免除されるものの、発行時には投資判断のために必要な情報を書面やホームページ等で公表する必要があり、同様の情報を年1回以上投資家に提供するか公表しなくてはならない（同法27条の31、27条の32）。特定投資家私募・私売出しは、諸外国でのプロ向け市場の発達を背景に、2008年の金商法の改正によって設けられた仕組みであり、特定投資家のみを対象とする特定取引所金融市場（プロ向け市場）も同時に設けられた。

⑤ 少人数向け私募・私売出し

③および④以外で、かつ、多数の者（50名以上。二項有価証券については500名以上）を相手方として募集・売出しを行わない場合については、発行開示が免除される。なお、一項有価証券については、一括して譲渡する場合以外の譲渡が禁止されている、もしくは当該有価証券の単位の総数が50未満であり単位未満への分割が制限されていることにより転売制限が付されているなど、多数の者へ譲渡されるおそれが少ない場合に限り発行開示の免除が認められている（金商法2条3項2号ハ、2条4項2号ハ、金融商品取引法第二条に規定する定義に関する内閣府令13条3項、同13条の7第3項）。

b 継続開示

上場会社や有価証券の募集・売出しに際して有価証券届出書を内閣総理大臣に提出した会社等は、事業年度ごとに有価証券報告書を内閣総理大臣に提出して、企業内容を継続的に開示しなければならない（金商法24条）。なお、内閣総理大臣に有価証券報告書を提出すべき会社のうち、上場会社等においては、3カ月ごとに四半期報告書を提出することを要し（金商法24条の4の7）、またその他の会社については6カ月ごとに半期報告書を提出する必要がある（金商法24条の5）。

c 公開買付けに関する開示

公開買付けとは、会社の支配権の獲得などを目的として、市場外で株主か

ら直接に株式等を買い取ることをいうが、こうした有価証券の公開買付けにあたっては、買付者の名称および所在地、買付けの目的等を公告し、公開買付届出書を内閣総理大臣に提出し、また、被勧誘者に公開買付説明書を交付しなければならない（金商法27条の2〜27条の22）。

d　株券等の大量保有の状況に関する開示（いわゆる5％ルール）

上場株式および店頭登録銘柄の保有割合が発行済株式数の5％を超えた場合には、その日から原則5日以内に内閣総理大臣に大量保有報告書の提出が義務づけられている（金商法27条の23）。また、大量保有者の保有割合が1％以上増減した場合、変更報告書の提出が必要となる（同法27条の25）。この制度は、株価の急激な変動要因となりうる株式の大量の取得・保有・放出について、情報の迅速な開示を図るため、1990年の旧証券取引法改正で規定された（金商法27条の23〜27条の30）。

以上の法定開示のほかに、金融商品取引所は自主規制として上場会社に一定のディスクロージャー（適時開示、決算短信など）を要請している。

C　不公正取引の禁止

金商法における投資家保護のもう1つの柱は、不公正取引の禁止である。ディスクロージャー義務が基本的には有価証券発行者など特別な地位にある者に課されるのに対し、不公正取引規制の適用対象は発行者等に限られない。

金商法の不公正取引の禁止に係るおもな規定は以下のとおりとなっている。

a　不正行為の禁止（金商法157条）

有価証券の売買等の取引やデリバティブ取引において、不正の手段、計画または技巧をなすこと、重要事項の虚偽表示や欠落のある文書を使用して金銭その他の財産を取得すること、および有価証券の売買その他の取引またはデリバティブ取引を誘引する目的をもって虚偽の相場を利用することは禁止されている。

b 風説の流布、偽計、暴行または脅迫の禁止（金商法158条）

有価証券の売買等の取引やデリバティブ取引のため、または有価証券等の相場の変動を図る目的で風説（合理的な根拠をもたない噂）を流したり偽計（他人を錯誤に陥れるような手段、誘惑、陰険な手段を用いる詐欺的行為）を使ったり、暴行・脅迫をする行為は禁止されている。

c 相場操縦行為の禁止（金商法159条）

有価証券売買、市場デリバティブ取引、店頭デリバティブ取引について、①取引が繁盛に行われていると他人に誤解させる等の目的をもって行う仮装取引および馴合取引（1項）、②取引を誘引する目的をもって行う変動操作および表示による相場操縦（2項）、③安定操作（3項）は禁止されている。

d 会社関係者取引の規制（いわゆる「インサイダー取引規制」。金商法166条）

上場会社等の会社関係者であって、上場会社等の業務等に関する重要事実を知った者は、その事実が公表された後でなければ一定の有価証券等の取引をしてはならない。会社関係者とは、上場会社等の役員等、上場会社の帳簿閲覧権を有する株主など、法令に基づく権限を有する者、上場会社等と契約している者など、および会社関係者が法人の場合における他の役員等を指す。また、会社関係者から上記重要事実の伝達を受けた者（「第一次情報受領者」）も同様の規制に服する。規制の対象となる重要事実については、決定事実、発生事実、決算情報、その他重要な事実で投資判断に著しい影響を及ぼすもの、子会社の重要情報の5種のパターンが定められている。公表の方法は政令で定められており、開示書類が公衆の縦覧に供された場合、取引所、業界団体等の記者クラブで記者発表、資料配付が行われた場合などである。

また、法人等の業務または財産に関し違反行為が行われた場合、行為者だけでなく、当該法人等も処罰される（金商法197条の2第13号、207条1項2号）。

（本規制の詳細については、第8章第3節6参照）。

D　金融商品取引業者に対する規制

a　金融商品取引業の類型

　金商法では、それまで個別の法律によって縦割りの規制が行われてきた業者規制をできる限り横断化し、同一の業者が幅広い投資サービス業務を行うことを可能としている。具体的には、同法2条8項に列挙する行為（金融商品取引業）のいずれかを業として行う者は、金融商品取引業者として、内閣総理大臣の登録を受ける必要がある（金商法29条）。

　金融商品取引業は、取扱商品・業務内容によって以下の4種に分類される。なお、複数の金融商品取引業について登録を受けることが可能となっている。

(a)　第一種金融商品取引業

　①有価証券（金商法2条2項各号のみなし有価証券を除く）の売買・市場デリバティブ取引・外国市場デリバティブ取引、これらの売買・取引の媒介等、②店頭デリバティブ取引・取引の媒介等、③引受業務、④PTS業務、⑤有価証券等管理業務・社債等の振替業務のいずれかを業として行うことを「第一種金融商品取引業」という（同法28条1項）。PTS（Proprietary Trading System、私設取引システム）業務とは、私設の証券取引システム運営業務であり、当該業務を営むには、登録に加えて認可も必要である（同法30条1項）。

　第一種金融商品取引業を行うには、一定の組織・資本金を備えた株式会社である必要があり、自己資本規制比率が120％以上であり、業務を適確に遂行するに足る人的構成を有する等、最も重い要件が課されている（金商法29条の4第1項4号～6号）。

(b)　第二種金融商品取引業

　①一定の有価証券・みなし有価証券の自己募集、②みなし有価証券の売買・市場デリバティブ取引・外国市場デリバティブ取引、これらの売買・取引の媒介等、③有価証券に関するものを除く市場デリバティブ取引・外国市場デリバティブ取引、これらの取引の媒介等のいずれかを業として行うことを「第二種金融商品取引業」という（金商法28条2項）。第二種金融商品取引

業者は、株式会社でなくてもよい等の要件緩和がなされている。なお、自己募集とは、有価証券の発行者自身が、新規に発行する有価証券の取得の申込みの勧誘を行うことである。自己募集について第二種金融商品取引業者としての登録が必要なのは集団投資スキーム持分や委託者指図型投資信託の受益権に係る受益証券など一定の有価証券・みなし有価証券のみの場合であり、一般の株式や社債の自己募集は登録なしで行うことが可能である。

(c) 投資助言・代理業

①投資顧問契約を締結して有価証券の価値等または金融商品の価値等に基づく投資判断について助言する行為（金商法2条8項11号）、②投資顧問契約または投資一任契約の締結の代理または媒介（同法2条8項13号）のいずれかを業として行うことを「投資助言・代理業」という（同法28条3項）。

(d) 投資運用業

有価証券またはデリバティブ取引に対する投資として、①投資法人との契約に基づき、投資法人の財産を運用する行為または投資一任契約に基づき顧客の財産を運用する行為（金商法2条8項12号）、②投資信託の受益証券保有者から拠出を受けた金銭等を運用する行為（同法2条8項14号）、③信託の受益権または集団投資スキーム持分の保有者から拠出を受けた金銭等の運用をする行為（同法2条8項15号）のいずれかを業として行うことを「投資運用業」という（同法28条4項）。

b 金融商品取引業者に対する規制の概要

金融商品取引業者は、顧客との間で有価証券およびデリバティブに関するさまざまな取引を行う。金商法は、公正な価格形成という市場の機能の維持、投資家保護のために、業者またはその役職員の行為に一定の規制を行っている。おもな規制は以下のとおり。

・顧客に対する誠実義務（金商法36条）

・名義貸しの禁止（同法36条の3）

・広告等の規制（同法37条）

・取引態様の事前明示義務（同法37条の2）

　注文を受ける前に、自己が相手方となるのか、媒介・取次ぎ・代理によるのか明示することを義務づけるもの。

・契約締結前・締結時の書面交付義務（同法37条の3、4）
・虚偽告知による勧誘の禁止（同法38条1号）
・断定的判断の提供による勧誘の禁止（同法38条2号）
・不招請勧誘・再勧誘の禁止（同法38条4号～6号）
・損失補塡の禁止（同法39条）
・顧客に不適合な投資勧誘の禁止（適合性原則）（同法40条）

c 有価証券関連業

　金融商品取引業のうち有価証券の引受け・売出しなど一定のものは「有価証券関連業」と定義される。これは旧証券取引法における「証券業」に相当し、有価証券関連業を主業とする者が一般に「証券会社」と呼ばれている。また、金商法33条1項は、銀行等金融機関による有価証券関連業を原則として禁止している。これは旧証券取引法65条のいわゆる「銀証分離原則」を引き継ぐものである。この原則の例外については、第4節「銀行の証券関連業務」で詳述する。

　有価証券関連業とは、
① 有価証券の売買またはその媒介、取次ぎもしくは代理、
② 取引所金融商品市場または外国金融商品市場における有価証券の売買の委託の媒介、取次ぎまたは代理、
③ 一定の有価証券または有価証券指標を対象とする（有価証券関連の）市場デリバティブ取引、
④ 一定の有価証券関連の店頭デリバティブ取引、
⑤ 一定の有価証券関連の外国市場デリバティブ取引、
⑥ ③～⑤の取引の媒介、取次ぎまたは代理・③⑤の取引の委託の媒介、取次ぎまたは代理、
⑦ 有価証券の売買、有価証券関連デリバティブ取引等の有価証券等清算取次ぎ、
⑧ 有価証券の引受け・売出し、
⑨ 有価証券の売出しまたは特定投資家向け売付け勧誘等、
⑩ 有価証券の募集もしくは売出しの取扱いまたは私募もしくは特定投資家向け売付け勧誘等の取扱い

のいずれかを業として行うことである（金商法28条8項）。

　d　金融商品仲介業

　証券会社の販売チャネルを拡充し、幅広い投資家に市場参加を促すことを目的として、2003年の旧証券取引法改正によって証券仲介業制度が創設された（当初はファイナンシャル・プランナー等による証券仲介を想定）。また2004年には、銀行等金融機関にも証券仲介業が解禁され、この制度を利用して銀行による株式や債券の窓口販売が可能となった。金商法における金融商品仲介業制度は、この証券仲介業制度を承継したものである。

　金融商品仲介業とは、金融商品取引業者（第一種金融商品取引業を行う者または投資運用業を行う者に限る）または登録金融機関（登録によって金融商品取引業の一部を行う銀行等の金融機関。第4節にて詳述する）の委託を受けて、委託者のために、①有価証券の売買の媒介、②取引所金融商品市場における有価証券の売買または市場デリバティブ取引の委託の媒介、③有価証券の募集もしくは売出しの取扱いまたは私募もしくは特定投資家向け売付け勧誘等の取扱い、④投資顧問契約または投資一任契約の締結の媒介を行うことをいう（金商法2条11項）。

　金融商品仲介業者は、どの金融商品取引業者に所属しているかを明らかにする必要がある（金商法66条の11）。所属金融商品取引業者は、仲介業者が顧客に損害を与えた場合、業務委託について相当の注意をし、かつ損害発生の防止に努めた場合を除いて、顧客の損害を賠償する責任を負う（同法66条の24）。

E　金融商品取引にかかわるその他の機関に対する規制

　金商法は、金融商品取引業者だけでなく、金融商品取引所や金融商品取引業協会など、金融商品取引に関係するさまざまな者について規定し、もって投資家の保護や公正な市場の実現を図っている。

　おもな関係機関は以下のとおり。

　a　金融商品取引所

　金融商品取引所とは、有価証券の売買または市場デリバティブ取引を行う金融商品市場を開設することを目的として、金商法に基づき設立されたもの

をいい、内閣総理大臣の免許を得た株式会社または会員組織（金融商品会員制法人）である（金商法80条1項、83条の2）。従来は会員組織形態しか認められていなかったが、証券取引のグローバル化に伴い、迅速な意思決定や機動的な資金調達を実現するために、2000年の旧証券取引法改正によって、株式会社形態が導入された。

金融商品取引所は、現在、東京、大阪、名古屋、福岡、札幌の各証券取引所、東京金融取引所と、いわゆる「プロ投資家向け市場」であるTOKYO AIM取引所が存在する（福岡、札幌以外は株式会社形態）。

金融商品取引所は、公正かつ透明な効率的市場を投資者に提供すべく、有価証券上場制度、売買取引制度、信用取引制度、貸借取引制度等を運営している。また、これら制度の運営に関する諸規定・諸規則に加え、取引参加者である金融商品取引業者の資質の保持と信用の維持を図るため、定期的に取引参加者の経営状況を検査する考査制度などの規制も行っている。

近年では金融市場のいっそうのグローバル化に伴い、取引所間での国際的な競争が激化している。わが国でも、フルラインの取引機能提供のために金融商品取引所と商品取引所の一体化（総合取引所構想）に関する検討が政府を中心に行われる一方、取引におけるシェア向上のための国内外取引所間のM&A案件が浮上したりするなど、国際的な競争力強化に向けたさまざまな動きがみられるところである。

b 金融商品取引業協会

証券取引分野の自主規制団体は、歴史的には証券業者の集まりから自然発生したものであるが、現在は、金商法に基づいて設立され、行政の監督を受けながら自主ルールの策定と執行を行っている。金商法は、①内閣総理大臣の認可によって設立される認可金融商品取引業協会（金商法67条、67条の2）と、②内閣総理大臣の認定を受けた一般社団法人である認定金融商品取引業協会（同法78条）の2種類の金融商品取引業協会について規定している。認可金融商品取引業協会は、規則に対する行政のコントロールや、協会の運営・管理に関する法の規制を通じて、より高い自主規制機能を果たすことが期待されている。わが国には現在、1つの認可金融商品取引業協会（日本証券業協会）と3つの認定金融商品取引業協会（投資信託協会、日本証券投

資顧問業協会、金融先物取引業協会）が存在するが、なかでも重要なのは唯一の認可金融商品取引業協会である日本証券業協会である。

　日本証券業協会は、定款の8条で定められている規則制定権限に基づき、①協会員の有価証券の売買その他の取引等に関する公正な慣習を促進して不公正な取引を防止し、取引の信義則を助長するために定める「自主規制規則」、②協会員の有価証券の売買その他の取引等およびこれに関連する行為に関する慣習を統一して、取引上の処理を能率化し、その不確定、不統一から生じる紛争を排除するために定める「統一慣習規則」、③有価証券の売買その他の取引等に関する顧客と協会員間および協会員相互間の紛争の迅速かつ適正な解決に資するために定める「紛争処理規則」の3種類の規則を定めている。

c　証券取引等監視委員会

　1991年に問題化した損失補填などの証券不祥事を受けて、1992年、市場の監視を行う機関として証券取引等監視委員会が設置された。証券取引等監視委員会は両議院の同意を得て内閣総理大臣が任命する委員長および2名の委員からなる合議制の機関であり、その下に置かれる事務局とともに、内閣総理大臣や金融庁長官から独立して職務を行う。現在の設置根拠法は金融庁設置法6条である。

　証券取引等監視委員会は、金商法のほか、投資信託及び投資法人に関する法律や資産の流動化に関する法律などの規定によってその権限に属された事項の処理を行うが（金融庁設置法8条）、金商法に関するおもな業務は、①有価証券の売買・デリバティブ取引等の公正を確保するための規定の違反状況の調査（犯則事件の調査。金商法210条）、②犯則事件の告発（同法226条）であり、任意調査のほか、裁判官の許可状を得て強制調査を行うことも可能である（同法211条）。また、調査の結果、行政処分を金融庁長官に勧告すること、行政上の施策を提案すること（建議）も可能である（金融庁設置法20条、21条）。

第3節 証券決済制度改革

1 わが国の一般債の決済制度

　ここでは社債、地方債等のいわゆる一般債を中心とした決済制度に係る改革の経緯および国債も含めた現在の決済制度について概観する。

　証券決済制度とは、証券に係る権利の発生や権利の移転を保全するための枠組みのことをいう。債券の売買がなされれば、証券の受渡しと資金の受渡しが生じるため、この両者をあわせ証券決済と呼ぶこともあるが、本節では特に証券の受渡しに関する権利保全の枠組みについて述べる。

　後に詳しく触れるように、わが国の一般債の決済は券面の存在を前提とし、現物債と社債等登録法に基づく登録債により構成されてきた。

　その後、2002年に成立した「証券決済制度の改革による証券市場の整備のための関係法律の整備等に関する法律（証券決済システム改革法）」により、すでにCPに関し制定されていた「短期社債等の振替に関する法律」（以下「短期社債等振替法」という）を改正するかたちで「社債等の振替に関する法律」（その後2004年の改正により社債、株式等の振替に関する法律と改称。以下「社債等振替法」という）となり、長年の懸案であった一連の決済制度改革に係る法整備が完了し、社債等登録法が廃止されるとともに現在の一般債振替制度がスタートすることとなった。

❷ 一般債決済制度の沿革

　わが国の一般債の決済制度の歴史を概観すると、明治期に商法に社債の規定が置かれて以来、有価証券である社債券を占有移転するかたちで社債の譲渡・質入れがなされてきた。その後、社債の発行が活発になった後も、社債券現物での保有・流通が通常であった。

　これに歴史的な転換をもたらしたのが1942年の社債等登録法の制定による社債等登録制度（下記【参考】参照）の導入である。同制度は当時の経済情勢のもと、記名社債のみならず無記名社債についても社債権者を確定のうえ、その長期保有者に対する税の軽減を行うことによって資金の蓄積等を図ることを目的に導入されたものである。その背景には、債券を印刷するための用紙等の物資不足や、空襲の危険といった特殊な事情が存在したことも事実ではあるが、債券の不発行を可能とし、社債登録簿への登録によって社債権者等の権利の保全を果たす社債等登録制度の特長が、戦時中の臨時立法にとどまらず、終戦後も長きにわたり同制度を存続させた要因といえよう。

【参考】　社債等登録制度について
　社債等登録制度とは、債券により表章されるべき社債等（社債、地方債、特別の法律により設立された法人の発行する債券、外債）に関する権利を銀行などの登録機関に備える登録簿という公簿にその内容を登録することによって第三者対抗要件を具備させ、債券の発行なしに権利の保全・異動をなさしめる制度である。
　社債等登録法は、不動産登記法を母法として制定されたものである。不動産登記法は周知のとおり不動産取引の安全と円滑を図るために、不動産に関する権利関係とその客体である不動産の現況を登記簿に記載し公示する国家的制度を定める法律である。社債等登録法の制定にあたってこのような静的安全性に重きを置いた法体系が母法とされたのは、立法者が当初流通の少ない社債市場を想定していたためと考えられる。また、社債等の登録機関は登記所に準じ公的な業務と位置づけられ、主務大臣の指定した会社がこれを行

うものとされ、登録業務に従事する役職員は法律により公務員とみなされていた。

　登録制度を利用することにより、債権者にとっては、債券を手元に置いた場合に起こりうる盗難、紛失、焼失などの危険がなくなり、多数の債券を銘柄・回号ごとに1登録口座にまとめることで量的集約化が図れることや、元利金の受領に際して現物債券を支払場所に持参する手間が省ける等のメリットが得られた。また、発行体にとっても、（債権者の請求により発行時から登録される場合には）発行時に債券を印刷する負担もなく、発行手続の簡便化が図れる、といったメリットがあったものである。

　また、国債に関しては1906年（明治39年）の「国債ニ関スル法律」によって国債について登録制度が法令上整備されていたが、1980年に国債振替決済制度が創設され、日本銀行金融ネットワークシステムを通じた振替決済が行われてきたものである。この国債振替決済制度は国債の銘柄ごとに日本銀行が唯一の登録国債権者となり（これを受寄者という）、日本銀行と銀行、証券会社等の参加者との間で適用される国債振替決済制度に関する各種規程類に基づき、振替決済を実現したものである。

　国債についても、前述の証券決済システム改革法によって社債等振替法の適用対象となり、わが国の債券は統一的な決済法制下に置かれることとなった。

❸ 一般債に係る決済制度改革の経緯

　上述のように、戦後も、一般債の証券決済は社債等登録法に基づく登録制度により担われてきたが、譲渡等の権利の変動を反映するために登録機関に対して行う登録請求に際して当初の登録時に登録機関から交付される登録済証（不動産登記法におけるかつての登記済証に相当する書面）の添付が必要であることによるペーパーベースの処理の存在、10日決済（各月の10日ごとを決済日とする）といった市場慣行や、DVP（Delivery Versus Payment、資金と証券の同時受渡し）の仕組みの不存在による決済リスクといった点について改

善を求める指摘がなされてきた。これに対し、関係者において登録制度の利便性や安定性を高める取組みがなされてきた。

　その取組みの代表的なものが1996年の取引当事者と登録機関を結ぶ中継機関（株式会社債券決済ネットワーク。以下「JB-Net」という）の設立と、その後のJB-Netと日本銀行金融ネットワークシステムとの接続によるDVP決済の実現、社債等登録法施行令の改正による登録済証の廃止であった。また、約定日から一定期間後に順次決済を行っていくローリング決済の導入（約定日をT日としてT＋●と表現される。1997年の導入当初はT＋7、1999年にはT＋3に短縮）も決済リスクの削減に貢献したものである。

　このように制度の改善が累次にわたり行われてきたが、依然としてJB-Netを経由しない書面ベースでの登録請求が残存していたことや、債券ごとに150を超える登録機関が分立している状況は解消されず、さらなる改善が求められている状況であった。

　これを受け、1999年に大蔵省（当時）の金融審議会に「証券決済システムの改革に関するワーキンググループ」が、日本証券業協会に「証券受渡・決済制度改革懇談会」が設置され、制度改革について検討が進められることとなった。

　金融審議会のワーキンググループでは、①統一的な証券決済法制の整備、②電子化の実現、③DVP決済の実現、④クロスボーダー証券取引の決済の円滑化、の提言がなされた。このうち統一的な証券決済法制の整備にあたっては、有価証券のペーパーレス化の拡充、社債決済制度の見直し、証券決済機関のあり方の見直しが指摘された（金融審議会第一部会「21世紀に向けた証券決済システム改革について」2000年6月）。他方、日本証券業協会の「証券受渡・決済制度改革懇談会」においては、証券決済制度改革の目標として①ペーパーレス化されたDVP決済の実現、②システム全体での効率化を図り、競争力を高めるためのSTP（Straight Through Processing、取引の約定から決済に至る一連の作業を、標準化されたデータ形式を用いて、人手による加工を経ずに行うこと）の実現、③決済期間の短縮、の目標とともに、証券決済制度改革のスケジュールを提示した（日本証券業協会　証券受渡・決済制度改革懇談会「証券決済制度改革の推進に向けて」2002年11月）。後に述べる法制度

の整備に伴う具体的な実務対応については、同懇談会および同懇談会のもとに設置された証券決済制度改革推進会議や各個別テーマごとのワーキンググループによって進められることとなった。

4 証券決済に関する法制度の整備

(1) 短期社債等振替法

上記の動きを受けて、初めに整備されたのがCP（コマーシャル・ペーパー）の決済法制である。それまで、CPは約束手形として位置づけられており、権利の発生や移転、行使に券面の作成が必要であることから、登録制度のあった社債や国債と比べても、券面の存在が必須の有価証券といえた。他方、CPの投資家層が大手の機関投資家中心であり流通市場の参加者が限定的であったことから、統一的なペーパーレス法制に向けた法整備はCPから始められることとなった。

この具体的な成果として、2001年に短期社債等振替法が成立した。同法により、CPを短期社債として社債の一種と位置づけたうえ、その権利の帰属について振替機関に備える振替口座簿への記録または記載（以下、両者をあわせて記録とする）により定める振替制度が創設されることとなった。

短期社債等振替法における短期社債は、①契約により社債の総額が引き受けられるものであること、②各社債の金額が1億円を下回らないこと、③元本の償還について、社債の総額の払込みのあった日から1年未満の日とする確定期限の定めがあり、かつ、分割払いの定めがないこと、④利息の支払期限を、③の元本の償還期限と同じ日とする旨の定めがあること、⑤「担保附社債信託法」の規定により担保が付されるものではないこと、といった要件を満たす必要があった。商法上の社債ではあるものの、CPが多数の公衆からの資金調達を目的とするものではなく、大企業の機動的な資金調達に用いられていることなどから、商法の社債権者集会の規定や取締役会の社債発行決議等の規定は適用除外とされた。

振替制度の仕組みについては、振替業を営む者として主務大臣の指定を受

けた振替機関が、社債権者の振替口座簿の記録を管理し、発行時に権利を生じさせる新規記録や、振替機関に振替口座簿を開設する社債権者（以下「加入者」という）間の振替え、償還時の抹消等を行うものとなった。

この法律の成立を受けて、2003年3月より、㈱証券保管振替機構（以下「機構」という）を振替機関とする短期社債等振替制度が運用を開始している。

(2) 社債等振替法

A 社債等振替法の概要

2002年、短期社債に加え社債、国債等を振替制度の対象に加える社債等振替法が短期社債等振替法を改正するかたちで成立し、2003年から施行された。また、社債等についての振替制度の導入に伴い、社債等振替法の施行から5年以内の政令で定める日に社債等登録法も廃止されることとされ、2008年1月に廃止された。

社債等振替法は、CPのみを対象とした短期社債等振替法に基づく振替制

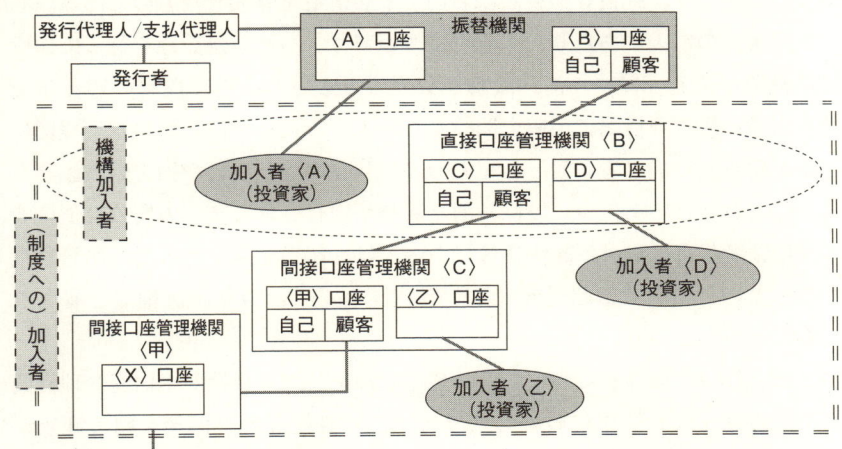

図表1-15　振替制度の仕組み

出所：㈱証券保管振替機構資料よりみずほコーポレート銀行作成

度に、社債、国債等の債券を加えるとともに、多層構造の振替制度を実現したものである（図表1－15参照）。これにより、社債等の「債券」について完全なペーパーレス化を実現する統一的な証券決済法制が完成することとなった。

B 多層構造

　短期社債等振替法では、振替機関が振替口座簿の記載により加入者の権利を記録することとなっていたため、短期社債を保有するためには振替機関に振替口座簿を開設し、加入者となる必要があった。一方で、短期社債以外の社債等の債券については広範な投資家層が存在することから、これに対応するためには振替機関が直接すべての社債権者の振替口座簿を備えるのではなく、振替機関のもとにさらに投資家の口座を管理するための機関（口座管理機関）を置くことが効率的であるものとされた（前者は単層構造、後者は多層構造と呼ばれる）。

　短期社債等振替法の制定時には、この点について、口座管理機関が実際の権利額以上の超過記録を行った場合の①他の口座管理機関等との権利関係や、②その際の社債権者の権利行使につき、なお検討を要するとして、単層構造での振替制度を法制化したが、社債等も含む統一的な証券決済法制を構築するにあたり、社債等振替法において多層構造を導入したものである。

　多層構造の導入にあたり、上記①については、当該超過記録を行った口座管理機関が超過分につき消却義務を負うこととされ、消却義務の履行までは、当該口座管理機関に口座を開設した加入者または下位の口座管理機関に口座を開設した加入者に対し、超過分の元利金の支払義務や損害賠償義務を負うこととされ、②については、消却義務が履行されるまでの間の社債権者の社債権者集会における議決権等については、超過記録を行った口座管理機関のもとの社債権者は超過分（各社債権者に按分）につき議決権等を有さないものとされている。

　また、社債等振替法においては、超過記録をした振替機関や口座管理機関が消却義務を履行せずに破綻した場合に、一般投資者の保護を図る観点から、誤記録に起因する損害を補填するため、加入者保護信託制度を設けてい

る。

C　対象となる権利

　社債等振替法は社債等の流通の円滑化を図ることを目的としていることから、その社債等は当時の証券取引法に定義された有価証券のうち、株式および株式類似のもの以外の有価証券を限定列挙してその対象としている。社債等振替法の制定時に対象とされた権利は以下のとおりである。

① 　社債
② 　国債
③ 　地方債
④ 　投資信託及び投資法人に関する法律に規定する投資法人債
⑤ 　保険業法に規定する相互会社の社債
⑥ 　資産の流動化に関する法律に規定する特定社債
⑦ 　特別の法律により法人の発行する債券に表示されるべき権利
⑧ 　投資信託及び投資法人に関する法律に規定する貸付信託の受益権
⑨ 　資産の流動化に関する法律に規定する特定目的信託の受益権
⑩ 　外国または外国法人の発行する債券に表示されるべき権利

（上記のうち、社債、特定社債、外債については、新株予約権付社債の性質を有するものは除かれている）

D　一般債振替制度の開始

　社債等振替法の制定とあわせて行われた証券関連税法の改正において、登録債に限り認められていた非課税法人等への利子所得の非課税措置や指定金融機関等の源泉徴収不適用措置が、2008年1月以降は登録債には適用されず、振替制度を利用した社債等のみに認められることとされ、早期に一般債振替制度を立ち上げ、既発行の登録債を振替債に移行することが求められていた。

　このような状況を受け、社債等振替法の施行以降、関係者の間で従来の社債等登録制度にかわる社債等振替法に基づく振替制度の構築に向けた検討が進められた。その結果、2006年に機構を振替機関とする一般債振替制度が稼

働することとなり、以後新たに発行される債券は同制度下で発行されることとなった。

　国債については、先述のとおり、従来より日本銀行を受寄者とする国債振替決済制度が存在していたが、2003年1月にこれを移行するかたちで日本銀行を社債等振替法に基づく振替機関とする振替決済制度が開始している。

E　既発債の振替制度への移行

　先に述べたように、既発行の債券については振替制度へ移行することが予定されていたが、これら債券の発行残高は当時200兆円を超える規模であった。

　社債等振替法の附則においては、振替債に移行する場合には、社債権者から振替機関に対する申請を必要としている。同法が定める移行の流れは以下のとおりである。

① 社債権者から振替機関に対する振替受入簿への記録の申請
　－移行にあたっては、直接各社債権者の振替口座簿に記録されるのではなく、振替機関の振替受入簿に記録されることとなる
　－当該記録の申請にあたっては、現物債の場合は社債券、登録債の場合は登録機関からの債券銘柄および債券番号等の記された登録内容の証明書を添付し、申請人のために開設された振替口座を示さなければならない（なお、この際に添付すべき登録内容の証明書の発行請求は、当該社債の登録の抹消請求と同時に行うことが必要）

② 振替機関は振替受入簿に申請者の氏名、債券の銘柄および金額、債券の番号を記録

③ 振替機関は振替受入簿に記録した場合には以下の措置をとる
　－振替受入簿に記録した旨を発行者（登録債の場合には登録機関にも）に対し通知
　－申請人の振替口座簿を備える口座管理機関へ通知（振替機関に振替口座がある場合には振替機関は当該社債権者の振替口座簿に増額の記録を行う）

④ ③の通知を受けた口座管理機関は当該社債権者の振替口座簿に増額の記録を行う

⑤　登録債の場合、③で通知を受けた登録機関は当該社債についての登録を抹消する

　このように、法律上の建付けは簡素である一方、既発債の規模はこの流れを1件ごとに個別に行うには大量であり事務的な負荷が大きいこと、流通市場において同一の銘柄内で登録債・現物債と振替債が混在することによる混乱を懸念する声があったこと等をふまえ、関係者の検討の結果、一般債振替制度の稼働後、2006年から2007年にかけ、大別して以下の方法に分け移行が実施された。

① 事前預託方式（現物債）……現物債の移行については、その搬送や振替受入簿への記載の準備を要することから、事前に振替機関サイドで預託を受け、特定の移行日を設けて一括して移行を行った。

② 一括移行（登録債）……期中の流通のほとんどない現物債と異なり、登録債は一定の流通があったことから、移行期間中の流通市場での登録債と振替債の分断が懸念されていた。このため、移行に際しては社債等登録法施行令において登録債の利払い前に設けられていた3週間の登録停止期間（この間は移転登録請求ができないこととされていた）を利用し、銘柄ごとに利払日に一括して移行が行われる仕組みを構築した。

　上で触れたように、法律上、社債権者は各銘柄ごとに移行先の口座管理機関を指定することが可能であった。登録債は銘柄ごとに登録機関が分かれていることや、銘柄数が大量であることをふまえ、社債権者が銘柄ごとに移行先口座を任意に指定することとなれば処理件数が膨大となり円滑な移行に支障が生じることが予想されたため、一括移行方式では登録機関ごとに移行先を社債権者の指定する1つの口座管理機関に限ることで、関係者間で有するデータを活用し、登録機関および振替機関・口座管理機関での円滑な処理を可能としたものである。

　具体的には、個々の社債権者が有する複数の登録債のうち、同一の登録機関において登録されているものについては、社債権者があらかじめ1つの移行先口座管理機関を指定して包括的に移行を申請しておくことで、各銘柄の利払日が到来するつど、事前の申請に基づき登録簿の抹消と振替口座簿への記録を行うこととしたものである。

③ 個別移行（登録債／現物債）……上記の方法によらず行うものについては、法律の規定どおりに券面または登録内容の証明書の提出を受けて処理を行った。

(3) その後の改正（社債、株式等の振替に関する法律の成立ほか）

　以上のような経緯を経て、債券のペーパーレス化は法制面・実務面ともに完成したわけであるが、一連の証券決済制度改革にあたり、すべての有価証券に関する統一的なペーパーレス化を図るためには株券についてもペーパーレス化を行う必要があった。

　そこで、法制審議会等における議論を経て、2004年、社債等振替法を改正し「社債、株式等の振替に関する法律」とし、株式等についても社債と同一の法的枠組みでの振替制度を導入することとなった。新たに対象となったものは、株式、新株予約権付社債、新株予約権、投資口等である。

　株券等の振替制度への移行は、いわゆる株券電子化として、2009年1月に実施されている。

　また、その後新たに振替制度の対象に加わったものとして、2006年の信託法の改正によって創設された受益証券発行信託の受益権がある（社債、株式等の振替に関する法律の概要につき図表1－16参照）。

図表1-16 社債、株式等の振替に関する法律の概要

振替制度の対象となる「社債、株式その他の有価証券に表示されるべき権利」（2条1項）	社債（新株予約権付社債を除く）
	国債
	地方債
	投資信託及び投資法人に関する法律に規定する投資法人債
	保険業法に規定する相互会社の社債
	資産の流動化に関する法律に規定する特定社債
	特別の法律により法人の発行する債券に表示されるべき権利
	投資信託及び投資法人に関する法律に規定する投資信託または外国投資信託の受益権
	貸付信託法に規定する貸付信託の受益権
	資産の流動化に関する法律に規定する特定目的信託の受益権
	信託法に規定する受益証券発行信託の受益権
	外国または外国法人の発行する債券（新株予約権付社債券の性質を有するものを除く）に表示されるべき権利
	株式
	新株予約権
	新株予約権付社債
	投資信託及び投資法人に関する法律に規定する投資口
	協同組織金融機関の優先出資に関する法律に規定する優先出資
	資産の流動化に関する法律に規定する優先出資
	資産の流動化に関する法律に規定する新優先出資の引受権
	資産の流動化に関する法律に規定する転換特定社債
	資産の流動化に関する法律に規定する新優先出資引受権付特定社債
	金融商品取引法2条1項21号に掲げる政令で定める証券または証書に表示されるべき権利のうち、その権利の帰属が

		振替口座簿の記載または記録により定まるものとすることが適当であるものとして政令で定めるもの。
振替機関	主務大臣による指定（3条）	主務大臣は、一定の要件を備える株式会社を、振替業を営む者として指定することができる。
	業務規程において定めるべき事項（11条）	振替機関は、業務規程において、取り扱う社債等に関する事項等、一定の事項を定めなければならない。
	発行者の同意（13条）	振替機関は、あらかじめ発行者から当該振替機関において取り扱うことについて同意を得た社債等でなければ、取り扱うことができない。
口座管理機関となれる者（44条）		金融商品取引業者（第一種金融商品取引業を行う者に限る）
		銀行
		長期信用銀行
		信託会社
		株式会社商工組合中央金庫
		農林中央金庫
		農業協同組合および農業協同組合連合会
		漁業協同組合および漁業協同組合連合会、水産加工業協同組合および水産加工業協同組合連合会
		信用協同組合および協同組合連合会
		信用金庫および信用金庫連合会
		労働金庫および労働金庫連合会
		その他国内法令により業として他人の社債等の管理を行うことが認められるもののうち主務省令で定める者
		外国において他人の社債等または社債等に類する権利の管理を行うことにつき、当該外国の法令の規定により当該外国において免許または登録その他これに類する処分を受けている者であって、主務大臣が指定する者
権利の帰属（66条外）		社債等についての権利の帰属は、振替口座簿の記載または記録により定まる。
振替社債等の社債券		振替社債等については、社債券等を発行することができな

等の不発行（67条外）	い。
振替社債等の譲渡（73条外）	振替社債等の譲渡は、譲受人の口座における保有欄に当該譲渡に係る金額の増額の記載または記録を受けなければ、効力を生じない。
善意取得（77条外）	特定の銘柄の振替社債等についての増額の記載または記録を受けた加入者は、当該銘柄の振替社債等についての当該増額の記載または記録に係る権利を取得する。ただし、当該加入者に悪意または重大な過失があるときは、この限りでない。
誤記録による善意取得が生じた場合の振替機関等による超過額の消却義務（78条、79条外）	振替機関等は、社債権者等が有する振替社債等の総額が当該銘柄の発行総額を超える場合の当該超過額に達するまで、当該振替社債等を取得し、債務免除のうえ、振替口座簿の抹消を行わなければならない。
振替社債等の内容の公示（87条外）	振替機関は、発行者から新規記録に関する通知を受けた場合には、当該通知に係る振替社債等の銘柄について、一定の事項を公示しなければならない。

第 4 節

銀行の証券関連業務

1 証券関連業務と銀行経営

　銀行は証券市場にさまざまなかたちで関与し、以下のような多面的な業務を展開している。
　まず、銀行は株式会社として株式や社債を発行し自らの資金調達を目的として証券市場を利用しているほか（発行体としての銀行）、投資家として株式や公社債などへの投資を行っており、有価証券投資は銀行にとって貸付と並ぶ重要な資産運用手段となっている（機関投資家としての銀行）。
　銀行は証券市場において仲介者としての業務も行っている。銀行は公共債の引受業務を行っているほか、自己の資産運用とは異なる対顧客業務として、自己勘定で公共債の売買を行っている。また、各種のデリバティブ取引を投資業務におけるヘッジ手段としてだけではなく、ディーリング業務の対象としても活発に利用し、それら各種のデリバティブ取引の取次等も行っている。CP等については売買や引受け等の証券業務を行っており、投資信託については1998年に窓口販売が解禁され、主要な販売商品の１つとなっている。また、私募債の発行において発行者のために買受人の取得申込みのあっせんを行う、私募の取扱業務も重要な仲介業務である（取引仲介者としての銀行）。
　さらに、銀行は公社債の発行や利払い、償還を円滑に行うため、高度な事務遂行能力や専門性を発揮して市場の信頼性を維持・向上させるための基本的なインフラストラクチャーの形成に寄与している。すなわち、公社債の発

行に関する業務（募集の受託）、社債権の管理に関する業務（管理の受託）、担保権の管理に関する業務（担保の受託）を行っているほか、社債、株式等の振替に関する法律に基づく一般債振替制度において、発行代理人・支払代理人として、発行時の決済や、期中の元利金払などのサービスを提供している。また、顧客の保有する有価証券の権利の管理についても社債、株式等の振替に関する法律に基づく口座管理機関として行っているほか、近年は証券投資の国際化に対応し、海外投資家の対日投資に伴う有価証券の保管・決済サービスを提供するカストディ業務も行っている（市場のインフラ提供者としての銀行）（以上の業務のうち、主要な業務について第2章以下の各章で詳説する）。

　さらに、こうした銀行本体における証券関連業務に加え、証券子会社、資産運用子会社等を通じた証券関連業務も行っている（グループ会社による証券関連業務については次節で詳述する）。

　以上のように、銀行の証券関連業務は多様であり、公共債の引受・ディーリング業務、社債の受託業務、あるいは証券代理業務などのいわば伝統的な証券関連業務に加え、国内子会社等や海外現地法人による証券関連業務なども、顧客ニーズに積極的に対応するため、あるいは収益確保の観点から、きわめて重要な業務となっている。銀行が取引先の資金調達・運用全般にわたる総合的なフィナンシャル・アドバイザー機能を果たしていくうえで、証券市場に対する基本的な理解は不可欠のものとなっている。今後も、証券市場は企業や政府、公共団体等の資金調達の場として、あるいは投資家の資金運用の場として、ますます重要な役割を担っていくものと思われ、こうしたなかで銀行経営における証券関連業務の重要性はいっそう高まるものと考えられる。

　また、金融の自由化・国際化・証券化の進展等、内外の社会・経済情勢の変化を背景として、銀行による証券関連業務への参入につき自由化が進められてきた。1993年4月に金融制度改革が実施され、銀行は業態別子会社方式により証券業務および信託業務に参入する途が開かれることとなった。

　その後、1998年の金融システム改革法による旧証券取引法（現在の金融商品取引法（以下「金商法」という））改正により、それまで免許制であった証

券業が登録制となったのとあわせて、銀行本体による証券関連業務が認可制から登録制となり、同時に銀行等金融機関による投資信託の窓口販売が解禁された（銀行の投資信託窓販業務に関しては、本節にて後述する）。

さらには、2008年の金商法改正により、銀行と証券子会社との間のファイアーウォール規制が緩和され、役職員の兼職規制が廃止された。これにより銀行と証券子会社の兼職（いわゆる「ダブルハット」）が可能になった。

今後は、自由化された新しい枠組みのもとで自らの特性を生かしつつ、金融・資本市場の環境の変化や規制環境の変化に柔軟に対応しながら業務の展開を行うことが求められているといえよう。

❷ 銀行の証券関連業務の法律上の位置づけ

銀行法により、銀行はその公共性にかんがみ、以下①〜④の業務以外の業務を行うことが禁止されている（銀行法12条）。銀行が行うことのできる業務は、①固有業務（預金・貸付・為替取引）、②付随業務（債務保証、両替等）、③固有業務および付随業務を妨げない程度で認められている関連業務（いわゆる他業金融商品取引業務等）、④銀行法以外の法律で行うことが認められている業務（担保付社債信託法に係る業務等）の4種類である。銀行が行うことのできる証券関連業務は、まずこの②〜④のいずれかに該当しなくてはならない。

さらに、金商法33条1項は、銀行等金融機関が金商法上の有価証券関連業（および投資運用業）を行うことを原則として禁止しているので、有価証券関連業を行うに際しては、同条に列挙されている例外に該当する必要があり、かつ、金商法上の登録を行う必要がある（金商法33条の2）。

以下では銀行の行う証券関連業務について、銀行法上の位置づけと金商法上の位置づけのそれぞれについて詳述する（これらの関連については図表1－17にまとめた）。

図表1-17　銀行の証券関連業務

銀行法上の位置づけ			金商法上の位置づけ	登録
10条2項　付随業務				
	2号	投資の目的をもってする、または顧客の書面による注文を受けてその計算においてする、有価証券の売買、有価証券関連デリバティブ取引 ――ここでいう有価証券は公共債に限定されないが、5号に規定する証書をもって表示される金銭債権に該当するものおよび短期社債等は除く。	33条1項ただし書（投資目的売買等） 33条2項柱書（書面取次行為）	不要
	3号	有価証券の貸付	―	―
	4号	国債、地方債もしくは政府保証債（「国債等」）の引受け（売出しの目的をもってするものを除く）または当該引受けに係る国債等の募集の取扱い	33条2項1号の一部	必要
	5号	金銭債権の取得または譲渡	33条2項1号の一部	必要
	5号の2	特定目的会社が発行する特定社債その他これに準ずる有価証券として内閣府令で定めるもの（「特定社債等」）の引受け（売出しの目的をもってするものを除く）または当該引受けに係る特定社債等の募集の取扱い	33条2項1号の一部	必要
	5号の3	短期社債等の取得または譲渡	33条2項1号の一部	必要
	6号	有価証券の私募の取扱い	33条2項1号～4号の一部	必要
	7号	地方債または社債その他の債券の募集の受託または管理の受託	―	―

第4節　銀行の証券関連業務　85

	9号	国、地方公共団体、会社等の金銭に係る事務の取扱い	—		—
	10号	有価証券の保護預り	33条3項柱書	有価証券等管理業務	必要
	10号の2	振替業	33条3項柱書	有価証券等管理業務	必要
	12号	デリバティブ取引	33条3項		必要
	13号	デリバティブ取引の媒介、取次ぎまたは代理	33条3項		必要
	14号	金融等デリバティブ取引	33条3項		必要
	15号	金融等デリバティブ取引の媒介、取次ぎまたは代理	33条3項		必要
	16号	有価証券等店頭デリバティブ取引	33条2項5号		必要
	17号	有価証券等店頭デリバティブ取引の媒介、取次ぎまたは代理	33条2項5号		必要
11条　他業金融商品取引業務					
	11条2号	金商法33条2項各号に掲げる有価証券または取引について、同項各号に定める行為を行う業務（上記の付随業務は除く）	33条2項1号の一部	国債等の、①売買、②売買の媒介・取次ぎ・代理、③引受け、④売出し、⑤募集または売出しの取扱い	必要
			33条2項2号一部	投資信託及び投資法人に関する法律に定める投資信託または外国投資信託の受益証券、投資証券もしくは投資法人債券または外国投資証券について、①売買、②市場・外国市場デリバティブ取引、③①②の媒介・取次ぎ・代理、④①②の委託の媒介・取次ぎ・代理、⑤募集の取扱い	必要
			33条2項3号の一部	外国国債証券について、①市場・外国市場デリバティブ取引、②①の媒介・取次ぎ・代理、③①の委託の媒介・取次ぎ・代理、④金融商品仲介業務	必要

			33条2項4号の一部	上記1号～3号以外の有価証券について、金融商品仲介業務	必要
			33条2項6号	有価証券等清算取次ぎ	必要
	11条1号	金商法28条6項に規定する投資助言業務	33条3項柱書	投資助言業務	必要
12条　担保付社債信託法その他の法律により営む業務					
	担保付社債信託法に基づく担保の受託業務		—		—

(1)　銀行法上の位置づけ

　銀行法上、銀行が行うことを認められている証券関連業務は、銀行法10条2項の「付随業務」、11条の「他業金融商品取引業務」、および12条の「他の法律により営む業務」に分類される。

A　付随業務

　銀行法10条2項の「付随業務」とは、銀行が固有業務（預金の受入れや資金の貸付、為替業務等）を行い、その機能を発揮するうえで、当然に生じる業務である。「付随業務」のうち、証券関連業務は以下のとおり（以下、カッコ内は銀行法10条2項の各号を示す）。

① 　投資目的または顧客の書面による注文を受けてその計算においてする、有価証券の売買、有価証券関連デリバティブ取引（2号）

（注）　証書をもって表示される金銭債権に該当するものと短期社債等はここでいう有価証券から除かれる。⑤および⑦においても同じ。

② 　有価証券の貸付け（3号）

③ 　国債、地方債もしくは政府保証債（国債等）の引受け（売出しの目的をもってするものを除く）または当該引受けに係る国債等の募集の取扱い（4号）

④ 　金銭債権の取得または譲渡（5号）

（注）　金銭債権とは以下のものを含む（銀行法施行規則12条）。

- ・譲渡性預金の預金証書（CD）
- ・コマーシャル・ペーパー（CP）
- ・住宅抵当証書
- ・貸付債権信託の受益権証書
- ・抵当証券法に規定する抵当証券
- ・商品投資に係る事業の規制に関する法律に規定する商品投資受益権の受益権証書
- ・外国の法人の発行する証券または証書で、銀行業を営む者その他の金銭の貸付を業として行う者の貸付債権を信託する信託の受益権またはこれに類する権利を表示するもの（貸付債権信託受益証券、CARDs）
- ・デリバティブ取引および金融等デリバティブ取引に係る権利を表示する証券または証書

⑤ 特定目的会社が発行する特定社債その他これに準ずる有価証券として内閣府令で定めるもの（特定社債等）の引受け（売出しの目的をもってするものを除く）または当該引受けに係る特定社債等の募集の取扱い（5号の2）

⑥ 短期社債等の取得または譲渡（5号の3）

⑦ 有価証券の私募の取扱い（6号）

⑧ 地方債または社債その他の債券の募集または管理の受託（7号）

⑨ 国、地方公共団体、会社等の金銭に係る事務の取扱い（9号）

⑩ 有価証券の保護預り（10号）

⑪ 振替業（10号の2）

（注） 振替業とは、社債、株式等の振替に関する法律2条4項の口座管理機関として行う振替業である。

⑫ デリバティブ取引（有価証券関連デリバティブ取引を除く）（12号）

（注） デリバティブ取引とは、金商法2条20項に規定するデリバティブ取引をいうが、銀行の付随業務としては、有価証券または有価証券指標を対象とするデリバティブ取引（有価証券関連デリバティブ取引）を除いて認められている。具体的には、通貨・金利のスワップ・オプション取引や、クレジットデリバティブ取引、天候デリバティブ取引などがこれに当たる。

⑬ デリバティブ取引の媒介・取次ぎ・代理（13号）

⑭ 金融等デリバティブ取引（④と⑫に該当するものを除く）（14号）

（注） 金融等デリバティブ取引とは、商品価格や排出権価格を指標とするデリバ

ティブ取引をいう。具体的には商品デリバティブ取引や排出権デリバティブ取引などがこれに当たる（銀行法施行規則13条2の3）。

⑮　金融等デリバティブ取引の媒介・取次ぎ・代理（15号）
⑯　有価証券関連店頭デリバティブ取引（16号）
（注）　上記のとおり有価証券関連デリバティブ取引は原則として付随業務には該当しないが、店頭デリバティブ取引に限って付随業務に該当する。有価証券関連店頭デリバティブ取引とは、金商法28条8項4号に規定する取引であり、すなわち有価証券関連デリバティブ取引でありかつ店頭デリバティブ取引であるものをいう。具体的には、債券先渡取引や株式指数オプション取引などがこれに当たる。
⑰　有価証券関連店頭デリバティブ取引の媒介・取次ぎ・代理（17号）

B　他業金融商品取引業務

　銀行法11条は、銀行業に対し高度の近縁性を有するが、当然に付随するとは考えられない関連業務につき定めている。当該業務は本業（固有業務）の遂行を妨げない限度において行うことができるものである。この関連業務のうち証券関連業務は、「他業金融商品取引業務」と呼ばれている。
　具体的には、金商法28条6項に規定する投資助言業務と、同法33条2項各号に掲げる有価証券または取引について同項各号に定める行為を行う業務（銀行による有価証券関連業禁止の例外）のうち、銀行法10条2項の規定〔付随業務〕により営む業務を除いたものが、他業金融商品取引業務である。金商法33条2項については後に詳述する。

C　他の法律により営む業務

　銀行法12条の「他の法律により営む業務」のうち証券関連業務は、担保付社債信託法に基づく担保の受託業務等である。

（2）　金融商品取引法上の位置づけ

A　金商法で認められる証券関連業務

　金商法33条は、銀行等の金融機関が有価証券関連業および投資運用業を行

うことを原則として禁止している（1項本文）。ただし、金融機関が投資目的で、または顧客の書面による注文を受けてその計算において有価証券の売買等を行うことや、国債等一定の有価証券やデリバティブ取引について売買や取引の媒介等一定の行為を行うことは、例外として認められている。これら例外的許容の具体的内容は以下のとおりである。なお、以下本項のカッコ内の条文番号は、特に断りのない限り金商法のものとする。

① 他の法律の定めるところにより、投資の目的をもって、または信託契約に基づいて信託をする者の計算にて行う有価証券の売買および有価証券関連デリバティブ取引（33条1項ただし書）

② 顧客の書面による注文を受けてその計算において行う有価証券の売買および有価証券関連デリバティブ業務（投資勧誘を伴う場合および投資助言業務に関して顧客から注文を受けて行われるものを除く）（「書面取次行為」）（33条2項本文）

③ 次の有価証券および有価証券とみなされる権利についての売買、売買の媒介・取次ぎ・代理、取引所金融商品市場における取引の委託の媒介・取次ぎ・代理、有価証券の引受け・売出し、募集または売出しの取扱い、私募の取扱い（33条2項1号）

・国債証券
・地方債証券
・特別の法律により法人の発行する債券（ただし、政府が元本の償還および利息の支払について保証しているものと、信用金庫法で定める短期債、農林中央金庫法で定める短期農林債に限る）
・資産の流動化に関する法律（以下「資産流動化法」という）で定める特定社債券
・社債券（ただし、政府が元本の償還および利息の支払について保証しているものと、社債、株式等の振替に関する法律で定める短期社債およびこれに類するものとして政令で定めるものに限る）
・資産流動化法で定める優先出資証券または新優先出資引受権を表示する証券
・投資信託及び投資法人に関する法律で定める短期投資法人債等

- 貸付信託の受益証券
- 資産流動化法で定める特定目的信託の受益証券
- 信託法で定める受益証券発行信託の受益証券
- 法人が事業に必要な資金を調達するために発行する約束手形で内閣府令で定めるもの（期間１年未満の約束手形CP）
- 抵当証券
- 外国または外国の者の発行する証券または証書で有価証券の性質を有するもののうち政令で定めるもの
- 外国の者の発行する証券または証書で銀行業を営む者その他の金銭の貸付を業として行う者の貸付債権を信託する信託の受益権またはこれに類する権利を表示するもののうち内閣府令で定めるもの
- 流通性その他の事案を勘案し、公益または投資者保護上必要と認め政令で定める証券または証書
- 有価証券とみなされる権利（みなし有価証券）

④ 投資信託・外国投資信託の受益証券、投資証券もしくは投資法人債券または外国投資証券（短期投資法人債等を除く）についての以下の取引
- 売買、市場デリバティブ取引、外国市場デリバティブ取引、
- 売買や上記のデリバティブ取引の媒介・取次ぎ・代理、
- 取引所金融商品市場等における売買や上記のデリバティブ取引の委託の媒介・取次ぎ・代理、
- 有価証券の募集・私募の取扱い（33条２項２号）

(注) 有価証券の売出し等の取扱いが除外されていることに注意。

⑤ 外国国債証券についての市場デリバティブ取引、外国市場デリバティブ取引ならびにこれらの取引の媒介・取次ぎ・代理、これらの取引の委託の媒介・取次ぎ・代理、私募の取扱い、および第一種金融商品取引業者の委託を受けて行う金融商品仲介行為（33条２項３号）

⑥ ③〜⑤に掲げる有価証券以外の有価証券（一般の株式・社債等）についての私募の取扱い、第一種金融商品取引業者の委託を受けて行う金融商品仲介業務（私募の取扱いの仲介を除く）（33条２項４号）

⑦ 以下の取引、その取引の媒介・取次ぎ・代理（33条２項５号）

・③の有価証券に係る店頭デリバティブ取引
・④〜⑥に係る店頭デリバティブ取引のうち、決済方法が差金の授受に限られているもの。ただし多数の者（50人以上）を相手方として行う場合を除く。
⑧ 有価証券の売買および有価証券関連デリバティブ取引等についての有価証券等清算取次ぎ（33条2項6号）

上記のほか、金商法33条3項は、銀行等金融機関が以下の業務を行うことを認めている。

⑨ 有価証券関連デリバティブ取引等を除くデリバティブ取引、取引の媒介・取次ぎ・代理等
⑩ 有価証券の売買および有価証券関連デリバティブ取引等以外についての有価証券等清算取次ぎ
⑪ 次に掲げる有価証券の募集または私募（自己募集）
　・委託者指図型投資信託の受益証券
　・外国投資信託の受益証券
　・抵当証券
　・外国証券等で抵当証券に類似するもの
　・上記有価証券に関する有価証券表示権利
　・集団投資スキーム持分
　・政令で定める有価証券（商品ファンドに係る受益証券等）
⑫ 投資助言・代理業
⑬ 有価証券等管理業

B　金商法上の登録

以上の業務のうち、①の業務を除く業務を行うには、内閣総理大臣の登録を受ける必要がある（金商法33条の2。以下、登録を受けて行う業務を「登録金融機関業務」という）。これらの登録を受けようとする金融機関は、登録申請書に所定の事項（登録拒否要件に該当しない旨の宣誓書、リスク管理の方法、親法人・子法人・関係会社の状況、定款、登記事項証明書、貸借対照表、損益計算書等内閣府令で定めるもの）を添付し、内閣総理大臣に提出することとされて

いる（金商法33条の3）。また、内閣総理大臣は当該申請者が登録拒否要件（過去の登録取消し、刑事罰等）に該当しない場合は、登録をしなければならないとされている（金商法33条の5）。

C 登録金融機関に対する行為規制

　上記の登録を受けた金融機関（以下「登録金融機関」という）は、登録金融機関業務として実質的に金融商品取引業を行うこととなるので、金融商品取引業者と同様の業務規制を受けることとなる（規制の概要は、第1章第2節「証券市場をめぐる法規制」参照）。また加えて、以下の登録金融機関に特有の行為規制（いわゆる「弊害防止措置」）も受けることとなる。
① 　登録金融機関業務以外の業務における禁止行為（金商法44条の2第2項）
　○金銭貸付その他信用の供与をすることを条件として、有価証券の売買の受託をする行為
　○登録金融機関業務以外の業務によって利益を図るため、登録金融機関が投資助言業務に関して、取引の方針、取引の額もしくは市場の状況に照らして不必要な取引を行うことを内容とした助言を行い、または登録金融機関が行う投資運用業（注）に関して運用の方針、運用財産の額もしくは市場の状況に照らして不必要な取引を行うことを内容とした運用を行うこと
（注）　金融機関は原則、投資運用業を行うことはできないが（金商法33条1項）、信託業務を兼営している金融機関については、従来から旧投資顧問法で内閣総理大臣の認可があれば投資運用の一環である投資一任業務を行うことができた。そこで、金商法においても信託業務を兼営している金融機関の行う投資一任業務については投資運用業として特例的に行えることとしている（同法33条の8第1項）。
　○その他、登録金融機関業務以外の業務に関連して、投資者保護に欠け、もしくは取引の公正を害し、または登録金融機関業務の信用を失墜させるものとして金融商品取引業等に関する内閣府令（以下「府令」という）で定める行為
　府令で禁止されるおもな行為は以下のとおり。

・資金の貸付もしくは手形の割引を内容とする契約の締結の代理もしくは媒介または信用の供与の条件として、金融商品取引契約の締結またはその勧誘を行う行為（府令150条1号）
・資金の貸付もしくは手形の割引を内容とする契約の締結の代理もしくは媒介または信用の供与を行うことを条件として、金融商品取引契約の締結またはその勧誘を行う行為（府令150条2号）
・自己の取引上の優越的な地位を不当に利用して金融商品取引契約の締結またはその勧誘を行う行為（府令150条3号）
・次に掲げる場合において、その旨を顧客に説明することなく行う有価証券の売買の媒介（当該有価証券の引受けを行った委託金融商品取引業者が引受人となった日から6カ月を経過する日までの間に当該有価証券を売却するものに係るものに限る）または有価証券の募集もしくは売出しの取扱いもしくは私募の取扱いもしくは特定投資家向け売付け勧誘等の取扱い（府令150条4号）
　　イ　自己に対して借入金に係る債務を有する者が当該有価証券を発行する場合であって、当該有価証券に係る手取金が当該債務の弁済に充てられることを知っているとき
　　ロ　自己が借入金の主たる借入先である者が当該有価証券を発行する場合（自己が借入先である事実が金商法172条の2第3項に規定する発行開示書類または金商法27条の31第2項もしくは4項の規定により提供され、もしくは公表された特定証券等情報において記載され、または記録されている場合に限る）
・金融商品仲介業務に従事する役員（役員が法人であるときは、その職務を行うべき社員を含む。以下同じ）または使用人が、有価証券の発行者である顧客の非公開融資等情報を融資業務もしくは金融機関代理業務に従事する役員もしくは使用人から受領し、または融資業務もしくは金融機関代理業務に従事する役員もしくは使用人に提供する行為
　次に掲げる場合において行うものを除く
　　イ　非公開融資等情報の提供につき、事前に顧客の書面による同意を得て提供する場合

ロ　登録金融機関業務に係る法令を遵守するために、融資業務または金融機関代理業務に従事する役員または使用人から非公開融資等情報を受領する必要があると認められる場合
　　ハ　非公開融資等情報を金融商品仲介業務を実施する組織の業務を統括する役員または使用人に提供する場合（府令150条5号）
② 登録金融機関の親法人等または子法人等が関与する行為における禁止行為（金商法44条の3第2項）
　○通常の条件と異なる条件であって、取引の公正を害するおそれのある条件で、登録金融機関の親法人等または子法人等と有価証券の売買その他の取引または店頭デリバティブ取引を行うこと
　○登録金融機関の親法人等または子法人等との間で金融商品取引業に関する契約を締結することを条件として、登録金融機関がその顧客に対して信用を供与しながら、金融商品仲介業として有価証券の売買・媒介または取引所金融商品市場における取引の委託またはその媒介、有価証券の募集・売出しの取扱いを行うこと
　○登録金融機関の親法人等または子法人等の利益を図るため、登録金融機関が行う投資助言業務に関して取引の方針、取引の額、もしくは市場の状況に照らして不必要な取引を内容とした助言を行い、または登録金融機関が行う投資運用業に関して、運用の方針、運用財産の額もしくは市場の状況に照らして不必要な取引を行うことを内容とした運用を行うこと
　○この他登録金融機関の親法人等または子法人等が関与する行為で、投資者保護に欠けもしくは取引の公正を害し、または登録金融機関業務の信用を失墜させるおそれがあるものとして府令で定める行為
　府令で禁止されるおもな行為は以下のとおり。
　　・当該登録金融機関の親法人等または子法人等との間で金融商品取引契約を締結することを条件として当該登録金融機関がその顧客に対して通常の取引よりも有利な条件で資産の売買その他の取引を行っていながら、当該顧客との間で金融商品仲介業務を行うこと（府令154条1号）

・当該登録金融機関との間で金融商品取引契約を締結することを条件としてその親法人等または子法人等がその顧客に対して信用の供与または通常の条件よりも有利な条件で資産の売買その他の取引を行っていることを知りながら、当該顧客との間で当該金融商品取引契約を締結すること（府令154条2号）
・当該登録金融機関の親法人等または子法人等が有価証券の引受人となった日から6カ月を経過するまでの間において、顧客に当該有価証券の買入代金の貸付その他信用の供与をすることを約して、当該顧客に対し当該有価証券に係る金融商品仲介業務を行うこと（府令154条3号）
・当該登録金融機関の金融商品仲介業務に従事する役員（役員が法人であるときは、その職務を行うべき社員を含む）または使用人が、発行者等に関する非公開情報（顧客の有価証券の売買その他の取引等に係る注文の動向その他の特別な情報に限る）を、当該登録金融機関の一定の親法人等もしくは子法人等（一定のものを除く）に提供し、または有価証券（一定のものを除く）の発行者である顧客の非公開融資等情報をその親法人等もしくは子法人等から受領すること（一定の場合を除く）（府令154条4号）
・当該登録金融機関の親法人等または子法人等から取得した顧客に対する非公開情報（当該親法人等または子法人等が当該顧客の書面による同意を得ずに提供したものに限る）を利用して金融商品取引契約の締結を勧誘すること（府令154条5号）
・当該登録金融機関の親法人等または子法人等が有価証券の引受けに係る主幹事会社である場合において、当該有価証券の募集もしくは売出しまたは特定投資家向け取得勧誘もしくは特定投資家向け売付け勧誘等の条件に影響を及ぼすために、その行う投資助言業務に関して実勢を反映しない作為的な相場を形成することを目的とした助言を行い、またはその行う投資運用行に関して実勢を反映しない作為的な相場を形成することを目的とした取引を行うことを内容とした運用を行うこと（府令154条6号）

・当該登録金融機関の親法人等または子法人等が有価証券の引受け等を行っている場合において、当該親法人等または子法人等に対する当該有価証券の取得または買付けの申込みの額が当該親法人等または子法人等が予定していた額に達しないと見込まれる状況のもとで、当該親法人等または子法人等の要請を受けて、その行う投資助言業務に関して当該有価証券を取得し、もしくは買い付けることを内容とした運用を行うこと（府令154条7号）

③ 銀行の投資信託窓口販売業務

ここまで、銀行の証券関連業務についてみてきたが、なかでも投資信託の窓口販売（以下「投信窓販」という）は、現在の銀行の業務のうち重要な位置を占めているものの1つといえることから、本項において詳述する。銀行等金融機関は、1998年の投信窓販参入以来、投信販売額を順調に伸ばしてきた。1,400兆円を超える個人金融資産のうち、2010年10月の投資信託の純資産残高は約50兆円に至るまでとなったが、投資信託の販売における銀行のシェアは50％前後で推移しており、個人の資産運用における投資信託の普及拡大について、個人に身近な金融機関である銀行による投信窓販が果たしてきた役割は大きいといえるだろう。

以下では、銀行による投信窓販の法律上の位置づけと、その市場拡大の変遷等を詳述する。

(1) 金融商品取引法（旧証券取引法）上の位置づけ

投資信託の販売は従来証券会社の主要業務の1つであったが、いわゆる「日本版金融ビッグバン」の一環として、銀行等金融機関による販売が認められることとなった。まず、1997年、銀行等金融機関の店舗の一部を投資信託委託会社に貸す形態での投資信託販売が認められた。翌1998年には、金融システム改革のための関係法律の整備等に関する法律により証券取引法が改正され、銀行等金融機関本体による投資信託の直接販売（投信窓販）が認められることとなった。

具体的には、銀行等金融機関による証券業務を禁止する証券取引法65条の適用除外行為の1つとして、投信窓販業務が加えられた。この規定が現在の金商法33条に継承されていることは上記でみたとおりである（同法33条2項2号）。なお、金商法では、投資信託について、売買等、売買等の媒介等、市場取引の委託の媒介等、募集の取扱いと私募の取扱いが認められているが、銀行に認められている投信窓販とはおもに募集の取扱いに当たるものである。また、投信窓販を含むこれらの投資信託に関連する業務は、銀行法上、本来業務の遂行を妨げない限度で行うものとされている11条2項の他業金融商品取引業務と位置づけられる。

なお金商法上、投資信託は有価証券の一種であるが、以下の2種類に分けることができる。

① 投資信託の受益証券……投資信託及び投資法人に関する法律に規定する投資信託または外国投資信託の受益証券（金商法2条1項10号）。これは、上場投資信託（ETF）も含むいわゆる一般的な投資信託の受益権を表示する証券である。

② 投資法人の発行する投資証券・投資法人債券……投資信託及び投資法人に関する法律に規定する投資証券もしくは投資法人債券または外国投資証券（金商法2条1項11号）。これは、不動産投資信託（REIT）を含む投資法人の投資口を表示する証券（投資証券）と、投資法人が発行する債券（投資法人債券）である。

(2) 投資信託市場動向

1998年の銀行の投信窓販参入以降の、銀行と証券の投資信託販売シェアの推移を示したのが図表1－18である。銀行のシェアは、参入後2007年まで、右肩上りの上昇をみせ、それ以降はほぼ50％前後での横ばいが続いている。これは、銀行サイドで投信窓販体制・人員面での拡充が進んだことと、銀行と証券で取扱商品の相互乗入れが進み、投信窓販の棲み分けが定着化したことが背景にあろう。

次に、投資信託への資金流出入について、1990年以降の株式投資信託と、MMFを除く公社債投資信託の増減を俯瞰する（図表1－19参照）。株式投

図表1-18　契約型公募・私募投資信託の純資産残高推移

出所：投資信託協会ホームページ

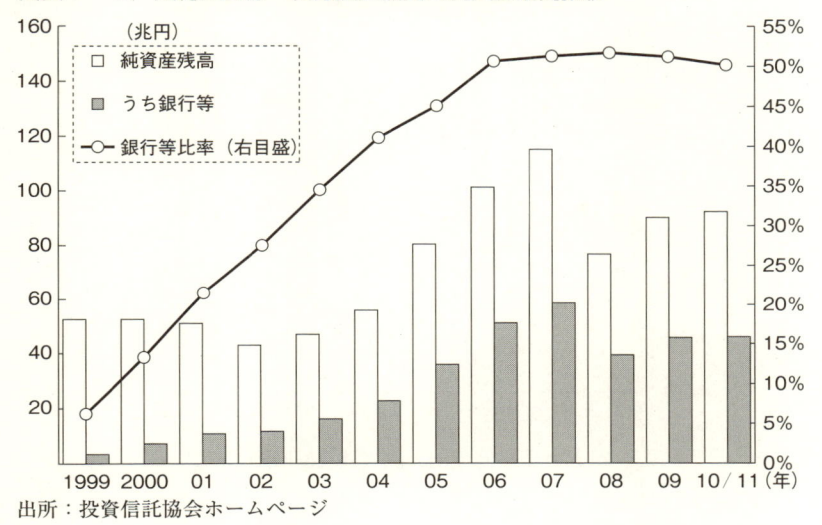

　信託については、1998年以降、差引きの資金流入額がプラスに転じたが、銀行の投信窓販解禁当初に日本株投資信託が主力商品として活用されたことによって、2006年度には13兆円を超える資金流入額となった。公社債投信については、銀行の投信窓販解禁後の一時期は流入超であったが、近時は流出入のネット横ばいの状況が続いている。

　銀行の投信窓販におけるいわゆる売れ筋商品カテゴリーとしては、参入当初は①MMF・株式投信中心のラインアップ、その後②主要先進国の外国債・外国株を軸とした国際分散投資運用、③バランス型運用をメインとした毎月分配型運用、リーマンショック後は④新興国や国内債券ファンド等新たなカテゴリーでの運用へという推移となっている。

　また、ゆうちょ銀行の投信窓販については、前身である日本郵政公社に認められた2005年の窓口販売解禁以来、全国に張りめぐらされた販売網も寄与し、2010年9月末時点での純資産残高は9,500億円を超える水準となっており、純資産残高1兆～2兆円前後のメガバンクに匹敵する大きな存在感を示している（開示資料によるみずほコーポレート銀行調べ）。

図表1-19　株式投信流出入額

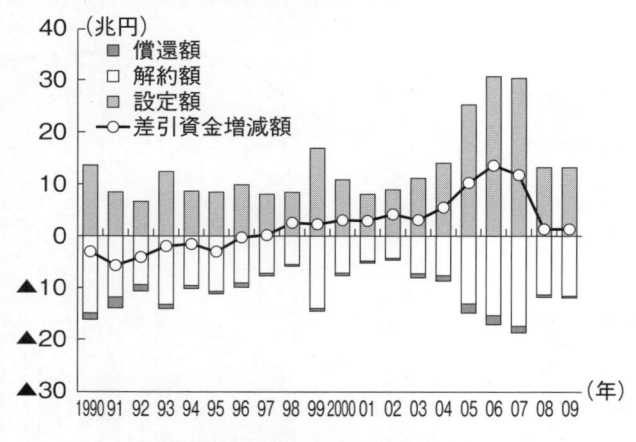

公社債投信流出入額（除くMMF）

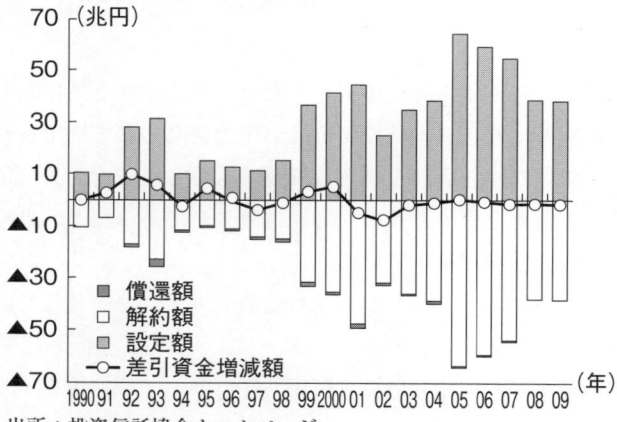

出所：投資信託協会ホームページ

（3）　投信窓販の銀行経営上の位置づけ

　銀行経営における投信窓販の重要性は徐々に高まってきている。人口減少や長引く景気低迷のなか、高齢者を軸に預金残高は堅調であるものの、本業たる貸出残高が伸び悩み、資金収支の積上げが困難な状況となっている。また、自己資本比率規制の影響で、リスクアセットの積増しもむずかしい状況

である。このようななか、販売手数料や信託報酬の拡充を軸とした投資信託等アセットマネジメントビジネスの展開による役務収益の拡大は、安定収益基盤として銀行経営における重要なテーマの1つとなっている。

なお、上記収益を含めた役務収益全体の動向としては、2010年9月決算における、上場地方銀行各行の業務粗利益に占める役務収益の割合は10％を超える水準となっており、今後ますますその比重が高まるものと予想されるところである（みずほコーポレート銀行調べ）。

今後は、自行預金からの投資信託等預り資産への振替えにとどまらず、他の銀行や証券会社からの預り資産の獲得が焦点になろう。

現下の銀行による投信窓販を取り巻く課題としては、以下の点が考えられる。

① 販売員のスキルアップ（体系的・一体的な育成体制構築）
② 販売体制多様化（インターネット、コールセンター活用等の模索）
③ 富裕層向けレイアウトや休日営業店舗の検討（顧客差別化の徹底）
④ 預り資産向けシステム投資検証（金商法対応、税制等制度変更対応）
⑤ コンプライアンス（法令遵守）対応整備（顧客保護観点の徹底）
⑥ マーケティング体制構築（EBM：Event Based Marketingに依拠したセールス展開、顧客情報データベース化等）

第 5 節

グループ会社による証券関連業務

　銀行法および金融商品取引法(以下「金商法」という)は、銀行経営の健全性確保等といった観点から、銀行本体の証券関連業務を一定の範囲に制限する一方で、総合的な金融サービスの提供という国民の金融ニーズに応えるため、銀行がグループ会社を活用して証券関連業務に取り組むことを認めている。

　本節では、銀行のグループ会社による証券関連業務の中核となる、証券子会社および資産運用子会社について詳述する。なお、業態別子会社方式による証券関連業務への参入が認められた1993年以前、銀行は海外証券現地法人を設立することで、欧州各国のユニバーサル・バンキング制度等の現地法制に従って、当時日本国内では禁止されていた証券関連業務を行っていた時期もあった。こうした動きは1960年代後半からみられ、特に1980年代以降ユーロ債市場の急成長につれ活発化した。海外証券現地法人は、現在もなお各国の証券市場において相応のプレゼンスを保っているが、後述するように、業態別子会社参入方式による証券子会社の設立およびその業務範囲の拡大を通じて、現在では国内に本社を置く証券子会社と資産運用子会社とが、国内外の証券関連業務において主たる役割を担っている。

❶ 証券子会社

(1) 概　　説

　戦後制定された証券取引法は、米国の規制を参考とし、①銀行財務の健全

性確保、②預金者と投資者の利益相反の防止、③銀行の優越的地位の濫用の防止の観点から、原則として銀行による証券業務を禁止していた（旧証券取引法65条）。この考え方は現在も金商法に引き継がれており、同法33条は銀行本体による有価証券関連業務（従来の証券業務に相当）を原則として禁止している。このため、現行法のもとで銀行が幅広い証券業務に取り組むには子会社を通じてこれを行う必要がある。

銀行の証券子会社は、1993年の金融制度改革法により、業態別子会社方式による銀行・証券の相互参入が解禁されたことに始まる。この解禁にあたっては、漸進的・段階的に銀行グループの証券業務への参入を進める観点から、証券子会社の業務範囲に制限が加えられた。また、前述した銀行本体による証券業務を原則として禁止する旧証券取引法65条の枠組みは残され、利益相反による弊害や銀行の優越的地位の濫用等を防止する観点から、広範囲にわたる弊害防止措置（ファイアーウォール規制）が導入された。

具体的には、証券子会社の業務範囲への制限として、①株式の発行業務お

図表１－20　銀行の証券子会社の業務範囲制限撤廃の経緯

	発行市場	流通市場	
		ディーリング	ブローキング
公共債	○	○	○
普通社債・金融債	○	○	○
投資信託	○	○	○
エクイティ物 （転換社債、新株引受権付社債、新株引受権証券） （現：新株予約権付社債等）	○	×→◎ 1997年10月以降	×→◎ 1997年10月以降
株価指数先物 株価指数オプション	―	×→◎ 1997年10月以降	×→◎ 1997年10月以降
株式	×→◎ 1999年10月以降	×→◎ 1999年10月以降	×→◎ 1999年10月以降

（注）○および×は業態別子会社方式導入当初の業務範囲。

図表1-21 銀行と証券子会社間のファイアーウォール規制の沿革

(整備の状況、枠囲いは緩和。)

1993年	金融制度改革法により業態別子会社方式による相互参入が解禁された際にファイアーウォール規制が導入 ・証券子会社の主幹事制限（メインバンク・ファイアーウォール） ・共同訪問の禁止 ・非公開情報の授受の禁止 ・人事交流の制限（プロパー化比率） ・役職員の兼職規制 ・店舗の共用制限 ・親・子法人等の発行証券の引受主幹事制限 ・信用供与を利用した抱合せ行為の禁止　等
1998年	・預金との誤認防止措置の整備
1999年	・メインバンク・ファイアーウォールの廃止 ・非公開情報の授受の禁止について緩和（顧客からの書面による包括同意を容認） ・店舗の共用制限の緩和 ・共同訪問の解禁 ・人事交流の制限（プロパー化比率）の廃止 ・コンピュータの共用制限 ・別法人であることの開示義務
2000年	・内部管理目的での非公開情報の授受およびコンピュータの共用の容認（個別承認制）
2002年	・店舗の共用制限の廃止 ・共同店舗における誤認防止措置の整備
2004年	・仲介業務における銀行等に対する弊害防止措置の整備
2006年	・コンピュータの共用制限の廃止
2007年	・非公開情報の授受の禁止の適用除外の追加（内部統制報告書作成のために必要な情報等） ・内部管理目的での非公開情報の授受の対象の追加（信託会社、貸金業者） ・親・子法人等の発行証券の引受主幹事制限の緩和
2009年	・役職員の兼職規制の撤廃（事後届出制に） ・非公開情報の授受の禁止について緩和（法人顧客情報に関するオプトアウト制度の導入、内部管理目的での授受に係る事前承認の不要化） ・親・子法人等の発行証券の引受主幹事制限の緩和 ・利益相反管理体制の構築

出所：金融庁資料よりみずほコーポレート銀行作成

よび流通業務、②株価指数先物、株価指数オプションおよびエクイティ物（転換社債、新株引受権付社債、新株引受権証券）の流通業務が原則除かれた。また、銀行がその影響力を行使して市場に悪影響を与えることを防止する観点から、純資産額5,000億円未満の企業が社債を発行し、銀行が当該社債の主受託会社となっている場合には、当該銀行の証券子会社が引受主幹事になること等を禁じた通称「メインバンク・ファイアーウォール」等が存在した。

　これらの規制は、証券子会社の業務範囲制限が1997年～1999年にかけて順次廃止され、弊害防止措置（ファイアーウォール規制）についても、メインバンク・ファイアーウォールの廃止（1999年）、役職員の兼職制限撤廃、非公開情報授受の制限の緩和（2008年）など数次にわたり緩和されており、証券子会社の業務範囲および銀行グループとしての証券サービスの提供範囲は徐々に拡大してきた。本項では、これら証券子会社の業務範囲と弊害防止措置（ファイアーウォール規制）について詳述する（銀行の証券子会社の業務範囲制限撤廃の経緯については、図表 1 - 20参照。銀行と証券子会社間のファイアーウォール規制の沿革については、図表 1 - 21参照）。

(2)　証券子会社の業務範囲

　銀行は、有価証券関連業（金商法28条 8 項）とその付随業務等の業務をもっぱら営む会社、すなわち「証券専門会社」を子会社とすることが認められている（銀行法16条の 2 第 1 項 3 号）。前述のとおり、銀行の証券子会社の有価証券関連業（旧証券取引法における証券業）についての業務範囲制限は、1999年にはすべて撤廃されており、他の（銀行子会社ではない）金融商品取引業者との間で有価証券関連業について業務範囲の差はなくなった。

　一方で、金融商品取引業者（第一種・第二種金融商品取引業に登録している業者を想定）は、金融商品取引業（金商法 2 条 8 項）のうち第一種・第二種金融商品取引業として規定されているもの（同法28条 1 項・ 2 項）とその付随業務（同法35条 1 項）に加えて、兼業業務（同法35条 2 項）、さらに内閣総理大臣の承認を受けた業務（同条 4 項）を行うことが認められている。内閣総理大臣は、当該業務が「公益に反するとき」または「業務の損失管理が困難

であるために投資者の保護に支障を生ずると認められるとき」に限り承認しないことができる（同条5項）とされており、事実上金融商品取引業者は幅広い業務を行うことが可能である。これに対し、銀行の証券子会社は、上記兼業業務として商品関連業務等を営むことが認められているが（銀行法施行

図表1－22　証券子会社と金融商品取引業者（第一種・第二種金融商品取引業者）との業務範囲の違い

金融商品取引業者	証券子会社
金融商品取引業 　第一種金融商品取引業、第二種金融商品取引業	金融商品取引業 　同左
金融商品取引業に付随する業務 　有価証券の貸借、M&A等に関する相談・仲介等	金融商品取引業に付随する業務 　同左
兼業業務（届出） 　商品関連：商品市場における取引等に係る業務、商品デリバティブ取引（差金／現物決済） 　不動産関連業：宅地建物取引業、不動産の賃貸、不動産に係る投資助言業務等 　貸金業	兼業業務（届出） 　商品関連：商品市場における取引等に係る業務、商品デリバティブ取引（差金／現物決済） 　貸金業 　↕ 不動産関連業を営むことができない
兼業業務（承認） 　内閣総理大臣の承認※を受け、他業務（商品の現物取引、商品現物の輸送の受託等）の兼業が可能 　※当局が承認しない場合は、「公益に反するとき」「損失の危険の管理が困難であるために、投資者の保護に支障を生ずるとき」に限定	兼業業務（承認） 　内閣総理大臣の承認を受けて他業務を兼業することは想定されず

（注）　証券子会社は、上にあげた業務のほかに、銀行の従属業務、金融関連業務を営むことができる。
　　　　従属業務：営業用不動産管理、ATM保守・点検、現金小切手等集配等
　　　　金融関連業務：サービサー業、プリペイドカード業、リース業等

規則17条の2第2項)、不動産関連業務等を営むことは認められておらず、また、上記金商法35条4項に相当する内閣総理大臣の承認を受けてなんらかの業務を行うことは想定されていない(証券子会社と金融商品取引業者(第一種・第二種金融商品取引業者)との業務範囲の違いについては、図表1－22参照)。

(3) 弊害防止措置(ファイアーウォール規制)

A 近時の動向

　金融グループにおける弊害防止措置(ファイアーウォール規制)は、1993年施行の金融制度改革により業態別子会社方式による銀行・証券の相互参入が解禁された際に、利益相反による弊害の防止や銀行等の優越的地位の濫用の防止等をねらいとして導入され、規制の内容や根拠法令等は相当程度複雑であった。

　しかし、前述のとおり1999年から当該規制が順次緩和されてきたことに加え、金商法の制定など2006年以降のわが国金融・資本市場の競争力強化をめぐる議論のなかでも、弊害防止措置(ファイアーウォール規制)、とりわけ役職員の兼職制限および顧客の非公開情報に係る授受の制限のあり方についてさまざまな議論が行われてきた。

　こうした流れを受け、2007年の金融庁金融審議会第一部会の報告では、利益相反による弊害や銀行による優越的地位の濫用の防止等の実効性を確保しつつ、利用者利便の向上や金融グループの統合的内部管理等の要請に応えるため、新たな規制の枠組みを提供することが提言され、金融庁「金融・資本市場競争力強化プラン」にその旨が盛り込まれた。これをふまえ、2008年6月、金融商品取引法等の一部を改正する法律が成立した(金融・資本市場競争力強化プラン(抄)については、図表1－23参照。2008年改正(2009年施行)のポイントについては、図表1－24参照)。

図表1－23　金融・資本市場競争力強化プラン（抄）

> Ⅱ．金融サービス業の活力と競争を促すビジネス環境の整備
>
> （略）
>
> 1．銀行・証券・保険間のファイアーウォール規制の見直し
>
> 　利益相反による弊害や銀行等の優越的地位の濫用の防止の実効性を確保するとともに、金融グループにおける業務の相互補完や効率化によるシナジーの発揮を通じて、顧客利便の向上や金融グループの統合的内部管理の要請に応える観点から、銀行・証券・保険間のファイアーウォール規制を見直し、新たな規制の枠組みを導入する。
> 　具体的には、下記4.の利益相反管理態勢の整備の義務付けに加え、銀行等の優越的地位を濫用した証券会社による勧誘の禁止等の措置を講じた上で、役職員の兼職規制を撤廃するとともに、法人顧客に関する証券会社・銀行等の間の非公開情報の授受の制限について緩和する等の措置を講じる。このため、関連法案の早急な国会提出を図る。
>
> （略）
>
> 4．金融機関・金融グループにおける内部管理態勢の強化
>
> 　金融機関の業務の多様化やグループ化の進展に伴い、金融機関・金融グループにおける内部管理態勢の強化を図るため、証券会社、銀行等及び保険会社に対し、利益相反管理態勢の整備を義務付けることとし、関連法案の早急な国会提出を図る。
>
> （略）

図表1－24　2008年改正（2009年施行）のポイント（図表1－21より再掲）

2009年	・役職員の兼職規制の撤廃（事後届出制に） ・非公開情報の授受の禁止について緩和（法人顧客情報に関するオプトアウト制度の導入、内部管理目的での授受に係る事前承認の不要化） ・親・子法人等の発行証券の引受主幹事制限の緩和 ・利益相反管理体制の構築

B 金融商品取引法における弊害防止措置（ファイアーウォール規制）

　上記の経緯を経て、現在の金商法における銀行と証券子会社間の弊害防止措置（ファイアーウォール規制）は以下のようになっている（同法44条の3ほか）（改正法施行後のファイアーウォール規制については、後掲図表1－25参照）。

a 取締役等の就任等に係る届出（役職員の兼職制限の撤廃）

　2008年改正前の金商法および同法の前身である旧証券取引法は、証券子会社の役員が親銀行の役職員を兼務することを禁止していた（2008年改正前金商法31条の4）。この規制は、1993年のファイアーウォール規制導入時に設けられており、これに加えて当時は、証券子会社のプロパー職員（出向開始後3年以上経過した者を含む）の数を、設立後5年をメドとして職員総数の5割程度以上に引き上げるプロパー化比率などの人事交流を制限する規制も存在した。

　プロパー化比率に係る規制は1999年に廃止されたものの、役職員の兼職の禁止については、旧証券取引法65条に基づくいわゆる銀証分離を徹底する観点から、金商法にも引き継がれるかたちで存続していた。しかし、この規制は、後述する顧客の非公開情報の授受の禁止規制とともに、①金融グループとしての総合的なサービスの提供の障害になり、利用者の利便性がかえって損なわれる、②金融グループとして要求される統合的リスク管理やコンプライアンスの障害となっている、③わが国金融機関の競争力の観点からみたとき、欧米の金融グループとの競争条件を不利なものとしている等の指摘がなされていた。

　このため、2008年改正において、利益相反管理体制の整備（後述）を義務づけること等の措置と一体的に、役職員の兼職制限は撤廃された。改正後の金商法では、金融商品取引業者（第一種金融商品取引業者または投資運用業）の取締役または執行役が親銀行の取締役等に就任（兼職を含む）した場合または退任した場合には、事後的に、当局に届け出ることのみが定められることとなった（金商法31条の4第2項）。また、他の会社の役員等に就任・退任

した場合にも、同様の届出義務が定められている（同条1項）。

なお、役職員の兼職については、米国では、銀行持株会社(BHC：Bank Holding Company)のもとでは、銀行と証券会社間の役職員の兼務は、代表取締役または過半数の役員を占めていなければ可能とされ、金融持株会社（FHC：Financial Holding Company。銀行持株会社のうち、財務状況が良好である等の要件を満たし、当局の承認を受けたもの）のもとでは、役職員の兼職制限は撤廃されている。また、欧州においては、役職員の兼職に関する制限は特段置かれていない。

b　クロスマーケティングに関する規制

銀行が、証券子会社の行う有価証券関連業を代行すること（クロスマーケティング）は、金融商品仲介業として行う場合を除けば、銀行が有価証券関連業を行うことを原則として禁止する金商法33条1項に抵触するおそれがある。

この規定の解釈として、①取引先企業に対し株式公開等に向けたアドバイスを行い、または引受金融商品取引業者に対し株式公開等が可能な取引先企業を紹介する業務、②勧誘行為をせずに、単に顧客を金融商品取引業者に紹介する業務は、銀行に禁止されている行為には当たらないとされている（金融庁「金融商品取引業者等向けの総合的な監督指針」Ⅷ－2－5）。

銀行が従来から固有業務（預金業務、貸出業務、為替業務）と一体となって実施することを認められてきたコンサルティング業務、ビジネスマッチング業務、M&Aに関する業務、事務受託業務等は、銀行法10条2項に列挙される付随業務には該当しないものの、金融庁「主要行等向けの総合的な監督指針」Ⅴ－3－2において、固有業務と切り離して行う場合についても「その他の付随業務」（銀行法10条2項）に該当するとされており、銀行が取引先企業に対し株式公開等に向けたアドバイスを行い、または引受金融商品取引業者に対し株式公開等が可能な取引先企業を紹介する業務や勧誘行為をせずに単に顧客を金融商品取引業者に対し紹介する業務も「その他の付随業務」として、固有業務と切り離して行うことが可能であると考えられる。

なお、1993年の業態別子会社方式による銀行・証券の相互参入解禁において、弊害防止措置（ファイアーウォール規制）として設けられた親銀行と証券

子会社の役職員の共同訪問の制限については、1999年に解禁されている。

c　アームズ・レングス・ルール

　親子会社間の取引においては、たとえば、子会社支援を目的として子会社に有利な取引を行うことなど、資本関係等のない相互に独立した企業間における取引（「アームズ・レングス取引」）とは異なる条件で取引を行おうとする動機がありうるとともに、そうした条件設定も不可能ではないといえる。親銀行と証券子会社との間でこのような取引が行われた場合、金融商品取引業者間の公正な競争が阻害され、有価証券取引およびデリバティブ取引の公正性の確保ならびに証券子会社の独立性・健全性の確保に疑いが生じかねないことから、金商法は、銀行と証券子会社間の取引においてアームズ・レングス・ルールの適用を義務づけている。

　具体的には、親子間の金融商品取引（有価証券の売買その他の取引または店頭デリバティブ取引）に関しては、通常の取引の条件と異なる条件であって取引の公正を害するおそれのある条件によるものを禁止している（金商法44条の3第1項1号）。金融商品取引以外の取引（資産の売買等）に関しては、通常の取引の条件と著しく異なる条件によるものを禁止している（金融商品取引業等に関する内閣府令153条1項1号）。

　また、アームズ・レングス・ルールには、金商法上以外にも、銀行法上のアームズ・レングス・ルールがあり、これについては後述する。

d　抱合せ取引の禁止

　証券子会社は、親銀行が顧客に対して証券子会社と金融商品取引業に係る契約を締結することを条件として、①信用を供与していること、または②通常の取引の条件よりも有利な条件で資産の売買その他の取引を行っていることを知りながら、顧客との間で当該金融商品取引業に係る契約を締結することを禁じられている（金商法44条の3第1項2号、金融商品取引業等に関する内閣府令153条1項2号）。

　本規制は、主として金融商品取引業者間の公正な競争を確保するという観点から設けられたものである。たとえば、親銀行が、顧客に証券子会社と金融商品取引業務に係る契約を締結することを条件として、通常の取引よりも有利な条件でスワップ取引や外為取引などを行い、証券子会社がそのような

親銀行の関与を背景に顧客と金融商品取引業務に係る契約を締結することを許せば、金融商品取引業者間の競争が商品やサービスの価格や品質以外の要素により行われることとなるおそれがある。また、親銀行による顧客へのインセンティブ供与等を通じて、本来、金融商品取引を行うつもりのない顧客に取引をさせることは、市場における取引価格の適正性をゆがめるおそれもある。本規制は、このような弊害の発生を未然に防止することを目的として、設けられたものである。

なお、資産の売買その他の取引には、信用供与以外のすべての取引が含まれる。信用供与以外の取引については、通常の取引の条件よりも有利である場合に、弊害の有無を問われることとなるが、具体的な条件が通常の取引の条件より有利か否かの判定は、個別事情を勘案したうえで判断されることとなる。

e 利益相反に係る開示

証券子会社が、親銀行に対して借入金債務を有している企業等が発行する有価証券の引受人となる場合で、発行により調達される資金（手取金）がその借入金債務の返済に充てられることを知っている場合に、証券子会社はその旨を顧客（投資家）に説明せずに当該有価証券を販売してはならない（金融商品取引業等に関する内閣府令153条1項3号イ）。

本規制は、投資家に利益相反の可能性を説明することによって、親銀行が負っている有価証券発行会社のデフォルトリスクを、証券子会社による有価証券の販売を通じて投資家に転嫁することを防止するとの観点から、設けられたものである。

本規制の適用は、証券業務のうちプライマリー（有価証券の新規発行時）での販売行為に限定され、セカンダリー（既発有価証券の流通）業務の一環として有価証券を売却する場合には開示義務は生じない。また、有価証券のうち、①国債証券・地方債証券・政府保証債、②国内CP・海外CP、③特定社債券、優先出資証券、新優先出資引受権表示証券、貸付信託の受益権、特定目的信託の受益証券、受益証券発行信託の受益証券などは本規制の対象外となる（金融商品取引業等に関する内閣府令117条1項31号）。これは、①はクレジットリスクが小さいこと、②は償還までの期間が短い有価証券であり、期

中にデフォルトするリスクが限定的であること、③は流動化対象資産が生み出す収益を原資とした証券であり、有価証券のデフォルトリスクは発行者のクレジットリスクに直接関係しないことによる。

顧客に対して開示すべき内容は、①借入金債務の存在、および②発行代り金の全部または一部が親銀行への借入金に係る債務の弁済に充てられる可能性があることである。

f 親銀行発行証券の引受主幹事制限

証券子会社は、原則として親銀行の発行する有価証券の引受主幹事会社になることができない（金融商品取引業等に関する内閣府令153条1項4号）。

本規制は、証券子会社が親銀行の証券発行を容易にするため適正な引受審査を行わないおそれがあるとの懸念に配慮し、投資家にリスクが及ぶことを防止するものである。なお、引受主幹事会社とは、引受幹事会社のうち「引受額」または「受領する手数料、報酬その他の対価」が、他の引受幹事会社のそれらより少なくない会社をいう（金融商品取引業等に関する内閣府令147条1項3号）。

本規制には例外規定があり、①金融商品取引所に6カ月以上継続して上場されている株券であって、1年間の平均売買金額が100億円以上かつ平均時価総額が100億円以上である場合（同号イ。なお同号ロでは対象となる株券が①の条件を満たす新株予約権証券も例外として定められている）、②社債券（新株予約権付社債の場合は、該当する株式が①の性格をもつもの）であって、(a)6カ月以上上場または気配相場価格が6カ月以上継続的に公表され、かつ、過去1年間の当該社債の売買高が100億円以上であること、(b)社債の発行残高が250億円以上であること、(c)過去5年間に発行した社債の総額が100億円以上であることのすべてを満たす場合（同号ハ）、③株券、社債券等であって、引受主幹事会社および発行者と資本・人的関係において独立性を有することや引受業務に係る十分な経験を有する等の要件を満たす他の金融商品取引業者が引受幹事会社として発行価格の決定プロセスに関与している場合（同号ニ）と定められている。なお、2010年の金融商品取引業等に関する内閣府令改正前は、当該有価証券に指定格付機関による格付が付与されている場合が例外規定として含まれていたが、指定格付機関制度の廃止に伴いこの規定を

削除し、あわせて、上記②の新設および③の対象範囲の拡大（改正前は株券のみが対象）が行われた。

g　親銀行によるバックファイナンスの禁止

証券子会社は、自己が引受人となった日から6カ月間、当該有価証券の購入資金について親銀行が顧客に貸付や保証など信用供与（バックファイナンス）を行っている場合に、その事実を知りながら当該有価証券を顧客に売却してはならない（金融商品取引業等に関する内閣府令153条1項5号）。

引受け後6カ月間はいまだ適正な価格が形成されてないおそれがあることから、販売を行う者に購入者への購入資金の貸付を認めると、過度の投機や相場操縦を招くおそれがある。こうした弊害の発生を防止し、市場における適正な価格形成機能を確保する観点から、有価証券の引受人となった金融商品取引業者は引受人となった日から6カ月の間、その買主に対してバックファイナンスを行うことを禁止されている（引受人によるバックファイナンスの禁止。金商法44条の4）。

本規制は、「引受人によるバックファイナンスの禁止」の引受人として規制する対象範囲を、引受人となった証券子会社本体から証券子会社の親銀行にまで拡張したものである。

なお、この規制における引受人は、引受主幹事に限定されない。また、引受人となった後6カ月を超えていれば本規制の対象とはならないが、証券子会社からの有価証券購入を条件として親銀行がバックファイナンスを行った場合は、前述の抱合せ取引の禁止に抵触することには留意が必要である。

h　子会社引受証券の親銀行への販売制限

証券子会社は、自己が引受人となった日から6カ月間、当該有価証券を親銀行に販売してはならない（金融商品取引業等に関する内閣府令153条1項6号）。これは、上述の親銀行によるバックファイナンスの禁止の概念をさらに拡張し、親銀行が買主に購入資金の貸付けを行うかわりに、親銀行自身が買主になるのを禁止するものである。この規制には、証券子会社が自ら負うべき引受リスクを親銀行へ転嫁することを禁じることで、市場における適正な価格形成機能を確保する効果とともに、いわゆる募残（引き受けた有価証券のうち投資家に販売できなかった残部）を証券子会社にかわり親銀行が抱え

ることを禁止することで、銀行の健全性を確保する効果も期待されている。

この規制の例外として、国債、地方債、政府保証債については、引受リスクが比較的小さいという観点から適用が除外されている。また、親銀行が顧客から注文を受けており、親銀行が転売する目的で取得する場合（同号ロ）、募集・売出し時にブックビルディング（投資家の需要状況の調査）を実施した場合において、その調査により投資家の十分な需要が適正に把握され、合理的かつ公正な発行条件が決定された場合（同号ハ）も適用が除外されている。

i 非公開情報の授受の禁止

証券子会社（第一種金融商品取引業を行う者に限る）は、親銀行との間で、発行者または顧客に関する非公開情報を授受（受領または提供）してはならない（金融商品取引業等に関する内閣府令153条1項7号）。競争条件の公平性と証券子会社の経営の独立性を確保するとともに、証券子会社に対する顧客の信頼が損なわれることを防ぐことが本規制の趣旨とされている。

非公開情報とは、①発行者である会社の運営、業務もしくは財産に関する公表されていない重要な情報であって顧客の投資判断に影響を及ぼすと認められるもの、または②職務上知りえた顧客の有価証券の売買その他の取引等に係る注文の動向その他の特別の情報と定義されている（金融商品取引業等に関する内閣府令1条4項12号）。具体的には、発行者の合併計画、財務状況の悪化、新規公開等の公表されていない重要な情報や顧客の注文動向（売買明細等）等が考えられる。

この規制の適用対象外として、①顧客の書面による事前の同意がある場合、②有価証券報告書提出の際にあわせて提出が必要となる確認書（金商法24条の4の2第1項）または内部統制報告書（同法24条の4の4第1項）を作成するために必要な情報を授受する場合（作成部門等における非公開情報が漏えいしない措置が条件）、③法令等に基づいて非公開情報を授受する場合、④内部管理に関する業務を行うために必要な情報を受領し親銀行等に提供する場合（内部管理部門等における非公開情報が漏えいしない措置が条件）などが定められている（金融商品取引業等に関する内閣府令153条1項7号）。

上記の適用除外のうち、④については、2008年金商法改正に伴い整備され

た内閣府令の改正のなかで認められたものであり、改正前の金商法において当局の承認があれば、書面による顧客の事前同意がなくても親銀行と非公開情報の授受が認められるとしていたことを廃し（改正前金融商品取引業等に関する内閣府令151条、152条を削除）、各金融グループにおける利益相反管理体制の整備を義務づけることと一体で、内部管理目的での情報共有については当局の承認を不要としたものである。

　また、①の顧客の書面による事前同意については、上記内閣府令の改正によって、グループ内での法人顧客に関する非公開情報の共有は、その停止を求める機会を適切に提供している場合は、顧客が停止を求めるまでは書面による同意があるものとみなす（金融商品取引業等に関する内閣府令153条2項）ものとして、当該顧客の事前同意を不要とし、不同意の場合に共有を制限する（オプトアウト）措置が講じられた。

　これは、2008年金商法改正に連なるファイアーウォール規制に関する議論のなかで、法人顧客の情報の授受について「欧米では特段の規制がなく、我が国においても、情報共有がより多様で質の高い金融サービスの提供につながるのであれば顧客にもメリットがある、あるいは、同意書面の提出手続には法人サイドで社内稟議等の手間があるとの指摘がある。ただし、法人の中にも、自己の情報についての共有を拒みたいとするケースもありうることを考えれば、法人情報の取扱いについて、顧客に明確にオプトアウト（本人の求めによる提供停止）の機会を付与することが適当である」（2007年12月18日金融審議会金融分科会第一部会報告）と提言されたこと等をふまえたものである。

j　非公開情報を利用した業務運営の禁止

　証券子会社は、親銀行から取得した顧客に関する非公開情報（書面による同意を得ていない場合に限る）を利用して、金融商品取引契約の締結を勧誘してはならない（金融商品取引業等に関する内閣府令153条1項8号）。

　上記i（非公開情報の授受の禁止）と同様に、法人顧客に対して非公開情報の提供の停止を求める機会を適切に提供している場合は、その法人顧客が停止を求めるまでは、書面による同意があるものとみなされる（金融商品取引業等に関する内閣府令153条2項）。

k 内部管理目的で取得した非公開情報の目的外利用の禁止

証券子会社は、銀行から内部管理目的で取得した顧客に関する非公開情報を他の目的で利用してはならない（金融商品取引業等に関する内閣府令153条1項9号）。上記 i で述べたように、2008年金商法改正に係る内閣府令の改正に伴い、非公開情報授受の禁止の例外として、内部管理に関する業務を行うために必要な情報を受領し、親銀行等に提供する場合が新たに追加された。これをふまえて、その目的外利用を禁止する旨が明記されたものである。

l 銀行等の優越的地位の濫用の防止

証券子会社は、親銀行の取引上の優越的地位を不当に利用して金融商品取引契約の締結または勧誘を行ってはならない（金融商品取引業等に関する内閣府令153条1項10号）。

後述するように、銀行による優越的地位の濫用の防止は銀行法にも規定されているが、その徹底を図る観点から、親銀行等や子銀行等の取引上の優越的地位を不当に利用して金融商品取引の契約または勧誘を行う行為について上記府令においてあわせて禁止しているものである。

銀行による優越的地位の濫用の防止の観点は、1993年のファイアーウォール規制導入の背景の1つであるが、本規制自体は2008年金商法改正に係る内閣府令改正に伴い新設されている。金融庁の「金融・資本市場競争力強化プラン」（前掲）に明記されているように、後述する利益相反管理体制の整備とともに、役職員の兼職規制撤廃および法人顧客の非公開情報授受の制限緩和等の前提として講じられる措置と位置づけられている。

m 親銀行とは別法人であることの開示義務

証券子会社は、親銀行等とともに顧客を訪問する際に、親銀行と別の法人であることの開示をせず、同一の法人であると顧客に誤認させるような行為を行ってはならない（金融商品取引業等に関する内閣府令153条1項11号）。親銀行が、発行会社や投資家に直接の影響力を行使することを防止するために、親銀行・証券子会社がそれぞれ取り扱う商品の間で顧客に誤認・混同が生じることを防止することが本規制の趣旨である。

n 脱法行為の禁止等その他規制

上記のほか、証券子会社は、なんらの名義によってするかを問わず、ファ

第5節　グループ会社による証券関連業務　117

イアーウォール規制を免れるための行為（脱法行為）を行ってはならない（金融商品取引業等に関する内閣府令153条1項14号）。これは、規制対象外の親密会社を迂回するなど明示的に禁止されていない手段を用いて、ファイアーウォール規制対象行為と同様の効果となるような行為を禁止する趣旨である。

なお、かつては店舗の共用制限（証券子会社の本店は親銀行の本店と同一建物に設置してはならないほか、親銀行の支店がもっぱら利用している建物に入居してはならないとする制限）、コンピュータの共用制限などの規制も存在していたが、現在は撤廃されている。

こうした現在のファイアーウォール規制は、2008年金商法改正で明確化された利益相反管理体制の整備を前提としている。

上述のとおり、金融庁の「金融・資本市場競争力強化プラン」（前掲）では、役職員の兼職規制の撤廃、法人顧客に関する非公開情報授受の制限緩和などを行う前提として、銀行等の優越的地位を濫用した証券子会社による勧誘の禁止等の措置とともに、利益相反管理態勢の整備の義務づけが明記された。これをふまえ、2008年金商法改正のなかで利益相反管理体制の整備が定められ（金商法36条2項から5項の新設）、翌2009年にはその具体的内容を規定する関係内閣府令が施行された。

利益相反による弊害の防止は、1993年のファイアーウォール規制設置のおもな趣旨の1つであるが、金融グループの業務が多様化するなかで、兼職規制や非公開情報の授受の規制といった画一的なルールで律することによりこれを実現しようとすることはその実効性の観点から限界が指摘され、むしろ、金融グループとしての総合的な利益相反管理の方針のもとで、有効な管理方策が確実に講じられていくことが重要視されるようになった。

金商法36条2項の規定により、証券子会社は、証券子会社自身またはそのグループ会社が行う金融商品関連業務（金融商品取引業およびその付随業務等）に係る顧客の利益が不当に害されることのないように、業務に関する情報を適正に管理し、かつ、業務の実施状況を適切に監視するための体制の整備その他必要な措置を講じなければならないこととされた。

図表1-25 改正法施行後のファイアーウォール規制

項目	法令(注3)	内　　容
取締役等の就任等に係る届出(注1)	金商法31条の4	金融商品取引業者（第一種金融商品取引業など）の取締役・執行役が、（親銀行等・子銀行等以外も含め）他の会社の取締役、会計参与、監査役、執行役に就任、あるいは退任した場合は、遅滞なく届け出なければならない。
有価証券関連業務の代行（クロスマーケティング）の禁止	金商法33条1項	銀行等は、有価証券関連業を行ってはならない。ただし、銀行等が他の法律に定めるところにより投資の目的をもって、または信託契約に基づいて信託をする者の計算において有価証券の売買もしくは有価証券関連デリバティブ取引を行う場合は、この限りでない。
金融商品取引に係るアームズ・レングス・ルール	金商法44条の3第1項1号	通常の取引と異なる条件であって取引の公正を害するおそれのある条件で、親法人等・子法人等と有価証券の売買その他の取引等を行うことを禁止。
一般取引に係るアームズ・レングス・ルール	府令153条1項1号	通常の取引の条件と著しく異なる条件で、当該金融商品取引業者の親法人等・子法人等と資産の売買その他の取引を行うことを禁止。
信用供与を利用した抱き合わせ行為禁止	金商法44条の3第1項2号	金融商品取引業者との有価証券の売買その他の取引等の契約を締結することを条件として親法人等・子法人等が顧客に対して信用を供与していることを知りながら、当該顧客と当該契約を締結することを禁止。
親・子法人等の取引を利用した抱き合わせ行為禁止	府令153条1項2号	金融商品取引業者との金融商品取引契約を締結することを条件としてその親法人等・子法人等が顧客に対して通常の取引の条件よりも有利な条件で資産の売買その他の取引を行っていることを知りながら、当該顧客との間で当該契約を締結することを禁止。
利益相反に係る開示	府令153条1項3号	親法人等・子法人等に対して借入金に係る債務を有する者が発行する有価証券の引受人となる場合であって、当該有価証券に係る手取金が当該債務の弁済に充てられることを知りながら、その旨を

		顧客に説明することなく当該有価証券を売却、あるいは売却の媒介等をすることを禁止。
親・子法人等の発行証券の引受主幹事制限	府令153条1項4号	金融商品取引業者の親法人等・子法人等が発行する有価証券の引受けに係る主幹事会社となることを禁止。 ※ただし、①金融商品取引所において6月以上継続して上場されている有価証券で1年間の売買金額が100億円以上および時価総額が100億円以上である場合、②社債券であって、発行残高が250億円以上等、発行実績について一定の条件を満たす場合、③有価証券の元引受けに係る業務を行うことについての登録と、引受業務における十分な経験および資本・人的関係における独立性を有する他の引受証券会社が株券、社債券等の発行価格の決定プロセスに関与している場合を除く。
バックスファイナンスの禁止	府令153条1項5号	有価証券の引受人となった日から6月を経過する日までの間において、当該金融商品取引業者の親法人等・子法人等がその顧客に当該有価証券の買入代金につき貸付けその他信用の供与をしていることを知りながら、当該有価証券を売却することを禁止。
引受証券の売却制限	府令153条1項6号	有価証券の引受人となった日から6月を経過する日までの間において、当該金融商品取引業者の親法人等・子法人等に当該有価証券を売却することを禁止。 ※ただし、親法人等・子法人等が顧客から注文を受け、転売する場合、ブックビルディングにより合理的かつ公正な発行条件が確保されている場合等を除く。
非公開情報の授受の禁止	府令153条1項7号	有価証券関連業を行う金融商品取引業者が発行者等に関する非公開情報を当該金融商品取引業者の親法人等・子法人等から受領し、または当該親法人等・子法人等に提供することを禁止。 ※ただし、①事前に書面同意がある場合、②内部統制報告書を作成するために必要な情報、③法

		令等に基づいて非公開情報を受領し提供する場合、④内部管理に関する業務を行うために必要な情報を受領し、特定関係者に提供する場合等を除く。
非公開情報を利用した業務運営の禁止(注2)	府令153条1項8号	有価証券関連業を行う金融商品取引業者が親法人等・子法人等から取得した顧客に関する非公開情報を利用して金融商品取引契約の締結を勧誘することを禁止。
内部管理目的で取得した非公開情報の目的外利用の禁止	府令153条1項9号	有価証券関連業を行う金融商品取引業者が親法人等・子法人等から取得した発行者等に関する非公開情報を電子情報処理組織の保守・管理、内部管理に関する業務を行う以外の目的で利用することを禁止。
銀行等の優越的地位の濫用の禁止	府令153条1項10号	有価証券関連業を行う金融商品取引業者が、親銀行等・子銀行等の取引上の優越的な地位を不当に利用して金融商品取引契約の締結または勧誘を行うことを禁止。
別法人であることを開示しない業務運営の禁止	府令153条1項11号	金融商品取引業者が、その親銀行等・子銀行等とともに顧客を訪問する際に、その親銀行等・子銀行等と別の法人であることの開示をせず、同一の法人であると顧客を誤認させるような行為を行うことを禁止。
脱法行為の禁止	府令153条1項14号	ファイアーウォール規制を免れるために、ファイアーウォール規制対象外の親密会社を迂回する等、明示的に禁止されていない手段を用いて実質的に同様の効果となるような行為（脱法行為）をしてはならない。
利益相反管理体制の整備	金商法36条2項府令70条の3	有価証券関連業を行う金融商品取引業者は、その業者自身またはそのグループ会社が行う金融商品関連業務に係る顧客の利益が不当に害されることのないように、体制の整備その他必要な措置を講じなければならない。

(注1) 取締役等の就任等に係る届出の規定は従前より存在したものの、親銀行等・子銀行等との役職員の兼職規制が撤廃。
(注2) 非公開情報を利用した業務運営の禁止規定は、有価証券関連業を行う第一種金融商品取引業者に限定。
(注3) 金商法は金融商品取引法。府令は金融商品取引業等に関する内閣府令。

この利益相反管理体制の具体的な内容として以下が求められている（金融商品取引業等に関する内閣府令70条の3）。
① 利益相反により顧客の利益が不当に害されるおそれがある取引（対象取引）を適切な方法により特定するための体制整備
② 顧客の保護を適正に確保するための体制整備
③ 上記①②に掲げる措置の実施方針（利益相反管理方針）の策定およびその概要の公表
④ 上記①で実施した対象取引の特定および上記②で実施した顧客の保護を適正に確保するための措置の記録の保持（作成日から5年間）
さらに、上記②の方法としては、以下の方法が例としてあげられている。
① 対象取引を行う部門と顧客との取引を行う部門を分離する方法（部門間の情報隔壁等）
② 対象取引または顧客との取引の条件または方法を変更する方法
③ 対象取引または顧客との取引を中止する方法
④ 対象取引に伴い、顧客の利益が不当に害されるおそれがあることを顧客に適切に開示する方法

顧客の保護を適正に確保するためにいかなる体制整備が求められるかは、個別事例ごとに実態に即して判断されるべきものと考えられており、上述の4例には限定されていない。

C その他の法令における弊害防止措置

a 銀行法上の弊害防止措置

銀行法における弊害防止措置は、銀行とその特定関係者（子会社、主要株主、持株会社など）の取引により、銀行の業務の健全かつ適切な遂行が阻害されることを防ぐ目的で設けられている。

まず、アームズ・レングス・ルールとして、銀行の取引の通常の条件に照らして銀行に不利益を与える取引条件で子会社との取引を行ってはならないものとされている（銀行法13条の2第1号）。この場合、銀行が子会社と業種、規模、信用度の観点から同様と認められる者との間で、同種および同量の取引を同様の状況のもとで行った場合に成立することとなる取引の条件と

比べて銀行にとって不利な条件で行われる取引が該当する（銀行法施行規則14条の10）。また、銀行は、子会社またはその顧客との間で行う上記子会社との取引に準ずる取引で、銀行の業務の健全かつ適切な遂行に支障を及ぼすおそれがある取引を行ってはならない（銀行法13条の2第2号）。この場合、子会社の顧客との間で行う取引で通常の取引条件と比べて銀行が不利になる場合や、子会社と行う取引で通常の取引条件に照らして不当に子会社に不利益を与えるものと認められるもの等が該当する（銀行法施行規則14条の11）。

次に、銀行は、顧客に対して子会社の営む業務に係る取引を行うことを条件として、信用を供与してはならない（銀行法13条の3第3号）。また、銀行としての取引上の優越的地位を不当に利用して、取引の条件または実施について顧客に不利益を与える行為は、顧客の保護に欠けるおそれがあるものとして禁じられている（銀行法13条の3第4号、銀行法施行規則14条の11の3）。さらに、銀行法においても、金商法で定められている、顧客の利益保護のための体制整備が求められている（銀行法13条の3の2第1項）。なお、クロスマーケティングに関する規制については、前述の「Bb」参照。

b　独占禁止法関連の弊害防止措置

公正取引委員会は、1993年の銀行・証券等の業態別子会社方式による相互参入の解禁にあたり、競争阻害的な行為が行われることを防止するため、ガイドライン（「銀行・証券等の相互参入に伴う不公正な取引方法等について」1993年4月）を定め、親会社による子会社の不当な支援行為（親会社による子会社との取引の強制、子会社の競争者との取引の不当な制限、親会社を利用した不当な誘引行為）等独占禁止法上問題となる行為を例示した。

その後、業態区分のいっそうの緩和が進んだこと等をふまえ、上記ガイドラインは改定され、「金融機関の業態区分の緩和及び業務範囲の拡大に伴う不公正な取引方法について」（2004年12月）として、前ガイドラインの枠組みを維持しつつ、あらためて独占禁止法上問題となる行為を示すこととなった。

第一に、「親会社による子会社との取引の強制等」として、①融資先企業に対して、証券子会社に有価証券の引受業務を行わせること、有価証券の引受けに際し証券子会社を幹事会社とさせることなどの取引の要請を行い、要

請に応じなかった場合は、融資を取りやめる旨または不利な扱いをする旨を示唆すること等により取引を事実上余儀なくさせること（取引強制、優越的地位の濫用）や、②融資を行うにあたり証券子会社の取り扱う有価証券等の購入を要請しこれに従うことを事実上余儀なくさせること（抱合せ販売等）があげられている。

第二に、「競争者との取引の制限」として、①融資先企業に対して、証券子会社の競争者に有価証券の引受けをさせないこと、有価証券の引受けについて証券子会社の競争者が引き受ける数量に限度を設けることを要請し、証券子会社の競争者が有価証券の引受けを行った場合等は融資を取りやめる旨または不利な扱いをする旨を示唆すること等により競争者との取引を妨害すること（取引妨害、排他条件付取引、拘束条件付取引）や、②融資を行うにあたり証券子会社の競争者に有価証券の引受けをさせないこと等の要請を行いこれに従うことを事実上余儀なくさせること（取引妨害、排他条件付取引、拘束条件付取引）が問題とされている。

第三に、「不当な顧客誘引」として、顧客に対し、通常であれば行われない融資または著しく有利な条件での融資を提供することにより、証券子会社に有価証券の引受業務を行わせること、有価証券の引受けに際し証券子会社を幹事会社とさせることなどの証券子会社との取引の誘引をすること（不当な利益による顧客誘引）があげられている。

❷ 資産運用子会社

（1）概　　説

前述のとおり、2006年の金商法制定に伴い、有価証券に係る投資顧問業の規制等に関する法律（投資顧問業法）に基づく投資顧問業（投資一任業務および投資助言業務）、投資信託及び投資法人に関する法律（投資信託法）に基づく投資信託委託業および投資法人資産運用業は、いずれも金融商品取引業の一種である「投資助言・代理業」または「投資運用業」として位置づけられた。投資顧問業のうち投資助言業務は「投資助言・代理業」（金商法28条3

図表1-26 資産運用会社に係る法的枠組み

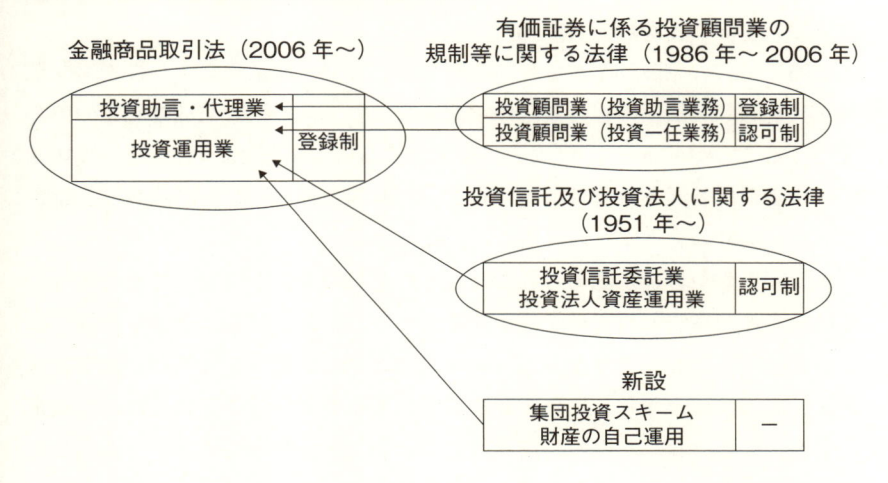

```
金融商品取引法（2006年～）        有価証券に係る投資顧問業の
                                規制等に関する法律（1986年～2006年）

  投資助言・代理業 ←              投資顧問業（投資助言業務） 登録制
                    登録制         投資顧問業（投資一任業務） 認可制
  投資運用業

                                投資信託及び投資法人に関する法律
                                        （1951年～）

                                  投資信託委託業
                                  投資法人資産運用業   認可制

                                      新設
                                  集団投資スキーム
                                  財産の自己運用      －
```

項）として引き続き登録制とされ、従来認可制であった投資顧問業のうち投資一任業務と、投資信託委託業および投資法人資産運用業は金商法上の「投資運用業」（同法28条4項）として登録制とされた（資産運用会社の業務を規定する法律の枠組みについては、図表1-26参照）。

　銀行の資産運用子会社は、現在では投資助言・代理業と投資運用業を兼営しているケースが多いが、歴史的には、投資顧問業を営む子会社と投資信託委託業を営む子会社とを、それぞれ別途設立して業務を開始したという経緯がある。

　投資顧問業法の制定は1986年であり、投資顧問業は比較的新しい業務である。銀行はいわゆる周辺業務として、子会社を通じて当該業務を行うことが可能であった。

　一方、当初免許制であった投資信託委託会社は、投資信託法上では設立母体についての特段の制約はなかったものの、免許基準の運用として設立母体が3年以上投資信託業務を継続していることを要求していたことから、その設立は実質的に証券会社に限定されていた。この免許基準が1992年に緩和され、投資一任業務を3年以上営んでいる者にも投資信託委託会社の設立が認

められたことから、銀行は投資顧問業を営む子会社を通じて投資信託委託業務に参入することが可能となった。

1995年にこの免許基準がさらに緩和され、投資一任業務を営む投資顧問業者が投資顧問業法上の他業兼営の承認を受けたうえで投資信託委託業の免許を受けることが可能となり、両業務を併営することが認められた。その後1998年に投資信託委託業は認可制へ移行し、本格的な併営や投資顧問会社と投資信託委託会社の合併が行われることとなった。

なお、併営や合併が認められた後もそれぞれの業務を規定する法令については投資顧問業法と投資信託法が並立していたが、これらは金商法の制定によって統一されることとなった。具体的には、金商法制定に際し、投資顧問業法は同法に統合され、投資信託法については投資信託委託業者に係る規定を金商法に移行したものの、投資信託および投資法人の投資スキームとしての仕組みに関する規定は引き続き投資信託法に残されることとなった。

(2) 資産運用子会社の業務範囲

ここでは、資産運用会社の業務（投資助言・代理業および投資運用業）について金商法における定義を説明したうえで、銀行の資産運用子会社の業務範囲について述べる。

A 金融商品取引法における投資助言・代理業および投資運用業

a 投資助言・代理業

投資助言・代理業は、金融商品取引業のうち、次に掲げる行為のいずれかを業として行うことと定義されている（金商法28条3項）。

(a) **投資顧問契約に基づく助言業**

顧客との間で締結した投資顧問契約に基づいて、有価証券など金融商品への投資判断について、顧客に助言を行うこと。投資判断は顧客自身が行う（金商法2条8項11号）。

(b) **代理媒介業務**

投資顧問契約または投資運用業者との投資一任契約の締結の代理・媒介を行うこと（金商法2条8項13号）。

b 投資運用業

投資運用業は、金融商品取引業のうち、次に掲げる行為のいずれかを業として行うことと定義されている（金商法28条4項）。

(a) **投資法人資産運用業**

投資法人と資産運用委託契約を締結し、当該契約に基づき、金融商品の価値等の分析に基づく判断に基づいて有価証券またはデリバティブ取引に係る権利に対する投資として、金銭その他の財産の運用を行うこと（金商法2条8項12号イ）。

(b) **投資一任契約に係る業務**

投資一任契約を締結し、当該契約に基づき、金融商品の価値等の分析に基づく判断に基づいて有価証券またはデリバティブ取引に係る権利に対する投資として、金銭その他の財産の運用を行うこと（金商法2条8項12号ロ）。

(c) **投資信託委託業**

投資信託受益証券等を有する者から拠出を受けた金銭その他の財産を、金融商品の価値等の分析に基づく判断に基づいて有価証券またはデリバティブ取引に係る権利に対する投資として運用を行うこと（金商法2条8項14号）。

(d) **自己運用業**

信託受益権または集団投資スキーム持分等を有する者から出資または拠出を受けた金銭その他の財産を、金融商品の価値等の分析に基づく判断に基づいて主として有価証券またはデリバティブ取引に係る権利に対する投資として運用を行うこと（金商法2条8項15号）。

上記のうち、(a)(c)は旧投資信託法に基づく業務であり、(b)は旧投資顧問業法に基づく業務である。また、(d)は金商法の制定によって規制対象となった信託受益権または集団投資スキーム持分による金銭出資・拠出を受けて運用を行う業務である。

B 銀行の資産運用子会社の業務範囲

上記Aで述べた投資助言・代理業、投資運用業の各業務については、そのすべてを銀行の子会社が営むことができる。すなわち、銀行は銀行法16条の

図表1−27　金商法上の関連規定と銀行法との関係

資産運用会社の業務に関する金商法上の規定		銀行の子会社が左記業務を営むことの根拠規定
投資助言・代理業 金商法28条3項	投資助言業 金商法2条8項11号	銀行法施行規則17条の3第2項14号
	投資顧問契約または投資一任契約締結の代理または媒介 金商法2条8項13号	銀行法施行規則17条の3第2項4号
投資運用業 金商法28条4項	投資法人資産運用業 金商法2条8項12号イ	銀行法施行規則17条の3第2項13号
	投資一任業 金商法2条8項12号ロ	銀行法施行規則17条の3第2項14号
	投資信託委託業 金商法2条8項14号	銀行法施行規則17条の3第2項13号
	ファンド運用業 金商法2条8項15号	銀行法施行規則17条の3第2項4号

2第1項11号に定める「従属業務または金融関連業務を専ら営む会社」を子会社とすることが許容されており（同条本文）、この「金融関連業務」（銀行法16条の2第2項2号、銀行法施行規則17条の3第2項）に、上記Aの各業務が該当している（金商法上の関連規定と銀行法との関係については、図表1−27参照）。

ただし、実態としては資産運用子会社が必ずしもすべての業務を行っているわけではない。たとえば、これらの業務のうち、投資一任契約に係る業務、投資信託委託業務および投資助言業務など従来の資産運用業と投資顧問業を中心とした業務運営が多くみられる。

また、資産運用子会社は、自らが発行する投資信託の募集を直接行うことが多い。これは、通称「直販業務」といい、金商法2条8項7号イに定める有価証券の募集または私募に該当することから、その場合は第二種金融商品取引業者として登録する必要がある。なお、銀行法上では、上述の「金融関連業務」に該当している（銀行法16条の2第2項2号、銀行法施行規則17条の

3第2項4号)。

(3) 資産運用子会社に係る規制

資産運用子会社は、投資助言・代理業および投資運用業を行う金融商品取引業者として一般的な業規制および行為規制が適用される(第一種金融商品取引業者のみに課される自己資本規制比率を除く)。こうした規制とは別に、それぞれの業務に関する特則が定められている。また、銀行の子会社であることから、金商法44条から44条の4に規定する弊害防止措置の対象ともなる。ここでは、各業務に関する特則と親銀行との弊害防止措置につき詳述する。

A 投資助言・代理業に係る規制

投資助言・代理業が、金融商品の投資に関する知識、経験に乏しい一般投資家に対し、自己責任に基づく投資判断を適切にサポートする役割を担っていることをふまえ、投資助言・代理業に関する特則が定められている(金商法41条から41条の5)。

a 忠実義務・善管注意義務

金融商品取引業者としての顧客に対する誠実義務については金商法36条に定められているが、各業務別に顧客保護の徹底を図るため、投資助言・代理業者に関してはさらに忠実義務と善管注意義務の2つの義務を課している(同法41条)。

一般的に、忠実義務は投資助言・代理業者が助言業務を行ううえでの具体的な行為、たとえば、後述する金商法41条の2から42条の5の行為が対象となるのに対し、善管注意義務は広く業務処理に伴う包括的な義務(民法644条)であると解されている。

b 禁止行為

以下の行為が禁止行為として定められている(金商法41条の2)。

(a) 他の顧客への利益提供のために特定の顧客の利益を害する取引についての助言(1号)

(b) スキャルピング(2号)

スキャルピングとは一般に、相場を変動させ、変動した相場で取引し自己

や第三者の利益を図る行為のことをいう。本規制は、顧客の取引に基づく価格、指標、数値または対価の額の変動を利用して自己または当該顧客以外の第三者の利益を図る目的をもって、正当な根拠を有しない助言を行うことを禁ずるものである。

　(c)　**通常の取引条件と異なる条件で、かつ顧客の利益を害することとなる条件での取引についての助言**（3号）
　(d)　**顧客情報を利用する自己取引**（4号）
　(e)　**助言を受けた取引により生じた顧客の損失補てん・利益提供**（5号）
　(f)　**その他内閣府令で定める行為**（金融商品取引業等に関する内閣府令126条）

c　有価証券の売買等の禁止（金商法41条の3）

顧客を相手方とし、または顧客のために有価証券の売買等をしてはならない。ただし、以下の例外が設けられている（同条ただし書、金融商品取引法施行令16条の8）。

① 第一種・第二種金融商品取引業として行う場合
② 登録金融機関業務として行う場合
③ 金融商品仲介業者である金融商品取引業者が金融商品仲介業として行う場合
④ 信託業務を営む金融機関である登録金融機関が信託業務として行う場合

d　金銭または有価証券の預託の受入れ・貸付け等の禁止（金商法41条の4、41条の5）

投資助言業務の範囲を超えて金銭または有価証券を実質的に預かること、自己と密接な関係のある者として政令で定める者に預託させること、顧客への金銭または有価証券の貸付けまたはその媒介・取次ぎ・代理を禁じている。

B　投資運用業に係る規制

投資運用業についても、投資助言・代理業と同様に特則を定めている（金商品法42条から42条の8）。

a 権利者に対する義務

　投資運用業者が関与する、投資法人、投資一任契約の相手方、投資信託の受益者、集団投資スキーム持分等を有する者等を「権利者」として、これに対する忠実義務と善管注意義務を課している（金商法42条）。

b 禁止行為（金商法42条の2）

　(a) 自己取引と運用財産間の取引（1号・2号）

　投資運用業者が自己またはその取締役や執行役との間の取引や運用財産相互間の取引を行うことを内容とした運用を禁じている。

　(b) スキャルピング（3号）

　スキャルピングは、運用資産を使って相場を変動させる取引を行い、変動した相場で自己や第三者の利益のための取引を行うものであり、投資助言・代理業と同様に禁止される。

　(c) 権利者の利益にならない通常の取引条件と異なる取引による運用（4号）

　(d) 運用情報を利用した自己計算取引（5号）

　(e) 損失補てん・利益提供（6号）

　(f) その他内閣府令で定める行為（金融商品取引業等に関する内閣府令130条）

c 運用権限の委託（金商法42条の3）

　運用業務の効率化を図るために、投資法人の資産運用に係る委託契約、投資一任契約、投資信託委託契約、自己運用による集団投資スキームに係る契約等一定の場合に限り、権利者のための運用権限の全部または一部を他の投資運用業者に委託できる。

d 分別管理義務（金商法42条の4）

　投資運用業者は、運用財産と自己の固有財産および他の運用財産とを分別して管理しなければならない。

e 金銭または有価証券の預託の受入れ、貸付け等の禁止（金商法42条の5、42条の6）

　投資一任契約を締結した顧客から有価証券の預託を受けること、投資運用業者と密接な関係がある者に顧客から預かった金銭・有価証券を預託させる

こと、顧客に対し金銭や有価証券を貸し付けること等は禁じられている。

f　運用報告書の交付義務（金商法42条の7第1項）

投資運用業者は、運用財産について、定期に運用報告書を作成し、当該運用財産に係る権利者に交付しなければならない。

C　親銀行と資産運用子会社間の弊害防止措置

資産運用子会社は、親銀行と資産運用子会社間の弊害防止措置として、親会社の利益を図るため、通常では不必要な取引を行うことを内容とした助言や運用を行うことを禁じられている（金商法44条の3第1項3号）。

第 2 章

公 共 債

第 7 節

概　　　　　論

❶ 公共債とは

　公共債とは、国や地方公共団体、政府関係機関などの公的機関が発行する債券を総称する名称であり、おもなものは図表 2 − 1 のとおりである。
　2009年度末の事業債残高が77兆円であることと比較すると、わが国の債券市場における公共債市場、とりわけ国債市場の規模の大きさが際立っており、公共債市場において、銀行は発行・流通市場の双方において重要な役割を果たしている。

❷ 銀行業務における位置づけ

　公共債の発行市場において、銀行は国債、地方債、政府保証債の引受業務に携わっており、流通市場においては、公共債のディーリング業務に加え、債券先物取引および債券先物オプション取引に係るディーリング業務およびブローカレッジ業務を行っている。また、債券の期中管理においても、銀行は元利金支払などのサービスを提供しており、市場において欠くべからざる役割を果たしている。
　投資家としても銀行は大きな地位を占めている。図表 2 − 2 のように公共債残高のうち国内銀行の保有割合は約17%という高いシェアを占めている。また、図表 2 − 3 のように、銀行の投資ポートフォリオにおける国債・地方債の割合は 6 割を超えており、公共債は銀行にとっても重要な投資対象と

図表2-1　おもな公共債

発行体	根拠法	名称	残高 (2010年度末時点)
国	財政法4条1項ただし書	建設国債	869兆円 (国庫短期証券を含む)
	各年度における公債特例法	特例国債(赤字国債)	
	特別会計に関する法律46条1項および47条	借換国債	
	特別会計に関する法律62条1項	財政投融資特別会計国債（財投債）	
	戦傷病者戦没者遺族等援護法37条など	交付国債	
	国際通貨基金及び国際復興開発銀行への加盟に伴う措置に関する法律10条など	出資国債	
	その他、日本国有鉄道、日本国有鉄道清算事業団、本州四国連絡橋公団および石油公団の債務を承継した承継国債など		
地方公共団体	地方自治法230条 (普通地方公共団体である都道府県、市町村) 地方自治法283条 (特別地方公共団体である特別区など)	5条債（地方財政法5条による発行）	68兆円
	各特例法	合併特例債 臨時財政対策債など	
政府関係機関など	各発行体の設立根拠法など	政府保証債 財投機関債 地方公社債など	64兆円

出所：財務省、地方債協会、日本証券業協会資料より、みずほコーポレート銀行作成。政府関係機関債には、非公募の財投機関債を含まない

なっている（公共債市場における銀行業務については本章第2節「公共債の発行・引受け」、本章第3節「公共債の窓口販売、流通関連業務」参照）。

第1節　概論　135

図表2－2　公共債投資家別保有状況（2010年度末）

〈合計 1,020 兆円〉

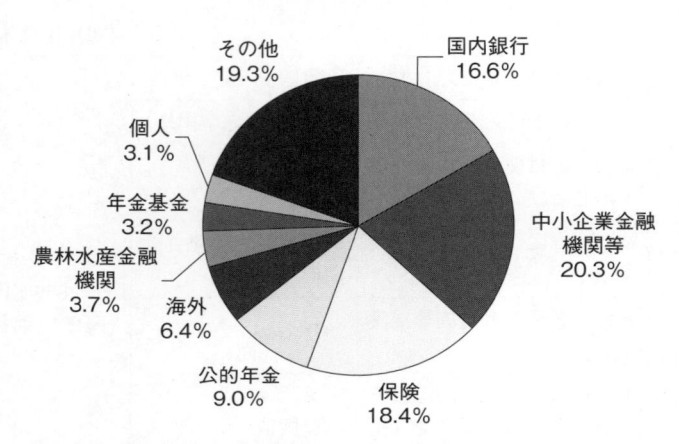

- その他 19.3%
- 国内銀行 16.6%
- 中小企業金融機関等 20.3%
- 保険 18.4%
- 公的年金 9.0%
- 海外 6.4%
- 農林水産金融機関 3.7%
- 年金基金 3.2%
- 個人 3.1%

出所：日本銀行資金循環統計より、みずほコーポレート銀行作成。
　　　国庫短期証券、国債、地方債、政府関係機関債の合計

図表2－3　銀行保有投資有価証券の内訳（2009年度末）

〈合計 231.6 兆円〉

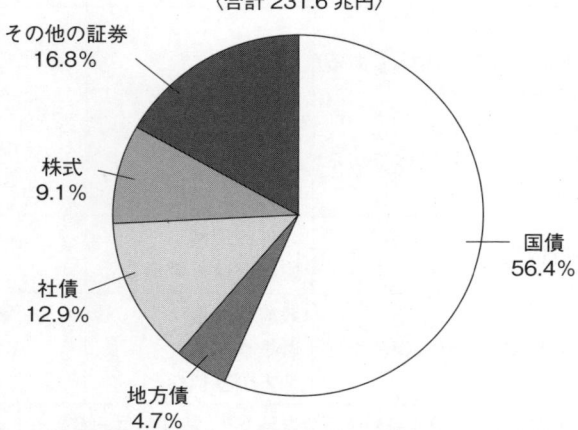

- 国債 56.4%
- その他の証券 16.8%
- 株式 9.1%
- 社債 12.9%
- 地方債 4.7%

出所：全国銀行協会資料より、みずほコーポレート銀行作成。特定取引資産を除いた有価証券残高を合計した。集計対象は都市銀行・第一地銀・第二地銀・信託銀行等

③ 沿　　革

A　国　　債

a　国債発行残高の増大

　国債は、戦前・戦中においては戦費調達のために日本銀行引受けによって発行されていたが、戦後は財政法で、公共事業等の財源に充てる場合を除いては、原則として国債または借入金以外の歳入をもって財源とすべき（財政法4条、いわゆる赤字国債発行の禁止）とされ、また原則として日本銀行引受けによる国債の発行が禁止された（同法5条、いわゆる市中消化の原則）。戦後しばらくの間は、高度成長を背景とする税収の自然増に支えられ国債の発行は行われなかったが、1965年の不況に際し変更を余儀なくされた。すなわち、当初予算に比し税収が大幅に不足することが見込まれたことから、1965年度に公債特例法に基づく歳入補填のための特例国債（赤字国債）2,000億円が発行されたのである。また、1966年度予算からは新たな国債政策が導入され、財政法4条1項ただし書に基づき公共事業等の財源となる建設国債6,750億円が発行されることになった。その後、残高の増大に伴い毎年度の償還額が増大し、税収による償還が困難になったことから、1973年からは、

図表2－4　国債発行額推移（借換債除く）

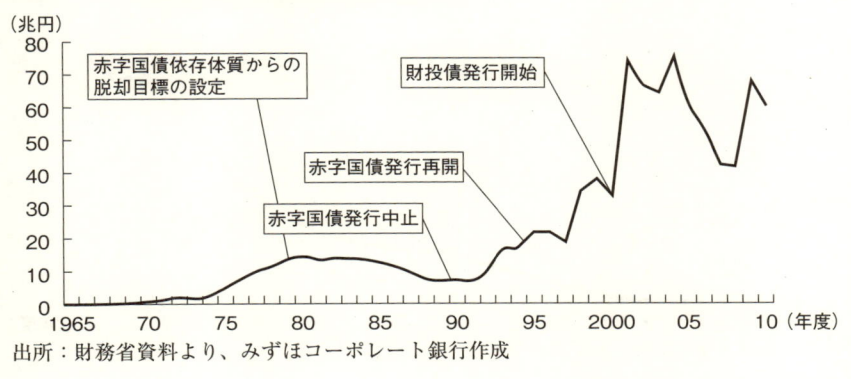

(兆円)

赤字国債依存体質からの脱却目標の設定
財投債発行開始
赤字国債発行再開
赤字国債発行中止

出所：財務省資料より、みずほコーポレート銀行作成

国債の償還や整理に必要な資金を手当するために発行される借換国債の発行が始まった。

　増大し続ける国債の残高に歯止めをかけるべく、1979年度には、1984年度までに赤字国債依存体質から脱却するという目標が設定された。これを受け、1980年度の赤字国債発行額は前年度よりも1兆円近く減額され、1982年度には予算要求額の前年度比伸び率をゼロとするゼロシーリングが、そして1983年度には前年度比伸び率をマイナスとするマイナスシーリングが採用された。しかし第二次オイル・ショックによる景気低迷の影響を受け税収不足が生じ、当初目標の達成は不可能となったことから、目標は1990年度へと繰り延べられた。そして1990年度にバブル景気による税収増を背景として、いったんは赤字国債の発行を停止することに成功した。しかし、バブル崩壊に伴う税収の減少や、景気対策のための政府支出増加の影響により、1996年度には赤字国債の発行が再開された。同年にはプライマリー・バランスの黒字化（国債費を除く歳出を租税の範囲内に抑制）などを目標とする財政健全化目標が示され、2005年度までの赤字国債からの脱却が掲げられるも、達成はしなかった。また、2001年度からは、財政投融資改革に伴い、財政融資資金において運用の財源に充てるため発行される財政投融資特別会計国債（財投債）の発行が開始され、結果として国債発行額は急激に増加した（財政投融資改革については、本章第2節1(1)B参照）。現在は、2010年6月に閣議決定さ

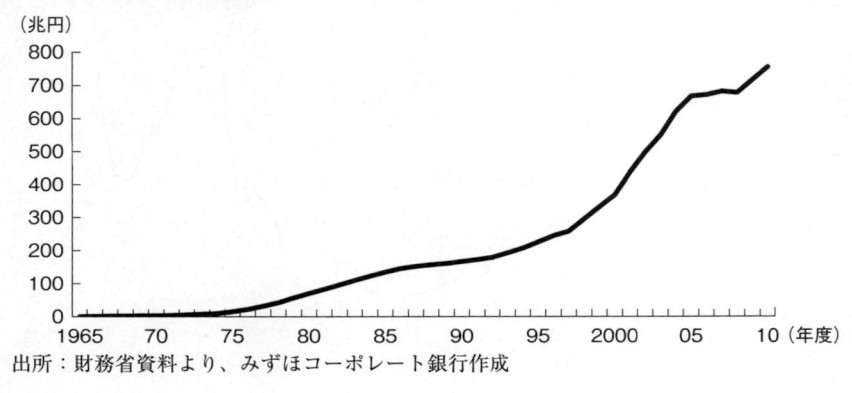

図表2－5　国債残高推移

(兆円)

出所：財務省資料より、みずほコーポレート銀行作成

れた財政運営戦略に基づき、2020年度までのプライマリー・バランスの黒字化と国・地方の公債等残高の抑制が目指されている（図表2－4、2－5）。

b　国債流通市場の発展

戦後1965年度に国債が発行され始めた当初、国債はそのほとんど総額を、郵貯や簡保の資金を運用する大蔵省資金運用部や、金融機関によって構成される引受シンジケート団が引き受けるかたちで発行されており（シ団引受け）、その一部は証券会社を通して一般投資家に販売されたが、大半は引き受けた金融機関により保有されていた。結果として国債の流動性はほとんどなかったが、発行額が少なく、発行後1年以上経過した国債は日銀による買いオペの対象とされていたことから、金融機関の引受負担は軽く、国債の円滑な消化は可能であった。しかし、昭和50年代以降の国債の大量発行を機に、日銀の買いオペの対象となる国債の割合が低下し、金融機関の引受負担は増大した。このため、金融機関は国債の売却を強く望むようになり、国債の売却制限は1977年4月以降順次緩和されてゆき、最終的には1995年9月に完全撤廃されることとなった。

国債売却の解禁に伴い流通市場における取引量は急速に増大した（図表2－6）。このため、流通市場を整備する必要性が高まったことを受け、1980年2月の国債振替決済制度の創設によるペーパーレス化の実現や、1983年4

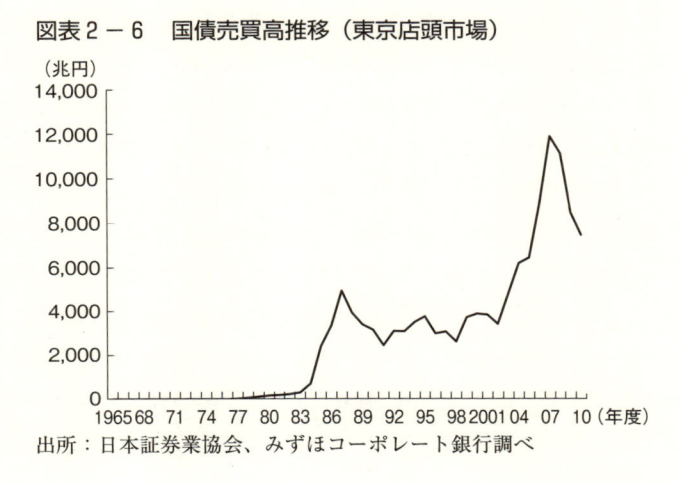

図表2－6　国債売買高推移（東京店頭市場）

出所：日本証券業協会、みずほコーポレート銀行調べ

月からの国債の銀行窓口販売（銀行窓販）の開始、1984年6月からの金融機関による債券ディーリングの開始などさまざまな改革が行われた。

また、この時期には、活発な国債の売買を背景に、以下のような関係市場の整備が進んだ。

① 債券先物市場……国債の売買の活発化に伴い、価格（金利）変動リスクをヘッジする手段の1つとして債券先物市場の創設が強く望まれ、1985年10月、東京証券取引所内に国債先物市場が創設された。

② 債券オプション市場……債券保有者のリスク・ヘッジ手段をより拡充するため、選択権付債券売買取引（いわゆる債券店頭オプション取引）が、現物債売買の一形態として1989年4月から開始され、続いて1990年5月には東京証券取引所において国債先物オプション取引が開始された。

③ 債券貸借市場（レポ市場）……1989年5月に債券ディーラーの空売りが全面的に解禁され、空売りした債券を調達するための債券貸借市場が創設され、その後1996年4月には現金担保付債券貸借取引（レポ取引）が開始された。これによりディーラーの在庫負担は大きく軽減され、空売りを利用したかたちでのさまざまな裁定取引が活発化し、債券流通市場の取引の円滑化、活性化に寄与している。

国債流通市場の発展・金融機関のディーリング業務の活発化に伴い、シ団引受けによる国債発行方式にも変化がみられた。まず1978年からは発行方式の多様化によりシ団引受けの負担を軽減するとともに、投資家の多様なニーズに応える目的で、公募入札方式による中期利付国債の発行が開始された。1987年9月には超長期国債（20年債）がシ団引受方式から公募入札方式に移行し、同年11月からは長期国債（10年債）発行額の20％をシ団に対して一定額を限度とする入札を行うようになった（引受額入札方式）。1989年4月からは、長期国債（10年債）発行方式への部分的競争入札が導入され、募集額の40％についてシ団による価格入札方式がとられることになるなど、公募による発行が拡大していった。2004年10月には国債市場特別参加者制度（日本版プライマリー・ディーラー制度）が創設され、特別参加者に応札義務と落札義務を課すことで従来シ団引受方式が担っていた国債の安定消化という役割を担わせることとなり、シ団引受方式は2005年度末に廃止された。

また、国債の安定消化を実現するため、投資家層の多様化を図るべく、国債の個人保有を促進する取組みがなされた。その代表的な取組みは、2003年の個人向け国債の発行の開始と2007年の新型窓口販売方式の導入である。

　個人向け国債は、比較的、長期安定的な国債保有者として期待できる個人投資家を対象に、一定期間経過後は国の買取りによる中途換金が可能といった商品性をもつ国債として導入され、銀行や証券会社などの金融機関において募集されている。

　新型窓口販売方式についてであるが、それまで利付国債については、民間金融機関は入札や市場で調達した国債に利ざやを乗せて窓口販売をし、郵政公社のみが募集取扱方式による窓口販売を行っていた（ただし、募集額が発行予定額に達しなかった場合は残額を引き受ける募残引受付募集取扱方式であった）。そこで、個人投資家の国債購入チャネルをふやすため、利付国債（2年債、5年債、10年債）の募集販売を募残引受義務のないかたちで民間金融機関に拡大した新型窓口販売方式を導入したのである。初回の募集取扱機関は156機関にのぼり、個人投資家に対する国債販売チャネルは大きく拡充されることとなった。

B　地方債・政府関係機関債

　地方債は、戦後、1952年8月に東京都が第1号を発行し、同年度中に名古屋市、京都市、大阪市、神戸市、横浜市、大阪府および兵庫県が相次いで公募による発行を行った（市場公募地方債）。また、政府保証債は1953年8月に鉄道債券・電信電話債券の2銘柄が戦後初めて発行された。地方債・政府保証債ともに、公募形式のものは、金融機関による引受シンジケート団（引受シ団）が引き受けるかたちで発行された。

　当初、市場公募地方債や政府保証債の発行条件は、国債の発行条件に応じて一定のスプレッドを上乗せし条件が決定する「公共債一体の原則」のもとで、同時同幅の改定が行われてきた。しかし1984年頃から、債券市場での短期売買が活発化したこともあり、流動性の高い国債に売買が集中し、国債と地方債・政府保証債の流通利回りが乖離するようになった。このため、国債からのフルスライドが見直され始め、1986年以降は徐々に市場実勢に沿った

条件決定が行われるようになった。また同時に、地方債・政府保証債の流通性向上に向けた取組みが行われ、1986年9月には銀行・証券会社によるマーケットメークが開始された。これは、各社が1日に2回気配値を公表し、1億円を限度に買受責任を負う仕組みであった。

1990年代には、バブル崩壊後の税収落込みや景気対策の財源確保のため、地方債・政府保証債ともに発行額が大幅に増大した。政府保証債は流通実勢

図表2－7　公募地方発行額推移 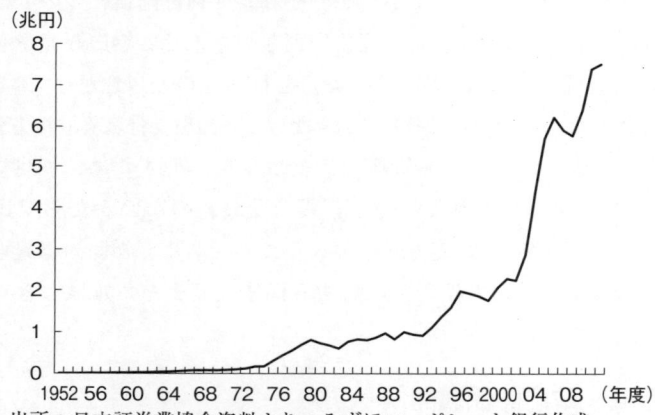
(兆円)
出所：日本証券業協会資料より、みずほコーポレート銀行作成

図表2－8　地方債売買高推移（公募地方債のみ） 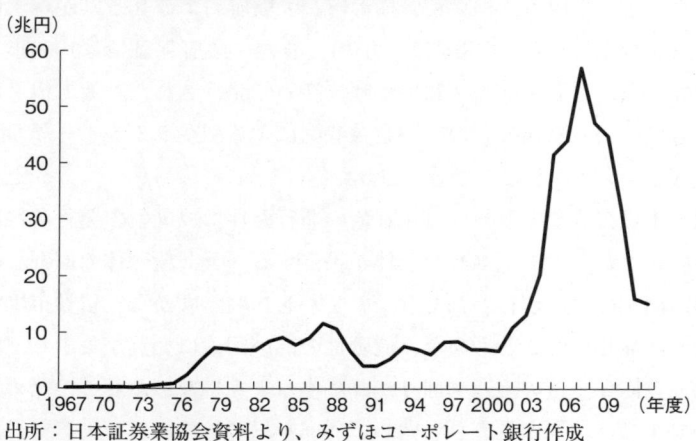
(兆円)
出所：日本証券業協会資料より、みずほコーポレート銀行作成

に沿った条件決定が行われるようになったこともあり順調に消化されたが、地方債は1993年3月に低クーポンでの大量発行が行われた結果、消化に努力を要する局面が発生し、当局と引受シ団との交渉の結果、発行条件について表面利率を政府保証債と同一とし発行価格は10銭下回る水準とすることで決着した。その後1998年に地方債の発行制度が再度見直され、政府保証債との発行条件格差を一定とするのでなく、より流通実勢の動きが反映されるよう改革が進められた。

2000年代に入ると、政府関係機関債・地方債ともに大きな変化を迎えるこ

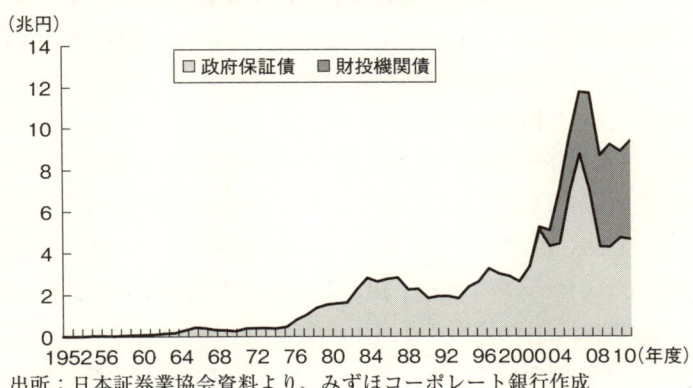

図表2－9　政府保証債・財投機関債発行額推移

出所：日本証券業協会資料より、みずほコーポレート銀行作成

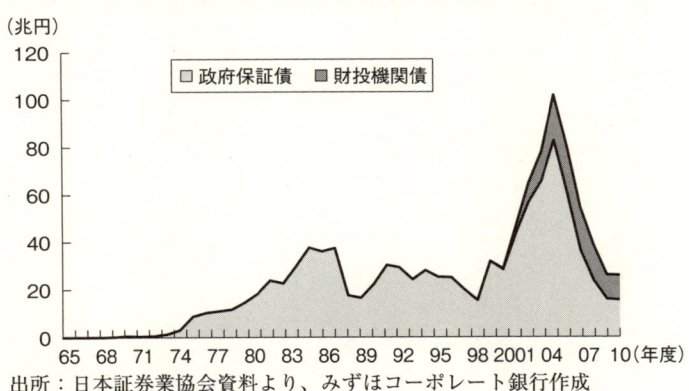

図表2－10　政府保証債・財投機関債売買高推移

出所：日本証券業協会資料より、みずほコーポレート銀行作成

ととなる。

　2001年度の財政投融資改革に伴い、従来郵便貯金や簡易保険から大蔵省資金運用部に預託され、財政投融資資金として地方公共団体や公庫・公団などの財投機関に対する貸付などに充てられていた資金は、預託されずにそれぞれ自主的に運用されるようになった。そこで国は財投債の発行により民間から調達した資金を財投機関に貸し付け、さらに財投機関は財投機関債の発行により独自に民間から資金を調達するようになった（財政投融資改革については本章第2節1(1)Bを、財投機関債については本章第2節3(1)Bを参照）。

　また、地方債においても、2001年度からは地方債の個人消化を通じて資金調達手法の多様化を図る目的で住民参加型市場公募地方債（ミニ公募債）の発行が、2003年度からは発行ロットを大型化してコスト低減や安定的な調達を図るため、地方公共団体が連帯債務により発行する共同発行市場公募地方債の発行がそれぞれ開始された。

　同時に、市場公募地方債における発行条件も変化した。発行団体により流通利回りに格差がみられていたこともあり、2002年度以降、発行条件の個別化が進んだのである。まず、2002年度には銘柄を東京都とそれ以外の団体に分け、それぞれ引受シンジケート団と発行条件を協議する方式が採用された。その後個別に条件決定を行う団体が増加し、2006年度からはすべての団体が個別に条件決定を行う方式に改められた。市場公募債の発行団体も2003年度の29団体から毎年増加し、2011年度には51団体にのぼるなど、民間資金へのシフトが進んでいる。

図表2－11　公共債発行額推移（総括表）

（単位：億円）

年度	国債	うち、普通国債および財投債	うち、短期国債(TB)	政府関係機関債 政府保証債	財投機関債	非公募債	地方債 公募債	非公募債
93	(120,215) 553,499	548,017	244,822	94,569	23,571	－	(56,728) 70,998	63,736	13,710	50,026
94	(78,222) 553,328	547,246	258,672	89,666	26,179	－	(51,684) 63,487	75,249	15,840	59,409
95	(119,657) 689,082	684,304	313,797	83,768	32,371	－	(40,072) 51,397	86,628	19,740	66,888
96	(161,022) 711,008	706,385	324,149	77,285	29,888	－	(36,341) 47,397	76,099	19,222	56,877
97	(162,313) 850,041	710,838	337,225	86,814	28,704	－	(46,207) 58,110	61,083	18,510	42,573
98	(267,307) 1,037,136	958,429	395,178	81,035	26,100	－	(43,435) 54,935	67,779	17,540	50,239
99	(92,924) 1,004,189	998,065	487,988	57,906	33,246	(500)	(12,089) 24,660	70,993	20,610	50,383
00	(37,301) 1,117,456	1,053,917	428,408	75,229	51,410	1,100 (2,000)	(8,145) 22,719 (0)	51,834	22,690	29,144
01	(361,505) 1,450,548	1,444,933	395,962	61,224	43,154	7,755 (6,000)	10,315 (0)	45,372	22,250	23,122
02	(267,237) 1,449,744	1,472,984	435,946	78,524	44,456	26,200 (3,500)	7,868 (21,789)	47,756	28,366	19,390
03	(253,727) 1,599,667	1,577,975	479,979	128,607	68,978	27,030 (3,600)	32,599 (10,093)	72,798	46,212	26,586
04	(437,829) 1,856,441	1,851,005	471,953	136,466	87,521	30,186 (20,378)	18,759	83,792	56,596	27,196
05	(386,989) 1,813,603	1,806,919	419,075	124,043	70,021	47,216 (21,790)	6,806 (0)	84,248	61,894	22,354
06	(318,446) 1,712,485	1,704,322	367,993	93,359	43,014	43,991 (22,570)	6,354 (0)	76,526	58,604	17,922
07	(173,135) 1,368,779	1,365,044	227,959	97,739	42,983	49,413 (14,642)	5,343 (－)	77,377	57,213	20,164
08	(96,798) 1,248,993	1,238,668	209,997	89,103	47,517	41,586 (16,960)	N.A. (－)	88,584	63,460	25,124
09	(107,247) 1,575,923	1,560,232	328,993	94,021	46,671	47,350	N.A.	100,013	73,608	26,405
10	(93,131) N.A.	1,604,108	299,992	92,606	41,973	50,633	N.A.	N.A.	74,821	N.A.

（注1）　国債には交付国債、出資・拠出国債を含む。
（注2）　国債の上段は資金運用部・日銀応募分（郵便貯金資金の金融自由化対策資金による応募を含み、2001年4月以降は財政投融資改革に伴う経過措置を含む）。内数。
（注3）　短期国債は年度の発行累計額。
（注4）　政府関係機関債内非公募債の上段は、財政融資、資金運用部、簡保資金引受分。内数。
（注5）　財投機関債の上段は資産担保型債券。内数。
（注6）　2010年度は参考値。
出所：財務省、日本証券業協会、地方債協会、みずほコーポレート銀行調べ

第1節　概　論　145

第 2 節

公共債の発行・引受け

1 国　債

(1) 国債の分類（発行目的等による分類）

　国債の分類の仕方はいくつかあるが、発行の目的およびそれに対応する発行の根拠となる法律により分類すると、図表2−12のとおりである。

A　普通国債

　普通国債は、発行収入金で当年度の歳出をまかなうための「新規財源債」と過年度に発行された国債の償還金に充てるための「借換債」とに分かれ

図表2−12　国債の分類

種　類			発行根拠法
普通国債	新規財源債	建設国債	財政法4条
		特例国債	公債特例法
	借換債		特別会計に関する法律46条
財政投融資特別会計国債（財投債）			特別会計に関する法律62条
その他	交付国債 出資国債 その他（承継国債など）		戦傷病者戦没者遺族等援護法37条ほか 国際通貨基金及び国際復興開発銀行への加盟に伴う措置に関する法律10条ほか

る。新規財源債には「建設国債」と「特例国債」がある。

a 建設国債

財政法4条1項は「国の歳出は、公債又は借入金以外の歳入を以て、その財源としなければならない。但し、公共事業費、出資金及び貸付金の財源については、国会の議決を経た金額の範囲内で、公債を発行し又は借入金をなすことができる」と規定し、国債の発行を原則として禁止する一方、ただし書で、歳出のうち公共事業費、出資金および貸付金については、その財源を公債の発行により調達しうるとして、一定の要件のもとでの国債発行を認めている。この財政法4条1項ただし書に基づいて発行される国債は、通常「建設国債」あるいは「4条債」と呼ばれる。

建設国債の発行にあたっては、上記のとおり財政法において、発行限度額について国会の議決を得ること、およびその償還計画を国会に提出することが義務づけられている（同法4条1項・2項）。建設国債の償還については、国債発行の見合いとなる資産の平均効用発揮期間を60年とみて、いわゆる60年償還ルールの考え方が導入されており、10年債であれば、10年後に60分の50を借換え（借換債の発行）、60分の10を現金償還することとなっている。

国債の償還は減債基金（国債整理基金）を通じて行われているが、国債整理基金への償還財源の繰入れは、

① 前年度首国債残高の100分の1.6（およそ60分の1に当たる）の定率繰入れ（割引国債の発行価格差減額繰入れを含む）
② 財政法6条に基づく決算剰余金の繰入れ
③ 必要に応じて行う予算繰入れ

の3本の柱からなっている。定率繰入れは1982～1989年度、1993～1995年度の間、財源不足のため停止されたことがある。

b 公債特例法に基づく特例国債

1975年度以降、歳入の不足を補填するために発行されている国債は、財政法の規定に基づいて発行される建設国債とは性格を異にしているため、財政法の特例法というかたちで、毎年度その発行根拠法が定められていた。1990～1993年度の間は、税収の増加によりこうした国債の発行はなかったが、1994年度以降は、現在に至るまで毎年度特例法が制定されている。

この特例法は、「平成〇年度における財政運営のための公債の発行の特例等に関する法律」などの名称の法律として制定され、「公債特例法」と略称される。そして、これらの法律に基づき発行される国債は、「特例国債」またはその性格にかんがみて「赤字国債」と呼ばれる。

　特例国債については、その発行収入金が経常支出の財源に充てられることから、以前は借換えを行わないこととされてきたが、1985年度から特例国債の本格的な償還を迎えるにあたり、特例国債の借換えを行わざるをえないものとされ、建設国債と同様の60年償還ルールに沿って借換債が発行されている。

　また、特例国債については、発行を翌年度の6月30日までの間に行うことができ、この場合、翌年度の4月から6月30日までの間に発行された国債の発行収入金も3月31日に終了した年度の歳入とする旨の規定が公債特例法中に置かれている。これは特例国債の発行を5月末までの税収実績をみたうえで、できるだけ必要最小限にとどめるための措置であり、この期間の発行を「出納整理期間発行」という。

c　国債整理基金特別会計において発行する借換国債

　特別会計に関する法律46条1項は「国債整理基金特別会計においては、各年度における国債の整理又は償還のために必要な金額を限度として、借換国債を発行することができる」と規定し、既存の国債の償還に必要となる資金の調達方法として、借換債の発行を認めている。

　また同法47条では、「国債整理基金特別会計においては、翌年度における国債の整理又は償還のため、予算をもって国会の議決を経た金額を限度として、借換国債を発行することができる」とし、いわゆる借換債の年度越え前倒し発行ができることとしている。これにより、国債の償還が特定年度に集中する場合の影響の緩和や各年度の国債発行額の大幅な変動を抑制すること等が可能となっている。

　借換債は「償還のため」に発行されるものであり、国の債務残高を純増させるものでないことから、発行限度額につき国会の議決を経る必要はないものとされているが、借換債の年度越え前倒し発行については、会計年度独立の原則の例外となることから、その発行限度額について国会の議決を要する

ものとされている。

B　財政投融資特別会計国債（財投債）

　財政投融資制度における資金供給の中心である財政融資に充てる資金を調達するために発行される国債が、財政投融資特別会計国債（いわゆる「財投債」）である。この財投債は、2001年度の財政投融資改革（財投改革）により発行されるようになったものである。

　財投改革以前の財政投融資制度においては、郵便貯金や公的年金積立金が資金運用部（行政組織の名称ではなく、旧大蔵省において資金管理のために使用されていた経理上の呼称）に義務的に預託され、その資金が当時の公団・公庫等（財投機関）や地方公共団体に融資されていた。このような、受動的に集まった資金を財投機関に分配する仕組みに対しては、効率的な資金の運用が図られず制度や機関の非効率化・肥大化を招いている、との指摘がなされていた。

　こうした指摘をふまえ、財投改革では、郵便貯金・年金積立金の預託義務は廃止となり、その全額が自主運用されるものとされ、また、財投機関や地方公共団体に対する融資（財政融資）のために必要な資金は、国債である財投債を発行することで市場から調達する仕組みへと改められた。

　財投債は、特別会計に関する法律62条の規定に基づいて発行され、他の国債と同様、発行の限度額について国会の議決を経ることが必要とされてい

図表2－13　財政投融資改革（財投改革）の概要

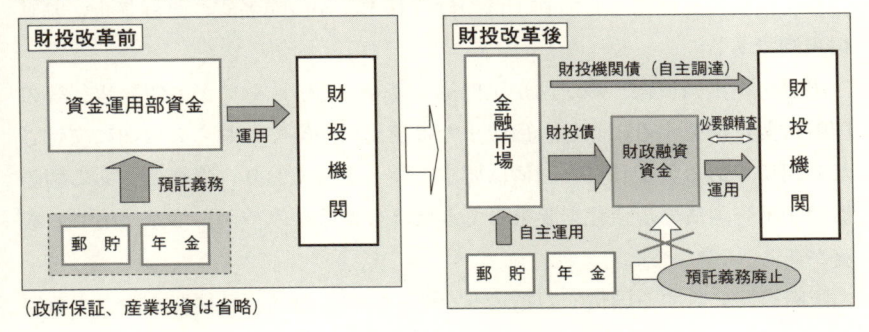

図表2-14　普通国債・財投債発行予定額の推移（当初ベース）

[発行根拠法別発行額]　　　　　　　　　　　　　　　　　　　　　（単位：億円）

区　分	1990年度	91年度	92年度	93年度	94年度	95年度	96年度	97年度	98年度	99年度	2000年度
新規財源債	55,932	53,430	72,800	81,300	136,430	125,980	210,290	167,070	155,570	310,500	326,100
建設国債	55,932	53,430	72,800	81,300	105,092	97,469	90,310	92,370	84,270	93,400	91,500
特例国債	-	-	-	-	31,338	28,511	119,980	74,700	71,300	217,100	234,600
借換債	178,877	189,255	214,981	218,023	228,880	253,778	265,610	314,382	423,517	400,815	532,605
財政融資特会債	-	-	-	-	-	-	-	-	-	-	-
（市中発行分）	(-)	(-)	(-)	(-)	(-)	(-)	(-)	(-)	(-)	(-)	(-)
合　計	234,809	242,685	287,780	299,323	365,310	379,758	475,900	481,452	579,087	711,315	858,705

区　分	2001年度	02年度	03年度	04年度	05年度	06年度	07年度	08年度	09年度	10年度	11年度
新規財源債	283,180	300,000	364,450	365,900	343,900	299,730	254,320	253,480	332,940	443,030	442,980
建設国債	87,600	67,900	64,200	65,000	61,800	54,840	52,310	52,120	75,790	63,530	60,900
特例国債	195,580	232,100	300,250	300,900	282,100	244,890	202,010	201,360	257,150	379,500	382,080
借換債	596,883	696,456	749,678	844,507	1,038,151	1,082,621	998,060	925,420	909,914	1,026,109	1,112,963
財政融資特会債	438,974	343,527	300,100	413,000	313,000	272,000	186,000	84,000	80,000	15,500	140,000
（市中発行分）	(104,974)	(109,527)	(114,600)	(117,000)	(120,000)	(120,000)	(110,000)	(84,000)	(80,000)	(155,000)	(140,000)
合　計	1,319,037	1,339,683	1,414,228	1,623,407	1,695,051	1,654,351	1,438,380	1,262,900	1,322,854	1,624,139	1,695,943

出所：財務省資料より作成

る。

　なお、普通国債と財投債とは金融商品としてはまったく区別がなく、同一の銘柄回号のなかであわせて発行されることも珍しくない。

C　その他の国債（交付国債、出資・拠出国債等）

　交付国債は、戦没者遺族や引揚者、農地被買収者などの人々に対する弔慰金あるいは給付金等の支払にかえて、特別に制定された発行根拠法に基づき発行され、これらの人々に交付される。

　交付国債には原則として利子はつけられず、かつ記名式、譲渡禁止、割賦償還制である。

　出資・拠出国債は、わが国が国際通貨基金（IMF）やアジア開発銀行等の国際機関に加盟するに際し、出資または拠出にかえてこれらの機関に交付される国債である。これらの国債は要求払いとなっており、債権者である国際機関が出資国債の現金化を要求してきた場合にはすみやかに償還に応じる義務がある。

　国際機関に対する国債での払込みが認められる旨は、各機関を設立する協

定に規定されており、また、国内法上は、各国際機関への加盟措置法に国債の発行根拠となる規定が置かれている。

以上にみたほか、特殊な国債として、日本国有鉄道清算事業団や日本高速道路保有・債務返済機構等の債務が国の一般会計に承継されて国債となったものや、日本政策投資銀行の財務基盤強化を目的に発行され、同行に交付された国債などがある。

D 政府短期証券

国の歳出に充てるために発行される国債とは別に、一般会計およびいくつかの特別会計では、国庫の一時的な資金不足を補うため、短期証券を発行して資金繰りをつけることができることになっている。こうした証券を「政府短期証券」という。

政府短期証券の償還期間は原則3カ月で、このほかに期間2カ月程度のも

図表2-15 国債分類別発行残高の推移　　　　　　　　　　　　　　　　　（単位：億円）

区　分	2005年度末	06年度末	07年度末	08年度末	09年度末
内国債	6,705,794	6,741,221	6,843,278	6,804,482	7,204,890
普通国債	5,269,279	5,317,015	5,414,584	5,459,356	5,939,717
長期国債（10年以上）	3,372,797	3,447,351	3,543,655	3,542,378	3,731,545
中期国債（2〜6年）	1,382,712	1,455,159	1,545,741	1,610,183	1,771,932
短期国債（1年以上）	513,770	414,505	325,187	306,795	436,240
財政投融資特別会計国債	1,393,532	1,389,061	1,397,543	1,310,501	1,222,253
長期国債（10年以上）	703,334	834,831	908,814	947,372	1,002,743
中期国債（2〜5年）	690,198	554,230	488,729	363,129	219,510
交付国債	3,610	5,683	5,773	5,266	4,496
出資・拠出国債	21,300	23,563	25,057	22,105	17,671
株式会社日本政策投資銀行危機対応業務国債	—	—	—	—	13,500
日本国有鉄道清算事業団債券等承継国債	18,072	5,899	321	7,254	7,254
政府短期証券	976,274	1,009,741	1,077,528	1,084,826	1,060,281
合　計	7,682,068	7,750,962	7,920,807	7,889,309	8,265,172

（注）1．計数ごとに四捨五入したため、計において一致しない場合がある。
出所：財務省資料より作成

のと 6 カ月のものが発行されている。発行の目的および発行根拠別の種類としては、一般会計の財務省証券（財政法 7 条）、財政投融資特別会計の財政融資資金証券（財政融資資金法 9 条）、外国為替資金特別会計の外国為替資金証券（特別会計に関する法律83条）、エネルギー対策特別会計の石油証券（同法94条、95条）、食料安定供給特別会計の食糧証券（同法136条、137条）がある。

政府短期証券はかつて、市場において通称「FB (Financing Bills)」として発行されていたが、2009年からは割引短期国債（通称「TB」、期間 6 カ月・1 年）と統合され、「国庫短期証券（T－Bill：Treasury Discount Bills)」の名称で発行が行われている。

(2) 金融商品としての国債の種類

現在、金融商品として発行されている国債の種類には、短期国債、中期国債、長期国債、超長期国債、物価連動国債、個人向け国債があり、その年限・発行方式等は図表 2 －16のとおりである。

これらのなかでは短期国債が割引形式で発行されているほかは、すべて利付債券である。15年変動利付国債および個人向けの10年変動利付国債は、ともに半年ごとに直近の10年固定利付国債の平均落札利回りに連動させて利率を見直す方式（15年変動は入札で決定されるスプレッドを減じて得られる利率、個人向け10年は一定の掛け目を乗じて得られる利率をそれぞれ適用）であり、物価連動国債は、元金（利子計算時の想定元金を含む）が物価水準に連動（利払・償還時のCPIを発行時のCPIで除した値を乗じる）して変動するものである。

なお、15年変動利付国債と物価連動国債は、2008年度において、サブプライムローン問題やリーマン・ブラザーズの破綻に伴う市場の混乱により価格が著しく低下した影響等から、当該年度の途中以降、発行が取りやめられている。

以上のほか、過去には 3 年・4 年・6 年の利付国債、3 年・5 年の割引国債が発行されていた時期があったが、現在では発行されていない。

図表2-16　国債の種類

種類	短期国債	中期国債	長期国債
	6カ月・1年	2年・5年	10年
形式	割引	利付き	利付き
発行方式	公募入札 日銀乗換	公募入札 募集の取扱い	公募入札 募集の取扱い
入札方式	価格競争 （コンベンショナル方式）	価格競争 （コンベンショナル方式）	価格競争 （コンベンショナル方式）
非競争入札等	第Ⅰ非価格競争入札	非競争入札 第Ⅰ非価格競争入札 第Ⅱ非価格競争入札	非競争入札 第Ⅰ非価格競争入札 第Ⅱ非価格競争入札

種類	超長期国債		
	15年変動	20年・30年	40年
形式	利付き	利付き	利付き
発行方式	公募入札	公募入札	公募入札
入札方式	価格競争 （コンベンショナル方式）	価格競争 （コンベンショナル方式）	利回り競争 （ダッチ方式）
非競争入札等	第Ⅰ非価格競争入札 第Ⅱ非価格競争入札	第Ⅰ非価格競争入札 第Ⅱ非価格競争入札	第Ⅱ非価格競争入札

種類	個人向け国債	物価連動国債
	3年固定・5年固定・10年変動	10年
形式	利付き	利付き
発行方式	公募入札 募集の取扱い	公募入札 募集の取扱い
入札方式	―	利回り競争 （ダッチ方式）
非競争入札等	―	第Ⅱ非価格競争入札

(注)　短期国債は国庫短期証券の名称で発行されている。

(3) 国債の発行方式

国債の発行方式としては市場において発行する方式が中心であるが、そのほかに、個人向け発行として金融機関および証券会社が個人に対し窓口販売する方式、日本銀行が保有する国債の償還時に乗換えのために引き受ける「日銀乗換」の方式がある。

A 市場における発行

市場における国債の発行は、公募入札を実施して発行条件や引受先（取得する者）を決定する方法により行われている。かつて、国債の発行は、数多くの金融機関・証券会社で構成される「国債募集引受団」（国債引受シンジケート団）が共同して募集の取扱いと残額の引受けを約する方式、いわゆるシ団引受方式が中心であったが、平成年度に入って以降は、国債市場の発展と成熟に伴い公募入札による発行の割合が漸次拡大され、2006年度からはすべて公募入札による発行となっている。

a 入札参加者

国債の入札には、幅広い業態の金融機関、証券会社に参加が認められており（国債の発行等に関する省令5条）、都市銀行、地方銀行、第二地方銀行、信託銀行、在日外国銀行その他の銀行、信用金庫、全国信用協同組合連合会、労働金庫連合会、農林中央金庫、商工組合中央金庫、証券会社、生命保険会社、損害保険会社、短資会社、証券金融会社が入札参加者として財務大臣から指定されている。

b 国債市場特別参加者制度

国債の安定消化の促進や国債市場の流動性・効率性の維持・向上を図るための仕組みとして、一定の入札参加者を国債市場における特別な責任と資格をもつ「国債市場特別参加者」として財務大臣が指定する制度が置かれている。この仕組みは欧米主要国において導入されている「プライマリー・ディーラー制度」を参考に2004年10月に導入されたものであり、「日本版プライマリー・ディーラー制度」などとも呼ばれる。

国債市場特別参加者には、入札における一定割合の応札責任・落札責任の

図表2-17 国債入札参加者(平成23年5月1日現在)

区　　分	参加者数
都市銀行	6
地方銀行	63
在日外国銀行	23
信託銀行	14
第二地方銀行	42
その他銀行	4
信用金庫	31
信用組合	1
労働金庫	1
農林中央金庫	1
特殊法人	1
証券会社	53
在日外国証券会社	5
生命保険会社	9
損害保険会社	6
短資会社	3
証券金融会社	3
合　　計	266

出所:財務省資料

ほか、国債流通市場における流動性提供責任や財務省への情報提供義務が課される一方で、国債市場特別参加者会合への出席や、非価格競争入札・買入消却入札・流動性供給入札への参加などの資格が与えられている。

c　公募入札の種類

(a)　価格競争入札・利回り競争入札

競争入札には、入札参加者があらかじめ決定された表面利率を前提に落札希望価格と落札希望額を入札する価格競争入札と、入札参加者が落札希望利

図表2-18　国債市場特別参加者（平成23年5月1日現在）

```
アール・ビー・エス証券会社
SMBC日興証券株式会社
岡三証券株式会社
クレディ・アグリコル証券会社
クレディ・スイス証券株式会社
ゴールドマン・サックス証券株式会社
JPモルガン証券株式会社
シティグループ証券株式会社
大和証券キャピタル・マーケッツ株式会社
ドイツ証券株式会社
東海東京証券株式会社
野村證券株式会社
バークレイズ・キャピタル証券株式会社
BNPパリバ証券株式会社
みずほインベスターズ証券株式会社
株式会社みずほ銀行
株式会社みずほコーポレート銀行
みずほ証券株式会社
株式会社三井住友銀行
株式会社三菱東京UFJ銀行
三菱UFJモルガン・スタンレー証券株式会社
メリルリンチ日本証券株式会社
モルガン・スタンレーMUFG証券株式会社
UBS証券会社
```

以上24社（50音順）

出所：財務省資料

回りと落札希望額を入札する利回り競争入札とがある。

　入札では、価格の高いものまたは利回りの低いものから順に、発行予定額に達するまで割当てが行われる（落札者となる）。発行条件の決定には、各落札者ごとに異なる（自ら入札した条件となる）コンベンショナル方式と、落札最低価格（または最高利回り）で全落札者で均一となるダッチ方式とがあるが、新発国債の入札においては、債券の種類に応じて価格競争コンベンショナル方式と利回り競争ダッチ方式（イールド・ダッチ方式）とが使い分けら

れている。
　(b)　非競争入札

　非競争入札は、入札額が小さくなりがちな中小の入札参加者のために、価格競争入札の平均落札価格で割当てが受けられるようにするものである。中期国債（2年・5年）・長期国債（10年）で採用されており、価格競争入札と同時に応募が行われる。

　(c)　第Ⅰ非価格競争入札・第Ⅱ非価格競争入札

　第Ⅰ非価格競争入札は価格競争入札と同時に応募が行われ、第Ⅱ非価格競争入札は価格（利回り）競争入札の結果発表後に応募が行われる入札であり、いずれも平均落札価格（利回り競争入札の場合は落札結果利回り）で割当てを受ける。

　どちらも国債市場特別参加者のみに参加が認められており、特別参加者ごとに応札実績や落札実績に基づいて決められる応札限度額まで応札・落札ができる。

　(d)　流動性供給入札と買入消却

　以上の発行市場における入札とは別に、流通市場において、流動性供給入札と買入消却に係る入札が行われている。

　流動性供給入札は、流通市場において需給が逼迫した銘柄に対する流動性向上や、新発債増発の影響の緩和などを目的として既発銘柄を追加発行する際に行われる。

　これに対し、買入消却（「バイバック」とも呼ぶ）に係る入札は、国債の年度ごとの償還額の平準化や、特定銘柄において著しく需給バランスが悪化した状況を是正することを目的として、国が既発の銘柄を市場から買い入れる際に行われる。いずれの入札も国債市場特別参加者のみに参加が認められ、対象銘柄の流通利回りまたは流通価格との希望較差によるコンベンショナル方式で実施されている。

d　国債発行の事務

　(a)　入札事務の流れ

　入札による国債発行の予定は、毎月下旬に3カ月後の月間入札予定（銘柄と入札予定日）が、各銘柄の入札1週間程度前に発行予定額と発行予定日

が、財務省理財局より発表される。

各入札日における入札事務の手順は、図表2－19のとおりである。

入札に関する事務は、日本銀行が国からの委託を受けて行っており、入札参加者は日銀ネット（日本銀行金融ネットワークシステム）を利用して応札事務を行う。

(b) リオープン

利付国債の償還月は、2年国債を除いて発行月とは必ずしも応答していない。たとえば、5年、10年、20年の各利付国債の償還月は、3、6、9、12月に設定されており、3・4・5月発行の国債は3月に償還、6・7・8月

図表2－19　入札事務の手順

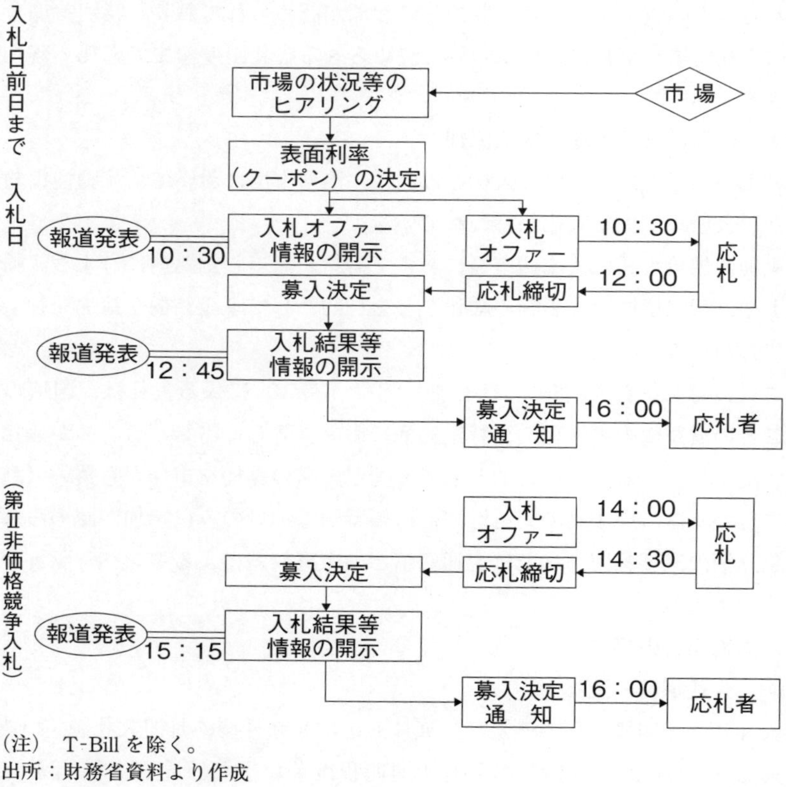

（注）T-Bill を除く。
出所：財務省資料より作成

発行の国債は6月に償還、9・10・11月発行の国債は9月に償還、12・1・2月発行の国債は12月に償還される（償還日は20日）。

すでに発行された国債と償還日が共通で同一の表面利率（クーポン）の国債が発行される場合には、既発行の国債と同一の回号が付され、発行と同時に既発債と同じ債券として取引・決済が行われる。これを「リオープン」（即時銘柄統合）という。

リオープンを実施するためには、クーポンが同一であることに加えて、初回利払の計算期間が共通である（初回利子額が等しい）必要がある。このため、償還月が発行月と応答しない月（リオープンの可能性がある月）の新発国債は、発行価格のほかに経過利子相当額を払込金に加算するものとされている。

(c) WI取引

入札前の国債に関して行う取引のことをWI（When–Issued）取引という。WI取引の取引期間は、財務省が入札の1週間前に行う発行予定額等の発表（入札アナウンスメント）の日から入札日にクーポンが決定されるまでの間であり、複利利回りで取引が行われる。

なお、入札後から発行日までの間の取引も含む、発行日前取引全体をWI取引と呼ぶ場合もある（広義のWI取引）。

B 個人向け発行

わが国の国債は金融機関の保有比率が高く、家計や海外の保有比率が低い状況となっていることから、個人による国債保有を促進し、保有構造の多様化を通じて国債の円滑な消化につなげるため、2003年に個人向け国債の発行が開始された。

個人向け国債は当初10年変動金利型のみであったが、2006年に5年固定金利型、2010年に3年固定金利型が追加された。

また、2007年には市場で発行される一般の利付国債のうち、2年、5年、10年物について、個人向けの窓口販売の仕組みが新たに導入された。

これらはいずれも全国の幅広い金融機関や証券会社において募集の取扱い（窓口販売）形式により発行されており、募集取扱機関には募残分の引受義

務はない。

C　日銀乗換

財政法5条は「すべて、公債の発行については、日本銀行にこれを引き受けさせ、又、借入金の借入については、日本銀行からこれを借り入れてはならない。但し、特別の事由がある場合において、国会の議決を経た金額の範囲内では、この限りでない」と規定している。

これは、戦前の国債発行への反省から、インフレを防止し財政の健全性を確保するために設けられたものであり、「市中消化の原則」と呼ばれる。この原則に対する例外的な措置として、日本銀行が金融市場調節を通じて取得し保有している国債が償還期を迎える場合に、これに対応する借換債を、同行が引き受けることが認められている（「乗換引受け」とも呼ばれる）。かかる引受けの態様は通貨膨張要因とならないことから、特例として認められているものである。

なお、日銀乗換においては、払込みに際し、現金にかえて満期到来債を払い込む、代用払込みが行われる。

❷　地方債

(1)　地方債の法規等

A　発行に関する法規

a　地方債の適債性

地方債とは、地方公共団体が資金調達のために一会計年度を超えて負担する債務のことをいう。国債は資金調達の態様が証券発行形式に限定されている（国による借入金は国債に含まれない）のに対し、地方債の場合は、証券発行と証書借入れの双方が含まれ、地方財政制度上、両者の間に区別はない。

地方財政の基本法である地方財政法5条は、「地方公共団体の歳出は、地方債以外の歳入をもつて、その財源としなければならない。ただし、次に掲

図表2-20 消化方式別国債発行予定額の推移（当初ベース）

（単位：億円）

区　分	2003年度	04年度	05年度	06年度	07年度	08年度	09年度	10年度	11年度
40年債						4,000	8,000	12,000	16,000
30年債	16,000	20,000	20,000	20,000	24,000	24,000	30,000	48,000	56,000
20年債	48,000	69,000	90,000	103,000	96,000	96,000	108,000	132,000	132,000
15年変動債	55,000	60,000	96,000	91,000	40,000	24,000	3,000	3,000	−
10年債	228,000	228,000	228,000	240,000	228,000	228,000	228,000	264,000	264,000
10年物価連動債	1,000	6,000	20,000	20,000	30,000	30,000	3,000	3,000	−
6年債	−	−	−	−	−	−	−	−	−
5年割引債	−	−	−	−	−	−	−	−	−
5年利付債	228,000	229,000	240,000	252,000	240,000	228,000	240,000	288,000	288,000
4年債	−	−	−	−	−	−	−	−	−
3年割引債	−	−	−	−	−	−	−	−	−
2年債	209,600	192,505	204,000	216,000	204,000	204,000	240,000	312,000	312,000
短期国債	341,709	341,709	299,615	287,197	228,000	201,000	237,000	309,000	309,000
流動性供給入札	−	−	−	6,000	6,000	12,000	36,000	72,000	72,000
カレンダーベース 市中発行額（注1）					1,096,000	1,051,000	1,133,000	1,443,000	1,449,000
第Ⅱ非価格競争入札	−	−	−	26,580	25,860	25,140	38,700	39,825	40,050
前倒し債発行					62,460	10,537	2,093	314	63,893
減額による調整分									
市中発行分計	1,127,309	1,146,214	1,197,615	1,261,777	1,184,320	1,086,677	1,173,793	1,483,139	1,552,943
個人向け国債（注2）	15,000	21,000	44,000	53,000	63,300	62,000	24,000	20,000	20,000
その他窓販	18,000	18,000	20,000	22,000	18,200	18,000	18,000	8,000	5,000
個人向け販売分計	33,000	39,000	64,000	75,000	81,500	80,000	42,000	28,000	25,000
日銀乗換	64,419	132,193	230,436	165,574	96,560	96,223	107,060	113,000	118,000
財政融資資金乗換	4,000	10,000	10,000	−	−	−	−	−	−
財政融資特会債経過措置分	185,500	296,000	193,000	152,000	76,000				
公的部門計	253,919	438,193	433,436	317,574	172,560	96,223	107,060	113,000	118,000
合　計	1,414,228	1,623,407	1,695,051	1,654,351	1,438,380	1,262,900	1,322,854	1,624,139	1,695,943

（注1） 2007年度からの市中発行分の各年限の計数はカレンダーベースの計数である。
（注2） 個人向け国債には郵便局販売分の個人向け国債を含む。
出所：財務省資料より作成

げる場合においては、地方債をもつてその財源とすることができる」と規定している。財政の健全性の観点から、地方公共団体の歳出は、地方債以外の歳入を財源とすることを原則としながら、ただし書で次の特定の財源に充てる場合に限り、地方債の起債を認めているものである。
① 交通事業、ガス事業、水道事業その他地方公共団体の行う企業（地方公営企業）に要する経費
② 出資金および貸付金
③ 地方債の借換えのために要する経費

④　災害応急事業費、災害復旧事業費および災害救助事業費
⑤　公共施設または公用施設の建設事業費およびその用地費

　このなかで、⑤に該当するものとして発行される地方債は、一般に「建設地方債」と呼ばれる。

　以上のほかに、地方財政法5条との関係では適債性をもたない場合でも、政策的な配慮から立法措置がなされた特例的な規定に基づいて起債が認められる、いわゆる「特例債」が存在する。たとえば、職員の退職手当の財源に充てるための退職手当債（地方財政法33条の5の5）や、地方交付税にかわるものとして発行される臨時財政対策債（同法33条の5の2）などがこれに当たり、「赤字地方債」などとも呼ばれる。

b　地方債協議制度

　地方公共団体は、地方債を起こす（発行する）にあたっては、起債の目的、限度額、起債の方法、利率および償還の方法をあらかじめ予算で定める必要がある（地方自治法230条）が、これに加え、それらの事項等について、都道府県・政令市は総務大臣に、市町村は都道府県知事に協議を行わなければならない（地方財政法5条の3）。

　地方債協議制度は、2006年度に、それ以前の起債許可制度から移行したものである。これにより、地方公共団体の起債は、「原則禁止」から「原則自由」へと、位置づけが180度転換されることとなった。

　地方債協議制度のもとでは、協議により総務大臣または都道府県知事の同意を得た地方債についてのみ元利償還金が地方財政計画に算入され、地方交付税制度を通じた財源措置がなされるほか、公的資金（財政融資資金や地方公共団体金融機構資金）の充当が認められる。同意を得ない地方債（不同意債）も、あらかじめ議会に報告すれば発行が可能であるが、これまで不同意債の発行事例はない。

　このように、地方債協議制度は、個々の地方公共団体の起債自由の原則と、償還財源保障や公的資金の適正な配分といったマクロの調整機能の双方を両立させるものとして設計がなされている。

　なお、協議制のもとでの関与の特例として、実質公債費比率（元利償還金相当額に充当された一般財源の額が標準財政規模に占める割合）が18％以上の地

方公共団体や一定以上の実質赤字額を生じた地方公共団体等は、地方債の発行に許可を要することとされている（地方財政法5条の4）。また、退職手当債など、一部の特殊な地方債については、一律に許可が必要とされている。
(注) 地方債協議制度については、財政力の高い地方公共団体を対象として、一部に起債に関する協議を要しない制度を導入する等の一定程度の見直しが予定されている。

B　地方債計画

　総務大臣は、毎年度、地方債計画を策定し、地方公共団体全体で同意（または許可）が予定される起債計画額を示し、その消化のために必要な所要資金の区分を定めることとされている（地方財政法5条の3第6項）。地方債計画は、地方債の所要額に見合う原資の調整と確保、地方債同意（許可）にあたっての運用基準、各地方公共団体にとっての起債の指針、などの役割を果たしており、地方財政計画（地方公共団体の年度の歳入および歳出総額の見込みに対する計画）および財政投融資計画（地方公共団体向け財政融資資金貸付計画額等を決定）と密接に関連し、それらの内容と整合的になるよう策定されている。

　地方債計画には、本来の償還期間よりも短い年限で資金調達が行われた場合のリファイナンスである借換債の発行分が含まれていないことから、地方公共団体の資金調達行動として実際に観察される地方債発行額やその推移は、地方債計画の規模や推移とは異なったものになる。

C　地方債の分類

a　普通会計債と公営企業債

　地方公共団体の会計は、大きく普通会計と公営事業会計の2つに分けられる。普通会計とは、一般会計および公営事業会計以外の特別会計を総称したもので、教育、社会福祉、土木、消防等の行政運営の基本的な経費が計上される。これに対し公営事業会計は、公営企業（水道、交通、下水道、電気、ガス等）の特別会計である公営企業会計のほか、国民健康保険事業、介護保険事業、収益事業（競馬、競輪等）その他の事業に係る特別会計の総称であ

図表2-21　2009～2011年度地方債計画

(単位：億円、％)

項　目	2009年度計画額	10年度計画額	11年度計画額
一　一般会計債			
1　公共事業等	18,186	14,985	19,980
2　公営住宅建設事業	1,532	1,283	1,218
3　災害復旧事業	372	321	290
4　教育・福祉施設等整備事業	5,974	5,062	3,977
5　一般単独事業	27,057	23,251	16,300
6　辺地および過疎対策事業	3,116	3,133	3,112
7　公共用地先行取得等事業	607	516	490
8　行政改革推進	3,200	3,200	2,800
9　調整	100	200	100
計	60,144	51,951	48,267
二　公営企業債			
1　水道事業	3,570	3,535	3,674
2　工業用水道事業	289	233	221
3　交通事業	2,564	2,698	2,357
4　電気事業・ガス事業	36	61	65
5　港湾整備事業	550	515	561
6　病院事業・介護サービス事業	2,414	2,779	2,844
7　市場事業・と畜場事業	128	934	224
8　地域開発事業	1,339	1,459	1,567
9　下水道事業	13,494	12,500	11,659
10　観光その他事業	130	42	108
計	24,514	24,756	23,280
合　計	84,658	76,707	71,547
三　公営企業借換債		300	300
四　臨時財政対策債	51,486	77,069	61,593
五　退職手当債	5,700	4,900	3,900
六　国の予算等貸付金債	(1,819)	(1,185)	(1,165)
総　計	(1,819) 14,844	(1,185) 158,976	(1,165) 137,340
内訳　普通会計分	118,329	134,939	114,772
公営企業会計等分	23,515	24,037	22,568
貸金区分			
公　的　資　金	57,670	64,980	56,240
財政融資資金	39,340	43,390	37,310
地方公共団体金融機構資金	18,330	21,590	18,930
（国の予算等貸付金）	(1,819)	(1,185)	(1,165)
民　間　等　資　金	84,174	93,996	81,100
市　場　公　募	36,700	43,000	42,000
銀　行　等　引　受	47,474	50,996	39,100

(注)　公共事業等の2009、2010年度計画額は、一般公共事業に係る額である。
出所：総務省資料より作成

る。

普通会計債とは、普通会計の財源を調達するために起債される地方債で、地方税、地方交付税等の一般財源を中心とする普通会計の歳入で元利金が償還される。他方、公営企業債は、公営企業の資金調達のために起債される地方債で、原則として住民サービスの対価である料金収入等により元利金が償還される。

b 地方債計画上の分類

(a) **一般会計債、公営企業債等**

地方債計画上、地方債は、事業の性質に応じて「一般会計債」と「公営企業債」に区分され、それぞれについて事業の種類ごとの内訳が表示される。

また、これらのほかに臨時財政対策債や退職手当債、減税補填債などの財源補填的な性格をもつ特殊な地方債が区分される。

臨時財政対策債は、地方交付税財源の不足を補うものとして発行される地方債である。地方交付税は、地方財政計画上の歳入見込額と歳出見込額の差を埋めるものであり、地方公共団体ごとに算定される基準財政需要額と基準財政収入額に基づいて配分される。地方交付税の財源には、国税の一定割合が充てられることとされているが、景気低迷に伴う税収の落込みにより、近年は、財源が所要額に満たない状況がほぼ常態化している。

この財源不足額については、2000年度以前は、国の特別会計（交付税特別会計）の借入金によりまかなっていたが、2001年度以降は、所要の調整・対策実施後の財源不足額について、国と地方で折半し、国分は一般会計より拠出、地方分は地方債を発行して補填する扱いへと変更された。この地方債（その元利償還相当額として地方債計画に計上された額を含む）を臨時財政対策債と呼ぶ。かかる折半ルールは3年間の時限措置として導入されたが、期限が到来するつど延長がなされ、現在まで継続されている。

退職手当債は、いわゆる団塊の世代に属する職員の大量退職に対応すべく、退職手当の財源として2015年度までの時限措置として発行が許可される地方債である。

(b) **通常分、特別分**

以上の区分とは別に、地方債資金の状況を説明するため、財源確保のため

図表 2−22　地方債計画　通常分と特別分の内訳（2009〜2011年度）

（単位：億円、%）

区　　分	2009年度	10年度	11年度
普通会計分	118,329	134,939	114,772
通常分	48,143	42,070	39,779
特別分	70,186	92,869	74,993
臨時財政対策債	51,486	77,069	61,563
財源対策債	12,900	10,700	9,400
退職手当債	5,700	4,900	3,900
調　　整	100	200	100
公営企業会計等分	23,515	24,037	22,568
総　　計	141,844	158,976	137,340
通常分	71,658	66,107	62,347
特別分	70,186	92,869	74,993

（注）　公営企業会計等分はすべて通常分である。
出所：総務省資料より作成

の特例的・時限的な起債である「特別分」と、それ以外の「通常分」の区分も用いられる。

　特別分には、臨時財政対策債や退職手当債などのほかに、財源対策債がある。これは、財源不足を補うために地方債充当率（事業経費のうち地方債を財源とする割合の上限）を引き上げるものであり、地方財政法5条に基づく建設地方債である。

D　地方債資金の区分

　地方債の引受け（貸付または証券の取得）の原資となる資金は公的資金と民間等資金に大別され、さらに公的資金は財政融資資金と地方公共団体金融機構資金、民間等資金は市場公募資金と銀行等引受資金に分かれる。

a　財政融資資金

　財政融資資金とは、地方公共団体が政府（財政投融資特別会計）から借り入れる資金であり、毎年度の財政投融資計画の一部を構成する。2001年度の財政投融資改革以前は、郵便貯金や年金積立金が資金運用部と呼ばれる勘定

に義務的に預託され、この資金が地方公共団体に貸し付けられる仕組みがとられていたが、財政投融資改革以後は、政府が財政投融資に必要な資金を国債（財投債）により市場調達し、これを財政融資資金貸付金として地方公共団体に貸し付ける仕組みへと変更されている。

財政融資資金は、貸付期間が最長30年までと長く、利率も相対的に低いことから、地方公共団体にとって有利な資金調達手段であるが、国の財投スリム化の方針から、地方公共団体向け財政融資資金貸付は段階的に縮減する旨、法律に定められているところである。

b 地方公共団体金融機構資金

地方公共団体金融機構は、地方公共団体の出資による地方共同法人である。機構の前身である公営企業金融公庫は、1957年に全額政府出資により設立され、地方公共団体が経営する公営企業（上下水道、交通、病院等）に対する貸付業務を行っていたが、2008年に政策金融改革のもとで地方共同法人としての地方公営企業等金融機構へと改組され、さらに2009年には地方公共団体の一般会計への貸付業務を開始するとともに、地方公共団体金融機構へと名称が変更された。

機構資金の原資は、機構債券の発行と、公営競技を行う地方公共団体からの納付金がおもなものであり、なかでも機構債券がその大半を占めている。

機構資金は借入期間が30年以内、利率は機構の資金調達利回りを原則としつつ、公営競技納付金の運用益を原資とする一定幅の利下げが適用される結果、実質的には財政融資資金と同等の利率となっている。

c 民間等資金

財政投融資改革以降の政府資金の縮減の流れを受け、地方債計画上、地方債資金のなかで民間等資金の占める割合が上昇しており、近年では約6割の水準に達している。

市場公募資金は、地方公共団体が市場において公募債券（市場公募地方債）を発行する方法で調達する資金である。

銀行等引受資金は、地方公共団体の指定金融機関その他の市中金融機関等から調達する資金である。形態は債券発行（証券形式）と借入金（証書形式）の双方があり、いずれの調達も銀行等引受債と呼ばれている。

図表2-23　地方債計画の資金別内訳推移

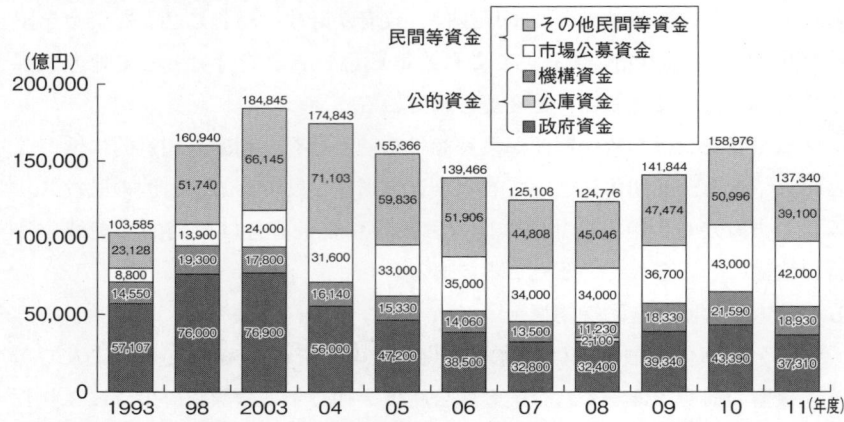

(注)　「公庫資金」は旧公営企業金融公庫資金。「政府資金」は財政融資資金。ただし2006年以前は旧郵政公社資金等も含む。
出所：総務省資料より作成

　このほかの民間等資金には、地方公務員共済組合等からの共済資金の借入れなどが含まれる。

E　地方債の信用力

　地方債の信用力に関しては、以下に示す枠組みのもとで総合的に償還確実性が確保されるよう制度設計がなされている。

a　地方財政計画を通じた償還財源の保障

　国は、毎年末から年明けにかけて、翌年度における地方公共団体全体の歳入・歳出が均衡するよう地方財源の確保のための対策を行い（地方財政対策）、最終的に国から交付する地方交付税の所要総額を確保することでバランスをとり（地方財政計画の策定）、必要事項を法定化する。地方債の元利償還金は地方財政計画の歳出見込みのなかに含まれることから、地方財政計画の策定過程を通じて地方債の償還財源についてマクロベースでの保障がなされていることになる。

　また、各地方公共団体に交付される地方交付税の算定においては、その団体が過去に発行した地方債の元利償還金の一部または全部が基準財政需要額

に算入され、これにより、個々の地方公共団体に対して元利償還金の財源が措置されている。

b 早期是正措置としての起債許可制度

　地方債協議制度は、地方公共団体の自由度拡大の観点から、国または都道府県との協議を経れば地方債を発行することが可能としたものであるが、すでに述べたとおり、実質公債費比率が18％以上の地方公共団体や一定以上の実質赤字額を生じた地方公共団体等が地方債を発行する場合には、公債費負担適正化計画を策定したうえで許可を得ることを要するものとされており、これにより過大な公債費負担が発生することを事前に回避している。

図表２－24　地方公共団体の財政の健全化に関する法律の概要

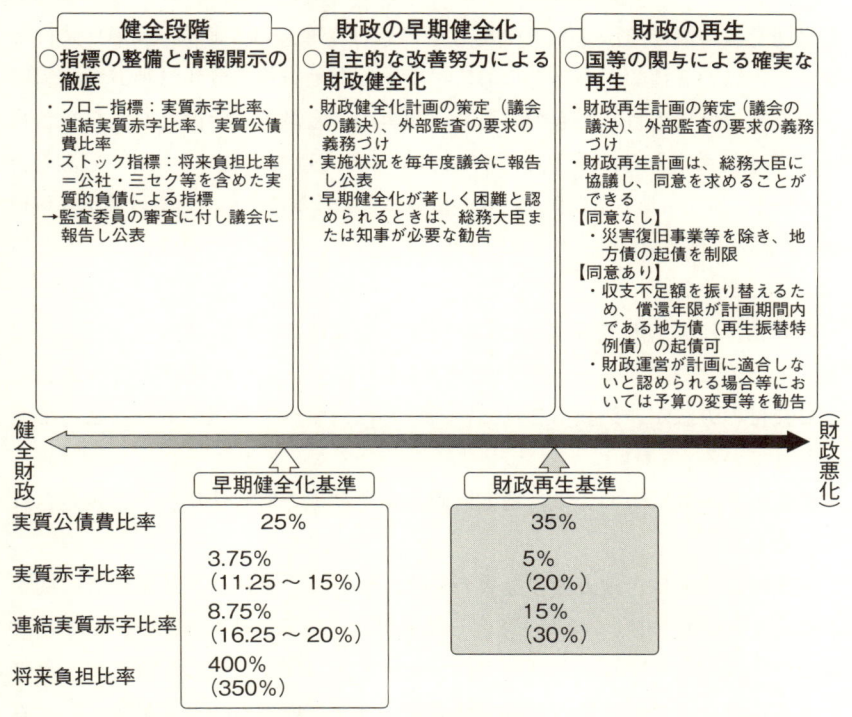

	健全段階	財政の早期健全化	財政の再生
	○指標の整備と情報開示の徹底 ・フロー指標：実質赤字比率、連結実質赤字比率、実質公債費比率 ・ストック指標：将来負担比率＝公社・三セク等を含めた実質的負債による指標 →監査委員の審査に付し議会に報告し公表	○自主的な改善努力による財政健全化 ・財政健全化計画の策定（議会の議決）、外部監査の要求の義務づけ ・実施状況を毎年度議会に報告し公表 ・早期健全化が著しく困難と認められるときは、総務大臣または知事が必要な勧告	○国等の関与による確実な再生 ・財政再生計画の策定（議会の議決）、外部監査の要求の義務づけ ・財政再生計画は、総務大臣に協議し、同意を求めることができる 【同意なし】 ・災害復旧事業等を除き、地方債の起債を制限 【同意あり】 ・収支不足額を振り替えるため、償還年限が計画期間内である地方債（再生振替特例債）の起債可 ・財政運営が計画に適合しないと認められる場合等においては予算の変更等を勧告

〈健全財政 ←　　　　　　　　　　　　　　　　　　　　　　　　　　→ 財政悪化〉

	早期健全化基準	財政再生基準
実質公債費比率	25％	35％
実質赤字比率	3.75％ （11.25〜15％）	5％ （20％）
連結実質赤字比率	8.75％ （16.25〜20％）	15％ （30％）
将来負担比率	400％ （350％）	

（注）数値の上段は都道府県の基準、カッコ書は市町村。
出所：総務省資料より作成

c 地方公共団体の財政の健全化に関する法律

地方公共団体の財政の健全化に関する法律は、地方公共団体の財政の早期健全化と再生を図るための制度として2007年に成立した法律である。この法律では、地方公共団体の財政状況に関する4つの指標（①実質赤字比率、②連結実質赤字比率、③実質公債費比率、④将来負担比率）を定め、各団体にこの公表を義務づけるとともに、①〜④のいずれかの指標が早期健全化基準以上となった団体は自主的な努力による財政の健全化が求められ、①〜③のいずれかの指標が財政再生基準以上になった団体は国等の関与のもとで財政の再生が行われることとされており、地方公共団体が深刻な財政悪化に陥る状況を未然に防ぐよう制度が設計されている。

(2) 地方債の種類と発行方法

民間資金の調達方法としての地方債の発行形態には、証券（債券）発行と証書借入れの2種類がある。なお、(1)で示した地方債の分類は地方財政制度上の位置づけに着目したものであり、現実の資金調達の手段として発行される債券や借入金としてみた場合に区別すべき点はない（たとえば、複数の会計区分等に属する地方債が同一回号の債券に含まれることや、新規財源債と借換債とが同一の借入金に含まれることもある）。以下、債券発行の場合について述べることとする。

債券発行による地方債は、募集、売出し、交付の方法によって発行することができるとされている（地方財政法5条の5）が、用地買収費用の支払などで交付の方法が一部利用されているほかは、すべて募集の方法によって発行されている。

募集の手続等については、地方財政法および地方財政法施行令に規定されている。

地方財政法では、地方債の募集の受託について会社法の社債管理者に関する規定（会社法705条、709条）等を一部準用している（地方財政法5条の6）。地方財政法施行令では、旧商法の社債発行手続に関する定めに準じて、募集をするにあたり発行団体が地方債証券申込証を作成すること、募集に応じる者は申込証により申込みを行うこと、発行団体は募集完了後に遅滞なく払込

みをさせること、等を定めている。

募集の方法により発行される地方債は、その態様によって公募と非公募とに分けられる。なお、地方債は、後でみる独立行政法人等の発行する債券と同様、その発行形態のいかんを問わず、金融商品取引法（以下「金商法」という）の開示制度（ディスクロージャー）に関する規定の適用対象外である（金商法3条）。

(注) このため、地方債の非公募形式での発行に対して、開示制度対象有価証券について開示義務の例外範囲を定めるための概念である「私募」の用語は使用しない。

A　市場公募地方債

不特定多数の投資家を広く対象として公募形式で発行されるものが市場公募地方債である。後で触れる住民参加型市場公募地方債と区別するため、「全国型市場公募地方債」と呼ばれることもある。

a　市場公募地方債の発行団体

戦後、1952年8月に東京都が公募債の第1号を発行したが、この1952年度に名古屋市、京都市、大阪市、神戸市、横浜市、大阪府および兵庫県が相次いで公募債を発行した。公募地方債の発行団体は、1952～1972年度はこの8団体に限定されていたが、1973年度から、新たに北海道、神奈川県、静岡県、愛知県、広島県、福岡県、札幌市、川崎市、北九州市、福岡市の10団体が加わり計18団体となり、1975年度には宮城県、埼玉県、千葉県、京都府の4団体が、1982年度には広島市が、1989年度には茨城県、新潟県、長野県および仙台市の4団体が、さらに1994年度には千葉市が新たに加わり28団体となった。2003年度以降は、地方債資金の民間資金シフト等を反映して毎年度公募債発行団体が増加し、その数は2011年度において計51団体にのぼっている。

b　共同発行市場公募地方債

共同発行市場公募地方債は、公募地方債を発行する地方公共団体が共同して発行する債券で、2003年4月以降、毎月発行されている。

参加地方公共団体数は、発行開始の当初27団体であったが、次第に増加

図表2-25　全国型市場公募地方債発行団体の推移

	都道府県	政令指定都市	団体数(累計)
1952年度	東京都、大阪府、兵庫県	横浜市、名古屋市、京都市、大阪市、神戸市	8
73年度	北海道、神奈川県、静岡県、愛知県、広島県、福岡県	札幌市、川崎市、北九州市、福岡市	18
75年度	宮城県、埼玉県、千葉県、京都府		22
82年度		広島市	23
89年度	茨城県、新潟県、長野県	仙台市	27
94年度		千葉市	28
2003年度		さいたま市	29
04年度	福島県、群馬県、岐阜県、熊本県		33
05年度	鹿児島県	静岡市	35
06年度	島根県、大分県	堺市	38
07年度	山梨県、岡山県	新潟市、浜松市	42
08年度	栃木県、徳島県		44
09年度	福井県、奈良県	岡山市	47
10年度	三重県	相模原市	49
11年度(予定)	滋賀県、長崎県		51

出所：総務省資料

し、2011年度は35団体となっている。参加団体は、地方財政法5条の7の規定に基づき、毎月、発行額全額について連帯債務を負う。

　発行年限は10年（満期一括償還）で、銀行および証券会社からなる引受シンジケート団により引受けがなされる。

図表2-26　全国型市場公募地方債発行団体別発行額の推移

発行団体	2003年度	04年度	05年度	06年度	07年度	08年度	09年度	10年度
北海道	2,400	2,800	3,600	3,300	3,600	3,600	3,600	3,350
宮城県	330	460	560	560	560	680	830	1,000
福島県		200	300	400	400	400	600	740
茨城県	240	340	360	370	370	370	370	300
栃木県						100	100	100
群馬県		100	200	200	200	200	200	400
埼玉県	1,400	2,010	2,110	2,360	2,200	2,350	3,500	3,400
千葉県	1,150	2,160	2,220	2,020	1,950	2,750	3,640	4,200
東京都	10,300	10,900	10,400	7,400	5,700	6,450	8,300	9,000
神奈川県	3,300	4,060	3,100	3,100	3,200	3,650	4,600	4,600
新潟県	240	800	1,200	1,150	1,000	1,100	1,300	1,200
福井県							100	200
山梨県					100	100	200	200
長野県	400	500	700	800	800	800	800	800
岐阜県		100	100	300	200	300	300	300
静岡県	1,200	1,600	2,400	2,200	2,200	2,400	3,200	3,100
愛知県	1,100	1,300	2,200	2,100	2,200	3,100	4,580	4,300
三重県								200
京都府	1,000	1,200	1,200	900	1,300	1,650	1,800	2,000
大阪府	5,200	5,300	5,400	5,800	4,800	6,000	6,550	7,700
兵庫県	2,700	3,600	3,000	2,700	3,300	3,350	3,900	2,600
奈良県							100	200
島根県				100	100	100	200	200
岡山県					100	300	300	500
広島県	600	960	1,000	1,200	1,450	1,300	1,460	1,500
徳島県						100	200	350
福岡県	500	1,100	1,300	1,450	1,600	1,700	2,100	2,200
熊本県		100	300	600	600	600	500	500
大分県				100	200	200	300	300
鹿児島県			400	550	450	450	700	700
札幌市	1,100	920	1,120	1,120	1,010	1,250	1,200	1,300
仙台市	260	460	460	460	400	400	610	510
さいたま市	100	100	100	100	100	100	100	100
千葉市	200	500	500	400	700	650	700	600
川崎市	700	950	1,150	1,200	1,050	1,100	1,200	1,000
横浜市	2,200	2,650	3,350	2,750	2,350	2,450	2,350	1,950
相模原市								100
新潟市					100	200	200	200
静岡市			100	100	150	150	150	250
浜松市					100	100	100	100
名古屋市	1,260	1,350	1,600	1,600	1,350	1,430	1,580	1,240
京都市	700	1,000	1,300	1,250	1,200	1,400	1,400	1,300
大阪市	2,000	2,500	3,100	2,500	2,840	3,230	2,800	2,940
堺市				100	100	100	100	200
神戸市	1,200	1,200	1,200	1,200	1,500	1,050	1,100	1,250

岡山市							100	100
広島市	400	5,500	500	550	700	800	730	850
北九州市	400	500	600	750	800	800	920	850
福岡市	950	1,050	1,320	1,350	1,100	1,500	1,450	1,400
合　計	43,530	53,320	58,450	55,090	54,130	60,810	71,120	72,380

(注)　共同発行債分を含む。
出所：地方債協会資料より作成

図表2－27　共同発行市場公募地方債発行団体の推移　　　　　　　（単位：億円）

年度	新規参加団体	脱退団体	団体数	発行額
2003	北海道、宮城県、茨城県、埼玉県、千葉県、神奈川県、新潟県、長野県、静岡県、愛知県、京都府、大阪府、兵庫県、広島県、福岡県、札幌市、仙台市、千葉市、川崎市、横浜市、名古屋市、京都市、大阪市、神戸市、広島市、北九州市、福岡市		27	8,470
04			27	12,430
05			27	13,080
06	熊本県、鹿児島県		29	13,240
07	大分県、静岡市	福岡県、横浜市、名古屋市	28	12,140
08	岐阜県、新潟市		30	12,300
09	福島県、岡山県、徳島県		33	13,900
10	三重県、奈良県		35	16,200

出所：総務省資料

c　**市場公募地方債の年限・償還方法**

　市場公募地方債の発行年限は、かつては一律10年債とされていたが、2000年度に5年債の発行が、2003年度に20年債および30年債の発行がそれぞれ開始となり、近年ではさらに15年、7年、3年、2年の公募債が発行されるなど年限の多様化がいっそう進んでいる。ただし、発行規模でみるとなお10年債が中心であり、次いで5年債が多く、その次に20年債が続いている。

図表2-28　年限別市場公募地方債発行額　　　　　　　　　　　　　　（単位：億円）

	2003	04	05	06	07	08	09	10（計）(注)
10年個別	23,710	26,770	29,100	26,500	24,400	26,550	32,100	31,250
共同債	8,470	12,430	13,080	13,240	12,140	12,300	13,900	16,200
10年小計	32,180	39,200	42,180	39,740	36,540	38,850	46,000	47,450
5年	10,450	12,320	13,020	10,550	10,650	11,580	14,080	14,920
7年	0	0	0	400	200	0	0	500
3年	0	0	0	0	0	750	800	700
2年							280	200
2、3、5、7年小計	10,450	12,320	13,020	10,950	10,850	12,330	15,160	16,320
超長期小計	900	1,800	3,250	4,400	6,740	9,630	9,960	8,610
合　　計	43,530	53,320	58,450	55,090	54,130	60,810	71,120	72,380

出所：地方債協会資料より作成

　なお、地方債は、建設地方債であれば取得した施設の耐用年数以内で償還期間を設定するものとされており、建設地方債以外の地方債も含めて通常は20～30年の償還期間が設定されているが、これと実際の資金調達手段として発行される地方債の年限とは必ずしも一致しておらず、償還期間30年の地方債を10年債で調達し、これを償還のつど2度借り換える（あるいは償還期間20年の地方債を10年債で調達し、1度借り換える）といった手法がとられるのが一般的である。

　市場公募地方債の償還方法は、投資家にとっての商品性確保の観点から、すべて満期一括償還となっているが、後年度の公債費は本来、各年度において平準的に負担すべきであることから、発行団体は、定時償還の実施にかえて、毎年度一定額を減債基金に積み立てるものとされている。

d　市場公募地方債の発行条件

　2001年度まで、市場公募地方債（10年債、5年債）の発行条件はすべて、地方債の代表銘柄である東京都債の当月の発行条件と横並びに設定される（当月分の全銘柄が同時かつ同一の条件決定）ことが慣行となっていた。これに対しては、流通市場では流通量や発行団体の財政状況等によって銘柄間で利回り（価格）に一定程度の較差がみられていたことから、発行条件にもこれに応じた差異が設けられるべきとの意見も少なくなかった。こうした意見等をふまえ、2002年度以降、段階的に発行条件決定プロセスの個別化が進ん

だ。

まず、2002、2003年度には、銘柄を東京都債とそれ以外の銘柄群との2つのテーブルに区分し、それぞれにおいて引受シンジケート団（引受シ団）との間で発行条件を協議・決定する方式が採用され（2テーブル方式）、次いで2004年度には、東京都と横浜市以外の団体は同一の発行条件とすることを前提に引受シ団との間で発行条件を交渉して決定し（統一条件交渉）、東京都と横浜市はこれらと別の日程でそれぞれ独自に発行条件を決定する方式へと改められた。

さらに、2006年度には、年度初に神奈川県と名古屋市が個別条件決定へと移行、そして9月には統一条件交渉自体が廃止され、以降、すべての団体が個別に発行条件を決定する方式となっている。

e　市場公募地方債の発行の方式

公募債の発行においては、引受会社（契約上の呼称は「引受並びに募集取扱会社」）と一般に呼ばれる仲介業者が介在する。

引受会社は、自らの分担分に関して投資家に対する販売（募集の取扱い）と残余についての取得（引受け）を約し、これに対応する資金の払込責任を負うことで、発行体の資金調達を確実にする役割を担う。この、募集の取扱いと引受けは、いずれも金商法で定義される有価証券関連業として、一般に銀行が業として行うことは禁止されているが、国債、地方債、政府保証債をはじめとする一定範囲の有価証券については、その例外として銀行が行うことが認められている（金商法33条）。

市場公募地方債の発行の方式は、引受会社の選定や関与の態様等により、以下の3つの種類に大別される（これらの種類の組合せによる発行もみられる）。

(a)　シンジケート団引受方式

銀行（信用金庫等も含む）と証券会社から構成される引受シンジケート団（引受シ団）があらかじめ組成され、引受シ団が共同して引受け・販売を行う方式である。発行条件は発行団体と引受シ団メンバーとの協議・交渉により決定される。

属性を異にする数多くの引受メンバーが引き受けることから、調達の安定

性や幅広い投資家層へのアクセスの点で優れており、また、発行条件の協議における多面的な意見の収集や相互牽制等の点でも発行団体にとっての利点が少なくないことから、市場公募地方債の主要年限である10年債、5年債の大多数の銘柄において採用されている。

(b) 主幹事方式

発行団体に選定された引受主幹事会社が実施する投資家の需要の積上げ結果に基づいて発行条件が決定（国債利回りに対する上乗せ幅を基準とするため、スプレッド・プライシングと呼ぶ）され、主幹事会社が発行額のすべてまたはほとんどの販売を担う方式である。

主幹事には通常、証券会社が就任する。発行団体は起債に先立って候補会社から想定発行条件や販売戦略等の提案を受け、その内容に基づいて1～4社程度の主幹事を選定する（2、3社の場合が多い）。引受け・販売は主幹事のみで行う場合と、主幹事以外の会社も招聘してシ団が組成される場合とがある。

主幹事方式は事業債では一般的な発行方式であるが、投資家需要の積上げを発行条件決定の基礎とすること等から、希少性や個別性の高い銘柄との親和性が高い。地方債では主として超長期債の発行で採用されている。

(c) 入札方式

銀行および証券会社を参加者としてそれぞれに希望する発行条件を入札させ、その入札結果に基づいて引受会社および引受額ならびに発行条件を決定する方式である。

国債の場合は、各落札者がそれぞれ自ら応札した条件で取得するコンベンショナル方式が中心であるが、地方債の場合はすべて、落札者が一律に最高落札利回りで取得する、利回り競争ダッチ方式（イールド・ダッチ方式）が採用されている。

入札による発行条件の決定は、参加者の落札意欲が高い場合、発行団体にとって低コストでの調達となる可能性があるが、イールド・ダッチ方式の特性も相まって、実勢価格から大きく乖離した、投資家にとって購入しがたい発行条件となることも少なくない。

半面、入札方式は、発行団体にとって、消化環境が悪化した局面では想定

外に高い調達コストとなるリスクも内包している。

f　市場公募地方債の発行手続

発行団体は、発行条件決定日付で募集の受託会社（受託銀行）と募集委託契約を、引受会社の幹事と引受けならびに募集取扱契約を締結する。

また、引受会社相互間では、各員の引受分担等を定めた引受団契約を締結する。

引受会社は募集期間の満了後、自らの分担分に係る地方債証券申込証を受託銀行宛て提出し、払込期日には受託銀行に対し払込金を交付する。受託銀行はこれらの受入れおよび確認を行い、発行団体に交付する。

債券発行による地方債はすべて、社債、株式等の振替に関する法律の規定の適用を受ける振替地方債として発行されており、受託銀行が振替機関である㈱証券保管振替機構との間の発行代理人業務および支払代理人業務を担う。

B　住民参加型市場公募地方債

地域の住民に取得してもらうことを目的に公募形式で発行されるのが住民参加型市場公募地方債である。住民の購入意欲を喚起するため、銘柄名称には「県民債」「市民債」といった名称のほか、地域にちなんだ愛称がつけられることが多い。

発行年限は3年、5年が多く、1回号あたりの発行額は、市で数億円、県・政令市では財政規模等に応じ数十億～100億円程度が一般的である。引受け・販売は発行団体の指定金融機関である銀行が中心となって行うが、発行額が一定規模以上の場合には証券会社が加わる事例も少なくない。

図表 2 - 29　住民参加型市場公募地方債発行額

（単位：億円）

	2004年度	05年度	06年度	07年度	08年度	09年度
都道府県・政令市	3,057	3,128	3,155	2,796	2,388	2,254
市町村・特別区	219,280	316,188	357,680	328,810	261,464	233,633

出所：地方債協会資料より作成

図表2-30 銀行等引受地方債発行額　　　　　　　　　　（単位：億円）

	2004年度	05年度	06年度	07年度	08年度	09年度
都道府県・政令市	704,335	578,805	592,210	1,115,323	1,024,298	880,907
（証券）	(317,955)	(223,391)	(113,310)	(144,231)	(117,686)	(166,110)
（証書）	(386,380)	(355,414)	(478,900)	(971,091)	(906,612)	(714,797)
市町村・特別区	1,478,345	1,611,282	1,839,434	2,511,641	2,772,184	2,193,719
（証券）	(21,139)	(47,460)	(24,989)	(20,261)	(13,947)	(17,606)
（証書）	(1,457,206)	(1,563,822)	(1,814,444)	(2,491,380)	(2,758,237)	(2,176,113)

出所：地方債協会資料より作成

C　銀行等引受債

　非公募形式で資金を調達する地方債のことを銀行等引受債と呼ぶ。指定金融機関を中心とする取引金融機関から相対取引で資金を調達する形態が主流であることから、発行団体と資金の出し手との間の取引関係の存在に着目して「縁故債」または「銀行縁故債」と呼ばれることもあるが、近年では調達先を地元金融機関に限定していない例も少なくない。

　銀行等引受債には債券発行（証券形式という）と証書借入れ（証書形式という）の2種類があり、いずれによるかは資金の出し手となる引受先の意向によって決まる場合が多い。なお、ここでいう「引受け」は有価証券関連業としての引受けではなく、債券または債権の取得という意味で使用される用語である。

　年限は、公募債と同様、10年が中心であるが、発行団体のニーズに応じて中期債から超長期債までさまざまな年限が発行されている。また、市場公募債が満期一括償還に限定されているのに対し、銀行等引受債ではむしろ定時償還付きのものが中心である。

　証券形式の銀行等引受債の発行にあたっては、発行団体と引受先との間で「総額引受契約」が締結される。この場合、地方債証券申込証の利用は不要である。

(3) 地方公共団体金融機構債券・地方公社債券

地方債ではないものの、地方公共団体と関係の深い発行体が発行する債券として、地方公共団体金融機構債券と地方公社債券がある。

A 地方公共団体金融機構債券

地方公共団体金融機構が、地方公共団体に対する貸付資金を調達するため、地方公共団体金融機構法の規定に基づいて発行する債券であり、政府保証債、政府保証のない公募債および地方公務員共済組合連合会が取得する縁故債がある。

政府保証債は旧公営企業金融公庫の勘定分に限定して発行され、その発行の方法等は本章第2節3「政府関係機関債」の項で説明する。非保証の公募債は、政府関係機関債の項で説明する財投機関債と同様の方法により発行される。

また、機構債券に関する法規は、債券発行に係る認可手続が存在しない点を除いて、政府関係機関債に関する法規と同様な枠組みとなっている。

B 地方公社債券

地方公社には道路公社、土地開発公社、住宅供給公社の3種類があるが（地方三公社）、それぞれの法律（地方道路公社法、公有地の拡大の推進に関する法律、地方住宅供給公社法）に債券発行規定が置かれており、これに基づいて一部の公社が債券発行により事業資金を調達している。このうち道路公社および土地開発公社については、地方公共団体が債務保証をすることが法律上認められているため、これら公社の債券は地方公共団体の保証付きで発行されている。

債券発行の形式としては、取引金融機関が取得する非公募形式（縁故債）と公募形式の両方がある。公募形式の債券では、地方債と異なり銀行による引受けや募集の取扱いが認められないため、地方公共団体金融機構の非保証公募債と同じく、後でみる財投機関債と同様の方法により発行されている。

③ 政府関係機関債

　独立行政法人や政府が株式を保有する特殊会社などの政府関係機関が発行する債券は、元利金の支払を政府が保証する政府保証債と、政府保証のない非政府保証債とに大別され、後者は「財投機関債」と呼ばれる公募債がその中心である。

(1) 政府関係機関債の種類

A 政府保証債

　政府関係機関が事業の遂行に必要な資金を調達するため公募発行する債券に、政府が元利金支払の保証を付したものが政府保証債である。政府保証債には、国内市場で発行されるもののほか、外国市場で発行される政府保証外債がある。

　政府保証債の年限は、かつては10年債のみであったが、1998年以降、次第に年限の多様化が進展し、現在は2年債から30年債までさまざまな年限のものが発行されている。

　期間が5年以上の政府保証は、国債の一種である財投債により調達された資金等を原資とする財政融資や、政府保有株式に係る配当金等を原資とする

図表2－31　政府保証債（国内債）の発行額　　　　　　　　　　　　　　（単位：億円）

年度	40年債	30年債	20年債	15年債	10年債	中期債	7年債	6年債	5年債	4年債	3年債	2年債	短期債	計
2005	－	－	－	2,599	29,222	38,200	9,300	400	－	18,500	2,000	8,000	－	70,021
06	－	300	500	3,100	29,414	9,700	2,600	300	－	3,800	－	3,000	－	43,014
07	－	500	1,200	2,150	31,733	7,400	2,300	300	－	2,800	－	2,000	－	42,983
08	－	800	2,000	900	31,417	12,400	－	400	－	7,000	－	5,000	1,000	48,517
09	300	900	3,000	－	25,371	17,100	－	2,300	－	4,950	2,850	7,000	3,400	50,071
10	－	900	2,400	－	18,773	19,900	－	2,200	2,000	6,100	－	9,600	－	41,973
11 (予定)	－	900	2,900	－	19,596	－	－	4,250	1,500	6,800	－	3,000	2,000	48,846

出所：財務省資料より作成

図表2－32 政府保証債発行予定額（機関別・年限別）

〈2011年度補正後〉　　　　　　　　　　　　　　　　　　　　　　　　（単位：億円）

機関名	30年	20年	10年	6年	5年	4年	2年	小計	短期債(注1)	外債	合計
㈱日本政策金融公庫			500	1,350		2,600	1,000	5,450	2,000	6,400	13,850
預金保険機構						2,000		2,000			2,000
銀行等保有株式取得機構							2,000	2,000			2,000
㈱都市再生機構						1,000		1,000			1,000
㈱日本高速道路保有・債務返済機構	900	2,700	12,100		1,500	1,200		18,400			18,400
関西国際空港㈱			490					490			490
㈱日本政策投資銀行		200	1,000	800				2,000		1,500	3,500
㈶民間都市開発推進機構			300					300			300
中部国際空港㈱			106	100				206			206
地方公共団体金融機構			5,100	2,000				7,100			7,100
合計	900	2,900	19,596	4,250	1,500	6,800	3,000	38,946	2,000	7,900	48,846

（注1） 短期債については残高ベースでの限度額。
（注2） 本予定額については年度途中で変更がありうる。

産業投資と並び、財政投融資制度における資金供給手段であり、毎年の財政投融資計画に計上される。

B 財投機関債

政府関係機関のうち、財政投融資（財政融資、産業投資、政府保証）を活用している機関を「財投機関」と呼ぶ。財投機関債とは、財投機関が公募形式で発行する債券のうち、政府が保証を付していないものをいう。

財投機関債は、2001年度の財政投融資改革において導入されたものである。政府保証のない債券の発行によって、発行機関の財務状況や経営成績が

図表2−33　財投機関債の発行予定および実績　　　　　　　　　（単位：億円）

機関名	金額			
	2009年度		10年度	11年度
	予定	実績	予定	予定
㈱日本政策金融公庫	2,000	1,860	5,000	4,950
沖縄振興開発金融公庫	200	200	220	200
㈳国際協力機構	500	500	800	800
㈳住宅金融支援機構	51,692	19,220	34,550	28,237
うち普通社債	5,041	2,260	7,510	4,592
資産担保証券	46,651	16,960	27,040	23,645
㈳都市再生機構	800	700	1,000(100)	900
㈳水資源機構	90	70	85(20)	85
㈳鉄道建設・運輸施設整備支援機構	1,030(10)	1,200	1,000(30)	1,370
㈳福祉医療機構	740	440	920	1,150
㈳国立病院機構	50	−	50	50
日本私立学校振興・共済事業団	80	80	80	50
㈳国立大学財務・経営センター	50	50	50	50
㈳日本学生支援機構	1,170	1,170	1,600	1,700
㈳森林総合研究所	39	39	−	−
㈳日本高速道路保有・債務返済機構	4,700(330)	5,778	6,700	4,600
東日本高速道路㈱	600	600	財投対象外	
首都高速道路㈱	400	550	財投対象外	
中日本高速道路㈱	1,500	1,500	財投対象外	
西日本高速道路㈱	600	800	財投対象外	
阪神高速道路㈱	250	250	財投対象外	
関西国際空港㈱	426(38)	437	683(27)	−
中部国際空港㈱	26(53)	115	29	78
㈱日本政策投資銀行	2,400	1,584	3,000	3,500
合計	69,343	37,142	55,767	47,720
うち普通社債	22,692	20,182	28,727	24,075
資産担保証券	46,651	16,960	27,040	23,645

(注1)　各年度の予定額は、財政投融資当初計画策定時の金額である。
(注2)　金額は額面ベースであり、金額欄のカッコ書は、前年度繰越分で外書である。
(注3)　㈳住宅金融支援機構の2009年度の予定金額は、経済危機対策に伴う事業量の拡大のための、15,836億円の追加発行予定額を含む。
出所：財務省資料より作成

市場から評価されることになるため、財投機関のディスクロージャーの促進や事業運営の効率化を促す効果をもたらすものとして位置づけられている。

財政投融資の対象機関や事業の範囲は年度により変わりうるため、財投機関の顔触れや数は固定的なものではない。そのため、厳密には債券発行により調達された資金が当年度の財投対象事業に充当される場合のみ財投機関債に該当することになるが、実務上はかつて財投機関であった発行体が発行する非保証公募債券も含めて財投機関債と呼ぶことも少なくない。

C　非公募形式の非保証債

政府の保証が付されていない非公募の債券として、かつては政府が総額を取得する債券（政府総額引受債と呼ばれ、一部に政府保証付きのものも存在した）や、発行機関の取引金融機関等が取得する債券（縁故債）が数多く発行されていたが、財政投融資改革とそれに伴う財投機関債の導入により、現在ではほとんどみられなくなっている。

これらのほかの非保証の非公募債券としては、住宅金融支援機構等が発行する財形住宅債券や住宅宅地債券がある。

(2)　政府関係機関債に関する法規

A　発行根拠規定

政府関係機関債の発行の根拠は、発行機関が会社の場合には会社法の社債に関する規定、会社以外の独立行政法人等であれば当該発行機関の事業等に関する個別の法律（(例) 独立行政法人都市再生機構法など）に置かれた「債券を発行することができる」との規定である。

後者の場合、当該法律は、発行事務の委託を受けた会社（受託銀行）について会社法の社債管理者に関する規定（会社法705条、709条）を準用し、債券の発行手続等については政令に委ねている。政令では、地方債と同様、旧商法の社債に関する規定に準じて、債券申込証の作成・使用の義務や募集完了後に遅滞なく払込みをさせる義務などを定めている場合が多いが、機関の設立時期によっては会社法の社債関連規定に準じた定めを置いている例もあ

る。

　個別法に基づいて発行される債券は、金商法上、「特別の法律により法人の発行する債券」（金商法2条1項3号）として、開示制度（ディスクロージャー）の適用除外証券とされている（同法3条）が、財投機関債については、その導入の趣旨等にかんがみ、実務上、社債の開示書類と同様の資料が作成され、配布されている。

B　発行認可

　政府関係機関が債券を発行するにあたっては、そのつど、主務大臣の認可を要することとされている。

C　一般担保

　政府関係機関の発行する債券には、一部の機関を除き、当該機関のすべての財産を対象とする一般担保（ゼネラル・モーゲージ）が付されており、債券保有者は他の債権者に優先して弁済を受ける権利を有するものとされている。一般担保権は法定の先取特権であり、それぞれの発行機関の事業等に関する法律に根拠規定が置かれている。

D　政府保証

　政府は、「法人に対する政府の財政援助の制限に関する法律」により、債務保証を行うことが原則として禁止されている。したがって、政府関係機関が発行する債券の元本の償還および利息の支払に政府保証をつけるためには、別に法的措置が必要であり、一般担保権同様、各発行機関の事業等に関する法律に政府保証の根拠規定が置かれている。

　政府は、毎年度、一般会計予算の予算総則に各機関別の保証限度額を定め、国会の議決を得る。なお、この限度額については、予見しがたい経済事情の変動に対処するため、必要な場合は当初の限度額の50％に相当する金額まで増額できる旨（弾力条項）が予算総則に掲げられている。

　政府保証がついた債券は、社債であっても開示制度の適用除外証券となる（金商法3条）。また、銀行も有価証券関連業である募集の取扱い（販売）や

引受けを行うことが認められている（同法33条）。

（3） 政府関係機関債の発行方法

A 政府保証債（10年）の発行方法

a 発行の方式

政府保証10年債は、政府保証債の中心の年限であり発行量が大きいことから、安定的な消化を果たすために引受シンジケート団（引受シ団）が組成され、引受シ団が共同して引受け・販売を行う方式がとられている。

b 引受シ団の特色と運営

政府保証10年債の引受シ団には、都市銀行（旧長期信用銀行を含む）、地方銀行、信託銀行、第二地方銀行、信用金庫、農林中央金庫らの金融機関および証券会社が幅広く参加しており、その構成員は400社を超えている（いわゆる「ナショナル・シ団」）。

引受シ団は、銘柄ごとに引受関連契約書上に明記されるメンバーが決められており、各業態の引受シェアもそれぞれの銘柄の特色をある程度反映させたものになっている。

しかしながら、もともと政府保証債の引受シ団は、財政投融資計画における民間資金導入のための枠組みとして、重要かつ公的な使命を有するものとして、すべての業態において発行機関との親疎の関係を離れて調達に協力すべきものとして位置づけられてきた歴史的な経緯をもっている。このような引受シ団の固有の使命にかんがみ、政府保証債のシ団については、全体としての円滑な発行・消化を確保するために全銘柄を一体とした運営が行われており、毎月の引受玉の配分や発行条件の決定にあたっては、複数銘柄について一体的に調整および折衝が行われている。

c 引受シェア

引受シ団における引受シェアは、まず金融団と証券団とで均分され、金融団内の業態別シェアおよび証券団を含む各業態内でのシェアについては、資金量や純資産額等の指標に基づき算定されている。

引受シ団は、発行機関との間で引受けならびに募集取扱契約を締結し、さ

らにシ団内の取決めとして引受団契約および引受団協定を結んでいるが、ここに名を連ねるのはそれぞれの業態の代表メンバーとの位置づけであり、シ団の個々の構成員ごとの引受分担額については、各業態のなかでさらに内部シェアと所定の調整ルールに基づいて決定されている。

d　政策協力消化

　政府保証10年債の消化における特徴として、政策協力機関による政策協力消化の存在があげられる。政策協力消化は、高度成長期の資金不足による政府保証債の消化難への対策として、引受シ団による消化の別枠として、共済年金、厚生年金、国民年金、生損保等の資金により政府保証債を消化させる枠組みとして生まれたものである。近年はその範囲が段階的に縮小され、現在では中小企業基盤整備機構、日本私立学校振興・共済事業団、勤労者退職金共済機構が政策協力機関として残っている。

e　発行の手続

　各月の発行に際しては、発行条件の決定に先立って、引受分担額の配分が行われる。まず、引受シ団の代表（取りまとめ役）において、政策協力消化先への配分を行い、その後、配分後のシ団引受額について業態ごとの引受分担額を算出、調整を行う。これを受けて各業態の取りまとめ役が業態内各社の分担額を決定する。これらの一連の調整・連絡は、その月に発行される政府保証10年債の全銘柄について一体的に行われる。

　発行条件は、毎月の10年国債の入札実施日に、発行機関と引受シ団との間の協議・交渉により内定し、翌日に正式決定される。協議・交渉は、各発行機関および保証人の立場である財務省理財局の意向や意見等もふまえつつ、当月発行の全銘柄について横断的、一体的に実施される。

　その後の手続の流れは市場公募地方債のものとおおむね同様であるが、政府保証10年債は引受シ団が業態ごとの階層構造となっており、契約書上の引受会社と債券の取得先および資金の払込主体とが必ずしも一致せず、決済の方法も業態ごとに大きく異なるため、発行に係る事務は地方債やその他の政府機関債等と比較して相当に複雑なものとなっている。

B 政府保証債（10年債以外）の発行方法

10年債以外の政府保証債については、原則として利回り競争ダッチ方式（イールド・ダッチ方式）により引受先および発行条件が決定される（注）。

入札参加者は証券会社が中心であるが、銀行が入札に参加している銘柄も一部にある。

(注) 2008年度に地方公営企業等金融機構（現在の地方公共団体金融機構）が政府保証4年債を3,000億円発行した際には、発行量の大きさ等にかんがみて引受シ団による引受けの方式が採用された。

C 財投機関債の発行方法

財投機関債には政府保証が付されていないことから、銀行が引受けや募集の取扱いを行うことは認められておらず、すべて証券会社が引受けおよび募集の取扱いを行っている。

発行の方式は、一部にイールド・ダッチ方式の入札が行われる銘柄もあるが、ほとんどの銘柄では一般事業会社の発行する社債（あるいは、いわゆる主幹事方式の地方債）と同様、発行体により選定された主幹事証券会社が中心となって、投資家需要の積上げによるスプレッド・プライシングを行う方式がとられている。

第3節

公共債の窓口販売、流通関連業務

❶ 公共債の窓口販売

(1) 窓口販売業務の概要

　銀行等金融機関における窓口販売の対象となる債券には、中期国債、長期国債、超長期国債、個人向け国債、政府保証債、公募地方債などがある。窓口での販売方法には募集期間中の販売と募集期間終了後の販売がある。

a　募集期間中の販売

　募集期間中の販売とは、公共債窓口販売業務の基本となるものであり、新たに発行される債券を定められた募集期間中に広く多くの投資家に対し、均一の条件で投資を勧誘し、当該債券を取得させることである。

b　募集期間終了後の販売

　募集期間終了後の販売とは、募残販売や既発債券販売と呼ばれ、募集期間中に売れ残った債券、顧客から買い取った債券、市場から調達した債券等を再度販売することである。

　募集期間終了後の販売においては、資金・債券の授受を行う受渡日が利払応答日となるケースを除き、経過利息が発生する。経過利息とは、売買取引の受渡日が属する利息計算期間の利息収入を、買い手・売り手の間で保有していた日数に応じて按分するためのものである。受渡日の属する利息計算期間の利息は、利払日に全額を買い手が受け取ることとなるので、買い手は売り手に対し売り手が保有していた日数分の利息相当額を約定代金に上乗せし

て受渡日に支払うこととなる。なお、窓口販売の場合、買い手が非課税法人等でない限り、売り手たる金融機関に支払う経過利息は、源泉徴収課税扱いで計算することが慣習となっており、その場合の計算式は下記のとおりである。

［計算式］

$$約定代金 = \frac{買取単価}{100円} \times 額面金額$$

$$経過利息 = \frac{利率（\%）\times 0.8 \times \frac{(買取受渡日 - 前回利払日)}{365}}{100円} \times 額面金額$$

（注）経過利息が課税扱い（所得税、住民税計20%）の場合。

窓口販売業務の延長としては、このほか顧客からの買取りがある。金融機関が窓口販売した債券を償還日までの期間中に顧客から買い取ることをいい、市場実勢をもとに算出された価格で取引している。

(2) 国債の募集販売

A 中期国債、長期国債

金融機関においてはおもに2年利付国債、5年利付国債、10年利付国債を販売している。販売価格を各金融機関が独自に設定することも可能だが、2007年10月に導入された新型窓口販売方式での販売が主となっている。新型窓口販売方式では、参加金融機関が募集期間中、財務省の設定した均一の販売条件で販売を行うため、個人投資家にとって購入しやすい環境になっている。小口投資家への販売という趣旨にかんがみ、購入限度額は1申込みあたり1億円となっているが、購入対象者は個人投資家に限られていない。金融機関が募集残額を引き受ける義務がないため、多くの金融機関で国債が販売されるようになった。

国債は、発行日から初回の利払日までの期間が、ちょうど半年にならない場合でも利払日には半年分の利子が支払われるため、購入時に半年に満たない分の日割り計算された利子相当額を約定代金に加え、払い込む必要があ

る。

B　個人向け国債

　国債のより円滑な消化を目的として個人投資家向けに2003年に導入された。導入当初は変動金利の10年物のみの取扱いであったが、現在では固定金利の3年物と5年物が追加されている（図表2－34）。

図表2－34　個人向け国債の商品性

	変動金利・10年満期	固定金利・5年満期	固定金利・3年満期
購入対象者	個人顧客		
購入単位	額面1万円		
発行価格	額面100円につき100.00円		
発行頻度	毎年度4回／4、7、10、1月の15日が基本		毎月15日が基本 （年12回）
利払日	半年ごとに年2回		
利率	半年ごとに見直される変動金利、0.01％刻みで設定	当初の利率が満期まで変動しない固定金利、0.01％刻みで設定	当初の利率が満期まで変動しない固定金利、0.01％刻みで設定
金利水準	10年固定利付国債の入札時の金利×0.66 （利率の下限は年0.05％） （注1）	募集期間開始日の2営業日前（10年固定利付国債入札日）における期間5年の固定利付国債の想定利回り－0.05％ （利率の下限は年0.05％）	募集期間開始日の2営業日前における期間3年の固定利付国債の想定利回り－0.03％ （利率の下限は年0.05％）
中途換金調整額	発行後1年間は原則換金不可。1年経過後は、投資家の希望に応じ政府（財務省）が額面金額で買い取る。その際、中途換金調整額として直前2回分の利子（税引前）相当額×0.8を政府（財務省）に支払う。	発行後2年間は原則換金不可。2年経過後は、投資家の希望に応じ政府（財務省）が額面金額で買い取る。その際、中途換金調整額として4回分の利子（税引前）相当額×0.8を政府（財務省）に支払う。（注2）	発行後1年間は原則換金不可。1年経過後は、投資家の希望に応じ政府（財務省）が額面金額で買い取る。その際、中途換金調整額として2回分の利子（税引前）相当額×0.8を政府（財務省）に支払う。

（注1）　2011年7月より前に発行された銘柄については基準金利－0.80％
　　　（基準金利は、利子計算期間開始時の前月に行われた10年固定利付国債の入札における平均落札利回り）。
（注2）　2012年4月以降は、発行から1年経過後に換金可能となり、中途換金調整額も2回分の利子（税引前）相当額×0.8となる予定。

前述の新型窓口販売方式の国債と同じく、個人向け国債は発行日から初回の利払日までの期間が、ちょうど半年にならない場合、購入時に半年に満たない分の日割り計算された利子相当額（初回利子調整額）をあらかじめ払い込む必要がある。また、財務省の設定した均一の販売条件で販売を行う点も同じである。

　あらかじめ定められた期間を経過すれば償還日までの期間中（利払前の振替停止期間を除く）に中途換金することができる（口座名義人の死亡時における相続人、災害救助法の適用対象となった自然災害の被災者は、この限りではない）。中途換金調整額と呼ばれるコストが生じるものの、中途換金の際の価格は常に額面金額である（図表2－35）。

図表2－35　個人向け国債の中途換金調整額

［変動・10年の中途換金調整額］
ⓐ　中途換金時の受渡日が3回目の利子支払日以降の場合
　　　直近2回の各利子（税引前）相当額×0.8
ⓑ　中途換金時の受渡日が2回目の利子支払日以降、3回目の利子支払日前の日の場合
　　　直近2回の各利子（税引前）相当額×0.8－初回利子調整額（税引前）相当額
ⓒ　中途換金時の受渡日が1回目の利子支払日以降、2回目の利子支払日前の日の場合
　　　初期利子（税引前）相当額×0.8＋経過利息相当額－初回利子調整額（税引前）相当額
ⓓ　中途換金時の受渡日が1回目の利子支払日前の日の場合
　　　経過利息相当額－初回利子調整額（税引前）相当額

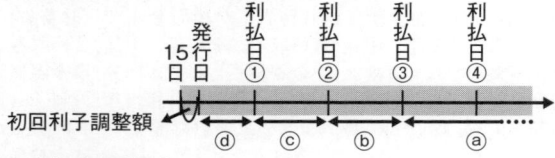

［固定・5年の中途換金調整額］
（注）　2012年4月より、固定・3年と同じ計算式となる予定。
ⓐ　中途換金時の受渡日が5回目の利子支払日以降の場合
　　　4回分の各利子（税引前）相当額×0.8
ⓑ　中途換金時の受渡日が4回目の利子支払日以降、5回目の利子支払日前の日

の場合

  4回分の各利子（税引前）相当額×0.8−初回利子調整額（税引前）相当額
 ⓒ 中途換金時の受渡日が3回目の利子支払日以降、4回目の利子支払日前の日の場合

  3回分の各利子（税引前）相当額×0.8＋経過利息相当額−初回利子調整額（税引前）相当額
 ⓓ 中途換金時の受渡日が2回目の利子支払日以降、3回目の利子支払日前の日の場合

  2回分の各利子（税引前）相当額×0.8＋経過利息相当額−初回利子調整額（税引前）相当額
 ⓔ 中途換金時の受渡日が1回目の利子支払日以降、2回目の利子支払日前の日の場合

  1回分の利子（税引前）相当額×0.8＋経過利息相当額−初回利子調整額（税引前）相当額
 ⓕ 中途換金時の受渡日が1回目の利子支払日前の日の場合

  経過利息相当額−初回利子調整額（税引前）相当額

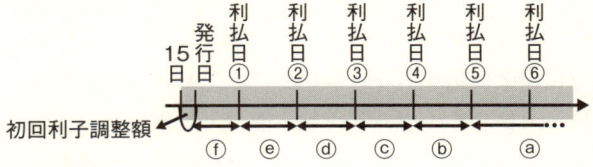

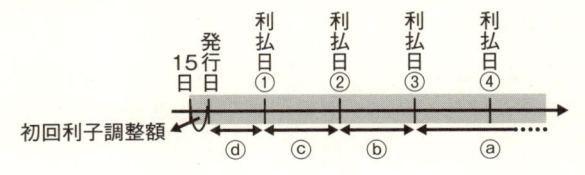

[固定・3年の中途換金調整額]
 ⓐ 中途換金時の受渡日が3回目の利子支払日以降の場合

  2回分の各利子（税引前）相当額×0.8
 ⓑ 中途換金時の受渡日が2回目の利子支払日以降、3回目の利子支払日前の日の場合

  2回分の各利子（税引前）相当額×0.8−初回利子調整額（税引前）相当額
 ⓒ 中途換金時の受渡日が1回目の利子支払日以降、2回目の利子支払日前の日の場合

  1回分の利子（税引前）相当額×0.8＋経過利息相当額−初回利子調整額（税引前）相当額
 ⓓ 中途換金時の受渡日が1回目の利子支払日前の日の場合

  経過利息相当額−初回利子調整額（税引前）相当額

C 公共債の利子に係る非課税制度

窓口販売により個人投資家が公共債を取得した場合、その利子に対し一律に源泉分離課税により課税される。しかし、身体障害者手帳等の交付を受けている者、遺族基礎年金・寡婦年金等を受けている者、児童扶養手当を受けている者等は、一定の預貯金等の利子等については、所定の手続を行うことで非課税の適用を受けることができる。

いわゆるマル優は、額面350万円を限度として、銀行などの預貯金、公社債投信、国債、地方債、社債等の利子について適用できる制度である。また、いわゆる特別マル優は、額面350万円を限度として、国債、地方債等の利子について適用できる制度である。

(3) 地方債の募集販売

募集において販売される地方債には、全国型市場公募地方債、住民参加型市場公募地方債の2種類がある。全国型市場公募地方債は機関投資家が買い付ける地方債と同様のものであり、数量や購入対象者等の制限はない。

一方、住民参加型市場公募地方債には、地域住民の行政参加意識を高める等の起債目的があるため、販売数量や販売地域等に制限を設けている銘柄が大半である。募集販売に際しては、銘柄ごとに募集期間が定められ、期間中に均一の発行条件での投資勧誘を行い、投資家に債券を取得させる。また、募集販売を行った地方債は、その償還日までの期間中（利払前の振替停止期間を除く）いつでも、市場実勢をもとに算出された価格で買取りを行うことができる。

A 募集販売を行う地方債の概要

a 全国型市場公募地方債

全国型市場公募地方債は広く投資家に購入を募る方法により発行される地方債で、2011年度現在発行団体は51団体にのぼっている（図表2-36）。また、複数の地方公共団体が共同で債券を発行する共同発行市場公募地方債もある。これらのおもな投資家は機関投資家である。

図表2－36　全国型市場公募地方債発行団体

北海道	宮城県	福島県	茨城県	栃木県
群馬県	埼玉県	千葉県	東京都	神奈川県
新潟県	福井県	山梨県	長野県	岐阜県
静岡県	愛知県	三重県	滋賀県	京都府
大阪府	兵庫県	奈良県	島根県	岡山県
広島県	徳島県	福岡県	長崎県	熊本県
大分県	鹿児島県	札幌市	仙台市	さいたま市
千葉市	横浜市	川崎市	相模原市	新潟市
静岡市	浜松市	名古屋市	京都市	大阪市
堺市	神戸市	岡山市	広島市	北九州市
福岡市				

(注)　2011年度現在。滋賀県と長崎県は予定。

b　**住民参加型市場公募地方債**

　住民参加型市場公募地方債は2002年に初めて発行された地方債で、おもな投資家は地域住民等の一般の投資家である。地方公共団体の資金調達という意味では他の地方債と違いはないが、ターゲットとしている投資家層が異なるため、地域にちなんだ愛称がつけられたり、購入対象者を地域住民や地域内の法人に限定するなどの特徴をもたせることがある。

B　地方債の募集販売

　地方債の募集販売は、あらかじめ定められた募集期間内に、均一の発行条件で行われる。募集期間は個々の銘柄によって異なるが、おおむね10～20日間程度である。発行条件は、同年限の国債の金利水準にいくらかのスプレッドを乗せて決定される。このスプレッドは、条件決定時の発行体に対する実勢スプレッドをもとに決められることが多い。また、募集販売における払込期日（受渡日）は一律で各債券の発行日となるため、販売に際して経過利息は発生しない。

(4) 窓口販売した公共債の買取り

　窓口販売した公共債の買取りの方法は相対取引であり、買取価格は各金融機関の提示したレートとなる。レートの算出に際し、各社を横断する統一された決まりはないものの、アクセスできる情報の少ない一般の投資家に対し、過度に不利なレートでの取引が行われないよう、相対取引における一定の値幅制限を金融機関ごとに設けることが、日本証券業協会から求められている。この値幅制限は、（各社が算出した時価－80銭）といったかたちや、｛各社が算出した時価－（時価×5％）｝といったかたちで定められるのが一般的である。買取りの際の買取単価は前述のとおりであるが、実際の受渡代金は買取単価・額面金額から計算した約定代金に経過利息を加えたものとなる。

［計算式］

$$約定代金 = \frac{買取単価}{100円} \times 額面金額$$

$$経過利息 = \frac{利率（\%）\times 0.8 \times \frac{（買取受渡日－前回利払日）}{365}}{100円} \times 額面金額$$

　（注）　経過利息が課税扱いの場合。

❷ 公共債流通関連業務

(1) 現物取引

A　利回り

　債券は、その投資価値を判断するために利回りという尺度が用いられる。利回りにはさまざまな概念が存在し、それぞれ異なった考え方に基づいている。以下では、現物取引を解説する前提として各種利回りの計算方法と特徴について簡単に述べておく。

a 最終利回り（単利）

既発債売買で最も一般的に使われる利回りで、償還まで保有した場合の収益性を示す。

$$最終利回り（\%） = \frac{クーポン＋（償還価格－購入価格）÷残存期間}{購入価格} \times 100$$

●例

第312回利付国債（クーポン1.2%、償還日　2020年12月20日）を下記条件で購入した場合の最終利回りを求める。

　　受渡日：2011年2月1日
　　購入単価：99.975円（小数点第3位まで表示）
　　残存期間＝2011/2/1～2020/12/20（片端計算）
　　　　　　＝3610/365（年）
　　　　　　＝9.89041096（年）

$$最終利回り = \frac{1.2＋（100－99.975）÷9.89041096}{99.975} \times 100$$

　　　　　　＝1.202（％）（小数点第4位以下切捨て）

〈ポイント〉

○利息の再運用益を考えない単利方式。
○償還差損益が残存期間中均等に発生すると仮定。
○簡便で指標としては有用。

実際の既発債売買においては、まずこの最終利回りで約定し、それに基づき売買単価が計算される。約定するときに確認すべき事項を整理すると以下のとおりである。

① 債券の銘柄・回号
② 約定日
③ 受渡日
④ 額面
⑤ 約定利回り
⑥ 資金決済方法

なお、この最終利回りの計算式を変形すると単価を算出する式となる。

$$単価（円）= \frac{償還価格 + クーポン \times 残存期間}{1 + (最終利回り \div 100) \times 残存期間}$$

●例

先ほどの第312回利付国債を同じ受渡日で利回り1.31％で購入した場合の単価を求める。

$$単価 = \frac{100 + 1.2 \times 9.89041096}{1 + (1.31 \div 100) \times 9.89041096}$$

$$= 99.03685 （円）$$

b　応募者利回り

新発債を償還まで保有した場合の収益性を示す。

$$応募者利回り（\%）= \frac{クーポン + (償還価格 - 発行価格) \div 期間}{発行価格} \times 100$$

c　所有期間利回り

債券の購入時から売却時までの収益性を示す。

$$所有期間利回り（\%）= \frac{クーポン + (売却価格 - 購入価格) \div 所有期間}{購入価格} \times 100$$

●例

第308回利付国債（クーポン1.3％、償還日　2020年6月20日）を下記条件で購入、売却した場合の所有期間利回りを求める。

〈購入〉受渡日：2011年6月2日

　　　　購入利回り：1.35％（単価99.596円）

〈売却〉受渡日：2011年10月15日

　　　　売却利回り：1.24％（単価100.471円）

所有期間 = 2011/6/2〜2020/10/15（片端計算）

　　　　 = 135（日間）

　　　　 = 0.3698630（年）

$$所有期間利回り = \frac{1.3 + (100.471 - 99.596) \div 0.3698630}{99.596} \times 100$$

$$= 3.681\%$$

d 直接利回り（直利）

購入価格に対するクーポン（利息）の収益性を示す。

$$\text{直接利回り（\%）} = \frac{\text{クーポン}}{\text{購入価格}} \times 100$$

〈ポイント〉

○1年間の利息収入の収益性に着目したもの。
○所有期間の長短は考慮外。

e 最終利回り（複利―米国式）

欧米で用いられる最終利回りの考え方。クーポンの再投資レートは、求めようとする利回りと同じと仮定。

P＝債券の購入価格

r＝最終利回り÷100（％）＝再投資レート

C＝クーポン収入（年2回利払を前提）

n＝残存期間（年）

$$P\left(1+\frac{r}{2}\right)^{2n} = \frac{C}{2}\left\{\frac{(1+r\div 2)^{2n}-1}{r\div 2}\right\} + 100$$

を満たすようなrが最終利回り。

〈ポイント〉

○利息の再運用収益を考慮。ただし、現実に再運用できる利回りとは異なる。
○計算が複雑。

f 実効利回り（複利）

現実的な再投資レートのもとで投資期間の収益性を示す。再投資レートをr′と仮定。

$$P\left(1+\frac{r}{2}\right)^{2n} = \frac{C}{2}\left\{\frac{(1+r'\div 2)^{2n}-1}{r'\div 2}\right\} + 100$$

$$r = \frac{\left\{\sqrt[2n]{C \times \frac{(1+r'\div 2)^{2n}-1}{r'} + 100}\right\}}{P} \times 2$$

〈ポイント〉
○考え方は、前記の最終利回り(複利)とほぼ同様であるが、再投資レートを任意に設定できる点がより現実的で有用。
○最終利回り(複利)は、実効利回り(複利)のうち再投資レート＝最終利回りとなる特殊な場合といえる。

g　平均償還年限利回り

定時償還制度のある債券において、途中償還を考慮したうえの収益性を示す。

(a)　平均償還年限

$$\text{平均償還年限(年)} = \text{残存期間} - \text{年あたり償還回数} \times \frac{1 \text{回あたり定時償還率}}{2 \times \text{残存率}}$$
$$\times (\text{残存期間} - \text{次回定時償還までの期間})$$
$$\times \left(\text{残存期間} - \text{次回定時償還までの期間} + \frac{1}{\text{年あたり償還回数}} \right)$$

●例

残存期間20年、据置期間3年、毎年2回、発行額の4％の償還が行われる債券の平均償還年限を求める。

$$\text{平均償還年限} = 20 - 2 \times \frac{4}{2 \times 100} \times (20 - 0.5) \times \left(20 - 0.5 + \frac{1}{2} \right)$$
$$= 4.4 \text{ (年)}$$

(b)　平均償還年限利回り

平均償還年限利回り (％)

$$= \frac{\text{クーポン} + (\text{償還価格} - \text{購入価格}) \div \text{平均償還年限}}{\text{購入価格}} \times 100$$

h　割引債の利回り

(a)　残存1年以内の割引債——単利方式

$$\text{最終利回り (％)} = \frac{\text{償還価格} - \text{購入価格}}{\text{購入価格}} \times \frac{365}{\text{残存日数}} \times 100$$

(b) **残存1年超の割引債——複利方式**

$$最終利回り = \left(\sqrt[残存期間]{\frac{償還価格}{購入価格}} - 1 \right) \times 100$$

B 投資家の運用ニーズとその対応

投資家は、安全性・収益性・流動性の確保という、往々にして相反することのある命題を抱えながらも、常に最適なポートフォリオ運営を目指している。

近年においては、未曾有の超低金利状態が継続しており、短期金融市場での運用利回りの確保に困難をきたしている。投資家の一部には四半期決算も意識した対応が必要となる。したがって、対投資家ディーリングにおいては、その投資家のニーズを的確に把握し、その時点での最適な運用方法を提示することによりポートフォリオ改善の手助けをすることが重要である。以下では、投資家のさまざまな運用ニーズを分析するとともに、それへの対応技法を説明する。

a 単純売買

投資家は、単純に資金調達あるいは資金運用のために債券を売買することがある。

資金運用する場合には、投資家は先行きの金利見通しに基づいて債券を購入しようとする。

具体例をみてみよう。今後金利が下降すると予測される場合、下記の債券Aと債券Bのどちらを購入したほうがより有利な運用となるだろうか。

	クーポン	残存期間	利回り（単価）	1年後の利回り（単価）
債券A	1.2%	3年	1.2%　（100円）	1.0%　（100.39円）
債券B	1.2%	10年	2.0%　（93.33円）	1.8%　（95.35円）

1年後、予測どおり金利が0.2%低下した時点で売却したとすると、債券Aの場合0.39円のキャピタルゲインしか得られないが、債券Bの場合は2.02円のキャピタルゲインが得られることになる。

つまり、一般的に長期債は短期債に比べ金利変化に対する価格変動率

(デュレーション)が大きいので、金利低下の可能性が高い場面においては長期債を購入したほうがよいといえる。

また、資金調達において債券を発行する場合は資金運用の場合と逆の対応をとればよいことになる。

b　入替取引

入替取引は、投資家の運用ニーズからみて不要な銘柄を売却し、必要な銘柄を購入することによってポートフォリオを改善する手法である。

(a)　直利アップ入替え

ポートフォリオのうち直利の低い銘柄を売却し、直利の高い銘柄を購入する入替えで、当期の期間利益をふやしたい場合に投資家が用いる手法である。

ただし、デュレーションの長期化に伴う価格変動リスクを増加させることになる。

●例

	債券A（売り）	債券B（買い）
クーポン	2％	3％
残存期間	5年	10年
価格	100円	102.3円
直利	2％	2.93％（+0.93％）
利回り	2％	2.71％（+0.71％）

上の例では、債券Aを売却して、クーポンが高くかつ残存期間の長い債券Bに入れ替えることにより、直利を0.93％アップさせている。

(b)　最終利回りアップ入替え

長期かつ安定的運用を指向する投資家の場合は、最終利回りの低い銘柄を売却し、より最終利回りの高い銘柄を購入する入替えで最終利回りアップを図る必要がある。

ただし、デュレーションの長期化に伴う価格変動リスクを増加させることになる。

● 例

	債券A（売り）	債券B（買い）
クーポン	2％	2％
残存期間	5年	10年
価格	100円	99円
直利	2％	2.02％（+0.02％）
利回り	2％	2.12％（+0.12％）

　この例の場合は、債券Aを残存期間が長い債券Bに入れ替えることにより、最終利回りを0.12％アップさせると同時に、簿価を1.00円下げることができた。

(c) スプレッド運用

　スプレッド運用とは、異なる2銘柄間の利回り格差（スプレッド）に着目し、一時的に格差が広がったときに割高銘柄を売却し割安銘柄を購入する入替えを行い、逆に、格差が縮小したときその反対の入替えをすることによりポートフォリオの収益をあげる手法である。

　国債の場合異なる年限間の格差の平均値から拡大・縮小する場面において入替えを行うことが多い。また、同じ年限にあって異なる種別の債券（たとえば国債と地方債）の格差に着目して入替えを行うことがある。この場合、一般にTスプレッド（たとえば地方債利回り－国債利回り）というかたちで両者の格差が認識されており、同スプレッドが拡大した場合には国債を売却して地方債を買い、逆に同スプレッドが縮小した場合にその反対売買を行うケースなどがあげられる。

(d) 現先取引

　現先取引とは、一定期間後に買い戻す条件で債券を売却（売り現先）したり、逆に売り戻す条件で購入（買い現先）したりする取引であり、売り現先は短期の資金調達目的で、買い現先は短期の資金運用目的で利用される。

(e) 着地取引

　着地取引とは、将来の一定期日に一定の条件で債券を売買することを現時点で約定しておく取引で、約定日から受渡日までは1カ月以上6カ月以内と

されている。たとえば、先行き金利低下が見込めるが、3カ月後にならないと債券購入資金が入らないような場合、着地取引で債券を購入しておく。売り手は3カ月後の受渡日までその債券を売り現先に出して資金繰りをつけることになるが、売却直利が現先レートを上回っていれば、その分調整されて買戻単価は低下するので、買い手としても単価引下げ分だけ安く購入することができる。このように着地取引は、単純な売買と現先取引を組み合わせたものである。着地取引における受渡日の単価は下記の計算式で算出する。

$$着地取引単価 = \frac{(約定日の単価＋売却時経過利息) \times \left(1 + \frac{現先レート}{100} \times \frac{約定日から受渡日までの日数}{365}\right) - 買戻し時経過利息}{1 - 有価証券取引税}$$

(2) 債券先物取引

A 概　　要

先物取引とは、①ある商品を、②将来のあらかじめ定められた期日に、③現在時点で定めた価格で売買することを契約する取引のことをいう。債券先物取引の場合、①ある商品とは「利付国債」を指し、②将来のあらかじめ定められた期日とは「限月」を指し、③現在時点で定められた価格とは「取引価格」を指す。

債券先物取引は、現在東京証券取引所において行われている。実際には、売り手と買い手が当事者間で商品・期日・価格・数量について合意し、売買取引を行うことも可能ではある。これは一般的に「先渡契約（forward contract：フォワード）」と呼ばれる。まさしく相対取引である。しかし当事者間での合意に時間を要するなど、質・量ともに制約を要することはいうまでもない。実際に、当事者間同士での売買においては、双方において互いの信用リスクを判断するといったコストも生じる。その点、取引所において売買を行う場合、商品の種類、数量、受渡時期といった条件が標準化・定型化され、さらに決済履行を保証するために取引所へ証拠金を差し入れる（証拠金制度）ことを通じて当事者間の信用リスクを考慮する必要もなくなる。結果

的に安定的・継続的な価格形成につながり、流通量が増すことで、さまざまな誘因をもった参加者との取引が可能となり、市場が発するメッセージとしての役割も同時に期待することができるようになる。

このような観点から、わが国においては、取引所において債券先物取引が行われている。

B 制　　度

取引所で売買が行われる以上、取引にあたっての概要が定型化（取引制度の整備）されることになる。そこで、その制度概要をみるうえで必要となる用語について、簡単に整理してみよう。

a　立会時間

立会時間とは、先物取引が行われる時間帯をいう。3つの時間帯が存在し、前場立会時間は9：00〜11：00、後場立会時間は12：30〜15：00、イブニング立会時間は15：30〜18：00である。

b　標準物

標準物とは、利率と償還年限を常に一定とする架空の債券のことをいう。
これにより対象銘柄を変更する必要がなく、価格の継続性が維持される。実際に、国債は毎月発行されており、利率もその時々の金利情勢によって異なる。また時間の経過も考慮する必要がある。当然のことながら、10年債は半年経過すれば9.5年債となる。このような銘柄差違・時間の経過への配慮から標準物が活用されている。

なお債券先物取引においては、中期国債先物取引と長期国債先物取引が存在する（超長期国債先物取引は2002年12月限以降、新たな限月取引を休止している）が、前者については「利率3％・償還年限5年の中期国債」、後者については「利率6％・償還年限10年の長期国債」をそれぞれ標準物として設定している。

c　限　月

限月とは、ある先物取引の期限が満了となる月のことをいう。2011年3月限といえば、2011年3月の一定日において取引が終了する先物取引のことをいう。債券先物取引の限月は3、6、9、12月となっている（3限月取引、

最長9カ月)。

d 決　済

先物取引における決済の方法には反対売買による「差金決済」と、現引き・現渡しによる「受渡決済」がある。

「差金決済」とは、売買最終日までに反対売買により売り値と買い値の差額で決済する方法をいう。簡単にいえば、ある限月を100円で買った後、101円に上昇した時点で売却すれば、1取引数量あたり1円の差金が生じる。この差金をもって取引終了とする方法をいう。

「受渡決済」(現引・現渡決済)とは、先物の売り方が手持ちの現物債券を渡して代金の支払を受け、買方が代金の支払を行うと同時に、その現物債券を引き取ることで取引終了とする方法をいう。ただし、条件にあわないような国債の現渡し、たとえば長期国債先物において短期国債を渡すようなケースが行われないよう、実際に現渡し（一方では現引き）を行う銘柄を定めている。そのような債券を「受渡適格銘柄」という（後述）。

e　コンバージョン・ファクターの利用

国債先物取引の対象商品そのものはあくまでも標準物という架空の債券であるため、受渡適格銘柄とは利率・償還年限が異なる。そこで、これらの差違を調整するため、コンバージョン・ファクター（CF）という交換比率を用いることとしている。CFは標準物の価値を1とした場合の各受渡適格銘柄の決済日における価値と考えておけばよいだろう。

f　受渡決済期日

受渡しが行われる限月の最終期日をいう。各限月の20日が最終日とされている。ただし休日の場合には順次繰下げとなる。

g　取引最終日

先物取引が取引所で行われる最終日をいう。実際には受渡決済日の7営業日前となる。

h　売買単位

額面1億円単位である。

i　受渡適格銘柄

受渡適格銘柄は中期国債先物取引および長期国債先物取引により異なる。

中期国債先物取引とは、発行日および受渡決済日に4年以上5年3カ月未満の残存期間を有する利付国債のうち、発行日の属する月が受渡決済日の属する月の3カ月前の月以前のものをいう。

長期国債先物取引とは、上記年限が7年以上11年未満の残存期間を有する10年利付国債とされている。

なお「発行日」について、リオープン方式により発行された利付国債の発行日は、同一名称・回号を有するもののうち、最初に発行された日とする。

j 呼　　値
額面100円あたりの価格で、最小刻みは1銭単位。

k 値幅制限
1日の取引における価格変動幅に一定の制限が設けられている。基本的には前日の清算値段から上下3円となっている。ただし、直近の約定値段または特別気配値段が基準値段から上下2円を超えた場合、一時中断措置が発動される。

l 委託手数料
委託手数料については、顧客との間で自由に取り決められるようになっている。なお委託手数料には消費税が含まれる。

C　取　　引

a 売買締結方法
板寄せ方式とザラバ方式の2つが用いられる。

板寄せ方式とは、①売買立会の始めの約定値段、②売買が中断された場合の中断後最初の約定値段、③取引所が定める場合の売買立会終了時における約定値段を決定する場合に用いられる。早い話が、始値と終値を決める方法と考えておいてさしつかえない。売呼値と買呼値を優先順位の高いものから順次対当させながら、数量的に合致する値段を求め、その値段を単一の約定値段（始値）として、売買契約を締結させる。始値が決定されるまでの呼値については、すべて同時に行われたものとみなされ、時間優先の原則は適用されない。

ザラバ方式は、始値が決定された後に、売買立会時間中継続して個別に行

われる売買契約の締結方法をいう。価格優先、時間優先で売買が成立する。ザラバとは、始値と終値との間に行われる継続売買のことをいう。

売買単位は額面金額1億円の整数倍、呼値は100円につき1銭となっている。呼値は指値および成行で行われ、価格、時間の順で優先する。

b 特別気配（気配表示による呼値の特別周知）

呼値の値段が価格の継続性維持の観点から適正と認める範囲外のものである場合には、特別気配の表示を行う。

c 値幅制限

大幅な需給の偏向や過当投機などによって市場価格が変動した場合、1日の価格の変動幅を前日の終値を基準として上下一定範囲に制限する制度。投資家が投資判断を誤らせ、不測の損害を被ることを回避することを目的とする手段。制限値幅の上限まで価格が上昇することをストップ高、下限まで下落することをストップ安という。

D 決　　済

国債先物取引の決済方法は、「転売または買戻しによる決済」および「現物受渡しによる決済」の2種類である。

a 転売または買戻しによる決済＝差金決済

各限月の売買取引最終日までは、反対売買による差金決済を行うことができる。

売建て⇒買戻し

買建て⇒転売

差金の受渡しは、約定日から起算して2営業日目となる（翌営業日）。ただし、実際の差金決済時の受渡金額は、前日までの値洗いによる更新差金および当日約定した取引の値洗いに係る引直差金を除いた金額となる。

b 現物受渡しによる決済

各限月の売買取引最終日までに、反対売買により決済されなかった建玉については現物の受渡しにより決済しなければならない。

売建て⇒現渡し・買建て⇒現引き

受渡決済日は各限月の20日（休業日に当たる場合は翌営業日）。なお、受渡

適格銘柄の取扱いは以下のとおりである。
- 受渡適格銘柄の条件……各国債先物取引の条件に合致する国債
- 受渡しの銘柄は渡し方（売方）が選定する。買方は現引銘柄を指定できない。
- 銘柄および種別の組合せは銘柄ごとに1億円単位。
- 受渡適格銘柄のなかで、最も有利に受渡決済のできる銘柄は最割安銘柄（チーペスト銘柄）と呼ばれており、受渡決済の決済物件として集中する傾向がある。"最も有利に受渡決済のできる銘柄"とは、受渡決済をした結果、IRR（内部収益率）が最も高くなる銘柄をいう。

c 受渡適格銘柄の交換比率

標準物と受渡適格銘柄との残存期間、クーポンレートは一般に異なる。このため、受渡適格銘柄の価値と標準物の価値を同一とするための基準が必要となる。この価値の調整のための交換比率をコンバージョン・ファクター（CF：Conversion Factor）と呼ぶ。コンバージョン・ファクターは、一定の前提を置いて複利方式により求められる標準物の将来価値を基準として、個々の受渡適格銘柄の将来価値を比較することによって算出される。

E その他

債券先物取引においては限月間スプレッド取引も重要である。中期国債先物取引および長期国債先物取引において、2つの限月取引について一方の限月取引の売付け（買付け）と、他方の限月取引の買付け（売付け）を同時に行う場合に、当該限月取引間の値段の差（スプレッド値段）により呼値を行う取引をいう。

短期金利が長期金利よりも低い場合（利回り曲線が正の状態）、先物価格は期先物に比較して期近物のほうが高くなっている。金融引締め時には、長短金利差が接近することから、期近物と期先物の差（スプレッドと呼ぶ）は縮小する。したがって、一般に金利が上昇してゆく場合、期近物のほうが期先物よりも速いペースで価格が下落するために、期近を売り、期先を買うことで利益が得られる（ベア・スプレッド）。逆に金融がいっそう緩和されれば、長短金利差が拡大するために、スプレッドは拡大する。この場合には金利が

低下してゆく過程で、期近物のほうが期先物よりも速いペースで価格が上昇することから、期近を買い期先を売ることで利益が得られる（ブル・スプレッド）。すなわち、スプレッド取引とは金利変動に伴う、先物の限月間の価格変動の格差を利用した取引であるといえる。

F 先物取引の手法

a アウトライト

債券先物取引のなかでアウトライトと呼ばれるものは、先物価格の変動だけに注目して、そこから利益をあげようとする取引である。すなわち先行き金利が低下し、債券相場の上昇が予想される場合には、先物を買い建て、予想どおりに相場が上昇すれば転売して利益を確保する。また逆に、金利上昇が予想されれば、先物を売り建て、相場下落時にこれを買い戻して取引を手仕舞う。相場が予想と反対の方向へ動けば、損失が出ることはいうまでもない。

アウトライト取引の特徴は、わずかな証拠金で、額面分の値動きが享受でき、現物市場に比べて少ない資金で高い投資効果が得られることにある。しかし裏を返せばそれだけリスクも高く、ハイリスク・ハイリターンの取引であるといえよう。

b ヘッジ

(a) ヘッジの種類

将来の現物市場における損失を、先物市場で得られる利益により相殺することで、価格変動に伴う不確実性を回避することを目的とした取引をヘッジという。ヘッジにおいては、常に先物のポジションは現物のポジションと同額かつ正反対の方向に設定されることになる。ヘッジは先物からみて、売りヘッジと買いヘッジの2つに区分される。

① 売りヘッジ……最も一般的な例としては、金利上昇により保有債券の値下りが予想されるような場合に、先物を売り建てることにより現物の値下りを回避する方法がある。このほかに金利上昇局面で将来固定金利の資金調達を予定している場合には、現時点で先物を売り建てておき、資金調達時点で先物を買い戻すことにより、調達コストの上昇分を先物の売買益で

相殺することもできる。
② 買いヘッジ……金利低下局面で、将来債券を購入しようとする場合、買付け時点では、債券価格が上昇してしまうおそれがある。この場合にはとりあえず先物を買い建てておき、予想どおり債券相場が上昇すれば、先物を転売して売却益を確保し、現物債券を買い付けることにより、買付コストを実質引き下げることができる。買いヘッジは債券購入のみならず、金利低下局面での貸付金利の固定にも利用することができる。具体的には債券購入の場合と同じように先物の買建てをした後、これを転売して利益を出し、貸付金利の低下を実質的に防ぐ方法がとられる。

(b) **ヘッジ比率**

ヘッジは現物のポジションに対し反対方向かつ同額の先物ポジションをもつことを原則とするが、現実には一定の相場変動のなかで、現物価格と先物価格は常に同じ値幅で動くとは限らない。ヘッジを効率的に行うためには、ヘッジする現物債券の額面に対して、どれほどの額面の先物を建てるかを考慮する必要がある。この比率を「ヘッジ比率」という。

$$\text{ヘッジ比率} = \frac{\text{先物建玉額面}}{\text{ヘッジする現物債券額面}}$$

ヘッジ比率を求める方法には、現物と同額面の先物でヘッジする簡易方式を別にすれば、次の3通りの方法がある。

① 換算係数方式……受渡適格銘柄については、受渡しの際のコンバージョン・ファクターを用いて現物と先物の価格変動幅の違いを調整することができる。

［例］ 第312回利付国債（2020年12月20日償還、クーポン1.2％）10億円を2011年3月限月の先物でヘッジする場合

10億円（現物額面）×0.805838（CF）

＝8.05838億円≒8億円（先物ヘッジ額面）

この方式は後述する「ベーシス」の変動リスクにさらされる。

② 価格変動比率方式……過去の一定期間におけるヘッジ対象銘柄の価格変動幅に対する先物価格の変動幅について回帰分析を行い、回帰係数 β をヘッジ比率として定める。

$$\Delta Y = \alpha + \beta \times \Delta X$$

ΔX ＝ 先物価格の変動幅

ΔY ＝ 現物価格の変動幅

β ＝ ヘッジ比率

　この方式は、回帰分析により導かれた変動パターンが市場構造の変化等により大きく相違する場合、それによって、生じるリスクにさらされる。
③　現物と先物の価格変動性をマッチングする方式

$$ヘッジ比率 = \frac{ヘッジ対象銘柄の価格変動幅}{最割安銘柄の価格変動幅} \times 最割安銘柄のCF$$

　この方法では、後述する「最割安銘柄」が変化するリスクにさらされる。

c　アービトラージ（裁定取引）

　アービトラージとは現物・先物それぞれの市場で発生した価格の変化や一時的なゆがみ等を利用して、一方の債券を売ると同時に他方の債券を買い、価格関係が正常に戻ったところで反対売買を行うことによる利益を得ようとする取引で、次のように区分することができる。

アービトラージ取引 ┬ ベーシス取引 ┬ ロング・ベーシス（現物買い、先物売り）
　　　　　　　　　│　　　　　　　└ ショート・ベーシス（現物売り、先物買い）
　　　　　　　　　└ スプレッド取引 ┬ ブル・スプレッド（期近物買い、期先物売り）
　　　　　　　　　　　　　　　　　└ ベア・スプレッド（期近物売り、期先物買い）

(a)　ベーシス取引

　受渡適格銘柄の現物価格と先物価格にコンバージョン・ファクターを掛けたものとの差をベーシスと呼ぶ。

　　ベーシス＝現物価格－先物価格×CF

　現物市場と先物市場は互いに密接な関連をもちながらも、それぞれが独立した市場として価格が形成されていることから、両者の差額であるベーシス

は市況により拡大したり縮小したりする。一般に現物が先物よりも割高になっていればベーシスは拡大し、逆に割安になっていればベーシスは縮小する。

受渡適格銘柄の現物債券を買うと同時に先物を売り建て、期日に受渡しをする場合に、所有期間利回り（IRR：Implied Repo Rate）は次のとおりになる。

$$IRR = \frac{(先物価格 \times CF) - 現物価格 + (売却時経過利子 - 買付時経過利子)}{(現物価格 + 買付時経過利子) \times \frac{所有日数}{365}} \times 100$$

$$= \frac{運用期間経過利子 - ベーシス}{(現物価格 + 買付時経過利子) \times \frac{所有日数}{365}} \times 100$$

IRRを最大にするような銘柄は、
① ベーシスが最も小さい
② 現物価格が最も安い
③ クーポンが最も低い

のいずれか、あるいは全部を満たす銘柄となる。受渡適格銘柄のうち、IRRを最大にするような銘柄を最割安銘柄という。ベーシス取引とは、この最割安銘柄と先物を利用した裁定取引である。一般に最割安銘柄を買い付けると同時に先物を売り建て、現物を受け渡した場合の所有期間利回りは同期間の現先レートに近いものになる。

いま、現物価格のほうが先物価格よりも相対的に安い状態であれば、現物債券を買い付けると同時に先物を売り建て、割安感が修正された時点で、それぞれ反対売買をすれば、両者の売買損益の合計はプラスとなる（ロング・ベーシス）。逆に現物価格のほうが先物価格より相対的に高ければ、現物債券を売却すると同時に先物を買い建て、現物の割高感修正後、これを手仕舞えばよい（ショート・アービトラージ）。

(3) オプション取引

A オプションの基本概念

オプションとはある特定の資産（原証券）を一定数量・一定価格（権利行使価格）で一定の期日または期間内に売るまたは買う権利をいい、これらの権利を売買する取引をオプション取引という。

オプション取引には基本的に2種類あり、原証券を買う権利をコール・オプションといい、原証券を売る権利をプット・オプションという。どちらのオプションも買い手が権利の保有者となり、売り手が権利の付与者となる。

わが国における債券オプションは、1989年4月に債券店頭オプションが初めて解禁され、上場物のオプションは1990年5月に東京証券取引所において国債先物オプションがスタートしている。

B オプション取引の基礎知識

a 取引の条件

(a) コール・オプション／プット・オプション

オプションの対象となる資産を買い付ける権利をコール・オプション、売り付ける権利をプット・オプションと呼ぶ。したがって、オプション取引には、コール・オプションの売り手と買い手、プット・オプションの売り手と買い手の4種類の立場がある。英語では、買い手をバイヤー（buyer）またはホルダー（holder）、売り手をライター（writer）と呼ぶ。

なお、買い手は権利を有するだけであるが、売り手は対象資産の価格変動等により無制限のリスクを負う。

(b) アメリカン・オプション／ヨーロピアン・オプション

また、選択権の行使がオプション有効期間の最終日のみに限られているオプションをヨーロピアン・オプション、オプション有効期間中であればいつでも権利行使が行えるオプションをアメリカン・オプションと呼ぶ。

(c) 期日（Expiration）

オプションの買い手のもつ選択権の行使期限であり、これを過ぎると買い

手と売り手の権利・義務関係は消滅する。

(d) **行使価格**（StrikePrice：ストライク・プライス）

　オプション取引を行うにあたって、選択権の行使によってオプションの対象資産を買付けまたは売り付ける価格はあらかじめ決定されるが、この価格を行使価格（ストライク・プライス）という。

(e) **プレミアム**（Premium）

　オプションの売買価格のことであり、オプションの買い手は、売り手に対してプレミアムを払ってオプションを購入する。このプレミアムは、同じ対象資産のオプションでも、上記(a)〜(d)の取引条件により異なってくるので、取引を行うにあたっては、これらの条件を明確にする必要がある。

b　プレミアム決定理論

(a) **本源的価値と時間的価値**

　オプションのプレミアムは、オプションの価値にほかならないが、理論的には、本源的価値と時間的価値の2つの要素に分解される。

① **本源的価値**（Intrinsic Value）……本源的価値とは、その時点で直ちに選択権を行使した場合に実現する収益（価値）のことをいう。具体的には、コール・オプションではその対象資産の価格から行使価格を差し引いた差額、プット・オプションでは行使価格からその対象資産の価格を差し引いた差額がプラスであるときのその差額をいう。それらの差額がゼロ以下の場合は、本源的価値は存在しない。

　オプションのプレミアムが本源的価値を含む状態のとき、オプションは「イン・ザ・マネー」（In the Money）であるといい、一方、本源的価値を含まない状態のとき、オプションは「アウト・オブ・ザ・マネー」（Out of the Money）であるという。さらに、両者の境界である、オプションの行使価格と対象資産の価格が一致している状態のとき、オプションは「アット・ザ・マネー」（At the Money）であるという。

② **時間的価値**（Time Value）……時間的価値とは、オプションのプレミアムから本源的価値を差し引いた部分のことで、理論的には将来の対象資産の価格変動によって行使期日までの間に実現が予想される価値の期待値である。

　時間的価値は、確率的なもので、対象資産の価格の予想変動率（ボラ

ティリティ）と行使期限までの残存期間に影響を受ける。理論的には、予想変動率が高いほど、また、残存期間が長いほど、時間的価値は大きくなる。したがって、行使期限が近づくにつれて時間的価値は徐々に減少していくが、このような時間的価値の減少をタイム・バリュー・ディケイ（Time Value Decay）という。

また、ある時点でのオプションの時間的価値は、対象資産の価格とオプションの行使価格とが一致している（アット・ザ・マネー）オプションにおいて最大で、行使価格が対象資産の価格から遠ざかるにつれ、小さくなっていくことが知られている（図表2－37）。

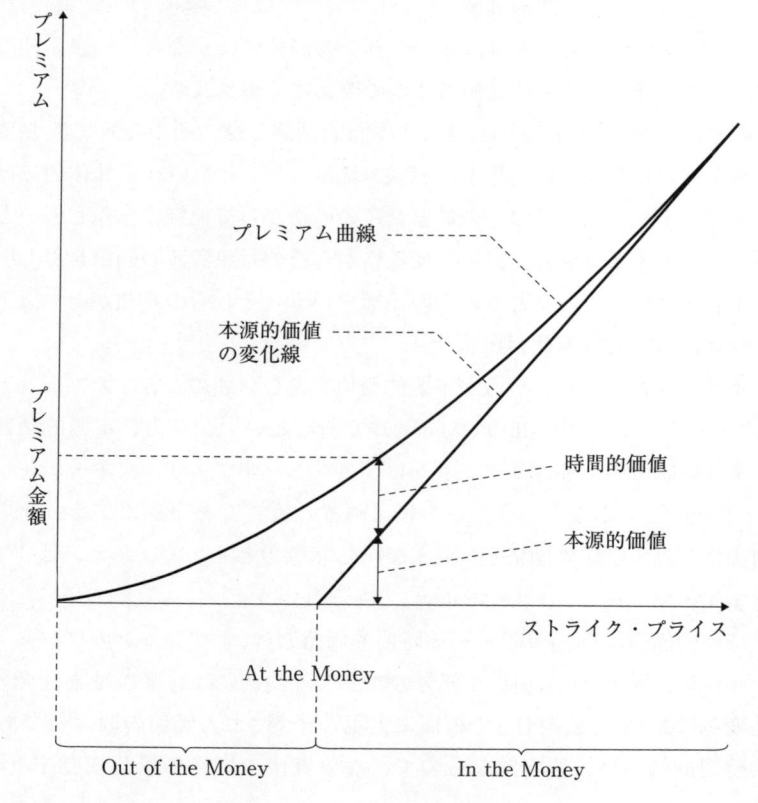

図表2－37　プレミアム曲線図

(b) ブラック・ショールズ・モデル

　オプションのプレミアムを決定する理論の代表的なものとしては、ブラック・ショールズ・モデルと呼ばれるものがあげられる。このモデルは、単純化のためにいくつかの非現実的な仮定を含んではいるが、使いやすさもあり現在のところ最も広く利用されている。

　ブラック・ショールズ・モデルによれば、コール・オプションのプレミアム（C）は以下の式により求められる。

$$C = S \cdot N(d) - K \cdot e^{-r\tau} \cdot N(d - \sigma \cdot \sqrt{\tau}) \quad \cdots\cdots① $$

　　ここで、$d = \{\log(S/K) + (r + \sigma^2/2) \cdot \tau\} / (\sigma \cdot \sqrt{\tau})$

　　　N(d)：値がdのときの正規分布の累積密度関数
　　　　C：コール・オプションのプレミアム
　　　　S：オプション対象資産の価格
　　　　K：行使価格
　　　　r：無リスク利子率
　　　　τ：オプションの行使期限までの残存期間
　　　　σ：オプション対象資産の予想変動率（ボラティリティ）

　この式の詳細な数学的説明は省略するが、プレミアム（C）を決定する変数としては、S、K、r、τ、σの5つがあり、それぞれの変化はプレミアムに対し以下の影響を与える。

　S（オプション対象資産の価格）が上昇すれば、本源的価値が増加し、コール・オプションのプレミアムは増加する。

　K（行使価格）を高く設定すればするほど、対象商品の価格がそれを上回る確率は小さくなるので、コール・オプションのプレミアムは低くなる。

　r（無リスク利子率）は信用リスクのない債券の利子率を示し、その上昇は、対象商品の価格上昇率の期待値を押し上げるので、プレミアムも上昇する。

　τ（オプションの行使期限までの残存期間）が長いほどプレミアムは高くなる。

　σ（ボラティリティ）の上昇はプレミアムを上昇させる。なお、対象証券

の過去の値動きから統計的手法を用いて、値振れの度合いを数値化したものをヒストリカル・ボラティリティ（Historical Volatility）と呼び、市場のオプション・プレミアムから、想定されているボラティリティを逆算したものをインプライド・ボラティリティ（Implied Volatility）と呼ぶ。

(c) プレミアムの感応度

実際のオプション取引を行うにあたっては、市場環境（すなわち上記の変数）の変化により、オプション・プレミアムがどのように変動するかが重要である。特に、プレミアムの変動は非線型で、ある時点では急激な変動を示すので、以下のような指標（微分値）により変動リスクを数値的にとらえることで、リスク管理が行われている。

① デルタ……デルタとは、①式のプレミアム（C）を、対象資産の価格（S）で偏微分した値であり、対象資産の価格が1単位変動した場合のプレミアムの変動幅を示す。

② ガンマ……ガンマとは、デルタをさらにもう1回対象資産の行使価格（S）で偏微分した値（2次微分値）であり、対象資産の価格が1単位変動した場合のデルタの変化率を表す。

③ セータ……セータとは、①式のプレミアム（C）を、オプションの行使期限までの残存期間（τ）で偏微分した値であり、オプションの行使期限までの残存期間（τ）が1単位減少した場合のプレミアムの減少幅、すなわちタイム・バリュー・ディケイを示す。

④ カッパ……カッパとは、①式のプレミアム（C）を、オプション対象資産の予想変動率（σ）で偏微分した値であり、オプション対象資産の予想変動率（σ）が1単位変動した場合のプレミアムの変動幅を示す。カッパは、ヴェガと呼ばれることもある。

c 債券オプションの取引手法

(a) 現物ポジションのヘッジング

① プロテクティブ・プット……保有する債券にプット・オプションの買いを組み合わせる取引手法であり、保有する債券の価格下落リスクをヘッジしつつ、価格上昇時には値上り益が確保できるものである。この場合、プット・オプションのプレミアムがヘッジ・コストとなる。債券保有は買

いポジションであり、プット・オプションの保有は売りポジションであって、両者を組み合わせると、スクエアなポジションとなっている。
② デルタ・ヘッジ……ヘッジの対象である保有債券はさまざまであるし、各種の債券の総体であるポートフォリオのリスク・ヘッジを行うことも多い。このような場合、オプションの対象資産の価格変動幅とリスク・ヘッジ対象資産の価格変動幅とは異なるので、ヘッジ比率を考える必要がある。デルタ・ヘッジとは、デルタの値を用いて、リスク・ヘッジの対象である現物ポジションの価格変動を相殺するのに必要なヘッジ比率を計算し、それに応じた額のオプションのポジションを保有していく手法である。
③ カバード・コール・ライティング……保有している債券に対して、その債券を売却してもよいと考える水準を権利行使価格に設定したコール・オプションを売る戦略。イン・ザ・マネーになった場合、債券の売却益とともに、オプションのプレミアムが収益として計上されるため、保有債券の収益向上が見込める。

(b) オプション・ライティング

オプション・ライティングとは、オプションを売ってプレミアムを受け取り、かつ、そのポジション保有期間中のタイム・バリュー・ディケイをとっていく投資手法である。すなわち、オプションの時間的価値は、他の条件が不変ならば、オプションの行使期限までの残存期間が短くなるにつれて減少するので、オプションの売り手は、一定の期間経過後に同じオプションを買い戻すことで時間的価値の減少分に相当する利益をあげることができる。実際には、対象資産の価格やボラティリティの変動によるリスクが存在するため、通常、先物取引や現物取引等でヘッジを行う。

債券保有にコール・オプションの売りを組み合わせるカバード・コールは、コール・オプションの売りによるプレミアム受取り（保有債券の利回りアップ）を目的としており、オプション・ライティングの一種である。なお、この場合、コール・オプションの売りポジションのリスクは、保有債券の買いポジションでヘッジされている。

(c) スペキュレーション

　対象資産の価格やボラティリティに関する予想に基づき、予想どおりに価格やボラティリティが動いたときに利益の出るポジションを構築する投資手法である。価格に関するスペキュレーションは、現物取引や先物取引でも行えるが、ボラティリティに関するスペキュレーションはオプション取引に特有のものである。

　ボラティリティに関するスペキュレーションは、コール・オプションとプット・オプションを組み合わせて、価格変動の方向性にかかわりなく、価格変動が一定の範囲内に収まるか、または一定範囲を超えることにより収益が出るポジションをつくることで行われる。アット・ザ・マネーのコールとプットの買い（売り）1単位ずつを組み合わせたストラドルの買い（売り）やアウト・オブ・ザ・マネーのコールとプットの買い（売り）1単位ずつを組み合わせたストラングルの買い（売り）などがその例である（図表2－38）。

(d) オプション・ポートフォリオのリスク管理

　オプション・ポートフォリオのリスクを管理する場合、ポートフォリオを以下の状態に保ち、オプション対象資産の価格変動によってポートフォリオの価値が影響されないようにすることがよく行われている。

① デルタ・ニュートラル……種々のオプション・ポジションで構成されるポートフォリオ全体のデルタの値が0となっていれば、オプションの対象資産の価格が多少変動しても、ポートフォリオ全体の価値が変わらない状態にあるが、これをデルタ・ニュートラル（の状態）という。

② ガンマ・ニュートラル……しかしながら、厳密にいえば、デルタ・ニュートラルの状態は瞬間的なものであって、対象資産の価格変動により、各オプション・ポジションのデルタ値が変動するため、次の瞬間にポートフォリオ全体のデルタは0でなくなる。そこで、デルタ・ニュートラルの状態を保つためには、デルタの変化率であるガンマの合計値を0とする必要がある。ポートフォリオ全体のガンマの値が0であることを、ガンマ・ニュートラル（の状態）という。

図表2−38 オプションの組合せ

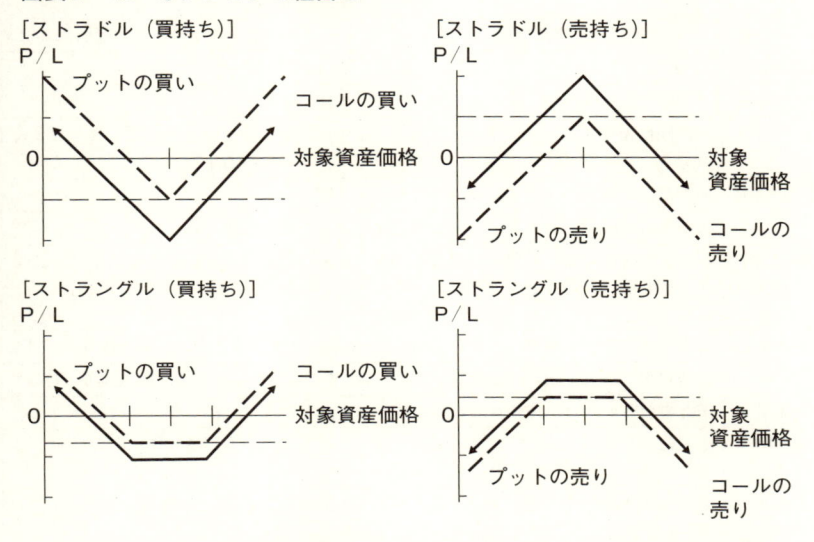

[ストラドル（買持ち）]
[ストラドル（売持ち）]
[ストラングル（買持ち）]
[ストラングル（売持ち）]

ストラドル・ストラングルの買持ちは、価格変動の方向にかかわらず価格変動が一定の範囲を超えたときに収益が生ずる。

ストラドル・ストラングルの売持ちは、価格変動の方向にかかわらず価格変動が一定の範囲内に収まったときに収益が生ずる。

（注） 点線は、個別のコール・オプション、プット・オプションの損益を、実線は、それらが合成されたポジション損益を表す。

C 国債先物オプション取引の仕組み

a 国債先物オプション取引と仕組み

　国債先物オプション取引とは、長期国債先物取引または中期国債先物取引を対象とするオプション取引で、権利行使対象先物は、取引最終日後、最初に受渡決済期日が到来する長期・中期国債先物取引の限月取引となっている。国債先物オプション取引には四半期限月取引と短期物限月取引がある（図表2−39）。

(a) 取引時間

　イブニング・セッション（15：30～18：00）取引分に関しては、事務負担を考慮して翌日売買分とあわせて、「新規」「決済」の指定を行う。

図表2－39　国債先物オプション取引制度の概要

	長期国債先物オプション取引	中期国債先物オプション取引(注)
市場開設日	1990年5月11日	2000年11月20日
取引時間	9：00～11：00　12：30～15：00　15：30～18：00	
取引対象	長期国債先物プット・オプションおよびコール・オプション	中期国債先物プット・オプションおよびコール・オプション
限月取引	四半期限月取引：3、6、9、12月限月の2限月	
	短期物限月取引：3、6、9、12月を除く限月（最大2限月）	
権利行使対象先物限月取引	取引最終日後最初に受渡決済期日が到来する長期国債先物取引の限月取引	取引最終日後最初に受渡決済期日が到来する中期国債先物取引の限月取引
取引開始日	四半期限月取引：限月の6カ月前の1日（休業日に当たるときは、順次繰り下げる）	
	短期物限月取引：限月の2カ月前の1日（休業日に当たるときは、順次繰り下げる）	
取引最終日	限月の前月の末日（休業日および半休日に当たるときは、順次繰り上げる）	
取引単位	1契約当り長期国債先物取引の額面1億円分	1契約当り中期国債先物取引の額面1億円分
呼値の単位	長期国債先物取引の額面100円につき1銭	中期国債先物取引の額面100円につき1銭
制限値幅	基準値段から上下（3円＋呼値可能値幅） ※基準値段は、権利行使対象先物の制限値幅の基準値段から算出した理論価格 ※呼値可能値幅 ［基本条件］ 直近限月：理論価格の上下20％ 直近限月以外：理論価格の上下30％ なお、呼値可能値幅は、上限：90銭、下限：20銭 ※理論価格とは、直前の権利行使対象先物の約定値段等から取引所が算出したもの	
権利行使価格	50銭刻みで21種類。その後、先物価格の変動等に応じて追加設定	
権利行使期間	取引開始日から取引最終日まで（アメリカン・タイプ） （ただし、権利行使期間満了時のイン・ザ・マネー銘柄については特段の指示がない場合、権利行使される）	
取引代金の授受	取引契約締結の日の翌日	

(注)　中期国債先物オプション取引は2002年7月限月以降、新たな限月取引を休止中。
出所：東京証券取引所ホームページよりみずほ証券作成

(b)　**取引対象**

　国債先物において買付けを行うことができる権利（コール・オプション）と売付けを行うことができる権利（プット・オプション）の2種類である。

(c) 限月取引
① 四半期限月取引……3、6、9、12月限の2限月（長期国債先物取引の受渡決済日が先に到来する2限月取引を権利行使対象とする2限月取引制）で、取引開始日を当該限月の6カ月前の1日（休業日に当たるときは、順次繰り下げる）とし、取引最終日を限月の前月の末日（休業日・半休日に当たるときは、順次繰り上げる）とする。
② 短期物限月取引……3、6、9、12月を除く限月（最大2限月）で取引開始日を限月の2カ月前の1日（休業日に当たるときは順次繰り下げる）とし、取引最終日を限月の前月の末日（休業日・半休日に当たるときは、順次繰り上げる）とする。
権利行使価格は50銭刻みで21種類設定され、その後の先物価格の変動等に応じて追加設定される。

(d) 権利行使期間
満期が行使期限で、取引開始日から権利行使期間満了の日まで、いつでも権利行使可能なアメリカン・タイプとなる。

b 決済方法と自動権利行使制度
　国債先物オプションの決済方法には、転売または買戻しをする方法、権利行使によって決済する（国債先物取引を成立させる）方法、権利を放棄する方法の3つがある。
　また国債先物オプション取引の満期日の権利行使については、自動権利行使制度が適用されている。権利行使最終日の権利行使対象先物限月取引の清算値段決定後に自動権利行使の対象となるのは、イン・ザ・マネーとなっている権利行使価格である。
　顧客が正会員等に対して行う権利行使の申告については、以下のようになっている。

(a) イン・ザ・マネーの場合
　権利行使期間満了の日（満期日）の権利行使申告時限までに顧客から権利行使の申告がない場合には、顧客は当該国債証券先物オプション取引につき、権利行使の申告を行ったものとみなされる。ただし、権利行使申告時限までに顧客が権利行使を行わない旨の申告を行った場合はこの限りでない。

(b) 上記以外の場合

権利行使期間満了の日の権利行使申告時限までに顧客から権利行使の申告がなされなかった国債証券先物オプションは、自動的に消滅するものとする。

なお、顧客の正会員等に対する権利行使申告時限は、当該オプション最終取引日の15：45となっている。

(c) 立会外取引（ToSTNeT取引等）

通常の取引は立会取引であるが、立会外でも取引を行うことがある（ToSTNeT取引等）。ToSTNeT取引は東京証券取引所で実施されているシステム取引であり、大口の売買が多い機関投資家などが利用している（図表2−40）。

図表2−40　国債先物オプション取引に係る立会外取引制度

取引対象	立会市場と同様
取引時間	8：20～15：10、15：30～18：20 ※なお、イブニングセッションの取引時間は2011年11月21日より15：25～18：20に変更予定。
呼値の単位	長期国債先物取引の額面100円につき1銭
取引値段	ToSTNeT取引の基準値段に，直前の長期国債先物取引の約定値段に0.5％を乗じて得た数字を加減して得た値段の範囲内の呼値の単位の整数倍の値段
取引の最低数量	1単位
取引の一時中断措置	立会市場における取引が一時中断された銘柄について，ToSTNeT取引も一時中断する
建玉および決済	立会市場における取引とあわせて取り扱う

出所：東京証券取引所ホームページよりみずほ証券作成

(4) 現金担保付債券貸借取引（日本版レポ取引）

A 沿革

　レポ取引は米国で生まれた取引で、債券ディーラーが買戻条件付きで手持債券を売却して資金を取り入れる取引のことを指す。また、売戻条件付きで債券を購入することをリバース・レポという。レポ市場の存在によって、債券ディーラーは債券の空売りや在庫確保が容易にできるため、市場の効率化に役立っている。

　日本では債券市場の円滑化・効率化のために債券貸借市場が整備され、1996年4月より現金担保付債券貸借取引、いわゆる日本版レポ取引が開始された。その後、市場が順調に拡大するなかで取引ルールも整備され、1997年11月には日本銀行が金融調節の手段としてレポによるオペを開始した。レポオペの開始によりさらに市場の厚みも増し、今日では取引残高75兆円程度の市場に成長している。

　日本版レポ取引は、貸借取引の方式をとっている点で、欧米の売買方式によるレポとは異なっている。旧来、日本にも売買方式の債券現先取引が存在したが、有価証券取引税の存在、値洗い制度がないこと等の理由のため、日本版レポ取引は債券貸借取引の方式をとることになった。ただし、1999年4月からの有価証券取引税撤廃を契機として、現先取引をより欧米型レポに近い取引として整備し直す動きとなっている。

B レポ取引の仕組み

　レポ取引とは、"現金担保付債券貸借取引"の名のとおり、現金を担保にして債券の貸し借りを行う取引である。また現金を中心に考えると、債券を担保とした資金取引と考えることもできる。債券には貸借料、担保金には金利が支払われる。債券の貸し手をオファーサイド、借り手をビッドサイドという。

　取引は通常レポレートを用いて行われる。レポレートは担保金利率から貸借料を引いたものである。約定成立後にレポレートを担保金利率と貸借料に

分ける必要があり、これが日本版レポ取引を煩雑なものにしている。

　レポの活用により、債券の貸し手は手持債券による安い資金調達が可能となる一方、債券の借り手は空売りが可能となり、資金の面からは有担保の安全な運用が可能となる。

　債券の貸し手は取引実行日に借り手に対象債券を貸し出し、同時に借り手は現金担保を差し入れる。取引決済日には、借り手が同種・同量の債券を返却し、同時に貸し手が担保金を返却する。債券と担保金の受渡しは同時履行（DVP）で行われる。貸借料と金利は取引決済日に決済されるが、当事者のシステムの都合により各々を支払う方法、差引き計算して支払う方法、担保金まで含めてネッティングして支払う方法がある。

　対象債券については、現在は利付国債と国庫短期証券（T-Bill）がほとんどを占める。金融債、政保債、地方債、事業債のレポも可能であるが取引高は非常に少ない。

　取引参加者は、現状では金融機関が中心。将来的には現先取引と同様、事業法人の参加も望まれるが、源泉徴収免除の対象であることや国債振替決済制度の参加者であることの条件が必要であり、さらに日銀ネットの参加者で国債DVPシステムにより債券のデリバリーと資金決済を同時に行える決済事務処理の環境を整えることも必要となるなど、現状では事業法人が参加するには障壁が大きく、困難なものとなっている。

　なお取引期間については1年以内である。

C　レポの種類

a　SC（special collateral）取引

　貸借銘柄を特定する取引。レポレートは対象銘柄の需給によって決定される。主としてディーラーが空売りしたポジションの決済玉手当のために用いる。

　SCのレポレートの振分けは、担保金利率を取引時点での短期金利等に設定し、貸借料は担保金利率から引き算するのが一般的である。特定銘柄の需給が締まると貸借料があがると考えられるため、レポレートは低くなる。レポレートは、マイナスになることもある。ある銘柄の需給バランスが将来厳

しくなる（緩む）と予想してあらかじめ借入れ（貸出）をし、予想どおりになったところでその銘柄を貸し出し（借入れ）て収益を得ることもできる。

b　GC（general collateral）取引

貸借銘柄を特定しない取引であり、短期の資金取引として利用されている。

GCは債券を担保とする資金取引と考えられるため、債券現先取引と同様の経済効果をもつ。GCのレポレートはコール市場や現先市場等の短期金融市場のレートと連動している。

GCでは、レート、期間、額面（金額）等の条件が合い取引が成立した後に、債券の貸し手が任意に銘柄を決定する。債券には担保としての価値しかないので、貸借料は0.01％に設定するのが一般的である。スポットスタート（2営業日後）のオーバーナイト取引が多いが、1週間程度や、1カ月、3カ月などのターム物の取引も行われている。

D　レポ取引の方法

相対取引であり、電話やEメールを用いて債券の貸し手と借り手が直接、または仲介業者を介して取引を行っている。証券会社・銀行など金融機関が直接取引を行うダイレクト取引では、貸しニーズ・借りニーズのあるもの同士が引合いを行い、条件が合致すれば取引が成立する。各会社のディーラー間で機動的に持ち玉を調整し合うことができる。また、ブローカーへの手数料が不要なためコスト削減となる。

ブローカー業務は短資会社、証券金融会社などが行っている。ブローカー取引には2種類あるが、主流なのはワンタッチスルーブラインド方式といいブローカーが取引の当事者となる方法である。この方式では、貸し手と借り手双方とも本当の相手方がだれかはわからないが、自社と契約のない相手からも幅広くニーズを得ることができる。なお、この方式ではブローカーはポジションをとることはない（図表2-41）。

図表2-41　ワンタッチスルーブラインド方式

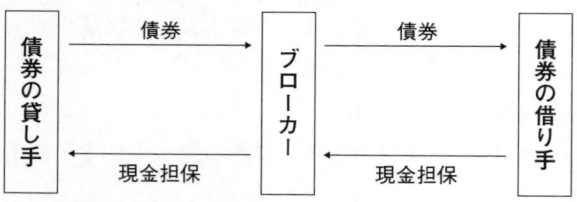

```
┌─────┐  債券   ┌───┐  債券   ┌─────┐
│債券の│────→│ブ │────→│債券の│
│貸し手│         │ロー│         │借り手│
│     │←────│カー│←────│     │
└─────┘ 現金担保 └───┘ 現金担保 └─────┘
```

両取引のレポレートの差がブローカーの収益となる。
出所：みずほ証券金融市場調査部作成

E　契約書

　日本版レポは貸借取引の形式をとるため、日本証券業協会が取りまとめた契約書が使われている。

　契約を結ぶ際には「債券貸借取引に関する基本契約書」「債券貸借取引に関する基本契約に係る合意書」「債券貸借取引に関する基本契約書付属覚書」を取り交わすのが一般的である。さらに、RTGS以降は「フェイルに関する覚書」も取り交わすようになった。

F　値洗い

　約定時点では債券時価と担保金額は等しいが、債券相場変動により債券時価は日々変動する。そのため授受されている担保金と担保金算定の基準となる基準担保金額との間に過不足が生じてくる。レポ取引では値洗い期間中毎日値洗い計算を行い、担保金の過不足を調整している。

　値洗い制度により債券の価格変動によるリスクを限定することができるため、レポはきわめて安全な取引といえる。

　なお相場環境に応じ、以下のように権利が発生する。

	債券貸し手	債券借り手
相場上昇時 (基準担保金額＞担保金額)	追加担保金請求権	―
相場下落時 (基準担保金額＜担保金額)	―	余剰担保金返還請求権

a　値洗いの方法

値洗いはマージン・コール方式によって行われている。担保金追加または返還請求権をもつ当事者は、担保金の過不足額をいつでも相手方に請求することができる。マージン・コールをかけられた相手方は、必ず請求に応じなければならない。

通常は相手方に対して与信枠を設け、受入担保金と基準価格の差額が与信枠を超えた時点で、個別銘柄ごとに請求を行う。

b　処理の流れ

・A社に対する与信枠を2億円に設定。
・A社との約定が、当社貸し銘柄B：50億、銘柄C：50億円、受入担保金が計100億円とする。
・債券時価の変動により各銘柄に対する基準担保金額が、銘柄B：52億円、銘柄C：53億円となったため受入担保金との差額が2億円＋3億円＝5億円となった。
・A社に対する与信枠2億円を超えたため、マージン・コールを行い、BおよびC銘柄の時価相当額との差額5億円を追加担保金として要求した。

c　値洗いスケジュール

値洗いは取引実行日の前営業日から取引決済日の2営業日前までの間、毎営業日行われる。値洗い時の時価総額は、値洗い日の前営業日の利回りを用いて値洗い日の翌営業日を受渡日として計算した単価に、値洗い日の翌営業日までの経過利子を加えたものを時価として計算する。

マージン・コールの通知は正午までに行う。マージン・コールをかけられた側は、翌営業日の午後3時までに請求された過不足担保金を受け渡さなければならない。債券価格変動によるリスクは、値洗いに用いる債券価格の基

準日から実際に担保金の過不足額が受払されるまでの2日間に相当する。

3 公共債流通関連業務の事務処理

(1) 現物取引

A 決済制度の歩み

2002年6月に成立した「証券決済システム改革法」（2003年1月6日施行）において手当された種々の証券決済制度に関連する施策が、2003年1月以降、次々と具体化されている。なお、ここでいう「証券決済システム改革法」とは、正式には「証券決済制度等の改革による証券市場の整備のための関係法律の整備等に関する法律」という。

法律案の冒頭には、「内外の金融情勢の変化に即応し、諸外国の制度との調和を図りつつ、より安全で、効率性の高い証券決済制度等を構築していく必要性にかんがみ、社債、国債等について、券面を必要としない新たな振替制度の整備、より効率的な清算を可能とする清算機関制度の整備を行う等、決済の迅速化、確実化をはじめとする証券市場の整備のため、所要の措置を講ずることとする」と、記述されている。

これは、社債等を発行するには有価証券（本券現物）を発行しなければならないとされていた商法を超越して「ペーパーレス化」を規定したものであり、さらにそれを支える決済インフラを整備するために必要な手当を行った施策である。

[「証券決済システム改革法」におけるキーワード]
・ペーパーレス化
　⇒証券の無券面化
・DVPの実現
　⇒証券の受渡し（Delivery）と資金の授受（Payment）を同時に交換する（Versus）仕組みのこと
・STP化の推進

⇒１度入力されたデータ（約定）が、人手の加工を経ることなくシームレスに処理（決済）されること（Straight Through Processing）
・決済期間の短縮
⇒決済リスク軽減のため約定から決済までの期間を短縮すること

この「証券決済システム改革法」のもとで「社債等の振替に関する法律」が成立し、2003年1月から振替制度（ペーパレス化）が随時開始された。

本法律は2009年1月の株券電子化スタートを経て、「社債、株式等の振替に関する法律」（以下「社債等振替法」という）に名称を変更し、全商品（国債、一般債、投信、株式）においてペーパーレス化が実現した。

B　約定から決済（受渡し）までの流れ

成立した取引（約定）は、照合⇒清算⇒決済の工程を経て取引が終了する。

a　照　合

(a)　約定照合

決済照合システム（後述）利用参加者については、売買報告データを決済照合システムに送信を行い、電子的に約定照合を行う。その他の取引先については、電話・FAX・Eメール等を使用し約定内容の確認を行う。

(b)　取引報告書

約定した取引については、取引先に対し「取引報告書」の交付を行う。
決済照合システム利用参加者で、電子交付の同意先については電子媒体での交付が可能となっている。

(c)　受渡照合

決済照合システム利用参加者については、約定照合で使用した売買報告データをもとに受渡金額、決済方法、決済銀行等の照合を電子的に行う。その他の取引先については、受渡日の2営業日前から前営業日にかけて電話による受渡照合を行う。

b　清算処理

国債の業者間取引に限っては、そのほとんどが「清算」の工程を経て、はじめて取引が終了する。この「清算」の機能を担うのが、「清算機関」である。

成立した取引は、本章第3節2(6)Baで述べた工程を経て国債の清算機関である㈱日本国債清算機関へと集められる（清算参加者の取引に限る）。

JGBCCで集約された取引は、「債務引受」「ネッティング処理」された後に国債の振替機関である日本銀行へと引き継がれ、決済される（清算機関の詳細については後述）。

c 決　済

受渡日には、約定時に定めた（照合内容に基づいた）代金の受渡方法に従って代金の授受および債券の決済を行う。債券のほとんどはペーパレス化されており、決済は振替機関に対して振替指図を行い、振替口座簿上の記録を増減することで完了する。

C 決済照合システム

決済照合システムとは、機関投資家（投資信託委託会社、投資顧問会社、証券会社、信託銀行、生命保険会社、損害保険会社、カストディ業務を行う銀行等）を中心とした取引を対象としており、取引成立後の複雑な過程のなかでの照合作業（電話・FAXを利用した約定照合（注1）、決済照合（注2））を自動化し、取引の効率性を高めるため㈱証券保管振替機構が開発し、導入したシステムである。

また、決済リスクの削減、決済期間の短縮化、国際競争力の維持をいう観点からも、決済照合システム導入が大きな役割を果たしている。

(注1)　約定照合……フロント業務に係る項目の照合
　　　　約定日・受渡日・単価・受渡金額・数量・銘柄コード・約定金額など照合する。
(注2)　決済照合……約定照合の項目に、バック業務に係る照合項目を追加
　　　　受方・渡方証券口座番号、受方・渡方資金決済口座番号、資金決済方法（DVP・FOP）などの照合をする。

a　対象業務・取引

(a)　国内機関投資家の約定照合・決済照合

株式、転換社債、国債、先物・オプション、一般債・短期社債、投信。

(b)　非居住者の決済照合

株式、転換社債、国債、一般債・短期社債。

b　決済照合システムの業務処理概要

決済照合システムでは、6つのタイプの照合システムがサポートされている（2010年12月現在）。

(a) 証券会社、機関投資家、信託銀行の三者間の取引を対象とした照合タイプ

① 三者間センタ・マッチング（運用指図配信サービス未利用型）……照合方法：証券会社が売買報告データを、機関投資家が運用指図データをそれぞれ送信し照合する。

② 三者間センタ・マッチング（運用指図配信サービス利用型）……照合方法：証券会社が送信する売買報告データをもとに、決済照合システムが売買指図データを機関投資家へ送信し照合する。

③ 運用指図サポート対象外型……照合方法：機関投資家が決済照合システムを利用しない場合を想定し、証券会社が売買報告データを決済照合システムへ送信する。

④ スルー型……機関投資家が運用指図データを、証券会社が売買報告データを、それぞれ決済照合システムを通じて信託銀行に送付する。信託銀行は、決済照合システムから受領した運用指図データと売買報告データを自社内で照合し、売買報告承認データを決済照合システムへ送信する。

(b) 証券会社、機関投資家の二者間の取引を対象とした照合タイプ

⑤ プロパー取引型……照合方法：証券会社が、売買報告データを送信し、機関投資家が承認作業を行う。

(c) 業者間等における二者間の相対取引を対象とした照合タイプ

⑥ 二者間センタ・マッチング型……照合方法：売り手／買い手双方が売買報告データを送信し照合する。

●例　三者間センタ・マッチング（運用指図配信サービス未利用型）の業務処理（図表2－42）

証券会社からみて、取引相手が機関投資家（投信・投資顧問会社）と受託会社（信託銀行）に分かれる場合の取引。

図表2-42　決済照合システムの業務処理

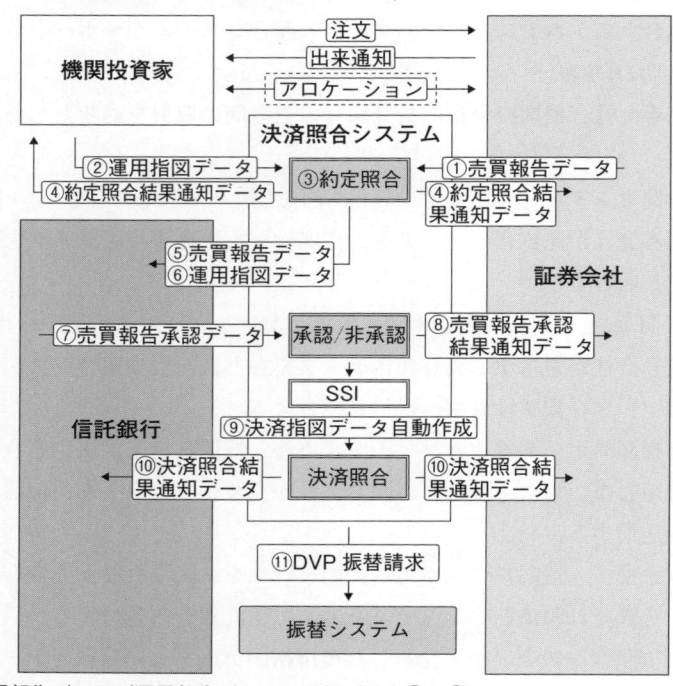

(図表省略)

ⓐ　売買報告データ／運用報告データの送信（図中①、②）
ⓑ　売買報告データ／運用指図データのマッチング（約定照合）（図中③）
ⓒ　受託銀行への売買報告データ／運用指図データの送信および売買報告承認データの送信（図中⑤、⑥、⑦、⑧）
ⓓ　決済指図データの作成（図中⑨、⑩）
ⓔ　DVP振替請求データの作成（図中⑪）
（注）　SSI（Standing Settlement Instructions）……決済照合参加者が、決済照合システムに登録しておく決済情報で、事前にSSIを登録しておくことにより、決済のつど、決済に用いる証券口座および資金口座等を相互に確認する必要がなくなる。
出所：証券保管振替機構資料よりみずほコーポレート銀行作成

D　清算機関

a　清算機関の目的

　債券決済のプロセスに、「清算（クリアリング）」がある。これは、決済の実行に先立ち、引き渡される債券および、支払われる資金の総額を計算し確

定するプロセスをいう。日々大量の取引件数の決済処理が発生するなか、多数当事者の取引を1つずつ個別に決済処理することは効率的ではないため、決済実行前の段階で処理を清算機関に集め、集約的・効率的な決済の履行を実現しており、清算機関は証券決済制度の重要なインフラと位置づけられる。

b　日本国債清算機関（Japan Government Bond Clearing Corporation）

　国債決済に係る清算機関としては、㈱日本国債清算機関（以下「JGBCC」という）が設立されている。JGBCCは、2005年4月7日に証券取引法に基づく証券取引清算機関として、内閣総理大臣より有価証券債務引受業の免許を取得、同年5月2日より債務引受業をスタートした。

c　清算機関の役割

　清算機関の主たる業務は、「債務引受」「ネッティング」「決済保証」「決済指図」となっている（図表2-43）。

(a)　債務引受

　決済において、売り手には証券引渡しの義務（債務）と代金受領の権利（債権）が生じ、買い手には代金支払の義務（債務）と証券受領の権利（債権）が発生する。

　清算機関では、売り手と買い手の双方から、相手方との間に発生した債務を引き受け、当該債務に対応する債権を取得する。これにより売り手や買い手の決済の相手方が清算機関となるので、売買の当事者は、実際の取引相手方の債務不履行リスクを負わずにすむことになる。また、売り手と買い手の決済の相手方が常に清算機関となることで、一元的な決済を実現することが可能となり、事務の効率化が図れる。

(b)　ネッティング

　清算機関で行われる決済では、銘柄ごとに個々の売買を集約し、同一決済日となる買付数量と売付数量とを相殺し、その差額分だけを受け渡すことで行われる。このネッティング方法をマルチラテラル・ネッティングという。

(c)　決済保証

　清算機関には他の清算参加者との決済を履行する義務がある。そのため、清算参加者の債務不履行により損失が生じたときには、債務不履行の状態に

図表2-43 清算業務（債務引受とネッティング）

[国債決済のイメージ （同一受渡日・同銘柄)]

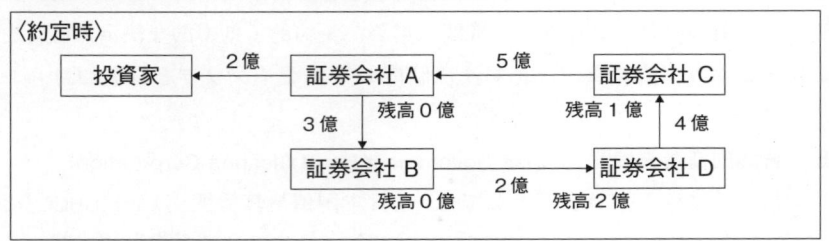

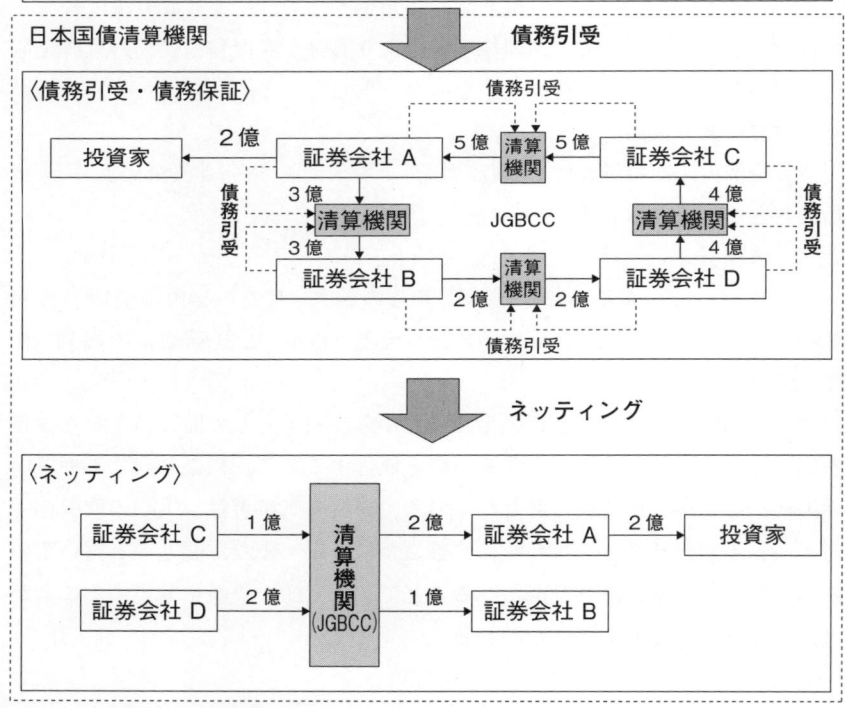

〈約定時〉
- 証券会社A → 2億 → 投資家
- 証券会社C → 5億 → 証券会社A（残高0億／残高1億）
- 証券会社A → 3億 → 証券会社B
- 証券会社D → 4億 → 証券会社C
- 証券会社B → 2億 → 証券会社D（残高0億／残高2億）

↓ 債務引受

日本国債清算機関

〈債務引受・債務保証〉
- 証券会社A → 2億 → 投資家
- 証券会社C → 5億 → 清算機関 → 5億 → 証券会社A（債務引受）
- 証券会社A → 3億 → 清算機関 → 3億 → 証券会社B（債務引受）
- 証券会社D → 4億 → 清算機関 → 4億 → 証券会社C（債務引受）
- 証券会社B → 2億 → 清算機関 → 2億 → 証券会社D（債務引受）

JGBCC

↓ ネッティング

〈ネッティング〉
- 証券会社C → 1億 → 清算機関(JGBCC) → 2億 → 証券会社A → 2億 → 投資家
- 証券会社D → 2億 → 清算機関(JGBCC) → 1億 → 証券会社B

出所：各種資料よりみずほ証券作成

図表2-44　国債決済全体図

約定⇒決済照合⇒清算機関（債務引受、債務保証・ネッティング・決済指図）⇒決済

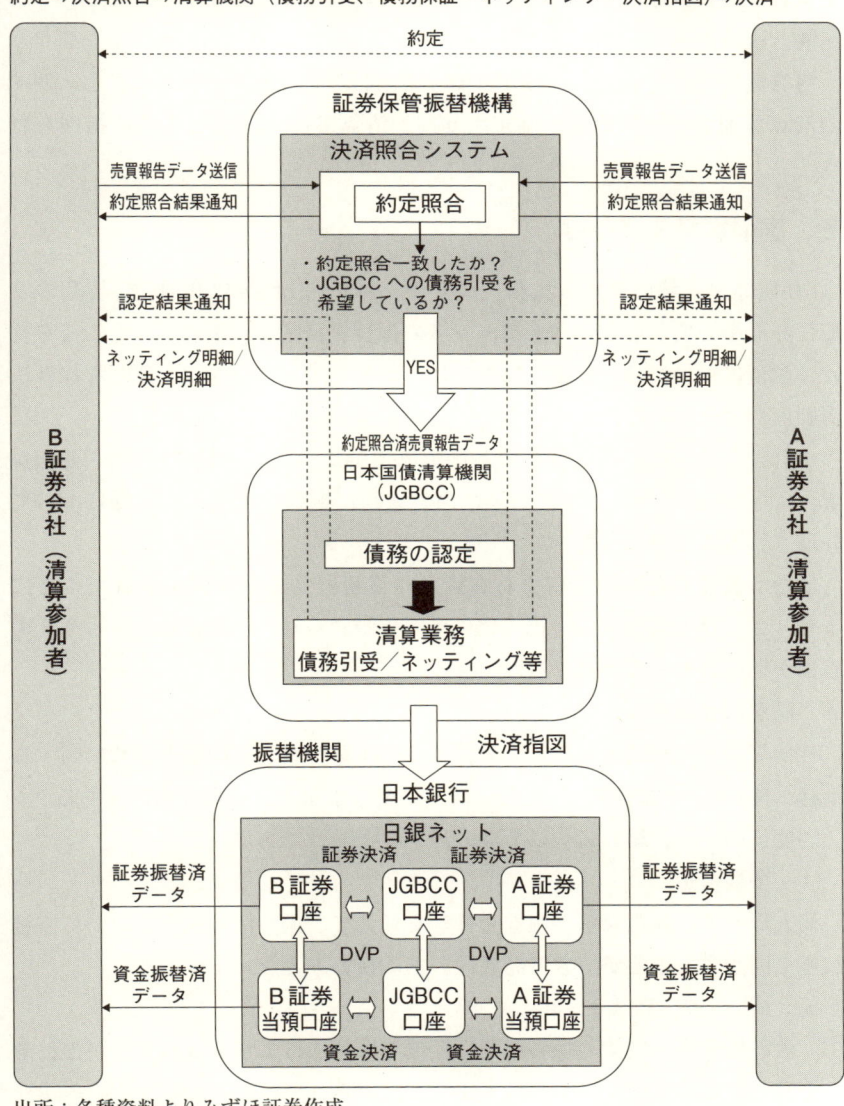

```
                            約定
    ┌──────────────────────────────────────────┐
    │        証券保管振替機構                    │
    │     ┌──────────────────────┐             │
    │     │   決済照合システム     │             │
売買報告データ送信              売買報告データ送信
約定照合結果通知   約定照合     約定照合結果通知
               ・約定照合一致したか？
               ・JGBCCへの債務引受を
認定結果通知     希望しているか？      認定結果通知
                       YES
ネッティング明細／                    ネッティング明細／
決済明細                              決済明細

              約定照合済売買報告データ
           ┌──────────────────┐
           │ 日本国債清算機関   │
           │   （JGBCC）       │
           │   債務の認定      │
           │   清算業務        │
           │ 債務引受／ネッティング等│
           └──────────────────┘
                  決済指図
   振替機関
           ┌──────────────────┐
           │     日本銀行      │
           │    日銀ネット     │
           │  証券決済  証券決済│
証券振替済  │B証券  JGBCC  A証券│  証券振替済
データ      │口座    口座   口座│  データ
           │    DVP    DVP    │
資金振替済  │B証券  JGBCC  A証券│  資金振替済
データ      │当預口座 口座 当預口座│ データ
           │  資金決済 資金決済│
           └──────────────────┘
```

B証券会社（清算参加者）　　　　　　　A証券会社（清算参加者）

出所：各種資料よりみずほ証券作成

第3節　公共債の窓口販売、流通関連業務　237

陥った清算参加者があらかじめ差し入れていた担保(現金等)を用いて損失を補填する措置をとる等、決済が確実に行われることを保証している。
(d) 決済指図

清算機関では、上記のとおり市場で成立した売買をネッティングし、個々の清算参加者の決済数量を確定させて、清算参加者に対して決済指図を行う。

E 国債振替決済制度

「社債等の振替に関する法律」により、国債、社債等に共通の、権利の移転に券面を必要としないペーパーレスの振替決済制度が創設されたことを受け、国債については、社債等に先駆け、2003年1月27日から、新たな振替決済制度がスタートした。

これにより、その後発行される国債はすべてペーパーレス(以下「振替国債」という)となり、金融機関等に開設された振替口座簿への記録によって管理されることとなった。

また、前述したJGBCCによる有価証券債務引受業務が開始されたことにより、さらなる国債取引の迅速化や効率化が図られ、国債市場のいっそうの整備が期待されることとなった。

a 制度の仕組み

社債等振替法47条1項の指定を受けた日本銀行が営む国債の振替に関する業務(日本銀行の振替業)の実施に関し必要な事項を定めた仕組みである。

制度に関する仕組みについては、以下のとおりである。

(a) 多層構造

個人などの一般投資家が証券会社等を通じて、振替決済制度において直接口座を開設することができる発展性のある仕組みとなっている。

(b) 構　　成 (図表2-45)

① 振替機関……国債の振替機関は社債等振替法により「日本銀行が振替業を営む場合の特例」により日本銀行と定められている。
② 参加者……日本銀行から参加者口座の開設を受けた者をいう(直接口座管理機関)。

図表2−45　参加者の構成

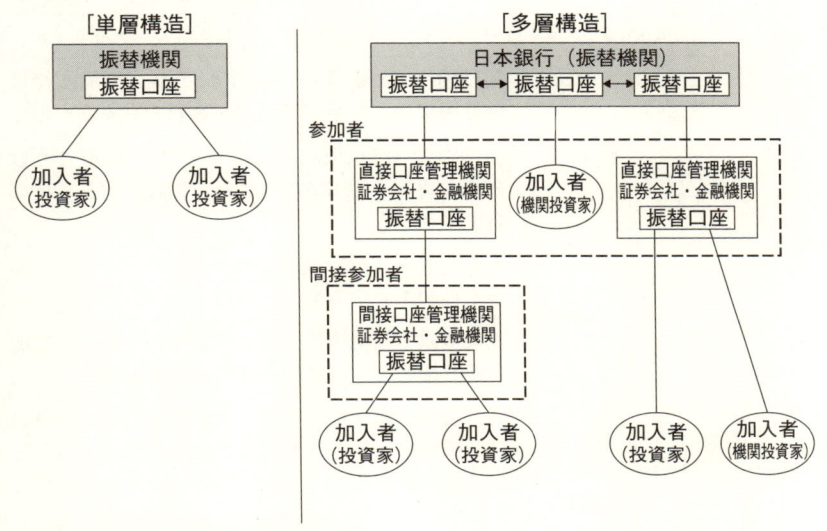

［単層構造］

振替機関
　振替口座
　　├─加入者（投資家）
　　└─加入者（投資家）

［多層構造］

日本銀行（振替機関）
　振替口座 ↔ 振替口座 ↔ 振替口座

参加者
　直接口座管理機関　証券会社・金融機関
　　振替口座
　加入者（機関投資家）
　直接口座管理機関　証券会社・金融機関
　　振替口座

間接参加者
　間接口座管理機関　証券会社・金融機関
　　振替口座
　　├─加入者（投資家）
　　└─加入者（投資家）

加入者（投資家）
加入者（機関投資家）

出所：各種資料よりみずほ証券作成

③　間接参加者……参加者から顧客口座の開設を受け、個人や一般投資家などのために顧客口座を開設することを日本銀行より承認を受けた者をいう（間接口座管理機関）。

(c)　**口座区分**（図表2−46）

①　参加者口座……参加者が振替国債についての権利を有するものを記録する口座（自己口）。
②　顧客口座……顧客が振替国債についての権利を有するものを記録する口座（顧客口）。

(d)　**口座振替**

　売買などで参加者口座および顧客口座の残高が増減する場合、振替機関が備える参加者口座および、参加者が備える顧客口座ごとに振替口座簿へ増額または減額の記録を行う。

　また、振替口座簿へ記録を行うことにより権利が発生する（「権利の帰属」社債等振替法88条）。

図表2-46 参加者の内訳区分

内訳区分			内訳の区分内容
自己口	自己口Ⅰ	非課税口	利付国債（源泉徴収不適用等）、割引国債または分離国債のうち当該参加者が権利を有するもの
	自己口Ⅱ		利付国債（源泉徴収不適用等）、割引国債または分離国債のうち当該参加者を質権者とする質権の目的であるもの
	自己口Ⅲ	課税口	源泉徴収不適用等以外の利付国債のうち当該参加者が権利を有するもの
	自己口Ⅳ		源泉徴収不適用等以外の利付国債のうち当該参加者が質権者とする質権の目的であるもの
顧客口	預り口Ⅰ	非課税口	利付国債（非課税貯蓄分および顧客口座の課税口に記載分を除く）割引国債および分離国債のうち当該参加者または、間接参加者の顧客が権利を有するもの
	預り口Ⅱ		利付国債（非課税貯蓄分）のうち当該参加者または、その間接参加者の顧客が権利を有するもの
	預り口Ⅲ	課税口	利付国債（顧客口座の課税口に記載されている者に限る）のうち当該参加者または間接参加者の顧客権利を有するもの

(注) 課税口から非課税口への振替えは、同じ参加者口座の預り口Ⅱへの振替えを除き、利子の支払期日およびその翌日以外は禁止されている。
出所：各種資料よりみずほ証券作成

(e) **振替停止期間**

図表2-47のとおり、利払日、償還日の2営業日前と前営業日は振替停止期間となる

(f) **振替口座簿**（図表2-48）

日本銀行および参加者等は、その営業所または事務所において、振替口座簿を備える必要がある。

また、日本銀行が備える振替口座簿は参加者口座ごと、参加者等が備える振替口座簿は顧客口座ごとに備える必要がある。

図表2-47　振替停止期間

[国債における口座振替停止の例示]

	4営業日前	3営業日前	2営業日前	1営業日前	利子支払日または償還日(注1)
口座振替え	○	○ 利払口振替日(注2)	× 振替停止期間		○

○印＝可能、×印＝不可能

(注1)　償還期日の振替えは不可能。
(注2)　当該日は元本と利金が分離されるため、元本と利金それぞれの振替申請が必要。
出所：各種資料よりみずほ証券作成

日本銀行が備える振替口座簿の記録項目は以下のとおり。
・参加者の名称及び住所
・銘柄
・銘柄ごとの参加者口座（自己口）の種別及び内訳区分別の増減額及び残高
・銘柄ごとの参加者口座（顧客口）の種別及び内訳区分別の増減額及び残高
・処分の制限に関する事項
　参加者等が備える振替口座簿の記録項目は以下のとおり。
・顧客の氏名又は名称及び住所
・銘柄
・銘柄ごとの種別及び内訳区分別の増減額及び残高
・処分の制限に関する事項

b　RTGS決済（Real Time Gross Settlement）
　(a)　RTGS（即時グロス決済）の導入

　従前のわが国の国債決済制度は、いくつかの決済処理をある時点（13時・15時）でまとめて行う「時点決済」であったが、この方法ではある時点でのネットの金銭を受払するので、処理金額・件数は少なくなるものの、日中に未決済残高が積み上がり、金融破綻時に連鎖的な影響（システミック・リスク）が発生するおそれがあった。

図表2-48 振替口座簿

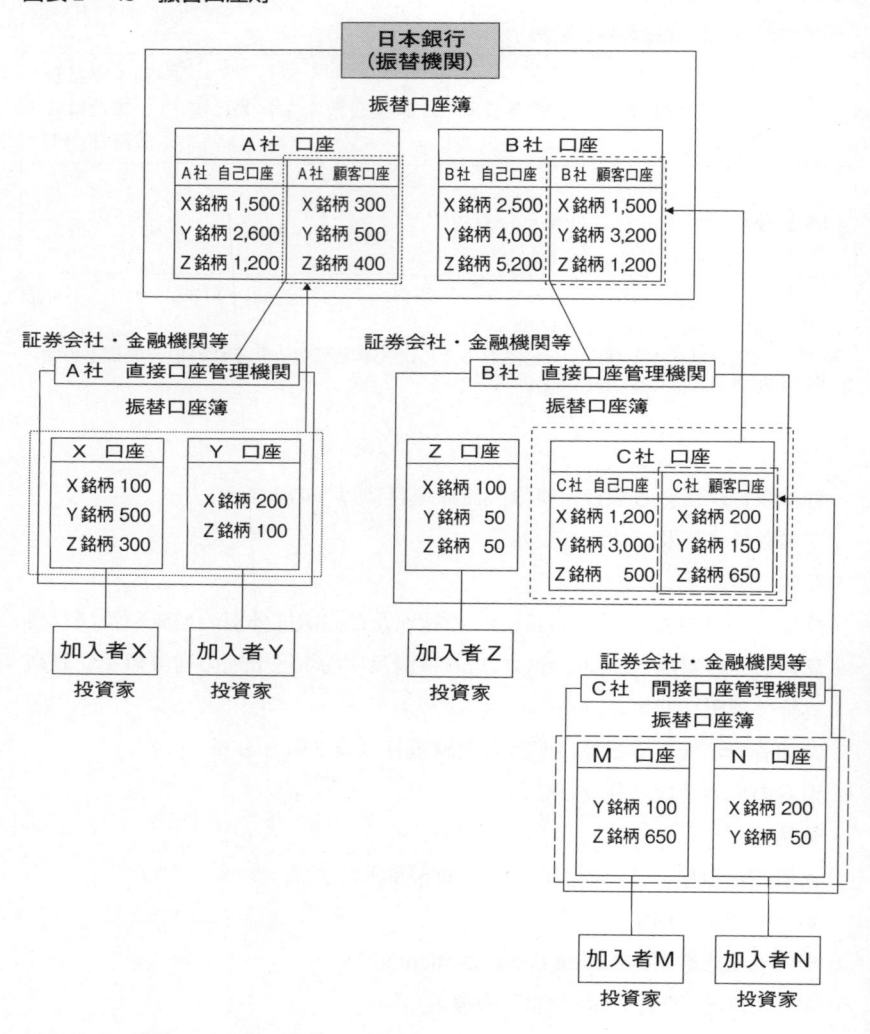

```
                         日本銀行
                        （振替機関）
                         振替口座簿
        ┌─────────────────────┐  ┌─────────────────────┐
        │      A社 口座       │  │      B社 口座       │
        │ A社 自己口座│A社 顧客口座│  │ B社 自己口座│B社 顧客口座│
        │ X銘柄 1,500│X銘柄  300 │  │ X銘柄 2,500│X銘柄 1,500│
        │ Y銘柄 2,600│Y銘柄  500 │  │ Y銘柄 4,000│Y銘柄 3,200│
        │ Z銘柄 1,200│Z銘柄  400 │  │ Z銘柄 5,200│Z銘柄 1,200│
        └─────────────────────┘  └─────────────────────┘
```

証券会社・金融機関等　　　　　　　証券会社・金融機関等
A社 直接口座管理機関　　　　　　　B社 直接口座管理機関
振替口座簿　　　　　　　　　　　　振替口座簿

X 口座	Y 口座
X銘柄 100	X銘柄 200
Y銘柄 500	Z銘柄 100
Z銘柄 300	

Z 口座	C社 口座
X銘柄 100	C社 自己口座 / C社 顧客口座
Y銘柄 50	X銘柄 1,200 / X銘柄 200
Z銘柄 50	Y銘柄 3,000 / Y銘柄 150
	Z銘柄 500 / Z銘柄 650

加入者X　加入者Y　　　加入者Z
投資家　投資家　　　　投資家

証券会社・金融機関等
C社 間接口座管理機関
振替口座簿

M 口座	N 口座
Y銘柄 100	X銘柄 200
Z銘柄 650	Y銘柄 50

加入者M　加入者N
投資家　投資家

出所：各種資料よりみずほ証券作成

　このようなリスクを排除するために、日本銀行では2001年1月4日より、日銀当座預金決済とともに国債決済のRTGS化を実施した。

RTGSとは、1件1件の個別の決済を即時に行う方法であり、処理金額・件数は時点決済時よりも大きくはなるものの、金融破綻時の連鎖的な影響は生じないため、証券決済リスクの削減として有効な手法となっている。

(b) **参加者への影響と市場慣行**
① 参加者への影響
・日中流動性……従前は受け・払いの差額を用意すればよかったが、1件ずつの決済を行うために、日中のある時点で相当の資金・証券の残高を確保する必要が出てきた。
・事務負担……日中の決済状況をみながらコントロールを行う必要が出てきた。
・システム……正確性とスピードを確保するためシステム化が必須となった。

② 市場慣行
・円滑化……決済が滞留することを回避するルールづくりが行われた。
・フェイル……決済不履行を制度化した。
・事前確認……参加者間であらかじめ決済方法を確認し合うスキームがつくられた。

　　RTGSの詳細については、日本証券業協会の「国債の即時グロス決済に関するガイドライン」を参照。

③ オンライン請求
　日銀ネットオンラインの参加者は、振替指図等を、日銀ネットの利用を通じてオンライン請求することができる。
　振替指図には、参加者口座内の自己口⇔預り口間の振替え、自己口の一般口⇔担保口の振替え、他の参加者口座への振替えなど、決済・受渡しに係るオペレーションが含まれる。
　RTGS化後（後述）におけるオンライン請求は、一部の例外を除いてオンライン入力と同時に振替指図が実行される。

④ DVP決済（Delivery Versus Payment）
　証券と資金を同時に交換するシステムのことで、ネットワーク上で証券の受渡しと資金の授受が同時に行われる仕組みのこと。ここでいう同時と

は、かりに証券・資金のどちらかに残高が不足し受渡しができないとき等は、証券・資金の決済を止めて両方の受渡しを行わないことをいう。これにより、とりはぐれ（どちらか一方が決済されない）のリスクが排除される。

　国内でDVP決済を行うためには、決済の当事者双方がネットワーク参加者であること、資金決済に日銀当預を使用することなどが条件となる。

⑤　FOP（Free Of Payment）

　DVPに対して使われる言葉で「非DVP」（DVPではない決済方法）のこと。

　証券決済と資金決済が別々に行われ、相互間のリンクが働かないことから、とりはぐれのリスクが存在する。

　DVPの条件に満たない相手先との決済はFOPとならざるをえないが、決済代行等を利用することでDVPを実現することは可能である。

F　一般債振替制度

　国債のペーパーレス化に続き、2006年1月10日より、一般債をペーパーレス化した決済制度、「一般債振替制度」が㈱証券保管振替機構（以下「機構」という）を振替機関として実施された。

　一般債振替制度とは、完全ペーパーレス化の実施に伴い、必要な事項を定めたものである。この制度は新規発行から流通、償還に至るまでの管理をすべて電子的な情報処理により、決済照合システムと連動し、照合一致結果に基づき、照合から証券振替えまでを自動で行い、STPを実現している。また、資金決済についても、日本銀行と連動することによりモノとお金を同時に決済するDVP決済を実現している。

　振替決済の詳細については、日本証券業協会の「一般債の振替決済に関するガイドライン」を参照。

a　取扱対象社債と銘柄管理体系

（a）　取扱対象社債（注1）（注2）

・社債（新株予約権付社債を除く）

・地方債（注3）

図表2-49　ISINコード

ISINコードの基本仕様に基づき、以下の体系によるコードを付番する。

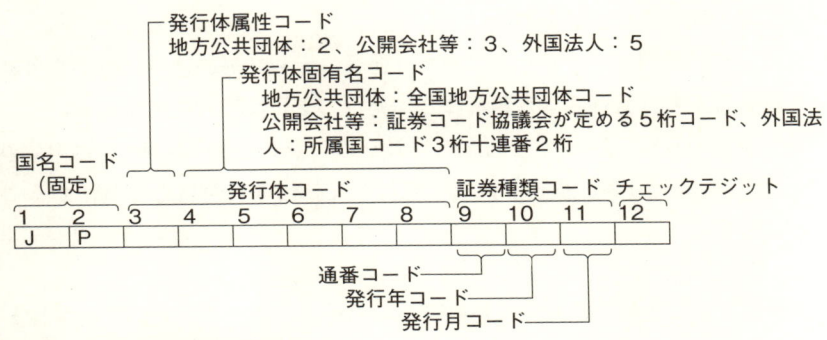

```
                ┌─発行体属性コード
                │  地方公共団体：2、公開会社等：3、外国法人：5
                │    ┌─発行体固有名コード
                │    │   地方公共団体：全国地方公共団体コード
                │    │   公開会社等：証券コード協議会が定める5桁コード、外国法
                │    │   人：所属国コード3桁＋連番2桁
 国名コード     │    │
  (固定)      ┌─┴────┴─┐  ┌─発行体コード─┐ ┌証券種類コード┐ チェックデジット
 ┌──┬──┬──┬──┬──┬──┬──┬──┬──┬──┬──┬──┐
 │ 1│ 2│ 3│ 4│ 5│ 6│ 7│ 8│ 9│10│11│12│
 ├──┼──┼──┼──┼──┼──┼──┼──┼──┼──┼──┼──┤
 │ J│ P│  │  │  │  │  │  │  │  │  │  │
 └──┴──┴──┴──┴──┴──┴──┴──┴──┴──┴──┴──┘
                          通番コード──┘  │  │
                          発行年コード───┘  │
                          発行月コード──────┘
```

出所：証券保管振替機構資料より

・保険相互会社社債
・投資法人債
・SPCなどの特定社債
・財投機関、地方公社などの発行する特別法人債（注4）
・外国または外国法人の発行する債券（サムライ債など）

(注1)　発行者が機構に対して取扱いを同意することが前提。
(注2)　海外市場で発行される債券（ユーロ円債など）は、対象外。
(注3)　証書形式で発行されるものは対象外。
(注4)　学校法人が発行する学校債や、財団法人形態の地方公社など法律上の発行根拠規定のない法人が発行する債券は、対象外。

　(b)　銘柄管理体系

　国際標準であるISINコード（国際証券コード体系：ISO6166）を使用し、これに基づき銘柄管理が行われている（図表2-49）。

b　制度の仕組み

　(a)　制度参加形態

・振替機関……機構
・加入者……機構または口座管理機関から口座の開設を受けた者
・口座管理機関……他の者のために、社債等の振替えを行うための口座を開設する者

- 直接口座管理機関……口座管理機関のうち、機構加入者である者
- 間接口座管理機関……直接口座管理機関の加入者

(b) その他の制度参加形態

- 発行／支払代理人……発行者にかわり発行、元利払等の機構に対する事務手続を行う者。発行者は、銘柄ごとに発行／支払代理人を選任する。
- 資金決済会社……DVPや元利金処理のための資金決済（日銀当預勘定での資金決済）を行う者。機構加入者、発行／支払代理人が自らを選任することも可能。

(c) 口座区分

機構および口座管理機関は、他の者からの申請に基づき、社債等の振替えを行うための口座を開設する必要がある（図表2−50）。

図表2−50 参加者の口座区分

口座区分種類	口座区分名称	課税種別	内容
自己口	保有口	源泉徴収不適用分等	機構加入者が権利を有するものを記録する口座
		課税分	
	信託口	源泉徴収不適用分等	機構加入者が信託の受託者である場合の信託財産の記録を行う口座
		課税分	
顧客口	顧客口	源泉徴収不適用分等	機構加入者の加入者が権利を有するものを記録する口座
		課税分	
自己口（質権口）	質権口	源泉徴収不適用分等	機構加入者が質権者であるときの質権に係る権利を記録する口座
		課税分	
	信託口	源泉徴収不適用分等	機構加入者が信託の受託者である場合の信託財産が質権者であるときの質権に係る権利を記録する口座
		課税分	

(注) 課税種別については以下のとおりとする。
・「源泉徴収不適用分等」……利子の計算期間の初日以降継続して、非課税法人および指定金融機関等の所有に係る社債等。
・「課税分」……「源泉徴収不適用分等」以外。

出所：各種資料よりみずほ証券作成

(d) 振替口座簿

　機構および口座管理機関は、振替口座簿を備える必要がある。機構が備える振替口座簿は機構加入者の口座ごとに区分し、口座管理機関が備える振替口座簿は、その加入者ごとに区分し、加入者の口座は、機構の振替口座簿における区分に準じて管理する必要がある。

c　口座振替処理

(a) DVP決済

　機構での振替えとこれに対応する日本銀行での資金決済を一体のものとして結びつけて連動する決済（グロス＝グロス決済）。また、DVP決済を行う場合、決済照合システムの利用が必須となる。

(注)　機構への振替申請は、原則、この方法により行う。

(b) FOP決済

　機構での振替えとこれに対応する資金決済を個別に行う決済で、機構は振替処理のみを行う。また、FOP決済は、決済照合システムを利用する方法と、渡方機構加入者が機構に対して振替申請情報を示して申請する方法がある。

(注)　以下のような事例に係る振替えは、FOP決済で振替申請を行う（決済照合非利用）。
　　・同一機構加入者口座における課税種別間の振替申請。
　　・相続・贈与等に伴う移管、担保差入れなど、預替えに伴う振替申請。

(c) **振替えの制限**

① 振替停止日

　以下の営業日が振替停止日となる。

・元利払期日（満期償還期日、繰上償還期日、定時償還期日、利払期日）の前営業日
・満期償還期日（発行残高の全額が償還される期日）
・繰上償還期日（コール・オプション（全額）、プット・オプションの行使に伴う繰上償還がなされる日）

② 課税種別間の振替えの制限

　区分口座における課税種別が「課税分口座」から「源泉徴収不適用分等

図表2-51　利金の計算式

```
［定時償還銘柄以外の場合］
    利子額 ＝ 額面総額 × １通貨あたりの利子額（円位未満切捨て）
［定時償還銘柄の場合］
    利子額 ＝ 額面総額 × ファクター
            × １通貨あたりの利子額（円位未満切捨て）
```

$$1通貨あたりの利子額^{(注1)} = \frac{表面利率（\%）}{100} \times \left\{\frac{1}{年間利払回数}\right.$$

$$\left.\times \frac{経過日数}{基準日数}\right\}^{(注2)}$$

$$所得税額 = 利子額 \times \frac{所得税率（\%）}{100} \quad （円位未満切捨て）$$

(注1)　小数点以下13桁まで保持する（14桁以下は切り捨てる）。
(注2)　各債券要項の記載に従う。
出所：証券保管振替機構資料より

口座」への振替えは行うことができない。

　原則、振替えの対象となる銘柄の利払期日および利払期日翌日においては、課税種別間の振替えが可能となる。ただし、利払期日翌日が休日の場合は、利払期日のみが振替可能日となる。

(d)　利金の算出方法

支払代理人から通知される「１通貨あたりの利子額」を残高に乗じて計算される（図表2-51）。

ファクターについては、本節3 F f(b)を参照。

d　新規記録（発行）処理

(a)　銘柄情報の通知

振替社債発行の決議を行った発行者は発行条件決定後、発行代理人を通じて銘柄情報（銘柄名、利率、利息の支払方法等）を機構に通知する。

通知を受けた機構は、ISINコードを付番し、当日中に発行代理人および機構加入者に通知する。

(b) **新規記録申請**

発行代理人は払込日の所定の日までに機構に対して、新規記録申請（引受会社等の口座、金額など新規記録に必要な情報）を行う。このとき、社債権者からの新規記録情報（注）の提供および新規記録申請の処理方法は次の2つに区分される。

（注） 新規記録情報：振替社債の銘柄、払込みを行う加入者の氏名または名称、新規記録先口座、払込金額

① 決済照合システム利用による申請……決済照合システムを介して、引受会社・社債権者が新規記録情報を送信し、発行代理人が該当情報を承認のうえ機構に新規記録申請を行う方法。

（注） この方法の場合は、DVP決済を行うことができる。

② 発行代理人直接申請……発行代理人が社債権者等から書面その他の方法により、新規記録情報等の提供を受けたうえで、機構に対して所定の方法で直接新規記録申請を行う方法。

（注） この方法の場合は、DVP決済を行うことができない（FOP決済）。

e **振替制度のメリット**

① 2008年1月6日以降、税制優遇措置（非課税法人、マル優、源泉徴収不適用等）は、振替債にのみに適用される。

（注） 資本金1億円以上の指定内国法人においては手続を行うことで、振替債について源泉徴収不適用の対象となる。

② 完全なペーパーレス化（無券面化）の実現により、売買に伴う現物債の券面受渡しや登録債の記番号管理といった事務手続が発生しない。

③ 登録制度における元利金支払期日前3週間の移転登録停止期間が、振替制度では、原則、利払日の前日の1日のみが振替停止日となる。

f **その他**

(a) **既発債の振替債への移行について**

第1章第3節でみたように、すでに発行されている現物債、登録債についての振替制度への移行は、2006年から2007年にかけ行われている。また、振替債へ移行されていない現物債、登録債は、税制優遇措置を受けることはできないため課税扱いとなる。

図表2−52　ファクター方式

$$\text{ファクター} = \frac{\text{各社債の金額} - \text{各社債の金額に対する直前利払期までの償還額の総額}}{\text{各社債の金額}}$$

（注）　ファクターは、小数位10桁まで保持する。

［振替単位1億円の社債を、発行時に1億円購入した場合］

《発行時》　　　　　　　《n＋1回利払時》　　　《n＋2回利払時》　　　《n＋3回利払時》

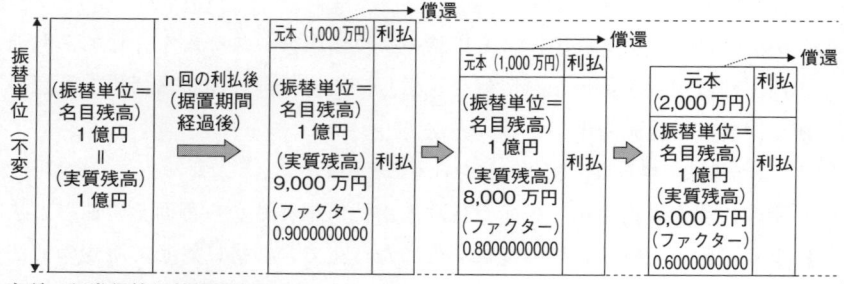

振替単位（不変）
- （振替単位＝名目残高）1億円 ＝（実質残高）1億円
- n回の利払後（据置期間経過後）
- 元本(1,000万円)　利払　→償還
- （振替単位＝名目残高）1億円（実質残高）9,000万円（ファクター）0.9000000000　利払
- 元本(1,000万円)　利払　→償還
- （振替単位＝名目残高）1億円（実質残高）8,000万円（ファクター）0.8000000000　利払
- 元本(2,000万円)　利払　→償還
- （振替単位＝名目残高）1億円（実質残高）6,000万円（ファクター）0.6000000000　利払

出所：証券保管振替機構資料より

(b)　**ファクター方式とは**

　振替債へ移行された銘柄が定時償還債等の場合、一般債振替制度では券面不発行により記番号管理がないため、従来からの記番号定時償還などは行われず、各利払期にその銘柄のすべての残高に対し一定割合で均等に償還されることとなる。その際、各社債の金額あたりの償還額をもとに図表2−52のファクター値を算出し、これを利用して実質残高の管理を行う。

(c)　**実質記番号管理方式とは**

　振替債への移行後も記番号の管理が必要な債券は、従来の記番号に基づいた定時償還などを可能とするため、振替債の残高に対して記番号管理を行う方式。

(d)　**社債登録制度について**

　本章の冒頭で述べているとおり、2003年1月6日に「証券決済システム改革法」が施行され、そのなかに「社債等登録法の廃止」が盛り込まれていた。それに伴い社債等登録法は2008年1月4日に廃止され、それ以降については、新たな登録債の発行は行えなくなった。

G 利金・償還金の支払

a 振替国債の場合
　国債の元利金については、国債の振替機関である日本銀行が代理受領したうえで、口座管理機関が保有者にかわって日本銀行からこれを受け取り、保有者の請求に応じて口座管理機関が保有者の指定口座へ支払を行う。

b 一般債の振替債の場合
　一般債の振替債の元利金については、支払代理人が発行体から受領したうえ、口座管理機関が支払代理人からこれを受け取り、保有者の請求に応じて口座管理機関が保有者の指定口座へ支払を行う。

c 本券の場合
　保有者が元利払日以降に利札または本券を元利金支払場所である金融機関もしくは証券会社に提出することにより、元利金を受領する。

(2) 国債先物・オプション取引

　取引所取引である国債先物・オプション取引に係る事務処理について、まず証拠金、値洗い、手数料関連の概要について述べ、次に実際の約定から決済まで、および受渡決済に係る事務フローにつき述べることとする。

A 証拠金、値洗い、手数料

a 証拠金

　国債先物・オプション取引は、将来の損益確定日までの間の相場変動によって、大きな損失が発生する可能性があり、決済履行を担保し取引の安全性を確保するため証拠金制度が採用されている。

　顧客が国債先物取引やオプション取引を行い証拠金が発生した場合、取引成立の日翌日に顧客が差し入れた証拠金を、清算参加者を通じて清算機関に預託する。

　東証に上場している債券先物・オプション取引の清算業務は、2004年2月2日より㈱日本証券クリアリング機構（以下、クリアリング機構）が行っており、証拠金については清算機関であるクリアリング機構が清算参加者より預

託を受けることになっている。

　クリアリング機構ではSPAN®を採用し、ポートフォリオ全体でのポジションをかんがみて、翌営業日までに発生しうる先物・オプション取引の変動リスクを加味し、証拠金額でカバーする必要のあるリスク相当額を証拠金所要額として算出する。なお、オプションの買い手の場合は、最大損失がプレミアムのみに限定されるので、証拠金を差し入れる必要はない。証拠金所要額は定められた有価証券により代用預託することも可能。

　SPAN®（Standard Portfolio Analysis of Risk：スパン）とは、シカゴ・マーカンタイル取引所（CME：Chicago Mercantile Exchange）が1988年に開発したリスクベースの証拠金計算方法およびシステムであり、同取引所の登録商標。現在、世界の主要先物・オプション取引所・清算機関で採用されている。

　日々の証拠金所要額は、SPAN®で計算した額から、ネット・オプション価値の総額を差し引いて得た額以上を差し入れる。

　　証拠金所要額＝SPAN®証拠金額－ネット・オプション価値の総額
　　ネット・オプション価値の総額
　　　＝買オプション価値の総額－売オプション価値の総額
　　買いオプション価値
　　　＝ロング・ポジション（買い超建玉）×証拠金算定基準価格（清算価格）
　　　×取引換算額
　　売りオプション価値＝ショート・ポジション（売り超建玉）×証拠金算定
　　　基準価格（清算価格）×取引換算額

　清算参加者が預託する証拠金には、自己取引に係る取引証拠金と委託取引に係る取引証拠金とがある。

　顧客が取引参加者に差し入れた証拠金を、清算参加者を通じて預託する場合、顧客の差し入れた証拠金は取引証拠金とされる。顧客は取引を行った翌日までに証拠金を差し入れる必要がある。清算参加者が、顧客が差し入れた金銭および有価証券の全部を、「取引証拠金」として清算機関に預託することを「直接預託」という。

　顧客が取引参加者に差し入れた金銭または有価証券にかえて、清算取引参

加者が保有する金銭または有価証券により取引証拠金が預託される場合（差換預託）、顧客の差し入れた証拠金は委託証拠金とされる。この場合、顧客から事前に書面による同意が必要。

緊急取引証拠金は、午前立会において相場があらかじめ定められた範囲を超えて、異常に大きく変動した場合や、クリアリング機構が必要と認めた場合には緊急取引証拠金を発動し、自己取引に係る取引証拠金預託額が緊急証拠金所要額に満たないときは、当該差額以上の額を当日16時までに預託する。なお、全額有価証券により代用預託することも可。

代用有価証券範囲等については、取引証拠金における取決めと同様。なお、顧客および非清算参加者には緊急取引証拠金の適用はない。

b 値洗い

値洗いとは、日々の価格の変動に応じて、新規建玉や既存建玉にどの程度の損益が生じているか算出し、その損益に相当する現金を授受するもの。

取引所より発表される清算価格をもとに毎日値洗いし、すべての取引や建玉は日々の清算価格で時価評価され、その結果生じた差損益は翌営業日に決済する。売買成立時から決済が行われるまでの期間、日々の値洗いにより損失の累積を予防している。

なお、オプション取引では、取引成立日の翌日に取引代金の授受が発生するが、先物取引とは異なり日々の値洗い差金の授受は発生しない。

値洗いの手順としては、

① 同一日における同一限月取引の約定価格を清算価格に評価替えするため、個々の新規建玉の約定価格と清算価格の差額（引直差金）を算出する

② 前日の清算価格で評価替えされている既存建玉残についても当日の清算価格に評価替えし、前日清算価格と当日清算価格の差額（更新差金）を算出する

③ 各限月について同様の方法で引直差金・更新差金を算出し、これらを差引きした差額（値洗い差金）を、評価替えを行った翌営業日に清算機構と清算参加者間で総受払代金として決済、また清算参加者と顧客間で決済する

という方法が採用されている。

参加者とクリアリング機構の間で、以下の算出式により算出される受払代

金について、資金決済銀行、もしくは日本銀行当座勘定により資金の授受を行う。

　　国債先物・オプション取引差金受払額
　　　＝（国債先物取引の引直差金＋更新差金）
　　　＋（国債先物オプション取引の取引代金）
　　　＋（先物・オプション取引のギブアップ・テイクアップ訂正差金・代金）

c　手　数　料
(a)　取引料、清算手数料

取引所に上場されている先物・オプション取引を行った場合、取引参加者

図表2－53　東京証券取引所における取引料、清算手数料

商　品	取　引　料		清算手数料	
長期・中期国債先物取引	取引成立	1取引単位あたり95円	取引成立	1取引単位あたり49円
	国債先物オプション取引の権利行使・割当て	権利行使および権利行使割当てにより成立する国債先物取引の1取引単位あたり82円	国債先物オプション取引の権利行使・割当て	
	受渡決済	受渡決済数量1単位につき10円	受渡決済	受渡決済数量1単位につき132円
ミニ長期国債先物取引	取引成立	1取引単位あたり20円	取引成立	1取引単位あたり5円
			最終決済	最終決済数量1単位につき15円
国債先物オプション取引	取引成立	1取引単位あたり40円	取引成立	1取引単位あたり10円
			最終決済	10円×権利行使および権利行使割当てにより成立する国債先物取引の取引数量

出所：東京証券取引所ホームページより抜粋

には取引料が課される。また、清算機関の利用に際しては、清算参加者に清算手数料が課される（図表2－53）。

(b) **委託手数料**

委託手数料については、顧客と取引執行会社の間で自由に取り決められる。国内居住者の取引に係る委託手数料には、消費税が課せられる。

B 約定から差金受払までの事務フロー

約定後の値洗差金決済は、約定日の翌日（T＋1）で行われる。

a 約定日当日の処理

① 8：20～16：15……注文執行取引参加者は、約定成立後、ギブアップ取引を行う際は、清算執行取引参加者を指定して、清算システム（CMF端末）よりギブアップ申告処理を行う。また自らが清算執行取引参加者となる取引がある場合はテイクアップ承認処理を行う（当日のイブニングセッションのギブアップ申告テイクアップ承認も、15：30～18：30までの間可能）。

② 16：15以降……SPANリスク・パラメータ・ファイルがCMF端末およびクリアリング機構ホームページ等に更新される。清算参加者は上記ファイルを社内システム、もしくはPC-Span等にダウンロード、証拠金所要額、差金等の計算処理等を行う。

清算参加者の自己および委託分に係る先物商品の差金情報、オプション商品の代金情報および先物・オプション取引のギブアップ・テイクアップ訂正差金・代金情報については、CMF端末上の「総括精算表」「参加者別引直差金・更新差金情報」および「オプション取引代金・権利行使差金情報」参照。

③ 17：00まで……清算参加者は各銘柄について、転売、買戻しが成立した場合、清算機関へ転売買戻しの別および数量を、顧客の委託に基づくものと自己の計算によるものと区別して、17：00までに申告する。

ただし、国債証券先物オプション取引の権利行使により成立する先物取引に係る転売または買戻しの申告は、権利行使日の翌営業日の朝8：30までに行う。

④ 17：40まで……自己証拠金所要額がCMF端末上で閲覧可能となる。社

内システムで計算した自己証拠金所要額と確認。
⑤　18：30まで……取引証拠金所要額（委託および非清算参加者分合計）をCMF端末から申告。

b　約定日翌日（決済日）

① 　12：00まで……証拠金預託の場合、取引証拠金所要額以上の額の取引証拠金を12：00までにクリアリング機構に預託。
② 　13：00まで……受払代金のクリアリング機構への支払の場合、13：00までに支払資金決済。
③ 　14：00まで……証拠金返戻の場合、14：00までにCMF端末にて申告。
④ 　14：45まで……受払代金のクリアリング機構からの受領の場合は14：45以降に受領。

　ギブアップとは、取引参加者がテイクアップを条件として、当該取引参加者が行った先物・オプション取引の清算・決済を他の参加者に行わせることである。

　テイクアップとは、清算執行取引参加者が注文執行取引参加者のギブアップに係る先物・オプション取引の清算・決済を引き受けることである。

　ギブアップが成立した場合には、顧客と注文執行取引参加者との間の委託関係が終了し、同時に顧客と清算執行取引参加者との間でギブアップに係る取引の決済に係る委託が新たに発生する。顧客は、当該ギブアップに係る取引の清算・決済および証拠金の預託を清算執行取引参加者との間で行う。

　国債先物・オプション取引ともにギブアップ・テイクアップ両方可能だが、国債証券先物オプション取引の権利行使または、その割当てにより成立する国債証券先物取引はギブアップを行うことはできない。

　顧客はあらかじめ注文執行取引参加者および清算執行取引参加者の双方に先物・オプション取引口座を設定し、三者間でギブアップに係る契約（ギブアップ契約）を締結する。

C　国債先物取引の受渡決済の仕組み

　当該限月取引の売買取引最終日（受渡期日の7営業日前）までに、反対売買により決済されなかった国債先物取引建玉（除くミニ長期国債先物取引）

の最終決済は、受渡決済日における国債証券と受払代金の授受による。受渡決済は日本銀行金融ネットワークシステム(日銀ネット)を利用した国債DVP決済により行う。この受渡決済を現渡し(売建玉)、現引き(買建玉)という。受渡決済日は、各限月の20日(休業日は順次繰下げ)となる。

　債券先物取引においては、売買の対象とした標準物長期国債ではなく、受渡適格銘柄を受け渡す。長期国債先物の場合は、受渡決済日に残存7年以上11年未満の上場国債を受渡適格銘柄とする。受渡適格銘柄は東京証券取引所が決める。

　渡し方は受渡適格銘柄のなかから任意に受渡銘柄を選択できることになっており、受渡価格の算定は当該受渡銘柄と標準物長期国債との条件の違いをコンバージョン・ファクター(交換比率、CF)により調整し、さらには、標準物長期国債を売買したことにより発生した差損益(約定値段－最終清算値段)を加えた結果として求められる。

　ただし、標準物長期国債を売買したことによる差損益は、受渡決済期日以前に日々の値洗いによって授受されているため、受渡決済期日に対取引所(クリアリング機構)との間で授受を行うのは、最終清算値段を当該受渡銘柄のコンバージョン・ファクターにより、調整(最終清算値段×交換比率)した単価相当分である。なお、受渡適格銘柄ごとのコンバージョン・ファクターは各限月の取引開始時に取引所より公表されている。

D　国債先物取引の受渡決済の事務フロー

a　取引最終日翌営業日～決済日前営業日における事務

① 決済日6営業日前(S-6・T+1最終取引日翌営業日)15：00まで……取引最終日までに反対売買しなかった建玉をもつ参加者は、CMF端末「国債先物取引・課税・非課税対象建玉数量申告状況」画面により、課税・非課税別の額面金額および非課税数量に係る顧客単位の内訳を申告する。

② 決済日5営業日前(S-5)11：00まで……前日申告の課税・非課税申告に係る訂正申告が可能。

　　13：00以降～……「国債先物取引課税・非課税別割当指定照会画面」にて、割当指定を確認。

③　決済日4営業日前（S-4）15:00まで……国債渡方参加者は、「国債先物取引決済物件申告状況」画面にて、適格銘柄の受渡国債の銘柄コード、受渡額面を課税、非課税別に15:00までに申告する。

　　17:00から……国債受方、渡方両参加者ともに「国債先物取引建玉決済受渡明細照会」画面により、額面50億円単位で分割された決済日における受渡銘柄、額面金額、受渡代金、売買代金、経過利子等の決済に係る明細を確認する。

④　決済日3営業日前（S-3）11:00まで……渡し方は、決済物件に係る訂正がある場合には、11:00までにクリアリング機構宛てにFAXで訂正申告書を送る。

⑤　決済日2営業日前（S-2）15:00まで……店内受渡しを行う参加者は、「国債先物取引店内受渡申告状況」画面より、店内受渡分について額面、受渡適格銘柄コードを課税・非課税別に15:00までに入力する（店内受渡しとは取引参加者の委託口座同士での売建玉、買建玉の受渡しをすること）。

　　資金データの確認　19:00以降……参加者は「国債DVP清算表」画面にて19:00以降に決済日における受渡代金等の明細を照会確認する。

⑥　決済日前営業日前（S-1）11:00まで……店内受渡申告に係る訂正がある場合は、「国債先物取引店内受渡申告状況」画面により訂正内容等を入力し、申告時限（11時）までに申告する。

b　**決済日当日**

渡方参加者は、決済日当日の原則として正午までに国債の引渡しを完了する。証券決済未了（フェイル）となる時限は13:30。渡方参加者は、13:30の最終時限までに引渡しを完了していない場合、フェイルとなる。

受方参加者は国債受領後すみやかに受渡代金を支払う。支払最終時限は14:00。

E　国債先物オプション取引の決済方法

国債先物オプションの決済方法には、反対売買による転売買戻し、権利行使による決済（新規国債先物取引を成立させる）、もしくは権利放棄がある。

参加者は、権利行使については権利行使期間満了の日まで（各銘柄の取引

開始日から取引最終日までの間)の各日17:00まで、また権利放棄については権利行使期間満了の日の17:00までに申告を行う。

権利行使期間満了の日においては、イン・ザ・マネーの銘柄は自動権利行使の対象となる。すなわち、参加者がCMF端末から権利行使に係る入力を行わなかった場合においても、清算システム上、権利行使期間満了の日の申告終了時刻到来時に自動で権利行使申告がなされたものとする。

参加者は権利行使を行おうとする場合には、銘柄ごとに顧客分の委託取引と自己取引を区別して申告を行う。

クリアリング機構は、権利行使の申告を受けた場合には、売建玉に対して割当てを行い、割当てに係る数量を、委託取引と自己取引に区分して参加者に通知する。なお、当該権利行使および割当てによって、権利行使価格による国債証券先物取引が成立する。

権利行使に伴う国債先物取引の売付けまたは買付けが転売買戻しに当たる場合、取引参加者は権利行使日の翌日(休業日に当たるときは、順次繰下げ)の8:30までに、CMF端末で転売買戻し申告を行う。

権利行使満了の日において、権利行使が行われなかった自動権利行使対象外のオプションについては、その権利は自動的に消滅する。

F 選択権付債券売買取引(債券店頭オプション取引)

選択権付債券売買取引(債券店頭オプション取引)は、国債証券、地方債証券、特別の法律により法人の発行する債券、社債券(ただし、新株予約権付社債券を除く)等ほとんどすべての債券が売買の対象となっている。事務処理上のおもな留意点は以下のとおり。

a 証拠金

売買証拠金は、選択権付与者が契約を交わした金融商品取引業者に差し入れることとなっており、その所要額は、売買額面金額の5%の額に当該選択権料相当額を加えた額以上で、取引契約日から起算して3営業日目の日の正午までに差し入れなければならない。ただし、選択権付与者が特定投資家である場合は、売買証拠金の受入れは選択権を保有する金融商品取引業者の任意である。また証拠金は全額代用有価証券による差入れも可能である。

b 決　済

　約定済みの取引を決済するためには、選択権保有者が選択権を行使するか、当事者間の合意のうえで、相殺により債権債務の対等額を解消するか、2つの方法がある。

　選択権の行使は、選択権付与者に対して対象債券の受渡日の通知を行うことで成立し（売買数量の一部についての行使も可）、これにより、当事者間で取引対象債券の受渡しが行われ、取引の権利義務関係が終了する。一方、銘柄・売買価格・残存行使期間が同一で、権利義務関係が反対である取引については、当事者間で合意すれば、相殺により債券債務の対等額を解消することができる。ただし、この場合、選択権料を差金で決済することはできない。

c 消　滅

　行使期間内に前述の方法により決済されなかった取引契約は期限切れとなり、その権利義務は自動的に消滅する。この場合、選択権料の払戻しはされない。

第 3 章

社　　　債

第 1 節

概　　　　論

1　社債の法律的性格

　社債は、会社が直接または間接に広く公衆から資金を調達することによって負担する債務（またはこれに対する債権）であり、公社債一般に関する規制に加え、発行者が会社であるところからくる固有の規制も要請される。

　社債は、一種の借入金であるという意味では銀行借入れ等と変わるところがない。しかし、一般に広く公衆から長期にわたって借り入れるものであること、その借入総額が一定の単位に細分化されており、またその各部分は借入金のように相互に無関係なものではなく、その総額において一体性をなす1個の統一的債務であること、といった点で特色を有する。

　わが国の社債に関する法規としては、「社債法」という単一の法律が存在するわけではない。社債に関する一般法としての会社法（2005年の会社法制定以前は商法）をはじめ、担保付社債信託法、金融商品取引法（以下「金商法」という）、社債、株式等の振替に関する法律（以下、本節において「社債等振替法」という）、特殊会社債についての各根拠法、企業担保法および各種財団抵当法等の諸法が、社債の発行・流通・管理・償還といういわば社債の一生について規制しており、これらが総称的に「社債法」と呼ばれている。社債には前述のような性質があることから、それを規制する法律には次のような特色がある。

① 社債は不特定多数の公衆から集団的に資金を借り入れることを建前とすることから、通常の金銭消費貸借とは異なる特別の技術的処理が必要とさ

れること。
② 申込者や社債権者は、一般に法律ないし経済事情に必ずしも通じていない公衆であることが予想されるため、その権利保護について特別の考慮を払う必要があること。
③ 社債はその流通性を前提としているため、流通面における有価証券としての安全性を確保することが要請されること。
以下、これらの3点について詳述する。

(1) 社債法の技術性

　会社の活動を規律する商法および会社法は、基本法である民法に比べて技術的性格が強いものとされるが、社債は特殊な集団的債務負担方法であることから、これに関する規定は特にその色彩が顕著である。また、後述するように担保付社債信託法が発行会社と社債権者との間に受託会社を介在させ、社債権者が担保の利益を受けることを可能にした点、あるいは、財団抵当法や企業担保法が企業の財産を一括して担保に供する途を開いた点は、通常の担保権に技術的変更を加えたものである。
　会社法における技術的特色の例としては、社債成立までの手続に関する規定があげられる。借入れは、借入人と貸付人の間の金銭消費貸借契約によって成立するが、社債では、資金調達の相手方が多数にわたることから、通常の契約とは異なった手続上の工夫が必要になる。すなわち会社法は、会社が社債を発行しようとする場合、①募集社債の総額や利率等会社法676条各号に定める事項（募集事項）を決定し（会社法676条）、②募集社債の引受けの申込みをしようとする者（申込者）に対し、募集社債に関する一定の事項を通知しなければならないこととし（同法677条）、③申込者は法定の事項を記載した書面（申込書）を提出し（同条）、④発行会社が申込者に対し割当てを行うことで社債契約が成立するものとしている（同法678条。なお同法2条23号参照）。
　このような一連の手続を定めたのは、一面では、申込者に発行会社の内容に関して、最小限度必要な知識を与え、発行条件を明らかにして、申込者を保護しようとするものであるが、他面では、多数の申込者との間で同時に契

約を締結する便宜のための技術的手段である。また、その契約内容は、申込者のいかんを問わずすべて同一条件であることを要することから必然的に定型化される。この意味では、社債契約はいわゆる付合契約の一例であり、社債の申込者は会社が定めた契約の内容を変更する自由を有しない。

なお、社債の発行手続は、社債等振替法に基づく振替機関（証券保管振替機構）との連絡など、種々の技術的な要素を含んでいるので、これを円滑に遂行するためには、相当の知識・経験を要する。このため、社債の発行に際しては、通常の借入金の場合と異なって、発行会社と申込者との間に介在して、社債の募集を成功に導くための専門的な機関が関与することとなる。

(2) 申込者・社債権者の保護

A ディスクロージャーと引受審査

会社法は、前述のように社債成立までの手続を規定することによって会社の集団的な社債契約の締結の便宜と申込者の保護を図っているが、戦後、米国の証券関係法規に倣って制定された旧証券取引法は、一定額以上の社債の発行について届出制を採用することにより、投資に必要な判断材料を適正に開示させるとともに、不当な投資勧誘が行われないよう規制を設けており、その規制は現在の金商法に引き継がれている。その概要については、第1章第2節「証券市場をめぐる法規制」を参照されたいが、基本的なディスクロージャーの仕組みとしては、公募債の発行者は有価証券届出書を内閣総理大臣に提出することを要し、その届出書の効力が発生しない限り募集行為を行えず、また、募集に際しては届出書に基づいて作成した目論見書の使用が義務づけられる。さらに、発行後も継続的に有価証券報告書等を提出して、会社の内容を開示することが義務づけられている。

また、引受証券会社は、投資家保護の観点から発行会社や監査法人とともにディスクロージャー書類の内容にかかわる民事責任を有するとともに、目論見書を使用した者としての民事責任もあわせて有しており、ディスクロージャーに不実の表示などがあった場合には投資家に損害を賠償する義務を負う（金商法17条、21条1項4号）。このため、引受証券会社は日本証券業協会

の規定する有価証券の引受けに関する規則・同細則に基づき引受体制の整備を行うとともに、発行予定のある会社に対して引受審査を行い、当該会社の内容が適正に開示されるように努め、投資家に対しての責任を果たしている。ここで、引受審査を行う証券会社は「相当の注意」を払って職務を行ったことを立証すれば損害賠償を免れる（同法17条）。

B　社債管理者と担保の受託会社

　会社法は、社債権者保護の観点から、原則として社債発行にあたって社債管理者の設置を強制しており（会社法702条）、発行会社は、社債権者のために元利金の弁済受領、債権の保全その他の社債の管理を社債管理者に委託することとしている（なお、1993年の商法改正以前は「募集の受託会社」が現在の社債管理者（1993年改正時点では社債管理会社。2005年の会社法制定を機に社債管理者へと呼称を変更した）と同様の役割を担っていた）。社債管理者は、同法によって、弁済の受領や債権の実現を保全するために必要ないっさいの裁判上または裁判外の行為をなす権限が与えられる（同法705条）。担保付社債の場合は担保の受託会社がこうした権能を担うとともに、担保の管理を行うことになる（担保付社債信託法35条、36条）。

　社債管理者や担保の受託会社は、発行会社と多数の社債権者の間をつなぐ一元的なチャネルとして、平常時には発行会社の財務状況や社債契約の履行状況をチェックし、非常時には複雑な債権債務関係を円滑に処理し、社債権者のために債権の保全を図るという機能を果たしている（詳細は、本章第3節「社債の期中管理・償還」参照）。ディスクロージャーや格付が、投資に際しての判断材料を提供するという点で間接的に社債権者保護に資するという性格を有しているのに対し、社債管理者や担保の受託会社は、社債権者の実際上の権利行使に資するという点でより直接的な権利保護機能を有しているわけである。これによって個々の社債権者は自らの権利確保や権利の実現を専門家の手に委ねることができ、一方、発行会社にとっても個別社債権者と個々に交渉する手間を省くことができる。

C　社債権者集会

　さらに、会社法、担保付社債信託法は、社債がそもそも1個の集団的債務であり、さまざまな局面で個々の社債権者の意見を調整し、集団的権利行使を行う必要性があることから、意思結集のための特別な手当として社債権者集会の制度を設けている（会社法715条以下、担保付社債信託法31条以下）。一方、発行会社としても、重要な事項を協定するために、個々の社債権者と交渉し、同意を得ることはほとんど不可能であるから、社債権者集会は、発行会社の利便性に資する制度といえよう。なお、社債管理者は、社債権者集会の招集や決議の執行など、社債権者集会の実効性を担保するうえでも、大きな役割を担っている。社債権者集会については、本章第3節「社債の期中管理・償還」で詳述する。

D　信用格付

　法制上定められた上記保護とは別に、社債の発行会社自身によるディスクロージャーを補完する重要な投資情報として、外部機関による信用格付が存在する。信用格付は、20世紀初頭に米国で考案されたもので、企業の信用力や金融商品の安全性を記号化したものである。信用格付を利用することで、一般の投資家は企業の財務情報や詳細な統計の分析を専門家に委ね、投資判断に有用な情報を入手することができる一方、発行体も格付会社に一括して詳細な情報を提供することで、よい信用格付が得られれば、より有利な条件で社債を発行することができる。また、格付会社自身は投資を行わないため中立的な判断を行えるものと考えられるため、信用格付は客観的かつ信頼できる投資情報として欧米市場を中心に活用されてきた。わが国においても、後述するように1980年代以降の無担保社債の増加を背景に投資家の投資判断基準としての利用が拡大してきた。

　しかし、2007年に米国でいわゆるサブプライムローン問題が発生し、住宅ローンの証券化商品についての格付に対する信頼が毀損したことを背景に、国際的に格付会社に対する規制導入が進められた。わが国においても、2009年の金商法改正によって、信用格付の法令上の定義が設けられ、格付会社に

対する規制として、信用格付業制度が導入された。

　金商法における信用格付とは、金融商品または法人の信用状態に関する評価の結果について、記号または数字を用いて表示した等級とされている（金商法2条34項）。信用格付を付与し、かつ提供しまたは閲覧に供する行為を業として行うことを「信用格付業」という（同条35項）。信用格付業を行う法人（いわゆる格付会社）は内閣総理大臣の登録を受けることができる（同法66条の27）。登録を受けた法人を「信用格付業者」という（同法2条36項）。信用格付業者は金融商品取引法の規制を受ける一方で、それが付与する信用格付が金融商品取引法で求められるディスクロージャー等で用いられることとなる。なお、社債の発行等にあたり、無登録業者の信用格付を利用する場合、金融商品取引業者等はその信用格付が無登録業者のものであることを告げなければならない（同法38条3号）。

　格付会社によって表示方法は若干異なるが、一般には、以下のような格付符号が付される。

　　AAA（トリプルA）……債務履行の確実性は最高水準にある
　　AA（ダブルA）…………債務履行の確実性はきわめて高い水準にある
　　A（シングルA）…………債務履行の確実性は高い水準にある
　　BBB（トリプルB）………債務履行の確実性は十分であるが、将来環境が大きく変化した場合、その影響を受ける可能性がある
　　BB（ダブルB）…………債務履行の確実性は当面問題ないが、将来環境が大きく変化した場合、その影響を受ける可能性がある
　　B（シングルB）…………債務履行の確実性に問題がある
　　CCC（トリプルC）………債務不履行になる可能性がある
　　CC（ダブルC）…………債務不履行になる可能性がかなり大きい
　　C（シングルC）…………債務不履行になる可能性がきわめて大きく、当面立ち直る見込みがない
　　D　……………………債務不履行に陥っている
　　＊：同一グループ内でも上位等級に近いものにプラス、下位等級に近い

ものにマイナスの表示をする場合も多い（AA＋、B－など）

以上の符号のうち、一般に、BBB格以上が投資適格、BB格以下が投資不適格と理解されている。

現在、信用格付業者として、以下の6社が登録を行っている。

　㈱日本格付研究所
　ムーディーズ・ジャパン㈱
　ムーディーズSFジャパン㈱
　スタンダード＆プアーズ・レーティング・ジャパン㈱
　㈱格付投資情報センター
　フィッチ・レーティングス・ジャパン㈱
　（登録番号順）

(3)　社債の流通性の確保

貸付債権など通常の指名債権の権利移転（債権譲渡）においては、移転のつど、民法に基づく債務者対抗要件・第三者対抗要件を具備することが必要であるが（民法467条）、会社法および社債等振替法はこの煩雑さを緩和し、社債の流通性を確保するために特別の規定を置いている。

会社法は、原則として現物の社債券を不発行とし、特に募集事項で定めた場合にのみ社債券を発行するとしている（会社法676条6号）。社債券を発行しない場合は原則として、社債原簿への記載が発行会社（債務者）および第三者に対する譲渡・質入れの対抗要件となる（同法688条1項、693条1項）。現在新たに発行される社債は、おおむね社債券を発行しない形態ではあるものの、その多くは社債等振替法を利用している。同法86条の3の規定により、これらの会社法における対抗要件の規定は適用除外となり、社債原簿へ記載することなく譲渡・質入れの対抗要件具備が可能となっている。

一方、社債券を発行する場合、社債券は民商法の有価証券であり有価証券法理が適用されるため、譲渡・質入れは社債券の交付によって行われる（会社法687条、692条）。また、社債券の占有者が社債に係る権利を適法に有するものと推定される善意取得の制度が用意されている（会社法689条）。なお、社債券を発行する社債には、無記名社債と記名社債の2種類がある。無記名

社債は動産とみなされ（民法86条3項）、社債券の引渡しが発行会社（債務者）および第三者に対する譲渡の対抗要件となる（民法178条）。記名社債は、社債券の引渡しが第三者に対する譲渡の対抗要件であるが、発行会社（債務者）に対抗するためには、社債原簿への記載が必要である（会社法688条2項）。質入れについては、無記名社債・記名社債とも、社債券の継続的占有が発行会社および第三者に対する対抗要件である（同法693条2項）。

このように、会社法および社債等振替法は社債の流通性を確保しているが、上述のとおり現在新たに発行される社債は、社債券を不発行としたうえで、社債等振替法に基づく振替社債として流通させるものが大半を占めている。

また、金商法は、金融商品取引所の免許制度、金融商品取引業者の登録制度および投資家保護の規定などにより、公正な取引を維持することで社債の流通性の確保を図っている。

❷ わが国社債制度の沿革

(1) 戦前から1980年代までの社債制度

A 戦前期

わが国の社債関係法規の基本法ともいうべき商法に社債に関する規定が初めて盛り込まれたのは1890年（明治23年）のことであるが、社債のために商法に初めて1節が設けられたのは、1899年（明治32年）のいわゆる新商法の制定にあたってのことであった。1905年（明治38年）には、英国の信託法理を取り入れ、それを大陸法の財団抵当の制度と巧みに融合させた担保附社債信託法および鉄道抵当法、工場抵当法、鉱業抵当法の各種財団抵当法が制定された（財団抵当法は1913年（大正2年）の運河法をはじめその後も随時追加・整備された。また、1958年には、株式会社の総財産を一体として担保に付す企業担保法も制定された）。担保附社債信託法制定の背景は、日露戦争当時の外資導入の必要（当時、海外で発行される社債は担保付きが主流であった）に応ずる

ためのものであり、同法施行後も、国内では無担保社債が一般的であった。

　しかしながら、大正末期から昭和初期にかけての恐慌期に、企業倒産の続出により、多数の社債が利払不能や償還不能に陥り、特に無担保社債のデフォルトが社債権者に多大な損害を与えた。このことを契機として、社債市場全体の信頼を回復するべく市場関係者を中心とした「社債浄化運動」が起こり、社債権者保護のため以後の社債の引受けについては、原則として担保を付し、定時償還制度を導入するという関係者間の申合せがなされた。

　こうした動きを背景に、商法について1938年に大幅な改正が加えられ、社債権者保護のための規定が整備された。すなわち、担保附社債信託法を参考として商法にも社債権者集会の規定が導入され、また募集の受託会社に対して社債権者保護のための種々の法的権限の付与がなされた。募集の受託会社については、すでに1911年（明治44年）の商法改正で社債の委託募集（単純な募集事務の委託）に関する若干の規定が置かれていたが、1938年の商法改正では、当時広く行われていた社債の請負募集（募集の受託会社である銀行・信託会社に対して、募集事務を委託するとともに、引受責任を負担させるもの）に関する規定が置かれ、さらに社債管理権限も付与されることになった。この結果、募集の受託会社は、引受機能から社債管理機能までをも含む広い機能を有することになった。ちなみに、当時の一般的な引受機構は、銀行を中心とする引受シ団が発行会社との間で元引受契約を締結する一方、引受シ団は自らの危険負担の分散、販路の拡張の意味で引受額の一部を、証券会社を中心とする下引受会社に再引受けに出すのが通例であった。

B　戦後の社債制度

a　証券取引法の導入と引受機構

　戦後、社債関係法規に最も大きな変革を与えたのは、1948年の証券取引法の制定である。証券取引法は、不特定多数の投資者に対して有価証券の募集または売出しを行う場合についての規制を中心としたもので、米国の1933年証券法、1934年証券取引所法等の考え方を導入し、有価証券の発行時およびそれ以降のディスクロージャーによる投資者保護の規定を定めた。また、同時に同法は銀行と証券会社の業務分野を区分し、受託業務については銀行・

信託会社が、社債の引受けについては証券会社が専担することとした。この法律により、戦前のわが国の社債引受機構は、根本的な変化を受けることになったわけである。こうした枠組みのもとにおいて、戦前からの豊富な経験を有する銀行は、募集の受託会社として引き続き発行会社との接触を保ち、フィナンシャル・アドバイザリー機能などさまざまな便益を供与することとなり、起債市場においては銀行・証券がいわば車の両輪として仲介機能を果たすという関係が定着した。

なお、証券取引法の制定の一方で、商法や担保附社債信託法の規定の変更は見送られ、若干の修正を除けば、後述する1993年の社債法改正まで1938年改正以降の枠組みが維持されることになった。

b 自由化の進捗

戦後の起債市場の歴史は、戦後復興→高度経済成長→経済の成熟化というわが国の経済状況の変化およびそれに伴う金融構造や政策潮流の変化を反映したかたちで、統制色の濃い起債調整から市場原理に基づく自由な市場運営に向けて着実に歩を進めた過程とみることができる。

戦後、政府は産業への長期資金供給の一方策として、1949年に日銀信用を背景とする社債市場の育成策を具体化させ、その際、社債担保金融の優遇措置が打ち出された。これは、日銀が適格社債担保貸出を国債担保並みに優遇するとともに、優遇の対象となる担保適格社債の事前審査を行うものであり、これによって、起債市場の安定性を維持するとともに基幹産業への資金の重点配分を行う役割を担っていた。この日銀適格担保社債事前審査制度が後の適債基準の嚆矢であり、当時は大蔵省、日銀等を中心とする起債調整機構（起債懇談会、起債打合せ会）において起債適格企業や起債量の調整（起債調整）を行うかたちで資本市場の運営がなされていた。

こうした政府・日銀主導の枠組みは1955年に廃止となり、その後は民間（起債会）の自主調整に衣替えを行い、起債会格付制度による起債調整が行われた。昭和50年代に入ると、企業の財務体質の向上を背景とする企業部門の資金余剰への転換、機関投資家の成長あるいは国債の大量発行開始に伴う市場化の流れが顕著となってきたことをふまえ、起債調整はその役割を終え、一定水準以上の優良な財務体質を有する企業については適債基準を満た

せば基本的に起債が可能となった。

その後も、1984年の日米円ドル委員会報告や、日本企業のユーロ債発行の活発化等を受けて、無担保社債の導入や適債基準の緩和が漸次進められ、1986年の証券取引審議会報告においては、「適債基準は、ディスクロージャー制度、格付制度の整備を図りつつ、出来るだけ速やかに撤廃する方向で見直すべきである」との基本方向が示された。その後、1990年には格付会社による格付基準への一本化（数値基準の廃止）、大蔵省による行政指導としての位置づけの明確化等の手当が講じられつつ、適債基準は逐次緩和が図られてきた。

1995年3月には、1996年1月以降の適債基準の撤廃が大蔵省より発表された。すなわち、行政指導としての適債基準および財務制限条項ルールを撤廃し、当事者の自由な意思に委ねることを基本としつつ、投資家保護の観点から必要なディスクロージャー制度の充実を図るという基本方針が明示された。これにより、投資家の自己責任原則のいっそうの徹底を図りつつ、マーケット・メカニズムを基本とした社債市場の運営が行われることになった。

c 無担保化の進展

前述した昭和初期の社債浄化運動以降、わが国市場では、長い間、担保付社債が原則となり、この原則（有担保原則）は社債市場のみならず、金融市場全般にわたる基本原則として運営され、健全な金融慣行の1つとして金融・資本市場を通ずる信用制度の根幹をなしてきた。こうした有担保原則の機能は、過度の信用膨張を未然に防ぎ、また、経済金融情勢が必ずしも安定したとはいえない時代において、経済環境の急激な変化に伴う摩擦に対して弾力的な対応を可能にするなど重要な意義を有するものであった。とりわけ、高度成長期においては、企業の財務体質の脆弱性を克服する途を開き、円滑な資金供給と債権の保全を両立させることに寄与し、当時の起債調整とも相まって、経済成長の担い手であった基幹産業に対する資金供給を通じて資金の最適配分を可能とするとともに、投資家の社債に対する信頼を維持し、資本市場の安定性を保つ役割を果たしてきた。

しかし、①企業の資金調達の多様化・国際化の進展から、内外資本市場の一体化が進み、無担保が原則となっている海外の発行市場との垣根が低く

なったこと、②1970年以降アジア開発銀行などによる無担保円建外債の発行が開始され、無担保債の国内発行の前例となったこと、また、あわせて海外民間企業による無担保円建外債の強い発行要請があったこと、③わが国の産業構造において、物的担保が相対的に少ないサービス業や技術集約型産業の比重が高まり、かかる企業にも社債発行による資金調達の途を開く必要が高まったこと、④企業の財務体質が強化されるに伴い、金融機関による貸出においても無担保化が徐々に進んできたこと、などの事情を背景に、担保付社債に比べ、手続面、費用面に加え、機動性の面でも利便性の高い無担保社債の発行が強く求められるようになった。

こうして1970年代以降、潜在株式としての性格を有する転換社債の分野が先行するかたちで、社債全般において有担保原則は漸次緩和されてきた。まず、1973年に転換社債において留保物件付きながら初めて無担保社債が発行され（三菱商事債）、1979年には普通社債および転換社債について無担保社債の適債基準が制定され、転換社債については発行に際して必要な財務制限条項の取決めも行われた。これを受け、同年、国内企業による戦後初の完全無担保転換社債が発行された（松下電器産業債。なお、同年、円建外債の発行市場でも初めて民間企業の無担保普通社債が発行された）。

普通社債の発行市場においては、1984年に無担保社債の財務制限条項ルールが策定され、適債基準を満たした企業は、必要な財務制限条項を付与すれば、いつでも無担保社債を発行できるようになり、1985年には戦後初の国内無担保普通社債が発行された（TDK債）。

(2) 平成5年社債法改正

A 改正の背景と経緯

上記のとおり、1938年の商法改正時に社債権者集会についての規定が設けられたが、商法と担保附社債信託法の規定の調整は行われず、また、証券取引法の施行時も商法や担保附社債信託法の規定についての見直しは行われなかった。こうしたことから1960年代に入って諸経済団体から社債法の整備を求める意見書が出されたり、民間研究団体によって改正案の検討が進められ

たりしてきたが、具体的な立法の実現には至らなかった。

しかし、1970年代後半以降、国債の大量発行を契機として金利の自由化が進み、また内外の資本市場の一体化が進展するなど、わが国の社債市場をめぐる環境は大きな変化を遂げた。こうしたなかで企業の社債による資金調達ニーズに応えるため、わが国の社債発行市場のあり方を見直すための方策が官民双方から提言され（証券取引審議会「社債発行市場の在り方について」1986年12月、社債法等研究会「社債法改正試案」1986年6月など）、社債に関する法律面の整備を行う機運が高まった。

こうした流れを受け、法制審議会商法部会のもとに設置された社債法小委員会と、金融制度調査会および証券取引審議会での議論を経て、1991年6月、金融制度調査会および証券取引審議会の最終報告書の提出とほぼ同時に、法務省から「法制審議会商法部会社債法小委員会における社債関連法改正の検討状況」が公表された。こうした経過を経て、商法等改正法案は1993年6月に成立し、同年10月に施行された（以下この改正を「平成5年改正」という）。

平成5年改正により、社債管理会社や社債権者集会など、現在の社債法の根幹をなす重要な制度について整備がなされた。後述するように、2005年に会社法が制定されたことにより、社債法の規定の大半が会社法に移ったが、これらの制度は会社法にも受け継がれ、現在も重要な役割を担っている。よって以下では平成5年改正の概要を紹介したい。

B 平成5年改正の概要

平成5年改正の趣旨は「企業の資金調達の自由度を高める一方、社債権者保護の強化を図り、両者のバランスをとったうえで、社債市場の健全な発展をめざす」という点に集約できるが、同時に、商法と担保附社債信託法などの調整も行われた。

おもな改正は以下のとおりである。

a 社債発行限度規制の撤廃

従来は社債の発行限度規制が商法などで法定されており、いわば法定の財務制限条項として社債権者保護機能を担っていた。すでに、1990年の商法等

の改正によって「無担保国内普通社債については純資産額まで、その他は純資産額の2倍まで」に緩和されていたが、平成5年改正で発行限度規制は完全に撤廃され、企業の資金調達の自由度を拡大することになった。

b 受託会社制度の見直し

平成5年改正では、募集の受託会社の商法上の位置づけが変更され、社債権者保護機能が強化・明確化された。

まず、法律構成についてみると、平成5年改正前の商法は、「発行会社から社債募集の委託を受けた会社」（募集の受託会社）に対して改正前商法309条（「社債権者ノ為ニ社債ノ償還ヲ受クルニ必要ナル一切ノ裁判上又ハ裁判外ノ行為ヲ為ス権限」）など社債権者保護のための社債管理権限を付与するというかたちをとっていた。これに対して、改正後の商法では、社債の管理は「発行会社から社債権者のために社債の管理をなすことの委託を受けた会社」、すなわち「社債管理会社」が行うというかたちに整理された。

社債管理会社の資格要件は、従来の募集の受託会社の場合が、銀行・信託会社に限られていたのに対して、担保附社債信託法による免許を受けた受託専業会社も追加された。また、従来の募集の受託会社は設置が任意であったが、社債管理会社は原則として設置が義務づけられることになった（各社債の金額が1億円を下らない場合、または発行する社債の総額を各社債の金額の最低額で除した数が50未満の場合は設置任意）。なお、担保の受託会社は従来同様設置が強制されている。

こうした法律構成の変化に伴い、実務的には、従来の募集委託契約にかわって発行会社と社債管理会社の間で社債管理委託契約が結ばれることになった。従来、募集の受託会社が行っていた発行事務については、改正後の商法は、発行事務は発行会社が行うことを基本とし、発行会社が任意に事務を委託しうるという考え方に立っている。この結果、銀行以外でも発行事務の代行が可能となったが、実務的な要請から社債管理会社である銀行が行うのが引き続き通例であった。

c 商法と担保附社債信託法の規定の整理・統合

従来、商法の無担保社債に関する規定と担保附社債信託法の担保付社債に関する規定の間には、重複や齟齬がみられたが、平成5年改正で両法の規定

の整理・統合が図られた。

まず、担保附社債信託法上の担保の受託会社の権限に関しては、担保に関する事項は別として、社債の管理に関しては商法上の社債管理会社と同様に取り扱われることになった。従来は担保の受託会社と募集の受託会社が併設される（通常は両者を同一の主体が兼ねる）ことが通例であったが、改正後は基本的には担保の受託会社が社債の管理を行い、社債管理会社を置かない方向で対応が図られた。

また、従来、担保の受託会社が更生債権の届出等をする行為については、担保附社債信託法上、社債権者集会の決議を要するものとされ、会社更生法上もその旨の規定がおかれていた。平成5年改正の結果、このような行為は改正後商法309条1項の「債権ノ実現ヲ保全スルニ必要」な行為として担保の受託会社が社債権者集会決議を要することなく行いうる権限とされ、会社更生法の規定も削除されることになった。こうした規定が実際に機能するのは急を要する状況であり、社債権者集会決議を不要とすることによって迅速な対応が可能となるわけで、社債権者保護の観点では実務上重要な改正といえよう。

平成5年改正では、社債権者集会について、商法を一般原則とするかたちで商法・担保附社債信託法の規定が整理されるとともに、社債権者保護機能強化の観点から、決議方法や議決権の行使などの点で社債権者集会を実際に機能しやすいものとするよう工夫がなされた。

(3) 平成5年改正以降の社債法をめぐる変化

A 決済制度改革

現物の社債券を交付せずに社債の譲渡・質入れ等を行う方法として、戦前から社債等登録法に基づく社債登録制度が利用されてきた。しかし、金融市場のグローバル化に対応し、社債の流通性をいっそう向上させることを目的として、2001年、「短期社債等の振替に関する法律」が成立した。2002年には、「証券決済制度等の改革による証券市場の整備のための関係法律の整備等に関する法律」が成立し、同法施行時に「短期社債等の振替に関する法

律」は、「社債等の振替に関する法律」に改正された。また2004年には、「株式等の取引に係る決済の合理化を図るための社債等の振替に関する法律案の一部を改正する法律」が成立し、同法施行時に「社債等の振替に関する法律」は「社債、株式等の振替に関する法律」へと改正された。なお、一般債振替制度の開始に伴い、社債等登録法は2008年1月に廃止となった。

　社債、株式等の振替に関する法律に基づく一般債振替制度においては、社債券が発行されず、社債発行時には振替機関（証券保管振替機構）または口座管理機関（金融機関等）にある各加入者（投資家）の振替口座簿に、発行会社から通知された振替社債の金額等が記載・記録される。振替社債の譲渡・質入れは、加入者の申請に基づき、振替機関または口座管理機関が備える振替口座簿に記載・記録されることにより効力を生じる。この制度は2006年1月から稼働している。

B　会社法の制定

　2005年7月26日、会社法と会社法の施行に伴う関係法律の整備等に関する法律が公布され、2006年5月1日から施行された。会社法は、旧商法第2編（会社）や有限会社法等について、現代語化を行うとともに1つの法典として再編成したものである。同時に、わが国の会社法制に関するさまざまな制度のあり方について、従来の規律を体系的かつ抜本的に見直している。会社法の制定にあたり、社債に関する規定については、①社債発行の手続の合理化等、②有価証券流通ルールの統一化、③社債権者の保護の強化・合理化という3つの観点から実質的な改正が行われた。

　おもな改正は以下のとおりである。

a　社債の定義・発行主体の明確化

　旧商法には社債に関する定義規定がなかったが、会社法では、社債を「この法律の規定により会社が行う割当により発生する当該会社を債務者とする金銭債権であって、第676条各号に掲げる事項についての定めに従い償還されるもの」と定義した（会社法2条23号）。また、旧商法においては、株式会社以外の会社（持分会社）が社債を発行できるか否かについても議論があったが、「会社が行う…」との定義により、株式会社・持分会社を問わず社債

が発行できることが明確化された。

b　銘柄統合の導入

銘柄統合とは、既発行の社債と同一の内容（同一の種類）の社債を新たに発行し、または社債権者集会の決議によって既発行の内容の異なる複数の社債について社債の内容を同一のもの（同一の種類）とすることである。従来から一部の発行体を中心に、おもに社債の流動性を高めるために導入が求められていたものである。

旧商法においては、社債の種類に係る定義規定がなかったため、発行決議ごとに別の種類になるものと解する場合には、1度発行した社債について他の社債と統合することができないとする考え方もあった。会社法では、社債の権利内容を基礎にして種類の定義を置き、社債の発行時期にかかわらず、社債の内容（利率、償還期限等）が同一であれば、社債の種類も同一となるものと整理された（同法681条1号）。これにより、同一の内容の社債の発行または既発行の2種類以上の社債の内容を同一とすることによって、銘柄統合が可能であることが明確化された。一方、現状銘柄統合の事例はなく、一般債振替制度やその他の実務の観点からは、なお十分な検討を要するものといえよう。

c　社債管理者の呼称および社債管理者の責任

まず、従来から会社法の会社以外の法人（農林中央金庫等）も社債管理者の資格を有することから、旧商法において用いられていた「社債管理会社」を、「社債管理者」という呼称に変更した（なお、旧商法と会社法で社債管理者の資格を有する者の範囲には変更はない）。そのうえで、社債権者保護の観点から、社債管理者の権限や責任等についていくつかの改正を行っている。その1つとして「社債の管理」の範囲の明確化がある。社債管理者は「社債の管理」を行うことについて、社債権者に対して公平誠実義務および善管注意義務を負う（旧商法297条の3、会社法704条）。旧商法のもとでは、発行会社と社債管理者との間で締結される社債管理委託契約等に基づくいわゆる約定権限に関する規定がなかったことから、この「社債の管理」の範囲は弁済の受領など社債管理者に法律上付与された権限（法定権限）の行使のみであり、約定権限の行使はこれに含まれないと一般に解されていた。しかし、約

定権限のなかには財務特約条項違反時の期限の利益喪失宣言を行う権限など重要な権限が含まれることから、これらの権限の行使が「社債の管理」の範囲に含まれず、公平誠実義務および善管注意義務の対象とならないことは、社債権者の保護に欠けると考えられていた。会社法は、約定権限に係る定めを社債の募集事項とする（会社法676条12号）など約定権限に関する規定を置いたことから、同法のもとでは約定権限の行使についても「社債の管理」の範囲に含まれ、公平誠実義務および善管注意義務の対象となるものと解されている。

C　担保附社債信託法の改正

　担保附社債信託法は、会社法の特別法であるとともに、信託法・信託業法の特別法でもあるが、旧信託法（1922年（大正11年）法律62号）・旧信託業法（1922年（大正11年）法律65号）という一般法は、担保附社債信託法よりも後に制定されたものである。そのため、担保附社債信託法と旧信託法・旧信託業法の間にも（担保附社債信託法と平成5年改正前の商法との間と同様）重複や齟齬があるとされていた。そこで、2004年に信託業法、2006年に信託法がそれぞれ全面改正されたことを契機に、2006年に担保附社債信託法が改正され、これらの法の規定の整理・統合が図られた。同時に、この改正によって、担保附社債信託法が全面的に現代語化されるとともに（法令名も旧字体の「附」から新字体の「付」となった）、社債に付すことができる物上担保の種類を限定列挙する規定が削除された。

D　社債のデフォルト

　上述のとおり、わが国では戦後長い間、受託会社制度や適債基準等によって社債の安全性が一定程度確保されていた。しかし、経済の成熟にあわせ、1993年の社債法改正（平成5年改正）によって社債管理者設置強制の例外（社債管理者不設置債）が認められ、1996年には適債基準が撤廃されるなど、社債発行・期中管理の多様化・自由化が進展し、これに伴い、相対的に信用力の低い企業が社債を発行する事例も増加した。近年では、2008年以降の景況の急激な悪化を背景に社債のデフォルトが相次いだ（図表3－1）。

図表3-1 最近の公募社債のデフォルト事例

発行体名	デフォルト日	デフォルト事由
㈱スルガコーポレーション	2008年6月24日	民事再生手続開始の申立て
㈱ゼファー	2008年7月18日	民事再生手続開始の申立て
㈱アーバンコーポレイション	2008年8月13日	民事再生手続開始の申立て
日本綜合地所㈱	2009年2月5日	会社更生手続開始の申立て
パシフィックホールディングス㈱	2009年3月10日	会社更生手続開始の申立て
㈱日本エスコン	2009年6月26日	元金支払不能
日本航空㈱	2010年1月19日	会社更生手続開始の申立て
㈱日本航空インターナショナル	2010年1月19日	会社更生手続開始の申立て
㈱武富士	2010年9月28日	会社更生手続開始の申立て

(注) すべて社債管理者不設置債（FA債）。

E 最近の発行状況

　公募社債の発行額は、1993年の社債法改正（平成5年改正）以降、順調な拡大をみせ、1990年代後半には年間発行額が10兆円規模にまで成長した。その後2000年代に入り、景気動向の影響も受け一時年間発行額は6兆円台と1990年代前半と同水準まで減少したが、2007年以降、歴史的な低金利局面をふまえた短期借入れの長期固定化の動きなどをふまえ、9兆円から10兆円台との高水準の発行額が継続している（図表3-2）。なかでも、2010年度（2011年3月）に発行されたパナソニック債は5,000億円と史上最大の起債となった。

図表3－2　社債（公募債）発行額推移（1993〜2010年）　　　（単位：億円）

年度	社債				
	公募債	うち、電力債	うち、一般事業債	うち、NTT債	うち、転換社債型新株予約権付社債
1993	50,070	14,400	14,690	700	20,280
1994	58,175	13,550	16,300	2,800	25,525
1995	67,292	16,050	40,142	1,000	10,100
1996	83,680	13,600	42,760	－	27,320
1997	90,275	19,450	67,545	1,000	2,280
1998	110,454	22,700	83,914	1,700	2,140
1999	86,624	16,830	63,454	2,000	4,340
2000	82,022	17,450	60,742	1,000	2,830
2001	88,044	16,380	64,734	4,100	2,830
2002	79,853	16,180	60,123	1,500	2,050
2003	72,291	9,820	61,706	－	765
2004	62,727	7,320	52,797	700	1,910
2005	73,706	9,120	61,956	1,500	1,130
2006	74,672	9,770	59,252	700	4,950
2007	95,844	16,620	77,224	1,700	300
2008	99,355	18,000	77,855	2,000	1,500
2009	106,487	8,550	93,152	2,300	2,485
2010	101,308	101,308	10,050	90,483	775

（注1）　社債には、金融安定化のための緊急措置に関する法律に基づく銀行の劣後債（公的資金受入主体変更による発行を含む）10,800億円（1997年度）、7,500億円（1998年度）、850億円（1999年度）、8,500億円（2000年度）、4,620億円（2001年度）は含まない。
（注2）　2010年度は暫定値。NTT債は一般事業債の内数。
出所：日本証券業協会、みずほコーポレート銀行調べ

❸ 社債の種類と特徴

(1) 仕組みによる区分

A 普通社債

　普通社債とは、株式会社の発行する確定利付きの債券を総称するものであり、SB（ストレートボンド）とも呼ばれる。株式の発行と並び資本市場を活用した直接調達の典型例である。

　わが国の公社債市場に関する統計では、普通社債について事業債という用語が用いられているが、電力会社が発行する「電力債」や、日本電信電話株式会社が発行する「NTT債」については、発行量が大きいことや、通常の普通社債とは保全面等において異なる取扱いが行われていることにかんがみ、統計上一般事業会社の発行する社債とは別にまとめられることが多い。

　上記のとおり、普通社債は一般に確定利付きの債券であるが、国内市場でも社債の多様化が図られ、1994年には国内市場初の変動利付債が発行された。変動利付債は、利払日ごとに、利率が市場金利に連動して変更する条件が付されている商品であり、わが国の起債例では、ユーロ円LIBOR等公示性のある指標金利を用い、一定のスプレッドが上乗せされ金利を決定するものが一般的である。変動利付債は、発行会社にとって、債券相場が軟調な時期などに中長期の資金調達を確保する手段として有効であり、また、近年のスワップ・マーケットの発展を背景に、市場環境いかんでは有利な条件でコストを確定することも期待できる。一方、投資家にとっても、相場の局面いかんで長期固定利付社債への投資に伴う金利上昇リスクを回避しうる。

　その他にも、元利金の支払順位が普通社債に劣後する劣後債や、発行体が任意で繰上償還を行うことができる期限前償還条項付社債も登場した。これらを組み合わせた、期限前償還条項付劣後債は、銀行等の自己資本比率規制において、資本として取り扱われることから特に銀行等が自己資本の充実手段として取り組む例が多く、また、2005年のイオン債を嚆矢に、一部の事業

会社においても同様の取組みがみられるところである。

B 新株予約権付社債

　新株予約権付社債とは、新株予約権が付された社債を指す。すなわち、社債権者に対して、新株予約権という発行会社の株式のコール・オプションを社債発行と同時に付与するものである。社債権者は、社債の保有者として安定的な地位を享受できると同時に、株価が発行時に設定された転換価格を上回る際には株式への転換を行い、転換後に株式を売却することで収益獲得が期待される。一方、コール・オプション付与に伴い、プレミアム相当額が利率に反映することにより、発行会社においては調達金利の引下げという効果が実現されるものである。

　旧商法は、転換社債と新株引受権付社債に関する規定を別々に設けていたが、2001年11月の改正によって、新株予約権制度を新設したため、これらの転換社債と新株引受権付社債は新株予約権付社債の一種と位置づけられ、規定も1つにまとめられた。会社法においては、新株予約権付社債の規定を1つにまとめて置くことはせず、原則として新株予約権の規定と社債の規定がそれぞれ適用されることとしたうえで、新株予約権付社債に独自に必要な規定を別途設けている。

(2) 担保による区分

A 担保付社債

　担保付社債とは、担保付社債信託法に基づいて発行される、物上担保の付された社債である。過去においては、物上担保として認められるものは19種類に限定されていたものの、現在は担保の対象に制限はなく、不動産抵当、各種財団抵当などが担保として利用される。

　担保付社債は、担保の目的である財産を有する者（委託者）と担保権の信託を引き受ける会社（受託会社）との間に締結される信託契約に基づいて発行しなければならない（担保付社債信託法2条）。すなわち、委託会社は社債の発行に先立って、その財産の上に担保権を設定し、受託会社は総社債権者

のためにその担保権の信託を受け、これを保存、実行する義務を負う（同法36条）。担保付社債信託法上の担保については、社債募集上の便宜から、主たる権利である社債権の成立前に成立すること（付従性の緩和）が認められている。同法は、英国の信託法理を取り入れることによって、社債権者が多数にのぼりかつ転々流通する社債権者に通常の担保を付すことの技術的困難を解決したものである。ただ、担保の受託会社が信託的に取得するのはあくまで担保権であって、わが国では現行法上、英国のディベンチャー・ストックのような社債権自体の信託的取得は認められていない。

担保付社債の発行方法としては、同一担保について社債を1回ずつ発行するクローズド・モーゲージ方式と、社債総額を定めてその範囲内で数回に分けて同一順位の担保権を有する社債を発行しうるオープン・エンド・モーゲージ方式とがある。担保附社債信託法制定時には前者の規定のみであったが、担保繰りの便宜等の理由から、1933年の同法の改正で後者の分割発行制度が取り入れられた（同法21条から23条）。オープン・エンド・モーゲージ方式では、1度担保権を設定すると、信託契約締結日から5年以内であれば、契約で定めた社債総額の範囲内で機動的に担保付社債を発行することができる。

なお実際には前述したとおり、近年、国内公募社債の発行市場の中心は無担保社債に移っている。また、私募の事業債発行市場についても、従来は担保付社債が主流であったが、最近では銀行保証付社債のかたちで発行されるものが多くなり、担保付社債が発行される例は乏しくなっている。

B 一般担保付社債

特別の法律によって、社債権者が当然に会社の総財産について他の債権者に先立って自己の債権の弁済を受ける権利（一般担保権またはゼネラル・モーゲージという）を与えられている社債を一般担保付社債という。一般担保権の順位は、民法の規定による一般の先取特権に次ぐものとされており、一般担保付社債には担保付社債信託法による受託会社は設けられない。

現在、発行されている一般担保付社債の例としては、電力債（電気事業法37条）、NTT債（日本電信電話株式会社等に関する法律9条）等があげられる。

C 保証社債

　発行会社以外の第三者が社債の元利金の支払について人的保証を与えた社債を保証社債という。保証には物上保証も含まれるわけであるが、これによる社債は通常担保付社債として扱われる。銀行が保証する保証社債の私募発行（銀行保証付私募債）の事例がみられるところである。

D 無担保社債

　物的・人的担保の付されていない社債を無担保社債という。

　先に述べたように、わが国では昭和初期の社債浄化運動以来、社債には原則的に担保を付すという慣行が確立されてきたが、近年では、より高い金利を求める投資家の要請や、発行会社の担保設定の負担軽減のニーズをふまえ、無担保での社債発行が主流となっている。

　また、無担保社債は、償還の最終的な拠り所となる担保が存在しないため、適切な財務制限条項を付し、その遵守状況を監督することによって発行会社の元利払能力を維持させることが重要であり、わが国の無担保社債には、従来、純資産維持、利益維持等の財務制限条項が付されてきた。しかし、1996年の適債基準撤廃を契機に、財務活動に制限がないことを重視する発行会社と、より高い金利を求める投資家の要請をふまえ、現在では担保提供制限条項と担付切替条項のみが付されたかたちが一般的となっている。

(3) 募集方法による区分

　社債はその募集の方法によって公募債と私募債（非公募債）とに区分することができる。基本的に、50名未満の投資家やプロの投資家を対象に募集を行う社債を私募債といい、それ以外のものを公募債という（私募・公募の定義等詳細は第1章第2節「証券市場をめぐる法規制」を参照）。

　米国では私募債は公募債とともに企業の資本市場からの資金調達手段として重要な地位を占めているが、わが国では歴史的に公募債を中心とした市場運営が行われ、私募債市場は発行残高も少ない限定的な市場であった。しかし、日本経済が急速に発展を遂げるなかで財務内容の良好な中堅企業が多数

図表3－3　私募債発行額推移（1985～2010年）

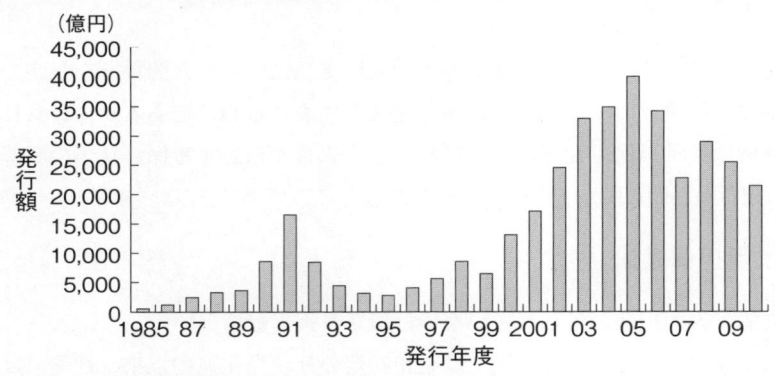

出所：日本証券業協会、みずほコーポレート銀行調べ

出現してきたことや、大企業においても、1987年に大型私募債が国内に導入され、あわせてノー・リターン・ルール（公募債の発行実績のある企業は原則として私募債を発行できない）の撤廃も行われて、私募債が資本市場からの機動的な資金調達手段の1つとして注目を集めたことなどから、特に1990年度～1992年度にかけて発行市場の急激な拡大がみられ、1991年には年間発行額1.6兆円に達した。その後は、景気停滞の長期化による企業の資金需要の低迷により発行市場の規模は縮小したが、2000年に中小企業が信用保証協会の保証付きで私募債を発行できる「特定社債保証制度」が導入されたことをきっかけに私募債発行の裾野が広がり、また、その後の銀行保証債の普及により中堅・中小企業向けのファイナンス手法として定着したこともあり景気回復に伴う資金需要の回復と相まって、発行市場の規模は再度拡大した。私募債は、銀行融資と資本市場調達の中間形態として、広く用いられる商品となっており、近年は年間発行額2～3兆円で推移している（図表3－3）。

第 2 節　社債の発行

1　社債発行に関連する法律

　社債発行に関連するおもな法律として、会社法、金融商品取引法（以下「金商法」という）、社債、株式等の振替に関する法律（以下「社債等振替法」という）の3法がある（図表3－4）。

　このうち、会社法では、社債の定義、発行手続、社債権者の保護機能等が定められている。金商法では有価証券にかかわるさまざまな取引規制、行為規制等が定められているが、社債発行手続に関して特に重要な規定は開示手続（ディスクロージャー制度）にかかわるものである。社債等振替法では、社債等有価証券に表示されるべき権利の円滑な流通のため振替制度に関する規

図表3－4　社債発行にかかわるおもな法律

①　会社法：定義、発行手続、社債権者保護等
②　金商法：開示手続（投資家保護：公募／私募）等
③　社債等振替法：振替制度
【その他の社債関連法】 ・担保付社債信託法 ・資産の流動化に関する法律（資産流動化法） ・投資信託及び投資法人に関する法律（投信法） ・金融業者の貸付業務のための社債の発行等に関する法律（ノンバンク社債法） ・電気事業法、日本電信電話株式会社等に関する法律（NTT法） ・旅客鉄道株式会社及び日本貨物鉄道株式会社に関する法律（JR法）等

定が定められている。

ここでは、まず、会社法とその特別法における社債等の定義規定等について概観する。会社法における社債の発行手続等に関しては後述する。次に、金融商品取引法のなかから、募集・私募の定義とディスクロージャー制度について説明する。最後に、社債等振替法に関連して社債の発行形式と振替債の特徴について簡単に説明する。

(1) 会 社 法

A 社 債

社債は、会社法上、「この法律により会社が行う割当てによって発生する当該会社を債務者とする金銭債権であって、676条各号に掲げる事項についての定めに従い償還されるもの」（会社法2条23号）と規定されるが、一般には「通常は、公衆に対する起債によって株式会社に対する多数に分割された債権であって、それについて有価証券が発行されるもの」と定義される。特に公衆性と多数性（大量性）に社債固有の性格がある。

B 新株予約権付社債

新株予約権付社債は、会社法上、「新株予約権（株式会社に対して行使することにより当該株式会社の株式の交付を受けることができる権利）を付した社債」と定義される（会社法2条21号・22号）。新株予約権の行使に際して出資される財産が社債権である場合には、一般に「転換社債型新株予約権付社債」と呼ばれる。

C 特 別 法

上記の社債および新株予約権付社債は会社法上に規定があるが、そのほかに、担保を設定する場合や発行主体の特性に応じた特別法が存在する。

a 担保付社債信託法に基づく担保付社債

社債に物上担保を設定する場合、担保付社債信託法に基づく信託契約を締結しなければならない（同法2条1項）。この担保付社債信託法に基づき発行

する社債を一般に担保付社債という。
b　資産流動化法に基づく特定社債
　資産の流動化とは、資金調達を行おうとする者が自らの信用力ではなく、所有する特定の資産を分離し、当該資産の管理・処分により得られるキャッシュフローを裏付けとした金融商品を組成することにより資金調達を行うことを本質的要素とするものであり、このうち一定の要件を満たすものが「資産の流動化に関する法律」（以下「資産流動化法」という）の規制の対象となる。資産流動化法では、同法上の特定目的会社に社債の発行を認めており、これを「特定社債」という。同法では特定社債の定義を会社の定義に倣い、「この法律の規定により特定目的会社が行う割当てにより発生する当該特定目的会社を債務者とする金銭債権であって、122条 1 項各号に掲げる事項に従い償還されるもの」（ 2 条 7 号）と定めている。
　資産流動化法の特定社債に係る規定は会社法の規定に準じて制定されているものが多いが、社債管理者の設置義務の適用除外の要件規定等異なる条項もある。
c　投信法に基づく投資法人債
　投資法人債とは、投資信託及び投資法人に関する法律（以下「投信法」という）に基づき、投資法人が発行する社債である。投資法人は投信法上、「資産を主として特定資産に対する投資として運用することを目的として、この法律に基づき設立された社団法人」（投信法 2 条12号）と定義されている。また、投資法人債は「この法律の規定により投資法人が行う割当てにより発生する当該投資法人を債務者とする金銭債権であって、139条の 3 第 1 項各号に掲げる事項に従い償還されるもの」（ 2 条17号）と定義される。
　投資法人は運用業務、資産保管業務、投資主総会の運営等業務についてすべて外部に委託する必要があり、投資法人債についても原簿の備置き等の外部委託が必須となる等の点に特徴がある。
d　電気事業法、NTT法等
　電力会社については電気事業法、NTTについては日本電信電話株式会社等に関する法律、NHKについては放送法等、それぞれの設立根拠法等に基づき、一般担保や発行の認可手続が定められているものがある。一般担保が

ついた社債の社債権者は、当該会社の財産について他の債権者に先立って自己の社債に係る債権の弁済を受ける権利を有する（ただし、この先取特権の順位は民法の規定による一般先取特権に次ぐものとされている）。

(2) 金融商品取引法

金商法において、社債の発行手続上、重要な役割を果たすのはディスクロージャー制度（企業内容等開示制度）である。ディスクロージャー制度とは、多数の投資家を対象とする証券の発行者に、証券ならびに発行者に関する情報開示義務を課すことによって、投資家が合理的な投資判断を行うのに必要な情報を得ることができるようにする制度である。

ディスクロージャーには有価証券の発行時等に行う発行時開示と発行後に行う流通時開示がある。流通時開示は有価証券報告書等の提出によるが、ここでは詳細を取り扱わない。

A 公募債と私募債

まず、社債はディスクロージャー制度の適用の有無により、公募債と私募債に分かれる。

社債の申込みの勧誘が不特定多数の者に対して行われ、金商法の有価証券の募集（金商法2条3号）として、ディスクロージャー手続（内閣総理大臣への有価証券届出書または発行登録書・発行登録追補書類の提出、および、目論見書の使用）が要求されるものを公募債、ディスクロージャー手続を要せず、機関投資家や少人数を対象に勧誘が行われる社債を私募債という。

B ディスクロージャー手続

発行時のディスクロージャー制度としては、有価証券届出書制度と発行登録制度が存在する（図表3-5）。いずれもEDINETという電子情報処理組織を通じて、投資家はその開示内容を参照することができるが、これに加えて、投資家の利便を考慮し、直接、投資家が開示した内容の提供を受ける手段として目論見書制度が用意されている。

図表3－5　発行開示方法の比較
（条文は金商法のもの。開示府令：企業内容等の開示に関する内閣府令）

発行開示方法	概　要	効力発生	利用適格要件
完全開示方式 （5条1項）	証券情報に加え、企業情報のすべてを直接届出書に記載	中15日後 （8条1項）	
組込方式 （5条3項）	証券情報に加え、有価証券報告書、四半期報告書、臨時報告書などの写しを届出書にとじ込むことで企業情報を開示	中7日後 （8条3項、開示ガイドライン8-2①③）	1年間の継続開示 （開示府令9条の3第1項）
参照方式 （5条4項）	証券情報は記載。企業情報は直近の継続開示書類を参照すべき旨（参照情報）記載	中7日後 （8条3項、開示ガイドライン8-2②③）	次の(1)かつ(2)の要件を満たしていること (1) 継続開示要件 （1年間の継続開示） （5条4項1号、開示府令9条の4第2項） (2) 周知性要件 （一定額以上の株式売買金額、上場時価総額、発行総額、外国金融商品取引所での上場および基準時時価総額） （5条4項2号、開示府令9条の4第5項）
発行登録方式 （23条の3、23条の8）	1年〜2年の発行予定額、社債の種類および参照情報等を記載した「発行登録書」をあらかじめ提出 個々の発行ごとに証券情報と参照情報等を記載した「発行登録追補書類」を提出	発行登録書の効力発生（勧誘可能）は中7日後（23条の5） 「発行登録追補書類」提出日に効力発生 （23条の8第1項）	

a　有価証券届出書

　発行価額または売出価額の総額が1億円以上である有価証券の募集または売出しをするにあたっては、適用除外証券（金商法3条）ではない限り、原則として、発行会社は、当該募集または売出しに関し、有価証券届出書および添付書類を内閣総理大臣に提出しなければならない（同法4条1項、5条

1項)。有価証券届出書の提出はEDINETを通じて行うことが義務づけられている。EDINETは、内閣府の使用するコンピュータと開示書類の提出者が使用する入出力装置および金融商品取引所・認可金融商品取引業協会の使用する入出力装置をネットワークで接続した電子情報処理組織をいう(同法27条の30の2)。提出された有価証券届出書は、その内容を内閣総理大臣(財務局)が審査するとともに、公衆の縦覧に供される(同法25条)。有価証券届出書は、投資家に対して投資判断に必要な情報を提供するため、①有価証券の募集または売出しの取引に関する証券情報と、②有価証券の発行者やその属する企業集団の企業内容に関する企業情報を主として開示するものである。これらの情報の開示方法の違いにより、有価証券届出書には以下に述べる3つの方式が存在する。

(a) **通常方式**

金商法に定められた一定の様式(企業内容等の開示に関する内閣府令(以下「開示府令」という)8条1項)によって開示情報のすべてを記載した有価証券届出書を作成する方式である。有価証券届出書は証券情報、企業情報を含む合計4部(第1部・証券情報、第2部・企業情報、第3部・保証会社情報、第4部・特別情報)から構成されている。このうち、第3部・保証会社情報は当該社債に親会社等の保証が付されている場合に当該保証会社の内容を記載するもので、第4部・特別情報は発行会社および保証会社の最近時の財務諸表を記載するものである。

有価証券の募集についての届出は有価証券届出書を内閣総理大臣が受理した日から原則15日を経過した日に効力を生じ(金商法8条1項)、届出が効力を生じた後でなければ有価証券の募集により社債を取得させることはできないとされている(同法15条1項)。

(b) **組込方式**

有価証券報告書を1年間継続して提出している者が、有価証券届出書を提出しようとする場合、当該有価証券届出書に直近の有価証券報告書およびその添付書類等の写しをとじ込み、かつ、その有価証券報告書提出後に生じた重要事項等を記載することにより、ディスクロージャーを行う方式である(金商法5条3項、開示府令9条の3)。これは、前記の通常方式において記載

が求められている企業情報に関する記載を既存の有価証券報告書に代替させることにより重複を避け、機動的な資金調達の利便を図った方式である。なお、組込方式の場合も有価証券届出書の様式は法定されている（開示府令9条の3第2項）。組込方式の場合、届出者に係る企業情報がすでに公衆に広範に提供されていると認められているため、有価証券届出書の効力は提出後7日を経過した日に生じるものとされ、募集開始までの期間が短縮されている（企業内容等の開示に関する留意事項8−2①）。

(c) **参照方式**

有価証券報告書を1年間継続して提出しており、かつ、その発行会社に関する情報が広く一般に提供されていると判断できる場合（内閣府令で定める基準に該当することが必要）に、有価証券届出書の記載を簡素化し機動的な資金調達の利便を図るため、有価証券届出書に直近の有価証券報告書およびその添付書類等を参照すべき旨の記載を行うことでディスクロージャーを行う方式である（金商法5条4項、開示府令9条の4）。発行企業の情報が広く認知されているとの前提のもと、企業情報の開示について組込方式以上に簡略化されている。なお、参照方式の場合の有価証券届出書の様式は開示府令9条の4第1項で法定されている。

また、届出の効力は組込方式と同様、内閣総理大臣が受理した日から中7日後に生ずる。

b 発行登録制度

発行登録制度は、将来有価証券の発行を予定している者が、一定期間における発行予定額、発行予定有価証券の種類等を記載した発行登録書を提出しておくことにより、実際の発行時には新たに届出を行うことなく、単に発行条件など証券情報等のみを記載した発行登録追補書類を提出するだけで、売付け等を行うことが可能となる制度である。発行登録制度は企業情報の周知性が十分に認められる会社について機動的・弾力的な有価証券の発行による資金調達を可能とするためのものであり、その利用は参照方式と同じ利用適格要件を満たす者に限られる。

具体的には、発行登録制度による有価証券の発行を行うためには、発行会社はまず、発行予定期間、発行予定有価証券の種類および発行予定総額、引

受金融商品取引業者等の名称などを記載した発行登録書を内閣総理大臣（管轄財務局長等）に提出して、当該有価証券の募集等を登録する（金商法23条の3第1項）。「発行登録書」の効力は、参照方式同様7日で生じるものとされている（企業内容等の開示に関する留意事項23の5－1）。

当該発行登録が効力を生じ、かつ、当該有価証券の募集等ごとに発行価額等の総額、募集等の条件などを記載した発行登録追補書類を内閣総理大臣（管轄財務局長等）に提出することにより、当該提出日から有価証券を取得させまたは売り付けることができる（金商法23条の8第1項）。発行登録制度は、発行開示と継続開示の統合および調整を図り、有価証券の機動的な発行を最大限に可能にする、最も簡素化された発行開示の方法といえる。

なお、「発行登録書」の様式については開示府令14条の3、「発行登録追補書類」の様式については開示府令14条の8に定められており、その提出方法は有価証券届出書と同様、EDINETによる。

c 目論見書

目論見書とは、有価証券を募集するにあたり投資家に直接提供される開示書類であり、投資家が投資する際の判断資料として利用される。発行会社には目論見書の発行が義務づけられており（金商法13条1項）、また当該有価証券を募集し投資家に取得させる場合には、発行会社ないし証券会社等は、投資家に事前にまたは同時に目論見書を交付することが義務づけられている（同法15条2項）。

目論見書は有価証券届出書の記載内容をその主要部分としており、投資家に直接交付されることにより、有価証券の募集等に際して、発行開示により提供される情報が個々の投資家に届くことが保障される。発行登録制度においても、投資家に対する直接開示として目論見書の作成・交付が要求され、有価証券届出制度下における目論見書に関する規定が準用されている。

なお、一般に、目論見書には、交付目論見書（金商法15条2項。すべての投資家に交付することが義務づけられる目論見書）と請求目論見書（同条3項。投資家からの請求があった場合には直ちに交付されることが義務づけられる目論見書）があるが、社債の目論見書はすべて交付目論見書として位置づけられる。

(3) 社債等振替法

A 社債の発行形式

　会社法は社債券の不発行を原則としたうえで、社債券を発行する場合には募集事項においてその旨を定める必要がある（会社法676条6号）。社債券を発行する場合には、社債券面上に社債権者の氏名を記す記名式と、社債権者の氏名を記さない無記名式がある。

　そのため、会社法と社債等振替法とを合わせると、社債の発行形式は、①募集事項で社債券を発行する旨の定めがない社債（社債券不発行債）、②社債券を発行する旨の定めがある社債で、記名式債券が発行される社債（記名社債）、③社債券を発行する旨の定めがある社債で、無記名式債券が発行され

図表3－6　社債の形態別比較（譲渡方法、対抗要件、善意取得）

	社債券を発行する場合		社債券不発行の場合	振替債（社債券不発行）
	記名社債	無記名社債		
譲渡方法	社債券の交付（687条）	社債券の交付（687条）	意思表示のみ	口座の増額の記録（社振法73条）
債務者対抗要件	社債券の交付＋社債原簿の名義書換え（687条、688条1項・2項、691条）	社債券の交付（687条、688条3項）	社債原簿の名義書換え（688条1項）	口座の増額の記録（社振法73条）
第三者対抗要件	社債券の交付（687条、688条2項）	社債券の交付（687条、688条3項）	社債原簿の名義書換え（688条1項）	口座の増額の記録（社振法73条）
善意取得	あり（689条）	あり（689条）	なし	あり（社振法77条）

流通性の向上 →

（注）　条文は会社法のもの。

る社債（無記名社債）と④社債等振替法に基づく振替債との4つに区分される。

この4形式は、図表3－6のように譲渡方法、債務者対抗要件、第三者対抗要件、善意取得制度の有無等が異なっている。

B　社債等振替制度に基づく振替社債の特徴

振替社債とは、社債等振替法に基づき、社債の発行の決定において、当該決定に基づき発行する社債の全部について同法の規定の適用を受けることを定めた社債であり（社債等振替法66条）、社債券の発行がない完全にペーパーレス化された社債である（同法67条）。

振替社債の場合、社債の保有者は、振替機関である㈱証券保管振替機構または同機構に口座を有する口座管理機関（銀行、証券会社等）の口座を通じて社債を保有し、売買等に伴う権利の移転や担保権の設定は口座の振替えにより行われる。これらの発行、流通、償還までに至る管理がすべて電子的な処理によるため、他の3方式に比べ、権利保全、流通性の面において優れている。そのため、現在上場企業が発行する普通社債は振替社債として発行されるのが通例である。

2　社債発行手続

この節では、公募無担保社債の発行手続を中心に解説を行う。担保付社債については、会社法に加え担保付社債信託法の規定を受け、担保の管理・保存等付加的な手続を必要とすること、また新株予約権付社債については、会社法第2編第3章第2節の募集新株予約権の発行規定によるところが大きいので、本節2(2)で無担保社債の発行手続と異なる部分や追加的に求められる部分に関して補足的に解説を行うこととする。

図表3−7 起債関係者の役割(イメージ)

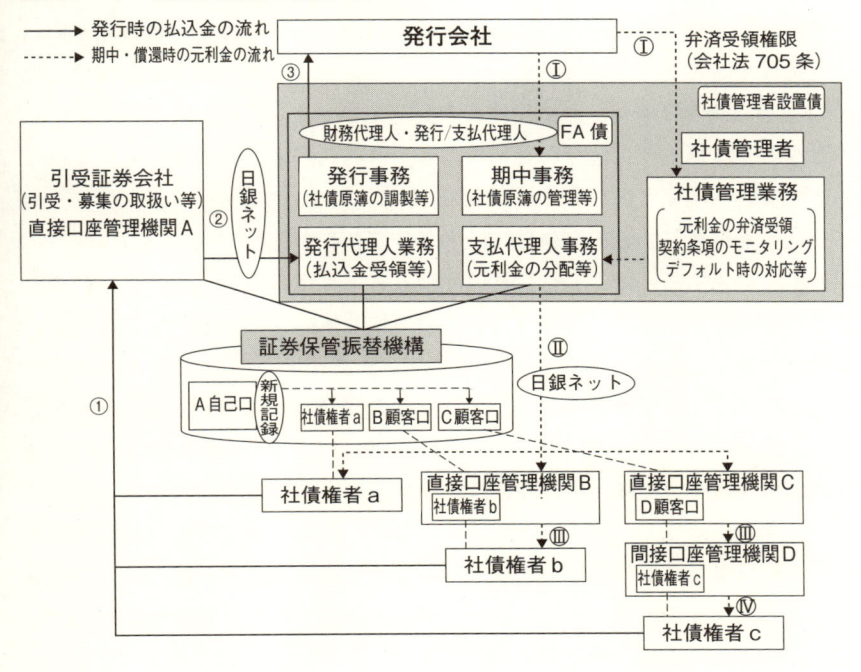

── 発行時の払込金の流れ
---- 期中・償還時の元利金の流れ

弁済受領権限
(会社法705条)

社債管理者設置債
・社債管理者
・社債管理業務
　元利金の弁済受領
　契約条項のモニタリング
　デフォルト時の対応等

発行会社

財務代理人・発行/支払代理人　FA債
　発行事務(社債原簿の調製等)
　期中事務(社債原簿の管理等)
　発行代理人業務(払込金受領等)
　支払代理人事務(元利金の分配等)

引受証券会社
(引受・募集の取扱い等)
直接口座管理機関A

日銀ネット

証券保管振替機構
　新規記録
　A自己口
　社債権者a　B顧客口　C顧客口

日銀ネット

社債権者a

直接口座管理機関B
　社債権者b

直接口座管理機関C
　D顧客口

社債権者b

間接口座管理機関D
　社債権者c

社債権者c

(1) 公募無担保社債

A 起債関係者(図表3−7、3−8)

　起債にあたって当事者となるのは第一義的に発行会社と投資家であるが、社債の発行には複雑な手続と専門知識を要するため、社債管理者・財務代理人(銀行)、および引受会社(証券会社)の専門的機能が利用される。今日では、証券市場の拡大、国際化に伴い、発行市場の選択から具体的な条件の決定に至るまで必要な専門知識は高度化している。また社債は広く公衆を対象として募集されるため財務制限条項等の社債の特約が投資家保護の観点からバランスのとれたものとなっているかどうかを投資家のニーズや法制上の枠組みをふまえて専門的に判断することも求められる。さらに、今後は企業活

動をめぐる動きがかつてないスピードで変化するなかで、事業の再構築、海外生産化、分社化等が進むとともに、社債の商品性の多様化、複雑化がいっそう進展することも予想される。こうした社債市場をめぐる大きな環境の変化のなかで社債管理者・財務代理人や引受証券会社の責任はますます重いものとなろう。以下では、その社債管理者・財務代理人、引受証券会社をはじめとする起債関係者について解説する。

a 社債管理者（社債管理者設置債と社債管理者不設置債）

社債を募集するには、発行会社は原則として社債管理者を設置し、社債権者のために弁済の受領、債権の保全、その他社債の管理を委託することが、法律上義務づけられており（会社法702条）、社債管理者は、発行会社からの委託を受けて、社債権者のために償還時まで当該社債の管理を行う（社債管理の詳細については第3節「社債の期中管理・償還」参照）。社債管理者は、通常、発行時においては、発行会社に対し社債市場の枠組み等の知識・実務ノウハウをふまえてアドバイスを行うとともに、社債の期限の利益喪失条項および財務制限条項等の特約の決定について発行会社と協議を行う。この社債管理者となりうるのは、銀行、信託会社、法務省令（会社法施行規則170条）で定める者、および、担保付社債信託法3条の免許（担保付社債に関する信託事業の免許）を受けた会社等に限られる（会社法703条）。また、財務代理人と異なり、社債管理者には複数名が設置されることがあり、そのなかの取りまとめ役を代表社債管理者（主社債管理者）と呼び、その他の社債管理者を平社債管理者（副社債管理者）という。

なお、会社法は社債管理者の設置を原則として義務づけているが、各社債の金額が1億円以上の場合、その他法務省令（会社法施行規則169条）で定める場合（社債の総額を各社債の金額の最低額で除して得た数が50を下回る場合）は例外としている。これは、社債金額が多い場合には各社債権者において自ら社債を管理する能力およびインセンティブがあると考えられること、また社債権者の数が少ない場合には社債権者間の協力が比較的容易であるためである。

実務では、社債管理者が設置される社債を社債管理者設置債、設置されない社債を社債管理者不設置債という。社債管理者不設置債の場合、財務代理

人(fiscal agent)が置かれるのが通常である(このため、不設置債はFA債と呼ばれることも多い)。財務代理人は、後ほど説明するように、社債管理者とは異なり、社債権者の保護のために行動する立場にあるわけではなく、あくまで発行会社のためのサービスを提供する者と位置づけられている。そのため、一般に、社債管理者不設置債の場合、各投資家は、社債管理者が通常行っている、①発行会社の事業活動や財務状況のウオッチ、②財務制限条項などの特約の遵守状況の監視、③担保付社債への切替えなどによる機動的な債権保全手続、④デフォルト後の破産・会社更生手続・民事再生手続への参画、債権の回収といった行為を基本的にすべて自らの手で行わなければならず、もっぱら投資家の自己責任原則に委ねられる。

現在、無担保社債では、機関投資家向けに発行される場合は社債管理者不設置債、個人投資家向けに発行される場合には社債管理者設置債とすることが多い。

b 財務代理人

財務代理人の職務内容や義務については、法律上の規定があるわけではなく、社債発行会社との契約によって定められる。

財務代理人にかかわる業務は主として会社法にかかわる①発行事務代行業務、②期中事務代行業務、社債等振替法にかかわる業務として、③発行代理人業務、④支払代理人業務の4つに大きく分類される。こうした事務は相互に連関しているとともに社債管理業務と密接に関連しており、事務の効率性、正確性、迅速性の観点から社債管理者の代表者が財務代理人の業務を兼ねるのが一般的である。また、社債管理者不設置債の場合は①〜④の業務を合わせて単独の金融機関を選任することが通例である。

(a) **発行事務代行**

発行事務代行会社は、法律上発行会社が行うべき発行時のもろもろの事務を発行会社の委託を受け、発行会社にかわって行う。おもな事務の内容は以下のとおりである。

・社債申込書の作成
・払込金の交付
・社債原簿および謄本の調製　等

(b) 期中事務代行

期中事務代行会社は、法律上発行会社が行うべき期中のさまざまな事務を発行会社の委託を受け、発行会社にかわって行う。おもな事務の内容は以下のとおりである。
・社債原簿の管理
・租税特別措置法に基づく利子所得税の納付
・買入消却等に係る事務　等

(c) 発行代理人・支払代理人

発行する社債等を振替機関が取り扱うことを同意した発行会社は、振替機関との間の事務手続等について銘柄ごとに発行代理人、支払代理人を選任し、これに行わせることとなっている。このうち、発行代理人は、新規発行社債等の銘柄情報の振替機関への連絡、振替機関に対する払込完了の通知等、発行に関する事務手続を行う者をいう。これに対し、支払代理人は、振替社債等の残存状況等に関する振替機関からの照会受付、変動金利の場合の利率決定情報等銘柄情報の更新、元利払いに関する資金決済等、振替社債の払込み後から償還までの手続を行う者をいう。

(d) 社債原簿管理人

社債原簿は、株式における株主名簿のように、社債および社債権者に関する帳簿であって、会社が社債を発行したときは、遅滞なく社債原簿を作成し（会社法681条）、これを本店に備え置くことを要する（同法684条1項）。会社は社債原簿管理人（会社にかわって社債原簿の作成および備置きその他社債原簿に関する事務を行う者）を定め、その事務を委託することもできる（同法683条）。また、社債権者および法務省令で定める者（会社の債権者、株主等。会社法施行規則167条）は、営業時間内はいつでも、発行会社の有する社債原簿の閲覧もしくはその謄写を請求することができる（会社法684条2項）。

普通社債については社債原簿管理人が設置される場合は見受けられないが、実務上、事務代行会社が、発行会社の委託を受けて、原簿に関する事務のサポートを行うのが通例である。

社債原簿に記載すべき事項は次のとおりである（会社法681条）。
・社債の総額

- 各社債の金額
- 社債の利率
- 社債償還の方法および期限
- 利息支払の方法および期限
- 各社債につき払い込んだ金額および払込みの年月日　等

なお、投資法人債では、原簿管理人の設置が義務づけられている。

c　振替機関

振替機関とは、社債等振替法3条に基づき主務大臣(内閣総理大臣・法務大臣)の指定を受け、社債等振替法および振替機関の業務規程の定めるところにより、社債等の振替えに関する業務を行う者をいう。振替機関は、他の者(加入者。社債等振替法2条4項)のために、その申出により社債等の振替えを行うための口座を開設する義務があり、振替えのための口座を記録、管理する振替口座簿を備える必要がある(同法12条)。

振替機関はあらかじめ発行会社から当該振替機関において取り扱う同意を得た社債でなければ取り扱うことができない(社債等振替法13条)。発行時や発行後の事務の取扱いについては、振替機関は発行代理人・支払代理人を通じて行う。

現在は、㈱証券保管振替機構(以下「機構」という)が国内唯一の振替機関として指定されている。

d　口座管理機関

口座管理機関とは、社債等振替法および振替機関の業務規程に基づき、他の者のために、その申出により社債等の振替えを行うために口座を開設した者等をいう(社債等振替法2条4項、44条)。このうち、特に機構に口座を開設した者を直接口座管理機関、他の口座管理機関に口座を開設した者を間接口座管理機関という。口座管理機関となることができる者は、証券会社(金融商品取引業者)、銀行、信託会社、信用金庫、信用協同組合等に限定される。口座管理機関の業務は、社債等振替法および振替機関の業務規程の定めるところにより、口座管理機関として振替業を営むことであり、振替口座を備え置く義務がある(同法45条)。

投資家の観点からすると、機構または口座管理機関に保有社債が記録され

図表3−8　起債関係者のおもな役割

関　係　者		おもな役割等
銀行	社債管理者	・契約条項のモニタリング、債権管理 　（社債権者の保護機能＝社債権者の法定代理人） ・元利金支払基金の請求・弁済受領 ・複数行指定の場合には代表者を定める＝代表社債管理者
	発行事務代行会社	・申込書の作成 ・社債原簿の調製 ・払込金の交付 ・開示書類のチェック ・各種アドバイス等
	発行代理人	・機構との間で発行に係る手続 　−銘柄情報登録、新規記録申請（承認）、発行口記録情報取込・照合、払込確認通知、払込金受領等
	期中事務代行会社	・社債原簿の管理、利子所得税の納付等
	支払代理人	・機構との間で期中（払込み後から償還まで）に係る手続 ・元利金・元利金支払手数料の取りまとめと分配、銘柄情報の更新、機構からの発行者に係る照会対応 　−元利金支払資金決済、残存状況等に係る照会受付、銘柄情報更新（変動金利の場合等）等
証券会社	引受証券会社	・社債総額の募集の取扱い、募残があった場合の引受責任（残額引受けの場合） 　−複数の幹事証券を中心に引受シンジケート団を組成
銀行 証券会社 信託会社	口座管理機関	・他の者のために、社債等の振替えを行うための口座（振替口座）を開設 ・代理受領した元利金を投資家や下位口座管理機関へ分配
振替機関		・振替機関として振替口座簿の集中管理を行う 　−現状、主務大臣の指定を受けている機関は㈱証券保管振替機構のみ

ることによって、自己の社債権が確保される。

e　引受証券会社

　引受証券会社は、投資家への勧誘・販売行為を行うとともに、通常はこれを引き受ける責任を負う。そのため、引受証券会社、特に主幹事証券会社は発行する社債のプライシング、マーケティング、ドキュメンテーションその他証券の募集を成功させるための主導的な役割を果たすことになる。引受証券会社は1社とは限らず、数社の場合はシンジゲート団を組む。

　なお、金商法では、有価証券の募集もしくは売出しまたは私募に際し、「有価証券を取得させることを目的として当該有価証券の全部または一部を取得すること」「有価証券の全部又は一部につき他にこれを取得する者がない場合にその残額を取得することを内容とする契約をすること」を「引受け」と定義している（金商法2条8項6号・6項）。前者を総額引受け（買取引受け）、後者を残額引受けと呼ぶが、有価証券の販売・勧誘に際し、売れ残りのリスクを負うことが引受けの本質的要素である。

B　発行手続概要その1（事前手続）

　発行手続は、①発行条件決定までの事前手続、②発行条件決定後、投資家への周知・販売までの手続、③投資家が購入資金を払い込み、引受証券会社、財務代理人・社債管理者等を通じて発行会社に資金交付されるまでの手続に大別される。

　事前手続では、まず社債を発行するにあたり必要な法的要件等を満たすため、社債発行に係る取締役会決議や機構への同意手続、財務上の特約の決定、および、ディスクロージャーの方法としての発行登録制度を利用する場合（公募普通社債で一般的に採用）には発行登録書の提出を行う。また発行会社や発行する社債の商品性に対する評価である格付を取得し、引受証券会社のデューデリジェンスである引受審査を受けることになる。

a　取締役会決議

　(a)　会社法による定め

　会社法では、会社がその発行する社債を引き受ける者の募集をしようとする場合において募集社債について定めるべき事項（募集事項）を法定したう

えで(会社法676条)、取締役会設置会社にあっては、それらの事項のうち、募集社債の総額その他社債を引き受ける者の募集に関する重要事項として法務省令で定める事項についてのみ、取締役会は取締役に委任できないものとし(同法362条4項5号)、それ以外の事項については、代表取締役や業務執行取締役に対して委任できることとしている。法務省令で定める事項(同法施行規則99条1項)としては、募集社債の総額、利率の上限、払込金額の総額の最低金額等があげられる。なお、振替社債として発行するためには、発行する社債の全部について社債等振替法の規定の適用を受けることとする旨を定める必要がある(社債等振替法66条2号)(図表3-9)。

一般に、取締役が市場動向に応じて募集条件を変化させながら断続的に社債を募集しようとする場合には、取締役会では、発行期間、当該種類の募集社債の総額の合計額、募集社債の利率の上限および払込金額の総額の最低金額を定め、その他の事項については取締役に委任することになる。

なお、実務上、募集社債の利率は発行利率、払込金額は発行価額といわれ

図表3-9 取締役会決議事項例

第●号議案　国内無担保普通社債発行の件
議長は、●●資金に充当するため、下記の要領にて国内普通社債を発行することを提案し、全員異議無くこれを承認した。
(1)　社債の種別　　　　　　　　国内無担保普通社債
(2)　募集社債の総額　　　　　　●●億円
(3)　各募集社債の金額　　　　　1億円
(4)　償還期限　　　　　　　　　●年以内
(5)　募集社債の利率の上限　　　年●.●%以下
(6)　償還方法　　　　　　　　　満期一括償還
(7)　利息の支払方法　　　　　　年2回(半年毎)後払い
(8)　募集社債の払込金額　　　　各募集社債の金額100円につき100円
(9)　社債等振替法の適用　　　　本決議に基づき発行する社債全部について社債、株式等の振替に関する法律(平成13年法律第75号)の適用を受けることとする。
(10)　その他　　　　　　　　　　利率、償還期限その他本社債の発行に関して必要な一切の事項の決定は、代表取締役に一任するものとする。

るが、その内容は概略以下のとおりである。

① 発行利率……社債の利率とは、各利息支払期日に社債権者に支払われる利子率（表面利率）であって、年利で定められ、通常利払いは年2回後払いで行われる。利率は社債の発行条件のうち最も重要なものであり、発行時における起債市場・流通市場の動向、一般の金利動向および発行会社の信用度等を勘案しつつ決定される。

② 発行価額……発行価額は社債の募集価額（払込金額）であって、額面100円につき金何円と表示される。普通社債は、発行価額が額面金額または額面金額未満で発行されることが通例で、前者をパー発行、後者をアンダーパー発行といい、額面金額と発行価額との差額を発行差額（発行差金）という。発行価額は利率と相まって応募者利回りの微妙な調整を可能にしている。

(b) **社債等振替法に基づく振替制度利用への同意**

振替債の発行に際して、発行会社は機構に対してその発行する社債の取扱いに関し、同意をしなければならない。また、発行会社は取締役会において、当該社債の全額について社債等振替法の適用を受ける旨の決議を受けなければならない。

発行会社による同意には、包括同意と個別同意の2方式があるが、包括同意方式を利用できる会社は証券コード協議会が付番した発行体コード（後述）を有する上場会社等のみである。

発行体コードを有する発行会社の場合には、直接、機構に対して、「一般債振替制度参加に関する同意書（包括）」「一般債振替制度参加に関する届出書」を提出する。発行・支払代理人の選任は同届出書において行い、個別の発行のつど、発行・支払代理人選任の届出は不要となる。

これに対し、発行体コードを有しない発行会社の場合には、発行のつど、発行・支払代理人経由で、機構に対し、「同意書兼発行代理人及び支払代理人選任届出書」を提出する。

(c) **ディスクロージャー**

発行登録制度を利用する場合には、1年または2年間における社債種類ごとの発行予定総額を登録する。これにより、投資家に対して、当該社債の取

得の勧誘を行うことが可能となる。なお、発行登録書の提出は取締役会の決議事項ではないが、実務では取締役会の決議をもって発行登録書を提出することもある。

b 財務上の特約の決定

無担保社債を発行する場合、発行会社は社債権者保護を目的に、社債管理委託契約のなかで、財務内容ないし財務政策について一定の事項を遵守する旨を特約し、かりにその事項を遵守できない場合、社債の期限の利益を喪失するかあるいはその社債に物上担保を付すことを規定するのが一般的である。こうした特約は財務上の特約と呼ばれ、通常は社債管理委託契約に基づき、社債管理者が社債発行後その遵守状況を管理する。

無担保社債は、発行会社の健全な経営や財務内容がいわば担保であり、財務制限条項は、元利金支払のための原資を確保することや、財務内容が悪化する場合には、社債管理者との協議のもとで担保付社債への切替えを行うことにより社債権の保全、実現を図るという社債権者保護のための基本的枠組みを構成している特約条項である。

なお、社債管理者不設置型社債の場合は、こうした特約の遵守状況を専門的に管理する主体がなく、財務上の特約の設定にあたっては、実効性や特約違反の場合の社債権者の権利確保の観点から慎重な検討を要することになる。

以下、おもな財務制限条項について解説する。

なお、現在、公募無担保普通社債の多くは、(a)担保提供制限条項と(e)担付切替条項のみが付されている。

(a) 担保提供制限条項

担保提供制限条項は、当該社債が平等かつ比例的に担保されない限り発行会社の他の債権者に対する担保提供を制限する条項で、無担保社債の投資家が他の債権者に劣後し、不利な立場に置かれることを防ぐための規定である。すなわち社債発行後、発行会社がその負担する債務について新たに担保を債権者に対し提供することにより、無担保社債が当該債務に劣後して社債権者が他の債権者に対し不利な立場に置かれるのを未然に防止することを意図している。

担保提供制限条項は次のようにいくつかの種類がある。
① 担保提供禁止特約……発行後の担保提供はいっさい行わないことを担保提供制限条項として特約するもの。
② 担保提供限定特約……社債を除く他の債務に対する担保提供を一定の範囲内（たとえば純資産の○○％）に限定することを担保提供制限条項として特約するもの。
③ 社債間限定同順位特約……当該社債が「他の社債」に劣後しないことを特約するもの。この特約の場合、社債を除く他の債務に対する担保提供を制限しないため、社債権者が他の債権者に劣後することを常時認めることになる。

社債間限定同順位特約はたとえば次のように規定される。
「当社は、本社債の未償還残高が存する限り、本社債発行後、当社が国内ですでに発行した、または国内で今後発行する他の社債に担保権を発行する場合には、本社債にも担保付社債信託法に基づき、同順位の担保権を設定する」。

(b) **純資産額維持条項**

純資産額維持条項は純資産額を一定水準以上に維持することを義務づける条項で、たとえば次のように規定される。
「当社の決算期における貸借対照表に示される純資産額が○○億円（発行直前期末の○○％）未満となった場合には、当該決算期の末日より○カ月を経過したときに、当社は本社債について期限の利益を喪失する」。

この条項は、発行会社の清算を前提とした場合、全資産と全債務の差額である純資産が無担保社債の最終的な償還原資となるという考え方に基づき純資産額を一定水準以上に維持することを求める意味と、後述の担付切替条項が特約されていれば、担保付社債への切替えを行うトリガーとしての意義をもつ。

(c) **利益維持条項**

利益維持条項は企業のもつ債務返済能力を収益性の観点から確保するため、一定の水準を超えた収益の悪化を防ぐことを目的とする条項で、たとえば次のように規定される。

「当社の決算期における損益計算書に示される経常損益が○期連続して損失となった場合には、当該決算期の末日より○カ月を経過したときに、当社は本社債について期限の利益を喪失する」。

この条項も担付切替条項とあわせ、担保付社債への切替えを行うトリガー条項としての役割を果たす。

(d) 配当制限条項

配当制限条項は発行会社の一定水準以上の配当支払を規制するもので、たとえば次のように規定される。

「当社は、配当金累計額が、税引後当期純損益累計額に一定額を加えた額を超えることとなるような配当（中間配当を含む）を行わない。ただし、株式分割はこの限りではない」。

この条項は、社債の最終的な償還原資である純資産が、企業利益に比して過度に株主への配当支払等により損なわれないことを目的とする行為規制である。また、この条項も担付切替条項とあわせ、担保付社債への切替えを行うトリガー条項としての役割を果たす。

(e) 担付切替条項

発行会社に不測の事態が生ずる前の段階で、無担保社債を担保付社債へ切り替え、企業の存続に重大な影響を及ぼす無担保社債の期限の利益喪失を回避し社債を存続せしめるとともに、社債権者が他の債権者に劣後することのないよう償還原資の保全を図ることを目的とする条項である。担保付社債への切替えに際しては、善管注意義務を負った社債管理者が関与することにより、確実・十分な担保徴求を可能にしている。

担付切替条項には、ブリッジ条項とウェーバー条項とがあり、たとえば次のように規定される。

「当社は社債管理者と協議のうえ、いつでも本社債のために担保付社債信託法に基づき、担保権を設定できる」（ブリッジ条項）。

「当社は、次の場合には本社債について期限の利益を失う。ただし、第○条（担保提供制限）または第○条（ブリッジ条項）により、当社が本社債のために担保付社債信託法に基づき社債管理者が適当と認める担保権を設定したときには、本項（担保提供制限条項等）に該当しても期限の利益を失わな

い」(ウェーバー条項)。

(f) 劣後特約

一般に、一定の劣後事由(発行会社の破産手続開始、更生手続開始、民事再生手続開始もしくは開始の決定等)が生じた場合に、償還請求権および利息支払請求権が一定の債権(上位債権)に劣後する旨を定める条項が劣後条項である。

国内で発行される劣後特約付きの社債の代表例としては、金融機関が発行する劣後債があげられる。国際決済銀行が定めるBIS規制では、規制自己資本比率の分子である自己資本には会計上の資本に加え、劣後債や優先出資証券等も一定額まで含めることが可能とされているため、金融機関は劣後債を発行する。この場合の劣後債は、当局のルールに従い、劣後特約に加え、発行年限、期限の利益喪失特約の免除等の制約が付される。

その他に劣後特約を付した社債としては、事業法人が、格付機関が定めるクライテリアに従い、劣後特約のほか、利息繰延条項や借換制限条項(借換の場合は一定以上の資本性を有する調達手段に限定)等を付した社債がある。この社債は、格付機関のクライテリアを満たすことにより、格付機関の格付判定に際して、会計上は負債であるにもかかわらず、資本性が認められることになる。発行会社からすれば、株主価値の希薄化リスクを抑制しながら、企業の財務レバレッジの悪化を防ぐ等のメリットがある。こうした社債は、実質的に負債と資本の両方の性格を併せ持つことから、ハイブリッド債と呼ばれることが多い。

c 格付の取得

公募社債の発行にあたっては、社債の募集を円滑に行う観点から、内閣総理大臣の登録を受けた格付機関(信用格付業者。金商法2条8項34号・35号・36号、66条の27以下)による格付を取得することが望ましい。一般に投資家は、ディスクロージャー制度によって開示された情報と格付を参考にしながら、投資判断を行うためである。

金商法に定める信用格付とは、金融商品または法人の信用状態に関する評価の結果について記号または数字を用い表示した等級をいい、信用格付業者とは金商法66条の27の規定により内閣総理大臣の登録を受けた者をいう。

格付の取得には資料提出後相応の期間を要するため、特に初めて格付を取得する場合には十分な余裕期間を置くことが必要である。

d　引受審査

引受証券会社による引受審査は開示審査（発行会社が金商法の規定に基づき作成した有価証券届出書、発行登録書等において、資金使途・企業の内容等を適切に投資者に開示しているか否かの審査）が中心である。

引受証券会社は、使用した目論見書や提出された有価証券届出書に不実記載があった場合には、目論見書の使用者としてまたは元引受契約を締結した幹事証券会社として、投資家に対して直接に損害賠償責任を負う（金商法17条、21条）。ただし、証券会社が不実記載を知らず、かつ相当の注意を用いたにもかかわらず知ることができなかったことを証明した場合には、損害賠償責任を免れる。証券会社が社債の引受けに際し、引受審査等のデューデリジェンスを実施する意義は、この免責を得ることにある。

C　発行手続概要その2（条件決定と投資家の取得手続等）

まず、引受証券会社との間において、利率等普通社債の発行条件を決定する。その方式としては、かつてはプロポーザル方式（引受証券会社の自由な競争のもとで発行会社との間で個別交渉を通じ発行時期・発行条件を決定する方式）が採用されていたが、過当競争から適正な条件決定が保たれなかったこともあり、現在では、条件決定日までに主幹事証券会社と引受シンジケート団が市場実勢や大手機関投資家等販売対象先の意向を確認し、この需要予測に基づいて決定する方式が一般的である（均一価格販売方式、固定価格販売方式）。

社債の発行条件決定の投資家への通知・申込み等の手続は会社法の規定に基づくが、その際、不特定多数の投資家に対して取得を勧誘する場合には、金融商品取引法のディスクロージャーや募集に関する規定の適用を受けることとなる。

a　募集事項の通知・申込み・割当て

募集社債の発行に際し、会社法の手続としては、①会社による募集事項等の通知、②募集社債の引受けの申込み、③会社による募集社債の割当てとい

う手続を行うことが原則である。ただし、後述のように、募集社債の総額引受けの契約（買取引受契約）を締結する場合には、この手続は不要となる。

　具体的には、まず、会社は募集社債の引受けの申込みをしようとする者に対し、以下の通知事項を通知する必要がある（会社法677条1項）。募集社債が振替社債である場合には、社債等振替法の適用がある旨も示さなければならない（社債等振替法84条1項）。

・会社の商号
・会社法676条各号に掲げる事項（募集事項）
・社債管理者を定めたときは、その名称・住所　等

　ただし、①会社が通知事項を記載した目論見書を募集社債の引受けの申込みをしようとする者に対して交付している場合、②会社が目論見書に記載すべき事項を電磁的方法で提供している場合等においては、募集社債の引受けの申込みをしようとする者の保護に欠けるおそれがないものとして、上記の通知は不要とされる（会社法677条4項。同法施行規則164条）。

　この通知を受け、募集社債の引受けの申込みをする者は、氏名・住所、引き受けようとする募集社債の金額等を記載した書面（申込書）を発行会社に交付しなければならない（会社法677条2項）。これに加え、振替社債の引受けの申込みをする者は、自己のために開設された当該振替社債の振替えを行うための口座を当該書面に記載しなければならない（社債等振替法84条3項）。

　社債を発行する会社は、申込者のなかから募集社債の割当てを受ける者を定め、かつ、その者に割り当てる募集社債の金額および金額ごとの数を定めなければならない。そして、社債の払込期日の前日までに、申込者に対し、当該申込者に割り当てる募集社債の金額および金額ごとの数を通知しなければならない（会社法678条）。

　募集社債を引き受けようとする者がその総額の引受けを行う契約を発行会社と締結する場合には、募集要項の通知・引受けの申込み・募集社債の割当てという社債の引受けをする者を決定する手続をとる必要がない（会社法679条）。なお、振替社債の総額の引受けを行う者は、総額引受契約を締結する際に、自己のために開設された当該社債の振替えを行うための口座を発行会社に提示しなければならない（社債等振替法84条3項）。上場会社が公募で社

債を発行する場合には、引受証券会社が総額引受け（買取引受け）の方法により社債を引き受けて投資家に販売する場合が多い。

b ディスクロージャー

金融商品取引法の規定にのっとり、不特定多数の投資家に対して社債の取得を求める場合には、ディスクロージャーが必要となる（本節1(2)B参照）。発行登録制度を利用した場合、発行登録追補書類の提出を要するが、同書類の提出により、その当日から取得を目的とした勧誘が可能となる。会社法は投資家に対する通知と取得の意思表示である申込みに関する規定を定めているが、金商法はその間の実際の投資家に対する勧誘と、取得・投資の判断に関して必要な情報の提供等について定めるものである。

c 諸契約の締結

発行条件確定とともに、発行会社は、振替社債における社債管理者設置債の場合は社債管理者との間に、同じく社債管理者不設置債の場合は財務代理人との間に、以下のような諸契約を契約する。このほかに、引受証券会社との間では、引受けならびに募集取扱契約、または買取引受契約を締結する。

(a) **社債管理者設置債の場合**

① 社債管理委託契約書……発行会社と社債管理者との間で社債管理の委託の内容を定める契約で、対象となる社債の要項、社債管理者の権限と義務等を内容とする。

② 社債管理の委託に関する覚書……社債管理者を複数名設置する場合に、社債管理者間の役割分担、手数料配分の方法等を定める。

③ 事務委託契約書……発行事務代行、期中事務代行、発行代理人・支払代理人にかかわる業務を主たる内容とする契約であり、社債管理者不設置債における財務および発行・支払代理契約にほぼ相当する。社債管理者を複数名設ける場合においても、事務を委託する者は通常1名のみである。

④ 事務委託に関する覚書……発行会社と事務を委託する者との間で締結する覚書で、手数料等を定めるものである。

(b) **社債管理者不設置債の場合**

発行事務代行、期中事務代行、発行代理人・支払代理人にかかわる業務を主たる内容とする財務および発行・支払代理契約証書を締結する。

D　発行手続の概要その3（資金払込み、振替口座簿への記録等）

　発行条件決定後払込みまでの手続については、機構を利用する振替社債とそれ以外の形式の社債とでは異なる。ここでは、金融機関の実務で広く取り扱われる振替社債のフローについて説明する。

a　振替債の場合における払込日以前の手続

　振替債の場合には、条件決定日から払込日（発行会社に対する社債資金の交付日）までの間は、原則4営業日の間隔を空ける。その期間に、機構と発行代理人との間で、発行する振替社債の概要を通知する銘柄情報通知と、具体的な決済条件等を確認する新規記録申請の2段階の手続を行うことになる。

(a)　銘柄情報通知

　振替債の発行決議を行った発行会社は、発行代理人を通じて振替債の銘柄情報について、①公募債等起債事務関係者が広範に及ぶものに関しては発行条件決定日当日までに、②発行代理人自身が引受人となる私募債等の場合には、社債の資金の払込日前営業日までに通知を行う必要がある。銘柄情報の通知は、機構の専用端末等を利用したデータ伝送による。

　銘柄情報の通知を受けた機構は、銘柄情報ごとに新証券コードを付番して、当日中に発行代理人に通知する。新証券コードは国際標準であるISINコードに依拠したものであり、機構はこれに基づき銘柄管理やシステム処理を行う。新証券コードは、発行会社が証券コード協議会の付番する発行体コードを有するか否かにより、通常体系と90B体系という2種類の体系に分かれる。上場会社、国内で公募債を発行する会社は発行体コードを有しており、通常体系による付番がなされる。

　機構は、銘柄情報の通知を受けた翌営業日に、元利払いにおいて機構が関与しない銘柄（機構非関与銘柄）を除き、機構加入者の業務処理上必要とされる所定の情報項目を機構加入者に通知する。これにより、機構加入者は新規記録申請（後述）が可能となる。機構非関与銘柄については、機構から銘柄情報報告が通知されないため、発行代理人から関係する口座管理機関に対して所定の銘柄情報報告の通知を行う必要がある。

　一般に、不特定多数の投資家を前提とする公募債については機構の枠組み

を活用した社債の元利金の支払が可能となる機構関与銘柄となる一方、投資家が金融機関等に限定される私募債などでは、発行会社が直接投資家に対して元利金の支払を行えば足りるので機構非関与銘柄となることが多い。

(b) 新規記録申請

発行代理人は、応募者から、銘柄名称、払込みを行う加入者の名称、増額先の口座、払込みに係る振替社債の金額等からなる新規記録情報の提供を受けたうえで、払込日以前の所定の日までに、機構に対して発行予定振替社債の新規記録申請を行う。この手続には以下の2方式がある。

① 決済照合システム利用による申請方式（機構関与方式）……機構の提供する決済照合システムを通じて、応募者等が新規記録情報を送信し、別途、発行代理人が主幹事証券等から入手する引受情報（社債申込書等）に基づき、当該情報を確認・承認のうえ、機構に通知することにより新規記録申請を行う方式である。この利用のためには、応募者側、発行者側双方が機構があらかじめ設定する標準的な決済条件を登録することを要する。

新規記録情報が発行代理人により承認された場合、決済照合システムにより決済指図データが作成され、当該データは機構において新規記録申請として受け付けられ、決済当事者となる機構加入者および資金決済会社に決済照合結果通知が送付される。

なお、この方式を利用する場合で一定の条件を満たすときには、応募者側と発行者側はDVP方式（後述）の指定を行うことが可能である。

② 発行代理人直接申請方式……発行代理人が引受証券会社または応募者から自らの引受分または応募分につき、書面その他の方式により、新規記録情報および新規記録にあたり機構において増額すべき口座、払込方法等、新規記録に係る決済をするにあたって必要となる情報項目からなる払込決済条件情報の提供を受けたうえで、機構に対して所定の方法で直接新規記録申請を行う方法である。なお、この方式による場合にはDVP決済の指定を行うことはできない。

機構は発行代理人から新規記録申請を受け付けた場合、当該申請に係る内容を発行口（振替社債が成立するまでの間、新規記録の内容を一時的に記録するための便宜的な口座）に記録する。機構は発行口への記録に際し、発行代理

人と機構加入者に対して発行口情報を送信する。
b 払込日当日における手続
　払込日当日の重要な手続は、①新規記録申請に基づいた投資家からの資金の払込みを確認し、当該資金を発行会社に交付することと、②振替口座簿に投資家（社債権者）の権利を記録することである。これを社債券を発行する場合に置き換えれば、社債権者が社債発行払込金を発行会社に引き渡すかわりに社債券を受け取ることに相当する。

(a) 払込み

　払込日当日の払込みおよび発行代理人による確認方法については、DVP方式と非DVP方式の2種類がある。

① DVP方式（機構関与方式の場合）……発行代理人が、機構が準備する日銀ネットにかかわるシステムを活用して、投資家や引受証券会社からの資金の払込みを受け取る方式である。

　　具体的には、機構は、払込日に、日銀に対してDVP決済が指定された新規記録申請に対応する「入金依頼（振替社債等）」を送信する。日本銀行は「入金依頼（振替社債等）」を受領した場合、日銀ネット上で資金決済当事者（発行代理人および資金決済支払方取引先・払込者側）に対して「当座勘定引落対象通知（振替社債等）」を送信する。資金決済支払方取引先は、日銀ネット上で「払込依頼（振替社債等）」を送信し、日本銀行に対して資金決済を依頼する。日本銀行は資金決済が完了した場合、資金決済当事者に対して、「当座勘定引落（入金）通知（振替社債等）」を送信する。これをもって、発行代理人の払込確認の通知とみなされる。

② 非DVP方式……応募者や引受証券会社等が直接発行代理人に対して社債の払込みをする方式で、発行代理人は社債払込みが完了した事実を「資金振替済通知」として機構へ通知しなければならない。

　なお、発行代理人は、①または②の方式で受領した払込金額を発行会社の指定する方法で交付する。

(b) 振替口座簿への記録

　機構は、払込確認通知を受けた後、振替口座簿に新規記録先口座が開設されている場合には当該口座に増額記録を行うとともに、同口座が開設されて

いない場合には払込加入者の上位機関である直接口座管理機関（顧客口）へ増額記録を行うとともに、当該直接口座管理機関に対し新規記録情報を通知する。通知を受けた直接口座管理機関は同様の増額記録の手続を行う。

E　発行スケジュールのイメージ（公募普通社債・発行登録制度利用前提）

以上、A～Dの間のスケジュールを総括すると、おおむね図表3－10のとおりとなる。

a　事前準備

会社法上の対応として、まず社債発行に係る取締役会決議が必要となる。この取締役会の決議では、発行する社債が社債等振替法の適用を受ける旨もあわせて決議をするのが一般的である。これにあわせ、発行会社は社債等振替法に基づく一般債振替制度参加に係る同意書を機構に対して提出すると同時に、発行代理人、支払代理人の選任届を提出する。

また、金商法上のディスクロージャー手続として、発行登録書の提出を要する。

b　ローンチ日［L日］

まず、会社法に従い、取締役会決議の授権に基づき、取締役は社債の条件を決定する。この決定した条件を、金商法のディスクロージャー規定に従い、発行登録追補書類を提出することにより開示する。これにより、投資家に対して、社債を取得させ、または売り付けることが可能になる。同時に、会社法に基づく申込みに係る通知・申込み・割当てをローンチ日当日に行い、社債関連の諸契約等を締結する。

社債等振替法関連の手続としては、発行代理人から機構に対して、銘柄情報の通知を行う。

c　資金交付日（払込日）［L＋4営業日以降］

資金交付日（払込日）に、投資家は社債購入資金を引受証券会社に払い込み、財務代理人・支払代理人である金融機関を通じて、発行会社に対して資金交付がなされる。これと同時に、社債等振替法関連の手続として、投資家の振替口座簿の記録をすることにより、投資家への権利の帰属を確定する。

図表3－10 公募普通社債（FA債・発行登録方式）発行スケジュールと関係法令

	会社法	金融商品取引法	社債等振替法
事前準備	○社債発行に係る取締役会決議（362条、施行規則99条）	○発行登録書提出（23条の3） ・有効期限 1年〜2年（開示府令14の6） ・効力発生は提出後中7日後社債の勧誘が可能 同時に実施	○一般債振替制度参加に係る「同意書」提出（13条） ・発行代理人、支払代理人等に係る届出 （一般債振替制度参加に係る届出書） ○発行社債の全部が社振法の適用を受ける旨を決定（取締役会決議の66条2号）
ローンチ日 ［L日］	○募集要項（条件）決定（676条） ○申込みに係る通知・申込み・割当て（677条、678条） ○社債関連契約締結	○発行登録追補書類提出（23条の8） ○投資者に社債を取得させ、または売り付けることが可能	○銘柄情報通知（69条1項［発行者］） ○銘柄情報の公示（87条1項［保振］）
資金交付日 （振込日） ［L＋4営業日以降］	○投資家の資金払込み＋発行体への資金交付（社債券の交付）	DVP決済	○振替口座簿の記録（69条2項） （投資家への権利帰属（66条））

第2節 社債の発行

(2) 転換社債型新株予約権付社債

A 会社法上の位置づけ

　新株予約権付社債とは新株予約権を付した社債をいう（会社法2条22号）。原則として新株予約権と社債を別々に譲渡することができない（同法254条2項・3項）。いわゆる転換社債型新株予約権付社債は、会社法上、新株予約権付社債に係る社債を新株予約権行使に際して行う出資の目的（同法236条1項3号）とするものである。

　また、新株予約権付社債を引き受ける者を募集して新株予約権付社債を発行する場合には会社法第2編第3章第2節の募集新株予約権の発行規定によるとされており、社債に関する募集の手続に関する規定の適用は除外される（会社法248条）。したがって、新株予約権付社債における社債部分の募集事項（同法676条）の決定は、募集新株予約権の募集事項として、募集新株予約権の募集手続にのっとって行われる（同法238条1項6号）。

　これに伴い、募集新株予約権が新株予約権付社債に付された場合には、募集新株予約権の申込みをした者は新株予約権付社債の申込みをしたものとみなされる（会社法242条6項）。申込者に対しては、新株予約権付社債についての社債の種類および各社債の金額の合計額の通知も行う必要がある（同法243条3項）。また、新株予約権付社債の申込みをした者は、新株予約権の割当日に、当該新株予約権の予約権者と当該新株予約権付社債の社債権者となる（同法245条2項）。

B 振替新株予約権付社債

　新株予約権付社債は、発行時の募集・引受けの形態、新株予約権の行使条件、行使価額の設定条件等の違いにより多種多様な商品設計を行うことが可能である。

　このうち、振替制度の対象となる新株予約権付社債（振替新株予約権付社債）は、その発行の決定において、新株予約権付社債の全部について、社債等振替法の規定の適用を受けることとする旨を定めた新株予約権付社債で

図表3-11 機構が取り扱う新株予約権付社債

1　金融商品取引所に上場されている新株予約権付社債
2　金融商品取引所に上場されていた新株予約権付社債（その発行者が新株予約権付社債について期限の利益を喪失している場合を除く）
3　総額買取型新株予約権付社債（非上場新株予約権付社債であり、かつ証券保管機構が定める要件を満たすものであって、新株予約権の行使に際してする出資の目的が当該新株予約権付社債に係る社債であるもの）
4　日本証券業協会によるフェニックス銘柄に指定されている新株予約権付社債であって、証券保管振替機構が定める要件を満たすもの

あって、振替機関が取り扱うものをいう。また、新株予約権付社債に付された新株予約権の目的である株式が振替株式であること、および会社法236条1項6号に掲げる事項の定め（譲渡による取得について発行会社の承認を要する旨の定め）がないことも要件とされる。

現在、国内唯一の振替機関である機構で取り扱う新株予約権付社債は、概略として、図表3-11のとおりである。

C　公開会社における転換社債型新株予約権付社債の発行手続

公開会社における振替新株予約権付社債の発行手続のフローは公募普通社債とおおむね同じであり、以下では特に留意する事項を述べる。

a　取締役会決議

公開会社の場合、募集事項の決定は取締役会の決議による（会社法240条1項、238条2項）。ただし、有利発行の場合は株主総会の決議を要する（同法238条2項・3項）。募集事項は新株予約権および社債の募集事項を定めることを要する（同法238条1項、676条。同法施行規則162条）。

新株予約権の募集事項として決定すべき事項はおおむね以下のとおりである。

① 募集新株予約権の内容および数
② 新株予約権部分の対価が無償である場合にはその旨、有償である場合には払込金額またはその算定方法
③ 募集新株予約権の割当日

④　募集新株予約権と引き換えにする金銭の払込期日を定めるときは、その期日
⑤　新株予約権買取請求の請求方法につき別段の定めをするときは、その定め

（なお、社債に関する募集事項については303頁参照）

b　募集要項の通知

公開会社の取締役会で募集事項を決定した場合、株主に新株予約権付社債の発行差止めの請求の機会を与えるため、割当日の2週間前までに株主に対して募集事項の通知または公告をしなければならない（会社法240条）。ただし、割当日の2週間前までに金商法4条1項または2項の届出（有価証券届出書）が行われている場合その他株主の保護に欠けるおそれがないものとして法務省令（会社法施行規則53条）で定める場合には、公告・通知は不要となる（会社法240条4項）。

c　登　記

新株予約権付社債を発行した場合、新株予約権部分につき以下の登記事項（会社法911条3項12号）を変更するため、発行後2週間以内に変更登記を行うことが必要となる（同法915条）。

① 新株予約権の数
② 新株予約権の目的である株式の数またはその数の算定方法
③ 新株予約権の行使に際して出資される財産の価額またはその算定方法
④ 金銭以外の財産を新株予約権の行使に際して出資の目的とするときは、その旨ならびに当該財産の内容および価額
⑤ 新株予約権を行使することができる期間　等

d　機構関連の手続

公開会社が発行する上場新株予約権付社債の場合、発行代理人は条件決定日（発行会社が振替新株予約権付社債の利率、新株予約権行使価額等の発行条件を決定した日）の翌営業日（募集開始日）に、機構に対して、銘柄情報ファイル（銘柄名称・コード、社債に関する事項、新株予約権に関する事項等。電子データ形式で記録したものによる）および発行要項を送付する。

機構は、発行代理人から銘柄情報ファイルの通知を受けたときは、ファイ

ルの内容を確認のうえ、発行代理人から受領した2営業日後に、機構加入者および発行代理人に対して当該ファイルを提供する。機構は、払込期日に、そのホームページに発行代理人から受領した発行要項を掲載することにより、銘柄情報の開示を行う。

(3) 担保付社債

　担保付社債は担保付社債信託法の制限を受けることから、無担保社債とは異なる手続や追加的な手続が必要とされる。以下、担保付社債の発行手続について、無担保社債の発行手続と異なる部分、追加的に求められる部分を中心に解説する。

A　担保付社債信託法の概要

　担保付社債信託法（以下「担信法」という）は、社債に担保を付そうとする場合には、担保の目的である財産を有する者と信託会社との間で信託契約を締結し、それに従わなければならないと規定している（担信法2条1項）。これは、担保提供者が不特定多数の社債権者に対して担保提供をすることや、個々の社債権者が個別に担保権を保存・実行することは困難であるためである。こうした信託会社は一般的に「担保の受託会社」と呼ばれている。担信法の受託会社となるには、同法に基づき、内閣総理大臣からの免許を受けることが必要である（同法3条）。なお、免許および免許の取消しを除いて、内閣総理大臣は担信法による権限を金融庁長官に委任することができるとされている（同法66条）。

　担保の受託会社は社債権者のために社債の管理を行う（担信法2条2項）とされており、その社債の管理に関して同法の特別の規定がある場合を除いて、その権限は無担保社債において原則として強制設置される社債管理者と同一の権限をもっており（同法35条）、担保付社債においては社債管理者の設置は不要となる（同法2条3項）。

　さらに、担保の受託会社は、総社債権者のために担保権を保存し、かつ実行する義務を負う（担信法36条）ほか、担保付社債の期限到来後に弁済されない場合等における担保権の実行義務（同法43条）や、社債権者のために弁

済を受けた場合に債権額に応じた社債権者への交付義務（同法44条）、信託証書等の備付けおよび閲覧に供する義務（同法20条）、信託事務終了に関する義務（同法58条）等が課せられる。さらに、信託業法の諸規定が準用される（同法8条）。

なお、担保の受託会社は、信託契約または発行会社および社債権者集会の同意を得たうえで、信託事務を承継すべき会社を定めることにより辞任することができる（担信法50条）。また、やむをえない事由があるときも、裁判所の許可を得て辞任することが可能である（同法57条）。

B 担保付社債における特有の事項

a 担保物件の選定

担保付社債の担保物件は、かつては担信法で定められた19種類および社債権者の利益を害するおそれがないものとして内閣府令・法務省令に定められた物上担保のなかから選定しなければならなかったが、2006年の改正により担保の種類に関する制限は廃止された。ただし、担保付社債として発行される私募債の場合には、不動産抵当、工場財団抵当が選定されることが多い。担保付社債の担保の場合、社債元本および償還までの利金額をカバーされる担保価値を有することが必要であり、担保の受託会社は担保評価により担保の予定物件についてこれを確認する必要がある。

また、建物等の担保物件が火災等の罹災にあった場合に担保価値が滅失・毀損するおそれがあるため、通常、担保の受託会社はあらかじめ担保提供者に担保物件に対する火災保険その他の損害保険を付保させる。また、保険金からの優先弁済を受ける権利を確保するため、保険金請求権に質権を設定することが一般的である。

b 登記

担信法38条では、信託契約による担保権は社債の成立前においても効力を生ずるとされており、担保の受託会社は払込日までに、担保物件（不動産、工場財団の場合）への抵当権設定登記を完了させる。抵当権設定登記の登記関係書類としては、信託証書、委任状、全受託会社の代表者事項証明書が必要となる。

なお、社債の担保物件への担保権の設定は、社債権者保護の観点から、原則として第一順位にするという慣例がある。したがって、先順位の抵当権・根抵当権が設定されている場合には、順位変更を行う必要がある。ただし、当該物件の先順位に既発行の社債の抵当権が設定されている場合には、その社債の後順位とするのが通例である。

c　発行形態

　発行形態にはクローズド・エンド・モーゲージ方式（クローズド方式）とオープン・エンド・モーゲージ方式（オープン方式）がある。クローズド方式は社債総額を1回で発行する方式、オープン方式はあらかじめ社債総額を定め抵当権を設定登記しておき、その総額の範囲内で数回に分けて同一順位の担保権を有する社債を発行する方式である。オープン方式は、5年間にわたり発行する社債（担信法22条）の担保権を前もって枠取りしておくことができるので、発行のつど担保権を設定していくクローズド方式に比較し、信託契約の締結、担保権の設定および順位変更、といった比較的時間を要する作業を、設定当初の1回だけでなすことができるという利点をもっている。

d　信託証書、社債原簿

(a)　信託証書

　担保付社債の信託契約は信託証書により、担保提供者（委託者）と担保の受託会社との間で締結する（担信法2条）。信託証書には法定事項を記載し、書面をもって作成する場合には委託者と担保の受託会社が署名または記名捺印しなければならない（同法19条）。また、信託証書は電磁的記録をもって作成することも可能である。なお、信託証書が無効とされると社債の担保が成立しないだけではなく、社債も無効になるとする見解が従来は通説であったが、2006年の担信法改正後は社債そのものは有効とする見解も有力に主張されている。

　作成された信託証書については、委託者と担保の受託会社はその原本を各自1通その本店に備置きしなければならない（担信法20条1項）。委託者の株主、債権者または社債応募者は委託者および担保の受託会社の営業時間内にいつでも信託証書の閲覧を請求し、または会社が定める費用を支払ってその謄本または抄本の交付を受けることができる（同法20条2項）。

なお、信託契約の付帯契約として、信託事務に関する覚書を結び、信託報酬の利率および計算方法、支払方法や、共同受託者間の事務分担、信託報酬の分配方法等を定めることが一般的である。

(b) 社債原簿・社債原簿謄本

担保付社債の社債原簿に関しては、担信法28条に記載事項が法定されている。発行会社は社債原簿の写しを作成して、これを担保の受託会社に提供しなければならない（担信法29条）。担保の受託会社は社債原簿謄本を本店に備え置くことを要し、社債権者は営業時間内にいつでも閲覧・謄写を行うことが可能である（同法30条）。

e 当局への諸届・公告

(a) 信託契約締結届・変更届

担保の受託会社は信託契約を締結したときおよび信託契約を変更したときは、遅滞なく金融庁長官または財務局長等に対し届け出なければならない（担信法施行規則9条、11条、12条）。

(b) 信託事務終了公告・届出

担保の受託会社が信託事務終了したときは、総計算書を作成し、これを公告しなければならない（担信法58条）。総計算書は電磁的記録をもって作成することができる。この公告は利害関係人に信託事務の終了を周知させることを目的とする。

また、担保の受託会社は信託事務を終了したときは、遅滞なく総計算書を添付して、金融庁長官または財務局長等に対し届け出なければならない（担信法施行規則23条）。

C その他の担保付社債

a 企業担保

企業担保権は、株式会社の総財産を目的とし、その会社の発行する社債を担保するものである（企業担保法1条1項）。

企業担保債権者は、現に会社に属する総財産について、他の債権者に優先して債権の弁済を受けることができる（企業担保法2条1項）。しかし、その効力は一般先取特権に劣後し、かつ、特別先取特権、質権または抵当権に対

してはその権利の目的となっている財産について劣後する（同法6条、7条）。結局企業担保権者は一般の無担保債権者に対してのみ優先弁済を受けるにすぎない。

　企業担保権の設定または変更を目的とする契約は公正証書によらなければならず（企業担保法3条）、商業登記によってその効力が生ずる（同法4条1項）。これは企業担保権が会社の総財産を目的とするものであり、かつその被担保債権は通常巨額であるから、公証人を関与させてその契約内容を明確にし、権利実行の場合の紛争を避けるためとされる。

　なお、企業担保権の効力を補完するため、信託公正証書により、発行会社は特定の物件（留保物件）について他の債務のための担保提供を制限され、受託会社の請求があれば、いつでも社債の担保として質権または抵当権を設定する義務を課されるのが通常である。したがって、受託会社は企業担保権自体のほか、この留保物件についても通常の担保物件に準じた管理を行う必要がある。

b　一般担保

　上記の物上担保付社債のほかに、電気事業法に基づく電力債や日本電信電話会社法に基づくNTT債、資産流動化法に基づく特定社債等については、当該根拠法によって、社債権者が当然に会社の総財産について他の債権者に先立って自己の債権の弁済を受ける権利が与えられている社債（一般担保付社債）である。

(4)　私　募　債

　私募債とは金融商品取引法上の「有価証券の私募」に該当する社債である。私募債には、金融商品取引法の私募に該当することを前提に、保証付私募債、第三者に「私募の取扱い」を委託するプレースメント型私募債などの分類がある。

A　プロ私募と少人数私募

　有価証券の私募とは、取得勧誘（新たに発行される有価証券の取得の申込みの勧誘）であって、有価証券の募集に該当しないもの（金商法2条3項）であ

図表3-12 適格機関投資家の範囲

○金融商品取引法第2条に規定する定義に関する内閣府令第10条第1項
（適格機関投資家の範囲）
第10条 法第2条第3項第1号に規定する内閣府令で定める者は、次に掲げる者とする。ただし、第15号に掲げる者以外の者については金融庁長官が指定する者を除き、同号に掲げる者については金融庁長官が指定する者に限る。
一 金融商品取引業者（第一種金融商品取引業（有価証券関連業に該当するものに限る。）又は投資運用業を行う者に限る。）
二 投資信託及び投資法人に関する法律（昭和26年法律第198号）第2条第12項に規定する投資法人
三 投資信託及び投資法人に関する法律第2条第23項に規定する外国投資法人
四 銀行
五 保険会社
六 保険業法（平成7年法律第105号）第2条第7項に規定する外国保険会社等
七 信用金庫及び信用金庫連合会並びに労働金庫及び労働金庫連合会
八 農林中央金庫及び株式会社商工組合中央金庫
九 信用協同組合のうち金融庁長官に届出を行った者及び信用協同組合連合会並びに業として預金若しくは貯金の受入れ又は共済に関する施設の事業をすることができる農業協同組合連合会及び共済水産業協同組合連合会
十 削除
　　（以下省略）

る。社債においては、適格機関投資家（図表3-12）向け私募債（プロ私募。同項2号イ）、少人数向け私募債（同号ハ）、および、特定投資家向け私募債（同号ロ）の3種が存在する。

a 適格機関投資家向け私募債

適格機関投資家向け私募は、適格機関投資家のみを相手方とする有価証券の取得勧誘であって、当該有価証券がその取得者から適格機関投資家以外の者に譲渡されるおそれが少ないものとして政令で定める場合をいう。

適格機関投資家向け私募に該当する要件として、社債券を発行する普通社債の場合には、①当該社債券に転売制限（適格機関投資家に譲渡する場合以外の譲渡が禁止される旨の制限）が付されている旨が記載され、当該社債券の取

得者に交付されること、または、②当該社債券の取得者に交付される当該社債券の内容等を説明した書面において、当該社債券に転売制限が付されている旨の記載がされていることという要件を満たす必要がある（金商法施行令1条の4第3号。金融商品取引法第二条に規定する定義に関する内閣府令11条2項1号イ・ロ）。

振替社債による適格機関投資家向け私募債については、社債等振替法の規定により、加入者が転売制限が付されていることを知ることができるようにする措置がとられていることの要件を満たす必要がある。

b　少人数向け私募債

少人数私募とは、50名未満の者を相手方として社債の取得勧誘を行う場合（金融商品取引法施行令1条の5。プロ私募および特定投資家向け私募を除く）であって、当該社債がその取得者から多数の者に譲渡されるおそれが少ないものとして政令で定める場合をいう。

少人数向け私募に該当する要件として、振替社債については、社債等振替法の規定により、加入者が転売制限（当該社債を取得し、または買い付けた者が、その社債を一括して譲渡する場合以外に譲渡することが禁止される旨の制限）が付されていることを知ることができるようにする措置がとられていることの要件を満たしている必要がある。

c　特定投資家向け私募債

特定投資家向け私募とは、特定投資家のみを相手方として行う有価証券の取得勧誘等であって、発行会社等が金融商品取引業者等に委託して行うものであり、特定投資家等以外に譲渡されるおそれが少ないものとして政令で定めるものをいう。他の私募とは異なり、発行者は特定証券情報を相手方に提供し、または公表する必要がある（金商法27条の31）。

B　保証付私募債

保証付私募債とは人的保証が付された私募債をいう。保証付私募債に関しては会社法や担信法に特段の規定はない。保証付私募債には、信用保証協会共同保証付私募債、銀行保証付私募債、親会社保証付私募債等がある。

a　信用保証協会共同保証付私募債

信用保証協会共同保証付私募債は中小企業特定社債保証制度に基づいて、信用保証協会ならびに金融機関による共同保証を付されて発行される保証付社債である。この保証制度は、資本市場から直接に事業資金を調達することにより中小企業の資金調達の多様化や円滑化を図ることを目的に創設されたものであり、私募債発行企業は中小企業信用保険法2条1項で規定される中小企業に該当する株式会社に限定される。保証方式は、金融機関が発行金額の100％、信用保証協会が発行金額の90％を共同保証する。

b　銀行保証付私募債

銀行保証付私募債とは、私募債の元利金の支払を銀行が保証する私募債である。銀行保証付私募債の発行会社が元利金の支払遅延や期限の利益を喪失した場合等においては、保証銀行は保証債務を履行し、発行会社に対して求償債権をもつ。この求償債権は銀行取引約定書が適用される「保証委託ならびに保証契約」に対して根保証、根抵当が設定されていれば、当該求償債権にもそれが及ぶことになる。また、別途、求償債権を被担保債権とする担保権を設定することも可能である。

銀行保証付私募債では、銀行は総社債権者の法定代理人である社債管理者ではなく、財務代理人に就任する。保証人は発行会社と利害を共有するため、民法108条の双方代理禁止の趣旨にかんがみ、社債管理者と保証人を兼ねることができないという理由による。

c　親会社保証付私募債

親会社保証付私募債は、親会社の保証を付すことによって信用力を補完し、子会社が発行する社債である。

C　プレースメント型私募債

プレースメント型私募債は、銀行、証券会社等が「私募の取扱い」業務を担い、機関投資家等に対して、私募債取得の申込みの勧誘を行うことにより発行する私募債をいう。投資家への勧誘を行うこと（プレースメント）により、発行会社が相対で私募債購入者を招聘する場合よりも多額の資金調達が可能となる。「私募の取扱い」は私募の勧誘を行うことをいい（金商法2条8

項9号)、金融機関が取り扱う場合には登録金融機関業務として位置づけられる(同法33条以下)。

D　私募債の発行手続

　基本的には公募普通社債の発行手続に準じた取扱いとなるが、以下の点で相違がある。

　まず、金融商品取引法上のディスクロージャー関連の規定の適用は基本的にはない。したがって、公募債に比べ、ディスクロージャー手続の事務負担や日程上の制約がなく、より簡便で機動的な発行が可能となる(図表3-13)。

　また、プレースメント型私募債等を除き、会社法上の原則手続である募集事項の通知・申込み・割当てのプロセスを必要としない総額引受契約による発行が大半である。これは、会社法上の原則手続は不特定多数の投資家を前提とする規定となるため、きめ細かな社債権者保護の規定を設けているが、少人数またはプロの投資家に限定される私募債では、相対を前提とする簡易な総額引受契約で足りると考えるからである。

　ちなみに、総額引受契約では以下のような事項が掲げられるのが通常である。
・総額引受額
・転売制限(プロ私募、少人数私募に定める要件)

図表3-13　総額引受型私募債発行スケジュール(イメージ)

・X-15営業日：手続開始(社債概要、発行条件すり合せ、稟議手続等)
・X-10営業日：契約書内容検討・発行体への案文提示

　　～条件決定以前に必要な手続～
　　①　発行に係る取締役会決議
　　②　一般債振替制度への参加手続(=機構宛てに書類提出)

・X-4営業日：条件決定(=ローンチ)
・X　日　　　：社債発行(=社債発行代り金を発行体の預金口座へ入金)

・投資家の振替口座
・引受料　等

第 3 節 社債の期中管理・償還

　本節は、社債の発行後償還に至るまでの期間（期中）において、社債管理者、財務代理人の立場にある金融機関として注意を要する事項についてまとめたものである。

　社債の償還、利息の支払や期中管理の方法等については、社債特有の公衆性、集団性の観点から一般の借入金の場合と異なった規定が設けられている。

　ここでは、まず、さまざまな種類の社債において共通の事項である社債の償還、利払に係る事項、および、発行会社による期中における社債発行残高を減少させる手段である買入消却について述べる。

　次に、社債権者保護の手段として会社法が定める社債管理者の機能、社債権者集会制度の概略について説明する。

　続いて、普通社債以外の社債における固有の手続として、新株予約権付社債の新株予約権行使手続、担保付社債の担保管理手続、最後に、発行会社が社債の元利金の支払を怠った場合の手続に関して、民事再生手続における権利保全と担保付社債の担保権実行手続について概要を説明する。

1　社債の償還と利息の支払

　社債の発行会社は、社債権者に対して、発行した際の条件に従って約定の利息を支払い、期限までに定められた方法により弁済すなわち償還しなければならない。

(1) 社債管理者、財務代理人による弁済金の受領と社債権者への支払

　社債の償還および利息の支払を受けるのは社債権者であるが、社債管理者が設置される場合、社債の公衆性、集団性という性格から、社債権者の保護を図り、あわせて発行会社の便宜を図るため、社債管理者に対して、社債権者のために弁済を受けまたは債権の実現を保全するに必要ないっさいの裁判上または裁判外の行為をなす権限を付与している（会社法702条）。

　したがって、発行会社は、期日に社債の償還金または利息を社債管理者に一括交付することで、個々の無記名社債権者を確知する必要もなく、さらに債券および利札の受戻しも要さずに、各社債権者に直接償還または利息の支払を行ったのと同様に債務を免れることができる。

　担保付社債の場合においても担保の受託会社は担信法35条に基づき、同法に別段の定めがある場合を除いて、社債管理者と同一の権限を有し義務を負うこととされ、上述の弁済受領権限を有する。

　一方、社債管理者が償還金（利息）を受領した後は、社債権者は、社債管理者に対しその金額の支払を求めることとなるが、このことは現物債の場合債券（利札）自体が失効することを意味するものではない。すなわち、債券（利札）は、社債管理者が社債権者のために弁済を得た金額を請求する権利を表象した有価証券となり、社債権者は社債管理会社に対し債券（利札）を提示することにより、それと引き換えに償還額および利息額の支払を受けることができる。

　これに対し、社債管理者不設置債（振替社債）の場合には、財務代理人が社債の償還金および利息を受領し、支払代理人として㈱証券保管振替機構（以下「機構」という）等を通じまたは直接社債権者に支払うスキームとなるが、財務代理人は社債管理者とは異なり、社債権者にかわる社債の償還金および利息の受領権限を有しない。そのため、発行会社は財務代理人に社債の償還金および利息相当額の支払を行ったからといって債務を免れるわけではなく、最終的に社債権者が償還金および利息を受領することによって債務を弁済したことになる。

(2) 社債償還の方法および期限

　社債の具体的な償還方法および期限については、会社法等に特別な規定はなく、社債発行条件の1つとして当事者の決定に委ねられている。これらは、利息支払の方法および期限とともに、募集要項、社債原簿および信託証書の記載事項とされている（会社法676条、681条、担保付社債信託法19条1項）。

　社債の償還方法には、①一定の据置期間を置いたうえ、定時に一定額を分割償還し期限に残額を償還する定時償還と、②満期に全額償還する満期一括償還、および、③募集事項上の規定に基づき、発行会社の意思により社債発行後償還までの随時の時点において、社債の全部または一部を任意に繰り上げて償還する繰上償還がある。

　定時償還は、期中に分割償還を行うことにより、満期時の資金負担を軽減するとともに、社債償還の確実性を高めるということから、従来は一般的に行われていたが、最近では投資家の安定運用ニーズに応え、満期一括償還をとる銘柄が多い。また、繰上償還は、非常時の緊急避難的措置としての制度であると位置づけられており、その発動は社債権の保全上やむをえない場合に限定されるなど慎重な対応が求められている。最近時では繰上償還の規定を設けない例が数多くみられる。

　定時償還もしくは繰上償還により社債の一部を期限前に償還するときは、社債権者平等の原則から、現物債の場合は債券番号の抽せんによって償還すべき社債券を決定し、当せんした社債券の券種、番号、償還期日などを通常、契約によりその償還期日の2週間前（転換社債については4週間前）までに所定の方法により公告する。これに対し、振替社債の場合には、債券番号がないため、各社債の金額に対して一定金額を等しく償還する方法による。

　なお、社債は、額面金額で償還することに加え、額面以上で償還する（割増償還）ことを定めることもでき、繰上償還などで償還期日前に償還する場合に割増償還の規定を設けることがある。

(3) 一部債務不履行の場合における会社法の規定

発行会社は、社債の償還もしくは利払の各規定に違背したときは、即時に社債の全額について期限の利益を失う旨の特約（当然喪失）、もしくは、社債権者や社債管理者の請求により期限の利益を失う旨の特約（請求喪失）を規定するのが一般的である。ただし、このような特約がない場合でも、会社法において最低限の社債権者の救済規定（会社法739条）は設けられている。すなわち、定時の一部償還や利払を怠った場合は、社債権者集会の決議によって、当該決議を執行する者は、発行会社に対して一定の期間内（最低2カ月）に弁済をなすべき旨およびその期間内に弁済しなかったときは社債の総額につき期限の利益を失うことを通知することができ、発行会社が期間内に弁済をしなかったときに社債の総額について期限の利益を失うと規定されている。

(4) その他付随事項

A 欠缺利札

償還のため提出される社債券で、支払期日未到来の利札が欠缺したものがあるときは、償還金額からその欠缺した利札面金額に相当する金額を控除してその残額を支払う。ただし、欠缺した利札の所持人は、元利金支払場所にこれを提出し、その利札面金額の支払を請求することができる（会社法705条）。

本来であれば、社債は償還されると利息は発生しないわけであり、欠缺利札があっても元金分を支払えばその後利札を呈示されても支払を拒みうるとも考えられるが、利札は独立した有価証券であり、その取得者を保護する趣旨からこのような取扱いを行うものと定められている。

B 時効

社債の元金の償還請求権の消滅時効期間は商事債権における5年の短期消滅時効（商法522条）は適用されず、民法の債権の時効と同様10年とされてい

る（会社法701条1項）。これは社債の公衆性を考慮したものとされている。他方、利息の支払請求権の消滅時効期間は5年であり、欠缺利札の所有者が有する請求権も元金が償還された日から起算して5年の消滅時効期間がある（会社法701条2項）。

　時効は単に上記期間の経過によりその効力が生じるのではなく、当事者による援用により完全に効力が生じる（民法145条）が、国債等一部を除き、実際に時効が援用されている例はきわめて僅少であり、時効期間経過後も社債権者からの支払請求に応じているのがほとんどである。

C　故障債券

　社債（無記名社債）券を喪失した者は、発行会社から債券発行証明書の交付を受け、これに警察署（または消防署）の発行する喪失（または罹災）届受理証明書および買い求めた証券会社からの売渡証明書を添付して、その債券の元利金支払場所を管轄する簡易裁判所に対して公示催告の申立てを行う。

　裁判所が申立てを許すべきものとしたときは、公示催告（裁判所の掲示板に掲示され、官報に掲載）する。官報掲載日から少なくとも6カ月の期間を置いて公示催告期日が設定されるが、この期日までに他の債権者からの申出がなく、申立人が期日に出頭して除権決定を求める申立てをなしたときは、裁判所は除権決定を言い渡す。除権決定は喪失した社債の無効を宣言する判決であり、官報に公告される。

　除権決定があると、申立人はその確定謄本を発行会社に呈示して代り社債券の交付を請求することができる。代り社債券を交付する場合、発行会社はこれに要した実費を徴収する。

　利札を喪失したときは、代り利札の交付は行なわない。ただし、社債券の喪失に準じて公示催告をし、その無効が確定したときは、支払期日の到来を待って、判決の確定謄本を徴して、領収書と引き換えに支払うこととしている。

② 買入消却

償還とは法律的性格を異にするが、償還と同様に社債を消滅させる手段として買入消却がある。

社債には、発行会社の自己取得についての制限はない。したがって、発行会社は、自己の社債を任意に取得することができ、かつ、その社債は、有価証券としての性質上、単に会社の保有となるだけで再び他に譲渡することもできる。

この社債を発行会社の意思により消却することによって消滅させ、償還と同様の効果を起こさせることを買入消却という。

償還が、社債権者の意思にかかわらず社債の条件どおりに弁済することであるのに対して、買入消却は、発行会社が社債権者から双方合意の値段で買い取ったうえで自ら消却するという点に相違がある。

(1) 現物債における買入消却

通常、発行会社が、証券会社を通じて売却を望む社債権者から社債を買い入れ、これを買入消却の意思を明示する書面とともに社債管理者・財務代理人に提出して、その廃棄手続を受ける。社債管理者・財務代理人では発行残高の減少等の管理手続を行う。

(2) 振替債における買入消却

振替社債の買入消却を行う場合、発行会社は買付けを委託する証券会社（口座管理機関）に対し買入消却を実施する旨を通知するとともに、買入消却に係る振替社債の抹消の申請を行う。発行会社は支払代理人に対しても買入消却を実施する旨を通知する。

発行会社から買入消却を実施する旨の通知を受けた口座管理機関は、市場から振替社債を買い付け、口座管理機関の振替口座簿に振り替えた後、機構に対して買入消却請求を行う。買入消却請求には、買入消却日前日に行う前日買入消却請求と当日買入消却請求がある。

機構は、前日買入消却請求を受けた場合は買入消却日の業務開始時刻に、当日買入消却請求を受けた場合は直ちに、対象となる振替社債の記録を抹消する。また、機構加入者、支払代理人に対し、抹消済通知を行う。支払代理人（社債管理者・財務代理人）では発行残高の減少等の管理手続を行う。

❸ 社債管理者

　社債は広く一般公衆から巨額かつ長期の資金を調達する手段の１つであることから、社債権者のために社債元利金の支払の確保を目的とする社債の管理が重要な意義を有することになる。

　社債の管理に関しては、個々の社債権者が発行会社に対し、個々にその権利を行使していくことは手続的にも煩瑣となり、権利を確保することが困難になりかねないことから、法は、社債権者の自治的管理ないし団体的結合を図るため社債権者集会の制度を設け、さらに社債権者保護の目的を達成するため原則として社債管理者を設置することを発行会社に対し義務づけている（会社法702条）。

　また、担保付社債の場合に設置される担保の受託会社についても、担保権の保存のみならず社債権者のために社債の管理を行い、社債の管理に関しては社債管理者と同一の権限・義務を有すること（担保付社債信託法（以下「担信法」という）35条）が法で定められている。

　なお、社債管理者不設置型社債の場合、基本的には個別の社債権者が自ら社債の管理や債権の保全に必要な行為を行うこととなる。社債権者集会制度を利用した権利行使は可能であるが、社債権者集会の招集、決議の認可・執行に時間を要するために、権利行使の機動性という点では難点がある。

（1）社債管理者の権限

　社債管理者が社債権者のために有する権限は法定権限と約定権限に大別される。法定権限とは社債管理者が法に基づき行使できる権限であり、①法律上当然の権限（弁済受領権限および債権保全の権限）、②社債権者集会の決議に基づく権限、③裁判所の許可を得て行う調査権の３つに整理される。これ

に対し、約定権限とは発行会社と社債管理者の間で締結される社債管理委託契約に基づく権限である。

A 法定権限

a 弁済受領権限および債権保全権限

社債管理者に与えられた社債権者保護上最も基本的なものは、社債権者のために、社債に係る債権の弁済を受け、または債権の実現を保全するために必要ないっさいの裁判上または裁判外の行為をする権限を有する（会社法705条1項）ことである。「債権の弁済を受ける」とは社債の償還および利息の支払を受けることを指し、「債権の実現を保全する」とは、発行会社に対して時効の中断措置をとること等を指す。「社債権者のために」とは社債管理者がこの権限を行使した効果が社債権者に帰属することを明らかにするものである。したがって、社債管理者が社債の償還または利息の支払を受けた場合には、その限度で発行会社の債務は消滅し、社債権者は社債管理者に対して支払の請求をすることになる（同条2項）。

b 社債権者集会の決議に基づく権限

社債管理者は、社債権者集会の決議（特別決議を要す。会社法724条2項）によらなければ、①社債の全部についてする支払の猶予、その債務の不履行によって生じた責任の免除、和解、②社債の全部についてする訴訟行為または破産手続、再生手続、更生手続もしくは特別清算に関する手続をしてはならないと定められている（会社法706条1項）。ただし、②に掲げる行為については、募集社債に関する事項の決定（同法676条）において、社債権者集会の決議によらずに行うことを定めることができる。

また、社債に関する債権者保護手続における異議申述権については、社債権者集会の決議によるほか（会社法740条1項）、その決議によらないで社債管理者が行使できる措置がとられている。すなわち、発行会社は債権者保護手続をとる必要がある場合には、社債管理者にも催告すべきとし（同条3項）、社債管理者が社債権者のために異議を述べることができると定められている。ただし、社債管理委託契約に別段の定めがある場合はこの限りではないとされている（同法740条2項ただし書）。

実務では、上述の②の権限および異議申述権に関しては、社債管理者が単独で行使することはせず、社債権者集会の決議によるほうが望ましいとの判断から、上述の特約が定められるのが一般的である。

c 調査権

社債管理者は、会社法705条1項、706条1項の行為をなすために必要があるときは、裁判所の許可を得て発行会社の業務および財産の状況を調査する権限を有する（会社法705条4項、706条4項）。実務では、約定権限行使のための調査についても、社債管理委託契約上社債管理者に認めていることが多い。

B 約定権限

約定権限については募集事項で内容を定めることを要する（会社法676条12号）。その内容は申込者に通知され（同法677条1項2号）、社債原簿にも記載される（同法681条1号）。約定権限の代表的な例としては、迅速な実務対応の必要性から、財務上の特約に違反する場合に期限の利益喪失宣言をする権限を社債管理者に与える場合があげられる。

(2) 社債管理者の義務

社債管理者は、社債権者のために公平かつ誠実に社債の管理をなす義務を負う（会社法704条1項）。「公平」とは一部の社債権者のみを優先的に取り扱うことは許されないということであり、「誠実」とは社債権者と社債管理者または第三者の利害が対立する場合にはもっぱら社債権者の利益のために行動しなければならないことである。

また、発行会社と社債管理者の間の社債管理委託契約は民法上の委任契約であるから、社債管理者が発行会社に対して善管注意義務を負うが（民法644条）、会社法はさらに直接には委任契約関係にはない社債権者に対しても社債管理者が善管注意義務を負うものとしている（会社法704条2項）。この義務は債権保全その他社債管理を行う際に特に留意すべき義務である。

(3) 社債管理者の損害賠償責任

社債管理者が、会社法または社債権者集会の決議に違反する行為をなし、これによって社債権者に損害が生じたときは、社債管理者は損害賠償を負うとされている（同法710条1項）。

こうした一般的な規定に加え、会社法は利益相反に基づく責任について特則（会社法710条2項）を設けている。すなわち発行会社が社債の元利金支払を怠り、または支払を停止したことにより損害が生じた後、またはその3カ月前に、社債管理者が自己の債権につき、発行会社から担保の供与または弁済等債務の消滅に関する行為により利益を受けた等の場合には、社債管理者に損害賠償請求の挙証責任が転換されることとなっている。

たとえば、発行会社の業況悪化時に、当該発行会社に対して金融機関として有する貸出債権等に関して返済期限前の回収や担保権の設定を行い、その後3カ月以内に倒産等が発生した場合には、上記の損害賠償責任が発生しうる。したがって、社債管理者に就任した場合、社債管理者の担当部署と融資担当部署は緊密に連携をとり、発行会社の信用状況や会社法710条2項の免責要件（救済融資、借換え、約定弁済等による誠実義務違反回避等）を勘案しながら、自己の貸出債権等の回収、担保権設定を慎重に検討する必要がある。

4 社債権者集会

(1) 社債権者集会の意義および性質

社債はその総額を多くの単位金額に分割して、これを不特定多数の者から募集する手段である。したがって、同一銘柄の社債権者は、量的には差異があっても、質的には平等の地位に立つものであって、いずれも社債の償還を受けることを目的とする点で、その利害関係を共通にする。また、個々の社債権者が、発行会社に対し個々にその権利を行使していくことは手続的にも煩瑣となり、権利を確保することが困難になりかねない。このためこうした社債権者の団体性を、1つの利益団体として法律上認められることは社債権

者にとって有利である。

　一方、発行会社としても、社債に関する重要な事項を社債権者と協定する場合に、個別に交渉することは事実上不可能であるから、社債権者全体の意思を決定する機関が存在することは便利である。このような理由から社債権者集会の制度が設けられている。

　ただし、社債権者集会は株主総会のように会社の機関でなく、また定期的に開かれるものでもない。それは会社外に存在する合議体であって、社債権者の利益擁護上必要ある場合にのみ臨時的に招集される性質のものである。

(2) 社債権者集会の招集

　社債権者集会の招集権者は、無担保社債では原則として発行会社および社債管理者、担保付社債では発行会社および担保の受託会社であるが、いずれの場合でも、社債総額の10分の1以上に当たる社債権者は、会議の目的事項および招集の理由を記載した書面を発行会社または社債管理者（担保付社債の場合は担保の受託会社）に提出して、集会の招集を請求することができる（無担保社債：会社法717条、718条、担保付社債：担信法31条）。

　社債権者集会の招集手続については、株主総会の招集手続に準じたものであるが（会社法719条から722条）、無記名社債を発行している場合、招集者は社債権者集会開催日の3週間前までに、社債権者集会を招集する旨および会議の目的である事項等を公告することを要する（同法720条4項・5項）。また、社債権者集会開催日の2週間前までに、招集者は、知れたる社債権者、発行会社、社債管理者に対して書面による通知を要する（同法720条1項）。

(3) 社債権者集会の決議

A　議決権とその行使方法

　社債権者はその有する社債の金額の合計額に応じて議決権を有する（会社法723条1項）。

　無記名社債の社債権者は社債権者集会開催日の1週間前までにその社債券を招集者に提示しなければ議決権を行使することができない（会社法723条2

項)。

　振替社債において社債権者集会で議決権を行使する場合には、社債権者は社債権者集会開催日の1週間前までに、機構や口座管理機関が交付する振替口座簿の記録を証明する書面（証明書）を提示し、かつ、開催日当日にも当該証明書を提示することを要する（社債等振替法86条）。

　1週間前までの提示が必要とされるのは、発行会社が議決権者を確定するためには相応の時間を要し、社債権者集会開催日当日の提示では円滑、迅速に議決を終了させるのが困難であるためである。振替債の場合に当日における提示も必要とされるのは、振替社債が譲渡され無権利者になっていることがありうるためと解されている。

B　決議の効力と決議の濫用防止方法

　社債権者集会の決議は多数決の方法によって行われ、社債権者全員の同意は要しない。社債権者集会で決議がなされると、その決議は社債権者集会に欠席した社債権者や決議に反対した社債権者を含めて総社債権者を拘束することになる。このことは半面、社債権者集会の決議により各社債権者の権利行使を制限することにほかならない。このため、集会による決議の濫用を防ぐ目的から、以下のような予防措置が講じられている。

a　決議事項

　集会において決議すべき事項が制限されており、会社法および担信法に規定されている法定決議事項のほかは、社債権者の利害に関する事項（会社法716条）のみが集会で決議しうる事項と規定されている。

b　普通決議と特別決議

　集会決議事項のうち、社債権者の利害に重大かつ直接的影響を有する議案については、特別決議事項（定足数：規定なし、議決：議決権者の議決権の総額の5分の1以上かつ出席した議決権者の総額の3分の2を超えることを要す）とされており、それ以外の普通決議事項（定足数：規定なし、議決：出席した議決権者の総額の2分の1を超えることを要す）と区別されている（会社法724条）。

c　裁判所の認可

　集会の決議の効力は裁判所の認可を受けてはじめて発生する（会社法734条1項）。

　なお、社債権者集会開催後、社債権者集会の招集者は議事の経過の要領およびその結果を記載した議事録を作成する。発行会社はその本店において10年間議事録を備え置く義務があり、社債管理者および社債権者はその営業時間中にいつでも閲覧・謄写を求めることができる（会社法731条）。

5　新株予約権付社債における新株予約権の行使

　ここでは、まず、(1)機構の取扱対象となる振替新株予約権付社債の行使手続について説明し、次に、(2)新株予約権付社債は機構の取扱対象とならないが、新株予約権行使に伴い取得する株式が振替株式の対象となる場合を簡単に記述する。なお、新株予約権付社債、株式ともに機構の取扱対象とならない場合も考えられるが、ここでの記述は省略する。

　なお、機構の取扱対象となる新株予約権付社債は原則として以下のものに限定されている（図表3－11参照）。

① 　金融証券取引所に上場されている新株予約権付社債
② 　金融商品取引所に上場されていた新株予約権付社債（期限の利益を喪失している場合を除く）
③ 　総額買取型新株予約権付社債（非上場新株予約権付社債であり、機構が定める要件を満たすものであって、新株予約権行使に際してする出資の目的が当該新株予約権付社債に係る社債であるもの）　等

(1)　振替新株予約権付社債における新株予約権行使手続

　振替新株予約権付社債の新株予約権行使は、振替制度の階層構造を利用して、社債権者（機構加入者）からの行使請求を機構と口座管理機関が発行会社に取り次ぐ方法により行われる。具体的には、機構は口座管理機関または

図表3-14 振替新株予約権付社債における新株予約権行使手続(イメージ)

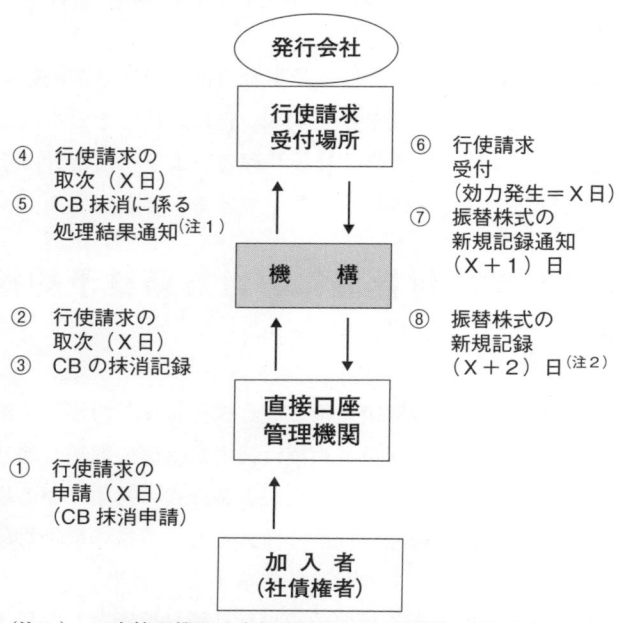

```
                          発行会社
                            │
                        ┌───────┐
                        │行使請求│
                        │受付場所│
④ 行使請求の            └───────┘      ⑥ 行使請求
   取次(X日)            ↑  ↓            受付
⑤ CB抹消に係る                            (効力発生=X日)
   処理結果通知(注1)                    ⑦ 振替株式の
                        ┌───────┐         新規記録通知
                        │ 機  構 │         (X+1)日
                        └───────┘
② 行使請求の            ↑  ↓           ⑧ 振替株式の
   取次(X日)                                新規記録
③ CBの抹消記録                             (X+2)日(注2)
                        ┌───────┐
                        │直接口座│
                        │管理機関│
                        └───────┘
① 行使請求の                ↑
   申請(X日)
   (CB抹消申請)
                        ┌───────┐
                        │加入者 │
                        │(社債権者)│
                        └───────┘
```

(注1) 口座管理機関、支払代理人に対し同様の通知あり。
(注2) 振替口座簿に効力発生日を付記。

社債権者から受けた行使請求に基づき、行使請求受付場所に行使請求通知を行い、行使請求受付場所から機構へ振替株式の新規記録通知を行うことにより、振替株式が交付される。以下に手続を詳述する(図表3-14)。

A 新株予約権行使請求の取次ぎ

　機構および口座管理機関は、社債権者から発行会社に対する新株予約権の行使請求を受け付けたときは、これを発行会社に取り次ぐ。口座管理機関は行使請求の取次をするときは、その直近上位機関に行使請求の取次を委託する。機構および口座管理機関は行使請求を受け付けたときは、当該請求を受け付けた日を抹消日とする当該新株予約権行使に係る抹消の申請が行われたものとして抹消の処理を行う。

機構は振替新株予約権付社債の記録を抹消したときは、機構加入者、支払代理人（財務代理人・社債管理者）および株主名簿管理人に対して抹消に係る処理結果を通知する。また、機構は、機構加入者から行使請求を受領した日（行使請求日）に、行使請求受付場所に対して、銘柄コード、行使請求に係る振替新株予約権付社債の金額等を通知する。支払代理人（財務代理人・社債管理者）は新株予約権付社債の残高の変更等の手続を行う。

B 新株予約権行使により交付される振替株式の記録

行使請求受付場所は、行使請求日の翌営業日に、機構に対し、新株予約権行使により交付される振替株式について、銘柄コード、新規記録日、交付される振替株式の数、効力発生日等を通知する。新株予約権付社債の新株予約権行使の効力発生は行使請求に係る通知が行使請求受付場所に到達した日となるが、その日から振替株式が振替口座簿に記録されるまでタイムラグがあるため、その内容を機構および口座管理機関が管理できるように、行使請求受付場所が効力発生日を通知することとしている。

機構は行使請求受付場所から新株予約権行使により交付される振替株式についての通知を受領した日の翌営業日に、機構加入者に対して銘柄コード、新規記録日、交付される振替株式の数、効力発生日等を通知する。直接口座管理機関は機構から新株予約権行使により交付される振替株式に関する通知を受けたときは、直ちに直近下位機関に当該事項を通知する。

機構および口座管理機関は、行使請求受付場所から新株予約権行使により交付される振替株式についての通知を受領した日の翌営業日の業務開始時に、振替口座簿に振替株式の増加の記録を行う。

このほかに、新株予約権行使請求に伴い、単位未満株式の買取請求や端数償還金、調整金の支払等が発生する場合があるが、機構を中心に所定の手続が定められている。

(2) 振替制度外の新株予約権行使手続

機構の取扱対象とならない新株予約権付社債においても、発行会社が上場会社である場合には新株予約権行使に伴い、振替株式が交付される。

この場合、新株予約権付社債権者は新株予約権行使に伴い、振替株式の記録を受ける口座（口座管理機関に事前に振替口座を開設する必要がある）を、発行会社（その委託を受けた行使請求受付場所）に通知する。発行会社（行使請求受付場所）は振替株式の新規記録情報（加入者口座コード、新規記録する振替株式の数等）を機構に通知する。機構は当該新規記録情報を機構加入者に通知し、機構および機構加入者は振替口座簿に、振替株式を記録する。

発行会社（行使請求受付場所）は当該新株予約権付社債の財務代理契約等に基づき、新株予約権行使状況の通知や行使請求ずみの新株予約権付社債の現物の交付を受け、当該新株予約権付社債の残高の変更等の手続を行う。

6 担保付社債における管理

(1) 担保の受託会社における社債の管理および担保権の管理・処分に関する権限・義務

担保の受託会社は社債権者のために社債の管理を行う（担信法2条2項）。担保付社債の管理に関して、担信法に別段の規定がある場合を除いて、社債管理者と同一の権限を有し、義務を負う（同法35条）。したがって、無担保社債の社債管理者と同様の公平誠実義務および善管注意義務を負う。

さらに、担保の受託会社は総社債権者のために信託契約による担保権を保存し、かつ実行する義務を負う（担信法36条）。

(2) 保険による担保の保全

担保の受託会社は社債権者のために担保の保全の任にあたるが、不慮の事故で担保物が滅失または毀損した場合の損失を防止し、かつ社債の償還を確保するため、一般に信託契約に保険条項を設け、担保物件のうち火災保険その他の損害保険をつけることができる物について、委託会社（発行会社）に保険契約の締結を求めるのが通例である。さらに、受託会社は委託会社から保険金請求権について質権の設定を受けるか、または保険金請求権の譲渡を受け、万一事故が発生した場合には受託会社が直接保険金を受領して社債の

元利金の支払に充当することができるよう社債権者保護に万全を期している。

(3) 担保の追加・変更

社債は発行後償還まで長期にわたるため、その間に、担保物件について時価評価額が減少したり、滅失・毀損する場合がある。これにより、担保権を実行した際に、社債償還に十分な資金を得ることができないおそれがある。そこで、担信法では、担保の追加・変更に関する規定を定めている。

担保付社債に係る担保の追加は、担保の受託会社および委託者の合意による信託の変更により行うことができる（担信法40条）。

担保付社債に係る担保の変更は、担保の受託会社、委託者および受益者である社債権者（社債権者集会の決議による）の合意による信託の変更により行うことができる（担信法40条）。ただし、担保の変更後における担保の価額が未償還の担保付社債の元利金を担保するのに足りるときは、担保の受託会社および委託者の合意により担保の変更を行うことが可能である。この場合においては、遅滞なく、その旨を公告し、かつ知れたる社債権者には各別に通知をしなければならない（同法41条）。

担保権の順位の変更、担保権もしくはその順位の譲渡もしくは放棄する場合にも、担保の譲渡に関する規定を準用する（担信法42条）。

❼ 社債の整理

発行会社が社債の元利金の弁済を怠った場合、受託会社が発行会社に強制して元利金の回収を図ることが必要となる。

ここでは、まず社債の整理における社債管理者の役割を説明し、その後、社債の整理の代表的事例として、民事再生手続に関し、社債特有の留意事項に関する説明を行う。民事再生手続一般については紙幅の都合上割愛する。最後に、担保付社債について担信法および約定に基づく担保権行使に関して概観する。

(1) 社債管理者の役割

　社債の整理において、社債管理者が社債権者集会の決議を要せず、時宜に応じて行使できる権限としては、社債権者のために弁済を受け債権の実現を保全するに必要ないっさいの裁判上または裁判外の行為をなすこと（会社法705条）があげられる。この規定により、社債の償還・利息の支払の請求およびその訴えを提起すること、発行会社の法的整理手続における債権届出ならびに償還金・利息を受領する権限等が社債管理者に付与されている。一方、社債権者の決議を要する社債管理者の行為としては、元利金の支払の猶予・不履行によって生じた責任の免除または和解、破産手続・和議手続・更生手続等に属するいっさいの行為をなすことなど（同法706条1項）があげられる。担保の受託会社においても社債管理者と同一の権限・義務を有することから、上述の役割を果たすことが求められる。

　なお、社債管理者が設置されない場合には、基本的には各社債権者自らが社債権保全、整理のために手続を行う必要がある。

(2) 民事再生手続における無担保社債および担保付社債の取扱い

A　無担保社債における取扱い

　民事再生手続開始の申立ては、一般に社債要項上、期限の利益喪失事由として規定されている。したがって、これに伴い、社債は期限の利益が喪失する。

　申立てを受けた裁判所の決定により、民事再生手続が開始されると、無担保社債権者は再生債権者となり（民事再生法84条1項）、再生計画の定めによらなければ、再生債権の弁済を受けられないことになる（同法85条1項）。

a　社債管理者不設置債の場合

　社債管理者不設置債の場合には、無担保社債権者が民事再生手続へ参加する場合には債権届出が必要となる。この届出がないままに民事再生計画が認可されると、社債権は消滅することになる（民事再生法178条）。

民事再生手続の過程において、再生計画案の可否について債権者集会の決議の対象になった場合には議決権を行使することになる。社債管理者不設置債の場合、社債権者の権利行使にあたって、社債権者集会の議決を経る等の統一的意思表示等を義務づける規定は存在しない。したがって、社債権者は、一般の債権者と同様に、個別に民事再生手続に参加し、債権者集会における議決権行使も個々の判断に基づいて実行することになる。

b 社債管理者設置債の場合

社債管理者設置債の場合には以下の点に留意する必要がある。まず、債権届出については、「債権の実現を保全するために必要な行為」として、総社債権者を代表し、社債管理者による届出が必要となる（会社法705条1項）。ただし、社債管理者による債権届出が行われるまでは、社債権者は、社債管理者不設置債と同様に、自己の社債権について届出が可能である。

続いて、議決権行使については、社債管理者設置債の場合、社債管理者が社債権者集会の特別決議による授権に基づき総社債権者を代表して実行することが原則である（会社法706条1項）。授権決議がなされると、社債権者はこれに拘束され（同法734条2項）、個別の議決権行使はできなくなる。ただし、社債管理者が社債権者集会決議によることなく民事再生手続に関する行為をできる旨を社債管理委託契約等に定められている場合にはこの限りでないとされている（同法706条1項但書。676条8号）。実務では、社債管理委託契約上に「社債権者集会決議によらなければ（債権の実現の保全に要するものを除き）再生手続等に属する行為を行わない」旨を定めることが多い。

かりに、社債権者集会の決議により社債管理者への授権が行われなかった場合には、下記の①②の要件のいずれかを充足する社債権者は個別の議決権行使が可能となる（民事再生法169条の2第1項）。

① 社債権者自身が当該社債について債権届出を行ったこと（届出後の当該社債を取得した場合は、届出名義の変更を受けたこと）
② 社債管理者が当該社債について債権届出を行った場合において、再生計画案の付議決定までに、社債権者自らが裁判所に対し、当該社債について議決権を行使する意思がある旨の申出を行ったこと（届出後の当該社債を取得した場合は、取得者が申出名義の変更を受けたこと）

図表3-15 社債権者の手続参加―設置債の場合(議決権行使関連のまとめ)―

債権届出を行った者	各社債権者による、議決権行使の届出	社債管理者への(議決権行使に係る)授権についての社債権者集会の開催有無	社債権者集会の結果	債権者集会での議決権行使
社債管理者《会社法705条1項》(注)	あり	開催《会社法706条1項》(注)	決議可決	社債管理者のみが可能《会社法734条2項》
			決議不成立または否決	自ら議決権行使の届出をした社債権者(+自ら債権届出をした社債権者)のみが可能《民事再生法169条の2第1項》
		開催せず	―	
	なし	開催《会社法706条1項》(注)	決議可決	社債管理者のみが可能《会社法734条2項》
			決議不成立または否決	×(議決権行使不可)《民事再生法169条の2第1項》
		開催せず	―	
各社債権者		開催《会社法706条1項》(注)	決議可決	社債管理者のみが可能《会社法734条2項》
			決議不成立または否決	自ら債権届出をした社債権者(+自ら議決権行使の届出をした社債権者)のみが可能《民事再生法169条の2第1項》
		開催せず	―	

(注) 会社法676条8号、706条1項但書による特約による例外あり。

なお、上記要件を充足しない社債権者はその議決権行使が不可能となり、また決議における可決要件の母数からも除外されることとなる。

B 担保付社債における取扱い

担保付社債の場合、担保権は別除権となり、担保の受託会社は原則として民事再生手続によらずして権利を行使することができる(民事再生法53条。担保権行使に関する留意事項に関しては後述の(3)を参照)。ただし、裁判所は再生手続の申立てがあった後に担保権実行中止命令により、相当の期間を定めて担保権実行としての競売手続の中止を命ずることができる。また、再生手続開始当時に担保権が設定されている再生債務者の財産で、再生債務者の事業継続に欠くことができないものであるときは、再生債務者は裁判所に対して当該財産の価額に相当する金銭を裁判所に納付し、担保権を消滅させるこ

とについての許可申立ても可能である（民事再生法148条）。

なお、破産手続においても、担保権は別除権（破産法2条9項）となり、破産手続によらずして権利を行使することができる。一方、会社更生手続においては、担保付社債の担保権は会社更生法上の更生担保権（会社更生法2条10項）となり、会社更生手続のなかにおいて弁済を受けることになる。

(3) 担保付社債における担保権の取扱い

A 担保の受託会社の担保権実行義務

担保付社債にあっては、発行会社が期限に社債を弁済しない場合や後述の事由があるときは、受託会社（以下「受託会社」という）は原則として、担保物について担保権を実行することを要する。この場合、社債権者集会の決議は不要である（担信法43条）。これはあらかじめ集会の決議を得てからでは担保権実行の時機を失するおそれがあり、また担保権実行を申し立てた後でも、支払猶予、責任免除、和解がなされれば（会社法706条）、これを取り下げることも可能だからである。

担保付社債の物上担保権は、通常の担保権と異なり、総社債権者のために担保の受託会社に信託されたものであるから、担保の受託会社は担保権を実行する義務を負い、これを実行するか否かの選択に自由はなく（担信法36条）、かつ総社債権者のためにのみ担保権を行使できる（同法37条2項）。

担保の受託会社が担保権の実行をなすべき場合は、次のとおりである。
a 社債が期限に至り弁済されないとき（担信法43条1項）
b 委託会社が社債の弁済を完了しないで解散したとき（担信法43条1項）
　ただし、合併によって解散するときは、解散会社の社債は合併後存続する会社または新たに設立された会社に当然承継されるから、この担保権の実行をなしうる場合の解散には該当しない。
c 委託会社が定時償還または利息の支払を怠り、法定の手続を経て期限の利益を喪失したとき（会社法739条）
　ただし、信託契約または発行契約に定める規定によって、法定の手続を経ることなく、委託会社は期限の利益を失うものとされることが通常である。

d その他信託契約または発行契約に定める通常以下のような事由が発生したとき
① 委託会社が破産宣告または会社更生手続の開始決定を受けた場合
② 社債の担保物に対し強制執行、競売、公売の申立てがあったとき
③ 委託会社が担保追加、保険等に関する約款に違背し、受託会社の指定した期間内にその履行または補正をしないとき

B 担保権実行手続

社債の担保については、担保権の実行をなすべき場合には、担保の受託会社は総社債権者のために付与された執行力ある正本に基づき、担保物につき強制執行を行い、担保権の実行としての競売の申立てをなし、または企業担保権の実行の申立てをなす（担信法43条2項）。

担保の受託会社が担保の実行によって社債権者のために弁済を得た金額は、これを債権額に応じて各社債権者に交付しなければならない。社債権者を確知することができないとき、または社債権者が受領を拒みもしくは受領することができないときは、担保の受託会社は、その社債権者のために、担保権実行により受領した財産を供託しなければならない（担信法44条）。

第4章

円建外債

第 1 節

概　　　　論

❶ 円建外債の定義

　外国の政府や法人、国際機関といった非居住者が国内市場において円建てで発行するものを円建外債（「サムライ債」）と呼ぶ。一般に、外債という用語は、発行者、発行場所、通貨のいずれかが外国のものであるものを指し、円建外債や日本の企業などが海外で発行する債券（特に円建てでユーロ市場において発行されるものはユーロ円債と呼ばれる）が代表的なものである（後者については第 6 章の「外債」を参照）。

　本章では、円建外債について、その市場や発行実務について取り扱う。円建外債は、国内で発行されるという点で、わが国の資本市場に関する法制度やマーケットルールに依拠している一方、発行者が非居住者であることに起因する特殊性が存在する。その結果として、円建外債はわが国公社債市場において国内社債や公共債などとは異なる枠組みで市場が運営されてきている。

❷ 市場の概要

(1) 市場規模

　2010年度の公募の円建外債（円建公募債）の発行額は、1 兆9,190億円と、わが国の社債の発行額が約10兆円であるのに対し、相応の規模を有してい

る。過去20年間をみると、数度の例外を除けば、毎年1兆円程度の発行が行われており、非居住者による円貨資金調達の重要なツールとなっている。最も発行が多かったのは1996年度で、約3兆8,000億円の円建外債が発行された。

次に、円建外債の発行残高の推移をみると、1996年度末に12兆円を超える発行残高を記録した後、2000年代初めには6兆円を切る水準にまで落ち込んだものの、近年は回復し、2010年度末では約9兆5,000億円となっている。

また、円建外債の区分としては、国や地方公共団体、国際機関、政府関係機関等（一般に「ソブリン」と呼ばれる）などが発行する公共債と、外国企業（ソブリンに対して「コーポレート」と呼ばれる。これをさらに金融機関と事業会社とに分けることもある）が発行する民間債に分けられる。また「政府関係機関等」とは、市場で一般に理解されている分類に基づけば、おおむね以下の条件を充足する発行者のことをいう。

① 特別の法令またはこれに準ずる特別の法的根拠に基づいて設立、運営されていること。
② 政府または政府機関（政府等）が過半数以上の出資または議決権株式を保有していること。
③ 役員の選任、定款等の制定、基本方針の決定、予算・決算の承認、会計の監査等、法人の運営の基本に政府等が関与していること。

発行残高の割合をみると、欧米豪の金融機関によるものが過半を占めており、次いで国や政府関係機関等の発行するものが1割強、国際機関が1割弱で続いている。

発行者の所在地の内訳であるが、発行残高ベースで米国が3割を占め、次いで豪州が2割弱、英国、国際機関が1割弱、その他韓国、オランダ、フランス、ドイツ等がそれぞれ5％程度の残高を有している。

(2) 沿　　革

円建外債の歴史をさかのぼると、1970年12月発行のアジア開発銀行債がその嚆矢となり、円建外債の市場の出発点といえよう。このアジア開発銀行債は、その発行額の8割程度を銀行消化に依存していた点で実質的には私募債

としての性格を有しており、本格的な公募債は1971年6月の第1回世界銀行債をもって始まる。

円建公募債の発行者の顔ぶれについては、上記のアジア開発銀行や世界銀行などの国際機関にとどまらず、1972年7月の豪州連邦に始まり、国・地方政府、政府関係機関等に対しても門戸が開かれ、さらに1979年3月にはシアーズ・ローバック社の海外子会社による初の民間事業債も登場した。

ここ20年程度の円建外債の発行者の顔ぶれを振り返ると、1990年代前半はギリシャ・トルコ・ハンガリーといった東欧を中心とする新興国による公募発行が定期的に行われるなど、ソブリンものが一定比率を占めていた。次いで、1990年代後半においては、わが国企業が（国内で）行う資産証券化のために英国領ケイマン諸島に置かれたSPC（いわゆるケイマンSPC）を発行者として国内で発行されるサムライABSが出現し、年間数千億円規模の発行をみるに至った。

ただ、東欧を中心とする新興各国については、EUに加盟したことで資金環境の変化を受けたこと、ケイマンSPCについてはわが国でSPC法や中間法人法といった法整備がなされたことを理由として、相対的にこれらの円建外債の発行水準は低調に推移する結果となっており、現在では欧米豪の金融機関が発行者の中心となっている。

これまでの円建外債の歴史でマーケットに大きな影響を与えたのが円建外債の債務不履行（デフォルト）の発生である。1997年のアジア通貨危機を背景に1998年に香港の証券会社であるペレグリン・インベストメンツ社が円建外債として初のデフォルト状態に陥り、同年インドネシアの金融・不動産企業、ダルマラ・インティウタマもデフォルトした。これらは民間事業会社の発行するものであったが、その後、政府関係機関などの発行するものとして2000年に海南省国際投資信託公司が、2002年には福建投資企業公司がデフォルトした。また、国が発行する円建外債のデフォルトとして、2002年のアルゼンチン債のデフォルトがあり、広範な投資家に影響を与えている。また、近年ではサブプライム問題の影響を受け、2008年に米リーマン・ブラザーズ債とアイスランドのカウプシング銀行債のデフォルトが発生している。

一方、私募の円建外債（円建私募債）の発行については、1972年11月の

フェアウェイ・タンカーズ社債を第1号とする。その後、円建私募債の発行は第一次オイル・ショックの影響で中断したが、1977年6月のフィリピン共和国債をもって発行を再開し、円建公募債市場を補完するものとして位置づけられていた。

　1980年代には活況を呈したこともある円建私募債市場だが、足元での発行は低迷している。このような状況に新しい流れをつくっているのが、㈱日本政策金融公庫の国際協力銀行部門（JBIC。2012年4月1日に同社から独立し、政府が全額出資する政策金融機関として㈱国際協力銀行が設立される）による円建外債の保証スキームである。JBICは、2009年にサムライ債発行支援ファシリティ（MASF：Market Access Support Facility）によるアジア諸国の円建外債発行へのJBIC保証の供与を開始、2010年には新たなサムライ債発行支援ファシリティ（GATE：Guarantee and Acquisition toward Tokyo market Enhancement）を設立し、このスキームにおいて、外国政府などの発行する円建外債にJBICが保証を付すことに加え、必要に応じその一部の取得を可能とすることで、円建外債市場の活性化と当該外国政府などの市場からの資金調達を支援するものである。2009年以降、これらのスキームを利用した外国政府などによる円建私募債の発行が相次いでおり（2010年度の発行総額は4,515億円）、今後の動向が注目される。

③ 円建外債特有の法規制

(1) 債券の発行に伴う各種規制

　円建外債は国内を発行市場として本邦の投資家に対し広く募集行為が行われることから、発行にあたって、金融商品取引法（以下「金商法」という）等、証券に関する行政的な規制としての日本の法令を遵守することが求められる。これら一連の行政法規の適用は、国際私法における当事者自治に基づく準拠法の適用（後述(2)参照）とは別の議論であり、準拠法いかんにかかわらず日本国内で発行される以上、発行者が遵守すべき公的規制の部類に属する強行法的性格をもつものとして位置づけられる。

しかしながら、1990年代後半のいわゆる「日本版金融ビッグバン」に伴う外為法改正や、近年の証券決済制度改革に伴う社債等の振替に関する法律（その後の改正を経て現在は「社債、株式等の振替に関する法律」に改称）の制定および社債等登録法の廃止などによって、それまで円建外債の発行に際し必要であった届出や申請は不要となったものも多く、現在では円建外債固有の規制は大幅に削減されている状況である。ここでは、おもに金商法における円建外債に係る規制について説明する。

また、円建外債に限られるものではないが、2008年の金商法の改正により特定取引所金融商品市場についての規定が追加されている（金商法117条の2）。この規定により、当該取引所の業務規程により流通が特定投資家に限られる金融商品取引所においては、証券の発行者や証券自体に関する開示情報について取引所の定める方法によることが可能となり、英文による開示も認められることとなった。これを受け、東京証券取引所とロンドン証券取引所の共同出資により設立された㈱TOKYO AIM取引所がプロ向け債券市場として「TOKYO PRO-BOND Market」に関する規程・規則につき金融庁から認可を2011年5月17日に取得し、同市場の制度を発表した。

A 金融商品取引法における開示規制

金商法に定義される有価証券のなかには、「外国又は外国の者の発行する証券又は証書で第1号から第9号まで又は第12号から前号までに掲げる証券又は証書の性質を有するもの」（金商法2条1項17号）との規定があり、国債（1号）、地方債（2号）、特別の法律により法人の発行する債券（3号）および社債（5号）の性質を有する円建外債は金商法上の有価証券に該当することとなる。これにより、円建外債についても、わが国で発行される同種の債券に適用されるのと同等の開示が求められている。

有価証券の取得の申込みの勧誘が不特定多数の者に対して行われる公募債と、機関投資家や少人数を対象に勧誘が行われる私募債に分けられるのは国内社債と同様である。公募債については、金商法上のディスクロージャー手続（内閣総理大臣への有価証券届出書または発行登録書・発行登録追補書類の提出、および、目論見書の使用）が要求され、私募債についてはディスクロー

ジャー手続を要さないこととされているのも国内社債と同様である（開示書類の内容についての説明は第3章第2節「社債の発行」参照）。

しかしながら、「日本国の加盟する条約により設立された機関が発行する債券で、当該条約によりその本邦内における募集又は売出しにつき日本国政府の同意を要することとされているもの」（金融商品取引法施行令2条の11）については、届出が免除されている。現在このような国際機関には、たとえば世界銀行、アジア開発銀行、米州開発銀行、アフリカ開発銀行、国際金融公社、欧州復興開発銀行の6機関が存在する。

発行時の届出手続については、国内社債の場合と原則として同様であり、届出義務も発行者自身にある。ただし、円建外債にあっては、届出書等を提出する際、本邦内に住所を有する代理人を置く義務を発行者に課しており（民間債の場合「企業内容等の開示に関する内閣府令」（以下「開示府令」という）7条、公共債の場合「外国債等の発行者の内容等の開示に関する内閣府令」（以下「外国債府令」という）4条）、通常は発行者により選任された本邦所在の弁護士がその任にあたる。また届出書等の様式に関しても、国内社債とは異なる内容のものを別途定めている。たとえば、有価証券届出書の提出にあたって、民間債の場合、開示府令8条1項4号により同府令の第7号様式で、また公共債については、外国債府令5条により同府令の第2号様式で行うものと規定している。さらに添付書類として、国内社債の届出書類に追加して、上述の代理人に係る委任状、当該募集・売出しが適法であること等についての法律意見書、元引受契約書、債券の所有者（債権者）や発行者のための行為をする職務の委託契約書、元利金の支払に関する契約書等（当該書類が日本語で作成されたものでない場合は訳文を付して）の提出を課している（開示府令10条1項4号および外国債府令7条1項1号）。

以上の発行時における届出に加え、金商法は発行後の手続として、有価証券を発行した非居住者の発行者に対して、会計年度終了後から原則6カ月以内に、有価証券報告書を内閣総理大臣に提出するよう定めている（金商法24条1項、同法施行令3条の4）。また国内社債同様、上場会社（注：本邦の金融商品取引所への上場会社）は会計年度の四半期経過後45日以内に四半期報告書の提出が求められ（上場会社以外は任意）（金商法24条の4の7）、上場会社

ではなく四半期報告書を提出していない場合には、半期経過後3カ月以内に半期報告書の提出が求められる（同法24条の5）。四半期報告書および半期報告書ともに、一定の場合には臨時報告書の提出が必要となる。ただし非居住者の場合、国債・地方債の発行者に対しては、半期報告書および臨時報告書の提出が免除されており、また、特別の法律により法人の発行する債券についても、提出を要しないこととしても公益または投資家保護に欠けることがないものとして、金融庁長官の指定した発行者については、半期報告書および臨時報告書の提出が免除されている（同法施行令5条）。なお、金商法の改正によって、2008年より上記の発行後の開示については、公益または投資家保護に欠けることがないと金融庁長官が認める場合において、英文による継続開示書類を重要な事項の日本語による要約などの補足書類とともに提出することが可能となっている。

なお、2011年の金商法改正により、英文開示の対象を継続開示から有価証券届出書および臨時報告書にも拡大する改正が行われており、今後関係政省令の整備とともに施行予定である。

B 目論見書の作成・交付

金商法上さらに、有価証券を募集により取得させる場合には、国内社債同様、目論見書をあらかじめまたは同時に交付しなければならないものとされており（金商法15条2項）、発行者にはその作成が義務づけられている（同法13条1項）。目論見書についても、上記同様、2011年の金商法改正により英文開示が可能となる予定である。

C 外国為替及び外国貿易法上の報告

かつての外国為替及び外国貿易管理法においては、「非居住者による本邦における証券の発行若しくは募集」を資本取引と位置づけ、当該非居住者に、居住者である代理人を通して、大蔵大臣（当時）にあらかじめ届出を行うことを課していた。欧米諸外国において外為規制の撤廃が進んだこともあり、わが国における外為管理制度の存在は国際的競争力を阻害するものとして改正が議論されるようになった。そこで、1997年、各種取引の事前の許可

や届出をなくし内外の資本取引を自由化するために同法の改正が成立、「外国為替及び外国貿易法」（以下「外為法」という）と改称して翌年施行されることとなった。

これにより、円建外債の発行に際しての事前の届出は不要とされ、事後の報告を財務大臣に対して行うこととされた（外為法55条の3）。この報告の手続として「外国為替取引等の報告に関する省令」（報告省令）11条の規定に基づき、「証券の発行又は募集に関する報告書」（同省令別紙様式第21）を債券の発行後20日以内に日本銀行経由で財務大臣宛てに提出することを義務づけている。

D 社債、株式等の振替に関する法律の適用

円建外債の決済については、社債等登録法の廃止に伴い、社債、株式等の振替に関する法律に基づき、㈱証券保管振替機構を振替機関として運営される一般債振替制度により行われている（一般債振替制度については第1章第3節「証券決済制度改革」参照）。

社債等登録法においては、円建外債は国内社債や地方債と異なり、同法が自動的に適用されなかったことから、1回の起債ごとに同法の適用を受けるための準用債券指定申請書を、発行者から大蔵大臣（当時）ならびに法務大臣宛てに提出のうえ、両大臣から指定を受ける必要があった。

社債、株式等の振替に関する法律では、その対象とする権利として、「外国又は外国法人の発行する債券に表示されるべき権利」が列挙されており（同法2条1項）、振替制度の対象とされている。しかし、実際に社債等も含め債券が振替制度の対象とされるためには、振替機関があらかじめ発行者の同意を得た債券でなければ取り扱うことができないとされていることから（同法13条1項）、実務上発行者は代理人を通じ、その取扱いについて一般債振替制度における振替機関である㈱証券保管振替機構に対し同意を与えている。

(2) 準 拠 法

債券発行にあたっては、発行者、発行・支払代理人、債券の管理会社（ま

たは、財務代理人)、引受証券会社といった関係当事者の間でさまざまな契約が結ばれ、これに基づいて種々の法律関係が形成される。その際、発行者が非居住者である円建外債のようなクロスボーダー取引の場合には、契約当事者にとって、契約の成立、履行、解釈がどこの国の法律に従って行われるかはきわめて重要であり、これを取り決めるものとして、各々の契約について準拠法が指定される。これら契約の成立および効力にかかわる準拠法は、法の適用に関する通則法7条に基づき、一義的には、当事者の指定により定まることとなっており、円建外債では各々の契約書のなかで準拠法を明定するのが一般的である。

円建外債では本邦国内を発行市場とし、投資家の大宗が本邦居住者で構成される関係から、関係当事者間の法律関係を決める際、準拠法を日本法とすることが基本と考えられる。現実にも、第1回アジア開発銀行債以降すべて、発行者との契約書のなかで、関係者間の権利・義務に関しては、「日本国の法律に準拠し、これに従って解釈されるものとする」といった趣旨が規定されてきた。ただし、外国の法律を準拠法として指定することを認めない国もないとはいえず、契約に際しては発行者の所在国における準拠法指定の許容性について注意しておく必要がある。前述のとおり、こうした事情もあり有価証券届出書の添付書類として、当該債券の募集が適法である旨の法律意見書の添付を内閣府令で求めている。

債券にかかわる契約書のなかで準拠法を日本法とした場合には、基本的には商取引を規律するものとしての商法と、発行者が会社である場合にはこれを規律するものとして会社法の各規定が適用されることが想定される。ただし、発行者が、国際機関・国あるいはそれに類する公的団体等および会社法上の「外国会社」に相当する場合には、会社法における株式会社に関する規定の適用は受けないものと解される。

かつては、この準拠法の適用に関し、会社法における社債管理者の設置強制のような強行法規が適用されるか、といった問題などが議論されていたが、現在では、会社法の関係規定と同様の条項を個別に債券の要項に定めることで解決を図っている。

(3) 税　　法

A　利子課税

　円建外債の所有者が非居住者・外国法人である場合、外国法人の発行する債券の利子のうち当該外国法人が日本国内において行う事業に帰せられるもの等は国内源泉所得となり（所得税法161条4号ロ、法人税法138条4号ロ）、15％の源泉分離課税となる（所得税法170条、179条3号、213条2項、租特法3条1項）。国内源泉所得に該当しなければ、所有者たる非居住者・外国法人に対してわが国は課税権をもたない。

　円建外債の所有者が居住者・内国法人の場合、国内債同様、国内で利子が支払われる際に一律20％（所得税15％、住民税5％）の源泉徴収が課される（所得税法175条1号、182条、213条2項、租特法3条1項、地方税法71条の6第1項）。

　ただし、国際復興開発銀行債（世銀債）、アジア開発銀行債、米州開発銀行債、アフリカ開発銀行債といった、その設立に関する協定等により国内外ともに源泉徴収義務が免除されている国際機関の発行する債券も存在している。

B　外国税額控除制度

　国家の課税権を属人的にとらえ、所得の源泉が国内か国外かを問わず、自国の国民や法人の所得すべてに対し課税する方式を全世界所得課税方式と呼ぶ。これに対し、課税権を属地的にとらえ、国外に源泉のある所得を課税の対象から除外する方式を国外所得免除方式と呼ぶ。

　円建外債の所有者が居住者・内国法人であって、外国政府に納付すべき外国税額が存在する場合、日本国内においても上述のとおり課税されるため国際的二重課税が発生することになるが、わが国においては外国政府に納付した外国税額を自国の税額から控除する外国税額控除制度を設け国際的二重課税を調整している（ちなみに、わが国においては全世界所得課税方式を基本としつつも、2009年度以降、一定の外国子会社からの配当に限り国外所得免除方式を

採用しており、所得の種類によって異なる方式が採用されている)。

外国税額控除制度の関連で留意を要するものとしてグロスアップ銘柄がある。円建外債の発行者の所在地国によっては、利息の支払に際して発行者が当該所在地国の政府に納付すべき外国税額がある場合がある。この場合には投資家にとって外国税額控除制度によるわが国での税額控除ができないため、投資家の手取りが変わらぬよう、当該所得税相当額を契約において発行者が負担（グロスアップ）するよう規定しておくことが一般的である。その際、当該負担額は、発行者による債券の利子の追加払いということになるので、その負担額を含めたところで利子の支払があったものとして、日本における所得税の源泉徴収がなされる。したがって、かりに外国所得税のすべてを発行者で負担するとしたならば、その外国における源泉徴収税率（たとえば15％とするならば）に応じて、グロスアップした金額（1.00－0.15＝0.85で割り戻した金額）によって国内で支払が行われたものとして、日本で源泉徴収が行われることとなる。

C　みなし外国税額控除制度（Tax Sparing Credit System）

先進国と途上国との租税条約においては、単なる二重課税の排除ではなく、租税条約を通じて先進国が途上国の経済開発に積極的な貢献をするための特別な措置が講じられることがある。みなし外国税額控除制度はこの典型に当たる。

途上国によっては、外貨導入や外資企業の国内誘致等の政策目的のために、先進国からの特定産業への投資等について、国内法や条約により源泉地国として特別の租税減免措置を講じている場合がある。この際、投資家の居住地国である先進国側で、その減免された税金部分を所得ととらえ課税してしまうと、途上国側の優遇措置が有効に機能しないことになる。このような結果を回避する目的および発展途上国への投資を促進する観点から、国外で減免措置がなされた税額相当分について、これを国外で支払ったものとみなし、国内で外国税額控除を認める制度がみなし外国税額控除である。

わが国では、ブラジル、中国等との租税条約においてみなし外国税額控除制度を導入、その経済発展に貢献することとしているが、みなし外国税額控

除の規定については、課税の公平性や中立性の観点から近年は見直し・縮減が進められている。

D　米国企業の発行する円建外債

先述の一般債振替制度の発足に伴い、新たに生じたのが米国企業の発行する円建外債の米国税制上の問題である。円建外債は、2006年から国内社債、地方債などとともに振替制度のもとでの発行が始まったが、米国税務当局の指針において、日本における一般債振替制度下での振替債は米国税法上の目的において利息が源泉徴収される記名方式とされ、これを嫌気し米国企業の円建外債の発行が事実上停止する事態となっていた。これに対し、2006年、2007年には米国内国歳入庁（IRS）が暫定的に認めた外国向け記名式債券（FTRO：foreign targeted registered obligations）制度を利用し、FTROの要件を充足する形式による発行が行われた。この間、財務代理人を含むわが国の資本市場関係者間の検討を経て、無記名の現物債に転換する権利を付したうえで振替債を発行するスキームが導入され、現在では米国企業による円建外債の発行が復調している。ただし、米国の税制改正により影響を受けるものであるため、今後も留意を要する。

(4) その他

国内社債と同様、円建外債においても適債基準が存在していたが、1996年1月をもって撤廃されている。

第2節

円建外債に係る実務

　円建外債の発行にあたっては、発行者と投資家、これをつなぐ仲介者である引受証券会社や投資家保護のために設置される債券の管理会社（置かれない場合は発行者の代理人として行為する財務代理人（FA：Fiscal Agentという））など、多数の関係者が存在する（図表4－1参照）。特に、銀行は債券の管理会社または財務代理人として、円建外債の発行において重要な役割を果たしている。本節では、これらの関係者と、関係者間で締結される契約書について説明するとともに、発行から償還に至る実務の流れを説明する。

1　発行関係者

A　発行者

　前節において、円建外債の発行者として国、地方公共団体、国際機関、外国政府関係機関等および外国企業があることはすでに触れた。これら発行者の性質はさまざまであり、債券の発行に関する法的根拠は発行者の所在国の法制などにより異なることから留意が必要となる。実務上は、債券発行者の所在地国における弁護士の法律意見書と、わが国に置かれる発行者の代理人となる弁護士の法律意見書によりその債務の成立について担保している。

B　債券の管理会社／財務代理人

　円建外債に関しては、その発行に際して、「債券（社債）の管理会社」または「財務代理人（FA）」のいずれかが置かれるのが通例である。この両者

図表4−1　円建公募債の発行形態と機能

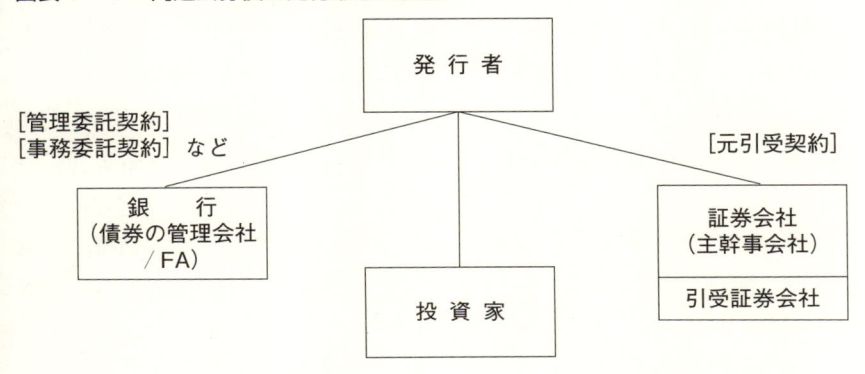

```
                        ┌─────────┐
                        │ 発 行 者 │
                        └─────────┘
[管理委託契約]         ╱     │     ╲        [元引受契約]
[事務委託契約] など   ╱      │      ╲
  ┌─────────────┐          │          ┌─────────────┐
  │   銀　行    │          │          │  証券会社   │
  │(債券の管理会社)│        │          │ (主幹事会社)│
  │    ／FA    │           │          └─────────────┘
  └─────────────┘      ┌─────────┐    ┌─────────────┐
                        │ 投 資 家 │    │ 引受証券会社 │
                        └─────────┘    └─────────────┘
```

は、その役割を銀行が担っているという点では共通であるが、債券の管理会社が円建外債の債権者の債権保全のために置かれるのに対し、財務代理人は発行者の代理として行為するなど、その果たす役割は大きく異なる。

1970年のアジア開銀による初の発行以来、円建外債には債券の管理会社が置かれ、投資家の市場に対する信用を高める役割を果たしてきた。これまで、外国政府関係機関の民営化といった発行当初に予定していなかった事態に対しても、債券の管理会社が債権者集会を開催してデフォルトを回避するといった対応を行う等、債権者のために的確な対応をとることで市場の安定に寄与してきた。しかしながら、1993年の商法改正によって社債管理会社の設置強制の例外が認められ、本邦企業の発行する社債について社債管理会社不設置債が発行されたことを受け、直接に商法の適用を受けない円建外債においても債券の管理会社を置かないものがみられるようになった。現在では、機関投資家向け債券では債券の管理会社は置かれないことが通例で、個人向けの債券について債券の管理会社が置かれている。

債券の管理会社、財務代理人ともに、債券の発行・期中の元利払いに関して㈱証券保管振替機構（以下「機構」という）や口座管理機関とのやりとりを行う発行代理人・支払代理人業務を兼ねることが一般的となっている。

以下、このそれぞれの機能について説明する。

a 債券の管理会社

円建外債における債券の管理会社の職務に関しては、発行者と債券の管理会社との間に結ばれる「管理委託契約書」ならびに「債券の要項」において規定されている。これら債券の管理会社の職務にかかわる規定のうち、主要なものは会社法の関係条項に倣って以下のものが一般的に盛り込まれている。

① 債権者のために債券の元金および利息の支払を受け、または債権の実現を保全するために必要ないっさいの裁判上または裁判外の行為をなす権限と義務
② 債権者集会を招集し、その決議を執行する権限

また、これとあわせて、債券の管理会社についての公平誠実義務、善管注意義務も規定されているのが一般的である。

これらの機能に付随して、発行者から担保提供がなされた場合の担保権の保有・実行、債券の要項において定められ債券の管理会社によりなされる期限の利益喪失宣言、債権者に対する公告などといった債権管理機能・債権者保護機能もあわせて担う。こうした権能は、債券の管理会社が発行者からの委託を受けて債権者のためにその権利を償還まで確保するためのものであり、債券の管理会社と発行者との間で管理委託契約・債券の要項を策定していく過程で、これらの規定をめぐって協議が行われる。

また、債券の管理会社は次に述べる財務代理人および発行・支払代理人の機能も兼ねることが一般的である。

b 財務代理人(FA)

財務代理人の果たす機能としては、発行体の代理として行う、①振替債ではなくなった場合の債券の調製、②発行体にかわっての債券原簿の管理、③元利払基金の受領、④買入消却に係る事務、⑤公告の実施、が一般的なものである。

c 発行・支払代理人

発行代理人・支払代理人は発行体にかわり、機構等とのやりとりを行うものである。国内社債において設置されるのと同様の業務であり、業務の内容は同機構の業務規程に従って行われている。おもな業務として、発行代理人

は①銘柄情報の同機構への通知、②債券の要項の提出、③発行払込金の受領、④新規記録手数料の納入、⑤元利金支払手数料率の通知、支払代理人は①銘柄情報の変更があった場合の通知、②元利金の資金の受領および口座管理機関等への配分、③買入消却に係る情報の受領、である。

C 引受証券会社

　円建外債の発行にあたり、その発行を確実にするために発行者との間で証券会社がその円建外債全体を引き受けたうえで、発行前の一定期間投資家に対して公募を行うものである。公募債の場合、引受けに際し主幹事会社が置かれることが通例で、複数の証券会社が主幹事会社を担う場合もある。

　円建外債が金融商品取引法上の有価証券として規定されていることは前節ですでに述べた。したがって、円建外債の募集に係る規制も国内社債におけるのと同等のものが課せられている（詳細につき第3章第2節2⑴A e を参照）。

　円建外債の公募債においては、一般に「買取引受方式」がとられている。買取引受けとは、主幹事会社を含む元引受証券会社が当該債券全体を発行者から買い取り、これを引受会社が引き受けたうえで、発行前の一定期間投資家に対して公募を行うものである。具体的な業務の流れとしては、主幹事会社が、市場動向をにらみつつ発行者との間で発行時期、発行条件等の調整を行い、これに基づき主幹事会社を含む元引受証券会社と発行者との間で「元引受契約」を締結、そこに定められた発行条件で債券全額の買取りを発行者に対して連帯して約する。

　そして、上記契約が調印され、かつ、金融商品取引法上の届出書等発効後、引受会社各社は、一定の募集期間中に投資家に対し当該債券の取得の申込みを勧誘する。募集期間終了後、当該債券の払込金は、主幹事会社（主幹事会社が複数ある場合には、事務幹事会社）を通じて払込日に「元引受契約」に規定された停止条件を主幹事会社等が確認した後、債券の管理会社の代表者または財務代理人に払い込まれ、発行者の口座に払い込まれる。各投資家から各引受会社への払込みも同日行われる。主幹事会社はまた、発行者が作成する義務を負う、債券の募集を行うのに必要な有価証券届出書や発行目論

見書について助言を行うこともある。これら開示書類に不実の記載内容があった場合には、投資家保護の観点から、(発行者はもとより) 引受会社もまた、連帯責任を負うものとされており (金融商品取引法 (以下「金商法」という) 17条、21条1項4号)、主幹事会社はその内容に注意を払う必要がある。

以上のように、主幹事会社は起債に際し引受け・販売全体を統括し、発行市場において重要な機能を担う。同時に流通市場においても、主幹事会社を中心としたマーケットメイクは、投資家がいつでも適正な価格で債券の売却・換金を可能にする前提となる。また、流通市場の活性化による適正な市場価格の形成は、発行市場における発行条件の透明化・適正化にも寄与することとなる。

❷ 円建外債に係る契約書類

円建外債に係る契約書類は基本的には国内社債を発行する際とおおむね同じである。ただし、債券の管理会社については、国内社債における社債管理者が会社法上規定された存在であるのに対し、円建外債における債券の管理会社は契約上設けられるものであることから、その契約の性質は若干異なることに留意が必要である。また、債券の発行者が国、地方公共団体、国際機関または外国政府系機関等であるか、外国企業であるかで、当該円建外債の契約上の呼称を「債券」または「社債」と呼び分ける場合がある。

ここでは、公募の円建外債 (円建公募債) を念頭に諸契約について説明する。

A 債券の要項

a 位置づけ

債券の要項は、債券の内容および関係者 (債権者、発行者、債券の管理会社/財務代理人) の間の権利・義務関係を規定したものであり、「元引受契約」「管理委託契約」「事務委託契約」「財務および発行・支払代理契約」に添付され、各契約の一部として取り扱われている。債券の要項の内容や形式について一律のひな型は存在しないが、大筋ではいずれのものも同様の規定

が置かれている。以下では、国内社債との比較において異なる特徴をもつ条項を中心に、公募債を前提に概説することとする。

b　内　容

　おおむね下記の内容が記載されており、関係当事者の義務の大半もこのなかに規定されている。したがって、B以下で説明する契約では、当事者が「債券の要項に定める職務を行う」とするものが多く、最も重要な書類であるといえよう。発行に際し、発行者および主幹事会社、債券の管理会社／財務代理人は債券の要項の策定のために十分な検討を行っている。

① 債券の条件（発行額・発行日・償還日・利率、その他コベナンツ全般等）
② 債券の管理会社等の関係者
③ 債務不履行事由
④ 債権者集会

　上記①の債券の条件には、パリ・パス（Pari Passu）条項、ネガティブ・プレッジ（Negative Pledge）条項もある。

　債権者は自らの債権の保全上、他の債務のほうが優先的に弁済され、それらの債権者に比し劣後の地位に置かれないよう、発行者の他の債務と当該債務との関係には注意を払う必要がある。そこで通常は、「債券の要項」のなかで、①発行者の他の無担保債務と同順位であること、および②本債務にも同順位の担保を付さない限りは他の債務に担保権の設定をしないこと、を定めている。①をパリ・パス（Pari Passu）条項、②を担保提供制限条項またはネガティブ・プレッジ（Negative Pledge）条項と呼んでいる。

　ネガティブ・プレッジについては、債券の期限到来までの間は他の債務に担保が付されていないかどうか注意する必要があるが、個々の債権者がそれを常時行うことはきわめてむずかしく、また発行者としても個別債権者に担保状況を連絡することは煩雑になるため、債券の管理会社が設置される場合は、債券の管理会社が債権者にかわって発行者と連絡をとることで管理していくこととしている。

　また、③の債務不履行事由は、債務者の財務状況が悪化し、「債券の要項」に従った利息の支払ならびに元本の償還義務の履行がなされなくなる、またはなされなくなるおそれが強いときには、満期を繰り上げ直ちに弁済可

能な債権とすることができる、との約定を通常結んでおり、これを一般に期限の利益喪失条項またはデフォルト（Default）条項と呼び、債務不履行事由として債券の要項に定められている。

具体的には、「債券の要項」のなかで、一定の事由（デフォルト事由）が発生した場合には（債券の管理会社が設置されない場合には、債権者の選択により、その保有する）債券の全額につき期限の利益を喪失させ、元本の償還を請求できる旨規定している。これら一定の事由の内容については、当事者間の交渉や発行者の他市場での既発債務の要項の内容に左右されるが、大方以下のようなものが含まれる。

・本債券にかかわる元利払の遅延
・本債券にかかわる元利払の遅延以外の義務の不履行（これらの義務のなかには、ネガティブ・プレッジ条項やその他債券の要項中において発行者が約束している条項が含まれる）
・発行者の他の債務における元利払いの遅延、もしくは期限の利益の喪失（クロス・デフォルト条項）
・（ソブリンの場合）発行者がソブリン機関としての位置づけを喪失した場合
・発行者の破産、会社更生、整理、清算等の倒産手続の開始

円建外債では一般に、これら債務不履行事由の発生後、債券の要項に定められた手続に従い、場合によっては一定の猶予期間（Grace Period）経過後、発行者に対し期限の利益を喪失する旨の宣言がなされる、という構成がとられている。

B 管理委託契約（債券の管理会社が設置される場合）

発行者と債券の管理会社の間で締結される。

本節１Ｂで述べたように、管理委託契約は債券の管理会社の権限について定めるとともに、①債券の発行に関する発行会社の事実の表明、保証および約束（発行時において、必要な手続がすべて履践されている、他の債務との同順位性、等）、②発行者の約束（発行後、当該円建外債の債務が残存する間の開示等）、③債券の管理会社の義務の停止条件（当該円建外債が有効に成立すること等）等が定められている。

C　財務および発行・支払代理契約（債券の管理会社が設置されない場合）

財務代理人に係る契約である。契約の内容は、本節１ＢｂおよびＣで述べた職務の内容について規定しているものである。また、債券の管理会社が置かれる場合も、同内容の契約が管理委託契約とは別に結ばれることが通例であり、この場合は「事務委託契約」と呼ばれることが多い。

D　元引受契約

円建外債の発行および募集にあたり発行者と元引受証券会社との間で締結される。契約の内容は、①円建外債の買取引受けについて、②募集に関する諸規定のほか、発行会社の事実の表明、保証および約束、発行者の約束、主幹事会社の義務の停止条件等が定められている。

③　発行手順（日程）

以下では、ソブリンの円建公募債の初回債を念頭に、発行に至るまでの具体的手順を、日程に沿って説明することとする（図表４－２参照）。

(1)　関係者の指名等

A　主幹事会社・債券の管理会社等の指名

円建公募債発行の第一歩は、公募債発行に不可欠な市場仲介者である、主幹事会社および債券の管理会社（または財務代理人）を指名することから始まる。発行者は、予想コストはもちろん、自らの資金需要や金利動向、さらには資金調達手段の多様化等種々の事情を勘案したうえで円建外債発行を決定した後、主幹事会社と債券の管理会社（または財務代理人）を選び、証券会社および銀行に対し通知する。

発行者は同時に、自らの代理人として日本の弁護士を指名し、有価証券届出書の作成等諸手続および関係契約書類の作成等を依頼する。円建公募債に

図表4－2　円建公募債発行日程

		金融商品取引法関連		外為法関連
		有価証券届出書	発行登録ずみ	
条件決定日－ 3～4カ月前	・主幹事会社と債券の管理会社（または財務代理人）の指名 ・発行者と主幹事会社および債券の管理会社（または財務代理人）との間で発行日程調整 ・（格付取得する場合は作業開始） ・右書類の準備――・有価証券届出書／発行目論見書 　　　　　　　　・債券の要項／管理委託契約（または財務代理人契約）／元引受契約　等			
条件決定日－ 20日前頃	・各種契約書類の内容確定			
条件決定日－ 15日前頃		有価証券届出書を関東財務局へ提出		
条件決定日		訂正届出書を関東財務局に提出 募集開始	発行登録追補書類を関東財務局へ提出 募集開始	
条件決定日＋ 1週間程度 （発行日）	・払込み			
払込日から20日までに				証券の発行または募集に関する報告書の提出（日本銀行経由財務大臣に）

おいては、ソブリンでは発行者の弁護士と引受会社の弁護士の両者が兼任することも多いが、コーポレートではそれぞれ別の弁護士が選ばれることが多い。

　発行関係者の指名は、その後の手続等を考慮すると、条件決定日の最低3～4カ月前に行われることが望ましい。

B 格付の取得

　関係当事者の指名と相前後して、投資家に対する投資判断材料として、格付取得にかかわる作業も格付機関との間で並行して行われていく。円建外債にかかわる新規格付取得には、格付調査の都合上、作業開始後最低でも2～3カ月程度は要するため、この準備期間を起債スケジュールのうえで事前に考慮しておく必要がある。

(2) 諸契約の準備

　債券の発行には数多くの仲介者や投資家が関与する。特に円建公募債では、発行者が非居住者でありかつ通常無担保債であるという事情から、関係者間の権利・義務関係を規定する諸契約については、不特定多数の債権者の保護を図りつつ、慎重に準備することが肝要である。

　初回債の場合、主幹事会社は、諸契約のドラフト作成次第できるだけ早いタイミングにおいて、発行者との間でドキュメンテーション・ミーティングをもつことが多い。このドキュメンテーション・ミーティングは、通常2日程度の日程で行われ、有価証券届出書および各契約内容の骨格を打ち合わせる。有価証券届出書の準備ならびに財務省へ提出するまでの期間を考えると、ドキュメンテーション・ミーティングを開く場合には、一般的には調印日の1～2カ月前に行う必要がある。

　発行者を当事者とする契約については、その作成にあたり、発行者と各々の契約内容につき十分に検討する必要がある。そこで、契約書の作成にあたっては発行者およびその弁護士、主幹事会社、債券の管理会社（または財務代理人）といった関係者の間で契約書のドラフトへのコメントをやりとりし、契約当事者が合意に至ったところで内容が確定することになる。

(3) 諸届出および申請の準備

　諸契約の準備と並行して、円建公募債を発行するためには、以下のような届出が必要となる。

A　金融商品取引法上の開示

a　有価証券届出書

　債券の募集を行うには、金商法上の届出がなされていることを必要とし（同法4条1項）、届出の効力が発生しない限り当該債券を投資家に取得させることはできない（同法15条1項）。有価証券届出書は、内閣総理大臣が受理した日から15日が経過した日に効力を生じる（同法8条1項）。このため、市場環境の変化に応じて的確なタイミングをとらえて起債ができるように、発行者は関係者の指名を行った後、通常は直ちに有価証券届出書の準備を開始する。実際には、現地で開示されているアニュアルレポート等の翻訳を含め、2～3カ月をかけて作成し、関東財務局へ提出、という手順を踏む。有価証券届出書は日本語で書かれるため、非居住者である発行者にとり、その作成に主幹事会社・日本の弁護士の協力は必須のものである。

　有価証券届出書の提出後効力を発する日までの間、記載すべき重要事項の変更等が生じた場合、また実際には発行条件等は条件決定日間際まで決まらないため、それらが最終的に決まった時点等において、金商法7条に基づき訂正届出書を提出することとなる。本来であれば、この訂正届出書によりすべての必要事項が届出されてはじめて15日の期間が開始するわけであるが、現実的な要請から、金商法8条3項による期間の短縮に基づき、下記(4)に記載の条件決定に基づく訂正を除く、最も軽微な訂正については、通常は訂正届出書提出後効力発生まで中1日という期間が内閣総理大臣から指定される（企業内容等の開示に関する留意事項について（企業内容等開示ガイドライン）8－3）。一般的には、条件決定日（調印日）に発行条件に係る訂正届出書を提出し、同日に効力発生通知を財務局から受領し、同日に募集する。

b　発行登録制度の適用

　また、金商法の定める一定の要件を満たした発行者（以下「利用適格者」という）については、国内社債同様、有価証券届出書の提出にかえて発行登録制度を利用することができる（金商法23条の3）。発行登録制度とは、事前に募集・売出しを予定する有価証券の種類、発行予定額または発行可能額、発行予定期間（1年間または2年間）を定めて、募集・売出しを登録するこ

とにより、実際の債券発行時には、発行登録追補書類のみを提出することにより迅速に有価証券の募集・売出しを開始・完了させることを可能とする制度のことをいう。

［民間債の場合］
　国内社債と同一要件
［公共債の場合］
　発行者が過去1年間継続して有価証券報告書を提出しており、本邦において有価証券届出書を提出して発行した債券の券面総額が100億円以上であること等

　発行登録の効力発生時期については、有価証券届出書の規定を準用することとなっており（金商法23条の5第1項）、金商法8条3項による期間短縮に基づき、発行登録書提出後おおむね7日を経過した日という期間が指定される。発行登録の有効期間中は、債券の発行にあたり、証券情報の詳細等を記載した発行登録追補書類（同法23条の8第1項）を提出することにより、その後即日募集により債券を取得させることが可能となる。

(4) 条件決定

　主幹事会社は、通常、有価証券届出書が提出されると、発行者との間で具体的な発行条件の交渉に入る。まず、主幹事会社は、直近の起債状況や流通市場の動向および発行者の信用力の評価等に基づき、妥当と思われる発行条件を発行者に提示するとともに、投資家に対し一定の値幅（利率、発行価格の組合せによる複数の条件）を提示したうえで需要調査を行う。近時では、市場実勢を反映させるために、スワップレートなどの基準金利に対するスプレッドによりブックビルディングを行うスプレッド・プライシングの方式が主流となっている。この需要調査をふまえ、発行条件や引受責任額といった各種条件について正式に決定し、訂正有価証券届出書を提出する。

　条件決定を受け、発行代理人はその銘柄情報を振替機関たる㈱証券保管振替機構（以下「機構」という）に対して通知する。

(5) 調　印

　発行条件が決まると、諸契約の調印が行われる。市場環境が変化した際のリスクを回避するために、発行条件が決定された後すみやかに募集を行う必要があり、調印は条件決定日に行われることが多い。

　実際に関係者が立ち会って調印を行う場合はあまりなく、調印者ごとに調印するページを分け、条件決定日付で各関係者が調印したものを弁護士等が契約書として取りまとめる場合が多い。調印される契約書は、基本的に管理委託契約や事務委託契約（FA債の場合は財務代理人契約）および元引受契約の3種類（FA債の場合は2種類）である。

(6) 募集期間

　募集期間は、商品内容・ターゲットとする投資家等により異なる。
　条件決定後募集期間が開始されるまでのタイミングについては、金融商品取引法上の届出の態様の違いにより、通常3通りに分けられる。
① 　有価証券届出書が提出される場合……通常、条件決定日に確定した発行条件を記載した訂正有価証券届出書を、締結された契約書の写し等必要書類を添付して関東財務局に提出した後、募集が行われている。
② 　発行登録制度が利用される場合……通常、条件決定日中に、発行登録追補書類を締結された契約書の写し等必要書類を添付して関東財務局に提出した後、募集が行われている。
③ 　国際機関等、届出が免除される場合……金融商品取引法上、書類の提出が求められていないため、訂正有価証券届出書あるいは発行登録追補書類の提出をせず、募集を開始することができる。

(7) 払込み

　募集期間が終了した後、投資家の資金が発行者に払い込まれ（払込み）、債券は有効に成立することとなる。円建外債では払込みが行われるためにはいくつかの停止条件があり、これらは元引受契約などに定められている。停止条件の内容は、起債ごとに若干異なるが、おおむね以下のとおりに要約で

きる。
① 発行者による調印日付の事実の表明および保証が、払込日現在においても真実であること。
② 金商法に基づく届出が効力を有していること。
③ 発行者の関連諸契約の締結等に関する適法性にかかわる法律意見書が主幹事会社に（設置される場合は債券の管理会社にも）提出されていること。

これらの停止条件が充足されていることの確認がなされてはじめて、発行者に対し払込金が交付されることになる。特にクロス・ボーダー取引である円建外債の場合、債券を有効に成立させるにあたり、発行者が発行手続に係る本邦の法律を遵守しており、かつ当該債券の発行、契約の調印・履行が発行者の属する国の法令などに違反していないこと等の確認は必須となる。さらに、調印後、発行者の国において政治、経済、財政上等で重要な変化(Force Majeure)が生じて起債に悪影響が出ると判断される場合にも、契約が解除できる旨、元引受契約などに規定されている。

具体的な払込手続としては、一般的には、まず、主幹事会社（主幹事会社が複数あるときは事務幹事会社）が引受手数料を控除したうえで、払込日に発行代理人に対し日銀ネットにより送金する。各投資家から引受会社への払込み、引受会社から主幹事会社（事務幹事会社）への払込みも同日に行われる。

債券の管理会社や財務代理人は必要な手数料等を控除したうえで、発行者の口座に資金を送金する。

❹ 発行後の業務

以下では、円建公募債における債券の管理会社を中心とした、発行後の期中事務について概説する（債券の管理会社の国内社債における社債管理者と共通する事務については第3章第3節「社債の期中管理・償還」、また発行代理人・支払代理人業務についてはそれぞれ第9章第2節「一般債振替制度における実務」参照）。

円建外債は、債券の要項において日本法に準拠することが基本となってい

るが、外国政府が発行するもの、外国企業が発行するものを問わず、各種契約においてわが国の会社法の規定に準じた内容が定められている。

(1) 債権管理機能（債券の管理会社が置かれる場合）

A 弁済受領ならびに債権保全の権限

債券の管理会社は、元利払が期日に行われなかった場合、その支払請求を発行者に対してなし、弁済金を受領する権限、ならびに債権者の債権の実現を保全するために必要ないっさいの裁判上または裁判外の行為をなす権限を有する。具体的に通常管理委託契約と一体となる債券の要項のなかでは、期日に利息の支払が行われなかった場合、債券の管理会社は、（一定の猶予期間経過後）入金のない旨公告を出し、債権者の要求に応じて期限の利益喪失宣言（デフォルト宣言）を行うための手続をとる機能を与えられている。また、期日に償還が行われなかった場合、債券の管理会社は、期日後実際に償還資金を受領した際にその旨公告を出すとともに、遅延した間の利息を計算したうえで直ちに発行者に対して請求する権限が与えられている。

B 契約遵守状況の確認ならびに期限の利益喪失宣言

公募円建外債では、発行者による、当該債券にかかわる義務（元利金支払義務および担保提供制限等）の不履行、ならびに他の債務における債務不履行等が発生した場合、債券の管理会社は、元利金支払義務にかかわる不履行の場合を除き発行者からの通知に基づいて当該不履行に関し公告を行い、一定の手続（債権者集会の決議、一定の比率以上の債権者からの請求等）を経た後、発行者に対し、期限の利益を喪失する旨宣言する。

これと関連して、発行者の契約遵守状況の確認、重要資産の処分・合併等にかかわる情報入手、ならびに業況把握等の観点から、一般的に発行者に対して、発行者の有価証券報告書およびその他日本で公開している書類等を、債券の管理会社に対して提出することを求めている。

C　担保権の保有・実行

　円建外債は通常無担保で発行されるが、発行後、当該債券のために担保が提供された場合には、債券の管理会社またはその指名を受けた者は、債権者のために担保を保有し、実行するものとする。円建外債においては、担保の目的となる不動産等が国外にある場合には、当該担保にかかわる法律関係には日本法の適用がないことから、留意が必要となる。

(2)　債権者集会に関連する実務

債権者集会

　円建外債では、会社法の社債権者集会の規定にかかわらず、債権者集会の制度を、債券の要項で定めることにより採用している。債権者集会は、多数の債権者全体の意思を決定する機関であり、発行者に対し債権者が団体として権利行使することを可能にするものである。また、発行者側からみても、個々の債権者を別々に相手とすることは事実上不可能であり、このような機関の存在は便利なものといえる。

　円建外債においてむずかしいのは、国内社債と異なり、裁判所の機能に限界があるなか、債権者集会の実効性をいかに確保していくかといった問題である。円建外債の債権者集会の決議にかかわる裁判所の認可（会社法734条）を得られるか判断がつきにくいため、裁判所の機能に依存せずかつ多数決の弊害を避けるべく、債権者集会を有効に成立させる枠組みを用意する必要がある。そこで、円建外債では一般的に、債権者集会の議題を「債務不履行事由または債権者の権利に重大な影響を及ぼす事項」といったように、その内容をあらかじめ特定し、いかなる事柄でも多数決で解決しうるといった事態を防いでいる。

　債券の管理会社が設置される場合の債権者集会の手続については、その内容は起債ごとにいささか異なるものの、おおむね以下のとおりである。

　円建外債における債権者集会の招集は、一般的には、債券の管理会社が、債権者（多くの場合、残高の10分の1以上の債券を保有する債権者）からの請求

（ないしは債券の管理会社自らの判断）に基づき、または発行者自身が、これをなす。招集者がいずれの場合も、債券の管理会社が招集公告を出すものとされている。債権者集会の議題は通常、債務不履行事由または債権者の利害に関連する事項が対象とされる。

債権者集会における決議は、コーポレートの場合、一般的には、出席した債権者の議決権の過半数をもってなされる。ただし、当該債券の支払猶予、債務不履行により生じた責任の免除等ならびに債権者の利害に重要な影響を及ぼす事項については、債券総額の5分の1以上の債権者の出席とその議決権の3分の2以上の多数によってなされる（特別決議）と規定されている場合が多い。議決権の行使にあたっては、債権者が振替口座簿を有する振替機関（機構）または口座管理機関から発行される証明書を、債券の管理会社に提出することが必要とされている。

なお、会社法に基づく社債の場合、社債、株式等の振替に関する法律86条において、社債権者集会に際しての議決権行使に際し、社債管理者または発行者に供託すべき証明書について規定されているが（この証明書を振替機関や口座管理機関に返却するまでは振替えの申請ができない）、外債についてはこの規定が適用されないことから、一般債振替制度においては債権者が振替えの申請を行わないことを前提にこれに準じる証明書を発行することを定めている。

債権者集会の決議はすべての債権者に対して効力を有し、その執行は債券の管理会社が全債権者にかわってこれを行う。

債券の管理会社が置かれず財務代理人が置かれている場合、財務代理人は債権者集会の招集権を有せず、発行者の代理人として債権者の招集請求を受け付ける等したうえで、集会に係る事務を執り行う。また、決議の執行は債権者の代表者または債権者集会の決議によって任命される決議執行者がこれを行う。

(3) 債券原簿の管理

国内社債では、会社が社債を発行したときは、会社は社債原簿を作成してこれを本店に備え置き、債権者の閲覧・謄写に供しなければならない（会社

法684条)。円建外債の場合は、発行者が非居住者であるため、自ら債券原簿を管理することは実際上困難であり、一般的には、事務委託契約や財務および発行・支払代理契約(含む債券の要項)において、事務代理人としての債券の管理会社または財務代理人が債券原簿を備え置き、管理するものと定めている。

(4) 買入消却事務

　発行者が、証券会社を通じて売却を望む債権者から債券を買い入れ、これを消滅(買入消却)させようとする場合、発行者の事務代理人としての債券の管理会社または財務代理人は発行者から買入消却をする旨の通知を受領し、振替機関である機構からの買入消却に関する通知を確認したうえで債券原簿から減額・抹消させる。

第 5 章

証券化商品

第 7 節

概　　　　論

1　証券化とは

　本章では、近年わが国の資本市場において一定の存在を有している証券化商品について、その特徴やマーケット生成に至る経緯、金融機関の業務とのかかわりについて述べる。

　一口に証券化商品といっても、社債、資産流動化法に基づく特定社債、信託受益権等、必ずしも1つの形式にはよらない。また、裏付けとなる資産も、不動産から住宅ローン、金銭債権までさまざまなものが存在している。このことからわかるように、証券化商品のバリエーションはきわめて広いものである。

　証券化の定義として明確なものがあるわけではないが、①ある者が保有する資産を証券化のためにつくられた他の法的主体に移すこと、②資産を裏付けとした資金調達であること、③資金調達に際して証券を発行すること、といった要素を備えた資金調達スキームを指すのが一般的な理解である。これについては第2節「証券化をめぐる諸制度」で詳しく触れる。また、証券化という用語に関しては、資金調達の手段を借入れではなく、株式、社債等の証券により調達するという意味での金融の証券化として用いられることもある。さらに、証券化と混同されがちであるのは流動化という言葉である。証券化と流動化は、ある者が有する資産を元にして行うファイナンスである点は共通であるが、証券化が証券を発行することによるファイナンスであるのに対し、流動化は証券を発行しないもの（例：不動産の流動化は銀行借入れや

図表5－1　証券化商品発行額の推移

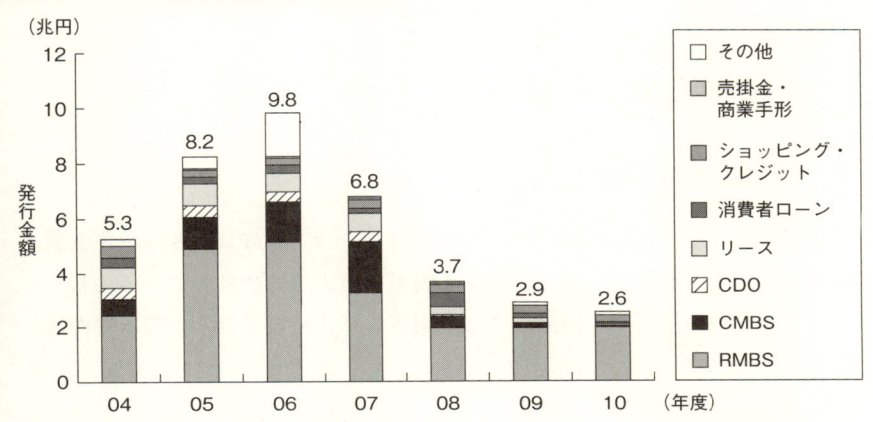

(兆円)

凡例：その他／売掛金・商業手形／ショッピング・クレジット／消費者ローン／リース／CDO／CMBS／RMBS

年度別発行金額：04年度 5.3、05年度 8.2、06年度 9.8、07年度 6.8、08年度 3.7、09年度 2.9、10年度 2.6

出所：日本証券業協会「証券化市場の動向調査」からみずほコーポレート銀行作成

匿名組合出資の組合せによって行われることが多い）や証券化のための主体への資産の移転がないもの（例：貸付債権の流動化）を含むとされており、証券化を包含する、より幅の広い概念であるといえる（流動化を含む概念を「広義の証券化」と呼ぶ場合もある）。

　ここで、わが国での証券化市場の現状を俯瞰する。図表5－1は近年の証券化商品の発行額である。これをみると、順調に発展してきた証券化市場は、2007年以降のサブプライム問題の影響で縮小を余儀なくされているが、引き続きわが国資本市場のなかでも重要な地位を占めていくことが見込まれる。

❷　証券化のメリット

　証券化が広く世の中に普及した背景を理解するには、証券化が関係者にもたらすメリットを考えるとわかりやすい。
　証券化することによって得られるメリットは、証券化の関係者によって異なる。さまざまな関係者のメリットが重なったときにはじめて証券化商品の組成ができる、といえよう。証券化がどのように関係者にメリットをもたら

すか、以下、おもな関係者ごとにそれぞれのメリットの代表的なものについて述べる。

(1) 資産保有者の観点

A 資金調達の多様化

資産保有者（証券化においては通常オリジネーターと呼ばれる）が資金調達を銀行借入れ等や社債、株式等による資本市場調達に依拠している場合、オリジネーターの信用力の高低によって調達の可否や調達コストの多寡が決まることとなる。一方、信用力の低いオリジネーターであっても安定したキャッシュフローを生む資産を有している場合には、この資産を証券化することによる資金調達の可能性が開ける。

また、信用力の高低にかかわらず、資金調達の多様化による資金調達基盤の安定という効果は得られよう。

B 財務体質の改善

証券化には保有する資産を他の法的主体に移すという要素がある。したがって、証券化を行う場合には、オリジネーターの資本は維持され、資産を切り離し負債を圧縮することが可能となるため、自己資本比率の向上等、財務体質の改善を図ることができる。

C 低コストでの調達

一般に、証券化の対象資産は証券化商品の償還に足る安定したキャッシュフローを生むことが求められる。オリジネーターは、キャッシュフローの内容によっては証券化のスキームに係るコストを負担してもなお、自らの信用力で調達するよりも低コストでの調達が可能となる場合もある。

D リスクの移転

証券化の特徴として、裏付資産のリスクの分解機能があげられる。銀行が貸し出した住宅ローン債権を例に考えると、オリジネーターである銀行は当

該住宅ローン債権が債務不履行を起こすリスク、言い換えれば債務者の信用リスクを負担している。また、銀行は住宅ローンの実行時には別途預金等により貸出原資を調達しているが、金利情勢の変化によっては貸出金利と預金金利とが逆転することにより逆鞘が生じる可能性等、金利リスクも存在している。証券化は、このようなリスクをオリジネーターから投資家に移転する性格をもつものであり、そのためにオリジネーターのリスク管理にも活用が可能である。

(2) 投資家の観点

A 投資機会の拡大

　証券化商品は金融商品取引法上の有価証券の形態をとることが多いため、有価証券投資を行うことができる投資家であれば取得が可能である。
　一般に、証券化商品は国債、地方債、社債等に比べれば信用力の割には投資リターンが高いとされている。また、その裏付資産やスキーム形態により投資家の選好が異なることから、個別の投資家は自らの許容する投資基準の範囲内で、他の投資家がとらないリスクをとることでより多くのリターンを得ることも可能である。証券化商品の存在は、投資家の投資機会を拡大するものといえる。

B ポートフォリオ構成の多様化

　投資家にとっては、自らが抱えるポートフォリオをいかにマネージし、リターンを極大化するかが収益性を分けるポイントであり、証券化商品はこの手段を提供する。不動産の証券化を例にとれば、有価証券は取得できても不動産の直接保有はできない投資家や、自らの投資ポートフォリオ規模が比較的小さく実物不動産の保有ができない投資家が、自らの投資基準に合致する証券化商品を取得することで不動産をポートフォリオに加えることが可能となる。また、証券化された裏付資産の管理は専門家に任せられる点もメリットとしてあげられよう。

C　リスクの変換

　証券化には裏付資産がもつリスクを変換する機能も有する。ひとかたまりの裏付資産（プールと呼ばれる）から、投資家のもつさまざまなリスク選好に応じ、ローリスク・ローリターンを追求する投資家とハイリスク・ハイリターンを追求する投資家それぞれに応じた証券化商品を組成することが可能である。証券化取引においては、証券化取引の対象プールから生まれるキャッシュフローが当該取引によりつくられるすべての証券化商品の償還に足りない場合に備え、このキャッシュフローを優先して充当する優先部分と、それ以外の部分（劣後部分）に切り分けられる優先劣後構造がとられることが多い。優先・劣後構造をつくる結果、優先部分についてはその元利払についてのリスクが削減され、より安全な投資商品として評価されることが可能となる。

❸　証券化の仕組み・特徴

　図表5－2に証券化の基本的なスキーム図をあげている（説明のために大幅に簡略化している）。
　典型的な証券化では、
① オリジネーターから資金調達ヴィークル（これをSpecial Purpose Vehicle、以下、単に「SPV」といい、特に会社形態をとるものを「SPC（Special Purpose Company）」という）に対して証券化対象資産を譲渡

図表5－2　証券化スキーム

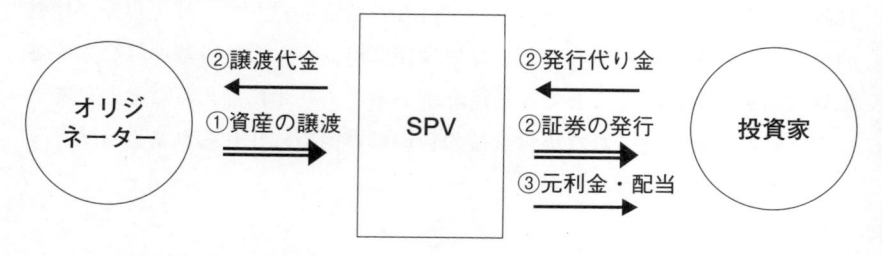

| オリジネーター | → ①資産の譲渡 → ← ②譲渡代金 ← | SPV | → ②証券の発行 → ← ②発行代り金 ← ← ③元利金・配当 → | 投資家 |

② SPVは証券を発行し、それにより得た発行代り金をオリジネーターに引き渡す
③ 証券化対象資産から生じたキャッシュフローを証券化商品の利払、償還に充当する

といった流れで行われる。

(1) 証券化におけるプレーヤー

証券化に一般的に登場するプレーヤーとその役割について述べる。

A オリジネーター

オリジネーターとは、証券化の対象となる裏付資産の保有者をいう。住宅ローン債権や企業向け貸付債権であれば銀行等の金融機関、オートローンや消費者ローン等の消費者向け債権であればノンバンクであり、不動産であれば不動産所有者といったように裏付債権の種類によってさまざまであり、特定の業種に限られない。

B アレンジャー

証券化に際してスキームを組成し、各関係者の調整を行う者をアレンジャーという。スキームの企画や、オリジネーター・投資家等の各種関係者間の調整、SPVの設立、契約内容の調整、裏付資産の移転手続の手配等、証券化にあたり必要な手続のすべてを差配する役割である。法律上特段の資格を要するものではないが、専門的な知見・ノウハウを要することから、証券会社や銀行がアレンジャーとなることが多い。

C サービサー

証券化商品の裏付資産からの回収や、回収された金銭の引渡しといった、証券化商品のキャッシュフローを管理する専門家のことをサービサーという。裏付資産の種類によって、オリジネーターが証券化後も引き続き裏付資産の債務者との関係でサービサーとなることも多い。また、サービサーは裏付資産からのキャッシュフローの回収という重要な役割を果たすことから、

その倒産という不測の事態に備えてあらかじめバックアップサービサーを選任することもある。

D　その他の関係者

その他、投資家が投資をするにあたり取得が求められる格付を付す格付機関、SPCの決算等の事務を行う運営代理人といった、証券化に際して必要となる関係者が存在するが、これらは証券化のスキームによって変わりうるものである。

(2)　証券化を成り立たせる仕組み

ここでは、一見単純な取引にみえる証券化の成立に欠くことのできない2つの仕組み、倒産隔離と真正譲渡について述べる。先にみたように、証券化の利点として、オリジネーターの信用力にかかわらず資産の信用力により調達ができるという点をあげた。これを担保するためには、オリジネーターやSPCの倒産等によっても証券化商品の償還に影響を与えない仕組みが必要となる。このために、証券化においてはオリジネーター、SPCをはじめとするスキーム関係者の状況変化による影響を排除すべくさまざまな手当がなされている。

A　倒産隔離

倒産隔離とはどのような手当を指すのかについては文脈や立場によってさまざまな見解が存在するところであるが、広くとらえる場合には①オリジネーターその他の関係者の倒産によってSPCや証券化商品が影響を受けないための措置、および②SPCの倒産によって証券化商品が影響を受けないための措置を指すものが多い。このうち、①のオリジネーターの倒産に係る問題については、証券化の組成時に裏付資産が適正にSPVに移転しているかがポイントとなるがこれは真正譲渡の問題として扱われており、次で述べる。ここではまず上記②のSPCの倒産隔離の方法について説明する。

SPCの倒産隔離には2つの側面がある。1つは、その倒産状態の発生を予防するための手当であり、SPCの組織形態をどのようにつくり込むかの問題

である。もう1つは、SPCが倒産状態に至った場合の倒産手続を回避する措置である。

前者は、SPCの出資者とSPCの関係を遮断することが必要となるための手当であり、その方法として一般にあげられている法制度としては、慈善信託（チャリタブルトラスト）、一般社団法人、特定出資信託の3つである。このうち、わが国で最も広く用いられているのが一般社団法人及び一般財団法人に関する法律（以下「一般社団・財団法人法」という）に基づく一般社団法人をSPCの親会社とするものである（同法の成立前は同様の機能を果たすものとして有限責任中間法人が用いられていた）。一般社団法人においては、基金の拠出と法人の社員としての地位（議決権の所有）とが制度的に分離されていることから、オリジネーター等が議決権をもたずに当該一般社団法人の維持管理費用のために出資をすることが可能となるとともに、議決権をもつ社員にはオリジネーターから独立した者が就任することで、オリジネーターが親法人である一般社団法人を通じてSPCに関与することができないこととなる。

また、後者の具体的な倒産隔離の措置としては、①SPCへの倒産申立権の放棄、②SPCの負担する債務に関する責任財産限定特約の付与といったものが用いられている。①は、SPC自身やその取締役等または債権者の倒産申立権を有する可能性のある者が、SPCの債務の弁済が完了するまでの間、SPCの倒産申立権を放棄することを契約等で誓約することである。②は、債権者の有するSPCの債務の支払は、責任財産（あらかじめ債務者が保有・取得する資産を責任財産として契約で限定しておく）のみを引当として、債務者の他の資産には及ばないこと、等をSPCとの取引関係者との契約に定めることである。

B 真正譲渡

倒産隔離と並んで証券化の成立にとり重要な要素が真正譲渡である。

証券化商品が、SPVに移転したオリジネーターの資産を裏付けとする証券であることはすでに述べた。これが成り立つためには、SPVのもつ資産がオリジネーターから法的に完全に移転していること（このことを真正譲渡とい

う）が条件となる。言い換えると、オリジネーターからSPVへの資産の移転が、売買の形態での担保設定（担保付きの金融取引）ではないことが求められる、ということである。

真正譲渡が問題となる典型的な例としては、証券化商品の組成後にオリジネーターが倒産状態に至り、関係者からその取引の真正譲渡性に疑義が提示されるような場面である。かりに真正譲渡が認められない場合、資産の移転が行われた時点でSPVからオリジネーターに支払われた資金が、裏付資産を担保にした融資によるものとされることになる。このとき、SPVは証券化の対象資産に対する担保権を有しているだけであり、オリジネーターについて会社更生手続が開始された場合には、更生担保権として担保権の実行が制限されるため、裏付資産のキャッシュフローを証券化商品の投資家に分配するうえできわめて重大な影響を生じることとなる。

真正譲渡性を確保するためには、契約書の規定（当事者が資産の売買をする意思をもって行った取引か）や、資産の譲渡につき対抗要件を備えているか、譲渡価格が適正であるか、オリジネーターの買戻義務がないか、といった観点やオリジネーターをめぐる関係者の取引の実態を総合的に勘案して判断されるのが一般的である。

第 2 節

証券化をめぐる諸制度

❶ わが国の証券化の歴史

　これまでわが国の証券化市場がどのように発展してきたかは、そのオリジネーターが置かれた経済状況とあわせてみると理解がしやすい。特に、証券化が促進されるかはSPVや各種取引に関する法制上の手当も重要な要素であり、これらの整備はオリジネーターのニーズが後押しする側面があるためである。証券化を支える個々の法制度については、本節2で述べるとして、これまでのわが国の証券化をめぐる経緯について述べる。

(1) 1980年代まで

　厳密な意味での証券化を離れ、資産の流動化も含めた歴史をみると、わが国での証券化の起源は1973年の住宅ローン債権信託にまでさかのぼることができる。住宅ローン債権信託は、当時需要の高まっていた住宅ローンの資金調達のため、住宅金融専門会社（以下「住専」という）等の活用を念頭に導入されたものである。この商品は、住専が保有する住宅ローン債権を委託者として信託銀行に信託し、その信託受益権を投資家に販売して資金を調達するものである。一定期間後に住専が買い戻す「買戻方式」と、買戻条件のない「売切方式」とがあった。これらは後に銀行の資産オフバランス手段の拡充の観点から他の貸付債権流動化とあわせ銀行にも利用が開放されたが、銀行には優良な資産であり、自己資本比率規制上、通常の貸出債権に比し優位な取扱いとなっている住宅ローン債権のオフバランスニーズが乏しかったこ

とや、売切方式であっても対象となるのが銀行系保証会社の保証か保険会社の保険付きの債権のみであったことなどから、普及しなかった。

また、ほぼ同時期に導入されたのが住宅抵当証券制度（1974年開始）である。これは、金融機関が保有している抵当権付住宅ローン債権を証書化して譲渡する仕組みである。この譲渡は指名債権譲渡によって行われる。5年経過後の買戻特約がついていたこと、再譲渡も禁止されていたという商品性の限界もあり、利用は事実上住専のみにとどまった。

このように、1980年代においては、資産の流動化の例は複数存在したものの、商品性としては償還の拠り所が裏付資産の信用力ではなくオリジネーターの信用力によるものであった。

(2) 1980年代終わり～2000年頃

わが国で本格的な証券化が政府レベルで意識され始めたのは1980年代終盤である。1990年3月には銀行など金融機関の一般貸付債権の流動化が導入され、1993年には特定債権等にかかる事業の規制に関する法律（以下「特債法」という）が施行されている。これは、リース・クレジット会社等が、その保有する債権の流動化によって資金調達を行うことに関し、小口債権についての対抗要件取得制度を新設することで、その資金調達を円滑化するために制定されたものである。

当初は証券取引法の対象とならない小口債権のかたちで始まったが、この後、1996年には証取法上の有価証券に当たる資産担保証券が解禁された。また、ほぼ同時に改正された特債法によって、リース料債権、クレジット債権を裏付けとする国内での資産担保証券の発行も可能となったことを受け、1996年9月には㈱オリエントコーポレーションをオリジネーターとした国内第1号のABSが発行されるとともに、以後、当時の金融環境を反映して、証券化商品市場は急速に拡大することとなった。

その後、当時の金融ビッグバンの一環として、1997年の金融制度調査会による「証券化のための環境整備を図る必要がある」との答申を受けて、「特定目的会社による特定資産の流動化に関する法律（以下「SPC法」という）」「債権譲渡の対抗要件に関する民法の特例等に関する法律」「債権管理回収業

に関する特別措置法」が制定され、証券化を支える法的基盤が整えられていった。

　また、これとあわせて、わが国の金融システムのあるべき方向性として、銀行中心の間接金融に加え、資本市場ないし証券市場がより大きな役割を果たす「市場型間接金融」の重要性が関係者間で共有されたこともあり、1999年に、金融審議会第一部会で市場型間接金融の中核をなすものとして、多数の者から資金を集めて運用する「資産運用型」と、特定の資産から生ずるキャッシュフローを組み替えて多数の者に販売する「資産流動化型」の類型が示されるに至った。

　これを受け、資産運用型に対応するものとして、証券投資信託及び証券投資法人に関する法律を改正し、投資信託に含まれる運用資産を有価証券のみから不動産その他の資産に拡大すること等を規定した投資信託及び投資法人に関する法律（以下「投信法」という）が成立するとともに、資産流動化型については、対象資産の拡大や特定目的会社の設立の簡便化および使い勝手の向上等のために、SPC法を改正するかたちで資産の流動化に関する法律が成立した。

　これら法制面の整備は、金融機関、ノンバンクの資金調達ニーズによるところが大きかった一方で、この間、金融機関の資産圧縮ニーズが後退し、ノンバンクへの銀行の貸出姿勢の緩和や社債発行規制の自由化により資金調達が容易になったことで、証券化商品の発行量は法制面の整備の進捗とは必ずしも一致しなかった。

(3)　2000年以降

　そのなかで、わが国の証券化市場の発展に大きな影響を与えたのが、2001年3月の住宅金融公庫によるRMBS（Residential Mortgage Backed Securities、住宅ローン担保債券。単にMBSと呼ばれることもある）の発行開始である。これは、財政投融資改革の機運を契機とするもので、財政投融資の対象となる財投機関が、市場から直接調達を目指す方向とされたことを先取りし、最大の財投機関である住宅金融公庫が自らの貸出債権を証券化したものである。その後、同年12月には同公庫の廃止と、証券化支援事業を行う独立

行政法人への移行が閣議決定され、2003年12月に民間金融機関から住宅ローン債権を買い取り、これを裏付けに同公庫がMBSを発行する証券化支援事業を開始した。具体的なスキームは後述するが、この証券化支援事業の立上げは、政府系機関である同公庫が住宅ローンを証券化することで、証券化によってリスクの分解や転換を図ることが可能であることを広く周知する結果となった。その後、同事業は住宅金融公庫の独立行政法人化を経て、現在は独立行政法人住宅金融支援機構が引き続き行っている。

また、先述の投信法の制定をふまえ2001年に東京証券取引所において上場不動産投資信託（J-REIT）の市場が開設されたことや、不動産投資を目的としたいわゆる私募ファンドが証券化の仕組みを活用したことで、当時の不動産マーケットの活況にも証券化が寄与していたことは記憶に新しい。

近年の証券化関連の法制度整備に関しては、2006年に成立した新しい信託法があげられる。この新信託法において証券化に関連して特筆すべき点は、自己信託と受益証券発行信託であろう。

自己信託とは、委託者が自らを受託者として設定する信託のことで、これを活用することで第三者への譲渡がむずかしい財産についても証券化の可能性が開けることとなった。受益証券発行信託は、信託の多様な利用を促進するために、一定の要件のもとで受益権を有価証券化することで、受益権の流通性を高めるものである。また、受益証券発行信託における受益権は、社債、株式等の振替に関する法律の対象になるとともに、同法の対象となった受益権については金融商品取引法上の有価証券として各種開示制度の対象とされている。

この後、2007年以降、米国の証券化市場を起点とするサブプライム問題が発生したことで、証券化自体への信認が揺らぎ、わが国をはじめとする各国の証券化市場へも大きな影響を与えた。米国の問題は、裏付資産となる貸付債権が一種の詐欺的な融資であったことなど裏付資産の情報開示の問題や、倒産確率等の算出にあたって利用するデータやロジック等の格付会社の格付手法の問題など、証券化に存在するさまざまな問題を提示する結果となり、国際的な政府間のさまざまな取組みとあわせ、わが国でも証券化商品の販売に係る自主規制の導入等の取組みが行われている。

❷ 証券化関連の法制度

(1) 概　観

　通常の債券と比べ、証券化商品に関連する法律は非常に多岐にわたる。これは、通常のファイナンスが民法等の一般的な取引を規律する法律のほか、資金調達主体に係るさまざまな法令の規律に服するのに加え、証券化のための各種措置に適用される法律や、証券化を可能ならしめる特別法および証券化の対象となる裏付資産に係る法律に服するためである。

　証券化に関連する法律を分類する観点としては以下のとおりとなる。
① オリジネーターに関する法律……会社法、銀行法、貸金業法等
② 対象資産に関する法律……割賦販売法、不動産登記法等
③ 資産の譲渡に関する法律……動産及び債権の譲渡の対抗要件に関する民法の特例等に関する法律等
④ SPVに関する法律……信託法、資産の流動化に関する法律、一般社団・財団法人法等
⑤ 決済に関する法律……社債、株式等の振替に関する法律、資金決済に関する法律等
⑥ 資金回収に関する法律……債権管理回収業に関する特別措置法、弁護士法等
⑦ 倒産に係る法律……破産法、会社更生法等の倒産関連法

(2) 個別の法律

A　資産の流動化に関する法律

　1998年に「特定目的会社による特定資産の流動化に関する法律」として成立したもので、SPC法とも呼ばれる。

　同法の成立によって不動産、指名金銭債権およびこれらを信託した信託受益権を同法上の特定資産として、証券取引法上の有価証券である特定社債や

優先出資証券等を発行することができる特定目的会社の制度が創設されるとともに、SPVの設立要件が商法に基づく株式会社であるSPCと比較して大幅に軽減されることとなった。

その後、1999年の改正で法律名を「資産の流動化に関する法律」に変更したうえ、①原則としてすべての財産権を対象とする対象資産の拡大、②特定目的会社の設立の簡便化および使い勝手の向上、③特定目的信託制度の創設、といった措置が講じられた。

B 動産及び債権の譲渡の対抗要件に関する民法の特例等に関する法律

前節で触れた「債権の譲渡の対抗要件に関する民法の特例等に関する法律」が2004年に改正されて「動産及び債権の譲渡の対抗要件に関する民法の特例等に関する法律」となったものである。

証券化においては、オリジネーターからSPVへの権利移転を確実にするには、真正譲渡性を確保するため第三者に対しても資産の譲渡を主張できるようにする必要がある（このことは「第三者対抗要件の具備」といわれる）。民法においては、これを備えるためには、債務者への通知または債務者による承諾が必要とされている。債権を譲渡する場合、譲渡の当事者からすれば、債務者の関与がなければ債務者以外の第三者への対抗要件を具備できないというのは利便を欠くため、これを登記により認める債権譲渡登記制度を導入したのが本法である。これにより、証券化への障害がある程度緩和されることとなった。

C 債権管理回収業に関する特別措置法

「債権管理回収業に関する特別措置法」とは、サービサー法とよばれるものである。

法律上、ある者に対する債権を有する債権者は、その回収を自ら行うことが原則であるが、証券化の仕組みにおいては、債権者たるSPVは通常証券化のための器であり実務能力を有していないため、自ら債権の回収を行うことができず、これを第三者に委託することが必要となる。弁護士法において

は、回収不能となった債権について債権者本人にかわって債権を回収する行為は法律事件として専門家である弁護士が行うべきものとされているが、これを弁護士以外の債権回収会社（サービサー）が法務大臣の認可を受け、業として行うことを許容するものとして1999年に施行されたのが本法である。

施行当初は貸付債権等の特定の金銭債権を対象としていたが、その後、改正により取扱債権種類の拡大が図られている。

D　その他（決済制度等）

証券化商品の有価証券としての形態はさまざまである。いわゆる債券の形式をとるものでも、特定目的会社が発行する特定社債や、株式会社の発行する社債、海外の法人格を有するSPCがわが国で発行する外債のかたちをとるもの等さまざまである。また、債券以外の形態でも、ABCPや信託受益権等が存在する。

1990年代に、債券の形式をとる証券化商品の登場に伴って生じた問題があった。証券化商品は、原資産を一定単位に分割して投資家に取得させ、原資産からの期中のキャッシュフローを当該単位ごとに分配するという特性をもつ。当時の社債等登録法に基づく証券決済制度においては、債券の存在を前提とし、債券1枚ごとの償還が前提とされていたため、債券額面に対して一定割合の元本償還が順次行われていく証券化商品への対応がなされていなかった。これに対応するために、登録機関の間で債券の一部償還に対応する実務の申合せがなされる等、関係者の対応が進められた。

なかでも、住宅ローン債権の証券化商品であるRMBSについては、商品性に月次での元利金償還を含むものであったため、社債等登録制度下での登録停止期間（登録社債権者への元利払準備のために元利金支払日前3週間は移転登録等の登録請求ができない期間とされていた）によって、実際に売買できる期間が月に1週間程度しかなく、このことが流通性に障害となっている、との声も聞かれるようになった。これに対応するために、関係者の努力により社債等登録法施行令を改正し、月次で償還される債券についての登録停止期間を1週間とする手当が行われた。

その後の証券決済制度改革を経て、現在の一般債振替制度においては、管

理単位が券面ごとから残高ベースへと変更となり、額面の一定割合を償還する際にそれをファクター（額面に対する掛け目）で表現する方式がとられ、証券決済インフラにおける障害要因は一段と取り除かれることになった。

第3節 証券化商品をめぐる業務

1 証券化と金融機関の業務とのかかわり

　自らの貸出資産や不動産を証券化（あるいは流動化）するオリジネーターとして、また資金運用としての有価証券投資の投資家として、証券化はさまざまなかたちで金融機関の業務と関連する。近年の金融機関のリスク管理手法の発達や、金融に係る機能の分解（アンバンドリングと呼ばれることが多い）の進展により、証券化の活用は金融機関にとって重要なものとなっている。

　オリジネーターとしての金融機関は、リスク管理の側面と、収益管理の側面で証券化を活用することが可能である。

（1）　リスク管理の観点

　金融機関が保有する貸出資産のおもなリスクとしては、債務者が債務不履行に至る信用リスク、調達と運用の金利ミスマッチが生じて損失を被るALMリスク（たとえば住宅ローンにおいて予定よりも早く返済され再運用を迫られる期限前償還リスク）などが存在する。1990年代以降、自己資本比率規制等により、金融機関は各種のリスクの計測を求められることになり、管理すべきリスクの所在やリスク量が金融機関によって認識されるようになったことは金融機関の証券化への取組みの重要性を高めたものといえよう。証券化によってこれらのリスクを投資家に切り離すことで、リスクの量をコントロールすることが可能となり、また、証券化の手法によっては、資産のリスクの

すべてを移転するのではなく、ALMリスクのみを金融機関から切り離すことも可能となっている等、証券化は金融機関のリスク管理上重要なツールを提供している。

(2) 収益の観点

住宅ローン債権の証券化を例に説明する。銀行の保有する住宅ローンの利回りと、投資家がそれを証券化した際に求める利回りの水準に差がある場合に、証券化の実行によりこれを売却益として計上することが可能である。継続保有によるメリット・デメリットを比較したうえで、証券化により第三者に売却して売却益として確定することも選択肢となる。

2 金融機関における証券化関連業務とそれに対する規制

(1) アレンジャー

証券化においてアレンジャーが重要な役割を果たすことについては先に述べた。

アレンジャーの資格は法的に限定されるものではないが、証券化商品を組成・販売するにあたり各種業法の規制等に抵触しないことが前提となる。金融商品取引法（以下「金商法」という）の適用される有価証券を発行する証券化商品においては、その引受け・販売等の業務を含むため金融商品取引業者である証券会社がアレンジャーを務めることが多いが、不動産や金銭債権についてローンの形態を用いる場合は、銀行がアレンジャーとして組成を行うことも多い。

規制が適用される観点は、おもに、①金商法上の有価証券の開示規制の遵守、②上の金融商品取引業としての金商法の抵触の有無（広告等の行為規制を含む）、③金融商品販売法に基づく説明義務の遵守、④各種監督指針、業界団体の自主規制の遵守、といったものである。

有価証券の形態は別として、アレンジャーに共通して求められる能力は、

証券化の対象となる資産を用いたファイナンスを、法律面・会計面・実務面を満たすスキームを立案し、オリジネーターや投資家といった関係者間の調整を行うスキルである。

具体的な内容として、以下のものがあげられる。
① （金融サービス業者として）証券化のニーズ発掘、セールス
② スキームの検討・立案
③ リスク分析（格付取得にあたっての格付会社への説明も含む）
④ 関係者の意見をふまえた契約書の作成
⑤ SPVの設立、対抗要件の取得等のサポート
⑥ 弁護士、公認会計士、税理士等の専門家との調整
⑦ 投資家への商品説明等（自ら信用供与する場合には内部説明）

(2) サービサー

証券化商品が裏付資産のキャッシュフローを転換して投資家に分配する性質をもつことから、そのキャッシュフローの管理はきわめて重要な役割をもつ。たとえば、銀行の保有する貸出債権を証券化した場合には、引き続き債務者からの元利払を受け取ることが求められることがある。この際、銀行はサービサーとして回収した資金をSPVに対して交付する必要があるが、多数ある自らの債権の回収金と分別して管理し、規定の時期にSPVに交付するのは容易ではない。このため、銀行は該当する債権にシステム上フラグを立てる等、システム上の手当を行い、個別の債権の回収を管理している場合が多い。

(3) 債券の受託

証券化商品が社債である場合には、銀行はその社債管理者となることがある。このような社債の管理の受託にあたっては、
① スキームに応じた契約書の作成および社債管理実務への反映が必要なこと
② 地方債や通常の社債と異なり、証券化商品の償還は満期一括ではなく、一定の期間ごとに分割して償還されることが多いため、頻繁な事務が発生

すること
③　1件の証券化において発行する社債を複数の階層に分けてキャッシュフローの返済順位を特に定めているものの管理
④　裏付資産の性質等によって定期的な確認が必要となること

等、証券化商品に独特な事項をふまえて行う必要があり、証券化商品特有の性質をふまえた実務知識が特に必要なものである。

第 4 節

さまざまな証券化商品

1 概　観

　これまで、証券化の基本的な仕組みとその沿革、それを取り巻く金融機関の業務について触れてきたが、具体的な証券化商品の形態について述べる。

　証券化商品を分類する切り口の代表的なものとしては、①裏付資産の種類、②有価証券としての法的形態、③投資家層に応じた募集の形態、がある。代表的なものを下記に分類した（わが国の代表的な証券化商品である住宅金融支援機構RMBSは財投機関債であり、下記の分類にはなじまないため、後で触れる）。

	商品名	対象資産（おもなもの）	商品の形態（根拠法）
広義の証券化	狭義の証券化 ABS	金銭債権、不動産等	社債（会社法）、特定社債（SPC法）、外債
	ABCP（Asset Backed Commercial Paper）	売掛債権等	短期社債（会社法、社債、株式等の振替に関する法律）
	信託受益権	金銭債権等	信託受益権（信託法）
	集団投資スキーム持分	不動産等	匿名組合出資（商法）等
	ABL（Asset Backed Loan）	金銭債権等	融資（金銭消費貸借契約）
	デリバティブ	貸付債権等	

(1) ABS（Asset Backed Securities）

次に述べるABCPともに、裏付資産に特段の限定はないが、不動産や金銭債権の証券化に用いられることが多い。わが国証券化市場の創成期には、倒産隔離の容易さから海外でSPCを設立し、このSPCがわが国で外債（サムライ債）を発行するかたちで証券化を行うことが多かったが、倒産隔離に用いられる中間法人制度が整備されたことや、最低資本金制度が撤廃されたことで、商法（当時）に基づく株式会社での発行もみられるようになった。その後、SPC法の改正が行われたことで、同法に基づく特定目的会社の発行する特定社債の形態によるものが主流となっている。

募集の形態についていえば、近年は私募によるものが大宗で、公募のものは散見される程度である。また、社債形式、特定社債形式、外債形式ともに、その発行、譲渡、償還等の証券決済は㈱証券保管振替機構（以下「機構」という）を振替機関とする一般債振替制度において取り扱われている。

これまでの事例では、不動産、金銭債権の証券化に多く用いられているものである。ABSには、RMBS（Residential Mortgage Backed Securities、住宅ローン担保証券）、CMBS（Commercial Mortgage Backed Securities、商業用不動産担保証券）等が含まれる。

(2) ABCP（Asset Backed Commercial Paper）

SPCが裏付資産を担保に発行するCPをABCPという。2001年の短期社債等の振替に関する法律の成立前は、約束手形の形式での発行がされていた。現在は、社債、株式等の振替に関する法律に基づく短期社債、または短期外債（発行体が海外SPCの場合）として発行されている。CPという形式からもわかるように、裏付資産は短期で資金回収がなされる債権が多く、売掛債権やクレジット債権やリース料債権が対象とされている。ABCPの証券決済は、機構を振替機関とする短期社債振替制度において取り扱われている。

(3) 信託受益権

裏付資産を信託して交付される信託受益権を投資家に販売する形式の証券

化をいう。信託受益権の譲渡において、受託者への対抗要件を具備するためには譲渡人から受託者への通知または受託者からの承諾を必要とし、第三者対抗要件の具備はこの通知・承諾を確定日付ある証書で行う必要がある。このように譲渡の手続が煩雑であるため、信託受益権による証券化商品は、満期保有を前提として投資家に取得されることが多い。スキームの柔軟性の観点や、SPCを設立しないため組成しやすい等のメリットがある。

(4) 集団投資スキーム持分

　金融商品取引法の適用という観点では、匿名組合出資等、事業から生じる収益の配当または事業に係る財産の分配を受けることができる権利、いわゆる集団投資スキーム持分も原則としてみなし有価証券とされている。

　集団投資スキームは不動産の証券化に多くみられる。この場合、SPCは合同会社の形態をとることが多い。税務上の観点から、SPCで得た利益とSPCから投資家への利益配当が二重に課されることを回避するために、合同会社をSPCとし、合同会社を営業者として投資家が出資者となる匿名組合契約を締結し、合同会社の損益を分配するスキームが用いられている（合同会社をGK、匿名組合をTKと略し、GK–TKスキームと呼ばれている）。

(5) そ の 他

　表には、ABL（Asset Backed Loan）、デリバティブをあげている。ABLは金融商品取引法上の有価証券ではないが、当該ABLも広義の証券化の一形態といえよう。また、今後、電子債権法を利用した債権の流通インフラの普及等の進展によっては、流通性が高まる可能性もある。デリバティブは、資産の譲渡を行わずにクレジットデリバティブ取引などの手法を用いて信用リスクのみを移転する証券化（シンセティックCDOと呼ばれる）に用いられることがある。

❷ 証券化商品の具体的事例

(1) 特定目的会社の発行する特定社債〜財政融資マスタートラスト案件〜

近年公募で発行される例はあまりない特定目的会社の特定社債であるが、ここでは財務省の財政融資の証券化の事例をあげている（図表5－3）。先に述べたように、特定目的会社が証券化の対象とできる資産に法令上特段の限定はない。もっとも、特定目的会社は証券化のための器であることから、個別の対象資産の管理は行わず、信託受益権のかたちで保有することが多い。なお、案件名にある「マスタートラスト」とは、1つの対象債権プールを裏付けとして連続して受益権が発行される仕組みを指す。

図表5－3 財政融資マスタートラスト案件の仕組み

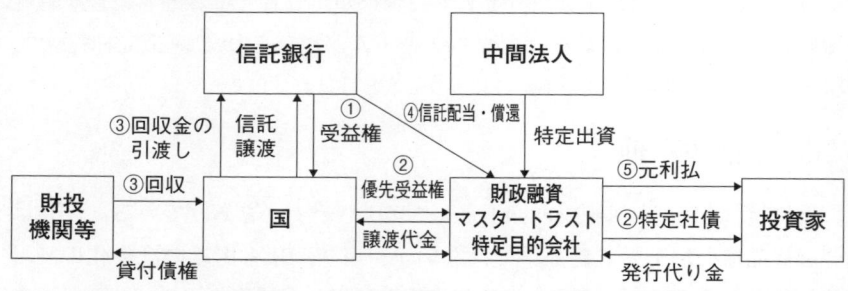

① オリジネーターたる国は、財政融資資金貸付金債権（貸付債権）を、当初信託対象債権として、信託銀行に信託譲渡し、受益権の交付を受ける。
② 特定目的会社は特定社債を発行し、その発行代り金により①で国が交付された優先受益権を購入する。
③ 国はサービサーとして期中に信託財産たる貸付債権の回収を行い、この回収金を信託銀行に引き渡す。
④ 信託銀行は信託財産たる貸付債権からの回収金を原資として受益権の配当・償還を行う。
⑤ 特定目的会社は④で信託銀行から交付される受益金の配当・償還金を原資として特定社債の元利払を行う。

出所：有価証券報告書から、みずほコーポレート銀行作成

(2) 信託受益権～小口債権の証券化の例～

わが国の証券化で多く用いられている証券化の形態として信託受益権があることはすでに述べた。

裏付資産としては、リース料債権やオートローン債権といった金銭債権を対象資産としたものが多くなっている。

これらの資産の信託譲渡を受けた信託受託者が、譲渡と引き換えに優先受益権および劣後受益権をオリジネーターに交付し、オリジネーターが優先受益権を投資家に売却することでオリジネーターが資金調達を行う（図表5－4）。

図表5－4　信託受益権スキーム

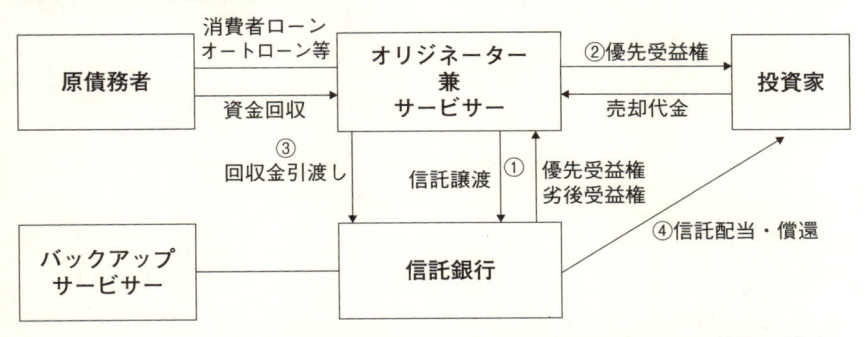

① オリジネーターは、保有する資産のうち、証券化の対象となる債権を抽出して、信託銀行（受託者）に信託譲渡し、信託銀行から信託受益権（優先受益権および劣後受益権）の交付を受ける。
② オリジネーターは、信託銀行から交付を受けた信託受益権のうち、優先受益権を投資家に売却し（劣後受益権はオリジネーターが保有）、その売却代金により資金調達を行う。
③ オリジネーターはサービサーとして、信託された裏付債権から資金を回収し、信託銀行に引き渡す（債権の保有者としての信託銀行から対象債権の回収業務の委託を受ける）。
④ 信託銀行はこの回収金から信託受益権の配当・償還を行う。

出所：みずほコーポレート銀行作成

(3) 住宅金融支援機構RMBS

　住宅金融支援機構の前身である住宅金融公庫がRMBSを発行したことがわが国の証券化市場の拡大に大きな役割を果たしたことはすでに触れた。

　発行体である住宅金融支援機構は、独立行政法人通則法、独立行政法人住宅金融支援機構法に基づき設置された独立行政法人である。同機構の行う業務は法令により規定されているが、このうち、民間金融機関が貸し出した一定の要件を満たす長期固定金利の住宅ローン債権を買い取り、これを担保として債券を発行することが証券化支援業務として法令上規定されている。

　以下、仕組みを単純化したうえで説明する（図表5－5）。

図表5－5　住宅金融支援機構RMBSの仕組み

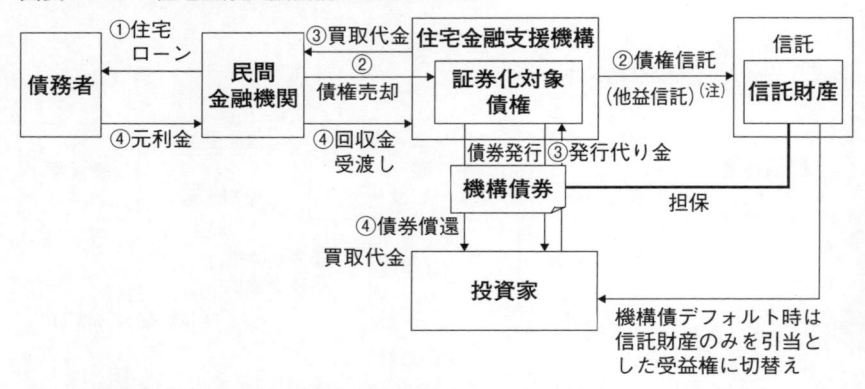

① 民間金融機関は、住宅金融支援機構が定める一定の商品性を備えた長期固定金利の住宅ローン（フラット35）を債務者に対して貸し付ける。
② 同機構は民間金融機関から住宅ローン債権を買い取り、信託銀行に対し信託する（当該信託は、同機構法上、債券の担保に供するための他益信託と位置づけられている）。
③ ②で信託された住宅ローン債権を担保に同機構が債券（財投機関債）を発行し、民間金融機関に買取代金を支払う。
④ 債券の償還は、信託された住宅ローン債権の返済に応じて毎月行われる。
⑤ 同機構の解散等、一定の事由が発生した場合には機構債は消滅し、受益者確定手続を経て信託財産のみを引当とした受益権への切替が行われる。

（注）他益信託……委託者以外のものを受益者とする信託
出所：住宅金融支援機構資料から、みずほコーポレート銀行作成

同機構のRMBSが通常の証券化と異なる点は、①発行体が独立行政法人であること（これにより、法律によらなければ同機構の解散はなく、また、会社更生法の適用がない）、②信託受益権となる一定の事由が生じない限り債券（財投機関債）形式で発行されること、③裏付資産である債権プールにデフォルトした債権が発生した場合には、当該債権の元本と同額の償還が行われる等の独自の手当がなされていること、といった点である。
　この仕組みを通じ、同機構は民間金融機関から買い取った住宅ローン債権を資金化して買取代金を支払うとともに、投資家に対して運用の手段を提供している。なお、ここでの住宅ローンのリスクがどのように分解されているかについては、住宅ローンのデフォルトといった信用リスクは同機構が負担し、住宅ローンの債務者が当初の契約よりも早く返済した場合の期限前償還リスクは投資家が負担するかたちとなっている。

第 6 章

外　　　債

第7節

概　　論

① 国際債券市場からの資金調達

(1) 外債とは

　わが国企業にとっての資金調達の場としては、国内のみならず、海外資本市場も重要な位置を占めている。本章ではこうした海外資本市場調達のうち、外債発行に係る実務について詳述する。

　外債とは、広義には、債券の発行体、発行通貨、発行地のいずれかが外国のものである債券を指す。第4章で述べた円建外債（いわゆるサムライ債）も債券の発行体が非居住者であるため外債の一種と位置づけられるが、本章においては、発行地が海外である債券について説明する。

　海外市場で発行される債券としては、各国通貨の主権国の国内市場で発行される債券（たとえば、米国市場におけるドル建債券（ヤンキー債）、ユーロ通貨圏におけるユーロ建債券など）に加えて、当該通貨の主権国以外のオフショア市場であるユーロ市場で発行されるユーロ債が存在する。ユーロ債とは、当該通貨の主権国にとっての非居住者が発行する債券のみならず、居住者が発行する債券も含まれる。具体的には、わが国企業などの発行体が円建で発行する債券で、日本国外の投資家が保有する円資金（ユーロ円資金）が払い込まれるユーロ円債などである。このため、ユーロ債は、国際的な引受団によって募集されることになる。ユーロ債については別途詳述する（図表6－1）。

図表6－1　外国債券とは（発行体と発行地による分類）

			発行地	
			日本国内	海　外
発行体	居住者	円　貨	－	ユーロ円債
		外　貨	外貨建国内債	外貨建外債
	非居住者	円　貨	円建外債 （サムライ債）	ユーロ円債
		外　貨	外貨建国内債 （ショーグン債）	外貨建外債

〈参考〉
・サムライ債
　―非居住者が日本国内で発行する円建外債
　―その他、米国の非居住者が米国内で発行する米ドル建外債：ヤンキー債
　　英国の非居住者が英国内で発行する英ポンド建外債：ブルドック債
　　スイスの非居住者がスイス国内で発行する外債：アルパイン債
　　香港・シンガポールの非居住者が香港・シンガポール国内で発行する外債：ドラゴン債
・ユーロ債
　―発行通貨の国内市場以外の市場（＝ユーロ市場）で発行される債券

(2)　外債発行の目的

外債発行のメリットとしては、次のようなポイントがあげられる。

① 調達手段の多様化……借入れ（国内外）、国内起債にかわる資金調達ソースを確保する点で意義がある。特に外債の場合は、国内資本市場とは異なる投資環境といった各債券市場の特徴・状況に応じた弾力的な起債が可能となる局面がある。

② 低コストファイナンスの実現……国内円建債に比べ、さまざまな国内外の金融環境の違いを活用することで、発行体にとってファイナンスコストを圧縮するチャンスがある。たとえば、国内外金融市場のゆがみからくる金利差、発行体が属する産業セクターに対する見方の違いなど発行体の信用力に対する評価の差異、内外金利差からくるスワップのアービトラージ、日本国債とのスワップ・スプレッドのゆがみなどを活用できる可能性

がある。

③ 海外投資家に対するプレゼンスの向上……発行時に行うマーケティングやIR活動、さらにはセカンダリーマーケットでの売買を通じて、海外投資家の間で発行体としての知名度を向上させる効果がある。こうした局面を通じて、発行体として、グローバル市場における位置づけの把握が可能となる側面がある。

(3) 外債発行状況の推移

戦後初の日系企業による外債発行は、1961年1月の川崎製鉄および住友金属工業の米国市場におけるドル建普通社債にさかのぼる。ただし、日系外債の本格的な起債増加は、一般事業会社が外債での調達資金を国内で使用することが可能となった1974年以降であり、さらに、1980年の外為法改正で、外債発行が許可制から事前届出制へ移行したことで、起債量は飛躍的に増加することとなった。

居住者の外債発行は、1990年代当初は年間5兆円を超える発行水準にあったが、為替レートの影響もあり、円ベースでは、1990年代後半は年間2兆円台を中心に推移した。2000年以降はおおむね年間2兆〜4兆円台の発行規模となっている。通貨別では、外貨建とユーロ円の構成比は、つどの発行環境を反映して必ずしも一定水準にはないが、2009年度においては、外貨建債約2.2兆円、ユーロ円債約2.1兆円、合計約4.3兆円となっている。

一方で、非居住者ユーロ円債は、1990年代中盤に飛躍的に発行額が増加し年間10兆円を超え、2000年頃には年間15兆円を超える発行水準にあった。近年はおおむね年間7兆〜9兆円台の発行水準で推移している（図表6－2）。

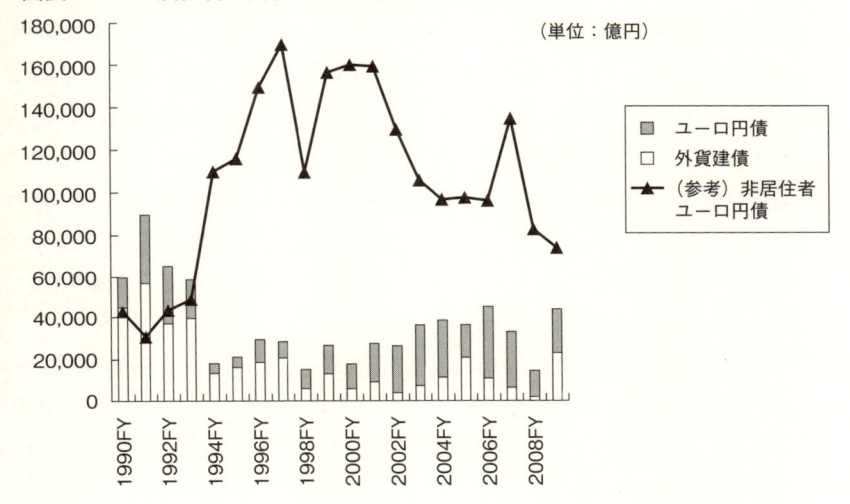

図表6-2　居住者の外債発行・募集（払込ベース）

（単位：億円）

凡例：
- ユーロ円債
- 外貨建債
- （参考）非居住者ユーロ円債

② ユーロ市場の概要

(1) ユーロ債とは

　ある通貨の資金は、その主権国（ドルであれば米国、円であれば日本）のみならず、その国外の投資家が保有するなど国外に滞留しているものが膨大に存在している。こうした通貨の主権国外に存在している当該通貨建資金をユーロ資金といい、このユーロ資金を保有している投資家を中心に発展した市場がユーロ市場である。

　ユーロ市場において発行されるユーロ債は、発行に際しては当該通貨国で個別に適用される規制から開放されており、発行する証券の商品性により異なるが以下にあげる規制の適用を受ける。

① EU指令（EU Directives）……EUが域内証券市場を統一的に運営し、域内金融市場を米国市場に劣らない規模および内容とするために制定された一連の指令（Directive）。1999年に設定され、42の指令が現存するが、

ユーロ債発行にかかわるおもなものとしては以下があげられる。
- 目論見書指令（Prospectus Directive）……証券の募集または上場時の目論見書に関する指令であり、発行時の開示について定めたもの。目論見書（Prospectus）のフォーマットを単一のものとし、域内各国において利用可能とすることを目的としている。
- 透明性指令（Transparency Directive）……発行体の継続開示義務に関する指令である。開示書類における財務情報の取扱いを定め、ユーロ市場における開示内容の統一を図るなど発行体の透明性を増し、資本市場全体の信頼性を高めることを目的とする。
- 市場濫用禁止指令（Market Abuse Directive）……適時開示義務やインサイダー取引規制に関する指令である。非上場債券以外の発行体は、証券の価格に影響を及ぼす可能性のある情報や、インサイダーリストを可能な限りすみやかに開示すること等が要求される。

② 上場取引所規則……上記EU指令に加えて、上場する各取引所の規則に従う必要がある。たとえば、ロンドン市場には規制市場とPSM（Professional Securities Market）市場、ルクセンブルク市場には規制市場とユーロMTF（Multilateral Trading Facility）市場とがある。どちらの市場においても規制市場とはEEA（欧州経済領域）内の規制市場という意味で、EU指令が直接適用される市場であり上場規則が最も厳しい。PSM市場およびユーロMTF市場は、それぞれロンドン証券取引所、ルクセンブルク証券取引所が2005年に創設した新市場で、EU指令が直接適用されない、規制市場の代替として利用されている。

③ Regulation S……米国1933年証券法は、条文上は全世界における証券取引について同法上の登録を義務づけており、免除されるためには一定の要件を満たす必要がある。Regulation Sはそうした登録免除要件の1つである。Regulation Sを満たすためには、証券の募集・販売が米国外で行われているものとみなされる必要がある。この基準に合致した場合には、米国外で発行されると位置づけられ、SECへの登録を行うことなくRegulation Sフォーマットとして発行される。開示はEU指令・取引所規制等に準じる。米国市場で資金調達を行う場合には、これ以外のさまざまな規制が加

わる。その一部については後記(2)「ユーロドル債（米ドル建ユーロ債）とは」を参照されたい。

④　IPMA recommendation……ユーロ債の引受業者となる各国の金融機関によって組織される自主団体が定めている自主規制。1984年に設立されたIPMA（International Primary Market Association。2005年にICMA（International Capital Market Association）と改称）は、ユーロ債市場で活動する主要な引受業者が加盟しており、ユーロ債市場の市場慣行を確立し、自主規制団体としてユーロ債発行に関係するRecommendation（勧告）を会員に向けて作成している。勧告の内容は、スケジュールや契約書フォーマットなど実務面で多岐にわたっており、遵守につき法的な罰則はないものの、遵守しない場合に脱会命令の発出が可能であるなど業界内での評判等に影響を及ぼす効果があり、勧告についての事実上の強制力の裏付けとなっている。

(2)　ユーロドル債（米ドル建ユーロ債）とは

　米ドル建ユーロ債市場は、ユーロ債のなかで最も広範な投資家層を有する重要な市場である。1966年の利子平衡税の実施により、米国内での外債発行が事実上不可能となった発行体が、米国外に滞留していたユーロドル資金を原資に米国外で発行するかたちが発端となっている。

　ユーロドル債市場は、上述の共通規制に服する必要はあるものの、通貨主権国である米国の管理当局による規制が及ばない典型的なユーロ市場である。通常、公募債として、ロンドンまたはルクセンブルク等の証券取引所に上場され、国際的な引受団により欧州、アジアを中心とした広域にわたって募集・販売される。

　ただし、米国の機関投資家に向けて募集を行う場合は、米国市場の規制対応として、追加の開示・事務・コスト負担が必要となり、Regulation Sに基づく発行の場合には準備期間が一般的に8週間程度であるのに対して、最低でも2～3カ月を要することとなる。

　また、対象とする投資家の範囲の違いは実務面で大きな影響をもたらす。米国内のさまざまな投資家も含めた募集を行う場合には、SEC登録が必要と

なり、開示やデューデリジェンスに係る事務負担がきわめて大きくなる。これに対し、米国内においては適格機関投資家（QIB：Qualified Institutional Buyer）のみに募集対象を絞れば、Regulation Sに加えて、ルール144A（注）の適用のみで可能となり、準備期間は一般的に10週間程度に収まる。このため、Regulation Sとルール144Aの適用が、非米国発行体が米国市場にアクセスする場合の一般的なフォーマットとなっている。

(注) 転売対象を適格機関投資家のみに限る等一定の要件を満たした証券について、米国証券法上の登録義務を免除するルール。米国の証券取引所に上場されておらず、自動相場表示システムにより気配が表示されていない証券が適用対象となる。非米国発行市場の成長に伴い、米国私募市場の競争力を高めるために1990年に制定された。

発行体にとって、ユーロドル債起債のメリットは、①市場に厚みがあり、一度に多額の起債が可能であること、②管理当局の規制がなく、新種商品を含む多様な起債が可能、③公募債の場合、上場・公告等によりユーロ市場での知名度向上が可能なこと、があげられる。発行年限については、近年では、5年、10年、30年の基幹年限を中心とした発行となっており、発行ロットは、投資家が相応の発行額を希望するため、5億ドル以上が一般的となっている。

ユーロドル債の発行額は1990年代前半に年間1,000億ドルを超え、2009年

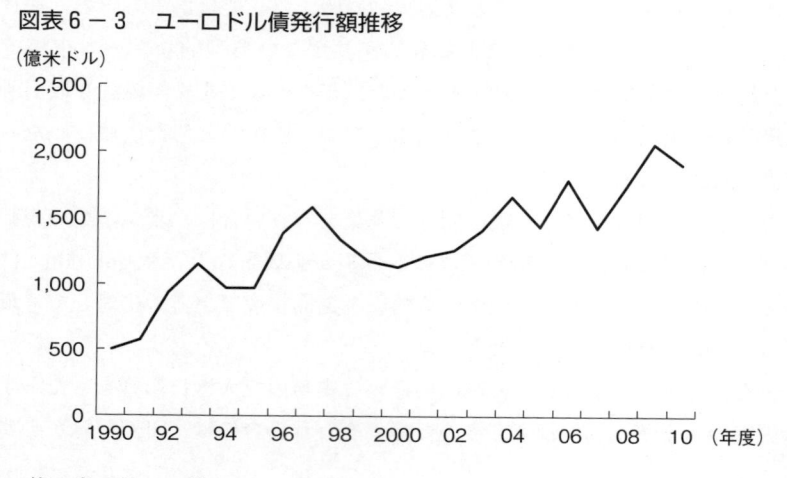

図表6－3　ユーロドル債発行額推移
（億米ドル）

度には2,000億ドルを超えるなど増加基調にある（図表6－3）。

(3) ユーロ円債（円建ユーロ債）とは

　海外の銀行等に預けられている円資金であるユーロ円で債券が発行されたのは、1977年に非居住者である欧州投資銀行が発行したことにさかのぼる。以降、海外における円取引の急激な増大は国内の金融政策に影響が大きいことを懸念して、日系企業の起債は一部例外を除いては容認されていなかった。

　しかし、1983年日米共同声明による円の国際化方針の一環として、1984年から三菱重工業がユーロ円建転換社債（ユーロ円CB）を発行するなど居住者

図表6－4　ユーロ円債発行・募集（払込ベース）

（単位：億円）

	合　計	居住者	非居住者
1990FY	57,832	15,063	42,769
1991FY	63,411	32,800	30,611
1992FY	71,757	28,370	43,387
1993FY	67,916	19,225	48,691
1994FY	114,413	4,653	109,760
1995FY	120,599	4,762	115,837
1996FY	160,050	10,676	149,374
1997FY	177,284	7,762	169,522
1998FY	118,289	8,985	109,304
1999FY	169,550	13,294	156,256
2000FY	171,591	11,669	159,922
2001FY	177,111	17,873	159,238
2002FY	151,327	22,103	129,224
2003FY	134,226	28,793	105,433
2004FY	123,562	27,194	96,368
2005FY	113,120	15,797	97,323
2006FY	130,219	34,342	95,877
2007FY	160,771	26,444	134,327
2008FY	94,730	12,286	82,444
2009FY	94,933	21,298	73,635

出所：財務省

による発行が解禁され、さらに、1985年以降の利子源泉課税の段階的な免除や、1994～1998年にかけての国内還流制限の順次撤廃もあり、居住者・非居住者をあわせたユーロ円債の発行額は1994年には10兆円を超え、2001年には17.7兆円に達するなど、発行量としては、ユーロドル市場に次ぐ規模となっている。なお、近年はサブプライムローン問題をきっかけとする金融危機の影響もあり、9兆円台で推移している（図表6－4）。

❸ 外債の主要スキーム

外債を発行するにあたっては、個別案件ごとに契約手続および開示手続を行って発行する個別発行（普通社債やユーロ円CBなどで用いられる基本形）に加えて、MTN (Medium Term Note) プログラムとして発行する形態がある。

(1) ユーロMTNプログラム

ユーロMTNプログラムとは、ユーロ市場において、あらかじめ発行体が債券発行に必要な諸手続を発行枠の設定と同時に行い、その発行枠内において比較的少額かつ継続的に発行できるプログラムであり、このプログラムに基づいて発行される債券をユーロMTNと呼ぶことが多い。

ユーロ債に限らず、MTNプログラムで発行される債券は、概念的に他の債券と異なるものではなく、個別債券にかかわる発行手続の簡略化を可能とする発行手段との位置づけである。なお、Medium Termという言葉から中期債を連想するが、以前は期間9カ月～5年程度の中期債が発行されるケースが多かったものの、プログラムがもつ自由度の高さから多様化が進み、20年債や30年債などの超長期債もこの枠組みのなかで発行されるようになっており、中期債に限定されたものではない。また、派生商品を組み合わせたものなど多様な商品が発行可能なことが特徴といえる。

そもそもMTNプログラムは、1972年に米国において自動車金融子会社のファイナンス手段として開発された。米国においてはCPの満期がディスクロージャー免除の要件を満たすため最長9カ月とされており、また期間5年未満の普通社債はコスト的に当時は割高であったことから、短期の資金調達

手段のメインであるCPプログラムに倣って、信用力の高い大企業が中期事業資金を少額かつ継続的に調達できないかというニーズに応えて誕生したものである。1980年代中盤以降その残高を大きく伸ばし、2010年末には発行残高の過半を占めるに至っている。

　ユーロ市場におけるMTNプログラム（ユーロMTNプログラム）は1986年に初めて登場したが、1990年代に入りMTNプログラムを利用する発行体が米系企業から米系以外の企業、国際機関、ソブリンへと広がり、さらに1992年夏以降各国中央銀行による債券発行に関する規制緩和が順次行われたことから急拡大した。

　ユーロMTNプログラムに基づく資金調達のメリットとしては、①通貨ごとの金利、為替、スワップ環境および投資家動向等をとらえた機動的な起債が可能となること、②通常であれば債券発行ごとに作成が必要となる目論見書・契約書等に係る事務手続が不要となるなど、継続的に起債を行う発行体にとって1回の起債あたりの発行コストの低減化が可能であること、③発行タイミング・年限・発行額・発行スキーム等、投資家ニーズへのきめ細かな対応が可能となるため、結果的に調達コストを圧縮することが可能であること、④多様なストラクチャーを盛り込んだ仕組債の発行が容易であり、資金調達の多様化が可能となること、があげられる。一方で、デメリットとしては、プログラム設定時および更新時に目論見書・契約書作成をはじめ相応の事務負担・コストが発生するため、継続的な発行を行わない場合には割高になる可能性があるといえる。こうしたことから、相応の規模および回数の債券の継続的な発行を視野に入れている場合には、MTNプログラムは相場動向を注視しながら機動的に起債できる面で有利な形態といえ、広く利用されている。

(2) ユーロ円CB

　CB（転換社債型新株予約権付社債）とは、国内債と同様に、定められた期限の間に、一定の価格（行使価額）で株式を取得できる権利（新株予約権）が付与された債券であり、普通社債と株式のコール・オプションを組み合わせたハイブリッド証券の一種である。

ストラクチャーをいかに設計するかによって、そのCBがエクイティファイナンスとしての性格が強いかデットファイナンスとしての性格が強いか大きく違いをもたせることも可能であり、発行体にとっては資金調達手段としてどのように設計するか柔軟性があるといえる。

　エクイティファイナンスとしての性格が強いCBにおいては、株主資本増強を前提とし、株式転換の促進を志向するファイナンス設計が採用され、具体的には、①行使価額を現在の株価水準から十分到達可能な水準に設定する、②行使価額の下方修正条項を設ける、③ソフト・エクイティ・コールを設定する、④強制転換条項を設ける、などがあげられる（図表6－5）。

　一方、デット（債券）ファイナンスとしての性格の強いCBにおいては、オプション部分の価値を最大限に活用し、転換行使の可能性を極力排除する設計を採用している。これは、債券としての償還を前提とすることで、表面

図表6－5　エクイティファイナンスとしての性格を強めるための各種条件

	低位な行使価額設定	行使価額の下方修正	ソフト・エクイティ・コール	強制転換条項
概要	現在の株価水準から十分到達可能な水準に行使価額を設定する	あらかじめ定めた基準日（例：発行後2年経過時点）において、株価が基準価格（通常、行使価額）を下回っている場合、上記行使価額を時価または時価より一定程度低い水準に修正する条項	あらかじめ定めた期限到達後に株価が行使価額を一定水準（例：行使価額の120％）上回る状況が続いた場合、発行会社がCBを額面で償還できる権利	発行後一定期間経過後に株価が行使価額を下回る場合、発行会社は事前通知により発行価額相当を、普通株式と現金の組み合わせた対価にて新株予約権付社債を取得可能
意義	株価が行使価額を上回る可能性を高めることが可能	行使の可能性が高まるとともに、バリュエーション上オプションの価値が高まるため、発行時に年限、クーポンおよび募集価格等他の条件を有利にすることが可能	当該コールの行使によって、額面以上の価値を有する新株予約権付社債が額面にて償還されるため、投資家に対し株式への転換行使を促すことが可能	株価が行使価額を下回る場合でも、自らの選択により、資本増強と現金償還額の圧縮が可能

的な発行コストの最小化を志向するファイナンスの考え方といえる。具体的には、①できる限り高い行使価額を設定する、②行使価額の上方修正条項を設ける、③あらかじめ定められた期間内においては株価が行使価額を一定水準継続的に上回らない限り株式取得の行使ができない転換（行使）制限条項（CoCo条項：Contingent Conversion）を設ける、④あらかじめ定められた期間内に行使を行うことを不可とする転換（行使）制限条項（非CoCo条項）を設ける、⑤取得条項（現金決済条項）を設ける、などがあげられる（図表6－6）。

ユーロ円CBと国内CBは、その基本的な性格は同一であるが、条件決定タイミングなど実務面に加えて、ターゲットとする投資家等にも違いがある。条件決定に際しては、国内CBでは取締役会による発行決議からプライシン

図表6－6　デットファイナンスとしての性格を強めるための各種条件

	高い行使価額設定	行使価額の上方修正条項	行使制限条項（CoCo）	行使制限条項（非CoCo）	取得条項（現金決済条項）
概要	株価ボラティリティやクレジット水準等を考慮のうえ、できる限り高い水準の行使価額を設定	あらかじめ定めた基準／条件に基づき、行使価額が上方に修正される条項	行使価額とは別途、より高い価格を設定し、当該価格を超えない限り行使を不可とする条項	あらかじめ定めた期間（行使禁止期間）は行使を不可とする条項	株価が転換価額を上回る場合でも、事前通知により発行価額相当の現金と、イン・ザ・マネーに相当する普通株式とを組み合わせた対価にて新株予約権付社債を取得可能
意義	株価が行使価額を上回る可能性を低下させる効果	株価が行使価額を上回る可能性がより限定的市場に対して債券としての性格を明確化	行使可能性をいっそう低下させる効果。ただし、転換価額自体は高くならないため、転換された場合の希薄化は変わらず	通常、発行直後より一定期間設定され、当初の希薄化発生を抑制する効果	株価が行使価額を上回る場合でも、株式希薄化を大幅に低減可能

グまで最低１週間以上を必要とするのに対し、ユーロ円CBでは発行決議と同日でのプライシングが可能であり、全体のスケジュールを圧縮する効果が高い。また、国内CBが国内の一般投資家、なかでも個人投資家への配分が中心であるのに対し、ユーロ円CBは海外機関投資家向けが中心となることから、ハイプレミアムや各種オプション条項を設定するなど、多様な形態のストラクチャーが容認されやすいといえる。流通面では、国内CBが、国内証券取引所に上場し、取引所取引が中心であるのに対し、ユーロ円CBは、上場取引所としてはシンガポール証券取引所の場合が多いものの、そもそも証券業者を通じた相対取引が中心であるといった違いがある（図表６－７）。

また、次節で詳述するように、ユーロ円CBは、海外に、受託会社、支

図表６－７　新株予約権付社債の発行市場―ユーロ市場と国内市場の比較―

	ユーロ市場発行の新株予約権付社債	国内市場発行の新株予約権付社債
発行市場におけるおもな投資家	・海外機関投資家	・国内一般投資家（おもに個人投資家） ・内外機関投資家
条件決定日	・発行決議日と同日の条件決定が一般的	・発行決議から条件決定まで１週間以上
商品性	・価格評価能力の高い機関投資家への販売となるため、複雑な商品性も容認されやすい（各種オプション条項付き等）	・個人投資家への販売が中心のためシンプルな形態が一般的
流通市場	・相対取引が中心（シンガポール証券取引所への上場が多い）	・国内証券取引所に上場し、取引所取引が中心
ディスクロージャー	・ユーロ市場の慣行（当該CBの上場取引所の指針に基づくもの）に沿った英文目論見書の作成	・金融商品取引法上の目論見書の作成
その他	・QA形式によるデューデリジェンスを実施 ・格付不要	・引受審査資料に基づいた審査を実施 ・原則格付要

払・行使請求受付代理人、上場代理人、国内に副転換代理人といった、国内CBでは設置の必要がない関係者が必要なスキームとなっており、相対的に手続負担が大きい。

ユーロ円CBはリーマンショック後に発行額が急減したが、その後回復しつつある。

(3) 非居住者ユーロ円債

前述のとおり、ユーロ円債の第1号の発行は、1977年5月の欧州投資銀行債であり、非居住者ユーロ円債であった。これは、円の国際化に伴い、海外からの円の調達・運用の両面に対する需要が高まってきたことに応えるものであり、当時は発行者は非居住者に限定、投資家も原則非居住者を前提としていた。

発行が解禁されてしばらくの間は、ユーロ円債は海外における円の使用を促進し、為替相場・金融政策等に少なからざる影響を及ぼす可能性があること、また円資金の調達は国内市場で行われるのが望ましいことなどにかんがみ、当初ユーロ円債は円建外債市場の発展・拡大とバランスをとりながら進めていくべきものとの政策がとられた。しかし、その後円の国際的使用に対するニーズがいっそう拡大し、また円建外債市場も急速な発展を遂げてきたことを背景として、1984年5月の「日米円・ドル委員会報告書」において、ユーロ円市場の発展を図るべく一連の緩和措置が発表された。これを受け、以降適債基準の緩和・撤廃、主幹事の外国業者への開放、国内市場に先立つ新たな商品形態（デュアル・カレンシー債、変動利付債等）の導入、などが次々行われ、現在、商品性等に関していっさい制約は存在していない。なかでも、「大蔵省の指導により発行後90日間は国内への持込みを認めない」とするユーロ円債の還流制限が、非居住者ユーロ円債については1995年に全面的に廃止された影響は大きく、本邦の投資家のユーロ円債購入が促進された結果、年間発行額はそれまでの5兆円未満に対して10兆円台に到達することとなった。近年では、年間発行額は7兆～9兆円台で推移しており、1997年の約17兆円には及ばないものの、安定的かつ高水準の発行規模が継続している。

第 2 節 外債発行の実務

1 外債発行に関する法規制

(1) 会社法上の取扱い

　外債の発行にあたり、その債券が会社法上の社債に該当するか否かが問題となる。

　会社法において社債とは、会社法の規定により会社が行う割当てにより発生する当該会社を債務者とする金銭債権であって、会社法の定めに従い償還されるものとされている（会社法2条23項）。

　債権の成立の準拠法として外国法が指定された場合（会社法の規定による割当てがなされない場合）は、会社法にいう「社債」には当たらない。よって、その債権に会社法の規定はいっさい適用されないものとされる。ただし、新株予約権付社債（たとえば、ユーロ円CB）の場合は、発行地が海外であっても、会社法の新株予約権の規定が適用され新株予約権付社債が割り当てられるため、会社法にいう「社債」としての規律を受けるものとされる。

A　発行の決定

　外国法を準拠法とし、会社法の規定による割当てがなされない外債については、上述のように会社法の規定は適用されない。しかし募集事項の決定手続などは、会社の内部組織に関する事項として、国内債と同じように社債の総額、各社債の金額、利率、償還の方法および期限、利息支払の方法および

期限など会社法676条各号に規定された事項を外債発行のつど定めている。また、新株予約権付社債の発行にあたっては、新株予約権の内容とともに、会社法676条各号に規定された事項を定めるものとされている（会社法238条）。

以下、BおよびCについては新株予約権に係る法規制である。

B　公告・通知

新株予約権の場合は、既存の株主に対して違法または不公正な発行についての差止請求の機会を与えるために、その条件等の内容を公告または株主に通知しなければならない。またこの公告日または通知日より2週間を経過しないと社債の割当てを行うことはできず、払込みも行えない。なお、この公告または通知は、割当日の2週間前までに有価証券届出書や臨時報告書等の提出をしている場合等には不要とされている（会社法240条2項から4項）。

C　登　記

新株予約権については、新株予約権の数、行使の条件など一定の事項に関し、本店所在地においては払込日から2週間内に、登記を行う必要がある（会社法911条3項、915条、商業登記法65条）。

(2)　金融商品取引法上の取扱い

国内で有価証券の募集を行う場合には、内閣総理大臣に対して有価証券届出書等の提出が必要となる（金融商品取引法（以下「金商法」という）4条）が、外債発行の場合には、募集地が国外であるため、こうしたディスクロージャーは不要である。

しかし、外債を既発債として国内市場に持ち込む場合には、ディスクロージャーの問題が生じることになる。「不特定多数の者を相手方として行う場合」には、金商法2条4項の「売出し」に該当するため、発行体に開示義務が課せられる。

しかし、その外債に関して、国内外において十分に投資情報が周知されている流通市場があり、その取引が流通市場との関係でセカンダリー的取引に

該当する場合には、投資者は投資判断に必要な情報を入手することが可能であり、発行者に法定開示を求める必要性は低いと考えられることから、簡易な情報提供として「外国証券情報」を提供することで、法定開示義務が免除されている。

「外国証券情報」は、当該有価証券を売り付ける時までに、その相手方に提供し、または公表しなければならない（金商法27条の32の2第1項）。また、外国証券売出しを行った金融取引業者等に対して継続的な情報の提供・公表義務を課すものとして、投資家から請求があった場合や投資者の投資判断に重要な影響を及ぼす事実が発生した場合に「外国証券情報」の提供・公表義務が課されている（同条第2項）。

ただし、上記の簡易な情報提供として提供されるような内容の情報が国内においてすでに十分に周知されている場合には、「外国証券情報」の提供・公表義務も免除される（金商法27条の32の2ただし書）。これは、シンプルな外国国債や、有価証券報告書を提出し外国証券情報を公表している事業会社債など、発行者に関する信頼性のある情報に容易にアクセスできるとの条件を満たし、かつ、国内においても十分な流通量がある場合に限られるものである。

なお、有価証券報告書を提出しなければならない会社が新株予約権付社債を海外において募集する場合、臨時報告書の提出が必要となる（金商法24条の5第4項）。また、海外発行の新株予約権付社債を国内市場へ持ち込む場合でも、法定開示義務の免除要件が、外債の要件に加え、行使により取得される株券が指定外国金融商品取引所に上場されている等、より厳しいものとなっている（同法施行令2条の12の3第5号）。

(3) 外国為替及び外国貿易法上の取扱い

おもなものは次のとおりである。外債の発行代り金の受領方法により、「支払等報告書」等も必要になる。

A 「証券の発行又は募集に関する報告書」の提出

外債の払込みが終了した場合には、発行者は発行後20日以内に「証券の発

行又は募集に関する報告書」を日本銀行経由で財務大臣に提出しなければならない（外国為替の取引等の報告に関する省令11条）。ただし、発行または募集する債券の額面または払込金額のいずれも10億円に相当する額未満の場合は、報告は不要である。

B 「証券の取得又は譲渡に関する報告書」

海外で債券等を起債した居住者（当該債券等の発行価額または額面が1億円相当額を上回る場合）は、発行後20日以内に「証券の取得又は譲渡に関する報告書」を日銀経由で財務大臣に提出しなければならない（外国為替の取引等の報告に関する省令9条、13条）。

C 「証券の償還等状況報告書」の提出

外債の償還等があった場合には、発行者は毎年12月末現在の償還等状況につき所定の様式に基づき、翌年1月20日までに、日本銀行経由で財務大臣に提出する必要がある（外国為替の取引等の報告に関する省令31条）。ただし、12月末現在における発行残高の額が10億円に相当する額に満たない場合は、報告は不要である。

(4) 租税特別措置法上の取扱い（投資家が非居住者または外国法人の場合）

租税特別措置法（以下「租特法」という）6条4項により、民間国外債（法人により国外において発行された債券）につき非居住者または外国法人に対して支払う利子については、非課税適用申告書または利子受領者確認書を提出することにより、一部の例外を除いて非課税となる。この措置は1998年度に時限的措置として導入され2009年度までその延長措置が重ねられるという運用がなされていたが、2010年度税制改正において非課税規定が恒久化された。上記の例外として、発行者の特殊関係者が当該民間国外債に係る利子を受領する場合は源泉徴収による所得税が課税される（租税特別措置法6条5項）。特殊関係者とは、発行者と他の者との間にいずれか一方の者が他方の者を直接または間接に支配する関係がある場合における当該他の者、およ

び、発行者と他の者との間に同一の者が発行者および当該他の者を直接または間接に支配する関係がある場合における当該他の者と定義されている（同法施行令3条の2の2第5項）。また、民間国外債に係る利子の額が発行者等（発行者、特殊関係者）の利益等の指標に連動する場合も例外となる。この指標とは、発行者等の事業に係る利益の額または売上金額、収入金額その他の収益の額、保有する資産の価額、支払う剰余金の配当、利益の配当、剰余金の分配その他これらに類するものと定義されている（同条第8項）。

(5) 租税特別措置法上の取扱い（投資家が居住者の場合）

A 利子課税

ユーロ円債の利子は、税法上「国外公社債等の利子等」に該当し、居住者・内国法人が、国内における支払の取扱者（国内の銀行・証券会社等が務める元利金支払事務取扱者）を通じて交付を受ける場合には、20％（所得税15％、住民税5％）の源泉徴収税が課される（租特法3条の3第1項・第2項、地方税法71条の6第1項）。ここで「国外公社債等の利子等」とは、円貨建・外貨建通貨の種類を問わず、募集または売出しが国外において行われる公社債等で、当該利子の支払をする者またはその支払を代理する機関（支払代理機関）の国外にある営業所等により支払われるものをいう（租特法通達3の3－1、3の3－2）。設立に関する協定に基づき源泉徴収義務が免除されているアジア開発銀行または国際復興開発銀行などが発行する債券の利子についても、「国外公社債等の利子等」に含まれるため、ユーロ債については源泉徴収の対象となる（租特法通達3の3－3）。

ただし、源泉徴収は国内における支払の取扱者を通じて利子の交付を受ける場合に限り行うこととされており、たとえば、投資家が支払の取扱者を通じないで支払代理機関等から直接受領する場合、あるいは支払の取扱者が自己の所有する国外公社債の利子等を支払代理機関等から直接受領する場合には、源泉徴収税は課されない（租特法通達3の3－5）。また、公共法人等（所得税法別表第1第1号）または指定金融機関（租特法8条1項）もしくは指

定金融商品取引業者等（租特法8条2項）が支払を受ける国外公社債等の利子等については、その利子の額のうち、当該国外公社債を保有し、かつ利子の計算期間の末日まで支払の取扱者に保管の委託をしていた場合、保管の委託をした期間に対応する利子については、所得税を適用しない（租特法3条の3第6項、同施行令2条の2第5項・第7項）。

B　外国税額控除制度

居住者・内国法人が受け取るユーロ円債の利子においても、円建外債同様、国外において利子の支払を受ける際に徴収された外国所得税の額がある場合には、外国税額控除制度がとられる。ユーロ円債等国外公社債の場合は、わが国での源泉徴収段階で二重課税を完全に排除するために、租特法3条の3第4項の規定に基づき、次のように当該外国所得税の額を控除したうえで源泉徴収税額を計算し、源泉徴収が行われる（差額徴収方式）。

$$\frac{（交付する利子額＋外国所得税の額）}{支払利子の額} \times 20\% - 外国所得税の額$$

＝源泉徴収税額

この場合控除される外国所得税の額は、当該利子に係る本邦所得税の額を限度とし（租特法3条の3第4項）、これを超えるときは当該利子に係る地方税の額から、地方税の額を上限として控除される（地方税法71条の8）。

C　みなし外国税額控除制度

ユーロ円債の利子についても、みなし外国税額控除の適用があり、実際に納付した外国所得税と一括して、源泉徴収の段階で差額徴収方式により、当該みなし外国税額控除が行われる（租特法通達3の3－9）。

② 発行関係者

(1) ユーロ債の発行関係者

A　保証人（Guarantor）

　外債発行に際し、社債権者に対し債務保証を行う。

　保証の内容は、元利金の支払についての無条件かつ取消不能の債務保証であり、通常、減債基金の積立、任意償還のプレミアム、税制変更により追加利子支払が発生した場合の追加利子の支払についてもこれに含める。

　発行者への求償権については、国内において、発行者と保証人との間の保証委託契約によって定められる。海外子会社を通じて起債する際には、親会社が保証を行う場合や、親会社と子会社の間に親会社が子会社を援助するという内容のキープウェル（Keepwell）契約を締結する場合がある。キープウェル契約では、たとえば①親会社が直接または間接に子会社の発行済株式の100％を保有する、②親会社は子会社にあらかじめ定めた一定額の純資産額を維持させる、③子会社が債務支払に窮したときは、親会社は子会社に十分な資金を供する、などの内容が具体的に規定される。

　なお、銀行等が保証することもありうる。保証銀行には、発行者の主要取引銀行があたるのが通例であるが、発行条件の改善のために、ユーロ市場での実績、知名度および格付等を勘案して、有力銀行や政府系金融機関を選択する場合もある。

B　弁護士（Legal Counsel）・監査法人（Auditor）

a　弁　護　士

　外債発行に際しては、発行市場の法律・規則が多岐にわたっているため、外債発行に精通した法律事務所の専門的アドバイスが必要になる。さらに、社債発行の合法性に関する弁護士の法律意見書（Legal Opinion）の提出が発行時に必要とされるため、発行者側および引受会社側それぞれに弁護士が選

任される。
　発行者側弁護士は日本法の観点から発行者に助言する。おもな業務内容は以下のとおり。
① 　法律意見書の作成
② 　目論見書の作成またはドラフトの検討、交渉
③ 　契約書の内容の検討、交渉
　①の法律意見書は引受契約の義務履行の前提条件となるものであり、おもに以下の3点が記載される。
① 　発行者および保証人が、日本において適法に設立され存在していること
② 　発行者および保証人が、債券の発行および保証に関する取締役会決議等の国内諸手続を完了したこと
③ 　債券の発行、保証、発行者が署名した契約書等が有効かつ法的拘束力を有するものであること
　他方、引受側弁護士は外国法（通常は英国法）の観点から引受側に助言する。おもな業務内容は以下のとおり。
① 　目論見書の作成・交渉
② 　契約書の作成・交渉
③ 　コンフォート・レター等を含む、引受側で必要な書類の作成またはドラフトの検討、交渉
④ 　デューデリジェンスへの関与
⑤ 　法律意見書の作成
⑥ 　上場手続

b　監査法人（Auditor）
　監査法人は、目論見書に記載された財務諸表が発行者の財務状況を適正に開示したものであることを証明するために監査報告書（Audit Report）を作成する。さらに同報告書を目論見書に掲載することに同意する旨のコンセント・レター（Consent Letter）および財務諸表を監査・レビューした旨、決算期以降債券発行までの間の上記財務状況の変動に関する調査結果、目論見書の計数確認等に関するコンフォート・レター（Comfort Letter）もあわせて作成する。

C　主幹事（Lead Manager、Bookrunner）

　発行される債券の引受けの取りまとめを行うのが主幹事であり、複数社で業務を分担する場合は共同主幹事（Joint Lead Manager、Co-Lead Manager等、役割によってさまざまな呼び方がある）が置かれる。そのなかでも、特に各シンジケーション・メンバーより投資家需要（Book）を取りまとめ、配分を決定する権限を有するものはBookrunnerと呼ばれ、複数社（Joint Bookrunner）で分担することがある。主幹事の業務のうちおもなものは以下のとおり。

① 　対発行者業務
　・発行者への助言
　・発行スケジュールの作成
　・発行条件の決定
　・ドキュメンテーションのアレンジ・交渉、関係者への諸連絡
　・デューデリジェンスのアレンジ・遂行
　・ロード・ショーのアレンジ・遂行

② 　債券の募集・販売取りまとめ業務
　・投資家需要の積上げ（ブックビルディング）
　・引受シ団の編成、招聘（シンジケーション）
　・販売申込額の取りまとめおよび配分

③ 　マーケットメイク……発行後の当該債券の流動性を供給する。

D　副幹事（Co-Manager）

　主幹事とともに引受契約書の当事者となり、当該債券の引受けに参加するメンバーを副幹事（Co-Manager）という。

E　トラスティ（Trustee）

　トラスティとは、社債権者の利益を保護するために、特に新株予約権付社債や劣後債の場合に設置される。これは、新株予約権付社債の場合には、株にからむ複雑な問題が発生する可能性が多々存在し、劣後債の場合は発行者

による債務支払順位がシニア債に比べて劣後するためである。

トラスティは、信託証書（Trust Deed）によってその義務・権能等が規定されており、そのおもな業務としては、以下のものがあげられる。
・発行者の諸誓約事項、財務状況等の管理・把握
・発行者に対する期限の利益喪失の宣言、訴訟の提起
・社債権者集会の招集・開催

トラスティは、社債権者の利益の代弁者として、自身の判断で行動する権利を有する一方、社債権者に対し信託上の責任を負う。発行者にとっては、トラスティを設置することにより社債権者からの個別の訴訟から解放されるというメリットがある。

F 主支払代理人（Principal Paying Agent、またはDisbursement Agent）

主支払代理人は、主支払代理人契約（Principal Paying Agency Agreement）に従って、債券の元利払事務の取りまとめ等を行う。おもな業務は以下のとおり。
① 元利払事務の取りまとめ
② 社債券（大券）の作成・認証・保管・廃棄
③ 発行者から社債権者に対する諸連絡・通知等の事務代行
④ 社債権者からの諸連絡・通知の受付
⑤ 租税特別措置法上の、非課税適用申告書または利子受領者情報の発行者への送付

なお、一般的に新株予約権付社債の場合、後述する行使請求受付代理人の業務を兼務する。

G 財務代理人（Fiscal Agent）

財務代理人は、トラスティが指名されない場合に、財務代理人契約（Fiscal Agency Agreement）に従って債券の元利払取りまとめ事務および管理事務を行うものであり、一般的に普通社債（シニア債）の場合には、トラスティにかわって財務代理人が置かれ、主支払代理人の役割を兼ねる。

財務代理人はあくまでも発行者の代理人であり、トラスティのように債権者保護の機能は担っていない。たとえば、債務不履行事由が発生した際あるいは社債権者集会が開かれる場合に、その役割は機械的に必要事務を実行、調整するにとどまり、一般的には債権者にかわって裁量権を伴って行為する権限は有していない。財務代理人のおもな業務は以下のとおり。

① 元利払事務の取りまとめ
② 社債券（大券）の作成・認証・保管・廃棄
③ 発行者から社債権者に対する諸連絡・通知等の事務代行
④ 社債権者からの諸連絡・通知の受付
⑤ 租税特別措置法上の、非課税適用申告書または利子受領者情報の発行者への送付

H 支払代理人（Paying Agent）

支払代理人は社債権者の請求に応えて債券の元利払事務を行うものである。統括機関である主支払代理人（または財務代理人）より元利払金を受け取り、社債権者に元利払を行う。支払代理人は、ロンドン等の欧州の主要都市や、当該債券の上場されている証券取引所の存在する都市に設けられる。

I 上場代理人（Listing Agent）等またはリスティング・スポンサー

公募債の場合、証券取引所に上場するのが一般的であるが、発行者にかわって証券取引所との上場手続を行うのが上場代理人またはリスティング・スポンサーである。ユーロ債の場合、ルクセンブルク証券取引所、ロンドン証券取引所、シンガポール証券取引所に上場されることが多い。ルクセンブルク証券取引所に債券を上場する場合は上場代理人、ロンドン証券取引所の場合は、FSAに認可された証券会社等（通常、主幹事）がリスティング・スポンサーを務め、シンガポール証券取引所の場合は現地の弁護士が上場関連業務を行う。

J　再発行代理人（Replacement Agent）

　社債券、利札の破損・紛失・盗難に伴って、再発行される社債券、利札の交換および引換えの業務を代行する。

K　訴状送達代理人（Process Agent）

　社債権者からの訴状送達を管轄の裁判所に届け出る業務を代行する。準拠法が英国法であるケースが多いため、一般的にロンドンに置かれる。

L　券面認証代理人（Authentication Agent）

　発行者がサインした券面は決済機構（ユーロクリア、クリアストリーム）の指定する共同預託機関（Common Depositary）まで送付されるが、紛失のリスクを避けるため、券面認証することで効力を発生させる役割を担っている。

　前記の発行関係者に加えて、新株予約権付社債発行の場合には、特有の機能が必要となってくる。そのおもなものは以下のとおり。

M　行使請求受付代理人（Conversion Agent）

　新株予約権付社債の場合に、社債権者からの行使請求の受付を行うのが行使請求受付代理人である。一般的に、行使請求受付代理人は主支払代理人が兼務している。おもな業務は以下のとおり。
① 社債権者からの行使請求の受付
② 行使通知の発行者への送付
③ 行使通知および行使された社債券（未行使の利札を含む）の主支払代理人への送付（主支払代理人以外の行使請求受付代理人の場合）
④ 行使通知の副転換代理人への送付

N　常任代理人（Custodian）

　新株予約権付社債の場合に、行使に伴って発行される発行者の新株の最初の名義人を指す。日系銘柄の場合、トラスティが兼務するのが通常である。これは、新株の発行を円滑に行うために第一名義人をあらかじめ定めておく

ものである。

O　副転換代理人（Custodian's Agent in Japan）

　新株予約権付社債の場合に、行使によって発行された新株の投資家への送付業務を行う。日系銘柄の場合、発行者が日本に存在するため日本に置かれる。副転換代理人は、行使請求受付代理人より行使通知を受け、名義書換代理人（株式事務取扱会社）に新株発行を指示する。

P　株式事務取扱会社（Transfer Agent）

　新株予約権付社債の場合に、行使に伴う新株の発行事務を行う。転換代理

図表6－8　ユーロ円建新株予約権付社債（CB）の主要な発行関係者一覧図

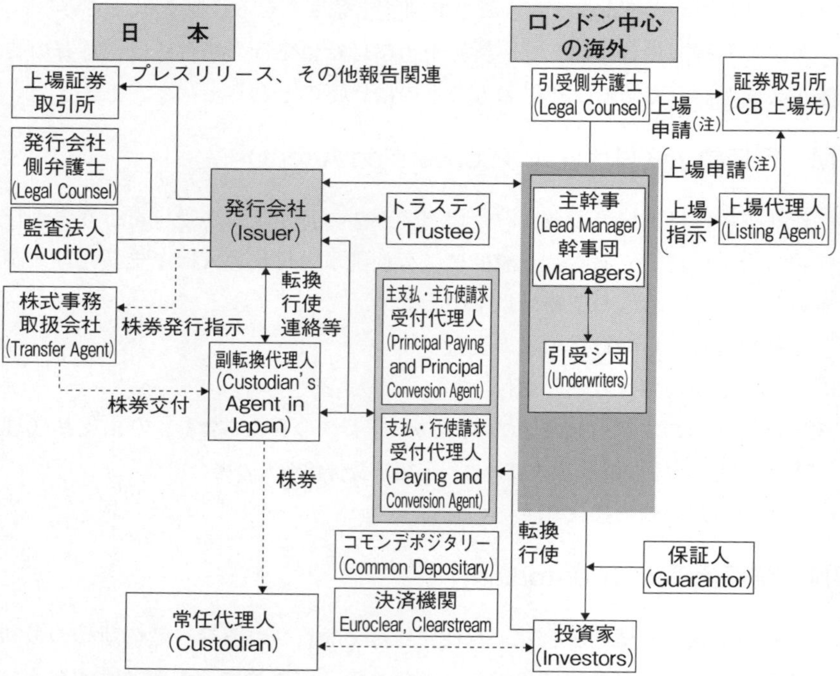

（注）　上場申請は取引所によって手続が異なるが、近時一般的となっているシンガポール取引所では引受側弁護士が現地の弁護士を通じて申請することが通例。

人からの行使通知を送付された発行者の指示を受け、新株を発行し、発行された株券を行使通知上に記載された株主名とともに㈱証券保管振替機構（以下「機構」という）へ通知する業務を行う。この機能は、国内における株券の発行事務とまったく同じである。信託銀行および証券代行機関のうち、発行者の株式の名義書換代理人になっている機関がこれを行う。

３ 契約書、目論見書および債券の要項

(1) 契約書

　外債発行にあたっての契約書には準拠法が指定されるが、ユーロ債の場合は通常、英国法が準拠法となる。必要な契約書は各市場および発行する債券の種類により多少異なるが、ユーロ債におけるおもな契約書は次のとおりである。
① 引受契約書（Subscription Agreement）
② 信託証書（Trust Deed）（新株予約権付社債またはトラスティを置く場合）
③ 代理契約書（Agency Agreement）

A 引受契約書

　引受契約書は、発行者と引受幹事団との間で、債券の引受けにつき約する契約書である。当該契約書によって、引受幹事団は債券を一定の条件下で買い取る義務を負う。

B 信託証書

　信託証書は、発行者とトラスティとの間に結ばれる契約であり、発行者とトラスティおよび社債権者間の関係が規定される。記載される内容は以下のとおり。
① 債券の様式および条件
② 期中の発行者および保証人の開示項目
③ 債務不履行に関する規定

④　トラスティの地位および義務規定
⑤　社債権者集会に関する規定

C　代理契約書

　代理契約書は、発行者と主支払代理人および各支払代理人との間で締結される契約であり、元利金の支払方法について規定するものである。そのおもな内容は以下のとおり。
①　主支払代理人および支払代理人の義務
②　元利払の方法
　さらに、新株予約権付社債で支払代理人が転換代理人を兼ねる場合には、行使に係る事務の内容等についても規定される。

D　その他

　その他のおもな契約書としては、トラスティが置かれないときの財務代理人契約（Fiscal Agency Agreement）等があげられる。

(2)　目論見書

　公募債を発行する場合には目論見書（ProspectusまたはOffering Circular）が必要となる。発行される債券の要項、発行者・保証人の事業内容、リスク要因や財務諸表等を記載したもので、投資家に対して投資判断に必要な情報を提供するために作成される。ユーロ市場では、記載内容にはIPMA recommendationが適用され、EU指令（EU規制市場に上場する場合）および上場される証券取引所の規則に従い、発行市場や上場される証券取引所によって多少内容が異なる。また、主幹事によっても多少体裁が異なる。
　各市場に共通した記載内容は以下のとおり。
①　発行者・保証人に関する記載……発行者・保証人の名称・住所・設立年月日等の基本的情報（発行者の概要）に始まって、事業内容、投資・生産等に係る将来の見通し（発行者の事業内容および見通し）、投資に係るリスク要因についての記載をすると同時に、直近の財務諸表を掲載する。
②　債券の要項（Terms and Conditions of the Notes）（後述）

③ 法律面に関する記載……債券に係る準拠法と裁判管轄、発行者に関連する法規制・必要な許認可・届出等についての情報を記載する。
④ 販売制限……販売される国・地域における、証券の募集・販売等に関する規則の概略について記載する。
⑤ 上場に関する記載……債券がどの証券取引所に上場されるかおよび証券取引所への上場申請の有無について記載する。

(3) 債券の要項

目論見書には、発行される債券の利率・発行価格・年限・償還方法等の発行条件、シニア・劣後の別等の債券の地位、財務制限条項、デフォルト条項 (Events of Default)、保証の有無、利息の支払方法、期限前償還の方法、公告の方法等の債券の要項が記載される。また、新株予約権付社債の起債の場合には、新株予約権の内容、行使の方法、行使に伴って発行される株式に関する情報も盛り込まれる。おもな項目について以下記載する。

A 償還方法

外債の償還方法はおおむね以下のように分類できる。
① 満期償還（Bullet）
② 期限前償還（Early Redemption）
③ 買入消却（Purchasing Fund）
④ 任意償還（Call Option）…ⓐ
⑤ 税制変更による償還（Tax Call）…ⓑ
⑥ 組織再編等による償還（Corporate Event Call）…ⓒ
⑦ プット・オプション投資家からの期限前償還請求権（Put Option）…ⓓ

　ⓐ 任意償還（コール・オプション）……任意償還とは一定の据置期間経過後に発行者が発行額の全額ないし一部を償還できる制度であり、償還額（全額償還か一部償還）、償還時期および償還価格等については各債券ごとに異なる。発行者にとっては高金利または円安時点で発行した債券を任意償還することにより、コスト節減を果たすことも可能となる。また、新株予約権付社債では、クリーンアップ条項（行使が進み残額が発

行総額の10％未満となった場合、発行会社が投資家に対し事前通知を行ったうえで残額を額面で償還できるコール・オプション）が付与される場合が多い。このオプションは、少額の発行残額を維持し続ける費用・事務負担を考慮して、残額の全額行使を促進することを目的としている。
ⓑ 税制変更による償還……債券の発行後、税制の変更により社債の利息に課税されることとなった場合には、契約書上の規定により、発行者は当該課税相当分を負担することになっている。こうした事態は発行者にとっても不測の損失を与えることになるので、通常は同時に発行額全額を償還する権利を与えられている。
ⓒ 組織再編等による償還……債券の発行後、合併や資産譲渡、会社分割等により行使対象となっている株式が上場維持できなくなる場合、発行者が投資家に対し通知を行ったうえで、償還できる権利である。償還金額は、残存期間とパリティ（理論価格）に応じて算出される金額となる。組織再編等による償還とは別に、TOBによる上場廃止等においても同様の取扱いとなることが一般的である。
ⓓ プット・オプション……プット・オプションとは、上記ⓐ～ⓒとは逆に投資家の選択により償還請求できる権利である。新株予約権付社債発行に際して付されることが多く、発行時に定めた一定期間後に額面価額または所定のプレミアム付価額での償還請求を行使できる。投資家は、発行後の大幅な株価下落等、行使の可能性が低下し収益機会が小さくなった新株予約権付社債について当該権利を行使することにより投資資金の早期回収を確保することができる。

また、新株予約権付社債の償還形態として近年増加しているものに「強制転換条項」と「取得条項（現金決済条項）」がある。「強制転換条項」は、発行会社の裁量でアウト・オブ・ザ・マネーの状況にある新株予約権付社債を投資家より額面価値にて強制取得できる権利で、その取得対価として社債の額面を行使価格で除して求められる株数を交付するとともに、交付される株式では社債の額面価値に満たないため残りを現金で投資家に交付するものである。一方で「取得条項（現金決済条項）」は発行会社の裁量でイン・ザ・マネーの状況にある新株予約権付社債を投資家より強制取得できる権利で、

その取得対価として社債額面相当の現金とイン・ザ・マネーの価値に相当する株式を交付するものである。

B 財務制限条項

財務制限条項とは、債券の元利払を確実にするために発行者に一定の財務内容の維持責任を負わせるものであり、担保提供制限、純資産維持、配当制限、利益維持等がある。一般的に付される条項として、担保提供制限（他に債券を発行する場合担保を提供しない）やパリ・パス条項（社債間同順位条項）がある。

C デフォルト条項 (Events of Default)

デフォルト条項とは、一定の事由を債務不履行事由として定め、その後とられる対応について定めており、たとえば、債務不履行事由が発生または継続した場合には期限の利益を喪失するなど債権者が返済を確保するための規定である。債務不履行事由の例としては、発行者の負担する他の債務について債務不履行が生じたことを当該債券においても債務不履行事由とするクロスデフォルト条項がある。

4 発行スケジュール（居住者外債）

居住者外債発行の際の事務を時系列的に整理すると、以下の5つの段階に分けることができる。

① 外債発行準備段階
② 書類作成および関連諸手続
③ 条件決定および募集段階
④ 国内証券取引所等への手続
⑤ 払込み後の事務

個別の段階における具体的な作業内容は、発行する債券の形態および発行市場によって異なる（図表6-9）。

(1) 外債発行準備段階

外債発行の準備段階として発行者が行わなければならないものは次の3つがあげられる。
① 社内的な外債発行の意思決定
② 外債発行に係る関係者の選定
③ 格付取得

最終的な外債発行に係る社内決定は後述する取締役会決議によって公のものとなる。

社内的な意思決定を行うことと同様に重要なことが発行関係者の選定である。引受けの主幹事の選定は、目論見書、契約書、その他書類の作成を含めて発行の全体を統括する責任者を選ぶことであり、特に重要である。引受主幹事が決定された段階で、当事者に対してマンデート・レター(Mandate Letter、詳細後述)が発行者より交付されることもある。他の発行関係者としては、トラスティ・主支払代理人（または財務代理人）、保証人および弁護士・監査法人等、その後の書類・契約書作成（ドキュメンテーション）にかかわることになる諸関係者も順次選定していくことが必要である。

なお、外債発行に際して格付の取得が必要となる場合はできるだけ早く取得手続に着手する必要がある。

(2) 書類作成および関連諸手続

A マンデート・レター

マンデート・レターは債券の発行を実質的に取りまとめる主幹事に対し交付されるものである。記載内容は、
① 発行形態
② 発行市場
③ 発行総額
④ おもな発行関係者

であり、これらを箇条書にした1枚の書類である。外債発行が旧外為法上、

許可・事前届出事項だったときに、当局へのアポイントのために必要だった書類で、事後報告のみとなった現在は交付されない場合もある。

B　ドキュメンテーション（Documentation）

　目論見書および各契約書の作成・検討をドキュメンテーションと呼び、特に新株予約権付社債ではおもな関係者を集め、ドキュメンテーション・ミーティングを開催する。当ミーティングで目論見書の大枠を作成し、目論見書の詳細および契約書については、以後順次検討を加えていく方式が一般的である。

　なお、目論見書の発行体部分は、有価証券報告書、英文会社案内およびアニュアルレポート等を土台に、マーケットの慣行および上場証券取引所の規定を満たすように作成され、発行者の現状を不足なく正確に伝えるよう細心の注意を払って作成される。

　諸契約書は、過去の起債例を土台に弁護士がドラフトを作成し、関係者間で検討を加えていく。

(3)　条件決定および募集段階

　この段階で必要となる手続を時系列的に追うと次のようになる。
① 取締役会決議（発行決議）
② 「臨時報告書」の提出
③ ローンチ
④ 条件確定
⑤ 取締役会決議（発行条件承認決議）
⑥ 調印（Signing）
⑦ 「臨時報告書の訂正報告書」の提出
⑧ 払込み（Closing）

　以下において、上記の各手続について詳述したい。

A　取締役会決議

　発行者は外債の発行につき、会社法規定に沿って、取締役会決議を行う

（以下、株式会社の場合。株式会社以外の場合には、それぞれの発行者において定められた手続をとる）。外債の場合、発行決議の段階では条件等が確定していない場合もあるため、
① 社債の発行総額および形態
② 保証の承認
③ 発行予定地・予定日
④ 償還時期
⑤ 仮目論見書の承認
などの概略的な発行承認にとどまる。

しかし、上記の決議内容では会社法上の規定を充足しないため、条件確定後、発行条件承認決議がなされる。この承認決議において、
① 発行条件（利率・発行価額等）
② 引受幹事
③ 発行関係者
などを含めた決議が行われる。さらに新株予約権付社債の場合には、
① 行使により発行する株式の内容
② 行使請求期間
などについての発行決議が求められる（会社法238条）。

これらの発行決議は、取締役会議事録として、「臨時報告書」の添付書類として付されるだけでなく、英文版が作成され、発行の条件として主幹事に提出される。

B 「臨時報告書」の提出

発行総額が邦貨換算1億円以上の新株予約権付社債の場合、前述の取締役会決議を受け、発行者は、金商法24条の5第4項および企業内容等の開示に関する内閣府令19条の規定に基づき、内閣総理大臣に対し臨時報告書の提出が義務づけられている。

記載される内容は、
① 発行される外債の形態および条件
② 発行関係者

③　行使の条件
④　安定操作に関する事項
⑤　発行株式総数
などの記載が行われる。

C　ローンチ

　主幹事は、引受候補先に対し、発行条件（クーポン、発行価格等を除く）や各引受幹事団の引受責任額を記載したインヴィテーション・テレックス（電子メール）を発信して引受幹事団への参加を募る。引受幹事団に招請された各社は、発行条件、引受ステータス、引受責任額等を勘案のうえ、参加要請につき諾否の回答を数時間内に行う。

　インヴィテーション・テレックス（電子メール）の発信と同時に引受契約書と目論見書の案文も引受幹事会社各社に送付され、発行者、主幹事、弁護士等の関係当事者間で調整のうえ、調印日までに完成される。また、インヴィテーション・テレックス（電子メール）のなかには、幹事団にかわり主幹事が必要書類にサインすることができる旨の委任状（Power of Attorney）を送付するようにとの指示が記載されている。

　なお、債券を購入する投資家があらかじめ特定少数に限定された私募形式の場合には、一般に、幹事会社は主幹事を含め１～２社に限られ、引受幹事団の組成は行われない。また、目論見書も作成されない場合もある。

D　条件確定

　新株予約権付社債の場合には、利率のほか、行使条件・固定為替レート（外貨建債の場合）等、特有の各条件が通常調印日の当日に確定し、承認決議を受ける。

E　調　印

　募集地において、契約書への調印が行われる。近年、調印式という形式をとらずに、主幹事が関係者の委任状を集める形式で行うケースのほうが多い。調印に際して必要な書類・手続は、調印覚書（Signing Memorandum）

という調印の進行を記した覚書のなかに記載されており、一般的に以下の書類が必要となる。
① 必要な契約書
② 目論見書
③ 仮大券
④ 公認会計士のコンフォート・レター
⑤ 証券取引所への誓約書
⑥ 調印の際の委任状（代表権のない者が署名する場合）

F 「臨時報告書の訂正報告書」の提出

　新株予約権付社債の場合には、上記条件確定を受け、「臨時報告書」の修正および変更の箇所を記載した「臨時報告書の訂正報告書」が財務局を経由して内閣総理大臣に提出される。
　また、各証券取引所に対して、利率等、決定された各条件および修正・追加事項を記載した「発行価格通知書」を提出する必要があるが、通常は適時開示によって代用される。

G 払込み

　発行者からの大券（Global Note）と引受団からの発行代り金との交換によって払込みが行われ、債券の発行は完了する。
　払込みは、普通社債の場合には、調印から4～6日前後で行われるが、新株予約権付社債の場合は、会社法240条2項および3項の規定に従い、決議公告から2週間経過しないと払込みができない。
　払込みは、発行者によって大券が発行され、決済機関であるユーロクリア、クリアストリームの共同預託機関（Common Depositary）に預託されるのと交換に、共同預託機関に集められた発行代り金から諸手数料を差し引いた発行手取金を発行者の発行のため設けられた口座に主幹事が入金することによって終了する。
　払込みの手続は払込覚書（Closing Memorandum）に記載される。必要となるおもな書類は、以下のとおり。

① 発行者定款
② 取締役会規則
③ 発行者株式取扱規則(新株予約権付社債の場合)
④ 発行者商業登記簿謄本
⑤ 発行者の取締役会議事録
⑥ 保証人定款
⑦ 保証人取締役会規則
⑧ 保証人商業登記簿謄本
⑨ 重大なる悪変化がない旨の証明書(Certificate of No Material Change)
⑩ 弁護士の法律意見書
⑪ 公認会計士のコンフォート・レター
⑫ 公認会計士のコンフォート・レター
⑬ 共同預託機関への各種通知
⑭ 資金払込みに伴う各種指示書

(4) 国内証券取引所等への手続

　新株予約権付社債の発行の場合は国内の証券取引所へ発行の通知を行わなければならないが、通常は適時開示資料で代用される(上場有価証券の発行者の会社情報の適時開示等に関する規則参照)。

　新株予約権付社債の場合はさらに証券取引所への通知と同時に、払込み終了後2週間以内に本店所在地の管轄法務局へ登記をする必要があり(会社法911条3項、915条、商業登記法65条)、新株予約権発行登記申請書を提出する。

(5) 払込み後の事務

　払込みをもって、債券発行事務のほとんどが終了するわけだが、その後も以下の手続を行う必要がある。

図表6-9 ユーロ円CB発行のスケジュール

日程目安	おもなイベント	発行会社のおもな作業	デューデリジェンス手続	ドキュメンテーション関連
X-80	起債実務開始		引受審査資料作成開始	英文目論見書等各種書類作成開始
X-70			引受審査資料提出	
X-60			デューデリジェンス質問状送付	
X-50		デューデリジェンス質問状への回答書提出	デューデリジェンス質問状への回答書提出	
X-40	デューデリジェンスミーティング		デューデリジェンス・ミーティング	
X-30	ドキュメンテーションミーティング			ドキュメンテーションミーティング
X-14	マネジメントインタビュー		マネジメントインタビュー	
X-14	上場申請	証券取引所事前相談		
X-7	引受シ団・発行額の最終決定	引受シ団・発行額の最終決定		英文仮目論見書・臨報・プレスリリース・契約書校了
X	発行決議	取締役会		
		臨時報告書提出		臨時報告書
		プレスリリース開示		プレスリリース開示
			1stコンフォート・レター受領	
	条件決定（最速）	条件決定		
				プレスリリース開示
				目論見書校了
				引受契約書等調印
X+1		訂正臨時報告書提出		訂正臨時報告書提出

X+17	受渡し・払込み	発行代り金の払込み		信託証書・代理人契約書等調印
			2ndコンフォート・レター受領	
払込以降		商業登記		
		日銀報告等		

A 「証券の発行又は募集に関する報告書」の提出 (本節1(3)A参照)

B 「証券の取得又は譲渡に関する報告書」(本節1(3)B参照)

5 発行スケジュール（非居住者ユーロ円債）

　以下では、非居住者ユーロ円債の発行に至るまでの具体的手順を日程に沿って説明する。なお、発行関係者の構成および契約書・目論見書の内容については、居住者外債と同一であるので、本節4を参照されたい。

(1) 発行準備段階

　発行者は、自らの資金需要と予想コストに照らしつつ、各種通貨における金利動向・裁定状況、またそれぞれの市場を利用した場合の資金調達手段の多様化等を考慮したうえで、ユーロ円債の発行を決定した後、発行にかかわる関係者（特に主幹事会社）を決定する。

(2) 引受幹事団の組成

　プライシングに先立ち主幹事会社は、発行条件（クーポン、発行価格等を除く）、各引受幹事団の引受責任額を記載したインヴィテーション・テレックス（電子メール）を発信して引受幹事団への参加を募る。引受幹事団に招請された各社は、発行条件、引受ステータス、引受責任額等を勘案のうえ、参

加要請につき諾否の回答を数時間内に行う。

なお、ユーロ円債を購入する投資家があらかじめ特定少数に限定された私募形式の場合には、一般に、幹事会社は主幹事を含め1～2社に限られ、引受幹事団の組成は行われない。

(3) 諸契約および目論見書の準備

諸契約および目論見書の準備は、主幹事会社の指名とほぼ同時に開始される。ローンチの際には、インヴィテーション・テレックス（電子メール）の発信と同時に、引受契約書と目論見書の案文も招請される引受幹事会社各社に送付されることとなっている。これらの書類は発行者、主幹事、弁護士等の関係当事者間で調整のうえ、調印日までに完成される。また、主幹事は、幹事団にかわり主幹事が各種契約書にサインすることができる旨の委任状（Power of Attorney）を送付するようにとの指示をインヴィテーション・テレックス（電子メール）のなかに記載している。

なお、私募形式のユーロ円債の場合には、投資家が限定されている関係から、目論見書は作成されない場合もある。

(4) 払込み時の手続

A　プレ・クロージング

払込日の前日に、払込みの準備として、各関係者により以下のような手続がとられる。

① 発行者または財務代理人は、発行額全額を表章する大券を用意し、これをユーロクリア、クリアストリームの共同預託機関（コモン・デポジタリー）が発行者名義で保管する。また、払込金は引受会社からユーロクリア、クリアストリームを通じて共同預託機関にある主幹事会社名義の口座に集められる。

② 共同預託機関は、あらかじめ主幹事会社から、払込日に大券と引き換えに払込金を発行者に支払う旨の指図を、また発行者から、払込日に払込金と引き換えに大券を主幹事会社に渡す旨の指図を受け取っておく。共同預

託機関は円決済に関する指図を自らが円口座をもつ東京所在の銀行に送っておく。
③　関係者の間で、クロージングに必要な法律意見書等の書類の内容を精査すると同時に、②における大券および払込金にかかわる指図を確認する。

B　クロージング

払込日、払込金は、共同預託機関にある主幹事会社の口座から払い出され、発行者の円口座に振り込まれる。これと同時に逆のルートで、共同預託機関に預けられている大券は、発行者名義から主幹事会社名義に切り替えられる。

6　MTNプログラム

(1)　MTNプログラムの設定

MTNプログラムは、発行者が債券発行に必要な諸手続を発行枠の設定と同時に行い、その発行枠内において継続的な発行を可能にするプログラムである。

MTNプログラムの設定にあたっては、発行者と投資家を仲介する引受業者であるディーラーにより、デュー・ディリジェンス・ミーティング（電話会議や書面による場合もある）を発行者と行ったうえで、発行者とディーラーとの間で契約（Dealer AgreementまたはProgramme Agreement）を締結し、発行枠など債券発行の大枠について合意・契約する。また、目論見書（財務諸表を含む）、代理人契約（Agency Agreement）等その他必要な契約・書面についても作成する。また、上場取引所に対して上場手続を行う（図表6－10、図表6－11）。

(2)　MTNプログラムのもとでの債券発行

個別の債券の発行にあたっては、一般的には発行価格・償還期限・利率などの条件を記載したFinal Termsおよび大券の作成のみで債券発行が可能で

図表6－10　MTNプログラムの基本概念・構成について

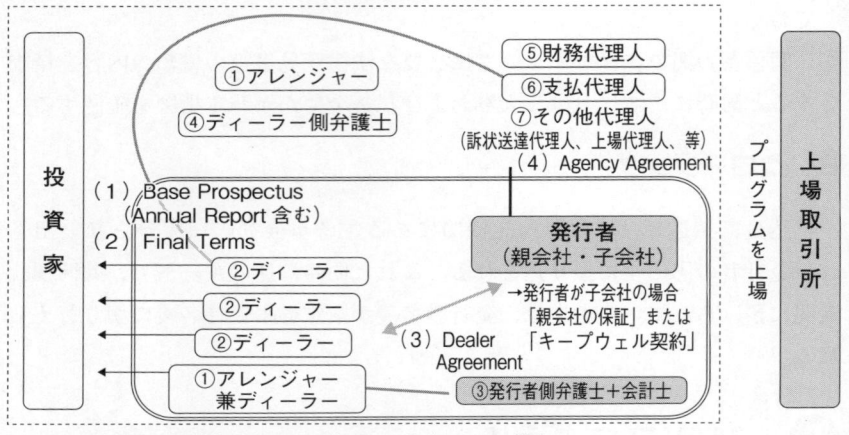

```
                    ①アレンジャー           ⑤財務代理人
                                           ⑥支払代理人
                    ④ディーラー側弁護士      ⑦その他代理人
                                           （訴状送達代理人、上場代理人、等）
投                                         （4）Agency Agreement              上
資   （1）Base Prospectus                                                      場
家      （Annual Report含む）              発行者                               取
     （2）Final Terms                    （親会社・子会社）                     引
         ②ディーラー                                                          所
         ②ディーラー                     →発行者が子会社の場合
         ②ディーラー                  （3）Dealer  「親会社の保証」または
         ①アレンジャー                  Agreement  「キープウェル契約」
           兼ディーラー                  ③発行者側弁護士＋会計士
```
（プログラムを上場）

・ユーロ市場で発行プログラムに基づいて発行される債券
・概念的に他の債券と異なるものではない

あり、発行コストを抑えた機動的な発行が実現している。

(3) MTNプログラムの管理・維持

プログラムの管理・維持に際しては以下のような手続が必要となる。

A　デューデリジェンス・ミーティングの開催

通例1年に1回、プログラムの更新時に発行者と投資家を仲介する引受業者であるディーラーを招集し開催する（書面で実施する場合もある）。

B　目論見書の更新

上場規則および投資家へのディスクロージャー等の観点から、プログラム更新時に目論見書を更新する。また、必要に応じて補足目論見書を作成する場合もある。

C　英文財務諸表（またはアニュアル・レポート）の作成

決算期末後すみやかに上場取引所等関係者に送付する。

図表6－11　MTNプログラムにおける契約書

タイトル	内　容	署名者
Base Prospectus	目論見書。必要事項の情報開示、投資家へのディスクロージャー資料	発行者
Dealer Agreement (Programme Agreement)	発行者とディーラーの、プログラムの設定と存続に係る基本契約	発行者・ディーラー
Agency Agreement	代理契約。発行、支払等の実務の基本契約。要項、各種契約書類フォームが添付されている	発行者・各代理人
Master Form of Temporary and Permanent global notes	債券の様式。仮大券・大券のマスター・フォーム。この債券に、個別のプライシング・サプリメントを添付して社債券の完成	発行者・各代理人
Deed of Covenant	捺印証書。債務不履行になったときに社債権者の発行者に直接権利を主張する権限を付与する、という旨の発行体の契約書（英国法上の一種の片務契約）。FAと決済機関に預ける	発行者
Operating and Administrative Procedures Memorandum	起債ごとの具体的な発行手続の覚書	発行者・各代理人
Signing Agenda	調印前後の日程、調印書類の部数などの備忘録	－
弁護士の法律意見書		弁護士
公認会計士のコンフォート・レター		公認会計士

D　法律意見書、コンフォート・レターの作成

　ディーラーとの契約に基づき、それぞれ弁護士、監査法人が作成する。

E　発行者からディーラーへの通知義務

　一般的に以下のような場合にはディーラーへ通知する必要があるが、これらに限られない。
・国内で投資家にとって重要な開示を行った場合
・格付が変更またはクレジットウオッチになった場合
・発行している債券の債務不履行の発生およびそのおそれがある場合
・発行者による契約遵守違反がある場合
・同時発行がある場合
・ディーラーの追加・変更があった場合

F　契約書の修正・変更

　全ディーラーの書面による合意が必要となる。
　プログラムの発行限度額の増加は、一般的に、契約書に定められた書式および変更後の契約書等関連書類を関係者に送付し、一定期間（たとえば14日間）に反対がなければ可能。

第 7 章

CP、
その他短期金融商品

第7節

概　　　論

1　わが国の短期金融市場の概要

　短期金融市場とは、一般に期間が1年以内の市場資金取引が行われる場を指し、銀行等金融機関をはじめさまざまな経済主体が、各々の目的に応じて資金の運用、調達を行っている。また、短期金融市場は中央銀行である日本銀行が、市中金融機関の日々の資金の過不足を埋める市場調節など金融政策を行う場でもある。

　短期金融市場は、参加者が銀行等金融機関に限られるインターバンク市場と、事業法人も含むオープン市場に大別され、詳細は図表7－1のとおりである。

　わが国の短期金融市場では、1980年代後半以降、金融の自由化、国際化という大きな枠組みの変化のなかで、各々の市場整備、取引条件や規制の緩和、資金決済システムの拡充などの改革が進展した。この間、事業法人等市場参加者の余資運用ニーズにみられる金利選好度の高まりを背景に、新たな市場の創設を含めオープン市場はその規模を急速に拡大した。

　しかしながら、1990年代のバブル崩壊による資産デフレ・金融システム不安と、それに対抗すべく日本銀行によって採用された低金利政策により、一部の市場はその規模を縮小させるなど、短期金融市場はさらなる変貌を遂げることとなった。また、近年では、サブプライム問題に端を発した金融システム不安などの経験をふまえ、制度面での改革も進捗してきている。

　本章では、このように変貌を遂げてきたオープン市場、すなわち、CP、

図表7－1　短期金融市場の概要

	インターバンク市場 (注1)		オープン市場				
	有担保コール	無担保コール	CD	CP(注2)	T-Bill (注3)	債券現先	債券レポ (注4)
開始時期	1902年5月	1985年7月	1979年5月	1987年11月	1981年5月	1950年代(新現先は2002年4月)	1996年4月
市場残高 1985年12月末	4.3兆円	0.8兆円	9.7兆円	—	NA	NA	—
市場残高 95年12月末	9.3兆円	29.3兆円	24.3兆円	NA	38.1兆円	11.1兆円	—
市場残高 2005年12月末	13.6兆円	7.6兆円	30.6兆円	18.6兆円	140.8兆円	28.1兆円	63.3兆円
市場残高 10年12月末	12.1兆円	3.9兆円	35.1兆円	11.0兆円	150.1兆円	12.3兆円	78.4兆円
市場の位置づけ	金融機関間の資金融通手段	金融機関間の資金融通手段	金融機関の市場性資金調達手段	優良企業の無担保の短期資金調達手段	国が発行する資金繰り（融通）債、借換債	債券ディーラーの債券在庫ファイナンス手段、および投資家の有担保での資金運用手段	
資金調達者	金融機関等	金融機関等	金融機関	金融機関、事業法人等	国	債券ディーラー等	
資金運用者	金融機関等	金融機関等	自由	機関投資家等	機関投資家等	機関投資家等	
期間	オーバーナイト〜1年	オーバーナイト〜1年	定めなし	1年未満	2カ月、3カ月、6カ月、1年	定めなし	定めなし
通常の出会い	オーバーナイト	オーバーナイト〜3カ月	1週間〜3カ月	1週間〜3カ月	3カ月中心	オーバーナイト〜1週間	オーバーナイト〜1週間
利払方法	後払	後払	後払	割引発行	割引発行	後払	後払
印紙税	200円	200円	200円	不要（電子CP）		不要	不要

(注1) インターバンク市場にはこのほかに手形市場を含める場合があるが、現在は事実上、日本銀行による民間金融機関に対する資金調節手段としての取引に限定されており、民間金融機関同士での取引は行われていないため、本表では割愛した。
(注2) 銀行等引受分と銀行等発行分の合計。
(注3) 2009年1月以前は割引短期国債（TB）と政府短期証券（FB）の合計。2009年2月にTBとFBが国庫短期証券（T-Bill）として統合（本文参照）。
(注4) 債券貸付サイドの残高。
出所：市場残高について、日本銀行、日本証券業協会

第1節　概論

CD、T-Bill、債券レポ・債券現先の各市場について、銀行等金融機関の証券ビジネスという観点をふまえ、その特徴を解説する。なお、CD（外国法人発行を除く）については、後述するように金融商品取引法（以下「金商法」という）上の有価証券ではないが、オープン市場の中核的商品の1つであるため、解説を加えることとする。

❷ 銀行業務にとってのオープン市場取引の意義

　銀行等金融機関は、短期金融市場において、投資信託・生損保・年金基金等の大手機関投資家や事業法人・地方公共団体・公的金融機関など向けにCDを機動的に発行し短期資金のALMに活用している。また、銀行等金融機関は、自己の保有する国債をはじめとする有価証券のファンディングニーズや、余剰資金の運用（リバースレポ）のため、債券レポ・債券現先を通じ、短期資金のALMに活用している。さらに、銀行等金融機関は、幅広く取引先の資金運用ニーズを捕捉する目的で、CD・CPを中心に、顧客に対する営業を積極的に推進しており、一方で、優良企業の発行するCPの引受けなどを通じて、取引先企業の短期資金調達ニーズに応えている。

　これらに加え、銀行等金融機関は、かつては、オープン市場のほかインターバンク市場、ユーロ円市場など各種の短期金融商品間での金利裁定を通じ、積極的に資金ディーリングを行っていた。しかしながら、日本銀行による低金利政策や潤沢な資金供給により裁定取引の余地が大幅に減少したことや、近年のサブプライム問題などによる金融機関同士におけるカウンターパーティー・リスクへの意識の高まりなどから、現在では資金ディーリングに対するスタンスは大幅に消極化している。

❸ 業務の法律上の位置づけ

　銀行の証券関連業務の法律上の位置づけについては、すでに第1章第4節「銀行の証券関連業務」において触れたが、本節で述べる短期金融市場の商

品を取り扱う際の法律上の根拠は、以下のとおりである。

まず、T-Billの売買については、銀行（バンキング）勘定における「投資の目的をもってする」ものは銀行法10条2項2号の付随業務に当たる。一方、ディーリング業務の一環として行われるものについては、他業金融商品取引業務（同法11条2項）に該当し、金商法上の登録を要する。また、債券現先取引も、その形態は売買行為とされることから、同様といえる。

これに対し、債券レポ取引（現金担保付債券貸借取引）は、債券貸し（レポ）については、銀行法10条2項3号（有価証券の貸付）に該当するといえる。一方、債券借り（リバースレポ）については明文の規定がないものの、同項柱書（「銀行業に付随する業務」）に該当すると整理されると思われる。いずれにしても、債券レポ業務は、銀行法上においては付随業務と解され、金商法においては銀行が行うことを禁じられている有価証券関連業や投資運用業には該当せず、したがって銀行がそれを行うことは禁止されていないといえよう。

一方、CP・CDの取扱いについては、銀行法上は付随業務として認められているが、（銀行法10条2項5号、5の3号）、CPは金商法上の有価証券であり、その取扱い（ディーリング業務）について金商法33条の2に基づき内閣総理大臣の登録を受けなければならない。金融庁監督指針「金融商品取引業者等向けの総合的な監督指針」の"監督上の評価項目と諸手続（登録金融機関）"として、「短期有価証券の売買等の業務を行う登録金融機関にあっては、当該業務全般を担当する部門については、コマーシャルペーパー及び短期社債等の発行及び売買に関連する業務と融資業務等との間でのいわゆる機微情報の流出入の遮断に十全を期することとなっているか」と定められており、営業担当部署等とCPの発行および売買業務を行う部署との間の連絡・照会等の際には、機微情報の流出入の遮断に十分留意する必要がある。

また、2009年6月1日施行の金商法の改正等により、利益相反管理体制の整備、優越的地位の濫用防止体制の整備といった内部管理体制の整備・強化が必要と考えられる（金商法36条2項、金融商品取引業者等向けの総合的な監督指針Ⅳ－1－3、Ⅷ－1－2）。

第 2 節

国内CP市場

1 概　　要

　CP（コマーシャル・ペーパー）は、企業が短期資金を調達するために発行する短期無担保の約束手形（手形CP）として、1987年11月に国内市場が開設された。2003年3月には証券のペーパーレス化のさきがけとして短期社債のかたちをとる電子CPの取引が始まり、今日においては電子CPによる発行が主流となっている。

(1)　国内CP市場の創設と経緯

　CPは古くから米国市場で発達していたが、特に1970年代以降発行残高が急増し、さらに1980年代央以降、欧州市場でも広がりをみせていた。わが国においては、法的性格についての議論、取扱業者の範囲をめぐる議論などがあり発行が行われていなかったが、1986年の証券取引審議会答申「社債発行市場の在り方について」において、CPの諸問題について今後検討が進められていくことが望ましいとされ、大蔵省を中心に具体的な検討がなされた結果、1987年11月に国内CPの取扱いが開始されることとなった。

　その後、1988年1月にサムライCP（非居住者発行CP）の解禁、同年12月に発行適格企業の基準としての格付制度の導入および証券金融会社の発行解禁がなされ、さらに1990年4月に証券会社、1993年6月にノンバンク（リース・信販会社等）、1994年4月には生命保険会社・損害保険会社について発行が解禁された。その後も規制の緩和・撤廃の流れは続き、1996年4月に発行

期間制限の延長（発行期間1年未満まで）、格付基準緩和（a-3格相当以上）、クレジット債権の資産担保証券（ABCP）解禁、1998年6月には格付基準の撤廃、銀行CPの発行解禁というように、CP発行の自由度は高まっていった。

しかし、発行企業、格付、発行期間などに係る規制は緩和・撤廃されていった一方、決済システムを含めたインフラ面については欧米に比べて立ち遅れており、官民一体となって制度改革を推し進める必要があった。そうした背景から、1999年3月に閣議決定された「規制緩和推進3か年計画（改定）」においてCPのペーパーレス化が盛り込まれ、CP決済制度改革へ向けた動きがスタートすることとなった。

こうして、官民等各方面でCPペーパーレス化実現に向けて議論が重ねられ、2001年6月に「短期社債の振替に関する法律」および「株券等の保管及び振替に関する法律の一部を改正する法律」が成立、2002年4月1日の施行をもって、ペーパーレス化が実現された。またこれより前、流通の保護を目的に証券保管振替機構は2002年1月に株式会社となり、電子CP（＝短期社債）を取り扱える体制を整備、2003年3月末に証券保管振替機構（以下「機構」という）による短期社債振替制度が開始され、初の電子CPが発行された。その後、2005年3月末をもって手形CPに課せられる印紙税の軽減措置（1枚あたり一律5,000円）が終了したことを契機に、手形CPから電子CPへの移行が急速に進み、今日ではCPのほとんどが電子CPによる発行となっている。

(2) CPの商品性と基本的な枠組み

国内CP（電子CP）は、優良企業が機関投資家等から無担保で短期の資金調達を行うため、国内で発行する短期社債として基本的に位置づけられており、その商品性、発行・流通の取扱いの枠組みは、「社債、株式等の振替に関する法律」および「金融商品取引法（以下「金商法」という）」によって規定されている。そのおもな内容は次のとおりである。

・期　　　間……1年未満
・付利方法……割引方式

・額　　面……1億円以上百万円単位
・発行形態……少人数私募形式が一般的

　また、税制上の取扱いについては、CP運用益に対する源泉徴収税は課されない。法人税上の区分は税法上も有価証券であり、収益計上時期、評価損益計上時期など法人税法上の適用においても、公社債に関する現行の取扱いが適用される。

(3) 市場動向

　2003年3月に電子CP市場が創設されて以来順調にその規模を拡大し、特に2005年の印紙税軽減措置終了を契機に電子CP発行残高は大幅に増加、20兆円を超える規模まで拡大した。しかしながら、2008年以降の世界的な景気停滞局面に入り残高は減少し、現在は15兆円前後の規模で推移している（図表7－2）。

　電子CPの発行体は、一般にまず銀行などのディーラーが引き受け、その後現先方式または売切方式により、余資運用ニーズの高い事業会社や系統金融機関、地方金融機関、投資信託などに売却されている。

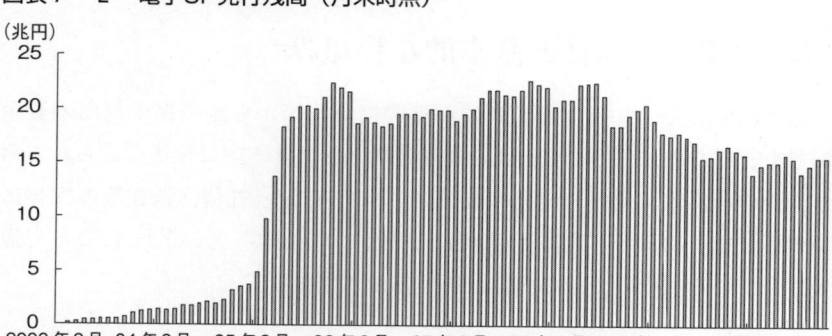

図表7－2　電子CP発行残高（月末時点）

出所：㈱証券保管振替機構のデータをもとに、みずほコーポレート銀行作成

❷ 国内CPの発行と流通

(1) 国内電子CPの発行に係る関係者と各種契約の概要

国内電子CPの発行に係る関係者間の契約の概要は図表7-3のとおりである。

(2) 国内電子CPのディーラー契約締結

国内電子CPには、発行企業が直接投資家に販売するダイレクト・ペーパーと、販売人（ディーラー）を通して間接的に投資家に発行するディーラー・ペーパーという2種類の方式がある。

ディーラー・ペーパーにおけるディーラー契約とは、発行体が各ディーラーとの間で個別に締結する買取りならびに販売に関する基本契約であり、
・発行方法
・発行条件の提示方法
・CP券面の引渡しおよび買取金額の払込み
・CP販売

図表7-3　国内電子CPの発行に係る関係図

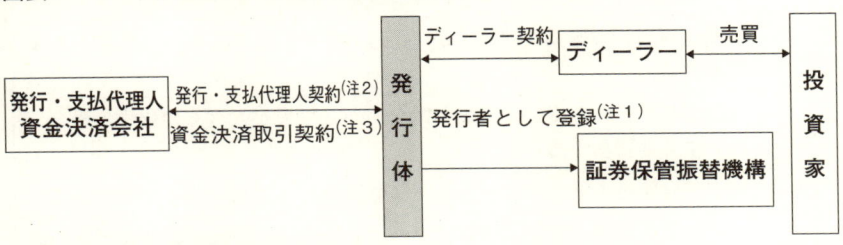

| 発行・支払代理人 資金決済会社 | —発行・支払代理人契約(注2)→ ←資金決済取引契約(注3)— | 発行体 | —ディーラー契約→ —発行者として登録(注1)→ | ディーラー 証券保管振替機構 | ←売買→ | 投資家 |

(注1) 電子CP発行に際し登録必須。
(注2) 機構との間の発行・償還に関する手続の代行契約。契約は任意だが締結することが多い。契約しない場合は、機構との接続等インフラ整備が必要。
(注3) 電子CPに係る為替業務に関する契約。日本銀行との当座勘定取引契約や日銀ネットオンライン等のインフラが必要なため、一部金融機関を除いて契約が必要。

・期限の利益の喪失、相殺
・「発行体に関する説明書」(注)の作成・交付

などが規定される。

(注) 格付内容や会社概要について記載された開示資料。

(3) 外部格付とバックアップライン

　市場慣行として、CP発行に際しては格付を取得することが定着している。背景として、多くのCP投資家が与信管理などの面で格付機関による格付を利用していることから、無格付では事実上CPの発行・流通が困難なことがあげられる。

　発行から償還までの期間が短いこともあり、CPへの格付は通常、長期債と異なった体系をもつ。CPは発行の機動性が重視されることもあって、発行される個々のCPに対して格付を付与するのではなく、プログラム格付というかたちで、CPを発行する企業があらかじめ決める「発行枠」を対象として格付が付与される。格付符号と定義は格付機関によって異なるが、たとえば株式会社格付投資情報センターでは図表7－4のように定義している。

　こうした短期債務の格付符号も基本的には企業の総合的な信用力をベースに判断されるものであり、たとえば図表7－5のように発行体格付との間に

図表7－4　格付符号と定義

a-1	短期債務履行の確実性は高い。
a-2	短期債務履行の確実性は高いが、上位の格付に比べると、注意すべき要素がある。
a-3	短期債務履行の確実性は当面問題ないが、環境が大きく変化する場合、注意すべき要素がある。
b	短期債務履行の確実性はa格と同等ではなく、注意すべき要素がある。
c	最低位の格付で、債務不履行に陥っているか、またはその懸念がきわめて強い。

(注)　a-1に属するもののうち、短期債務履行の確実性が特に高いものにプラスの表示を使用することがある。プラスも符号の一部である。
出所：㈱格付投資情報センター

図表7－5　発行体格付と短期格付の対応関係

発行体格付	短期格付
AAA	a－1＋
AA＋	a－1＋
AA	a－1＋
AA－	a－1＋
A＋	a－1＋、a－1
A	a－1
A－	a－1、a－2
BB＋	a－2
BBB	a－2
BBB－	a－2、a－3
BB＋	a－3
BB	b
BB－	b
B＋	b
B	b
B－	b
CCC＋	c
CCC	c
CCC－	c
CC＋	c
D	c

（注）　上記は原則的な対応関係を示したものである。
出所：㈱格付投資情報センター

一定の対応関係が存在している。

“CPの決済だけを目的とした”専用の借入枠であるバックアップライン（BL）については、1988年にCP関連通達が廃止されたこともあり、市場が混乱するなどしてCPのリファイナンスができない場合の代替流動性確保のためのBL契約締結は、現在ほとんどみられない。こうした流れのなか、格付会社では、償還資金確保の手段をどのように手当しているかにつき、CPリファイナンスとひも付きのBLのほか、発行体の短期資産の内容、当座貸越契約や一般的なコミットメントライン契約の内容等を吟味して、流動性補完状況を評価するようになっている。

(4) 金融商品取引法上の開示規制

　企業の短期資金調達手段として機動的な発行が実務上要請されるなか、CPは通常、開示規制が免除される「少人数私募」（金商法2条3項2号ハ、同法施行令1条の7第2号ハ、金商法第二条に規定する定義に関する内閣府令13条3項1号(2)）のかたちで発行される（発行体による自己募集（私募）に対する各ディーラーによる全額引受け、各ディーラーによる私募の取扱いというかたちをとる）。実務上は、1回あたりの発行に係る単位の総数（枚数）が50未満となるように、1単位あたりの金額を発行体が指定する（額面金額：10億円単位など）といった対応がなされる。

　ディーラーが保有するCPの販売（セカンダリー業務）についても、高い流動性を確保するという観点から、（発行体による）開示規制が免除される「いわゆる少人数私売出し」のかたちがとられるのが通常である（金商法2条4項2号ハ、同法施行令1条の8の4第1号・第2号）。なお、CP現先取引については、有価証券の売出しに該当しない取引として、開示規制の対象外となる（同法施行令1条の7の3第9号）。

(5) 国内CP発行条件の提示

　発行体は、通常、発行希望日の2営業日前にディーラーに対して、発行総額、発行期間を通告し、引受条件の提示を求める。これに対しディーラーは、一般的に、同期間の国庫短期証券（T–Bill）のレート、流通市場におけるCPの実勢レート、インターバンク市場での金利動向などをにらみながら、CP発行体の格付に見合った条件（引受金額、引受レートなど）を提示することとなる。

　CPの発行条件は入札方式で決定されることが多い。発行体は複数のディーラーとディーラー契約を締結しており、各ディーラーからの条件提示のうち、有利なものから順に発行総額に達するまで発行を行う。ディーラーも入札形式であることを念頭に置き、入札金額を何種類かのレートに分けて条件提示をすることもある。また、CPのレートには割引率での提示と利回りでの提示の2種類があり、ディーラーによって提示方法が異なる場合があ

るため、注意が必要である。

［割引率によるスタート金額］

　　　割引料＝額面金額×割引率(%)÷100×日数÷365
　　　（注1）　日数は、発行日から償還日までの日数（片端）。
　　　（注2）　1円未満は切捨て。

　　　スタート金額＝額面金額－割引料

［利回りによるスタート金額］

　　　割引料＝利回り(%)×額面金額×日数÷(365×100＋利回り(%)×日数)
　　　（注1）　日数は、発行日から償還日までの日数（片端）。
　　　（注2）　1円未満は切捨て。

　　　スタート金額＝額面金額－割引料

(6) CPの新規発行

　電子CPの新規発行の際には、機構への新規記録が必要となる。発行および償還の事務は、発行体が機構の専用端末を設置し、自ら発行・償還業務を行う方法と、銀行などの発行・支払代理人（IPA：Issuing and Paying Agent）に業務を委託する方法があり、ほとんどの企業は後者を選択している。

　発行・支払代理人に業務を委託している場合は、ディーラーとの間で発行条件が決定次第、発行・支払代理人に引受ディーラーおよびその機構加入者コード、発行条件（金額・期間など）を伝える。発行・支払代理人が機構への新規記録を実施すると、その電子CPにISINコードが付される。

　発行日には、資金決済会社として指定している銀行の口座に代り金が入金される。CPは割引方式による発行であるため、額面から割引金額を差し引いた金額が入金される。資金決済会社と引受ディーラーが異なる金融機関である場合には、通常DVP決済となり、同一の場合は非DVP決済となる。

(7) CPの流通形態と売買手続

　一般に、流通市場におけるCPの売買形態としては、①既発CPの買切りお

よび売切り、②現先取引、がある。ディーラーは引き受けたCPを投資家や他のディーラーに売却する際、発行日当日に売却することもあるが、一定期間自己で保有した後、投資家等に売却することもある。これは、発行体の資金調達したい期間と投資家の資金運用したい期間が必ずしも合致しないことや、セールス＆トレーディングを行っているディーラーの金利観などに起因する。

　ディーラーは投資家に売却するまでの間、現先取引にて資金をファンディングする。現先取引とは、一定期間後の買戻（売戻）条件付きの売買であり、通常、2営業日スタートで約定することが多い。期間については1日物や1〜2週間程度であることが多いが、場合によっては1カ月程度の取引もある。金額については、CPが10億円券面であることが多いので、10億円単位が一般的であり、1回の取引金額は数十億円から、多いときで1,000億円を超える規模での取引となることもある。

　電子CPの売買および現先取引を行うためには、電子CP保有のための振替口座をもつ必要がある。振替口座の開設には、機構に直接加入して同機構から口座開設を受ける方法と、銀行などの口座管理機関と契約して口座開設を受ける方法がある。頻繁に電子CPの売買を行う金融機関などは前者を選択する場合もあるが、事業法人などは後者であることが多い。

(8) CPの償還手続

　償還時には、CP最終保持人（口座管理機関と契約している場合は、その口座管理機関）が、償還を申請する銘柄について、機構に対して抹消申請を行う。発行体または発行・支払代理人は抹消申請を受けると、資金決済会社を通じて償還金を支払う。

　DVP決済の場合は、償還金は日銀ネットを通じて振り込まれ、この決済情報は日銀より機構に通知されるので、これに基づき機構は当該銘柄の抹消が完了する。一方で、非DVP決済の場合は、償還金受領を自ら（もしくは口座管理機関）確認し、機構に対して資金振替済通知を送信する必要がある。

第 3 節

その他の短期金融商品

1 国内CD市場

(1) 概　要

　CDとは、譲渡性預金証書（Negotiable Certificate of Deposit）の略称であり（CPとの発音上の混同を避けるため、NCDと略称される場合もある）、譲渡可能な自由金利型大口定期預金である。1960年代以降、米国において大手商業銀行の発行開始により、急速に市場が発展し、その後英国などにおいて発行が行われ、海外の金融市場において重要な位置を占めるに至った。こうした海外でのCD市場の拡大を受けて、わが国でも国内CD市場の創設の声が徐々に高まり、1979年5月より国内におけるCDの取扱いが開始された。

　わが国におけるCD導入の背景としては、①1970年代以降のマネーフローの変化により企業の余資運用ニーズが増大する一方、大量に発行される公共債の引受けにより資金ポジションを悪化させた銀行が規制金利預金にかわる新たな資金調達手段を求めたこと、②国内短期金融市場では、債券現先市場が金利の自由なオープン市場として拡大する一方、インターバンク市場においても金利の弾力化・自由化が進められ、金融政策の有効性を強化するうえでも短期金融市場の整備が求められたこと、③金融の国際化のなかで、邦銀の海外CD発行が拡大する一方、在日外銀の円資金調達力の強化が求められたこと、などがあげられる。

　CDは国内初の自由金利預金商品であり、創設当時は、都市銀行、在日外

銀において旺盛な発行ニーズがみられる一方、投資家としては事業法人等の資金運用手段として活用された（直接発行方式）。その後、最低預入金額の引下げ、発行限度枠の拡大および撤廃、期間の拡大等の発行条件の規制緩和を受け、発行残高は順調に拡大した。1985年10月の大口定期預金（FR）解禁以降、預金金利の自由化が進展したことを背景に、顧客向け商品としての性格より大手銀行を中心とした資金ディーリングないし短期性資金のALMの中核をなすものとして利用される傾向が強まり、またこれに伴い、ディーラー（短資会社、銀行や証券会社のディーラー部門など）が介在するかたちでの機動的な発行が主流となった（ディーラー経由発行方式）。しかしながら、現在では、CDの発行は銀行による直接発行方式がほとんどとなっている。この理由としては、①前述のとおり、日本銀行による低金利政策などにより裁定取引の機会が大幅に減少したことや、②銀行が顧客である事業法人の余資運用ニーズを囲い込む一環として、直接取引を行う動きが増加したことなどがあげられる。

　一方、流通市場については、1986年以降、急速に拡大した。その背景としては、インターバンク市場の残高が伸び悩みを示すなかで短資会社が新しい収益機会を求めたこと、金融機関が利鞘縮小を背景に業務の多様化を積極的に進めたことなどが指摘される。しかしながら、1990年代後半以降CDの流通市場は大幅に衰退することとなった。この理由としては次のようなものが考えられる。①1998年4月に預入期間制限が撤廃され、2週間未満の比較的短い期間のCDの発行が可能となったことで、同期間のCD現先との競合が発生するようになったこと、②後述するとおりCDは指名債権譲渡方式をとるため、その手続がCPなどに比し煩瑣であること、③事業法人のキャッシュマネージメント能力の高度化により、運用したい期間にあわせオッドタームの設定とし中途売却を極力避けることが可能となったこと、などが考えられる。

(2)　CDの商品性

　CDの商品性の概要は、以下のとおりである。
・預入単位……取扱金融機関ごとに異なる（1998年6月に最低預入単位（5,000

万円)の制限が撤廃された)。
- 預入期間……取扱金融機関ごとに異なる(1998年4月に預入期間制限が撤廃された)。
- 金　　利……自由に設定可能。
- 発 行 者……預金取扱金融機関。
- 販 売 先……個人も含めて特に制限はない。

(注1) CDは、「金融商品の販売等に関する法律」の対象となるため、金利変動次第では中途売却の際に元本割れとなるリスクについて、顧客(販売先)に対し説明責任が生じる。

(注2) CDは金融商品取引法上の有価証券には該当しない(ただし、会計上は有価証券として取り扱う(「金融商品会計に関する実務指針8項」))。また、金融商品取引法の準用を受ける、いわゆる「特定預金(銀行法13条の4)」にも該当しない。

- 期限前解約……行わない(買入償却も不可)。
- 預金準備率……発行残高に応じて、準備預金制度に定める準備率の適用を受ける。

(注1) 準備預金制度に定める準備率は、「準備預金制度に関する法律」に基づき、日本銀行政策委員会によって決定される。準備預金制度が適用されるため、CDの実質的な発行コストはその分高くつくことになる。

(注2) 預金保険の対象とはならない。

- 譲 渡 方 式……指名債権譲渡方式(後述)。
- 流通取扱業者……金融機関、短資会社、等(ただし、前述のとおり、現在CDの流通(現先取引を含む)はほとんど行われていないため、流通取扱業者の活動も限定的である)。

(注) 自行CDについては、売買が禁止されている。

(3) 国内CDの特徴

A 指名債権譲渡方式

　CDの法的性格は、一般の預金と同様に指名債権であり、その預金証書は有価証券ではなく証拠証券としての性格を有する(海外におけるCDは、指図式または持参人払方式の有価証券であり、その譲渡は証書の交付だけで行われ

る)。

　指名債権という性格から、民法467条（指名債権の譲渡の対抗要件）により、CDの譲渡を第三者に対抗するためには、①債権者である譲渡人から債務者たるCD発行金融機関に対し譲渡の事実を通知するか、もしくはCD発行金融機関の承諾が必要となり、かつ②その通知または承諾は、確定日付（取得手数料は1通につき700円）のある証書でなければならない。したがって、一般にCPや債券の譲渡が譲渡人と譲受人との合意によってその効力が生じるのに比べると、流通の簡便性という点で劣っている。さらに、特にCPとの比較では、2003年3月に電子CPの取引が始まったことにより、CPでは証券を発行する必要がないのに対し、CDは原則として証書発行を伴うことから、その発行事務の負担の面でも、CDはCPに対し劣っているといえる。

B　利子に係る源泉徴収税

　CDは預金であり、その利子に対する課税は最終所持人が非課税法人の場合を除いて、全期間にわたり、所得税15％および地方税5％が源泉徴収される。ただし、最終所持人が金融機関の場合には、その保有期間に対してのみ、源泉徴収不適用となっている。

　CDの流通が盛んだった時代には、最終所持人が非課税法人となることで、発行期間のすべてにわたって非課税となることでのメリットを受けることが多かったが、現在ではそのような動きはみられないようである。

2　国庫短期証券（T-Bill）市場

(1)　概　　要

　国庫短期証券（T-Bill、TDB：Treasury Discount Bills）とは、政府が発行する国債のうち、償還期限が1年以内のもので、割引発行されるものである。かつては、その発行目的等により、割引短期国債（TB：Treasury Bills）と、政府短期証券（FB：Financing Bills）というかたちで区別されていたが、2009年2月より名称がT-Billに統一され発行されている（より正確に

は、発行回号ごとにその発行根拠法律が明示されているため、回号によって、発行根拠（財政制度）上はTBであったりFBであったり、ということがありうる。しかし、投資家の観点からは、両者を区別する必要がないということである）。

A 割引短期国債（TB）

TBは、1986年以降の国債の大量償還を控え、円滑に借換えを行うため、同年2月に初めて発行された。その法的根拠は、「特別会計に関する法律46条1項（借換国債）」に基づく借換債であり、次項で述べる政府短期証券（FB）が国庫の一時的な資金不足を補う融通（資金繰り）債であるのとは性質が異なる。

TBは発行開始当時より公募入札方式をとっていた。当初は6カ月物のみの発行であったが、その後順次3カ月物、1年物が追加となった。しかし、2000年4月にFBが公募入札方式へ移行するとTB3カ月物は発行されなくなり、TBは6カ月物と1年物、FBは2カ月物と3カ月物という棲分けがなされることになった。

B 政府短期証券（FB）

FBとは、政府が国庫の一般会計や特別会計において、歳入と歳出の時期がずれるために生じる一時的な資金ギャップを埋めるために発行される融通（資金繰り）債をいう。これまで発行されているものは、財務省証券（財政法7条1項、一般会計）、財政融資資金証券（財政融資資金法9条1項、財政投融資特別会計）、外国為替資金証券（特別会計に関する法律83条1項、外国為替資金特別会計）、石油証券（同法94条2項、95条1項、エネルギー対策特別会計）、食糧証券（同法136条1項、137条1項、食料安定供給特別会計）の5種類である。

融通債としてのFBの歴史は古く、1886年7月に利付債形式で発行されたのが最初である。1902年3月には割引債形式となったが、日本銀行による全額引受けによって発行されていた。1956年には、大蔵大臣（当時）が割引率、期間等の発行条件を決めて市中公募を行い、応募額が発行予定額に満たない場合、未達部分を日本銀行が引き受ける方式（定率応募発行残額日銀引受

方式)が導入された。ただし、実際には割引率が常に当時の政策金利であった公定歩合をやや下回っていたことから、そのほとんどが日本銀行の引受けとなっており、直接市中に出回ることはなかった。

これと前後して、1955年に、短期金融市場の余剰資金吸収手段として、日本銀行によるFB売りオペレーションが開始されたが、その後いくつかの変更を経て、1981年5月に、日本銀行が自らの保有しているFBを、短資会社を窓口にして市中に売却するという方式でFB売りオペレーションが実施された。これがFB市場の始まりといえる。

1999年4月には、FBは原則公募入札方式に移行した。「原則」というのは、募集残額(募残)が発生するような場合には日本銀行が例外的に引受けを行うというものである。しかし実際には募残が発生することはなく、2000年4月には完全公募入札に移行した。なお、公募方式への移行に伴い、それまでの発行時18%の源泉徴収が撤廃されたほか、外国法人については原則非課税となった。また1999年4月の原則入札方式開始時には3カ月物の発行であったが、2000年4月の完全公募入札移行に際して、2カ月物が追加されることとなった。その後、前述のとおり、2009年にはTBとFBのT-Billへの統合がなされ、2カ月物、3カ月物、6カ月物、1年物の4種類のT-Billが発行されることとなった。

(2) T-Billの商品性

T-Billの商品性の概要は、以下のとおりである。
・最低発行単位……1,000万円以上、1,000万円単位。
・期　　　　間……現在は、2カ月程度、3カ月、6カ月、1年の4種類が発行されている。
・債　券　形　式……割引債方式。
・発　行　方　法……公募入札(コンベンショナル方式による価格入札)、および国債市場特別参加者・第Ⅰ非価格競争入札(なお、T-DBは第Ⅱ非価格競争入札の対象にはならない(「国債市場特別参加者制度運営基本要領」による))。
・販売先(投資家)……国・法人で、社債、株式等の振替に関する法律(以

下「社債等振替法」という）上の振替機関等から開設を受けた口座における記載または記録によりT-Billを有することとする者（国債ニ関スル法律2条ノ2、政府短期証券及び割引短期国庫債券の取扱いに関する省令3条（譲渡制限）、平成15年財務省告示第5号（政府短期証券及び割引短期国庫債券の取扱いに関する省令第3条に規定する者を定める件））。なおここでいう振替機関とは日本銀行のことである。一般には投資家は機関投資家等に限定されており、個人および個人類似法人が購入することはできない。

(3)　T-Billの流通市場

T-Billの流通市場では、金融商品取引法（以下「金商法」という）における第一種金融商品取引業者や登録金融機関が流通業者（ディーラー）となる。

T-Billの流通面での留意点としては以下の点があげられる。

① 前項で述べたように、流通および保有形態は国債振替決済制度の利用に限定されており、本券（債券現物）の発行は行われない。売買が行われた場合は、振替機関である日本銀行、および日本銀行に口座を有する「口座管理機関」である金融機関の振替口座簿上で受渡決済が行われるため。

　T-Billの保有者は、必ず口座管理機関にT-Billを寄託しなければならない。

② これも前項で述べたとおり、ディーラーがディーラー以外の者にT-Billを転売する場合は、その相手方は法人に限定されており、個人および個人類似の法人への転売は認められていない。また一般の事業法人間での売買は禁止されている。

流通市場における実際のT-Bill売買には、①売切または買切取引、②現先取引（売戻条件付きまたは買戻条件付売買）の形態があるが、現在はその大宗が売切または買切取引となっている（現先取引の現状については次項参照）。

③ 債券現先・債券レポ市場

(1) 概　要

　債券現先取引は、一定期間後に一定の価格で売り戻すまたは買い戻すことを条件とする債券の売買取引であり、条件付債券売買取引とも呼ばれている。これに対し、債券レポ取引は正式には現金担保付債券貸借取引と呼ばれ、文字どおり現金を担保とした債券の貸借取引である。

　わが国では、歴史的には債券現先市場が古くから存在していたが、1990年代半ばからは債券レポ市場にその地位を譲ることとなった。2000年代に入ってからは、リスクコントロール面での整備を進めた新しい債券現先（新現先）取引がスタートしているが、市場規模としては依然債券レポ市場が大半を占めている。

　両者は、行為として貸借であるか売買であるかの違いはあるが、債券と資金を当事者間で相互に融通するという経済効果としては共通する。以下にそれぞれの市場の概要を述べる。

A　債券現先市場

　債券現先取引とは、債券を一定期間後に一定価格で買い戻す条件で売却（売り現先）し、あるいは逆に売り戻す条件で購入（買い現先）する取引である。

　債券現先取引はわが国のオープン市場のなかで最も歴史が古い。戦後、証券会社が自らの資金繰りの必要性から買戻条件付きで保有債券を売却（自己現先）したのを発端とし、1960年代には「公社債投資信託」販売開始による証券会社の自己現先ニーズが高まったことや、都市銀行等の金融機関が証券会社を通じて売り現先による資金調達（委託現先）を活発化させたこと、さらに1970年代以降、事業法人が余裕資金の運用手段として買い現先を行うようになったことなどにより、現先市場は本格的に拡大した。

　このように自然発生的に成長してきた債券現先市場についても、売買の手

法や市場のルール等について法的な整備が求められることとなり、1974年2月、債券現先売買の取扱高が証券会社各社の資産状況に照らして過大にならないこと、約定単価は実勢価格を尊重すること等を骨子とした証券界の「自主ルール」が設定され、さらに1976年3月、大蔵省証券局（当時）通達「債券の条件付売買の取扱いについて」が発出された。その後同通達は、同名の1992年7月の日本証券業協会理事会決議を経て、現在は同協会の「債券等の条件付売買の取扱いに関する規則（最終改正は2010年7月）」に受け継がれている。

しかし、1980年代以降、国内CD・CP市場創設やTB発行の開始等といった、わが国の短期金融市場の商品の拡大がみられ、市場の自由化、国際化が進展した一方、債券現先売買にはTB・FBを除き有価証券取引税が課せられていたこともあり、債券現先市場の地位は、TB・FB現先を除き、相対的に低下していった。さらに、1996年4月に債券レポ市場が誕生すると、この傾向はいっそう強まることとなった（なお、1999年3月末をもって有価証券取引税は撤廃された）。

しかしその後、わが国が国債大量発行時代を迎えるなか、①欧米では、債券と資金の融通を行うのは現先取引が主流であり、貸借取引が主流であるわが国の市場はグローバルスタンダードにそぐわないこと、②1995年2月のベアリングス証券の破綻を機に、債券レポ取引・債券現先取引の信用リスクがクローズアップされるようになったこと、などを背景に、現先市場の再整備の必要性が高まった。この流れを受け、2001年4月に、新しいかたちでの債券現先取引（旧来の債券現先取引と区別するため、「新現先取引」と呼ぶこともある）がスタートした（1年間の移行期間の後、2002年4月に実質的なスタート）。また、2002年9月には日本銀行が金融政策決定会合において、従来の短国現先オペおよび国債借入オペ（いわゆる「レポオペ」）にかえて、新現先方式による国債現先オペの導入を決定している。

このように、近年、整備が進められてきた債券現先市場であるが、すでに債券レポ市場がその地位を確立していることや、追加的なシステム対応負担などがネックとなり、当初のねらいであった、債券レポから債券現先へのシフトは限定的なものとなっている（図表7－6）。

図7-6　債券現先取引市場残高（2000年1月～2011年5月　月末残高）

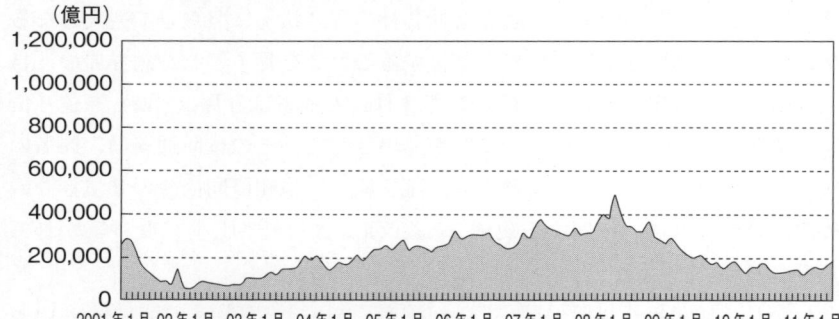

出所：日本証券業協会の統計データをもとに、みずほコーポレート銀行作成

B　債券レポ取引（現金担保付債券貸借取引）市場

　レポとは英語の"Repo（repurchase agreement、買戻契約）"がその語源だが、米国におけるRepo取引が文字どおり売買の形態をとるのに対し、わが国のレポ取引は貸借の形態をとる。このため、「日本版レポ取引」とわざわざ断る場合もある（また、現金担保付きではない、無担保の債券貸借取引を、「無担保レポ取引」と呼ぶこともある）。

　わが国における債券貸借取引の開始は、1989年5月にさかのぼる。1987年5月に証券会社に対し債券の空売りが認められたが、当時は国債取引は現在のようなローリング決済ではなく、特定日決済（いわゆる「五・十日（ごとうび）決済」）であった（1996年9月にローリング決済に移行）ため、決済日にかけて空売りした債券が急騰することがあった。このため、当時の大蔵省が、1989年に債券貸借取引に関するルールを定めたのが、債券貸借市場の始まりである。

　開始当初は、あくまでも債券の手当を目的としていたことに加え、当時の債券貸借取引には、①現金担保への付利制限……現金担保への付利は有担保コールレート（翌日物）マイナス1％とする、②現金担保掛け目105％以上……貸借取引の担保として、対象債券の時価の105％以上を差し入れなければならない、といった規制が課せられていたこともあり、無担保での取引が

中心だった。

　しかしその後、1995年のベアリングス証券の破綻時（前述）に、ベアリングス証券に対し無担保で債券を貸し出していたことに対する信用リスクがクローズアップされたことから、以後、有担保化の動きが進むこととなった。1995年9月には現金担保の付利制限が撤廃され、同年12月には現金担保の下限（105％）制限も撤廃となった。これを受け、日本証券業協会は、同月、「債券の空売り及び債券貸借の取扱いについて（理事会決議）の一部改正について」を発出（現在は「債券の空売り及び貸借取引の取扱いに関する規則（最終改正は2010年7月）」に引継ぎ）、1996年3月には標準的契約書となる「債券貸借取引に関する基本契約書」を定めた。これにより、1996年4月に、「日本版レポ市場」として債券レポ取引（現金担保付債券貸借取引）があらためてスタートすることとなった。

　スタート以降、債券レポ市場は、証券会社の側からは資金調達の場として、また投資家の側からは国債を担保とする有担保の資金運用の場として、順調にその残高を伸ばしていった。2008年9月のリーマン・ブラザース破綻後は、国債のアウトライト（売買）取引が大幅に減少した結果、債券レポ取引も一時的に残高を減少させたが、その後は日銀による金融緩和の強化により、投資家サイドからの運用圧力の高まりから、緩やかにではあるが再び残高を伸ばしつつある（図表7－7）。

図7－7　債券レポ取引市場残高（2000年1月～2011年5月　月末残高）

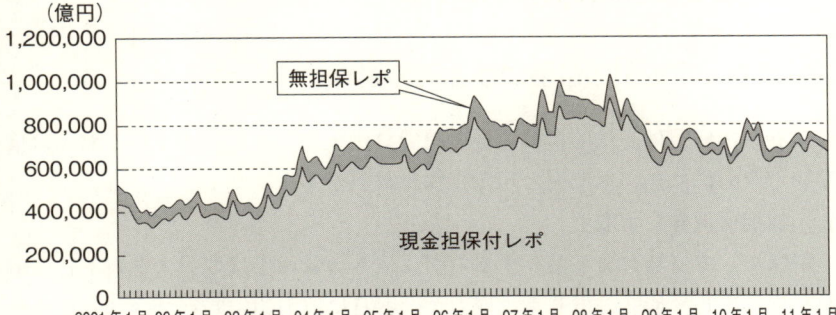

出所：日本証券業協会の統計データをもとに、みずほコーポレート銀行作成

(2) 債券現先取引の仕組み

A 債券現先取引の位置づけ

債券現先取引は、すでに述べたように、法的には、一定期間後に買い戻すまたは売り戻すことを条件とする、条件付売買契約である。

法的には売買契約ではあるが、会計上は、現先取引は債券レポ取引同様、金融取引（資金取引）として処理することとなっている（金融商品会計に関する実務指針）。

B 新現先取引の概要

2002年4月に新たに開始された新現先取引は、それまでの現先取引の欠点を以下のようなかたちで改善するものであった。①一括清算条項の導入（金融機関等が行う特定金融取引の一括清算に関する法律施行規則1条3項）、②ヘアカット（売買金額算出比率）、マージン・コール（値洗い）、リプライシング（再評価取引）といったリスクコントロール条項の導入、③サブスティテューション（債券の売り手が取引期間中に受け渡している債券の銘柄を差し替えることを可能とするもの）、④オープンエンド取引（エンド日をあらかじめ決めずに取引をスタートさせ、取引を終了させる前（通常3営業日前）に当事者の一方が他方に通知し同意されれば取引終了となるもの）の開始といったものである。

(3) 債券レポ取引の仕組み

A 債券レポ取引の位置づけとその種類

債券レポ取引は、法的には債券の消費貸借契約である。前述のとおり、債券レポ取引には無担保取引と現金担保付取引がある。

a 無担保債券レポ取引

担保なしで債券を貸し借りする取引。債券の貸し手は取引スタート日に債券を貸し出し、債券の借り手は取引エンド日に取引約定時点で合意していた貸借料を支払うとともに債券を返却する。現在では、次項で述べる現金担保

付取引の割合が圧倒的に大きく、無担保取引のマーケット規模は小さい。

b 現金担保付債券レポ取引

　現金担保付きで債券を貸し借りする取引。取引スタート日に債券の貸し手は債券を貸し出し、債券の借り手は借りる債券の価値に見合う現金を担保金として支払う。取引エンド日には債券の貸し手は受け入れていた担保金に金利を付して返却し、債券の借り手は貸借料を支払うとともに債券を返却する。担保金金利と債券貸借料率は取引約定時点で取引当事者間で決定する。現在行われているレポ取引の圧倒的大部分をこの現金担保付債券レポ取引が占める。このため以下では現金担保付債券レポ取引について説明する。

　現金担保付取引はその目的によりGC (General Collateral) 取引とSC (Special Collateral) 取引に種別される。GC取引とは貸借の対象となる債券の銘柄を特定しないで行う取引であり、実態的には債券を担保とした資金取引である。そのため、取引約定時点では金額、金利、期間のみを決め、担保となる債券は「資金の取り手／債券の貸し手」が後から（通常はその日の債券売買取引が終了し、手持ちの債券が確定した後に）選んで「資金の出し手／債券の借り手」に通知することも多い。

　一方、SC取引とは貸借の対象となる債券の銘柄を特定して行う取引である。債券の空売りをした場合などで、その空売りした債券の銘柄を借り入れることで空売り分を埋め合わせるために利用される。また、各年限のカレント銘柄や、債券先物取引における受渡適格銘柄のうちの最割安銘柄（チーペスト）など、銘柄需給が大きく変動することに着目してトレーディングを行う場合などにも利用される。

B　取引開始前の契約手続

　現金担保付債券レポ取引を行う場合、取引当事者間で事前に契約を結んでおく必要がある。一般に必要となる書類は以下のとおり。
・債券貸借取引に関する基本契約書
・債券貸借取引に関する基本契約書に係る合意書
・「債券貸借取引に関する基本契約書」付属覚書
・フェイルに関する覚書

このうち、「債券貸借取引に関する基本契約書」と「債券貸借取引に関する基本契約書に係る合意書」については日本証券業協会が参考様式を示しているほか、「「債券貸借取引に関する基本契約書」付属覚書」と「フェイルに関する覚書」については債券現先取引等研究会（通称「レポ研」。わが国における債券現先取引など債券を媒体とした短期資金取引における市場の健全な発展と市場参加者間の円滑な取引に資するため、取引に係る諸問題について検討を行うとともに、取引仕様の標準化等について必要な諸施策の提言等を行うことを目的として、市場参加者により自発的に結成された組織（研究会））が参考様式を示している。

C 取引の流れ

a 約 定

(a) GC取引のケース

GC取引によって資金調達を行いたい参加者はオファー（債券貸し）サイドとなり、逆に資金運用を行いたい参加者はビッド（債券借り）サイドとなる。オファーサイド、ビッドサイドともに金額と期間と金利（＝レポレート）をそれぞれ呈示し、取引が成立した場合は担保金の付利金利と債券貸借料率を決定することになる。

ここで「レポレート＝付利金利－債券貸借料率」である。

例をあげると、GC取引1,000億円をレポレート0.11％で約定したケースで、付利金利を0.12％とした場合、債券貸借料率は0.01％となる。実際の取引の場合はレポレートで約定した後、付利金利を決めれば債券貸借料率は自動的に決定するので、付利金利だけを申し合わせることが多い。

(b) SC取引のケース

SC取引によって債券を貸したい参加者はオファーサイド、逆に債券を借りたい参加者はビッドサイドとなる。SC取引の場合、呈示するのは銘柄、金額、期間、金利（＝レポレート）である。オファーサイド、ビッドサイドともに条件が合致した後は、GC取引と同様で、付利金利および債券貸借料率を決定する流れとなる。

b コンファーム（明細連絡）

「債券貸借取引に関する基本契約書に係る合意書」（B参照）を取り交わしている場合は、個別取引ごとに契約書を交わさず債券貸借取引明細書を送付する。明細書には金額、期間等の取引内容が記載されており、これにより取引当事者間で約定内容の認識相違がないかを確認する。

c 決　済

現金担保付債券レポ取引の決済は一般的にはDVP（Delivery Versus Payment／資金の受渡しと債券の受渡しを同時に行う決済方法）により債券と担保金の授受が行われる。国債を対象としたレポ取引の場合は、日銀ネットを通じて債券の振替えと資金の決済が同時に実施されることとなる。かりに当事者の一方が残高不足で、資金と債券の受渡しの両方が同時に履行されない場合、決済は行われない。このように資金のみもしくは債券のみといった片方だけが決済されてしまうリスクは排除される仕組みとなっている。

D 債券時価とリスク管理

a 債券時価による担保金額の算出

現金担保付債券レポ取引を行う場合、担保金額算出のために債券の時価を求める必要がある。債券レポ取引における時価は以下の算式で求められる。

　　債券時価＝債券単価＋経過利子

例）　銘柄A：額面1,000億円（償還価格100円、債券単価105.30円、経過利子0.1234567円）の債券を現金担保付債券レポ取引で借りる場合の担保金額計算

⇒まず額面1,000億円の時価を算出する。

　債券時価総額：1,000億円×（105.30＋0.1234567）÷100＝105,423,456,700円

⇒この時価に基準担保金率（後述。かりに100％とする）を掛け合わせることで担保金額が算出される。

　担保金額：105,423,456,700×100％＝105,423,456,700円

b 基準担保金率（ヘアカット）

上述のように担保金額は借り入れる債券の時価に基準担保金率を掛け合わせて算出する。基準担保金率101％であれば、債券時価に対して1％分上乗

せした金額が担保として必要となる。逆に基準担保金率95％であれば、債券時価に対して5％分減じた金額が担保金額となる。この基準担保金率として100％との差分を設けることをヘアカットをかけるという。基準担保金率は取引当事者間で決定する。

基準担保金率101％のケースでは、債券の借り手は1％のヘアカットをかけられたことになり、時価に対して1％上乗せした担保金を支払わなければならず不利な状況といえる。ヘアカットは対象債券の時価変動リスクへの対応として設けられるものであるが、現金担保付債券レポ取引の場合は、信用力にともに問題がない国債と現金の交換という取引のため、このヘアカットがかけられるということ自体が取引当事者の信用状況に問題があるとみなされることもあるため、日本においてはヘアカットをかけることが敬遠されやすい。

c　マージン・コール

約定時点で算出した担保金額（基準担保金率100％の場合）は、その時点では対象債券の時価と等しく、債券の貸し手、借り手ともに勝ち負けはない。一方で、債券はマーケットで日々売買され時価は常に動いているため、その時価変動分を担保金で調整する必要が生じてくる。この調整を相手方に要求する権利のことをマージン・コールという。

マージン・コール行使の具体的な手順は、まず対象債券の時価を再算出のうえ、担保金額を算出しなおす（＝値洗い）。値洗い後の必要担保金額が、債券相場の上昇等によりもともとの担保金額を上回っている場合は、債券の貸し手にとっては担保が不足している状態となるため、追加担保金を請求する。逆に、値洗い後の必要担保金額が、債券相場の下落等によりもともとの担保金額を下回っている場合は、債券の借り手にとっては差し入れている担保に余剰が生じている状態となるため、余剰となった担保金の返戻を請求する。

このようにマージン・コールは債券の貸し手、借り手両方に生じうる。

第 8 章

有価証券運用

第7節

公　社　債

① 金融機関にとっての債券投資の意義と動向

　金融機関は預金、債券等により調達した資金を貸出、有価証券等で運用し利鞘を確保している。歴史的にみれば、戦前は総運用資産中、貸出金は4割弱を占めるにすぎず、一方、国債を主体とする有価証券の比率は3割程度に達していた。しかし、戦後の高度成長期にあっては企業の旺盛な資金需要を背景に貸出金の比率が5割強に上昇した半面、有価証券は流通市場の未整備もあってその比率は1割弱にまで落込みを示した。ところが、1975年以降国債の大量発行を背景に有価証券の比率は再び上昇に転じ、足元では日本銀行の金融緩和策による資金供給増加の影響もあって、2010年3月末現在全国銀行ベースで約3割に達している。

　このような客観情勢の変化は金融機関のポートフォリオに対する姿勢に多大の変化をもたらした。すなわち、従来の債券ポートフォリオは財政当局に対する政策協力ないし受託業務、融資業務のバックアップとして付随的に取得した新発債の受け皿としての性格が濃厚で、取得した後も資金逼迫時の流動性準備ないし日銀借入れ、コール取入れの担保としての機能、あるいは決算調整機能等総じて受動的、随伴的機能が中心をなしていた。流通市場の未整備、実勢から乖離した発行条件等から債券は売却すれば売却損を伴うのが常態であり、債券運用で収益をあげるという考え方はほとんどなかったといってよい。ところが1975年から国債が大量発行され、金融機関の債券保有残高が累増を余儀なくされるに及び、「保有から運用へ」をキャッチフレー

ズに債券の積極的運用が叫ばれ始め、さらに、1980年代以降わが国金融機関にもALM（資産・負債管理）の導入が開始され、債券ポートフォリオについてもALM全体の枠組みのなかで構築していくことが志向されるようになった。また1990年代のバブル崩壊後、不良債権が銀行収益を圧迫するなかで、景気後退による金利低下局面で債券ポートフォリオから生み出される収益はますます重要性を増した。

　金利自由化が進展した今日、金融機関の資金調達・運用の手段は多様化し、加えて先物、スワップ、オプション等の派生商品の市場も急拡大するなかで、ALM手法の導入は金融機関の経営に必要不可欠なものになると同時に、将来の金利についての一定の予測シナリオや景気動向の予測に基づいて、金融機関の資産・負債全体のもつリスク（金利リスク、流動性リスク、信用リスク等）を極小化しつつ、そうしたバランスシートから生み出される収益を極大化する、というALM手法を経営理念として消化し、それを実行に移していくことが、金融機関経営のカギを握っているといっても過言ではない。

　したがって、債券ポートフォリオの運用も、従来のように単にそれ自身のパフォーマンスを追求するだけではなく、オフバランス取引も含めたバランスシート全体のリスクや収益性をふまえて、金融機関の経営上の判断のもと、高度なオペレーションノウハウやリスク管理を駆使し、的確なリスクコントロールによる有価証券運用を実施していくことが求められる。

❷　債券ポートフォリオの運営

　債券ポートフォリオは、収益をもたらす資産であると同時に、支払準備資産や担保としても利用されるなど、さまざまな側面をもっている。以下、債券ポートフォリオに関する具体的な運営、その利用方法等についてのポイントをあげながら、あわせてポートフォリオ構築の際の運用方法にも言及してみたい。

(1) 資金ポジション対策のためのオペレーション

A　債券売却による資金調達

　毎期決まった時期に資金が入用だったり、ある年度に資金需要が集中するなど、資金を必要とする時期をあらかじめ予想することが可能なときは、その時期に償還や利払を迎える銘柄を保有すべきであるが、それだけでは資金が不足する場合や、臨時に資金が必要となった場合は、保有している債券を売却して資金づくりをする必要がある。

　その際、銘柄選択のポイントとして、以下の点を考慮しなければならない。

① 　今後の金利見通しはどうか……長期債と短期債を比べると、利回りの変動幅が同じでも、価格の変動幅は長期債のほうが大きい、すなわち、長期債のほうが価格変動性が大きい。したがって、今後金利が低下すると判断した場合には、値上り率の小さな短期債から売却すべきであり、反対に金利が上昇すると判断した場合には、値下り率の大きな長期債から売却すべきである。

② 　市場性、流動性のある銘柄かどうか……資金化したい時期に、必要な量を小さな値動きの範囲内で売却できるかどうか。もし、そうでないとしたら、売却に伴って不測の損害を受ける危険性がある。

B　一時的な資金調達のためのオペレーション

　この場合には、前述の単純売切りのほかに、債券レポ（現金担保付債券貸借取引）による資金調達等も用いられる。債券レポ取引は現金を担保とする債券貸借取引で、貸借期間終了後には、貸出の対象銘柄と同種、同量の債券を返済する債券の消費貸借取引である。貸借期間においても債券価格の値洗いの結果、担保金に過不足が発生した場合はその調整を要求する権利を取引相手双方が有している点は留意すべきである。

C 債券購入による余資運用

投資家に余資が生じた場合、前述のとおり、金利が低下すると判断したときには長期債を取得し、金利が上昇すると判断したときには短期債を取得するか、もしくは取得を延期して価格変動リスクのない他の短期金融商品に投資すべきである。

D 一時的な余資運用のためのオペレーション

一時的な余資運用では債券レポ取引による資金運用、買い先行の時間差入替え、TB等による運用のほか、長期債を使った短期回転売買も運用の一方法として考えられる。ただし、その際金利予測を誤った場合のリスクについては、十分認識する必要がある。

(2) 積極的運用

積極的運用とは、相場変動に応じ、債券ポートフォリオの投資残高や構成比を機動的に組み替えながらパフォーマンス極大化を目指す運用スタンスのこと。この運用方法は高い収益率をもたらす半面、金利予測や売買のタイミングを誤った場合には、損失をもたらすリスクがあることには留意すべきである。

A 金利予測に基づくオペレーション

将来の金利変動を予測して、債券ポートフォリオの投資残高や長期債と短期債の構成比を動かし、パフォーマンスの極大化を図るために行われるオペレーションである。

たとえば、今後、金利が低下すると予測した場合には、投資残高の積増しや短期債を売却して長期債を購入する長期化入替取引等、イールドカーブの形状変化もふまえた取引を検討すべきである。反対に、今後、金利が上昇すると予測した場合には、投資残高の縮小や長期債を売却して短期債を購入する短期化入替取引等を検討すべきである。また、銘柄選択においては、各債券のデュレーションやクーポン、需給動向等の特徴をふまえて行う必要があ

る。

　投資残高や債券ポートフォリオの構成比をコントロールする方法には、現物債の購入・売却や債券ポートフォリオの長短比率を動かす入替取引に加えて、債券先物等のデリバティブ取引を利用する方法もある。すなわち、一時的な金利上昇を予測した場合には、先物を売り建て、実際に金利が上昇したときに反対売買により決済すれば、パフォーマンスを極大化することができる。

　なお、金利予測においては、金利のイールドカーブが平均的に低下、上昇しないケースが十分にありうることに注意を払うとともに、債券の金利変動には発行動向や投資家動向等の需給要因が大きく反映されることにも留意のうえ、金利動向を予測する必要がある。

B　銘柄間格差を利用した入替取引

　割高銘柄を売却し、割安銘柄を購入する入替取引を実施して、ポートフォリオのパフォーマンスを向上させようとするオペレーションである。割高銘柄には、流動性の高さから市場参加者の人気を集めている銘柄や、流通利回りが表面利率にほぼ等しく売買単価が額面に近いために償還損益を気にしないで売買できる銘柄等がある。

　こうした入替取引を行うにあたっては、現在の銘柄間格差が過去に比べて有意に大きいのか、小さいのか等の統計データの把握が必要であり、過去の一定期間の銘柄間格差の平均値や標準偏差等が重要な判断材料となる。また、債券レポ取引による調達コストが影響している場合はその継続性等を判断する必要がある。しかし、少数の投資家が市場残存総額の相当シェアを保有することによって割高感の生じた銘柄などは、割高な状態が長期間にわたって継続する場合もあるので注意が必要である。

(3)　保守的運用

　積極的運用における金利予測等の主観的な判断を交えず、債券ポートフォリオの満期構成を常に一定に保つ運用方法が、保守的運用の一般的なものであり、ラダー型運用とバーベル型運用をその代表例とする。

ラダー型もバーベル型も、ポートフォリオの平均残存年限が毎期一定となるために、積極的運用に比較して、金利変動に基づく価格変動リスクが小さい点に特徴がある。

A　ラダー型運用

毎年償還となる金額が一定であるように、常に短期から長期までの債券を均等に保有する運用形態で、満期の構成がラダー（はしご）に似ていることから、このように呼ばれている。

B　バーベル型運用

短期債で流動性をカバーし、長期債で収益性を追求する運用形態で、中期債は保有しないか極端に少ない。その満期構成がバーベルに似ていることからこのように呼ばれている。

(4) インデックス運用

運用対象となる債券市場全体のパフォーマンス（投資収益率）を表す債券インデックスに連動するようポートフォリオを構築し、運用する方法がある。

運用の基本スタイルとしては、インデックスに連動するように債券の比率を調節するというものであり、主観を入れないという点では保守的運用の一種といえる。しかし銘柄選定において割安割高分析を適用するなどして、「インデックス$+\alpha$」の運用を目指す手法の研究も盛んである。

債券インデックスには、国債市場を対象とするもの、一般債も含めた国内債市場を対象とするもの、さらには全世界の債券市場を対象とするもの等さまざまなものがある。

インデックス運用においては、単純にインデックスを構成する国債銘柄を投資対象とするのではなく、現実的なポートフォリオ構築という観点から、対象銘柄のうち比較的流動性の高い銘柄で市場全体のパフォーマンスを反映できるような銘柄選定を行い、その構成比率を決定している。このためインデックスに連動するポートフォリオを効率よく構築することができる。

また、債券インデックスは、単にそれに連動する債券ポートフォリオを構築するためだけでなく、さまざまな運用方法のパフォーマンスを統一的に評価する際のベンチマークとして利用することも可能である。

(5) オプションの活用

　債券ポートフォリオの運用において、債券オプションを活用して運用パフォーマンスの向上を図ることができる。オプションを活用した運用にはさまざまなものがあるが、ここでは代表的な2つの活用方法を紹介する。

① 　プロテクティブ・プット（プット買い）……金利上昇のリスクが高まった場合や、相場が高値圏での万が一の金利上昇に備える場合等における損失限定のヘッジツールとして活用することができる。プット・オプションを購入し、金利が上昇した場合における債券ポートフォリオ全体の損失をヘッジするとともに、金利が上昇しなかった場合にも、オプションのプレミアム分に損失を限定することができる。

② 　カバード・コール（コール売り）……金利低下リスクが限定的であると想定される場合に、債券ポートフォリオの運用利回り向上の手段として活用することができる。コール・オプションを売却し、行使期限において、市場実勢が行使価格を下回っていた場合は、受け取ったプレミアムを得ることができる。万が一市場価格が行使価格を上回っていた場合でも、受け取ったプレミアム分だけ現物債の売却単価をかさ上げすることができる。

③ 債券売買の実務

(1) 新発債の取得事務

　新発債の取得には、引受けによる取得と応募による取得がある。引受けによる取得とは、公共債の引受業務に伴う残額引受けや私募社債の総額引受け等金融機関が引受契約の当事者として行う取得である。応募による取得とは、おもに引受会社との約定による取得である。なお、国債の場合は、国債募集引受団（「シ団」）の引受方式が2006年3月に廃止され、国債市場特別参

加者制度（プライマリー・ディーラー制度）による公募入札方式に移行している。

　債券の保有形態は、振替債（社債、株式等の振替に関する法律のもと振替口座簿への記載により保有されるもの）が大半であり、以下、振替機関に振替口座簿を備える場合の振替債による実務を述べる。

　新発債の取得は、㈱証券保管振替機構（以下「機構」という）の一般債・短期社債振替システムを利用して、発行代理人（社債管理会社等）へ新規記録申請入力により行う（国債の場合は、日銀ネットを利用して日本銀行への払込オペレーション入力）。発行日（払込日）に発行代理人（国債の場合は日本銀行）とDVP決済（資金払込みと証券譲受けを同時に実行）する。振替決済制度により、債券は完全ペーパレス化が実現している。

(2) 既発債の売買事務

　金融機関では、債券売買の大半を振替債で行っている。振替債の売買では指定金融機関の場合、利子に対する源泉徴収が不適用となるほか、新発債同様、DVP決済等により事務面でも煩雑さが省けるためである。

　既発債の売買は、証券会社、バンクディーラー（業者）に対して購入、売却の約定を行い、業者から取引報告書を受領する。業者との約定内容照合を、一般債・短期社債振替システムを利用して行うことも可能である。債券の受渡しは、国債であれば日銀ネット、一般債であれば一般債・短期社債振替システムを利用して、振替指図を発信することにより行う。

　国債の決済は、1件ごとに即時実行されるが、これをRTGS（Real Time Gross Settlement）という。

　また、㈱日本国債清算機関（JGBCC）の参加者間では、同社を利用した国債決済を行うことでリスク削減を図っている。JGBCCのおもな役割は、決済債務の引受け、決済履行の保証、決済のネッティング処理である。

(3) 元利金の受入事務

　振替債では、国債であれば日銀ネット、一般債であれば一般債・短期社債振替システムで、償還金額、利金額（金額の確定は、国債では元利金支払期日

の3営業日前の業務終了時点、一般債では元利金支払期日の2営業日前の業務終了時点）を照会することができる。償還日、利渡日当日には、日銀ネットを通じて、元利金を受領する。

（4） 保管事務

債券の主要な保有形態である振替債は、ペーパーレスであるため、振替機関（国債であれば日本銀行、一般債であれば機構）の振替口座簿に残高が記載されている。保有額面を確認するためには、国債であれば日銀ネット、一般債であれば一般債・短期社債振替システムで照会し、自身の帳簿額と照合する。

4 債券投資の会計

（1） 取得時の経理処理

購入による取得価額は、購入の対価に購入手数料を加算した額とされる（法人税法施行令119条1項1号）。購入手数料には、有価証券を取得するために要した通信費、名義書換料の額を含めないことができる（法人税基本通達2－3－5）。

なお、政府保証債を引き受ける場合、応募予約料を差し引いて払い込んだときは差引き後の金額をもって取得価額とすることができる（法人税基本通達2－3－11）。

また、法人が利付債券を、その利子の計算期間の中途において取得した際、売り方に対し支払う経過利子相当額については、取得価額に含めず前払金として処理する方法が認められる（法人税基本通達2－3－10）。

（2） 利払時の経理処理

法人が債券の利息を受け取るときは、利息額に対して所得税15％と住民税（利子割）5％が源泉徴収される（所得税法23条1項、174条1号、175条1号、181条1項、182条1号、地方税法23条1項3号の2、71条の5、71条の6）。ただ

し、指定金融機関等が受領する振替口座等に記載等された利子等については非課税となる（租税特別措置法8条1項、地方税法25条の2第3項）。源泉徴収された所得税等は、法人税額等の控除または還付の対象となるので（法人税法68条、78条、同法施行令140条の2、151条の2、地方税法53条26項・40項・41項）、利息は税込額で総額計上し、源泉徴収額は区分経理するとよい。また、前述の経過利子相当額の前払金があるときは相殺処理する。

(3) 期末評価

A 財務会計上の取扱い

「金融商品に関する会計基準」および「金融商品会計に関する実務指針」に基づき、有価証券の保有目的区分ごとに評価を行う。

保有目的区分	評価方法	評価差額の取扱い
売買目的有価証券	期末時価	当期の損益として処理
満期保有目的の債券	取得原価（償却原価）	—
その他有価証券	期末時価	全部純資産直入法または部分純資産直入法

B 法人税法上の取扱い

以下のとおり評価を行う（法人税法61条の3）。

区　　分	評価方法	評価差額の取扱い
売買目的有価証券	期末時価	当期の損益として処理
売買目的外有価証券	取得原価（償却原価）	—

C 期末時価

「金融商品会計に関する実務指針」では、市場価格がある場合には「市場価格に基づく価額」を時価とし、市場価格がない場合には「合理的に算定された価額」をもって時価とするとしている。「市場価格に基づく価額」およ

び「合理的に算定された価額」とは以下に掲げるものをいう。

債券の種類	市場価格に基づく価額	合理的に算定された価額
上場債券	取引所の終値(原則)もしくは気配値または店頭気配値	－
非上場債券	次のいずれか ① 業界団体(日本証券業協会等)が公表する売買参考統計値 ② ブローカーまたはシステム上の売買価格または店頭気配値(①の入手が困難かまたはそれがない場合)	次のいずれか ① 比準方式等により算定した価格 ② ブローカーから入手する評価価格 ③ 情報ベンダーから入手する評価価格

　また、法人税法においても、売買目的有価証券の時価評価について同様の取扱いを定めている(法人税法施行令119条の13、法人税基本通達2－3－29、2－3－30)。

D　償却原価(アキュムレーションとアモチゼーション)

　「金融商品に関する会計基準」では「債券を債券金額より低い価額又は高い価額で取得した場合において、取得価額と債券金額との差額の性格が金利の調整と認められるときは、償却原価法に基づいて算定された価額をもって貸借対照表価額としなければならない」としており、法人税法上も原則適用となっている(法人税法施行令119条の14、139条の2)。対象は、法人税法上は「売買目的外有価証券」のうち償還期限および償還金額があるもの、財務会計上は「満期保有目的債券」「その他有価証券」となる。

　「金融商品会計に関する実務指針」では、償却原価の計算方法として定額法と利息法の2つを示し、利息法を原則としている。一方、税法では定額法のみが認められていることから、財務会計上の取扱いとして利息法を採用した場合には税務調整が必要となる。したがって、実務的には定額法を用いた法人税法上の償却原価法を適用するのが一般的となる。

　なお、法人税法上の償却原価法の具体的な計算方法は、以下のとおりとなる(法人税法施行令139条の2第2項・第5項)。

① 当期末額面金額＞前期末額面合計額の場合

$$\left(x \times \frac{b-a}{b} \times \frac{d \times \frac{1}{2}}{d \times \frac{1}{2} + c}\right) + \left(x \times \frac{a}{b} \times \frac{d}{c+d}\right)$$

次の要件を満たすものについては、上記算式中の「$d \times \frac{1}{2}$」を、「当該有価証券の取得の日から当期の終了の日までの日数（または月数）」に読み替えて計算することができる（法人税法施行令139条の2第3項・第5項）。

ⓐ その償還有価証券と同一銘柄の有価証券を前事業年度終了時に有しておらず、かつ、

ⓑ その取得事業年度においてその償還有価証券と同一銘柄の有価証券の取得がないとき。

② 当期末額面合計額≦前期末額面合計額の場合

$$x \times \frac{d}{c+d}$$

x：償還差益相当額（当期末の調整前簿価と額面金額との差額）
a：前期末額面合計額
b：当期末額面合計額
c：翌事業年度開始の日から償還日までの日数（または月数）
d：当期の日数（または月数）

E　評価差額の取扱い

a　売買目的有価証券

売買目的有価証券の評価差額は、当期の損益として処理する（金融商品に関する会計基準）。法人税法上も同様に所得計算に含め、翌期において洗替え処理が行われる（法人税法61条の3第2項、同法施行令119条の15）。

b　その他有価証券

① 全部純資産直入法（原則的方法）……評価差額の合計額を、税効果会計を適用したうえで純資産の部に計上する方法。ただし、全部純資産直入法であっても、評価差損について時価が著しく下落し、かつ回復する見込みがない減損に該当する場合には、当期の損失として処理する。

② 部分純資産直入法（継続適用を条件として適用可）……評価差益は、税効果会計を適用したうえで純資産の部に計上し、評価差損は当期の損失として処理する方法。

なお法人税法上、売買目的外有価証券の期末評価額は取得原価が原則であり、評価損益は計上することはできないが、一定の要件に該当する場合には評価損益の計上が認められる（法人税法25条、33条、同法施行令24条、68条1項2号）。

(4) 売却（償還）時の経理処理

譲渡（償還）損益の額は「譲渡対価の額（償還の場合は償還金額）」から「譲渡原価の額」を控除して計算される（金融商品会計に関する実務指針、法人税法61条の2）。

なお、買方から受け取る経過利子相当額を受入利息に計上し、さらに、取得時に支払った経過利子相当額を前払金で計上している場合は、これらを相殺処理する。

譲渡原価の額は、以下に述べる総平均法または移動平均法のいずれか一方によって取得価額をもとに算出した「有価証券の1単位あたりの帳簿価額に譲渡した有価証券の数を乗じた金額」とされる。

a 総平均法

銘柄回号単位にその事業年度開始のときに有していた債券の帳簿価額とその事業年度において取得したその債券の取得価額の総額との合計額をこれらの有価証券の総数で除して平均単価を求める方法である。

b 移動平均法

銘柄回号単位に取得のつど、その債券の取得直前の帳簿価額と新たに取得した有価証券の取得価額との合計額をこれらの債券の総数で除して平均単価を求める方法である。

なお、法人税法上、算出方法の選定は、「売買目的有価証券」「満期保有目的等有価証券」「その他有価証券」の区分ごとに、かつ有価証券の種類ごとに行い、新しい区分または新しい種類の有価証券を取得したときは、選定した帳簿価額の選定方法を、その期の法人税申告書の提出期限までに所轄税務

署長に届け出なければならない（法人税法施行令119条の5第2項）。算出方法を届け出なかったときは、移動平均法を選定したものとみなされる（同施行令119条の7）。なお債券の有価証券の種類は、「国債証券」「地方債証券」「社債券」等であり、おおむね金融商品取引法2条1項1号～21号（17号を除く）の各号の区分によることとされる（法人税基本通達2－3－15）。

(5) 有価証券の認識および消滅

「金融商品会計に関する実務指針」では、有価証券の譲渡契約について約定日から受渡日までの期間が市場の規則または慣行に従った通常の期間である場合、原則として譲渡約定日に買い手は有価証券の発生を認識し、売り手は有価証券の消滅を認識するとしている。(4)における譲渡損益の認識についても、約定日に行うのが原則とされる。また法人税法上も企業会計にあわせ、原則として譲渡等の約定日に行うこととされる（法人税法61条の2）。

第 2 節

公社債（外債）

❶ 外債投資の意義と動向

(1) 国際分散投資の必要性

近年著しい伸びをみせている外債投資を現代ポートフォリオ理論の観点から論ずるときに重要なポイントは、分散投資によるリスクの低減の考え方である。

円貨建債券のみでポートフォリオを構成する場合、国内の政治、経済、金融環境の変化の影響を一律に受けるが、ポートフォリオに円貨建債券の期待収益率と相関の乏しい外貨建債券を組み入れることによって、リスクを低減することが可能となる。昨今では、成長著しい新興国などの高利回り債券の利息収入、あるいは通貨分散効果に着目した外債投資なども行われている。特に、円貨建債券の利回りが低位で推移する環境が長期化している状況下、外貨建債券をポートフォリオへ組み入れることの重要性はますます高まっているといえよう。

(2) 国際分散投資の歴史と現状

わが国の投資家による対外証券投資は、1980年12月の外国為替及び外国貿易管理法改正によって原則自由となって以降、急速に拡大し、その後も機関投資家の運用手段として安定した地位を築いている。特に1990年代後半からの国内景気低迷の長期化を背景に企業の資金需要も低迷が続き、金融機関に

図表8-1　保有外国証券残高

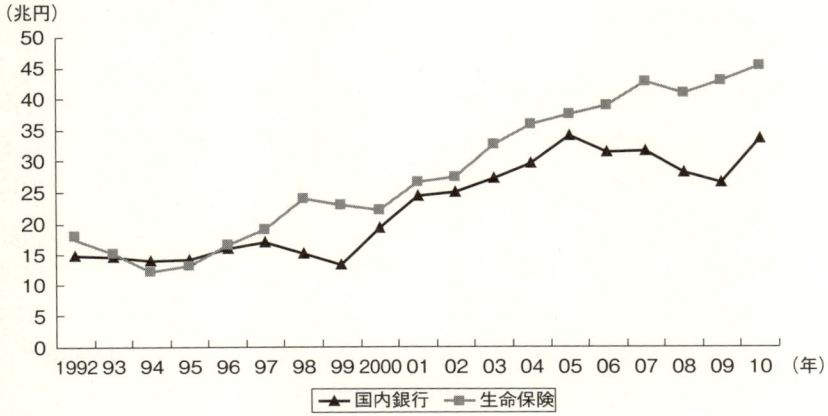

（注）　2010年は10月現在のデータを使用。
出所：日銀金融経済統計月報

とって債券投資が数少ない貸出にかわる資金運用手段となっており、外貨建債券についても投資対象としての需要は着実に高まっている。

　投資主体別にその現状をみると、生損保による外債投資は、リスク分散を図りながら保険契約者への還元を充実するという観点から、いち早く積極的な取組みがなされてきた。また、預金額が貸出額を上回る状態が続いている国内銀行も、外債投資を安定的に行っているほか、最近では、高利回りのエマージング諸国国債を含む世界各国の国債をファンド化した投資信託も家計の運用ニーズの受け皿となるなど、投資信託の存在感も増している。

❷ 外債投資の対象

（1）米ドル債市場

　米ドル債市場は発行額、残高、流通市場規模などいずれの面をとってみても世界最大規模の資本市場を形成しており、数々の新商品開発にみられるような先進性も含めて文字どおり世界の債券市場をリードしている。

以下、米ドル債市場で流通している主な債券についてみてみよう。

A 米国債（Treasuries）

米国債は主として連邦政府の歳入不足を補填するために財務省が発行する債券で、債券市場のなかでも最も高い格付と優れた流動性を誇っている。米国債の発行額は年々増加し、2009年の1年間の発行額は8兆6,150億ドルにまで達している（図表8－2）。

同国債は大きく次の4種類の債券に分類される。
① Treasury Bill（T-Bill）……償還年限が1年未満の割引債
② Treasury Note（T-Note）……償還年限が1年超10年以内の利付国債
③ Treasury Bond（T-Bond）……償還年限が10年超の利付国債
④ Treasury's Inflation-Protection Securities（TIPS）……インフレ連動債

図表8－2 米国債年間発行額

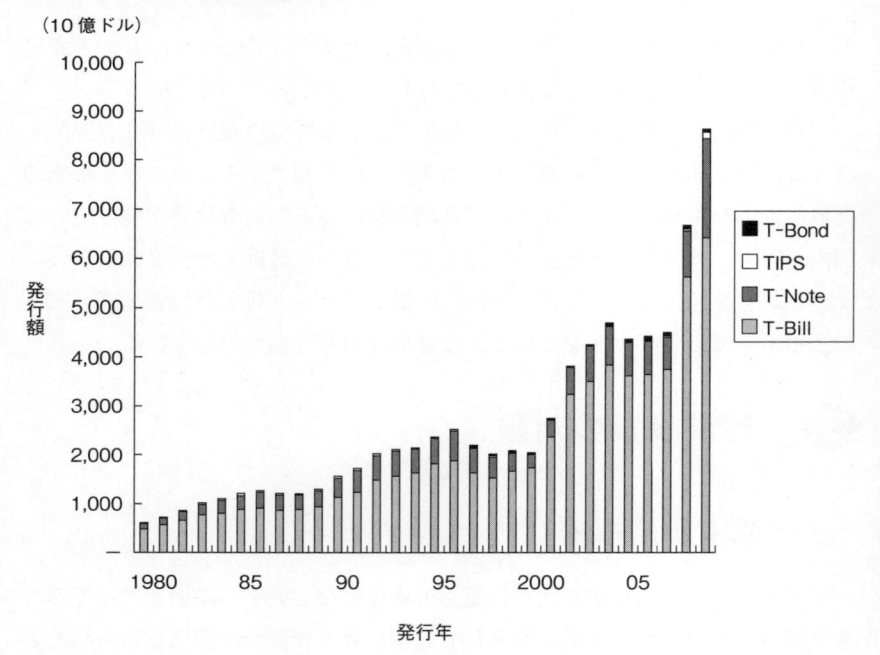

出所：SIFMA

図表 8 − 3　発行スケジュール

米国債の発行スケジュールは以下のとおりである（2011年1月現在）。

	発行月	リオープン
2年債	毎月下旬	なし
3年債	毎月中旬	なし
5年債	毎月下旬	なし
7年債	毎月下旬	なし
10年債	2、5、8、11月中旬	発行月の翌月、翌々月中旬
30年債	2、5、8、11月中旬	発行月の翌月、翌々月中旬
TIPS 5 年債	4月下旬	10月下旬
TIPS10年債	1、7月	3、5、9、11月
TIPS30年債	2月下旬	8月下旬

（注）　リオープンとは、前回の入札で発行された新発債の追加発行。

　取引は店頭市場を中心に行われており、電子プラットフォームを利用した取引も拡大しつつある。米国債流通市場参加者は、米機関投資家、各国中央銀行、政府機関、外国投資家等々きわめて多岐にわたっており、国外の投資家の保有比率は、2010年9月時点で47％に達しており、アジアをはじめとした投資家の需要は強い。また、日本の機関投資家による米国債投資需要にも対応するため、東京においても米国債の流通市場が整備されており、東京、ロンドン、ニューヨークを結んで24時間取引が行われている。

B　エージェンシー債（Agency Bonds）

　連邦政府機関もしくはこれに準ずる政府機関が発行する債券で国債に次ぐ安全性・流動性を備えており、かつ国債に比して高い利回りを享受できることから投資家の関心も高く、国債と同様に活発な流通市場が形成されている。発行体としては、連邦抵当金庫（FNMA、通称ファニーメイ）、連邦住宅金融抵当公社（FHLMC、通称フレディマック）、連邦住宅貸付銀行（FHLB）などがあげられる。

(注) GSEの動向について……エージェンシー債（Agency Bonds）の大半は、GSE（Government Sponsored Enterprise）と呼ばれる政府系機関が発行する債券である。2007年頃から米国においては、サブプライムローン問題の深刻化に伴い住宅市況が急激に悪化し、2008年にはGSE 2 社（FNMA、FHLMC）は米国政府の公的管理下に入った。このGSE 2 社の処理が米国経済に与える影響は大きく、最終的な結論に至るまでには相応の時間がかかることが見込まれるが、その改革については米政府、議会において議論が始まりつつある。GSE 2 社については、サブプライム危機拡大の一端を担ってしまったことや巨額な財政負担が引き続き見込まれていることから、基本的には段階的にその機能を縮小する方向での議論が進むものと考えられる。

C モーゲージ債（Mortgage Backed Securities）

住宅ローンを証券化した債券で、1980年代に急速に流通市場が発展した。政府抵当金庫（GNMA）、連邦抵当金庫（FNMA）、連邦住宅金融抵当公社（FHLMC）の 3 連邦政府機関が発行、もしくは保証したパス・スルー証券を中心に形成された市場で、国債に準じた信用度、市場規模、流動性をもちながら相対的に高利回りを享受できることから投資家の人気は高い。特にGNMA保証のモーゲージ債は米国政府の明示的な保証が付与されているため、信用リスクは米国債と同等である。FNMAやFHLMC発行のモーゲージ債は、GNMAと異なり米国政府の明示的な保証はないものの、上記のとおり米国政府とのつながりは強く信用リスクは小さいと考えられている。さらに、上記のパス・スルー証券を担保にし、そのキャッシュフローを分割、再構成することによってつくられるCMO（Collateralized Mortgage Obligation）もモーゲージ債市場において重要な地位を占めている。

D 事業債（Corporate Bonds）

民間事業会社が発行する債券である。米国ではほとんどの事業債が無担保で発行されており、格付機関による格付に応じて価格が形成されている。普通債（Straight Bonds）のほか、デフォルト時の元利払が一般債権者に劣後する一方で高利率が付された劣後債（Subordinated Bonds）などさまざまな形態で発行されている。償還期限は 2 ～10年が一般的であるが、償還期限100年の債券が発行されたこともある。

銀行等の金融機関も、普通債のほか、劣後債などさまざまな形態で事業債を発行している。また、2008～2009年の金融危機を受け連邦預金保険公社（FDIC）の保証付きの銀行債も発行されたほか、最近では、資本状況を普通株式への転換条件とする転換社債（CoCo Bond：Contingent Convertible Bond）が欧州で発行される等、バーゼルIII等の各種規制への対応を求められる発行体のニーズに応じて発行債券の多様化が進んでいる。

E　ヤンキー債

国際機関や米国外の政府、企業が米国内で発行する米ドル債券であるが、①優良な発行体が多いことや、②流動性に優れ信用力が高いこと、等から外国投資家の関心を集めていた。しかし、近年では発行体はグローバルな投資家も意識し、ユーロ市場等、米国外に発行の場を移す傾向がある。

F　地方債（Municipal Bonds）

州等の地方政府が独自に発行する債券である。米国内での税制優遇があり、米国個人投資家の運用の受け皿となっている。サブプライムローン問題発生以来、地方政府の税収は著しく減少しており、米地方経済の景気悪化要因となっている。州は現段階では法的に破産が認められていないものの、今後倒産法制が見直される可能性もあるほか、州以外の地方政府の一部は実際にデフォルトしており、今後の経済情勢次第では地方政府の信用問題が意識されてくる可能性もある。

(2)　ユーロ債市場

基本的に本国の為替規制、税制などの及ばぬユーロ市場では、発行者のニーズに応じあらゆる通貨と形態の債券が発行・取引され、多くの市場参加者とも相まって厚みのある債券市場を形成している。ユーロ市場での資金調達形態の多様化とグローバリゼーションの進展を反映して、市場は拡大してきており、全世界で同時に販売されるグローバル債なども発行されている。投資家のニーズを満たすようなオーダーメードの仕組債券（期日前償還権付債券、エクイティやクレジットデリバティブを内包した債券）など商品のバラエ

ティもいっそう充実をみせている。

(3) ユーロ圏債券市場

　欧州単一通貨「ユーロ」は、1999年1月に正式発足した欧州経済通貨同盟（EMU：European Economic and Monetary Union）の当初参加11カ国（オーストリア、ベルギー、フィンランド、フランス、ドイツ、イタリア、アイルランド、ルクセンブルク、オランダ、ポルトガル、スペイン）により導入され、2002年2月より通貨の流通が開始された。2001年1月にギリシャ、2007年1月にスロベニア、2008年1月にキプロスとマルタ、2009年1月にスロバキア、2011年1月にエストニアがユーロに参加し、合計17カ国とユーロ地域は拡大を続けている。

　ユーロ圏債券市場では、ドイツ国債がその信用力および市場規模などからベンチマーク（指標債）としての地位を築いており、他のユーロ圏諸国に対して低い利回りで取引されているため、ユーロ圏諸国の利回りはドイツ国債とのスプレッド（金利差）を用いてその金利水準が議論されることが多い。

図表8－4　EMU加盟各国における政府債務残高（対名目GDP比）

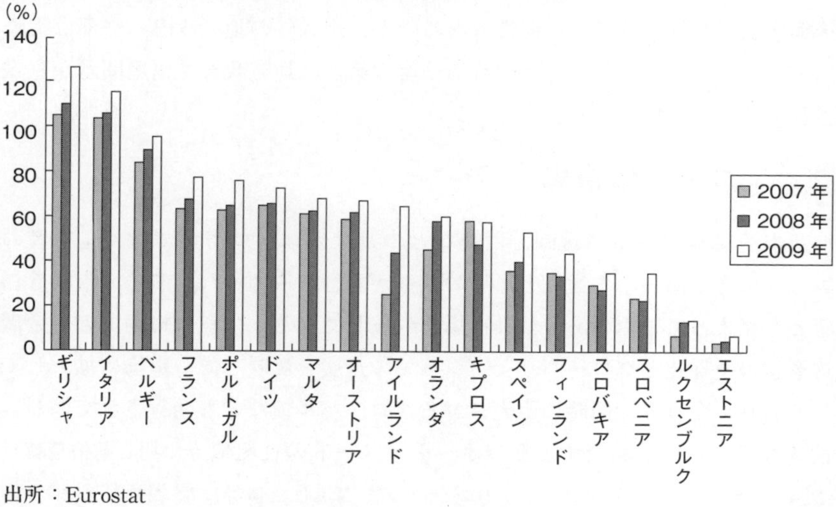

出所：Eurostat

2007年夏頃より深刻化した、リーマンショックに代表される一連の金融危機への対応から、欧州各国においては財政支出が急激に増加した。このため、政府債務残高は多くの国で増大しており、特に財政状況に不安のある周辺国債券とドイツ国債とのスプレッドは拡大傾向が続いている。

　2010年4月には、市場からの資金調達が困難となったギリシャがEUとIMFに対して資金支援を要請し、翌5月には1,100億ユーロの支援が決定された。また、財政支援要請国に対する救済枠組みとして、ユーロ圏各国からの

図表8－5　ユーロ圏諸国とドイツ国債の利回りスプレッド

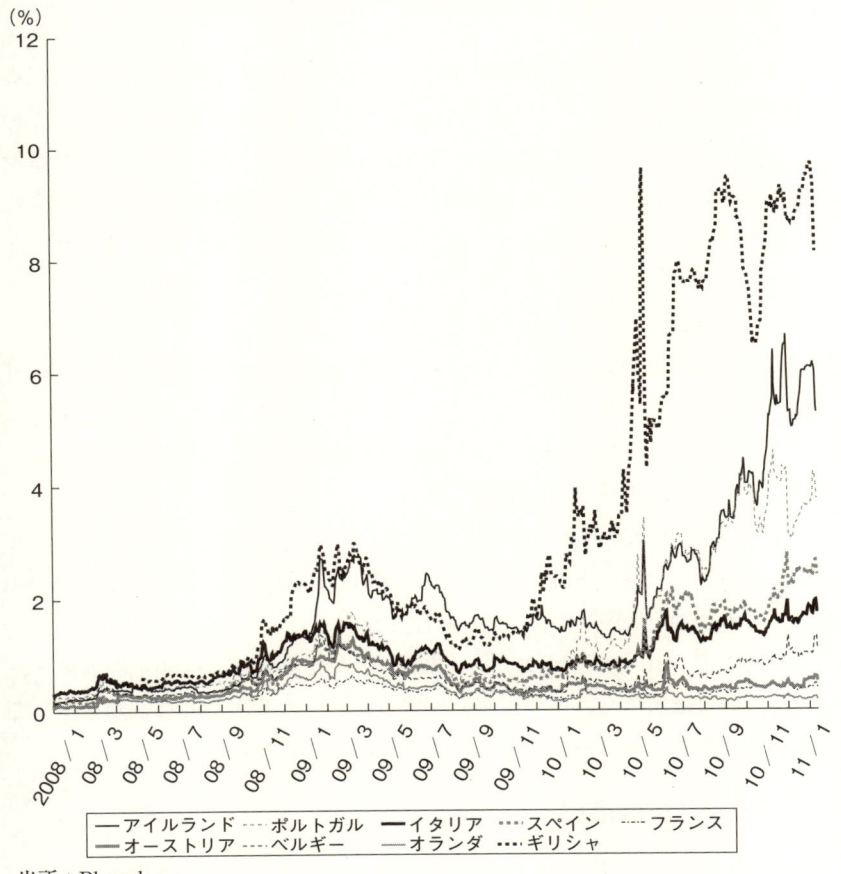

出所：Bloomberg

第2節　公社債（外債）　513

融資や保証で構成される4,400億ユーロの欧州金融安定ファシリティ（EFSF）や600億ユーロの欧州金融安定化メカニズム（EFSM）が創設され、IMFからの支援を含む総額7,500億ユーロに及ぶ包括的な支援メカニズムが創設されている。同年11月にはギリシャに続きアイルランドも支援を要請しており、アイルランドに対する救済資金融資のため、2011年1月にはEFSFおよびEFSMがそれぞれ独自に債券を発行した。今後、欧州全体の資金調達ニーズをカバーする汎ユーロの共通債券発行などの試みも選択肢として浮上する可能性がある。

A　ドイツ国債市場

ドイツ国債は、ユーロ建国債の中心的な存在であり、2009年には発行残高が1兆ユーロを超え、ドイツ国外投資家の保有率も高く2009年末時点で約53％に達している。ユーロ圏市場における経済規模の大きさからユーロ圏債券市場のベンチマークとしての役割を担っており、主要格付会社が債券発行体に付与する信用格付も最高ランク（AAA/Aaa）が付与されている（2011年1月現在）。

ドイツ国債は発行年限別にみると、以下に大別される。

① 短期割引国債（BUBILL／ブビル）……償還年限が半年の割引国債。毎月複数回発行されている。
② 短期国債（SCHATZE／シャッツ）……償還年限が2年の利付国債。3、6、9、12月の四半期ごとに発行されている。
③ 中期国債（BOBL／ボブル）……償還年限が5年の利付国債でユーロ建5年債のベンチマークとなっている。従来は年4回発行されていたが、2000年8月の137回債からは年2回の発行となっている。
④ 長期国債（BUND／ブンズ）……償還年限が10年もしくは30年の国債で、ドイツの金融市場やユーロ建長期国債市場における中心的な役割を担っている。大半の銘柄は満期が1月と7月に設定されている。

B　フランス国債市場

フランス国債市場は、ドイツ、イタリアと並ぶ規模を有し、発行残高は2008

年以降1兆ユーロを超えている。フランス国債は国外投資家にも多く保有されており、保有率は、2009年末時点で約66％に達している。

フランス国債は発行年限別にみると、以下に大別される。

① 割引短期国債（BTF）……満期1年以内の割引債で、おもに毎週月曜日に公募入札により発行されている。
② 中期固定利付国債（BTAN）……償還年限2年もしくは5年の固定利付国債で、8月と12月を除く毎月第3木曜日に入札が実施されている。
③ 長期固定利付国債（OAT）……償還年限7～50年の固定利付債。入札は毎月第1木曜日に実施されており、10年物の発行が最も多い。

C　イタリア国債市場

イタリア国債市場は、国債発行残高が2009年末で1兆4,460億ユーロとユーロ圏諸国では最大規模となっており、イタリア国外投資家の保有率は、2009年末時点で約51％に達している。イタリアの財政収支は1990年代後半にいったん改善したものの、金融危機を受けて再び悪化傾向を示しており、対GDP比の政府債務残高は依然として100％を上回る水準にある。発行残高も大きいことから流通市場も発達しており、財政状況もふまえ、ドイツ国債対比のスプレッド（金利差）は、相応に大きい。

イタリア国債は、以下に大別される。

① 国庫省短期証券（BOT）……3、6、12カ月物が、割引形式にて毎月初および月末に発行されている。
② ゼロクーポン国債（CTZ）……償還年限2年、割引形式にて毎月末に発行されている。
③ 固定利付国債（BTP）……償還年限3～30年、毎月央および月末に発行されている。
④ 変動利付国債（CCT）……償還年限7年、毎月発行・リオープンされている。

D　国際機関債・政府保証債

国際機関債は、国際復興開発銀行（IBRD：International Bank for Reconstruction and Development)、欧州投資銀行（EIB：European Investment Bank）など、経済的な復興や発展を支援する目的で設立された国際開発金融機関が発行する債券で、同機関の活動を行うための資金調達手段となっている。また、政府保証債は、ドイツ復興金融公庫（KfW：Kreditanstalt fuer Wiederauf）など公的金融機関が発行する債券に中央政府が保証を付与したもので、環境・技術革新等を目的としたプロジェクト向けファイナンスを行うための資金調達手段等として発行されている。これら国際機関債・政府保証債の信用度は高く、直近では、欧州周辺国の財政支援を目的に発行された欧州金融安定ファシリティ（EFSF）が発行した債券も注目されている。

E　カバードボンド

銀行や金融機関が発行する債券のうち、住宅ローンなどの貸出債権や倒産隔離された質の高い資産プールを担保とした債券で、欧州においてはドイツのファンドブリーフ債（Pfandbrief）をはじめ、フランス、スペインを中心に金融機関の重要な資金調達手段として市場が確立されている。各国のカバードボンド法や関連諸契約に基づき発行されるものなど、法制により枠組みは異なるものの、発行体がデフォルトした場合、投資家は発行体と担保資産の双方に求償権を有するのが特徴であり、リーマンショックをきっかけに、米国においても従来の証券化商品の代替スキームとして注目を集めている。

(4)　英国債市場

英国政府により発行される利付債券は通称ギルト（GILTS＝Giltedge）と呼ばれ、国債発行残高は2009年末で7,000億ポンドを超えており、イタリア、ドイツ、フランスに次ぐ市場規模を有している。英国債の国外投資家の保有率は、2009年末時点で28％程度であり、ドイツ国債などと比べ国外の投資家による保有割合は低い。固定利付債（Conventional Gilts）の流動性が最も高く、その他に短期割引債（Treasury Bills）、インフレ連動債（Index-Linked Gilts）がある。英国はEUには加盟しているが、通貨ユーロの導入国ではないため、国債はユーロではなく英ポンド建てで発行されている。

① 短期割引債（Treasury Bills）……1、3、6、12カ月物が毎週最終営業日に発行されていたが、現在は12カ月物のBillは発行されていない。
② 固定利付債（Conventional Gilts）……償還年限がおもに5、10、30年の国債で、6カ月ごとに利払が行われる。利払に関しては権利落ち（ex-dividend）のシステムが導入されており、利払日の7営業日前以降が受渡日となる取引においてはクーポンを受け取る権利がなくなる。この権利落ち日を過ぎた売買を行った場合、経過利息は売り手側から買い手側に支払われ、マイナスの経過利息が発生することになる。
③ インフレ連動債（Index-Linked Gilts）……元本と利息が英国の小売物価指数（RPI：Retail Price Index）に連動する債券で、6カ月ごとに利払が行われる。

(5) 豪ドル債市場

オーストラリア国債は、連邦政府の健全な財政状況を受けて発行額が減少していたものの、リーマンショックを受け、2009年末には1,173億豪ドルまで発行残高を増加させている。また、州政府の権限の強さを反映して、州政府債の規模が非常に大きいことが豪ドル債市場の特徴である。州政府債に関しては、リーマンショックに端を発する信用不安を緩和するため、2008年、連邦政府による保証制度が策定され、政府保証債の発行が増加した。連邦政府による保証の付与は2010年末をもって終了したため、2010年以降は非連邦政府保証債の発行も増加した。

(6) カナダ国債市場

カナダ政府は、リーマンショックの影響を受けるまでは財政黒字を続けており、政府債務は減少傾向にあったが、リーマンショック後は財政赤字に転落し、政府債務は増加に転じた。国債発行残高も2007年末の3,662億カナダドルから2009年末の5,320億カナダドルまで増加してきている。カナダ国債は銘柄統合による発行が多く行われており、流動性の維持・向上が図られている。また、1991年より「リアル・リターン・ボンド」と呼ばれる物価連動国債が発行されている。参照する物価指数のラグが短い（3カ月）ことが特

徴的であり、この方式は「カナダ方式」と呼ばれ、主要国の多くが採用している方式である。

(7) エマージング国債等

新興国の高い成長率や通貨高、外貨準備の増加などを背景にブラジル、南アフリカ、トルコ、東欧などの新興国が発行する債券への関心も急速に高まっている。これらの国々の債券は、相対的に高利回りであるとともに、各国のインフレ状況の改善も背景に、通貨価値の上昇期待も強く、先進国等からの余剰資金の流入は継続している。また、利子の授受を禁ずるイスラム法（シャリア法）に準拠したスクーク債や、人民元の運用手段として需要の高い人民元建ての中国国債など、投資家のさまざまな運用ニーズに応じて、新たな市場形成も着実に進んでいる。

❸ 外債ポートフォリオの構築

外債ポートフォリオを構築し運用するにあたっての基本的な考え方を以下に述べる。なお、今後のバーゼル規制やIFRS（国際財務報告基準）等の動向が、外債ポートフォリオ構築の考え方に大きな影響を与えることが予想されるため、これらの動向には十分留意する必要がある。

(1) 資金調達手段

本邦投資家が外債投資を行う場合には、債券購入のための資金の調達方法によって、以下の2通りに分けることができる。

A 円貨調達

本邦投資家が保有する円貨資金を為替市場において外貨資金に転じて外債購入のための原資とする方法（一般に"円投"と呼ばれている）がある。債券の価格変動リスクに加えて、為替変動リスクも負うことになるが、購入した債券からのリターンに加え、為替差益によるパフォーマンス向上をねらう投資家も少なくない。一方、この為替リスクについて、為替先物予約などを用

いたヘッジも一般的に行われており、その場合には為替ヘッジにかかるコスト勘案後の利回りなどが投資判断の基準となってくる。

B 外貨調達

外債投資を行う本邦投資家が外貨資金を保有する場合や、外貨資金借入れを行うことにより購入のための資金とすることも可能である。また、購入した債券を用いてレポ市場において資金調達（注）を行うことも一般的に行われている。いずれの場合も、保有債券の残存年限よりも短い期間での資金調達を行うことで、イールドカーブの期間構造によって生じる長短金利差（スプレッド）によるリターンを追求することなどができるが、期間構造の変化により、逆鞘となることもあるので注意が必要である。

(注) 買戻条件付売却取引や現金担保付債券貸付取引など、各国市場慣行や法制によって取引形態は異なっている。

(2) ポートフォリオの型

A ラダー型

短期債から長期債まで均等に保有する運用方法である。長短金利の変動リスクを分散できる特徴がある。

B ダンベル型

短期債と長期債を集中して保有し、中期債は基本的にはもたない運用方法である。短期債での流動性を確保しつつも、長期債で収益を追求することができる。

C ブレット型

保有期間を一定の年限に固めた運用方法である。キャッシュフローはダンベル型よりも安定している。

(3) ポートフォリオ運用手法

外債ポートフォリオ運用手法については、リスクを抑えて安定的なリターンを目指すパッシブ運用と、積極的にリスクをとって高いリターンを追求するアクティブ運用に大別できる。

A　パッシブ運用

a　インデックス運用

インデックス（指数）と構成銘柄を類似させて、インデックスと同等のリターンを目指す手法。実際のポートフォリオとインデックスの差をトラッキング・エラーと呼び、このトラッキング・エラーを最小化することが重要となる。

b　イミュニゼーション

運用期間中の債券ポートフォリオ価値を金利変動によらず安定させる手法。

c　キャッシュフローマッチング

将来のキャッシュアウトフローと債券ポートフォリオから生じるキャッシュフローを一致させる手法。

B　アクティブ運用

積極的にリスクをとってリターンを追求する運用であり、将来の金利変化ならびにイールドカーブの変化等を予測してポートフォリオを構築する。イールドカーブの変化には、①金利水準の変化（パラレルシフト）、②傾きの変化（フラット／スティープ）、③曲率変化（バタフライ）の3種類に大別することが可能であり、デュレーションの調整やポートフォリオの入替えによって収益の極大化をねらう。

(4) パフォーマンス分析

同額のリターンをあげたとしても、リスクの度合いにより、パフォーマンスの評価は異なる。代表的なリスク調整後のパフォーマンス評価方法として

以下の3つがある。

A　シャープ測度

シャープ測度はリスクをポートフォリオリターンの標準偏差としており、以下の式で表される。

$$\frac{R_p - R_f}{\sigma_p}$$

R_p：ポートフォリオリターン
R_f：リスクフリーレート
σ_p：ポートフォリオリターンの標準偏差

B　トレイナー測度

トレイナー測度はシャープ測度の分母をβ値に置き換えたものである。β値はCAPM（資本資産価格モデル）で用いられ、個別のポートフォリオのリスクが市場全体のリスクに対してどの程度大きいかを示したものである（CAPMは以下式参照）。

$$E[R_p] = R_f + \beta(E[R_m] - R_f)$$

R_p：ポートフォリオリターン
R_f：リスクフリーレート
R_m：市場全体のリターン

C　ジェンセン測度

基準となるポートフォリオから相対的に評価する手法である。実際のポートフォリオリターンと上記のCAPMで計算されるポートフォリオリターンの期待値の差が「ジェンセンのα」と呼ばれる。

④ 外債取引の基本

(1) 外債の取得と譲渡

1998年4月に外国為替及び外国貿易管理法が改正され、外国為替及び外国貿易法に改称されるとともに同法上の「資本取引」に該当する、居住者による証券の取得・譲渡は、財務大臣への「事前届出」が不要となり、「事後報告」へと変更された。

(2) 売買計算

A 利回り

わが国では債券利回りを単利・最終利回りで表すのが通例であるが、欧米では利息収入の再運用利回りも考慮に入れた複利計算による利回り表示が一般的なので、外債投資を行おうとする投資家はその違いに留意する必要がある。また、複利計算といっても原則年1回払のユーロ圏国債については年1回複利の最終利回りが、年2回利払が通例な米国債については半年ごとの複利の最終利回りがそれぞれ適用されている。

［複利利回りの計算式］

P＝債券価格　r＝利回り(年)　C＝クーポン収入(年間)　n＝残存期間(年)

① 年1回複利（AIBD方式）

$$P \times (1+r)^n = C \times (1+r)^{n-1} + C \times (1+r)^{n-2} + \cdots + C \times (1+r) + C + 100$$

② 年2回複利（米国方式）

$$P \times \left(1+\frac{r}{2}\right)^{2n} = C \times \left(1+\frac{r}{2}\right)^{2n-1} + C \times \left(1+\frac{r}{2}\right)^{2n-2} + \cdots + C \times \left(1+\frac{r}{2}\right) + C + 100$$

B 経過利息計算

経過利息計算の計算方式は、債券の種類によって異なるので注意が必要で

ある。

[日数計算方式]

① 米国債
  - 経 過 日 数……直前利払日（利息起算日）から決済日までの実日数片端入れ。
  - 1年換算日数……（直前利払日（利息起算日）から次回利払日までの実日数片端入れ）×2

② ユーロ圏国債（ドイツ国債、フランス国債等）
  - 経 過 日 数……直前利払日（利息起算日）から決済日までの実日数片端入れ。
  - 1年換算日数……365日（うるう年の場合は366日）

③ ユーロ債等
  - 経 過 日 数……直前利払日から決済日の前日までの両端入れ（ただし、1カ月＝30日）。
  - 1年換算日数……360日

C 実際の売買例

[Case 1 米国債の購入]

銘　柄	T-Note	クーポン	2.625%
償還日	2020年11月15日	利息起算日	2010年11月15日
約定日	2011年1月4日	決済日	2011年1月5日
価　格	94	額　面	1,000,000ドル

- 外貨約定金額……1,000,000×94/100＝940,000.00
- 外貨支払経過利息……1,000,000×2.625%×51/(181×2)＝3,698.20
- 決済代金……943,698.20ドル

[Case 2 ドイツ国債の売却]

銘　柄	BUND	クーポン	2.25%
償還日	2020年9月4日	利息起算日	2010年8月20日
約定日	2011年1月4日	決済日	2011年1月7日

価　格	96	額　面	1,000,000ユーロ

・外貨約定金額……1,000,000×96/100＝960,000.00
・外貨受取経過利息……1,000,000×2.25％×140/365＝8,630.14
・決済代金……968,630.14ユーロ

［Case 3　国際復興開発銀行債の購入］

銘　柄	米国内債（ヤンキー債）	クーポン	0.24％
償還日	2011年11月28日	利息起算日	2010年11月18日
約定日	2011年1月4日	決済日	2011年1月11日
価　格	101	額　面	1,000,000ドル

・外貨約定金額……1,000,000×101/100＝1,010,000.00
・外貨支払経過利息……1,000,000×0.24％×53/360＝353.33
・決済代金……1,010,353.33ドル

(3) 税　　金

取引の形態によって差異が生じるので詳細については個別に確認を要するが、以下に一例を示す。

① 利子課税……日本国内に居住する投資家が外国の債券を保有する場合、ユーロ債、ヤンキー債、米国国債の大部分などについては、国内支払取扱者を通じて支払を受ける場合を除き、受取利子に対する本邦の源泉徴収課税は行われないが、原則として発行国において一定の税率によって源泉徴収課税が行われる。

② キャピタル・ゲイン課税……個人（国内居住者）の場合、外国における外貨建有価証券の売却益は原則非課税である。内国法人の場合は、他の所得とあわせて法人税が課税される。

(4) **外債の保管・管理**

外債については、券面（現物）が流通することはほとんどなく、証券決済機関（注）における振替決済により管理されている（ブック・エントリー方式）。本邦居住者が取得した外債に関しては、投資家が契約する保管機関（カストディアン）に保管される「カストディ方式」と取引証券会社が契約す

る保管機関に保管され証券会社より預り証が交付される「保護預り方式」とがあるが、取引証券会社のカウンターパーティー・リスク軽減の観点から、「カストディ方式」の利用が主流となっている。

（注） DTC（Depository Trust Company）やユーロクリアなどが代表的。

5 外債投資の会計

　有価証券の期末評価において、かつては原価法と低価法を選択し適用することが認められていたが、2001年3月期から金融商品会計基準が導入されたことにより、保有目的ごとに以下のとおり3つの方法をとることとなった。

保有目的	評価基準	評価差額の処理
売買目的	時価基準	当期損益として処理
満期保有目的	償却原価法に基づく原価基準	（考慮不要）
その他有価証券	時価基準	原則として、評価差額の合計額を純資産の部に計上する全部純資産直入法

　また、グローバルな会計ルールであるIFRS（国際財務報告基準）が、今後日本企業においても順次採用されていくことが見込まれており、IFRS採用後においては、公正価値評価、もしくは償却原価法の2つの方法による評価方法をとることが見込まれている。

第 3 節

株　　　式

1　株式の投資環境

(1)　わが国株式市場の投資環境

　戦後から1980年代前半までの時期においては、わが国の株式市場の特徴として２つの現象がみられた。１つは、株式持合いの進行に伴う株不足現象であり、いま１つは、その時々の社会経済環境の変化に対応した特定の投資主体の出現、すなわち、昭和20年代は個人、30年代は投資信託、40年代は金融機関と事業法人、50年代は外国人投資家と金融機関が株式相場をリードしてきたという現象である。

　1980年代後半のいわゆる「バブル」の生成期においては、積極投資型の特金、ファンドトラスト等が相場をリードしただけでなく、事業法人等が国内外に設立した資金運用のための金融子会社を通じた株式運用が活発化し、さらに一般個人も投資を積極化するなど、全員参加型の株式相場となった。投資家が短期売買志向を強めるなか、株価は過去に例をみない急激な上昇を続け、株価水準は一般的な投資尺度では説明できない水準に達した。

　1990年に至り、バブルは崩壊し、企業業績の悪化も相まって、株式相場は一転して急落し、それまでの株価先高観が崩れた。

　特に2000年以降は企業や金融機関は、保有株式の評価減に伴う膨大な償却リスクに直面し、保有株式の圧縮を余儀なくされることとなり、従来、需要構造を支えていた株式持合いにも変化の兆しが表れてきた。特に金融機関に

対しては、保有株式の時価変動に伴う財務内容の変化を抑制する観点からも保有株式の圧縮を求める声も強まっており、日本銀行や銀行等保有株式取得機構による金融機関の保有する株式の買取りなどの施策も行われた。そのほかにも、株式持合いによるコーポレートガバナンスの低下等の影響も指摘されている。

そのような状況のなか、国内の事業会社や金融機関は保有株式の圧縮を進めているほか、個人投資家もバブル崩壊後の長引く株価低迷を受けて安全資産への志向を強めるなど、積極的に株式投資を行う主体が求めがたい状態となり、株式相場は調整を続けている。

(2) 株価の形成

株価は、表面的には市場におけるその時々の需給関係によって決定されているが、需給関係の根底には、株式そのものの実体価値に対する評価があり、それは企業の業績に大きく左右されることから、株価は、究極的には企業業績によって決まるといえる。

株価の評価に利用される指標としては、1株あたりの利益を基準とした株価収益率（PER：Price Earnings Ratio）、1株あたりのキャッシュフローを基準とした株価キャッシュフロー・レシオ（PCFR：Price Cash Flow Ratio）、1株あたりの純資産を基準とした株価純資産倍率（PBR：Price Book Ratio)、株価に対する配当金の割合を表す配当利回り（Dividend yield）等がおもなものである。

① 株価収益率

［算出方法］

　　　株価収益率＝株価／1株あたり税引後利益

現在最も広く利用されている株価評価方法であり、株価が1株あたり税引後利益の何倍となっているかを表している。この株価収益率が高ければ株価は割高、低ければ割安と一般的にいうことができるが、その絶対水準だけではなく、株式市場全体の株価収益率、当該業種の株価収益率、同業他社の株価収益率、当該銘柄の過去の株価収益率等を総合的に勘案したうえで、当該株式の株価水準を判断すべきと思われる。

② 株価キャッシュフロー・レシオ
　［算出方法］

　　　　株価キャッシュフロー・レシオ
　　　　＝株価／（1株あたり税引後利益＋1株あたり減価償却費）

　株価が1株あたりキャッシュフロー（税引後利益＋減価償却費）の何倍となっているかを表す評価方法である。このレシオは株価収益率と異なり、株価を1株あたり税引後利益で除しているのではなく、株価を1株あたり税引後利益＋1株あたり減価償却費で除しているところに特徴がある。このレシオの考え方の背景には、株価を税引後利益との比較ではなく、実際には企業からキャッシュとして流出しない減価償却費と税引後利益を合計した金額との比較で株価を評価したほうが適切との考え方がある。実際に、株価キャッシュフロー・レシオと株価収益率を比較してみると、税引後利益を基準とした株価収益率では割高な株価であっても、株価キャッシュフロー・レシオでは、それほど割高ではないケースもあり、株価収益率とこのレシオの双方を勘案のうえ、当該株式の株価水準を判断すべきと思われる。なお、このレシオは、国際間の減価償却基準の違いを修正する目的で、海外市場との比較で用いられることが多い。

③ 株価純資産倍率
　［算出方法］

　　　　株価純資産倍率＝株価／1株あたり純資産（簿価による株主持分）

　これは、株価が1株あたり純資産（簿価による株主持分）の何倍となっているかを表す評価方法である。前述の株価収益率ならびに株価キャッシュフロー・レシオが当該企業をフロー・ベースで評価しているのに対し、この株価純資産倍率は当該企業をストック・ベースで評価しているところに特徴がある。この株価純資産倍率が1未満となった場合には、時価が簿価ベースの1株あたり株主持分を下回ったこと、すなわち、会社の解散価値を下回ったこととなるため、株価評価としては株価の下値メドとして利用される。なお、株価純資産倍率は、ストック・ベースの基準であるため、補完的な関係にあるフロー・ベースの株価収益率ならびに株価キャッシュフロー・レシオともあわせて当該株式の株価水準を評価すべき

ものである。

④　配当利回り

［算出方法］

　　　配当利回り＝1株あたり年間配当／株価

　これは、株価に対する配当金の割合から株価の割高・割安を判断する指標である。この配当利回りが低い場合は株価が割高、高い場合は株価が割安となる。一般的な利用方法としては、配当利回りの過去から現状に至る推移をみたうえで、現状の配当利回りと比較を行うほか、同業他社や市場平均と比較して割高・割安の判断を行う。

　以上の各々の評価方法で算出された株価評価は、必ずしも一致するとは限らない。したがって、各々の評価方法の特徴を勘案したうえ、最終的な株価評価をすべきと思われるが、株価に大きな影響を与えている基本的な要因は、やはり企業の将来の業績見通し（成長性）といえよう。

　また、企業業績のほか、金利、景気動向、為替相場、海外の株式市況などの経済要因や戦争、政変、災害などの経済外的要因、さらには信用取引の状態など株式市場内の要因など種々の要因が株価の形成に影響を与えている。

❷　株式投資の目的

　銀行の株式投資業務は、投資の目的をもってする有価証券売買の1つとして銀行法上は付随業務として位置づけられており（銀行法10条2項2号）、銀行の資金運用として大きな意義をもつものである。株式投資は、相場変動によるリスクが大きい半面、成長企業に投資した場合やタイミングよく相場にのった場合は、大きな利益を得ることができる魅力をもっている。したがって、一般に株式投資の動機は、安全性よりも収益性にウェイトがあるといえるが、銀行の場合には、総合営業の一環としての株式投資（政策投資）が重要な意味をもつ。近年では、政策保有株式についても保有意義などの説明責任が強く求められる潮流にあるほか、政策保有株式の時価変動に伴う財務面への影響を避ける観点などから、持合い解消の動きや、銀行の政策保有株式残高の圧縮の動きが目立つようになった。

(1) 銀行取引政策上の手段としての株式投資

銀行が政策的観点から行う株式投資は、取引先企業との総合的取引の一環として位置づけられる。取引先側からすれば、銀行に株式取得を依頼する経緯はさまざまな場合があるが、おおむねその内容は、長期安定保有を前提とした株式取得という点に集約される。こうした取引先からの依頼に対し、銀行としては、取引関係の深耕、その企業の成長性・将来性に着目した株式ポートフォリオ構築、株主間のバランスへの配慮など、さまざまな角度から株式取得の是非を検討する。特に、こうしたかたちでの株式投資は、基本的に長期的スタンスに基づいた投資であるため、短期的な収益性等はむしろ従たるものにならざるをえないことに加え、一般に、取引先側のニーズからいったん投資すると売却はむずかしい。こうした問題点をふまえたうえで、総合的にみて採算性の確保は可能か、また、質の高いポートフォリオ構築という観点からみてその企業の成長性や株価の妥当性はどうか、といった点を十分に考慮し、株式取得の諾否を決定することになる。もちろん、いったん政策的な観点から取得した株式についても、総合的にみた採算性の確保の見通しが立たなくなったときなど状況が変化した場合には、株式保有の意義をあらためて検討する必要がある。

(2) 運用目的の純粋な株式投資

銀行は、銀行取引政策の観点から投資を行う一方で、運用収益の獲得を目的に余裕資金の純粋なる運用（純投資）として株式投資も行うこともある。低水準の株式の配当利回りを前提とすれば、キャピタルゲイン（値上り益）追求の積極型投資が基本となるが、過度の銘柄集中や投機的色彩の強い運用は、危険分散の観点から極力避ける必要があることはいうまでもない。特に、近年、いわゆるリーマンショックに伴う株価の急落から純投資については慎重な姿勢がみられている。

通常、こうした純投資は、銀行本体の株式ポートフォリオ勘定とは簿価を分離できる特定金銭信託勘定を利用して行われている。

③ 株式の取得

(1) 概　説

株式の取得方法を大別すると、次の3つに分類することができる。
① 新たに発行される株式を引き受けることによって、当初からこれを取得する場合。
② すでに発行された株式を流通市場または第三者から買い入れる場合。
③ 代物弁済その他特殊な要因により取得する場合。

このうち、株式投資という範疇から中心となるものは、いうまでもなく①と②の2つである。株式投資を行うにあたって、どの銘柄をどれぐらい取得するかについては、前述のように、発行会社との取引関係、対象企業の成長性・将来性に着目した株式ポートフォリオの観点、そして、他行・他社バランスの配慮といった政策対応上の観点などから慎重に検討することが必要である。

(2) 新株発行に伴う取得

A　新株発行の形態

株式が新たに発行されるのは、通常、株式会社の設立および増資の場合である。さらに増資を形態別に分けると、①株主割当て、②第三者割当て、③公募、の3つがある。増資についていずれの方式をとるかは、原則株主総会の決議によらなければならないが（会社法199条）、公開会社においては、取締役会の決議で決定する（同法201条）。ただし、特に有利な発行価額をもって新株を発行する場合には、株主総会の特別決議が必要になる（同法199条）。特に有利な発行価額かどうかは、株式の時価との比較で判断されるが、日本証券業協会は、特別決議を経ないで上場会社が第三者に新株を割り当てる場合、株券の発行に係る取締役会決議の直前日の価額等に0.9を乗じた額以上の価額であることを求めている（第三者割当増資の取扱に関する指

針）。なお、発行会社の取締役と通謀して不公正な発行価額で新株を引き受けたものは、不公正な発行価額と公正な価額の差額を支払うべき義務を負う（会社法212条）。

新株の発行が「有価証券の募集」に当たる場合等は企業内容等開示制度の対象となる。その場合、有価証券届出書によって内閣総理大臣に募集の届出を行わなければ、募集を行うことができない（金融商品取引法（以下「金商法」という）4条）。有価証券届出書はその審査を経た後、届出の効力発生により（原則として受理された日から15日を経過した日）、有価証券を投資家に取得させることができる。なお、そのためには、目論見書等を交付することによって投資家に直接情報開示を行う必要がある。

発行価額が1億円以上5億円未満の小額募集については、発行開示としての届出書の作成提出義務および継続開示としての有価証券報告書等の作成提出義務が課されるが、開示内容は簡略化されており、ベンチャー企業などの資金調達が想定されている。

また、届出を要する募集に該当しない場合でも、発行価額の総額が1億円未満1,000万円超の募集（ただし、適用除外あり）の場合等は内閣総理大臣への通知（有価証券通知書の作成、提出）が求められる。

a 株主割当て

既存株主に新株を引き受ける権利を与えて新株を発行する増資方法。株主はその有する株式の数に応じて募集株式の割当てを受ける権利がある。発行価額には原則として制限がない。

b 第三者割当て

株主であるか否かを問わず、特定の第三者に対し、新株を引き受ける権利を与えて新株を発行する増資方式である。これは業況不振の会社が再建策の一手段としたり、特定の取引先との関係を強化したりする場合に利用される。第三者割当増資については、前述した臨時報告書や有価証券通知書の提出義務など開示に係る規制があるほか、金融商品取引所や日本証券業協会は、上場前の一定期間について第三者割当増資を行った企業は、上場ができないなどの規制を行っている。

c 公　　募

　新株を引き受ける権利をだれにも与えず、広く一般から株式の申込みを求めて新株を発行する増資方式である。公募増資の際の新株は、上述のような理由により時価に近い価額で発行されることから、一般に時価発行増資と呼ばれる。公募の方法は、募集の形態により、自己募集（発行会社と応募者の間に第三者を介さず、発行会社が自ら募集手続を行う方法で、直接募集ともいう）と委託募集（発行会社が証券会社に委託して募集を行う方法）に大別される。委託募集には、買取引受け（証券会社が新株を自ら引き受け、これを売りさばくもの。法的には証券会社に新株を引き受ける権利を与えて新株を発行し、証券会社が売出しを行うもの）、募集の取扱い・残株引受け（証券会社が発行会社のために新株の申込みの勧誘その他の募集の取扱いを行い、申込期日に申し込まれていない新株があれば、当該証券会社がこれを引き受けるもの）、残株引受けを伴わない募集の取扱いという3つの方法がある。上場会社の公募増資では、通例、証券会社の買取引受けによる委託募集の方法がとられており、この場合、発行会社と証券会社の間で引受契約が締結され、募集方法、公募価額、公募株数（共同引受けの場合は引受分担株数）、募集要項、引受手数料などが定められる。

B　新株引受けの手続

　会社が新たに発行する株式を引受け（申込み）・取得する場合の手続は、その発行の形態によりそれぞれ若干異なるが、公募の場合を除きおおむね株主割当ての申込手続に準ずるので、以下これを中心に述べることとする。

　会社の有償増資に際し、銀行に割り当てられた株式を引受け（申込み）・取得する場合、株式割当通知書・株式申込証等（全株主に対して新株予約権証券を発行する場合には、新株予約権証券）・新株式発行目論見書等の受領→申込み・払込み→株式勘定への振替え→（株券発行会社の場合）株式受領の手順で手続が進められる。

　株式割当通知書を受け入れたときは、割当株数の正誤を点検し、銀行の投資方針に従って引受け（申込み）の諾否を決定する。新株を割り当てられた株主には新株を引き受ける義務はない。ただ、新株を引き受けない場合、持

株比率が低下するだけでなく、発行価額が時価を下回る部分につき損失を受ける。なお、新株予約権の無償割当て（会社法277条）による資本増強（いわゆる日本版ライツイシュー）を行う場合、新株を引き受けるかわりに新株予約権を市場で売却することも可能となる。

引受けを行うこととなれば、株式申込証等に割当株式数、金額を記入し、署名捺印（届出印鑑）のうえ、申込みを行うとともに、払込金額を取扱金融機関へ払い込む。

なお、総数引受けの場合（会社法205条）、上述の割当てに関する通知や申込みは不要となる。

上場会社の公募増資では、証券会社の買取引受けによる委託募集の方法がとられることが多く、取得の手続自体は、証券会社を通じた買入れと大きな差異はない。

(3) 株式の買入れによる取得

既発行株式の買入方法としては、証券会社を通して行う場合と相対で行う直取引の2つが考えられる。

A 証券会社を通して行う（主として流通市場からの）買入手続

証券会社を通して行う株式の売買取引は、金融商品取引所の開設する市場で行われる取引所取引、証券会社の店頭で行われる店頭取引、電子ネットワーク組織を利用した私設取引システム（PTS：Proprietary Trading System）に分けることができる。

上場株式については、取引所市場での取引が多い。しかし、1998年12月に取引所上場銘柄の取引所集中義務が撤廃されたことから、取引所外での上場株式の売買も行われている。PTS市場も現時点では取引量は限定的ながら、夜間取引や取引所市場の呼値とは異なる刻みの呼値の提供等を行っている。チャイエックス・ジャパンなどのPTS大手の進出もあり、近年徐々に取引量を拡大しつつある。

一方、店頭取引は、取引所市場以外で株式の取引を対象とするものである。前述のとおり、現在では上場株式も取引されているほか、グリーンシー

ト銘柄や非上場株式が取引されている。なお、店頭取引については、日本証券業協会のルールがあり（自主規制規則「店頭有価証券に関する規則」）、たとえば、あらかじめ所定の「店頭取扱有価証券の取引に関する確認書」を証券会社に提出しなければならないことなどが定められている。

　買入手続については、取引所取引、店頭取引ともに、発注（買付けの委託）→約定（買付け）→決済（受渡し）→名義書換え→（株券発行会社の場合）株券受領の順序で行われる。ただし、上場株式については2009年1月からは、株式等振替制度（株券電子化）へ移行し、上場会社の株券はすべて無効になっている。同制度では、株主等の権利の管理は㈱証券保管振替機構（以下「機構」という）および証券会社等に開設された口座で電子的に行われる。

　上場株式の発注は通常、取引所の会員である証券会社に対して次の点を明示して行う。
① 　取引の種類（注）（当日決済、普通、特約日決済、発行日決済の区別）
② 　銘柄および株数
③ 　売付け・買付けの区別
④ 　値段の限度（指値または成行き）
⑤ 　売買執行市場の区別
⑥ 　現金取引・信用取引の区別
⑦ 　買付けを行う売買立会時（寄付き・大引け・前場・後場など売買執行の時間を指示）
⑧ 　委託注文の有効期間（本日限り、今週中など）
（注）　取引の種類
　　① 　当日決済取引……売買契約締結日に決済を行う。配当、増資の権利落ち直後にその権利を得たい場合や株券や現金を至急必要とする場合などに行われる。
　　② 　普通取引……現金取引で最も一般的な形態であり、売買契約締結日から起算して4営業日目に決済される。
　　③ 　特約日決済取引……売買契約締結日から起算して15日以内の特約した日に決済される。主として遠隔地投資家の場合に利用される。
　　④ 　発行日決済取引……上場会社が株主割当増資によって新株式を発行する

場合、新株券が発行されるまで日数を要するため、新株式が未発行の段階において、当該未発行の新株式を対象に行う取引。権利落ち日から機構における新株式の新規記録日の3営業日前まで取引され、決済は売買の約定日にかかわらず発行日決済取引の取引期間の最終日から起算して4日目に一括して行う。ただし、発行会社より申請があり、かつ取引所が承認した銘柄に限られる。

　上場株式について取引所に出された売買注文は、売り・買い別に価格優先、時間優先の原則に従い、競争売買が行われ、値段が一致するとき、その値段を約定値段として売買取引が成立する。約定成立後は、注文の執行が誠実になされたかどうかの確認として、また受渡決済の円滑を図る意味から、翌営業日に発注した証券会社から売買報告書が交付されるので、売り買いの別、銘柄、数量、約定値段、手数料、決済金額、約定日、決済日をあらためて確認し、普通取引であれば売買契約締結日から起算して4営業日目の決済に備えることになる。

B　直取引による買入手続

　非上場株式では、売り手との間で売買のタイミング、約定価額につき合意が得られる場合には、相対取引による直取引の方法がとられる。直取引では、証券会社を通して行う取引に比べ手数料を節約することにより買入コストを低く抑えることができるメリットがある。取得手続については、おおむね前記の証券会社を通した手続に準ずるが、直取引においていちばん問題となるのは約定価額の決定である。取引相場のない非上場株式等にあっては、直近の取引事例を参考にするほか、国税庁の「相続税財産評価に関する基本通達」（昭和39年4月25日直資56、直審（資）17）に準拠し算定された価額や配当還元法、DCF法等を用いた第三者評価を用いて算出される価額等により、売り手・買い手双方が妥当と思われる約定価額を決めることとなる。また、買入れ後、株券の受渡しにあたっては、自ら名義書換えの手続を行う必要が生じる。

　また、株券が発行されている場合、株式の譲渡は株券を交付されたときに効力を生じ、これを占有するという事実のみで適法な権利者と推定される（資格授与的効力、会社法131条）が、株主の権利行使は直接には株主名簿の名

義によってなされる（同法130条）ため、名義書換えの手続を要する。また、名義書換えを行うことで、買い入れた株券が事故株券かどうかの判定もあわせて行うことができる。

　売買にあたっては名義書換停止期間中など別段の支障がない限りは、あらかじめ名義書換請求書、株主印鑑票等を用意しておき、資金決済と同時に株券（株券発行会社の場合）をあわせて発行体へ提出する、もしくは証券代行を委託している場合は当該信託銀行に提出する等の対応が必要となる。また、譲渡制限付きの株券の売買に際しては、発行体の取締役会の譲渡承認を得ることが必要となる。

　以上をふまえ、具体的な買入代金決済時の受渡しの事務手続は、買い手は売買代金を支払う一方で、売り手から代金領収証および株券（株券発行会社の場合）、名義書換請求書を受領し、それらの書類をもって名義書換手続を発行体もしくは証券代行の信託銀行へ依頼することとなる。また、譲渡制限付きの株券の売買にあたっては、売り手は事前に発行体から譲渡承認を得るとともに譲渡承認通知書を受領し、売買時に買い手へ引き渡す必要がある。

　株券発行会社の場合、名義書換え後の株券の受領に際しては、その種類、銘柄、数量の精査はもちろんのこと、名義書換完了日、会社代表者の捺印、印紙税納付等の確認も含め慎重な点検をするよう心がけたい。なお、株券の不所持を希望する場合は、発行会社（名義書換代理人をおいているときは当該名義書換代理人）に対し、不所持申出書に株券を添えて提出することとなる。これを受けた発行会社は、不所持の旨を株主名簿に記載したうえ、株主に対し譲渡性のない「不所持申出受理通知書」の引渡しを行う。株主は必要なときはいつでも株券の再交付を発行会社に請求することができるが、発行の費用は当該株主の負担となる。

　上場株式については、株券が発行されていたものについては、同様に直取引による売買が行われていたが、株券が電子化されたことにより、上場株式の直取引での売買は一般的ではなくなっている。

(4) その他の特殊な方法による株式の取得

　銀行が株式を取得する場合は、以上の２つの方法によることが多いが、そ

のほか新株予約権付社債の株式転換、優先株式の普通株式への転換、新株予約権の権利行使あるいは貸付金の代物弁済等特殊な方法により取得する場合がある。以下、転換による取得につき簡単に触れておく。

まず、新株予約権付社債の株式転換および優先株式の普通株式への転換では、発行時に定められた転換の条件に従って新株の発行がなされる。事務手続面では、新株予約権付社債の場合、転換請求書に社債券を添付して発行会社に転換を請求すると同時に、社債勘定の払出し、株式勘定の受入れを記帳処理する（会社法280条3項から5項）。優先株式から普通株式への転換における手続もおおむねこれと同様の処理となる。新株予約権付社債における新株予約権の行使者は当該新株予約権を行使した日に株主となる。次に新株予約権証書の買入れによる株式の取得につき簡単に触れておく。まず、新株予約権それ自体の売買は、前記の株式の売買形式に準じて行われることになるが、そのままでは新株予約権のみを譲り受けたことになるので、払込相当額を申込期日までに取扱金融機関に払込み、申込みの手続をすることになる。また、金銭以外の財産の払込みが認められている場合（同法236条）には、払込相当額の株式払込金にかえて、金銭以外の当該財産の給付よりに申込みの手続をすることもできる。

4 株式の売却

銀行が保有する株式を売却するケースとしては、運用目的の純投資の場合を除き、①銀行として、財務上の要請等から必要性が生じたとき、②企業の上場や売出し等に際し、発行体から売却要請を受けたとき、③取引の縮小・解消等により、政策的観点からは保有し続ける必要性がなくなったときなどがあげられる。

実際の手続面は、証券会社を通じて行う場合、直取引の場合ともに買入れに準じて行われることとなるが、売却に付随して、売却損益に対する法人税など課税関係の処理が必要となる。

(1) 株式の売却形態

　株式の売却手法について、非上場株式については、実務上売り方と買い方が執行前に確定しており、投資家同士の相対取引が中心となる。一方、上場株式については取引所集中義務が撤廃されたことに伴い、取引形態が多様化しており、投資家は必要に応じて取引手法を選択することができる。ここでは、主たる売却（買入）形態である、取引所立会内取引、取引所立会外取引、店頭取引について説明する。

① 取引所立会内取引……通常、投資家から証券を通じて、売買の別、銘柄、株数、値段を指定して取引所へ注文を出す取引。執行時間は東証では前場が9：00～11：00（2011年11月より9：00～11：30に変更予定）、後場が12：30～15：00となっている。取引内容は取引所に集中され、競争売買によって取引が行われ、まずは価格優先の原則に従い、次に、時間優先の原則に従い取引が行われる。

② 取引所立会外取引……立会外取引は投資家の多様な売買ニーズに対応するため1997年11月に導入され、1998年6月からは電子取引ネットワークシステム（東証ToSTNeT）が導入された。東証ではToSTNeT-1、ToSTNeT-2、ToSTNeT-3での取引が行われており、立会内取引では、株価へ与える影響等により円滑な執行が困難である大口取引や自己株式の買付けのための取引等として利用されている。それぞれの取引の特色は以下のとおり。

・ToSTNeT-1（単一銘柄取引）……相手方を指定した取引が可能で、立会市場の直近値から上下7％の範囲内の価格で取引が可能。取引時間は8：20～17：30。相手方を指定した大口取引などに使われる。

・ToSTNeT-1（バスケット取引）……相手方を指定した取引が可能で、バスケットを構成する銘柄の直近値の基準代金の上下5％の範囲内の価格で取引が可能。バスケットは15銘柄以上かつ売買代金1億円以上。取引時間は8：20～17：30。

・ToSTNeT-2（終値取引）……立会市場での終値またはVWAP（Volume Weighted Average Price、出来高加重平均価格）による取引で、ToSTNeT

－1（バスケット取引）の基準に満たない銘柄でのバスケット注文も可能。終値取引を利用した事前公表型の自己株式取得にも利用される。約定は時間優先。取引時間と取引価格は8：20〜8：45（前日終値、前日終日VWAP）、11：00〜12：15（前場終値、前場VWAP。2011年11月から11：30〜12：15に変更予定）、15：00〜16：00（当日終値、後場および終日VWAP）。

・ToSTNeT-3（自己株式立会外買付取引）……買い手が発行体に限定された自己株式取得専用の取引。取引時間は8：45で取引価格は前日終値。発行体が買付けを行う株数よりも売却株数が多い場合は、ToSTNeT-2では時間優先により配分されるが、本取引の場合は売却申込数量の多い取引参加者から最低単位を配分し、その後残数量に按分比率を乗じた株数を配分する。

東証ToSTNeTのほか、大証ではJ-NET、名証ではN-NETによる立会外取引が行われている。

③　店頭取引……取引所外での取引で、証券会社を直接相手方とする取引が可能。立会外市場にあるような価格の制限も設けられていない。証券会社は自己勘定により取引の相手方となり、ブロック・トレードやVWAPギャランティ取引（終日、前場、後場の各価格変動を平準化したVWAPを用いて約定する取引）等が行われ、売り方のニーズにあわせたさまざまな取引が可能となっている。

(2) 売却損益と法人税

株式を売却した場合は、その収益（売却金額）が益金の額に計上され、その株式を取得するのに要した費用が株式の譲渡原価として損金の額に計上される（法人税法61条の2）。したがって、利益が生じれば法人税の課税標準に加算される半面、損失が生じれば他の利益から控除されることとなる。有価証券の譲渡原価は、1単位あたりの帳簿価額に譲渡数を乗じた数となる。売却金額は、証券会社に委託して売却した場合、委託手数料控除後の売却代金である。損益計上の日は約定日が原則とされるが、有価証券の保有目的の区分ごとに受渡日に計上することも継続適用を条件に認められる（法人税基本

通達2-1-22、23)。なお、売却に係る収益計上基準と、買付けに係る取得日の認識基準は、当然一致させることが必要となろう。

5 保有株式の管理・運用

(1) 株式の保管

　会社法では原則、株式は不発行としているほか上場株式については2009年1月に株券不発行に移行しており、株券不発行会社に関しては、株券の保管に係る管理は不要となる。しかしながら、定款で定めることにより株券の発行は可能とされており（会社法214条）、非上場株式については、実務上株式の保管に係る管理が必要な場合もあることから、株券現物の管理について説明する。

　株券の現物を保管する場合、保管スペースの関係から1万株券や10万株券等での保管が多いが、この場合、いざ小単位での売却というときに、発行会社に予備券がなく、売却予定の株券の発行手続に相当の日数を覚悟しなければならないという事態も想定されることから、売却に際しては売却の時期や手元の券種にも留意が必要である。そのほか株券発行会社の商号変更や株式併合・分割などにより株券の提出・受入れを行う必要が生じる場合もある。

　実際の株券受入事務としては、まず株券を受け入れた際に、その種類、銘柄、券種、数量、名義、書換完了日、会社代表者の捺印、印紙税が納付ずみであることをよく確認したうえで、種類、銘柄別に券種ごとの枚数を関係帳簿に記帳し、その後保管品受払伝票を添え、保管担当部に引き渡し、そこにおいて保管されることになる。株式は、名義に関係なく独立して転々流通するもので、万一の紛失には、権利回復の手続（公示催告手続を経て除権決定を受け、対象株券を無効とした後に、発行会社に対して株券再発行手続の請求をなす）が煩瑣でもあることから、授受には現金同様慎重な取扱いを要するほか、保管担当部との間では、定期的に残高照合を行うなど事後のチェックを徹底するよう努めたい。

(2) 株券の電子化

株式の取引の決済は株券により行われていたが、1971年7月から一部銘柄について振替決済制度が導入され、1972年11月からは全銘柄へ対象が拡大された。その後、1984年5月に「株券等の保管及び振替に関する法律」が制定され、株券の保管振替機関として㈶証券保管振替機構が設立（その後㈱証券保管振替機構へ営業譲渡）された。1991年からは取引所上場50銘柄を対象に保管振替制度が実施され、1992年からは一部の銘柄を除き、取引所上場全銘柄について保管振替制度が実施された。さらに、上場会社株式については2009年1月より株式等振替制度（株券電子化）へ移行し、上場会社の株券はすべて無効になった。これにより、従来は株券等の存在を前提として行われてきた株主の権利の管理は機構および証券会社等に開設された口座において電子的に行われることとなった。

具体的には、すべての上場会社の株式は口座管理機関（証券会社等）が振替機関（機構）に開設する振替口座簿で管理される。上場株式の売買を実施する際には、譲渡人からの振替えの申請により譲受人の口座に当該譲渡に係る株数の増加が記録されることでなされることとなる。

また、従来の保管振替制度のもとでは、株主の管理は株主名簿および実質株主名簿で行われていたが、株券電子化後は、株主名簿で一元的に管理され、名義書換えは決算期等の一定時点で振替機関が発行会社に対して行う「総株主通知」に基づき行われることとなる。

(3) 保有株式の議決権行使

株主は、株主としての資格に基づき会社に対して種々の権利を有するが、このうち主要なものの1つに共益権（株主全体の利害に影響するもので、適正な会社の運営・管理の確保を内容とする権利）としての議決権がある。

議決権とは、株主が定時または臨時に招集される株主総会に出席し、その決議に加わる権利であり、各株主は、1株ごとに1個の議決権を有する（会社法308条）。ただし、議決権制限株式（同法108条）、自己株式および相互保有の株式（株式会社Aが他の株式会社Bの総株主の議決権の25％以上の株式を保

有している場合、Bが有するAの株式。同法308条、同法施行規則67条）については、議決権はなく、また単元株式数を定款で定めている場合には1単元に満たない単元未満株の株主には、議決権が認められない（同法308条）。

　株主総会において決議しうる事項は、取締役設置会社においては会社法または定款で定められた事項に限られ、定款に定めがなければ業務執行に関する決定権はなく、これは取締役会に帰属することとなる。一方、取締役会を設置しない会社においては、株主総会で株式会社に関するいっさいの事項について決議することができる（会社法295条）。総会には、毎年決算期ごとに定時に開催される定時総会のほか、必要があるごとに随時招集される臨時総会とがあり、双方に権限上の差異はないが、計算書類の報告・承認および利益の配当に関する決議は、主として定時総会でなされる。総会の招集については、取締役会設置会社においては取締役会の決定に従い、総会日の2週間前まで（公開会社でない株式会社にあっては1週間）に株主に対し、会議の目的たる事項を記載した通知を発することを要する。なお、6カ月前から引き続き総株主の議決権の3％以上保有する株主は、取締役に対し書面をもって株主総会の開催を請求することができる。

　議決権は、代理権を証する書面（いわゆる委任状）を会社に提出することにより、代理人による行使を認めている（会社法310条）。実際上は、定款で代理人資格を株主に限る（注）ことが多く、通常、代理人欄を白紙とした白紙委任状を利用して、会社が定める者に議決権の行使を委任している。この場合、上場株式については、議決権行使の代理を勧誘するために提供される委任状用紙は、総会の議事の各項目につき賛否が明記できるものと定められている（上場株式の議決権の代理行使の勧誘に関する内閣府令）。

（注）　法人株主の場合に、その代表者自らが総会に出席するのではなく、直接の株主ではない法人の使用人が会社のために代理として総会に出席し、議決権を行使できるかという問題については、その行為自体会社内部における指揮命令系統に従って行われる職務の執行にほかならず、通常の委任による代理とは類を異にしているので、かかる議決権の行使は、代理人資格を株主に限る旨の定款規定が有効なものとしても、この規定の趣旨に反しないとするのが判例である（最判昭51.12.24民集30巻11号1076頁）。なお、実務上は当該使用人が会社内部における指揮命令系統に従って行われる職務の執行権限を有

することを証するため、職務代行通知書の提出を求められるケースもある。

また、株主数が1,000人以上の会社にあって、株主総会に出席できない株主は、書面（議決権行使書）によって議決権を行使することができる（会社法298条、同法施行規則64条）とされている。

この書面による議決権の行使は、書面に必要事項を記載し、総会の日時の直前の営業時間の終了時までに会社に提出して行うこととなっており、この議決権の数は出席した株主の議決権の数に算入される（会社法311条、同法施行規則69条）。なお、総会に出席する場合は、議決権行使書を持参し、これをもって権利行使することとなる。

投資信託や金銭信託を通じて株式投資がなされる場合、あるいはADR、EDRの発行された場合などでは、名義上の株主が１人であっても、実質上の株主が複数存在するケースがある。このような場合、実質的な株主の意思を議決権行使に反映させるため、会社法は議決権の不統一行使を認めている（会社法313条）。具体例としては、特金で受託者である信託銀行名義となっている株式の議決権の場合は、委託者の指図に基づき受託者が権利行使を行うこととなる。

株主総会における決議方法は、普通決議の場合、定款に別段の定めがない限り議決権を行使することのできる株主の議決権の過半数を有する株主が出席し、その出席株主の議決権の過半数で決定される。定款の変更など特定の重要事項の決定には、議決権を行使することのできる株主の議決権の過半数を有する株主が出席し、その出席株主の議決権の３分の２以上に当たる多数を要する（特別決議）。総会決議に反対の株主も多数決による決議に拘束されるが、その救済措置として、①株式を譲渡制限や全部取得条項付きとする場合や種類株式の内容として種類株主総会の決議を要しないと定められた種類株主に損害を及ぼすおそれがあるとき（会社法116条）、②事業譲渡等（同法469条）、③吸収合併等（同法785条、797条）、④新設合併等（同法806条）の特定の重要な決議に限り、反対株主の株式買取請求権を認めている。

（4） 株式配当金の受領

所有株式に対する配当金の支払請求権は、通常の利益配当では、当該会社

の定時株主総会において株主に対する配当が決議されたとき（定款で取締役会の決議で配当を決定できる旨の定めのある会社は取締役会による決議時）、そして中間配当では、取締役会において営業年度中の一定の日の株主に対し金銭の分配をなす旨決議されたときに発生する。

配当には、普通配当、特別配当、記念配当という区分がある。単に「配当」というときは、普通配当を指す。特別配当は、ある決算期に利益が増加したものの、今後については見通しが定かでない場合に、とりあえずは「増配」という名目で配当をふやすものであり、記念配当は、会社の創立記念などで増配するものである。いずれも通常の配当をあくまでも一時的に引き上げるものである。

配当金の支払については、会社がその費用を負担して、株主の株主名簿上の住所または特に会社に通知された住所で支払うべきものとされる。実際には、株主からあらかじめ銀行が指定されていればこれに振り込み、このような指定がなければ配当金領収証や郵便振替支払通知書を株主に送付する方法によって支払われている。振込方式によって配当金を受け取れば、遅延もなく、間違いも避けやすい。配当金領収証による場合は、会社が株主に配当金額を記載した配当金領収証を送付し、会社の指定した取扱銀行から領収証と引き換えに支払を受けることになる。この場合、株主は領収証に記名捺印して所定の支払場所で配当金を受領することとなる（実際には交換請求となる）。

なお、株式の配当を受け取る際には、上場株式等については法人の場合は配当金額の7％（2011年12月まで、2012年1月以降は15％）が、非上場株式については配当金額の20％が所得税として源泉徴収される（所得税法174条、175条、181条）。この源泉分のうち株式保有期間に対応した金額は、法人税納付時に法人税額から控除することが認められている（法人税法68条）。

［仕訳例］

現金配当を受けたとき。

（借）現　金　　40,000円　　（貸）受取配当金　　50,000円
　　　所得税　　10,000円

(5) 保有株式の期末評価

A 会社法における評価

会社法では、資産の評価について取得原価主義をとっており、原則として株式については、その取得価額を付することとしているが、事業年度末日の時価が取得原価より著しく低い資産は事業年度の末日の時価で評価しなければならないとされているほか、事業年度末日において予測できない減損が生じた資産または減損損失を認識するべき資産はその時の取得原価から相当の減額をした額とすることとしている。

また、事業年度の末日の時価が取得原価より低い資産、市場価格のある資産（子会社および関連会社の株式および満期保有目的の債券を除く）、事業年度の末日においてその時の時価または適正な価格を付すことが適当な資産は時価評価することもできる（会社計算規則5条）。

B 法人税法における評価

a 評価方法

法人税法上、売買目的有価証券は事業年度終了日の時価により評価される。一方、政策投資株式（売買目的外有価証券）は原価法により評価され（法人税法61条の3）、資産の評価減は原則として認めていない（同法33条）。

b 法人税法上の減損処理

有価証券の期末評価を原価法で行う場合であっても、次に掲げるような事実が発生した場合には、損金経理処理を行うことを条件に、評価替え直前の当該資産の帳簿価額とその評価替えした日の属する事業年度終了時における当該資産の価額との差額に達するまでは（＝時価までの評価損が）損金算入される（法人税法33条2項、同法施行令68条1項2号）。

① 企業支配株式を除く上場有価証券（法人税法施行令68条1項2号イ）……
当該有価証券の価額が著しく低下したことにより、帳簿価額を下回った場合に評価損の損金算入が認められる。具体的には、株式の期末時価が帳簿価額のおおむね50％相当額を下回り、かつ近い将来もその価額の回復が見

込まれないと認められた場合である（法人税基本通達9－1－7）。近い将来もその価額の回復が見込まれないと認められる場合の判断については、必ずしも過去2年間著しく下落した場合に限定されず、過去の市場価格の推移や発行体の業況等をふまえ行うこととされている。
② 非上場有価証券および企業支配株式（法人税法施行令68条1項2号ロ）……発行会社の資産状態が著しく悪化したため、その価額が著しく低下した場合に評価損の損金算入が認められる。具体的には、発行会社に特別清算開始命令、破産手続の開始決定、再生手続の開始決定、更生手続の開始決定があり、1株あたり純資産額が取得時をおおむね50％以上下回った場合（法人税基本通達9－1－9）で、当該事業年度終了時における当該有価証券の価額がその時の帳簿価額のおおむね50％相当額を下回り、かつ近い将来もその価額の回復が見込まれないと認められた場合である（法人税基本通達9－1－11）。
③ 内国法人が有する資産について、更生計画の認可があったことにより、会社更生法または金融機関等の更生手続の特例等に関する法律の規定に従って帳簿価額を減額した場合には、その減額した部分の金額は損金算入ができる。

(6) 株の貸借取引

　株の貸借取引とは、株の保有者が株を借りたい者に必要な銘柄を必要な株数貸し出し、合意された期間の後、借入者が貸出者に同銘柄、同株数の株券を返還することを約する消費貸借契約である。株の借り手は貸し手に貸借料を支払う一方、株の借り手は貸し手に対し担保を差し入れる必要があり、一般的には現金などを差し入れる。

　貸借取引は制度貸借と一般貸借に分類され、制度貸借は証券金融会社に資金や株の貸付を依頼し、証券取引所の決済機構を通じて株の貸借を行うことである。制度貸借取引の特色は融資の対象が証券取引所の会員に限られ、信用取引に係る資金・株の貸付に限られる。また、決済方法についても、証券取引所の決済機構を使うことのみに限られている。貸借料や弁済期限についても一律に決められている。

一方、一般貸借取引は制度貸借取引と比べ自由度の高い貸借取引として1998年12月よりスタートした。弁済期限や貸借料などは個別契約で定められる。

貸借取引は信用取引の実施時に利用されることが多いが、制度貸借を利用した信用取引は制度信用取引と呼ばれ、一般貸借取引を利用した信用取引は一般信用取引と呼ばれる。

また、政策保有株式などを多く保有する金融機関等は、取引先の公募増資時などにオーバーアロットメントへの対応分として取引先である発行体から貸株の申出を受けることもある。オーバーアロットメントとは、発行体が公募・売出しを実施する際に、当初見込んでいた以上の需要が発生した場合、主幹事証券会社が発行体の株主等から借株をし、公募・売出価格と同条件で追加的に投資家へ販売することを指す。オーバーアロットメント対応分として政策保有株式の貸株を行うか否かについては、貸借料率のみならず、貸出期間や取引先でもある発行体との取引関係なども勘案のうえ、総合的に判断をする必要があると思われる。

6 株式投資に係る規制

銀行が株式投資を行うに際し、注意を要することとして、銀行法、独占禁止法、インサイダー取引規制、大量保有報告制度および株式保有制限法などがあげられる。

(1) 銀行法5％ルール・15％ルールによる規制

銀行法5％ルールは健全性確保の観点から銀行に他業禁止が課せられている趣旨の徹底を図るとともに、銀行の子会社の範囲制限が逸脱されることを回避するために、銀行による一般事業会社の議決権の保有に一定の制限（総株主議決権数の5％）を加えるものである（銀行法16条の3）。また、銀行持株会社ベースでも、同様の観点から一般事業会社の議決権の保有は総株主議決権数の15％に制限されている（同法52条の24）。

銀行の保有する議決権数は子会社の保有する議決権数まで合算して算出さ

れ、対象となる株券は国内の会社が発行する議決権のある株式および持分と定められている。

一方で、銀行法5％ルールは一律に適用されるものではなく、一部に適用除外規定が設けられており、おもなものは以下のとおりである。
① 担保権の実行による株式等の取得
② 代物弁済の受領による株式等の取得
③ 取引先である会社との間の合理的な経営改善のための計画に基づく株式等の取得（当該銀行に対する当該会社の債務を消滅させるために行うものであって、当該株式等の取得によって相当の期間内に当該会社の経営の状況が改善されることが見込まれるものに限る）……いわゆるDES（Debt Equity Swap：債務の株式化）による経営支援および株式取得が想定されている。
④ 株式等を所有する会社の自己の株式等の取得……自己株式に係る議決権数は銀行法上の議決権保有割合を算出するにあたっては、総株主議決権数から控除される。そのため、自己株式の取得によりやむをえず議決権保有割合が5％を超えてしまうケースを想定している。

ただし、いずれの場合においても、1年以内に5％を超える部分については処分しなければならない。銀行法15％ルール上もおおむね同様の適用除外規定がある。

(2) 独占禁止法による規制

独占禁止法11条は、銀行業または保険業を営む会社による国内の他の会社の株式保有につき、一定の要件に該当する場合を除き、株式発行会社の総株主の議決権の5％（保険業を営む会社にあっては10％）を超える株式保有を一律に禁止している。これは、金融会社による事業支配力の集中化や事業会社間の公正な競争の阻害などの金融会社の株式保有に伴う弊害の防止とともに、金融会社に業務の性格上、または効率的な資金運用の一形態としての株式保有を認める必要性という相反する2つの要請を勘案して設けられた規制である。銀行法と同様に議決権ベースでの規制となっている。

独占禁止法は、11条による持株比率の制限の適用除外として、公正取引委員会があらかじめ認可した場合のほか、担保権の行使や代物弁済の受領によ

る株式の取得や取引先の合理的な経営改善のための計画に基づきDESにより株式を取得した結果5％を超過した場合や発行体の自己株式取得により総議決権数が減少し5％を超過した場合等は5％を超えて保有することが認められているが、1年以内に5％を超過する部分については処分しなければならない。これらの適用除外規定については、銀行法上の規定とおおむね同様といえる。

そのほか2010年1月に独占禁止法10条が改正・施行され、同条における株式の取得手続が変更となった。従来は、当該法律に係る制度は「株式所有報告書制度」とされ、報告義務者は「総資産が20億円超の会社であり、かつ、当該会社と議決権保有比率が50％超の関係にある国内の親会社と子会社の総資産を合計した額が100億円超の会社」であり、報告が必要な場合は「総資産10億円超の国内の会社の議決権を新たに10％、25％、50％を超えて保有することとなる場合」等であり、当該事象が発生した日から30日以内に報告することとされていた。

改正後は、「株式取得の届出制度」となり、届出を提出する必要があるのは「株式を取得しようとする会社及び当該会社の属する企業結合集団に属する当該会社以外の会社等の国内売上高の合計額が200億円を超える場合」で、取得しようとする株式の「株式発行会社及びその子会社の国内売上高の合計額が50億円を超える場合」に、企業結合集団の保有する議決権数の割合が新たに20％、50％を超えることとなる場合とされた。また、従来は事後報告制であったものが事前届出制に変更となり、原則株式取得の届出受理日から30日を経過するまでは株式を取得できないこととされている。

なお、銀行や保険会社については、除外規定が設けられており（独占禁止法10条3項）、いわゆる一般事業法人の株式の取得に係る規定は適用除外とされている。

(3) インサイダー取引規制 （後掲節末（560頁）資料参照）

発行会社の役員などは、一般投資家の知らない発行会社内部の特別な情報を知りうる立場にあり、その情報が公開される前に、これを利用してその会社の株式等を売買し、利益をあげ、または損失を防ぐという行為が放置され

れば、有価証券市場の公正性および健全性を損なうことになる。

　わが国におけるインサイダー取引規制は、①会社の役員や主要株主の短期売買の規制、②インサイダー取引規制違反に対する刑事罰、③業界自主規制による未然防止体制の整備からなっている。

A　役員・主要株主の株式短期売買の規制

　上場会社および店頭登録会社の役員および主要株主（持株順位にかかわらず、持株比率10％以上の株主）は、自己の計算で自社の株券等を売買した場合には、内閣総理大臣（実務的には財務局）に報告書を提出しなければならない（金商法163条）。また、たとえ正当な手続を踏んで自社の株券等を売買しても、6カ月以内に反対売買を行うことにより利益が出た場合、会社の請求によって、その利益を会社に返還しなければならない場合がある（同法164条）。

B　インサイダー取引に対する刑事罰

　上場会社等の特定有価証券につき、内部者として重要事実を知った者が、これが公表される前に取引をした場合には、5年以下の懲役、500万円以下の罰金、その併科に処せられる（金商法166条、167条、197条の2）。

a　上場会社等の特定有価証券等

　規制の対象となる有価証券は、上場会社等の特定有価証券等である。特定有価証券等とは①特定有価証券（社債券、優先出資証券、株券、新株予約権証券など）、②特定有価証券に係るオプションを表示する有価証券を示す（金商法163条）。

b　処罰の対象となる行為者（会社関係者等）

　会社関係者等とは、その職務に関してインサイダー情報を知った上場会社等の役員、従業員、帳簿閲覧権をもつ大株主、当該会社に対して調査権・報告書等の受領権限など法令に基づく権限をもつ者、当該会社と契約を締結している者でその権限の行使・契約の締結・履行に関しインサイダー情報を知った者である。さらに、会社関係者または元会社関係者から重要情報を得た者もインサイダー取引規制の対象となる（金商法166条、167条）。ただ、情

報受領者からさらに情報を得た者や、内部者または準内部者からの伝達によらず、たまたま重要な事実を知った者は対象とならない。

c 重要事実

金商法には、重要事実について①株式等の発行、資本金の額の減少、資本準備金または利益準備金の額の減少、自己株式の取得、株式の無償割当て、株式分割、剰余金の配当、株式交換、株式移転、合併、会社の分割、事業譲渡・譲受け、解散、新製品または新技術企業化、業務上の提携などの会社の意思決定に係る事実（決定事実）、②災害・業務上の損害、主要株主の異動、上場廃止原因等の発生（発生事実）、③売上高、経常利益もしくは純利益等が公表された直近の予想値に比べて新しく算出した予想値や当事業年度の決算と差異（投資判断への影響が重要なものに限る）が生じたとき（決算情報）、④その他重要な当該会社の運営、業務または財産に関する事実で投資者の判断に著しい影響を及ぼすものなどが列挙されている（金商法166条2項）。金商法に列挙されたもののほか、重要事実に準じるものが政令で定められている（同法施行令28条、28条の2、29条、29条の2）。また、「有価証券の取引等の規制に関する内閣府令」において、重要事実であるが投資判断に及ぼす影響が軽微な場合についての除外規定（同府令49条、50条、52条、53条）と、決算情報に関し投資判断に及ぼす影響が重要なものの基準についての規定（同府令51条、55条）が置かれている。

d 公　　表

以上のように、会社関係者等が重要事実を知った場合には、その公表前に株券等の売買をすることが禁止されている。「公表」とは、重要事実や有価証券報告書等の書類が当該会社によって多数の者が知りうる状態に置く措置である（金商法166条4項）が、細部は政令によって定められている（同法施行令30条）。

C 自主規制による未然防止体制

証券会社や金融機関は、一般投資家に比べて、取引関係を通じて、発行会社に関する内部情報を得やすい立場にある。このため、取引関係を通じて入手した発行会社に関する情報がインサイダー取引に利用されることのないよ

うに、情報の障壁（チャイニーズ・ウォール）を整備するなど、情報管理体制を整備する必要がある。この点について、日本証券業協会、全国銀行協会（全銀協）、信託協会などがそれぞれの業界の実情にあった自主規制ルールをつくっている。

　全銀協は1988年8月23日に「内部者取引未然防止体制の整備についてのガイドライン」をまとめた。ガイドラインは、①取引先重要情報の管理、②株券等の投資部署のあり方、③役職員の自己売買のあり方、の3つの柱からなっている。各銀行においては、このガイドラインに沿って、自行の体制を整備することになっており、株式投資にかかわる担当部署は、ガイドラインに沿って定められている行内諸規則の周知徹底を図り、厳格な適用を行うことが求められている。

(4)　株券等の大量保有の状況に関する開示制度

　わが国の証券市場において、経営参加、取引関係の強化、高値による売抜け、肩代り等を動機として、公開会社の株式等を大量に買い集める事例が多くみられるようになった。このような場合、株価が乱高下することも多く、こうした事実に関する情報が十分に開示されないと一般投資家が不測の損害を被るおそれがある。そこで、1990年の証券取引法の改正により開示制度（「株券等の大量の保有状況に関する開示制度」、いわゆる5％ルール）が導入された。その後、2006年の改正では機関投資家に認められる特例報告制度について、報告周期が3カ月ごとから約2週間ごとに大幅に短縮されるなどの改正が行われ、2009年の改正では、課徴金制度の見直しにより課徴金の対象範囲の拡大が行われ、大量保有報告書または変更報告書の不提出の場合や不実記載の場合なども課徴金の対象に追加されることとなった。

　大量保有報告制度では、株式公開企業の株式および新株予約権証券や新株予約権付社債等の潜在株式を、その発行済株式総数と自己保有分の潜在株式の合計の5％を超えて実質的に保有する者は、5％を超えて保有することになった日から5日以内に、財務局に保有割合、保有目的、移動履歴、資金の出所等を記載した報告書（大量保有報告書）を提出する必要がある。また、その後、保有割合が1％以上増減した場合には、5日以内に財務局に変更報

告書を提出することが必要となる。保有割合については、報告者単体に加えその共同保有者（子会社・関連会社、その他特別の関係にある者等）の保有分も合算して算出する。そのほか、担保等重要な契約の変更や共同保有者の増減などについても報告を要する。大量保有者は、大量報告書または変更報告書の写しを遅滞なく上場されている金融商品取引所等および発行会社に送付することを要する。

また、報告書の提出方法についても2007年4月以降、EDINET（Electronic Disclosure for Investors' NETwork、金商法に基づく有価証券報告書等の開示書類に関する電子開示システム）による提出が義務づけられている。

(5) 株式保有制限法

株式保有制限法（銀行等の株式等の保有の制限等に関する法律）は、株価の変動が銀行等の財務面の健全性、ひいては銀行等に対する信認や金融システムの安定性に影響を与えかねないことにかんがみ、銀行等の株式等の保有を適正な規模（TierⅠ）以内に制限するものである。規制の対象となる株式は国内外の会社が発行する株式および株式に準ずる資産とされているが、主務省令で定める株式は保有の制限から除かれる（株式保有制限法3条1項）。そのおもなものとしては、以下のものがあげられる（銀行等の株式等の保有の制限に関する内閣府令2条1項）。

① 当該銀行またはその子会社等の発行する株式
② 当該銀行等またはその子会社等が金銭または有価証券の信託に係る信託財産として所有する株式
③ 金融商品取引所またはこれに類似するものであって外国に所在するものに上場されている株式の発行者である会社等以外の会社が発行する株式
④ 当該銀行またはその子会社等の取引先である会社との間の合理的な経営改善のための計画に基づき取得する当該会社の発行する株式（当該銀行またはその子会社等に対する当該会社の債務を消滅させるために取得するものであって、当該株式の取得によって相当の期間内に当該会社の経営の状況が改善されることが見込まれるものに限り、当該計画に定められた当該会社の合理的な経営改善に必要とされる期間が経過した後の株式を除く）

上記の条件を勘案し本法律の規制対象となる株式は、結局のところ、いわゆる国内外の上場会社の発行する株式（種類株を含む）が主たる対象となっている（原則、合理的な経営改善期間中のDESにより取得した株式は除く）。

7 ヘッジ取引

保有する株式のポートフォリオを株価下落のリスクからヘッジするために用いる手法として、株価指数先物取引や株価指数オプション取引などがあげられる。個別銘柄の株価下落のリスクからヘッジするために用いる手法として信用取引などが用いられる。

(1) 株価指数先物取引・株価指数オプション取引

ヘッジ取引とは、先物市場で株式指数先物を売り建てることで現物とは反対のポジションをもつことや、株価指数オプション市場でオプション（将来の一定期日までにあらかじめ決められた権利行使価格で売買する権利）を売買することなどにより、現物株式の価格変動リスクを回避する取引。

将来株価の下落を予想する場合、これらの取引をあらかじめ行うことで、ポートフォリオの評価損の拡大を回避できる。また、株式売却を予定している場合に現時点において利益を確定する効果がある。

［株価指数先物取引］

株価指数先物取引とは、売買当事者が将来の一定の時期に、特定の株価指数（おもに、東証株価指数（以下「TOPIX」という）、日経平均株価（以下「日経225」という）、および日経株価指数300（以下「日経300」という））を現時点で約定した価格で売買することを約束する取引である。

株価指数先物取引は、1970年代後半以降の株式市場の機関化現象を背景に高まった、相場変動リスクのヘッジに対するニーズおよびパフォーマンス向上のための新たな投資手段に対するニーズに対応すべく誕生した。世界初の株価指数先物取引は、1982年2月にカンザスシティ商品取引所が導入したバリューライン株価指数先物取引であり、わが国では1988年5月の証券取引法の改正を受けて、同年9月TOPIX先物、日経225先物の取引が開始された

(2006年7月には、おもに個人投資家向けの取引として日経225miniが開始されている)。

［株価指数先物取引の制度面での特徴］
① 3、6、9、および12月の各月の第2金曜日の前日を取引最終日とする5限月制（最長1年3カ月）をとる。
② 債券先物取引などと異なり、現物決済は伴わず、転売または買戻しに基づいてすべて差金決済により行われる。また、取引期間中に反対売買が行われず決済期日を迎えた建玉は最終清算指数（取引最終日の翌日における株価指数対象各銘柄の始値に基づいて取引所が算出した特別な株価指数＝「特別清算指数」「スペシャル・クォーテーション（以下「SQ」という）」）で自動的に差金決済される。
③ 取引は東京証券取引所（TOPIX先物）および大阪証券取引所（日経225先物、日経300先物、および日経mini）において、個別競争取引にて行われている。
④ 立会時間、取引単位、呼値単位については図表8－6のとおり。
⑤ 基準値段からある一定の変動幅を超えて価格が急騰あるいは急落した場合、15分間取引を中断する、「サーキット・ブレーカー制度」を導入している。
⑥ 委託証拠金所要額は、そのポートフォリオから将来発生するおそれのあるリスク（予想損益額）をカバーするSPAN（The Standard Portfolio Analy-

図表8－6　おもな株価指数先物取引の立会時間・取引単位・呼値単位

	TOPIX先物	日経225先物	日経300先物
立会時間	9：00～11：00 12：30～15：10 16：30～19：00	9：00～15：15 16：30～23：30	9：00～15：15 16：30～23：30
取引単位	TOPIXの数値に1万円を乗じて得た額	日経225の数値に1,000円を乗じて得た額	日経300の数値に1万円を乗じて得た額
呼値単位	0.5ポイント	10円	0.1ポイント

sis of Risk) で計算される額 (SPAN証拠金額) にネットオプション価値を考慮した額となる。SPAN証拠金額は、週次で証券取引所から発表される。

⑦ 取引コストは委託手数料、消費税に分類される（ほかに、株価指数先物取引により売却益が出た場合は、所得税および住民税の課税対象となる）。委託手数料は新規売付け・買付け・転売・買戻し・最終決済ごとに徴収される（手数料は、顧客と証券会社との合意により決定される）。消費税が委託手数料の5％かかり、これらのコストは反対売買時または最終決済時にまとめて徴収される。

[株価指数オプション取引]

　株価指数オプション取引とは、特定の株価指数（具体的にはTOPIX、および日経225）を売買当事者が将来の一定の時期に特定の価格（権利行使価格）で売買することができる権利の取引である。ヨーロピアンタイプが採用されており、満期を迎えないと権利行使はできない。わが国では、日経平均225オプションが1989年6月から開始された。

[株価指数オプション取引の制度面での特徴]

① TOPIXオプション取引は、3、6、9、および12月の各月の第2金曜日の前日を取引最終日とする5限月と当該月以外の直近の3カ月を限月とする8限月制をとり、日経平均オプション取引は計15限月制となってい

図表8－7　おもな株価指数オプション取引の立会時間・取引単位・呼値単位

	TOPIXオプション	日経225オプション
立会時間	9：00〜11：00 12：30〜15：10 16：30〜19：00	9：00〜15：15 16：30〜23：30
取引単位	TOPIXの数値に1万円を乗じて得た額	日経225の数値に1,000円を乗じて得た額
権利行使価格	50ポイント刻みまたは25ポイント刻み	原則500円
呼値単位	0.1ポイントまたは0.5ポイント	1円〜10円

る。
② 株価指数先物取引と同様、現物決済は伴わず、転売または買戻しに基づいてすべて差金決済により行われる。また、取引期間中に反対売買が行われず決済期日を迎えた建玉は、権利行使価格とSQ値との差額が差金決済される。
③ 取引は東京証券取引所（TOPIXオプション）および大阪証券取引所（日経225オプション）において、個別競争取引にて行われている。
④ 立会時間、取引単位、呼値単位については図表8－7のとおり。
⑤ 「サーキット・ブレーカー制度」、委託証拠金所要額の算出、および取引コストは、原則、株価指数先物と同様。

(2) 信用取引

信用取引とは、顧客に信用を供与して行う有価証券の売買その他の取引である。すなわち、委託証拠金を証券会社に担保として預託し、証券会社から信用供与を受け、対象銘柄を当該証券会社から借りて売買を行い、所定の期限内に返済する。

将来株価の下落を予想する場合、個別銘柄の信用売りをあらかじめ行うことで、株価下落のリスクからヘッジし、個別株の売却損の拡大を回避できる。また、株式売却を予定している場合に現時点において利益を確定する効果がある。わが国では、1951年6月から取引が開始された。

［制度信用取引と一般信用取引］

信用取引には、「制度信用取引」と「一般信用取引」の2種類がある。

制度信用取引とは、取引所に上場している株券等を対象とし、銘柄、品貸料、返済期限、および権利処理の方法が取引所の規則により一律に定められ、従来から行われている信用取引である。

一般信用取引とは、取引所に上場している株券等を対象とし、品貸料、返済期限および金利は、証券会社との間で自由に決定できるもので、1998年12月から開始されている。

［信用取引の制度面での特徴（信用売りのケース）］
① 貸借銘柄は、取引所により制度信用銘柄のなかから一定の基準を満たし

た銘柄が選定される。
② 信用取引の期間（弁済期限）は、制度信用取引の場合には最長6カ月となる。一般信用取引の場合には特段の定めはなく証券会社と銀行との合意により決定される。
③ 信用取引の決済は、反対売買を行い差金を授受するか、保有している現物株式を差し入れる（現渡し）ことにより行われる。
④ 信用取引の売買単位は、上場会社が定めた1単元の株式の数である。
⑤ 委託証拠金所要額は売買成立日から起算して3営業日目の正午までに約定金額の一定比率の委託保証金を納付する必要がある。
⑥ 売り方の取引コストは、貸株料、品貸料、委託手数料、および消費税（委託手数料の5％）に分類される（なお、売り方は本来金利を受け取ることができるが、現在の低金利の環境下においては0％になっている）。貸株料は株券の借入れに伴うコストとして証券会社に支払うものである。品貸料（逆日歩）は、制度信用取引において買建株よりも売建株数が多くなり、不足の状況が解消しない銘柄（貸株超過銘柄）について支払うものである。

(3) その他のデリバティブ取引

ヘッジ手法としては、(1)、(2)のほか、個別株式オプション取引を用いる方法が考えられる。将来株価の下落を予想する場合、下記①または②を行うことにより、個別銘柄の損失を限定する効果が得られる。
(注) オプション取引とは、あらかじめ決められた一定期日において、特定の権利行使価格で取引する権利（オプション）を売買する取引をいう。
① 現物株式の保有＋コール・オプション（一定期日に権利行使価格で買う権利）の売却……カバード・コール
② 現物株式の保有＋プット・オプション（一定期日に権利行使価格で売る権利）の購入……プロテクティブ・プット

●資料　インサイダー取引規制（金融商品取引法166条関連）の概要

1．インサイダー取引規制

会社関係者等（会社関係者または情報受領者）が上場会社等（金融商品取引所に上場されている有価証券（※）、店頭売買有価証券または取扱有価証券（いわゆるグリーンシート銘柄）の発行会社）に係る業務等に関する重要事実を一定の態様で知った場合は、その重要事実が公表された後でなければ、当該会社の特定有価証券等に係る売買その他の有償の譲渡若しくは譲受け又はデリバティブ取引を行ってはならないとするもの

　　※：社債券、優先出資証券、株券、新株予約権証券

2．規制対象となる特定有価証券等

○特定有価証券
　　イ．社債券、優先出資証券、株券、新株予約権証券（これらのうち、ABSは除く）
　　ロ．外国の者の発行する証券・証書のうち、以下のいずれかに該当するもの
　　　　(i) イの有価証券の性質を有するもので、金融商品取引所に上場されているものまたは店頭売買有価証券・取扱有価証券に該当するもの
　　　　(ii) イの有価証券の性質を有するもので、当該有価証券を受託有価証券とする有価証券信託受益証券が、金融商品取引所に上場されているものまたは店頭売買有価証券・取扱有価証券に該当するもの
　　　　(iii) イの有価証券の性質を有するもので、当該証券または証書にかかる権利を表示する預託証券・預託証書が、金融商品取引所に上場されているものまたは店頭売買有価証券・取扱有価証券に該当するもの

○関連有価証券
　　イ．特定有価証券のみに対する投資として運用することを信託約款に定めた、投資信託及び投資法人に関する法律に規定する投資信託・外国投資信託の受益証券、投資証券・投資法人債券・外国投資証券
　　ロ．特定有価証券にかかるオプションを表示する証券・証書
　　ハ．特定有価証券にかかる権利を表示する預託証券・預託証書
　　ニ．有価証券信託受益証券で、当該上場会社等の特定有価証券を受託有価証券とするもの
　　ホ．特定有価証券による償還をさせることができる旨の特約が付されている、当該上場会社等以外の会社の発行する社債券又は外国法人の発行する証券若しくは証書

※特定有価証券と関連有価証券を併せて、以下「特定有価証券等」という。

3．規制対象となる取引の態様
・「上場会社等の特定有価証券等」に係る売買その他の有償の譲渡もしくは譲受けまたはデリバティブ取引

4．規制対象となる会社関係者・情報受領者
○会社関係者

①	上場会社等（及びその親会社・子会社）の役員等（役員、代理人、使用人その他の従業者）が、その者の職務に関し重要事実を知ったとき
②	上場会社等の会社法等に基づく帳簿閲覧権を有する株主・出資者（法人の場合は法人の役員等を、法人以外の場合はその代理人・使用人を含む）が、当該権利の行使に関し重要事実を知ったとき
③	上場会社等に対する法令に基づく権限を有する者が、当該権限の行使に関し重要事実を知ったとき
④	上場会社等と契約を締結している者または締結の交渉をしている者（法人の場合は法人の役員等を、法人以外の場合はその代理人・使用人を含む）が、契約の締結もしくはその交渉または履行に関し重要事実を知ったとき
⑤	上記②または④に掲げた者が法人である場合に重要事実を知った役員等以外の役員等が、その者の職務に関し重要事実を知ったとき
⑥	上記①～⑤の会社関係者でなくなった後1年以内の者が、その者が会社関係者であった当時に上記①～⑤の態様で重要事実を知ったとき

○情報受領者

①	会社関係者以外の者で、会社関係者（会社関係者でなくなった後1年以内の者も含む）から重要事実の伝達を受けた者
②	①の者が所属する法人の他の役員等であってその者の職務に関し重要事実を知った者

5．業務等に関する重要事実
①上場会社等の決定事実

当該上場会社等の業務執行を決定する機関が次に掲げる事項を行うことを決定したこと、または、当該決定（公表されたものに限る）に係る事項を行わないことを決定したこと（投資者の投資判断に及ぼす影響が軽微なものとして内閣府令で定める基準に該当するものを除く）

イ．株式、優先出資、新株予約権を引き受ける者の募集

ロ．資本金の額の減少
　ハ．資本準備金又は利益準備金の額の減少
　ニ．自己の株式の取得
　ホ．株式無償割当て
　ヘ．株式・優先出資の分割
　ト．剰余金の配当
　チ．株式交換
　リ．株式移転
　ヌ．合併
　ル．会社の分割
　ヲ．事業の全部または一部の譲渡、譲受け
　ワ．解散（合併による解散を除く）
　カ．新製品または新技術の企業化
　ヨ．イ～カに準ずる事項
　　（業務上の提携または提携の解消、子会社の異動を伴う株式または持分の譲渡または取得、固定資産の譲渡または取得、事業の全部または一部の休廃止、上場廃止または登録取消の申請、破産の申立等、新たな事業の開始、公開買付等への対抗買いの要請、預金保険法第74条第5項の規定による申立）

②上場会社等の発生事実

当該上場会社等に次に掲げる事実が発生したこと（投資者の投資判断に及ぼす影響が軽微なものとして内閣府令で定める基準に該当するものを除く）

　イ．災害に起因する損害または業務遂行の過程で生じた損害
　ロ．主要株主の異動
　ハ．特定有価証券または特定有価証券に係るオプションの上場廃止または登録取消の原因となる事実
　ニ．イ～ハに準ずる事実
　　（財産権上の請求に係る訴えに関する事実、営業または事業の差止等の仮処分の申立に関する事実、行政処分、親会社の異動、当該上場会社等以外の者による破産の申立等、不渡り等、親会社に係る破産の申立等、債務者または保証債務の主たる債務者に係る不渡り等による債務不履行のおそれの発生、主要取引先との取引停止、債務免除または第三者による債務引受等、資源の発見等）

③上場会社等の決算情報

当該上場会社等の売上高、経常利益、純利益、配当、連結売上高等について、公表された直近の予想値に比較して差異（投資判断への影響が重要なものとして内閣府令で定める基準に該当するものに限る）が生じたこと

④上場会社等のその他の重要事実

当該上場会社等の運営、業務または財産に関する重要な事実で投資判断に著しい影響を及ぼすもの
⑤（上場会社等の）子会社の決定事実
当該上場会社等の子会社の業務執行を決定する機関が子会社について次に掲げる事項を行うことを決定したこと、または、当該決定（公表されたものに限る）に係る事項を行わないことを決定したこと（投資判断への影響が軽微なものとして内閣府令で定める基準に該当するものを除く）
イ．株式交換
ロ．株式移転
ハ．合併
ニ．会社の分割
ホ．事業の全部または一部の譲渡、譲受け
ヘ．解散（合併による解散を除く）
ト．新製品または新技術の企業化
チ．イ〜トに準ずる事項
（業務上の提携または提携の解消、孫会社の異動を伴う株式または持分の譲渡または取得、固定資産の譲渡または取得、事業の全部または一部の休廃止、破産の申立等、新たな事業の開始、預金保険法第74条第5項の申立、剰余金の配当）
⑥（上場会社等の）子会社の発生事実
当該上場会社等の子会社に次に掲げる事実が発生したこと（投資判断への影響が軽微なものとして内閣府令で定める基準に該当するものを除く）
イ．災害に起因する損害または業務遂行の過程で生じた損害
ロ．イに準ずる事実（財産権上の請求に係る訴えに関する事実、営業または事業の差止等の仮処分の申立に関する事実、行政処分、当該子会社以外の者による破産の申立等、不渡り等、孫会社に係る破産の申立等、債務者または保証債務の主たる債務者に係る不渡り等による債務不履行のおそれの発生、主要取引先との取引停止、債務免除または第三者による債務引受等、資源の発見）
⑦（上場会社等の）子会社の決算情報
当該上場会社等の子会社（上場または店頭登録有価証券の発行者に限る）の売上高、経常利益、純利益について、公表された直近の予想値に比較して差異（投資判断への影響が重要なものとして内閣府令で定める基準に該当するものに限る）が生じたこと
⑧（上場会社等の）子会社のその他の重要事実
当該上場会社等の子会社の運営、業務または財産に関する重要な事実で投資判断に著しい影響を及ぼすもの

6. 重要事実の公表

インサイダー取引規制が解除される要件としての「公表」とは、次のいずれかに該当する場合をいう

① 上場会社等が、その上場する金融商品取引所等に対し重要事実等を通知し、それが当該金融商品取引所のホームページ等で公衆の縦覧に供されたこと
② 2以上の一定の報道機関（日刊紙、通信社、放送事業者等）に対し重要事実等を公開した後、12時間以上が経過したこと
③ 上場会社等が提出したディスクロージャー資料（有価証券届出書、有価証券報告書、半期報告書、臨時報告書等）に重要事実等が記載されている場合に、それが公衆の縦覧に供されたこと

7. 適用除外

次のいずれかに該当する場合は、インサイダー規制の適用除外となる

① 株式または優先出資の割当を受ける権利の行使により株券を取得する場合
② 新株予約権の行使により株券を取得する場合
③ 特定有価証券等に係るオプションを取得している者がオプションを行使することにより特定有価証券等に係る売買等をする場合
④ 会社法等に規定される株式の買取請求または法令上の義務に基づき売買等をする場合
⑤ 公開買付等に対抗するために取締役会の決定した要請に基づき特定有価証券等の売買等を行う場合
⑥ 株主総会決議や取締役会決議に基づき自己の株式に係る株券等を取得する場合
⑦ 安定操作の規定に従って売買等をする場合
⑧ 普通社債券に係る売買等をする場合（ただし、解散、破産の申立等、不渡り等を重要情報とする場合を除く）
⑨ 会社関係者、情報受領者の間で相対取引を行う場合
⑩ 重要事実を知る前に締結された契約または決定された計画に基づく売買等を行う場合（内閣府令で定められた場合に限定）

第4節 ヘッジファンド投資

1 ヘッジファンド投資の目的

　ファンド投資の概念は広く、正確に定義することはむずかしいが、金融商品取引法上では、ファンド投資（集団投資スキーム持分）は、他者から金銭などの出資・拠出を集め、当該金銭を用いてなんらかの事業・投資を行い、その事業から生じる収益等を出資者に分配するような仕組みに関する権利と定義されている。また、ファンド投資において、基本的に投資家は、自ら投資対象銘柄を選定するといった運用指図を行うことはできないことも特徴の1つである。その種類は、ファンドの募集する投資家のタイプ別や、投資対象とするアセット別にさまざまで、上場株式や公社債に投資する伝統的な運用手法のファンドや、市場規模は小さいが映画ファンドや絵画ファンドといったファンドも存在する。投資対象や運用手法が、株式や債券といった伝統的な運用とは一線を画す、いわゆるオルタナティブ投資が投資家に認識されて久しい。
　本節では、まず、ファンド投資の種類を概説したうえで、詳細の解説をヘッジファンド投資に絞って述べることとする。

(1) ファンド投資の種類

A 投資家タイプ別

a 公募ファンド

一般投資家に幅広く募集され、だれでも同等の情報取得が可能。私募ファンドに比較して、運用制約はディスクロージャーも含めて厳しい。一般的に、上場株式や公社債をロング（買持ち）するタイプのパッシブファンドは公募ファンドに多くが含まれ、また米国でのミューチュアルファンドは公募ファンドに該当する。

b 私募ファンド

適格機関投資家のみを対象としたり、一定の特定投資家にのみ販売される。公募ファンドに比較すると、運用制約、ディスクロージャーの規制は緩やかである。ヘッジファンドは私募ファンドに該当する。

B 投資戦略・対象アセット別

a ベンチャーファンド

将来にわたって、高い成長力が期待できる未公開企業の株式に投資し、その企業が上場を果たすことや他ファンドに売却されることで高いキャピタルゲインをねらう。

b パッシブファンド

株価指数等のあるインデックスに連動する投資成果を目指すファンド。評価はインデックスを正確にトラックできているかで判断する。

c アクティブファンド

株価指数等のベンチマークを設定し、ベンチマークを上回る投資成果を目指すファンド。企業の成長性、市場規模や配当利回りをテーマとしたもの、IT等の時代の流行をテーマとしたもの等、運用手法はさまざま。評価は、ベンチマークを上回るリターンが出ているかで判断する。

d ヘッジファンド

本節で以下詳述する。

e　バイアウトファンド

　ベンチャーファンドと投資手法は同様であるが、投資対象が未公開企業に限定されない点で違いがある。LBO（Leveraged Buy-Out）やMBO（Management Buy-Out）もバイアウトファンドの一形態である。

f　再生ファンド

　破綻した企業や、再建途上にある企業に資金・資源を投入して、企業が再建することで投資リターンをねらう。

g　不動産ファンド

　投資家および金融機関からの借入れにより不動産を購入、賃料収入や物件の値上りによる売却益を投資家に配分する。

(2) ヘッジファンド投資の歴史と現状

A　歴史と現状

　ファンド投資と同様、ヘッジファンドに関しても明確な定義は存在しない。ただし、特徴としては、私募であることが多いこと、幅広い金融市場・商品を投資対象とすること、レバレッジを掛けること、成功報酬が必要となることなどがあげられよう。

　ヘッジファンドの起源は、1949年に社会学者のアルフレッド・ジョーンズが設定した「株式ロングショート戦略」を用いたファンドとされており、いまや一般的となった成功報酬やレバレッジといったヘッジファンドにみられる特徴をすでに備えていたとされている。

　当ファンドをはじめ、1960年代には好調な株式市場動向と相まって、高いレバレッジを掛けた株式ロングショートファンドの創設が相次いだが、1960年代後半からの株式市場の下落により大幅な損失を受けたファンドも多く、ファンドを清算する動きが相次いだ。

　しかし、1980年代に入ると、戦略の多様化が進み、株式のみではなく、通貨も投資対象とした「グローバルマクロ」の投資戦略が流行りをみせ、1987年のブラックマンデーで株式市場が暴落し、株式ロングショート戦略が苦戦するなか、同戦略は大きく台頭した。また、CTA（Commodity Trading Advisors）が業界に参入、投資対象アセットが大幅に多様化したのもこの時期である。

　1990年代も、ヘッジファンドの運用手法の多様化が進んだが、1998年の米大手ヘッジファンドLTCM（Long Term Capital Management）の破綻は大きな転換点の1つともなった。また、同年のロシア危機によるヘッジファンドの大幅な損失を受けて、ヘッジファンド業界に対するリスキーなイメージが広がった。

　2000年代は、運用資産が大きく拡大する局面を迎え、株式ロングショート戦略が台頭、米ITバブル崩壊やエンロン破綻に伴う不正会計疑惑の拡大を受け、パフォーマンスも含め一時的に低迷した時期もあったが、投資残高は急速な拡大を続けていった。

　ヘッジファンド業界において、最大の転換点は、2008年9月以降のリーマン・ブラザーズ破綻によるグローバルな信用収縮であろう。ヘッジファンドのパフォーマンスは大幅に悪化、特に高いレバレッジを掛けたヘッジファンドの損失は大きく、運用の停止、解約請求の延期、ファンド清算の動きが相次いだ。大きな問題としては、高リターンを追求するがゆえに高いレバレッジを掛けていたファンドの既存ポジション解消の動き、破綻したリーマン・

図表8-8　ヘッジファンド運用資産と資金フローの推移

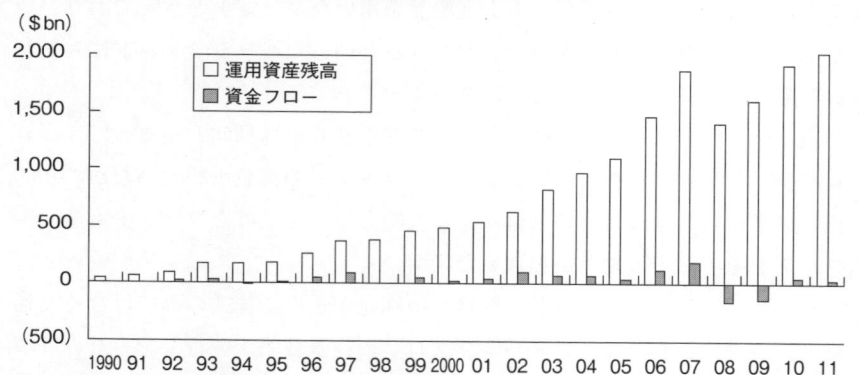

(注) 各年12月末時点のデータ（フローは年間累計）。2011年は3月末まで。
SOURCE: HFR Industry Reports © 2011 HFR. Inc., www.hedgefundresearch.com

ブラザーズをプライムブローカー・カストディアンとしていたことによる資産凍結の影響がきわめて大きくなった。また、同年末には、元米ナスダック会長であったバーナード・マドフが巨額詐欺事件で逮捕されたことも投資家のヘッジファンド離れを招き、Hedge Fund Research社によれば業界の運用資産もピーク2008年6月の2.3兆米ドルから、2009年4月には一時1.3兆米ドルまで落ち込んだ（図表8－8参照）。

しかし、2009年には2008年のマイナスから大幅に反発したパフォーマンスを背景に、運用資産は再び増加に転じ、2010年には大幅な資金流入となっている。パフォーマンスとあわせた運用資産残高は急速に回復しており、先進国を中心に低金利環境が続くなか、運用対象アセットクラスとして再び注目が集まっている。

B トピックス

a リーマン・ブラザーズ破綻に伴う2008年の金融危機とヘッジファンド

リーマン・ブラザーズが破綻した2008年9月以降、株式や低格付社債を中心にリスク資産価格は急落した。最も大きな影響を与えたもの、また資産価格の急落を引き起こしたのは、ヘッジファンドと欧米金融機関のレポ取引であったといえる。

欧米投資銀行は、何倍ものレバレッジを掛けることで高いリターンをあげていたヘッジファンドへのレポ取引を通じた融資業務を拡大することで収益性を高め、同時に自らのレバレッジも高めていった。リーマン・ブラザーズの破綻はこのシステムを直撃したものといえる。

このプライムブローカーとしての業務では、リーマン・ブラザーズの全体に占めるシェアは大きなものではなかった。しかし、レポ取引で担保として差し入れられた証券を、再度担保として差し入れ資金調達した（rehypothecate）資産が、破綻により凍結されるといった事態もさらに問題を複雑、深刻化させた（ヘッジファンドからすると、リーマン・ブラザーズにより再度担保に差し入れられた証券は、融資を受けていた金額との差額分が凍結、破産管財人の精査を待つ状況になる）。

ヘッジファンドは、融資が受けられない、担保資産価格が急落し追加担保

要求される、追加担保要求に応じることができないため資産を売却する、といった連鎖が発生し、レバレッジ縮小を余儀なくされた。ヘアカットが大きくなり、同担保金額での借入可能額は縮小、また差入担保の格下げによりヘアカットが大きくなるという悪循環である。

レバレッジ縮小のため、ポジションの解消、資産価格の下落、それがまたレバレッジの縮小を招くといった連鎖である。

パフォーマンスの悪化に伴い、また投資家の資金繰りもタイトであったため、ヘッジファンドへの解約請求は歯止めがかからない状況となり、業界存亡の危機に陥ったのである。以降、投資家の目線も、またヘッジファンドの目線も"レバレッジの過多"に焦点が当たり、これまで以上にプライムブローカー、アドミニストレーターとの取引状況、カウンターパーティーとしてのクレジットリスクがヘッジファンドのモニタリング項目として重要性を高めてきた（2008年以降、ヘッジファンドサイドでのプライムブローカー選別、分散が進む）。

b　バーナード・マドフによる詐欺事件

2008年12月に、運用会社Bernard L. Madoff Investment Securities LLCの社長であったバーナード・マドフが500億ドルにのぼる巨額詐欺容疑でFBIに逮捕された。同運用会社は、1960年に設立され、以降数十年にわたり高いリターンをあげているかのように、投資家に対して配当を行っていたのである。

その手口は、投資家から多額の資金を集め、市場での運用は行わず、投資家への配当は投資資金を自転車操業で回していく、いわゆる"ポンジスキーム"であったとされている。

なお、同事件においては、日本を含めた世界中の大手金融機関が損失を被り、FOF（ファンドオブヘッジファンズ）を運営するヘッジファンド投資の専門家集団も、大きな損失を被った。マドフが元ナスダック会長であるという社会的信頼性の高い人物であると皆が思っていたこと、ファンドが高いパフォーマンスをあげ、多額の投資資金を集めていたことから、詳細なデューデリジェンスが不可能であったとしても投資を行っていたという実態がある。

ヘッジファンドのブラックボックス化に対する問題意識が投資家に大きく広がり、また大手FOF（ファンドオブヘッジファンズ）運営会社でさえもデューデリジェンスに甘さがあるとの失望が投資家に広がり、金融危機で大きく損失を出したヘッジファンド業界にさらなる打撃を与えた。

　同事件以降、米SEC等各国監督当局によるヘッジファンドに対する規制強化に拍車が掛かっていくこととなる。また、ヘッジファンドのパフォーマンスのみならず、プライムブローカー、アドミニストレーター、監査法人といったヘッジファンドのオペレーショナル面でのデューデリジェンスの重要性が高まった。

(3) ヘッジファンド投資のメリットと意義

　ヘッジファンド投資に求められるのは、市場ベータによらない、いわゆるアルファを追求した絶対収益型プロダクトとしての性質と、投資家自身では投資できないようなアセットクラスのメリットを得ることといった大きく2つをあげることができる。

　通常のミューチュアルファンドや投資信託での運用では、ロングポジション（またはショートポジション）だけが許容されている場合が多く、またアクティブファンドではベンチマークのパフォーマンスに劣後する銘柄をもたない、ベンチマークを上回るパフォーマンスの銘柄ウェイトを高めるといった運用手法でしかないが、ヘッジファンドはロング・ショート両サイドで投資機会を追求するところが大きく異なる。

　伝統的な資産運用である株式、国債の買持ちといった運用手法については、過去市場が大きく崩れる局面において、会社の存続すら危ぶまれるような大きな損失を被ってきた。市場の一方向のみに賭けた運用ではなく、上昇相場でも下落相場においても、リターンの獲得をねらう、株式や国債との相関性が低いプロダクトとしての位置づけである。

　また、機関投資家のリスクアセット上の規制等の代替ツールとしての役割もある。たとえば、破綻した企業の債券や株式というのは、その後の企業の再生による上昇メリットに投資機会を見出してもなかなか投資自体ができない、社内での手続が煩雑である、といった障害がある。その障害をヘッジ

ファンドを通じて解消し、自己のポートフォリオに組み入れようとするものである。

　日本においても、1990年代後半より銀行等の金融機関の運用ツールが多様化するなかで、投資対象アセットクラスの１つとしてヘッジファンドへの投資が行われ、2000年以降、債券、株式といった伝統的なアセットクラスと比較すると規模は小さいものの、いわゆるオルタナティブ投資における主要なアセットクラスの１つとして認知されてきている。

　投資に関しては、複雑な手法を用いたファンドも多く、高度な金融知識が要求される。以前は、ヘッジファンドといえばブラックボックス、複雑、高リスクといったイメージが否定できなかったが、LTCM破綻やリーマンショックを経た規制強化も相まって、情報開示、投資条件において透明性が徐々に高まり、投資家に対する態度にも変化が生じてきている。

❷ ヘッジファンド投資の種類と特徴

(1) 投資家の運用形態

　大きく分類して、シングルヘッジファンドへの投資とファンドオブファンズ（Fund of Funds）への投資の２パターンに分けることができる。

A　シングル

　自前で個別ファンドを発掘、ソーシングし、投資をする。事務負担も大きく、リスク管理も含めてすべてを自らで行う必要がある。国内の機関投資家では、同方式を採用している投資家は数少ないと思われる。個別ファンドのリスク分散効果の観点では、ファンドオブファンズに劣る。

B　ファンドオブファンズ

　複数のヘッジファンドに投資し、ポートフォリオを構築するストラクチャー。細かな投資条件のヘッジファンドとの交渉やリスク管理を、ファンドオブファンズのマネージャーであるゲートキーパーが最終投資家と一体と

なって行い、フィーを得る方式であり、日本の投資家はこのスタイルを活用した投資を行っていることが多い。ゲートキーパーは、新ファンドの発掘、適正なポートフォリオを構築することで、マネジメントフィー、パフォーマンスフィーを徴収する。

ヘッジファンドサイドからすると、A、Bどちらの形態も問題なく受け入れており、最終投資家にとっては、Bの場合はゲートキーパーに対するフィーがAに比べ別途発生することになる。Bは、リスク分散効果の観点では、シングルファンド比優位性を有するが、過度な分散は個別優良ファンドのメリットが薄れてしまうため注意が必要である。

(2) 戦略別動向

ここでは、ヘッジファンドのとる運用戦略について代表的なものを紹介する。運用戦略は市場環境や時代に応じて変遷するものであり、また以下の戦略以外にも、またさらに細分化されたものが存在することは認識しておきたい。

A 株式ロングショート

この戦略では、株式を投資対象として、そのロング（買持ち）とショート（売立て）を組み合わせることにより、株式市場全体の方向性とは無関係に収益獲得をねらうものである。スタイルにより細かな違いはあるが、個別企業のファンダメンタル分析をベースに投資を行うボトムアップ型、マクロ経済の動向分析をベースとしたトップダウン型の大きく2つに分けることができる。業界では高いシェアを有しており、ヘッジファンドのポートフォリオでは、中心的な存在となってくる戦略である。

B クレジットアービトラージ

社債、レバレッジドローン、CDSを投資対象として、ロング、ショートを組み合わせることによって収益獲得をねらうものである。信用度の高いシニアローンをロングし、信用度の低い劣後債をショートするなど同一企業の

デット信用階層間で割安・割高を認識しポジションをとる、キャピタルストラクチャーアービトラージもある。2008年の金融危機時においては、市場の流動性枯渇、ビットオファーコストの拡大により、最もパフォーマンスの悪化した戦略の1つである。

C 転換社債アービトラージ

割安と考える転換社債をロングし、その原株をショートすることで、転換社債が有する株式のコール・オプション部分のデルタをヘッジする手法が一般的で、割安度が解消されることによるキャピタル収入と、社債のクーポン収入から収益獲得をねらう戦略である。2008年の金融危機時においては、各国の株式ショートポジション規制により保有転換社債が投げ売られ、最も大きな損失となった戦略である。

D イベントドリブン

企業の買収、合併、部門のスピンオフ、倒産からの再組織化、PO（Public Offering）、IPO（Initial Public Offering）といったコーポレートイベントをカタリストとして、ポジションをとる戦略である。合併や買収が差し迫っている企業、公表ずみの企業合併買収案件に特化した合併アービトラージ、破綻状況にあり再建途上の企業の株式や債券の売買に特化したディストレス戦略等を指していうことも多い。

E グローバルマクロ

世界経済、政治状況、投資家需給などのファンダメンタル分析に基づくトップダウンのアプローチにより、株、クレジット、為替、コモディティとあらゆるアセットクラスを投資対象として、ディレクショナルにポジションを張り、収益獲得を目指す。他戦略比では、リスクが高くなる傾向があることと、他戦略との相関は低いことが一般的である。2008年の金融危機時には、唯一といってよいほど、プラスのパフォーマンスをあげた戦略であり、高い注目を集めた。

F　統計アービトラージ

投資対象アセットは株式、通貨、商品、国債など多様で、投資対象アセットの動きを定量的に分析・把握し、算出された非効率性が収斂する過程で収益を獲得しようとする戦略。パフォーマンスは採用するモデルの優劣に左右され、保有するポジション数も何千にのぼることもあり、投資家サイドからすると、いわゆるブラックボックスとなりがちな戦略である。

G　債券アービトラージ

債券プロダクトへの投資を行うさまざまな戦略の一般的な説明であり、上述のクレジットアービトラージも含め、レラティブバリュー戦略の1つとして考えられる。投資対象は、T-Bill、国債、スワップ、社債、モーゲージ証券、ABS等の証券化商品まで範囲は広い。イールドカーブ、ボラティリティ、格付等の要素から独自の計算上、統計上の価格を導き出し、割安なものをロングし、割高なものをショートすることにより収益獲得をねらう。

H　マルチストラテジー

上記の戦略を複数組み合わせたもの。比較的ダイナミックに戦略ごとのキャピタル配分を変更するファンドや、エクスポージャーを大きく調整するもの等、ファンドごとの特性を把握することが重要である。

I　マクロヘッジ

個別運用戦略として収益追求するよりも、ポートフォリオ全体でのリスクをヘッジしようとする戦略として採用されることが多い。トップダウンでのアロケーションがなされることが通常で、S&P500の先物や、iTraxx等のインデックス先物、各種オプションを利用したボラティリティロングの戦略等が用いられることが多い。

(3)　ヘッジファンドのストラクチャー

日本の投資家にとって最もなじみの深い投資形態は、ケイマンをはじめと

図表 8 − 9　戦略ごとのリターン

	コンポジット	CB裁定	株式L/S	イベントドリブン	マルチストラテジー	グローバルマクロ	レラティブバリュー	S&P500
2000	4.98%	14.50%	9.09%	6.74%	3.42%	1.97%	13.41%	−10.14%
01	4.62%	13.37%	0.40%	12.18%	10.36%	6.87%	8.92%	−13.04%
02	−1.45%	9.05%	−4.71%	−4.30%	6.48%	7.44%	5.44%	−23.37%
03	19.55%	9.93%	20.54%	25.33%	11.53%	21.42%	9.72%	26.38%
04	9.03%	1.18%	7.68%	15.01%	8.20%	4.63%	5.58%	8.99%
05	9.30%	−1.86%	10.60%	7.29%	5.66%	6.79%	6.02%	3.00%
06	12.89%	12.17%	11.71%	15.33%	8.99%	8.15%	12.37%	13.62%
07	9.96%	5.33%	10.48%	6.61%	1.81%	11.11%	8.94%	3.53%
08	−19.03%	−33.73%	−26.65%	−21.82%	−20.30%	4.83%	−18.04%	−38.49%
09	19.98%	60.17%	24.57%	25.04%	24.67%	4.34%	25.81%	23.45%
10	10.25%	13.35%	10.45%	11.86%	13.16%	8.06%	11.43%	12.78%
11	3.59%	1.80%	3.48%	4.71%	2.25%	2.76%	3.13%	8.43%

（注）　各年の米ドル建累積リターン、2011年は4月末まで。
出所：Bloomberg（HFRI）

図表 8 −10　ファンドオブファンズのスキーム

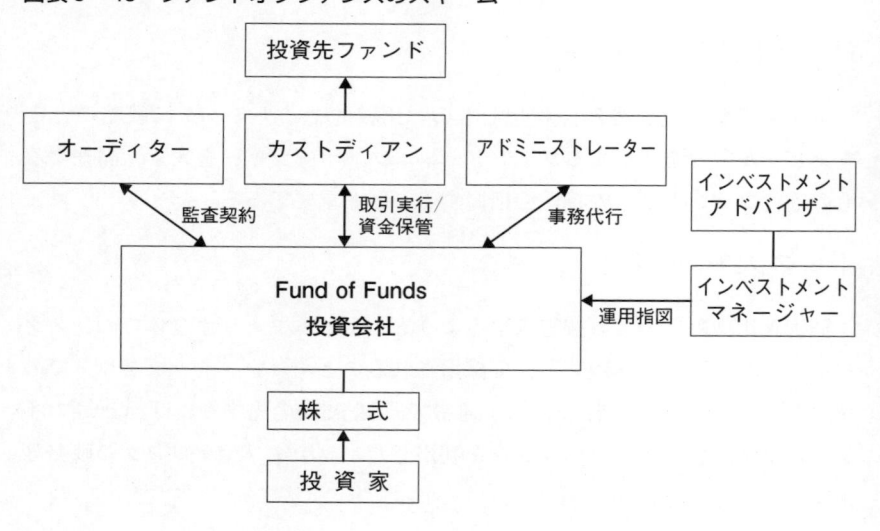

するオフショアの外国籍投資信託に直接投資するものである。
　図表 8 −10にファンドオブファンズの基本形態のスキーム図を記載する。

スキームとしては、基本的には、シングルヘッジファンドへの投資と大差はなく、シングルヘッジファンドの場合にはカストディアンにかわって後述のプライムブローカーが関与する。

(4) ヘッジファンド運営の関係者

A インベストメントマネージャー

ファンドにおける個別銘柄選定や、ポートフォリオの組成、管理、証券の売買など投資行動の意思決定を行う本体。プライムブローカー、カストディアンとも直にコンタクトをもち、取引の指図を行っている。

B インベストメントアドバイザー

マネージャーに対して、運用アドバイスを実施、助言フィーを得ている。

C プライムブローカー

ヘッジファンドの取引執行、決済、資金貸付、有価証券貸付、またカストディアン業務など日々のサービスを提供する。ゴールドマンサックス、クレディスイスやUBS等欧米大手投資銀行の証券部門が採用されていることが多く、同部門ではキャピタルイントロダクションという投資家へのヘッジファンド紹介業務も手がけている。

D アドミニストレーター

ヘッジファンドの取引の記帳、保有資産のNAV（Net Asset Value）算出、パフォーマンスの投資家宛連絡等を行う。ヘッジファンド自身がNAV評価に携わるのではなく、独立した第三者が評価を行っているかという点については不正防止の観点から重要なポイントである。業界の最大手としてCitco Fund Servicesが知られている。

E カストディアン

ファンドの保有資産である現金や証券の保全管理、取引に関する決済業務

を行う。シングルファンドの場合は、プライムブローカーが本件業務を兼ねるケースが一般的であるが、ファンドオブファンズの場合はカストディアンが設置されるケースが一般的。

F オーディター

ファンドから独立して必要不可欠な会計監査業務を行う。通常、監査頻度は年1回で、PricewaterhouseCoopersを筆頭に、大手4社が大きなシェアを占めている。

G 法律事務所

契約書を作成したり、訴訟への対応を行う。

(5) ヘッジファンドの特徴

上記で述べたヘッジファンド固有と考えられる特徴について、以下に述べる。

A 成功報酬

ヘッジファンドにおける報酬体系は、大きく管理報酬（マネジメントフィー）と成功報酬（パフォーマンスフィー）の2つを有する。

マネジメントフィーは、投資残高に対して通常1.5〜2.0%に設定されている固定報酬であり、公募ファンドも水準や名称こそ異なっても同種の費用構造を有することが多い。一方で、成功報酬はヘッジファンドに固有のものといってよい。成功報酬とは、半年や1年といったファンドが定めた一定期間におけるプラスのパフォーマンスに対して、10〜20%を徴収するものである。

なお、この成功報酬に対しては、ファンドのNAVが過去最高水準を上回ったときにのみ支払われる、ハイウォーターマークといわれる方式が多くのファンドで採用されている。また一部のファンドでは、3カ月LIBORを上回ったプラス部分にのみ成功報酬を課すハードルレートといった基準を設けている。

この成功報酬こそが、ヘッジファンドの大きなインセンティブとなっており、運用資産の大きなヘッジファンドのプラスのパフォーマンスは成功報酬として莫大な利益を運用会社にもたらすこととなる。逆に、2008年のように成功報酬が得られる過去最高水準のNAVに達するまで何十％も必要となるような損失を被った場合は、運用者のインセンティブも落ち、ファンドを清算してしまうケースもみられるので注意が必要である。

B　レバレッジ

　2008年の金融危機以降は、高レバレッジのファンドが2008年に強制的に市場から退出させられたため、レバレッジを抑制したファンドが大宗となっており、高レバレッジゆえの高収益率は評価されにくいのが現状となっている。

　一般的にレバレッジは、自己資本に対して借入れを行い、それを"てこ"に自己資本の収益率の拡大を図ることを意味する。

　しかし、ヘッジファンドのリスク管理上では自己資本と総資産の比率で図るものや、デリバティブ等を活用した資金の動員も含めて図るものなど、ファンドごと・戦略ごとによっても概念が異なるため、すべてのファンドに対して同一の基準を適用するのはミスリーディングとなることがあるため留意が必要である。

❸　ヘッジファンドへの投資に際して

(1)　デューデリジェンスのポイント

A　運用主体について

　実際の運用会社と、実質的な運用人物のデューデリジェンスを行う。運用会社については、設立経緯、設立の際の中心人物、各国金融当局への登録状況、会社としてのAUM（Assets Under Management）推移等のチェックを行う。

また、投資対象ファンドにおける運用チーム、実質的な運用メンバーのチェックを行う。実質的な運用メンバーについては、過去の経歴、過去運用ファンドがあれば、その実績に加えて、公表している経歴に疑義詐称はないか、犯罪歴がないか、業界内、世間での評判はどうかといったチェックも行いたい。

　ヘッジファンドは上述したさまざまな戦略やシステムを用いて運用を行うが、いかに優れた戦略やシステムを保有していても、それを扱うのは運用チームの人間であり、そういった意味で、そのポートフォリオマネージャーとそのスタッフのスキルがすべてであるとの認識をもったデューデリジェンスを心がけたい。

B　運用力

　ファンドの投資対象アセットクラス、カバーする地域、どのような戦略で、どのように収益を獲得しようとしているのか、どのようなところに他の運用ファンド対比優位性がみえるか、といったチェックを行う。なお、ヘッジファンド運用担当者には、欧米大手投資銀行の自己勘定運用からのスピンアウトが多く、当時の経験から同様の運用手法をとっている者も多い。

C　パフォーマンス

　運用者がターゲットとするリターンとリスクを認識し、過去のトラックレコードの確認を行う。リスク対比十分なリターンの獲得ができているか、また過去のドローダウンや、他ファンドが苦戦した時期における運用状況は、運用力の優劣を計る1つの要素として認識しておくべきである。

　株式、クレジット等の主要インデックスとの相関性、ベータ値の確認を行うことでファンドの特性を把握することは基本的な事項となる。

　過去のトラックレコードが優秀であることは重要な要素であるものの、認識しておきたいのは、あくまで過去のリターンであり、投資家にとっては将来に高いリターンを獲得できるかどうかがきわめて重要ということである。

D　リスク管理

　ファンドとしてどのようなリスク管理を行っているのかを確認するが、以下が個別での確認事項として考えられる。
① 　マーケット変動リスクに対する備え（過去大きな市場変動時のシミュレーション等）
② 　アセットクラス、地域、個別銘柄の集中度に対する管理
③ 　ストップロスの有無、およびその水準
④ 　レバレッジの水準
⑤ 　投資対象アセットクラスやポートフォリオの流動性管理
⑥ 　災害時におけるシステム対応やデータのバックアップ
⑦ 　運用会社としてのコンプライアンス管理体制

E　投資家層

　投資家のタイプ別、数として十分に分散され、かつ安定しており、大量解約となった際のファンドへのインパクトが極小化されるかどうかを確認する。特定投資家のアロケーションが大きく、投資対象アセットの流動性が落ちる場合は、このリスクが高いと考えるべきであろう。
　新規に投資を検討している場合は、ファンドのAUMに対して、投資検討額が適正なものであるかどうかも考慮する必要がある。
　また、ファンドの運用者も相応の投資を行っており、投資家とダウンサイドリスクを共有しているかどうかについても確認したい。

F　投資ファンドのストラクチャー・償還条件等

　運用会社以外に、監査法人、アドミニストレーター、プライムブローカーなどを確認する。採用されているそれぞれが、業界内でどのくらいの地位を占めている先であるか（AUA（Assets Under Administration）、人員、業界内での順位など）を確認したい。
　また、ファンドの準拠法、マスターフィーダー等（複数の子ファンドであるフィーダーファンドをまとめて1つのファンドとして運営する方式）、適切で

納得のいくものであるかどうかの確認を行う。

ファンドの解約条件については、投資対象アセットの流動性を加味した判断が必要である。通常、30～90日前通知で、月次～四半期ごとの解約期日設定といった条件が一般的で、投資資金全額の償還には相応の期間を要する。また、ロックアップ期間が設定されていればどの程度であるか等、投資家の投資ホライズンに応じた流動性の選択を行うべきである（ロックアップ期間とは解約が不可となっている期間のこと。かりに解約ができても別途手数料が必要な場合もある）。

手数料については、マネジメントフィー2％、成功報酬20％（ハイウォーターマーク方式）といった水準が一般的であるが、同戦略をもっている他ファンドとの比較は必要であろう。

G　情報開示内容

投資家に対する運用状況のディスクローズの水準を確認する。パフォーマンスについては、月次での入手はもちろんのこと、週次ベースでの推定リターンは確実に入手したい。その入手が不可能であれば、投資を取りやめることも検討すべきであろう。

その他、月次でのレポート、コメントに加え、アセットクラスごとや地域ごとでのパフォーマンス寄与度、ロング・ショート別のエクスポージャー水準等、運用戦略にもよるが上記リスク管理上のチェック項目は入手したい項目である。

また、年次での監査ずみの決算書や、特にファンドとして保有銘柄数が少なく、集中度が高いものについては、個別の保有銘柄のディスクローズを受けたいところである。

(2) 事後モニタリングを含めた運用手法

A　個別ファンドの管理

ファンド投資は、投資前のデューデリジェンスとあわせて、投資後のモニタリングがきわめて重要な項目であるといえる。

① パフォーマンスの管理……定期的に週次ベースでのリターンが報告されているか。基本的な事項であるが、その報告自体がファンド運営の変調を顕在化させている場合もあるため、堅実な管理が必要となる。
② 月次エクスポージャーの管理……投資前に想定していた戦略から、かけ離れたリスクをとっていないか、想定しない投資資産、地域のリスクをとっていないか。
③ SEC Form-13F……米SECが運用資産1億ドル以上の運用会社に対し、四半期ごとに保有銘柄の報告を義務づけているもの。通常は個別銘柄を開示しない運用会社の保有銘柄状況を確認できる。
④ オンサイトでのデューデリジェンス……ヘッジファンドのオフィスを訪問し、マネージャーと面談することにより強み・弱みを再度確認する。
⑤ ファンドのストラクチャー上のチェック……プライムブローカーやカストディアン等のファンド関係者に変更はないか、マスターフィーダー等のストラクチャー上の変更はないかを確認する。
⑥ 構成状況……運用会社の保有比率、またファンド投資家構成に大きな変化はないかの確認を行う。
⑦ 運用組織体制……主要メンバー、人員体制に大きな変更はないかについては最重要項目の1つであろう。

　安定的にパフォーマンスを獲得できているかというのは基本事項であるが、投資前に確認したディスクローズを適切に受けることができているか、も重要な項目である。一方で、徹底的に投資前のデューデリジェンスを実施したところで、投資を行ってみないとわからない点も出てくる（ファンド側のディスクローズ内容も異なってくる場合もある）。

B　ポートフォリオ全体での管理

　リーマン・ブラザーズが破綻した2008年には、ヘッジファンドのパフォーマンスが大きく落ち込んだことからも推察できるように、市場環境によらず絶対収益を追求するコンセプトをもつヘッジファンドであるが、その大宗はマーケット動向によりパフォーマンスに影響を受けることは明らかとなった。

ポートフォリオ全体での市場ベータ値をニュートラルに近づけ、市場環境の変化に対する影響を極小化するという方法も1つとして考えられるが、グローバルマーケットの動向を十分に見極めたうえで、個々のファンドの特性を把握し、中長期的な相場観のもと、個別ファンドのアロケーションを変更していくことも必要であろう。

　また、投資済ファンド間での相関性や、投資スタイル、投資地域におけるエクスポージャーの管理等、ポートフォリオ全体での分散を図る試みも検討していく必要があると考える。投資家のヘッジファンドポートフォリオの管理手法については、将来にわたって継続していく課題である。

C　ヘッジファンド業界インデックス

　投資家のヘッジファンドへの関心の高まりから、インデックスが公表されている。事後モニタリングとしては、ヘッジファンドインデックスとの比較は基本的な事項となろう。各インデックス提供会社は、各社で定めたルールに従い、登録されているヘッジファンドのウェイトを決定し、全体ポートフォリオのパフォーマンスを公表している。インデックス提供会社によっても異なるが、サブ戦略ごと、地域ごとのインデックスも保有することが多い。以下は主要インデックス提供会社の紹介である。

① 　HFR……シカゴに本社を有し、ヘッジファンド業界のリサーチ、コンサルティング、インデックスの提供を行っているHedge Fund Research社が提供している。業界で最も有名なインデックス提供会社として知られ、公表しているインデックスは、HFRI（月次でデータ公表、登録ヘッジファンド数は2,000超）、HFRX（日次でデータ公表、登録ヘッジファンド数はHFRIに比較して少ない）の2つのタイプがある。

② 　DJCS/Tremont……Credit SuisseとTremontの合弁事業としてインデックスの公表を開始、タイミングは週次・月次となっている。なお、2010年に米ダウ・ジョーンズ社によって買収された。

③ 　Eurekahedge……ヘッジファンド投資を中心としたコンサルティング、投資助言、リサーチ業務等を手がけ、アジアを中心に活動しており、地域、国に特化したインデックスを多数保有することが特徴的。

業界で最も有名なインデックス提供会社は上記であるが、その他、Hennessee、Greenwich等多数の提供会社が存在する。

④ ファンド投資のマクロ環境と今後

(1) 海外の規制動向

　世界経済が大きな打撃を受けた2008年のリーマン・ブラザーズ破綻を経て、金融分野においていかに消費者を保護するか、またいかに金融危機時におけるシステミックリスクに対処するかという課題のもと、オバマ政権下で議論が重ねられ、米国では2010年7月にオバマ大統領の署名を経て、米国金融制度改革法が施行された（正式名称は"Dodd-Frank Wall Street Reform and Consumer Protection Act"。通称は"Dodd-Frank Act"、以下「Dodd-Frank法」という）。

　このDodd-Frank法では、ポール・ボルカー元FRB議長の起案による「Volcker Rule」を採用している。Volcker Ruleでは、銀行の業務範囲を制限し、規模拡大に制限を加えようとしたもので、銀行におけるヘッジファンド投資にも制限が設けられている。ヘッジファンドやプライベートエクイティへの投資やそのスポンサー業務は、Tier 1資本金額の3％以内に制限されること、また、個別ファンドの持分はその所有権の3％以内に制限されるといった内容である。なお、今回の制限事項については、直ちに運用されるものではなく、現状早くても2014年からとなっているが、今後の米当局による具体的な運営要領の決定には注視していく必要があろう。

　また、欧州においてもEU連合の欧州議会において、2010年10月、ヘッジファンドはEU域内で登録制とし、監督・監視する規制案が承認されており、2011年1月に発効となっている。ほとんどのファンドは、ケイマン諸島をはじめ、他のオフショアの租税回避地に登録されており、EU加盟国の1つで審査に合格、登録されることで、EU域内での販売が許可される。登録は、EU域内拠点のヘッジファンドは2013年からとなっており、登録国当局宛てに定期的に資産状況や活動状況を報告する義務が課されることとなって

いる。なお、規制対象外となるUCITS(Undertakings for Collective Investment in Transferable Securities)については、ヘッジファンドによる取組みも増加し、近年急速に需要・残高を拡大させている。

(2) 本邦金融機関の動向

2008年の金融危機後の日本の金融機関におけるヘッジファンド投資は、足許残高を大きく増加させているところは少なく、横ばいもしくは縮小としているところがほとんどであろう。2008年の大幅な損失からハイウォーターマークを回復できていない（含み損を抱えている）投資家も多く、バーゼル規制によるリスクアセット計測上での高比率や、また米国での金融規制の動向など、注意を必要とする事象が多い。

また、2008年12月に発覚した米バーナード・マドフによる巨額詐欺事件、その後も2009年には米Galleon社によるインサイダー事件が発覚する等、業界のヘッドラインリスクも高いとの認識から、アレルギーをもつ投資家も多いと考えられる。一方、高いリスクウェイトが投資の足かせとなるがゆえに、投資明細が明確に把握可能なファンドで、マネージドアカウントといわれるルックスルー可能なタイプのファンドも多く出回っている。また、2008年以降、欧米金融機関によって開発された、ヘッジファンドのリターンを模倣したレプリケーターファンドも普及している。

(3) 本邦金融機関の今後のテーマ

グローバルにヘッジファンドは、投資対象アセットクラスとして、世界的な低金利環境もあり再び注目を集めている。

本邦金融機関も残高の違いこそあれ、大宗がヘッジファンドを運用資産ポートフォリオに組み入れている。真のアルファを獲得できる優良マネージャーの選定については、基本的ではあるが最重要テーマとして認識され続けるであろう。

また、各規制への対応も課題となってくる。バーゼル対応として、ヘッジファンドの信用リスクアセットに対する対応は引き続き課題となる。ヘッジファンドは、通常ルックスルー不可のファンドが大宗を占めるため、高リス

クウェイトの投資となる。ルックスルーすることを通じてリスクアセット負荷を軽減することや、適切な格付のリンクノートに投資する方法も考えられてきている。

　また、2012年から適用が予定されている国際会計基準（IFRS）施行に伴い、時価対応が必要となるため、以降はポートフォリオ全体でのリスク特性を正確に把握したうえで、そのリスクヘッジツールの拡充が求められよう。近年、欧米マルチストラテジーファンドにおいても、テールリスクヘッジに特化したファンドの組成や、ポートフォリオ内での同ブックの拡充・発展が図られており、今後はコスト削減の観点からも、投資家自身による前述のヘッジタイプのレプリケーターファンドの普及も図られよう。

第 9 章

一般債振替制度等証券関連事務

第 1 節

概　　　　論

　振替制度において、金融機関はさまざまな役割を担っている。すなわち、社債や株式等の発行者となるとともに、市場における有力な投資家でもある。また、地方債や投信受益権の窓販を行っている金融機関は、口座管理機関として地方債等を販売した顧客の振替口座簿の管理等も行っているのが通常であろう。このような発行者、投資家、口座管理機関といった役割は、証券市場において金融機関のみが担っているものではないのに対し、一般債振替制度および株式等振替制度における発行代理人、支払代理人としての業務は、もっぱら金融機関（銀行）によって行われているといえよう。そこで、本章では、まず、一般債振替制度における金融機関の役割を、おもに発行代理人、支払代理人の観点を中心に説明することとし、その後にその他振替制度における役割を説明する。さらに、振替制度導入後も、一部商品においては社債券等の現物が残っているため、現物を前提とした実務についても簡単に説明することとする。

第 2 節

一般債振替制度における実務

1　一般債振替制度における実務の概要

　一般債振替制度の実務については、発行者が自らこれを行うのではなく、銀行等にその事務を委託し、銀行等が有するシステム・インフラ等を活用することで、業務の遂行が行われることが一般的となっている。また、このような実務を、その実施タイミングに応じて「発行時の実務」と「期中の実務」に大別することができる。

　「発行時の実務」には、㈱証券保管振替機構（以下「機構」という）への銘柄情報の登録、社債権者（引受会社）からの払込金の受領および発行者への資金交付、振替口座簿への新規記録手続などの債券発行に係る一連の業務が含まれる。一方、「期中の実務」は、債券に関する元利金の支払、償還に伴う抹消手続などの一連の「元利払の実務」と、発行者や債券の状況が期中に変動した場合に必要な手続などの「その他の期中の実務」に分けることができよう。なお、これらのほかに銀行等が担っている役割として、振替債への移行後も記番号に基づく定時償還を行っている銘柄に対し例外的に提供している「特定口座管理機関業務」が存在する。

　銀行等は、このような業務を行うにあたり、発行者との間で各種委託契約を締結する。一般債振替制度の導入以前においても、社債等に関する各種実務は存在しており、これらの実務は、政府保証債や地方債等においては募集の受託会社、無担保社債においては社債管理者・FA（財務代理人）、担保付社債の場合は担保の受託会社、円建公募外債の場合は債券の管理会社・FA

の業務の一環として、銀行等が発行会社より委託を受けて行っていた（いわゆる「受託銀行」）。一般債振替制度の導入後においては、従前からの業務を継承しつつ、発行代理人、支払代理人といった制度固有の業務を加味したうえ、一体として行われているものである。

本節では、公募無担保社債（以下「社債」という）を中心に、一般債振替制度における銀行等の役割である、発行事務代行会社・期中事務代行会社および発行代理人・支払代理人につき説明を加えたうえ、「発行時の実務」「期中の実務」および「特定口座管理機関業務」について解説していきたい。

❷ 銀行等の役割

　一般債振替制度においても、社債の発行事務代行会社や期中事務代行会社といった役割は従来どおり存在しているものの、社債等登録制度のもとで社債の登録機関として銀行等が行ってきた社債権者名を記載した社債登録簿の管理業務（以下「登録業務」という）が機構および口座管理機関における振替口座簿の管理へと移行したこと、また、その移行に伴い、従来銀行等の内部で発行・期中事務から登録事務へとシームレスに構築されていた業務フローが変化し、固有のシステム・インフラを整備し、機構に対するさまざまな事務手続を行う発行代理人・支払代理人の役割が新たに必要となったこと等により、業務の内容は大きく変容することとなった。

　以下では、まず発行事務代行会社・期中事務代行会社および発行代理人・支払代理人の役割を概観したうえで、一般債振替制度開始に伴う業務の変容につき述べたい。

(1) 発行事務代行会社および期中事務代行会社

　発行事務代行会社および期中事務代行会社は、社債の発行に伴い発行会社が行うべき各種業務について、発行会社からの委託に基づき、発行会社にかわって行うものである。これらの業務は社債管理者の業務遂行と密接に関連していることから、社債管理者が設置される場合には、事務の効率性、正確性、迅速性の観点より、社債管理者の代表が発行事務代行会社および期中事

務代行会社を兼ねるのが一般的である。なお、FAも同様の業務を行う。

一般的な契約に基づくおもな業務は以下のとおりである。

［発行事務代行会社］
① 社債申込書の作成
② 払込金の発行会社への交付
③ 社債原簿および謄本の調製
④ その他（発行会社への契約書などに関する助言等）

［期中事務代行会社］
① 社債原簿の管理
② 租税特別措置法に基づく利子所得税の納付（租税特別措置法3条）
③ その他（発行会社への各種助言等）

なお、業務の詳細については後述する。

(2) 発行代理人および支払代理人

発行代理人および支払代理人は、機構の業務規程等により定められた役割であり、発行会社が行うべき機構との各種事務手続について、発行会社の委託を受け、行うものである。

発行代理人および支払代理人に就任するためには、オンラインを活用し機構と情報授受を行う必要があるため、固有の業務システムなどの設備や適正・確実に業務遂行が可能な能力を要し、機構の定める申請手続にのっとり、機構より指定を受ける必要がある。自ら業務システム等を整備することが困難な場合は、このような設備や態勢を整えた銀行等に事務の代行を委託することを前提に、発行代理人および支払代理人として指定を受けることもできる。なお、発行代理人および支払代理人として指定を受けると、機構より公表され、機構ホームページの制度参加者一覧により確認可能である（社債等に関する業務規程（以下「業務規程」という）6条、13条、14条、社債等に関する業務規程施行規則（以下「業務規程規則」という）4条の2、4条の3）。また発行会社は、社債の発行に先立ち、機構に対し発行代理人・支払代理人の選任届を提出しなければならない（業務規程9条、業務規程規則4条、一般債の発行に係る業務処理要領（以下「発行に係る業務処理要領」という））。

これらの業務も、発行事務代行会社および期中事務代行会社と同様、社債管理者やFAの業務遂行と密接に関連しており、事務の効率性、正確性、迅速性の観点より、社債管理者の代表もしくはFAが発行代理人・支払代理人を兼ねるのが一般的である。また、発行代理人と支払代理人には同一の銀行等が就任する。
　機構の業務規程等をふまえたおもな業務は以下のとおりである。

［発行代理人］
① 　機構に対する銘柄情報の通知
② 　機構からのISINコード・銘柄情報の登録内容の取得と確認
③ 　機構への社債要項の提出
④ 　機構からの新規記録情報取得と照合
⑤ 　新規記録情報の承認
⑥ 　機構への新規記録申請（発行代理人直接申請の場合）
⑦ 　機構からの発行口記録情報の取得・確認
⑧ 　機構への払込完了の通知
⑨ 　機構からの新規記録済通知等の取得・確認
⑩ 　新規記録手数料の発行会社からの徴求と機構への納入
⑪ 　その他

　なお、本件に加え、一般的な契約においては、社債申込書の回付・取りまとめ、および、払込金の受領が発行代理人の業務とされている。

［支払代理人］
① 　機構への利率等決定事項の通知
② 　機構からの元利金支払請求内容情報の取得・確認
③ 　機構からの決済予定額情報の取得
④ 　日本銀行金融ネットワークシステム（以下「日銀ネット」という）を利用する場合の決済予定額情報等の資金決済会社への通知
⑤ 　機構からの買入消却に係る情報取得・確認
⑥ 　口座管理機関への元利金・元利金支払手数料の交付
⑦ 　その他（機構からの発行会社に関する照会対応等）

　発行代理人・支払代理人業務の大宗は機構との情報の授受である。機構

は、発行代理人や支払代理人、機構加入者等の制度関係者とのシステム接続を前提に、振替機関としての各種業務を遂行する決済システム、ネットワークとの性質を有しており、一般債振替制度の実務において、機構に対するシステムを通じた指図が大きなウェイトを占めている。

なお、おもな業務の詳細については後述する。

(3) 一般債振替制度の導入に伴う業務の変容

発行代理人・支払代理人業務は、一般債振替制度において新たに追加された業務であるが、これらは受託銀行として銀行等が従来から担ってきた各種業務と一体的に運営されてこそ、振替債に関するワーカブルな実務が実現されるものとなっている。機構は資金決済機能を提供できず、また社債の発行会社の状況を適時、適切に管理することは困難であり、そのため、一般債振替制度においては、銀行等に対し、次のような役割が期待されることとなる。

A 資金決済に関する業務

一般債振替制度においては、従来からの発行事務代行会社・期中事務代行会社の役割である資金決済に関する業務の一部が、発行代理人・支払代理人の業務として位置づけられている。具体的には、引受証券会社等からの「払込金の受領」や、社債権者・口座管理機関への「元利金・元利金支払手数料の交付」(前ページの支払代理人⑥)である。

前者の「払込金の受領」についていえば、発行事務代行会社として、発行体のために発行代り金の払込みが行われたことを確認する役割が変更されたわけではない。むしろ、機構が振替機関として新規記録を行うには、払込みがなされたことを確認することが必要であることから、機構に対し払込みが行われたことを確実に通知する役割が、発行代理人に期待されているものである。

一方、後者の「元利金・元利金支払手数料の交付」に関しては、従来は、期中事務代行会社は、発行体との契約により社債権者に対する元利金の支払を行う「元利払場所」に対して元利払用の資金および元利払手数料を交付し

ていた。これに対し、一般債振替制度においては、機構の業務規程等により新たに元利払スキームが整備され、支払代理人は機構加入者に対し、日銀ネットにより元利金を支払うことを求められることとなった。

B　期中の変動に関する管理

　一般債振替制度においては、支払代理人の業務として、機構への銘柄情報の更新および機構からの発行会社に関する照会対応が新たに必要となっている。

　振替口座簿の管理や機構における銘柄情報の公示等のためには、発行会社および該当する社債の現況を正確に把握することは必要不可欠と思われる。社債等登録制度においては、発行会社と取引関係のある銀行等が登録業務を行い社債登録簿の管理を行っていたため、銀行等の内部において、銀行取引情報を一貫して把握可能な事務・システムの構築がなされていたが、機構および口座管理機関により振替口座簿の管理が行われる一般債振替制度においては、正確な情報把握の適時性を確保するため、支払代理人に対し各種通知義務を課すことで手当を行っている（業務規程58条の7、業務規程規則27条の7）。

　通知義務の内容については、発行時に発行代理人が通知する事項と重複する面があるが、具体的には、変動利付債における利率や、定時償還額が発行時に定まらない社債に関する定時償還額、オプション行使に関連する情報などがあげられる。機構は支払代理人からの申請に基づき、自己の管理する銘柄情報の修正を行うこととなる。

　なお、支払代理人における機構からの発行会社に関する照会対応については、発行会社の状況の変化について適時性をもって認識しがたいといった機構の特性をふまえ、当然に想定されるものである。

❸　発行時の実務

　以下においては、銀行等の役割をふまえ、公募無担保社債を中心に、一般債振替制度における発行時の実務の詳細につき、機構の業務規程、業務規程

規則、発行に係る業務処理要領等の内容に則し、説明する。

(1) 手続の概要

A 法令の規定

　一般債振替制度における社債の発行手続は、社債、株式等の振替に関する法律（以下「社債等振替法」という）に基づき行われており、社債等振替法においては、主として以下の手続が定められている。

a 新規記録申請

　社債等振替法にのっとり社債を発行した発行会社は、以下の項目につき、発行した日以後遅滞なく振替機関（社債等の振替に関する業務を行うものとして主務大臣の指定を受けた株式会社をいう）に対し、通知を行う（社債等振替法69条1項、社債、株式等の振替に関する命令3条1項）。

① 社債の銘柄
② 振替機関もしくは口座管理機関において社債等の振替を行うための口座の開設を行ったもの（以下「加入者」という）の氏名または名称
③ 金額の（増額の）記録（以下「新規記録」という）を行うべき加入者の振替口座簿における口座
④ 加入者ごとの取得金額（口座に記録を行うべき金額）
⑤ 信託財産に該当する場合はその金額
⑥ 社債要項・社債原簿などに記載される一般的な情報

等を通知する。なお、会社法においては、社債発行時において、当該社債の申込みをする者は一定の事項を記載した書面を発行会社へ交付する必要があるが（会社法677条2項）、社債等振替法においては、新規記録を行うべき口座の把握のため、会社法の特例として当該交付書面に新規記録を行うべき口座を記載するよう定めている（社債等振替法84条3項）。

　一方、上記の措置をふまえたうえで、交付書面への記載もれ等により振替機関が新規記録を行うべき口座の把握ができなかった場合については、その旨を社債権者（加入者）へ通知し、通知を行ったものの加入者より口座の通知がなかった場合は発行会社が加入者のために口座を開設し、加入者より通

知のあった口座または発行会社が加入者のために開設した口座を振替機関へ通知すること、等が定められており、発行時の事務手続における堅確な新規記録処理を担保している（社債等振替法69条の２）。

また、社債要項・社債原簿などに記載される一般的な情報については、新規記録に必要な情報ではないものの、振替機関が取扱いを行う社債の内容に関する周知義務を有している（社債等振替法87条）ことから、周知に必要な情報入手を可能とするため手当として通知義務が課されているものである。

b　新規記録

振替機関は、発行会社からの通知を受け、振替口座簿における新規記録を行う。振替機関や口座管理機関等の新規記録の手続は、当該振替機関等が社債権者に直接口座を開設しているか否かにより２つに大別される。

社債権者が振替機関に直接口座を開設している場合、振替機関は自らの振替口座簿において社債権者ごとに新規記録を行う。また、社債権者が振替機関に直接口座を開設していない場合、振替機関においては、社債権者のために社債等の管理を行うことを目的に開設された直近下位口座管理機関の顧客口座に合計額の新規記録を行うとともに、同口座管理機関が記録を行うために必要な情報の通知を行う（社債等振替法69条２項）。

なお、多層構造に配慮し、振替機関より上記の通知を受けた口座管理機関における処理についても、振替機関と同様の措置を行うよう定められている（社債等振替法69条３項）。

B　一般債振替制度における実務

上記のとおり社債等振替法においては、発行者が、発行日以後遅滞なく、新規記録を行うために必要な銘柄、口座、金額等の情報を、振替機関に対し通知するものとしている。一般債振替制度においては、このような社債等振替法の規定をふまえつつ、円滑かつ確実な起債を実現できるよう、以下のような手順を規定している（図表９－１）。

①　（発行日以前の）銘柄情報の登録
②　（発行日以前の）新規記録申請
③　発行日における払込みの確認およびこれをふまえた新規記録の実施

図表9-1　一般債振替制度における発行時の業務フロー概要

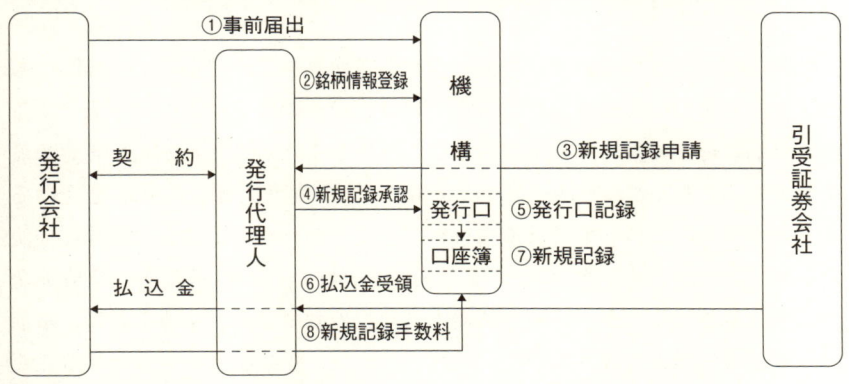

```
発行会社 ─①事前届出─────────────→ 機構
       ←── 契約 ──→ 発行代理人 ─②銘柄情報登録→
                              ③新規記録申請 ←── 引受証券会社
                              ④新規記録承認 発行口 ⑤発行口記録
                                         ↓
                                         口座簿  ⑦新規記録
       ←── 払込金 ──
                    ⑥払込金受領
                    ⑧新規記録手数料
```

出所：みずほコーポレート銀行証券部作成

　より詳細には、たとえば公募社債の場合について、以下の手続が制定されている（発行に係る業務処理要領）。
① 機構が取り扱う社債の要件の確認、各種届出等の事前準備
② 発行代理人による機構への銘柄情報の通知（以下「銘柄情報登録」という）
③ 引受証券会社等による新規記録申請
④ 発行代理人による新規記録の承認
⑤ 機構による発行口記録
⑥ 発行代理人による引受証券会社等からの払込金の受領
⑦ 機構による新規記録
⑧ 発行代理人による新規記録手数料の授受
＊ 上記はDVP決済の場合の手続

(2) 事前準備

　一般債振替制度を利用して発行可能な社債については要件の定めがあり、適合性につき確認を要する。また、機構での取扱いにおいては、発行会社、発行代理人、支払代理人につき、機構に対する事前の届出が必要である。

A　社債の要件

　社債等振替法は振替制度の対象となりうる商品を定めているが、実際に振替制度を利用して社債を発行する場合には、発行の決定において、発行する社債銘柄の総額について社債等振替法の適用を受けることとする旨を定める必要がある（社債等振替法66条2号）。なお、「社債等振替法の適用を受けることとする旨」については社債発行に際して行われる取締役会決議等にて決定され（会社法362条4項5号、社債等振替法66条2号）、開示書類、社債要項等にも記載される。また、同一銘柄内に複数の制度が混在することによる取引の混乱等の弊害を避けるべく、発行の決定後に振替制度の対象とすることや、ある特定の銘柄の一部についてのみ振替制度の対象とすることはできないものとされている。ある特定の銘柄を複数の振替機関に取り扱わせることも認められておらず、これらは、現実には社債の振替機関は機構のみであるものの、社債等振替法上は複数存在しうるとの前提で定めを設けているものである。

　社債の要件に関し、短期社債（いわゆるCPを指す）との混同については注意を要するものと思われる。社債等振替法においては、以下4要件のすべてに該当するものを短期社債と定めている（社債等振替法66条1号）。

①　各社債の金額が1億円を下回らないこと
②　元本の償還について、社債の総額の払込みのあった日から1年未満の日とする確定期限の定めがあり、かつ分割払の定めがないこと
③　利息の支払期限を、②の元本の償還期限と同じ日とする定めがあること
④　担保付社債信託法の規定により担保が付されるものでないこと

　機構にて取扱いを行う社債については、対象となる商品の範囲が明定されているとともに、以下のような要件が定められている（業務規程8条の2）。

①　国際標準化機構が定めた規格ISO4217に基づく通貨コードにより表示できる通貨で発行されるもの
②　発行総額が1,000万通貨単位以上であるもの（日本円では1,000万円以上）
③　各社債の金額が1,000通貨単位以上1,000通貨単位刻みで、かつ、均一であるもの

④ 次に掲げる方法により償還が行われるもの
　・満期一括償還
　・定時償還
　・コール・オプション行使に伴う繰上償還
　・プット・オプション行使に伴う繰上償還
⑤ 1年あたりの利払の回数が12回以下であるもの
⑥ 国内で発行されるもの

　会社法では、ある銘柄について複数種類の「各社債の金額」を設けることが可能であるが、一般債振替制度においては、もっぱら残高のみを管理し、また、「各社債の金額」を振替申請時の金額指定の単位（振替単位）とできるよう、各社債の金額は均一とすることが定められている。

B　事前届出

　機構の仕組みを利用し社債を発行するためには、各々の役割に応じ機構への事前届出を行うことが必要となる。なお、事前届出に関する各種書面や記入要領、反映タイミング等の直近の状況については、機構ホームページにて確認することが可能である。

a　発行会社

　発行会社がその発行する社債につき機構での取扱いを可能とするためには、機構が当該社債の取扱いを行うことに関しての同意書の提出を要する。なお同意の手続については、証券コード協議会が付番する発行体コードの有無に応じ、「発行体コードのある発行会社」と「発行体コードのない発行会社」の2つのケースに大別され、提出書類や制度参加のタイミングが異なることから注意を要する（業務規程規則4条）。

　なお、どちらの場合においても、届出に際しては、証明書類として登記事項証明、代表者の印鑑証明書等の提出を要する。

(a)　発行体コードのある発行会社

　「発行体コードのある発行会社」とは上場・公開会社、地方公共団体、公募債発行団体等を指す。「発行体コードのある発行会社」については、将来一般債振替制度を利用し発行する社債等に関する包括的な同意書を提出する

とともに、発行会社に関する事項（登記上の商号・名称、登記上の本店所在地、代表者名および代表者届出印、代表者代理人選任および届出印、利用する発行代理人および支払代理人（複数選択可））の届出書、および業務責任者および業務担当者に関する届出書を提出する必要がある。

なお、「発行体コードのある発行会社」に関する機構への同意書等の提出の締切りは毎週木曜日に設定されており、締切り日の翌週の金曜日以降制度の利用が可能となる。

(b) 発行体コードのない発行会社

「発行体コードのない発行会社」としては、私募社債を発行する非公開会社や、公募債を発行していない地方公社などが代表的存在である。「発行体コードのない発行会社」については、発行のつど、銘柄ごとに同意書を提出することとなる（同時発行の場合は複数の銘柄を記載することは可能）が、本同意書において発行会社の連絡先の届出、および発行代理人・支払代理人の選任が可能であり、「発行体コードのある発行会社」において必要となる同意書以外の届出書の提出は不要である。

b 発行代理人・支払代理人

発行代理人・支払代理人の申請については、機構の指定する申請書の提出と「発行体コードのある発行会社」と同様の届出を行う必要がある（業務規程規則4条の2、4条の3）。

また、DVP決済への対応として機構の有する決済照合システム（注）への接続が求められるため、制度参加に際しては、固有のシステム・インフラの整備を前提に、決済照合システムおよび一般債振替システム接続に関する届出を行い、各種確認試験等をふまえる必要がある。

(注) 決済照合システムは、約定照合機能と決済照合機能を提供するとともに、一般債振替システムとも連動しており、約定照合が照合一致となり完了した後、決済照合機能による決済照合処理が行われ、照合一致となった決済指図データは機構の業務サーバに連動し、振替処理等が行われることで照合から決済までのシームレスな処理を実現している。また、DVP決済は決済照合システムの利用が前提となっている。

(3) 銘柄情報登録

A　発行代理人による機構への銘柄情報の通知

　上記の事前準備をふまえ、発行会社が社債発行を行う際には、発行会社より委託を受けた発行代理人は、主として以下のような情報の機構への通知を行う（業務規程58条の 6 、業務規程規則27条の 5 第 1 項）。発行代理人により機構に通知された銘柄情報は、機構において公示される。

① 　社債の銘柄
② 　発行総額
③ 　社債管理者の名称
④ 　各社債の金額および通貨
⑤ 　払込日
⑥ 　利払の有無
⑦ 　利払日
⑧ 　利率
⑨ 　利率の変動の有無
⑩ 　利金の通貨
⑪ 　償還日
⑫ 　償還金の通貨（金銭にかえて金銭以外の財産をもって償還する場合にはその旨）
⑬ 　その他（発行代理人、支払代理人、その他社債の商品性に関する事項）

　⑦～⑩については、利払のある社債を想定した通知事項であり、割引債などについては、通知は不要である。

　定時償還のある社債については、発行者および各社債権者の償還フローが、ファクター（小数点以下10位未満の端数を生じない数値）を用いて再現できることが必要である。

$$\text{ファクター} = \frac{\text{各社債の金額} - \text{各社債の金額に対する直前利払期までの償還額の総額}}{\text{各社債の金額}}$$

また、銘柄情報登録にあたっては発行に係る業務処理要領の記載等をふまえ、社債の商品性に応じた通知につき十分に配慮を行うことを要する。

　なお、一般債振替制度においては円貨以外の通貨での発行も可能であるが、日銀ネットを活用したDVPの仕組みが円貨を前提としているため、外貨での発行は非DVPでの対応となる点については留意が必要と思われる。

B　ISINコードの付番

　ISINコードとは、国際証券コード仕様ISO6166で定められている全世界共通の証券系コードである。各国１機関のみが自国のISINコードの付番権限を付与されており、日本では、証券コード協議会（事務局は東京証券取引所）が付番機関に指定されている。

　発行代理人より銘柄情報の通知を受けた機構は、取りまとめのうえ証券コード協議会へISINコードの付番申請を行い、付番状況をふまえ、機構加入者に対し当日中にISINコードを通知する。

C　社債要項の送付

　発行代理人は公募社債等、発行時・期中の資金決済に関し機構における多層構造を活用する銘柄（以下「機構関与銘柄」という、なお、利用しない銘柄については「機構非関与銘柄」という）については、機構に対し社債の条件決定日の翌営業日までに、機構のWEB画面の機能の活用等により、社債要項を送付する必要がある。機構は、日本銀行に対し担保適格性の判断資料として社債要項を送付するとともに、商品性の詳細確認が必要な際の参考資料として社債要項を保管する。

D　その他情報の通知

　発行代理人は以下の要件に該当する場合については、機構のWEB画面の機能の活用等により、機構に対しその旨の通知を行う。
① 　利率が変動であること
② 　コール・オプションが付されていること

③ プット・オプションが付されていること
④ 合同発行であること
⑤ 分割発行であること

　本件については、機構における業務・システム処理上、把握が必要なものとして個別通知を行うものであり、本節3(3)C「社債要項の送付」とは性質を異にするものと考えられる。

E　元利払手数料情報の通知

　元利払手数料も機構への通知が必要な情報である。発行代理人は機構に対し、社債の条件決定日の翌営業日の夕方までに、機構のWEB画面の機能の活用等により、社債要項を送付する必要がある。

(4)　新規記録

　一般債振替制度における新規記録申請の方法としては、①機構加入者（引受証券会社等）が通知した新規記録情報を発行代理人が承認、②発行代理人が申請、という2種の方法が用意されている。①は機構の決済照合システムの利用を前提としており、DVP決済（注）が可能である。

　発行に係る業務処理要領では、公募事業債を前提にDVP決済が可能な①を原則的なパターンとして定めている。しかし、私募債等でDVP決済になじまない場合には非DVP決済も可能であり、その場合は、原則として決済照合システムを利用しない②の方法によるものとされている。なお、ある1つの銘柄で複数件の新規記録が行われる場合、DVP決済と非DVP決済が混在することもありうる。

　以下においては、原則的なパターンである①を中心に説明する。

（注）　DVP決済（Delivery Versus Payment）とは、資金の決済と権利の移転を相互に条件として行われる決済を指す。

A　引受証券会社等による新規記録情報の通知

　公募社債の新規記録に関しては、原則DVP決済を利用することとなっており、引受証券会社等は、決済照合システムを利用して、機構に対し自己の

口座に対する増額のため、新規記録情報の通知を行う。
　なお、引受証券会社等と社債権者は異なるものと考えられるが、社債権者への振替は発行に係る業務処理要領に従い、以下のとおり行われることとなる。
① 　機構が備える振替口座簿には、当該引受証券会社等が機構加入者であれば当該引受証券会社等の自己口に、機構加入者以外の場合はその上位の直接口座管理機関の顧客口に、それぞれ新規記録が行われる。
② 　引受証券会社等が複数である場合は、特定の引受証券会社の自己口に総額の新規記録が行われた後、他の引受証券会社等へDVP決済により振替を行うことも可能である。
③ 　投資家は、原則、上記引受証券会社等よりDVP決済による振替を受け、権利を取得する。
　また、引受証券会社（事務幹事）は、社債申込書を発行代理人より入手のうえ各引受証券会社等に配布し、必要事項の記入・回収を行い発行代理人へ回付するとともに、条件決定日の翌営業日までに、発行代理人に以下のような新規記録予定情報に関する事項を通知する必要がある。
① 　ISINコード、銘柄略称
② 　額面金額
③ 　約定金額、約定通貨コード
④ 　受渡金額、決済通貨コード
⑤ 　資金決済の方法
　なお、非DVP決済で発行代理人が直接申請を行う場合には、引受証券会社等は、上記の情報のほか、発行代理人の必要とする情報を発行代理人へ提供する。
　機構においては、新規記録に係る業務プロセスをふまえ、発行会社、引受証券会社等、発行代理人等の関係者の了解を前提に、原則払込日の4営業日前の日までに発行条件の決定がなされることを規定している。

B　発行代理人による新規記録情報の承認

　発行代理人は、引受証券会社等から通知された新規記録情報について、社

債の総額と各引受証券会社等の申請額の総額が一致していることや、別途引受証券会社（事務幹事）より通知された新規記録予定情報に関する事項（資金決済の方法等）と新規記録情報の内容が一致していることを確認のうえ、必要な訂正等を行い、払込日の前営業日までに新規記録情報の承認を行う。

C 機構による発行口記録

機構は、発行代理人による新規記録情報の承認を受け、決済照合の一致を確認のうえ、該当する新規記録情報を「発行口」として記録する。発行口とは、発行会社からの払込等に係る事前通知の内容を振替口座簿上に一時的に記録するために設ける口座である（業務規程2条33号）。

機構は発行口への記録を行った場合、その旨およびDVP決済において使用する決済番号を、加入者および発行代理人へ通知する。

D 発行代理人による引受証券会社等からの払込金の受領

DVP決済における払込みの資金決済は日銀ネットを利用し行われる。引受証券会社等は発行代理人に対し、発行口記録の際に機構から通知された決済番号を指定して日銀ネットを経由し引受額相当の資金の払込みの指図を行い、払込完了の事実は日本銀行より機構へ通知される。

日銀ネット決済にあたっては、銀行等の内部において日銀ネット所管部署に対し払込みの前日までに資金決済予定を連絡し、日銀ネットのオペレーションを依頼する。また、発行会社への資金交付についての銀行内の手配・手続（口座入金・送金）もあわせて行う必要があろうし、払込金等の授受に際しては、多額の資金が銀行等で収受されるため、銀行内における大口資金連絡等も要するものと思われる。

なお、日銀ネットを用いない非DVP決済の場合は、引受証券会社等は発行代理人に対し内国為替等の方法により払込みを行い、発行代理人は機構に対し、払込みが完了した旨を通知する。

E 機構による新規記録

機構は、日本銀行もしくは発行代理人からの払込みの完了の通知を受け新

規記録を行う。

F　口座管理機関による新規記録

機構は、払込みの完了の通知を受けた場合には、直接口座管理機関に対し、銘柄情報（一般債の銘柄）、新規記録情報（払込みを行う加入者の氏名等）の必要事項を通知し、該当口座の保有口への増額の記録を行う。なお、間接口座機関がある場合の通知および増額の記録に関しても同様である（業務規程58条の13）。

(5)　発行代理人による新規記録手数料の授受

発行会社は機構の定めに従い機構に対し新規記録手数料を納入する必要がある（業務規程59条、社債等振替制度に係る手数料に関する規則（以下「手数料に関する規則」という）。なお、その納入事務については「手数料に関する規則」において、機構は発行会社の発行代理人を通じて請求し、当該発行代理人より納付を受けることが定められていることから、発行代理人に委託されることが一般的である（594頁の発行代理人⑩）。

新規記録手数料は、機構における発行から償還までの銘柄情報管理、残高管理および支払代理人への元利払情報の通知の対価として発行時に一括して支払うものであり、手数料体系については手数料に関する規則において、発行総額の寡多に応じ、以下のとおりの段階料率が定められている（手数料に関する規則別表）。

銘柄ごとの発行総額について、
① 1億円以下の部分……1円につき万分の0.95円
② 1億円超5億円以下の部分……①の料率の80％
③ 5億円超10億円以下の部分……①の料率の60％
④ 10億円超50億円以下の部分……①の料率の40％
⑤ 50億円超100億円以下の部分……①の料率の20％
⑥ 100億円超500億円以下の部分……①の料率の10％
⑦ 500億円超1,000億円以下の部分……①の料率の5％
⑧ 1,000億円超の部分……①の料率の2.5％

新規記録手数料の納入タイミングについては、手数料に関する規則4条1項において、機構に対し、当月分について翌月の最終営業日までに支払うことが定められており、発行代理人は、翌月初3営業日以降に機構より送付される手数料算定資料に基づき請求額の確認を行ったうえ、発行会社に対し新規記録手数料の請求を行う。

ただし、手数料率が公開されていることから、発行代理人が機構の請求に先んじて新規記録手数料の算定を行うことは可能であり、実務上は機構からの資料を待たずに発行会社へ請求を行うことや、発行会社の要請に応じ、払込金から当該金額を控除することも行われているようである。

(6) 私募債等の特例

私募債については、発行会社も上場・公開会社ではない場合も多く、関係者や発行後の流通が限定される商品性であることから、一定の例外を設けている。なお、発行に係る業務処理要領においては私募の取扱者が存在する場合には、公募債と同等の取扱いとされている。

A 私募債等のおもな特例

私募債発行会社が上場・公開会社ではない場合における機構への事前届出については本節3(2)Ba(b)において記載したとおり。

ただし、私募債発行会社が上場・公開会社の場合には本節3(2)Ba(a)に準じた手続が必要である。

また、私募債の銘柄情報登録は、払込日の前営業日までに行えばよく、ISINコードの付番の処理は、銘柄情報登録を行った日に実施される。

私募債の新規記録申請については、払込日当日まで可能であり、発行代理人と社債権者間の調整により、資金決済方法の調整が可能である。

B 私募債の商品性に関する留意事項

一般債振替制度における私募債については、金融商品取引法（以下「金商法」という）2条3項および金融商品取引法施行令（以下「金商法施行令」という）1条の7、および金融商品取引法第二条に規定する定義に関する内閣

府令(以下「定義府令」という)の規定に基づき、以下の4種類が想定されている。
① 適格機関投資家譲渡限定私募(金商法2条3項2号イ)
② 特定投資家向け私募(同法2条3項2号ロ)
③ 一括譲渡限定少人数私募(同法2条3項2号ハ、定義府令13条3項1号イ(1))
④ 分割制限少人数私募(同法2条3項2号ハ、定義府令13条3項1号イ(2))

なお、③と④については、投資家の人数算定において除外可能な適格機関投資家取得分が存在する場合、発行代理人は銘柄情報登録においてその旨を通知する必要がある。

また、双方とも、少人数私募の要件(取得勧誘の相手方が50未満であること)を満たすものであり、転売制限を付すことが求められるものであるが、③については一括して譲渡する場合以外の譲渡を禁止することにより当初の社債権者数以上に社債権者数が拡大することを防ぐことで取得勧誘の相手方が50未満との要件を充足せんとするものであり、④については、そもそもの単位の総数を50未満とし、単位未満への分割を制限することで要件を充足するものである。よって、③と④については、商品設計において発行額や社債権者属性、社債権者数等を勘案し、慎重な検討を要するものと思われる。

また、機構においても③と④の少人数私募の要件についてはシステムチェックを行っており、チェックのロジックは以下のとおりである。
③ 社債の総額(適格機関投資家の取得分を除く)を各社債の単位で除した数が50未満であり、かつ、各々の新規記録金額が各社債の金額と等しいこと。
④ 社債の総額(適格機関投資家の取得分を除く)を各社債の単位で除した数が50未満であること。

旧来の制度であれば、券種が複数設定可能であったため、券種の金額を調整することにより、総枚数を50未満とすることで私募の要件を達成することが可能であったが、一般債振替制度においては各社債の金額が均一であることから、そのような対応は困難であり、③を用いるケースもあるものと思われる。ただし、③についてはより強固なシステムチェック(各々の新規記録

金額が各社債の金額と等しいこと）が課せられている点については留意が必要である。

4　元利払の実務

(1)　「機構関与方式」と「機構非関与方式」

　社債等振替法は、社債等の償還金および利金の支払に関する特段の定めを設けておらず、その対応については実務にこれを委ねている。そこで、一般債振替制度の開始前に、機構および市場関係者によってワーカブルな元利払スキームの検討が行われ、その結果をふまえて、機構の業務規程等において「機構関与方式」および「機構非関与方式」という2つの元利払の方式が定められている。

　これら2つの方式のうち、原則的な方式は「機構関与方式」である。一般債振替制度においては、ある銘柄について、だれが社債権者であるかを把握しているのは、当該社債権者が振替口座を開設している口座管理機関または振替機関である機構のみであり、発行会社は償還金および利金を支払うべき社債権者を確認することができない。また、機構も含めて、ある銘柄に関するすべての社債権者を把握できるものは存在しない。そこで、「機構関与方式」においては、一般債振替制度における階層構造を活用し、発行会社の代理人である支払代理人、機構およびすべての口座管理機関が協力することにより、円滑な元利払を実現している（図表9－2）。

　これに対し「機構非関与方式」は、発行会社や支払代理人においてすべての社債権者を常に把握することができる場合、具体的には、支払代理人である金融機関がその総額を引き受ける私募社債等において利用される方式である。このような場合には、一般債振替制度における階層構造を利用するまでもなく、発行会社と社債権者の間で容易に元利払を行うことができるので、当事者の便宜を考慮して、「機構関与方式」を利用しないことを選択できるようにしたものである。「機構非関与方式」においては、当事者は任意の方法で元利払を行えばよく、機構の業務規程等では「機構非関与方式」の場合

図表 9 – 2　機構関与方式における元利払の業務フロー概要

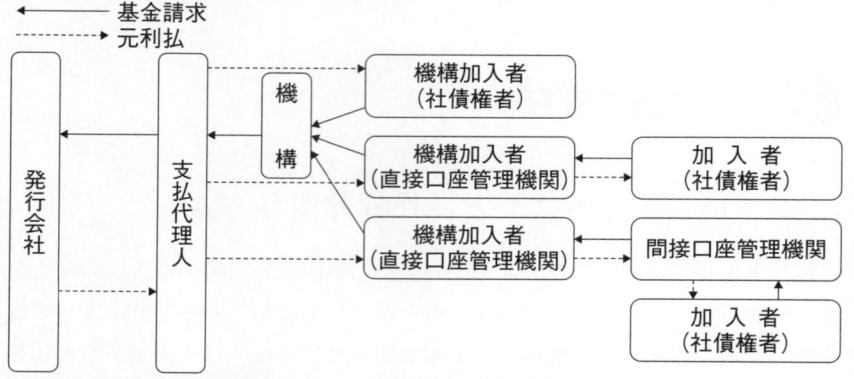

出所：証券保管振替機構資料より、みずほコーポレート銀行証券部作成

の具体的な元利払の方法等について、特段の定めを設けていない。

　ある銘柄について、「機構関与方式」と「機構非関与方式」のいずれか一方が利用される必要があり、発行代理人が銘柄情報の登録に際し、いずれかを選択する（業務規程規則27条の5第1項20号）。なお、期中に元利払の方式を変更することも認められている。

(2) 「機構関与方式」の概要

　多数の関係者の協力によって成り立つ「機構関与方式」については、機構の業務規程等において、各種の定めが設けられている。

A　償還金および利金の請求について

　社債権者は発行会社に対して償還金および利金の支払を請求する必要があるが、「機構関与方式」においては機構がすべての社債権者からの委任を受け、まとめて請求を行うものとされている。具体的には、社債権者は自らの利用する口座管理機関に対して償還金および利金の請求を委任する（業務規程58条の31第1項）。そして、かかる委任を受けた口座管理機関からその上位の口座管理機関に対し、順次請求の委任が行われ（業務規程58条の31第2項）、最終的には機構に対して委任される（業務規程58条の30第1項）。機構は

かかる委任に基づき、支払代理人に対し償還金および利金の請求を行う（業務規程58の30第2項）。

B 償還金および利金の支払について

償還金および利金の支払も一般債振替制度の階層構造を利用して行われる。具体的には、支払代理人から機構加入者（機構に口座を開設している社債権者や口座管理機関）対して支払われた償還金および利金は、機構加入者から順次下位の口座管理機関を通じて社債権者に対して支払われる。そこで、社債権者は自らの利用する口座管理機関に対して償還金および利金の受領を委任し（業務規程58条の31第1項）、かかる委任を受けた口座管理機関からその上位の口座管理機関に対し順次委任が行われ、最終的には機構加入者にまで代理受領権が与えられる（業務規程58条の31第2項）。そのため、発行会社としては、支払代理人が機構加入者に対して償還金および利金を支払った時点で、その債務の履行は完了することとなる。

C 利子所得課税について

振替債の利子所得については、発行会社が源泉徴収のうえ、納税することとされている（所得税法181条）。一方、個々の社債権者の課税属性等の利子所得課税に必要な情報（以下「課税情報」という）を確認、把握しているのは、当該社債権者の振替口座簿を管理する口座管理機関である。そこで、利金の支払にあたって発行会社が課税情報を確認できるよう、機構の業務規程等において、口座管理機関等に対し課税情報を通知することが義務づけられている（口座管理機関から機構加入者に対する通知について業務規程58条の31第2項、機構加入者から機構への通知について業務規程58条の30第1項）。機構は利金の支払請求と課税情報に関するデータを作成のうえ、支払代理人に対して交付する。

D 利金の額の算出方法について

「機構関与方式」において支払うべき利金の金額について、以下のように定められている（業務規程規則27条の40）。

① 発行会社による支払代理人への支払……当該銘柄の残存総額に対し1通貨あたりの利子額を乗じた金額
② 支払代理人による機構加入者への支払……機構加入者の区分口座ごとの残高（課税分口座については、税区分ごとの残高）に1通貨あたりの利子額を乗じた金額
③ 口座管理機関による社債権者への支払……各社債権者ごとの残高に1通貨あたりの利子額を乗じた金額
なお、端数が生じた場合は切り捨てることとされている。

このような方法により利金の金額を算出すると、発行会社が支払った利金の金額と社債権者が受け取った利金の総額が異なる場合がありうる（図表9－3）。このような差額は、本来は関係者の間で精算すべきものであるが、日々大量の利金の支払が行われる一般債振替制度において、かかる精算を行うことはきわめて困難であり、むしろ、円滑な元利払を阻害し、発行会社および社債権者双方の利益を害することになりかねない。そこで、一般債振替制度においては、「機構関与方式」における利金の金額の算出によって生じ

図表9－3　利金の総額が異なる場合

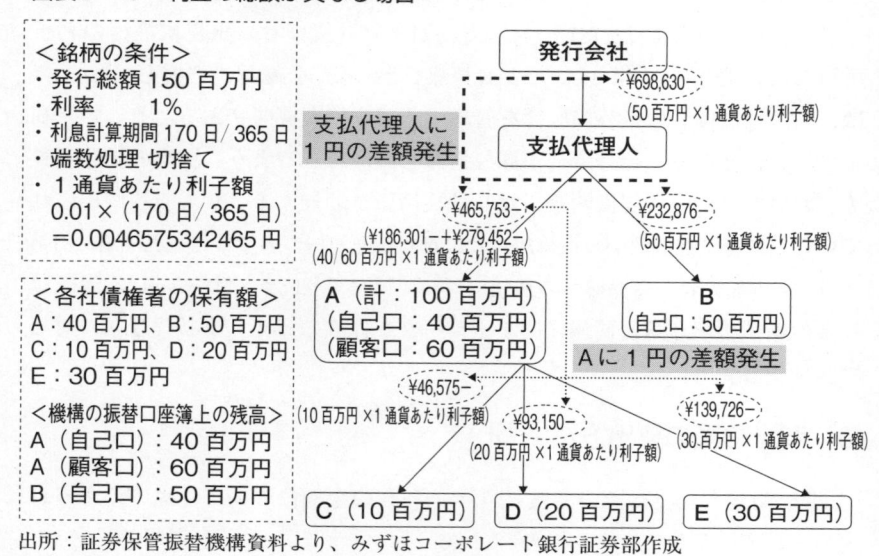

<銘柄の条件>
・発行総額　150百万円
・利率　　　1％
・利息計算期間　170日/365日
・端数処理　切捨て
・1通貨あたり利子額
　0.01×（170日/365日）
　＝0.0046575342465円

<各社債権者の保有額>
A：40百万円、B：50百万円
C：10百万円、D：20百万円
E：30百万円

<機構の振替口座簿上の残高>
A（自己口）：40百万円
A（顧客口）：60百万円
B（自己口）：50百万円

発行会社 → ¥698,630−（50百万円×1通貨あたり利子額）→ 支払代理人

支払代理人に1円の差額発生

支払代理人 → ¥465,753−（¥186,301−＋¥279,452−）（40/60百万円×1通貨あたり利子額）→ A（計：100百万円）（自己口：40百万円）（顧客口：60百万円）

支払代理人 → ¥232,876−（50百万円×1通貨あたり利子額）→ B（自己口：50百万円）

Aに1円の差額発生

¥46,575−（10百万円×1通貨あたり利子額）→ C（10百万円）
¥93,150−（20百万円×1通貨あたり利子額）→ D（20百万円）
¥139,726−（30百万円×1通貨あたり利子額）→ E（30百万円）

出所：証券保管振替機構資料より、みずほコーポレート銀行証券部作成

た支払金額と受取金額の差額については、関係者はその受領または返還を請求する権利を放棄することとし、差額の精算を行わないものとしている（業務規程規則27条の41）。

また、銘柄の種類による具体的な計算式について、機構の「一般債の元利金支払に係る業務処理要領」（以下「元利金支払に係る業務処理要領」という）は以下のとおり定めている。

① 円貨建債、外貨建債、リバースデュアルカレンシー債（払込金・償還金：円、利金：外貨）の場合
　ⓐ 定時償還銘柄以外の銘柄
　　利子額＝額面総額×１通貨あたりの利子額
　　償還額＝額面総額＋（額面総額÷各社債の金額×各社債の金額あたりの償還プレミアム）
　　（なお、償還プレミアムはプラス・マイナスいずれも可能）
　ⓑ 定時償還銘柄
　　利子額＝額面総額×ファクター×１通貨あたりの利子額
　　償還額＝（額面総額×ファクター）＋（額面総額÷各社債の金額×各社債の金額あたりの償還プレミアム）
　　定時償還額＝額面総額÷各社債の金額×各社債の金額あたりの定時償還額

② デュアルカレンシー債（払込金・利金：円、償還金：外貨）の場合
　ⓐ 定時償還銘柄以外の場合
　　利子額＝額面総額×１通貨あたりの利子額
　　償還額＝［額面総額÷各社債の金額×（各社債の金額÷為替レート）］＋（額面総額÷各社債の金額×各社債の金額あたりの償還プレミアム）
　ⓑ 定時償還銘柄の場合
　　利子額＝額面総額×ファクター×１通貨あたりの利子額
　　償還額＝［（額面総額÷各社債の金額×ファクター）×（各社債の金額÷為替レート）］＋（額面総額÷各社債の金額×各社債の金額あたりの償還プレミアム）

定時償還額＝額面総額÷各社債の金額×(各社債の金額あたりの定時
償還額÷為替レート)

上記ⓐ、ⓑとも、まず、(各社債の金額÷為替レート)を計算し、補助通貨単位未満を切り捨て処理する

(3) 請求および支払の実務

「機構関与方式」における元利払の実務は、機構の業務規程等に基づき、おもに機構とのシステムによるデータ授受を利用して行われる。以下、支払代理人を担う金融機関の立場を中心に、実務の概要を説明する。

A 振替停止日について

一般債振替制度においては、元利払期日の前営業日は振替停止日とされており（業務規程58条の23第1項、26条3項1号）、元利払期日の2営業日前の機構の業務終了時点の残高に基づき、元利払が行われる。なお、1日とはいえ振替えができない日があることは、振替債の流通にとってデメリットとも考えられるが、前述のように、社債権者の課税情報の通知も含めた関係者の実務対応等も考慮し、社債権者が元利払期日において確実かつ早期に元利金を受け取ることができることを優先し、振替停止日が設けられたものである。

B 元利払に関する資金決済の方法について

一般債振替制度では、支払代理人から機構加入者に対する償還金および利金の支払について、原則として日銀ネットにて行うこととされている。これは、償還金の支払とそれに該当する振替口座簿記録の抹消を同時に行う（償還時DVP、後述）ため、新規記録や振替えにおけるDVPの実現方式と同様の対応が採用されたものである。また、日々大量に発生する一般債の元利払について、資金決済方法を標準化することにより効率化に資することも期待されている。

しかし、支払代理人と機構加入者が同一の場合（厳密には、発行会社と機構加入者の資金決済会社が同一の場合）は、日銀ネットでの資金決済は行われない。また、外貨や通貨以外のもので元利払を行う場合についても、日銀ネッ

トは利用せず、支払代理人と機構加入者が個別に調整のうえ、任意の方法で決済を行うこととされている。

C 同日に複数銘柄の元利払が行われる場合の対応について

複数の銘柄の元利払が同一日に行われるケースは、多々存在する。このような場合、「機構関与方式」においては、支払代理人から機構加入者に対する支払は、原則として複数銘柄の償還金および利金を合算して行うこととされている（「集約方式」、業務規程規則27条の38）。これは、支払代理人と機構加入者の間の資金決済件数を極小化するとともに、かかる資金決済がどの銘柄に関するものか等の確認事務を軽減することにより、円滑な元利金の支払、配分に資するよう考慮されたものである。

しかし、振替債においては、発行会社の手違い等により、支払代理人に対し、元利払期日までに元利払用の資金が交付されないことも想定される。このような場合、集約方式では、当該銘柄のみならず、その他の銘柄についても、元利金が支払えないことになってしまう。そこで、ある銘柄について、他の銘柄と合算せずに元利金の支払を行う方法として、「個別承認方式」が設けられている（業務規程規則27条の5第1項21号）。

D 元利払期日の5営業日前から2営業日前までの実務

機構は、元利払期日の5営業日前から2営業日前の各日に、支払代理人および機構加入者に対し、「元利払日程通知ファイル」を配信する。同ファイルには「元利払対象残高データ」の配信期間や、元利払の対象となる銘柄の残存総額等の情報が含まれている。支払代理人は、同ファイルを必ず取得しなければならないものではなく、各金融機関における業務フローにあわせ、元利払が予定される銘柄の確認等に利用したい場合に、同ファイルを取得すれば足りる。

また、元利払期日の2営業日前には、機構は「元利払対象残高データ（予定）」を、支払代理人および機構加入者に配信する。同ファイルについても、これを利用したい支払代理人のみ取得すれば足りる。

なお、このように元利払期日の5営業日前から、機構における元利払関連

の事務処理が行われることを考慮し、支払代理人による銘柄情報の変更は、元利払期日の7営業日前までに行うこととされている（元利金支払に係る事務処理要領）。

E　元利払期日の前営業日の実務

機構から「元利払対象残高データ（本番）」が支払代理人および機構加入者に配信されるが、元利払期日の2営業日前に配信される予定データと同様、これを利用したい支払代理人のみ取得すれば足りる。

機構加入者は機構に対し、11：00までに、「課税情報データ」を送信しなければならない。「課税情報データ」により通知すべき課税情報の内容については、以下のとおりである（業務規程規則27条の36）。

① 当該銘柄の一般債のISINコード
② 機構加入者の名称および区分口座
③ 業務規程規則別表5の税区分（図表9－4）
④ ③の税区分ごとの当該銘柄の一般債の金額
⑤ ③の税区分がわかち分であるときは、④の金額に係る利金に対する課税額および課税額控除後の利金の額

なお、機構加入者ではない口座管理機関は、機構加入者による「課税情報データ」の送信に間に合うよう、自らの上位の口座管理機関に対し、課税情報を申告しなければならない。

機構は、自ら管理する振替口座簿の残高、元利払対象銘柄に関する情報、機構加入者から通知された課税情報等を利用して、元利金請求額を計算し、12：30までに「元利金請求データ」を支払代理人および機構加入者に対して通知する。支払代理人に対する「元利金請求データ」の内容は以下のとおり。

［元利金請求データの内容］（業務規程規則27条の38第1項）

① 償還金および利金の請求内容に関する情報（「元利金請求内容情報」）
　ⓐ 償還金および利金の請求に係る銘柄の一般債のISINコード
　ⓑ 支払代理人の名称
　ⓒ 機構加入者の名称および区分口座
　ⓓ 業務規程規則別表5の税区分（図表9－4）

図表9－4　業務規程規則別表5の税区分一覧表

税区分コード	税区分		税率	対象となる一般債
00	（元金のみ）		—	—
10	分離課税		15%	課税分口座（信託口(3)及び信託口(4)を除く。以下同じ。）に記録又は記載されている一般債
20	総合課税		15%	〃
30	非課税法人及び源泉徴収不適用		0%	源泉徴収不適用分等口座（信託口(3)及び信託口(4)を除く。）に記録又は記載されている一般債
31	非課税信託財産（投資信託）		0%	信託口(3)に記録又は記載されている一般債
32	非課税信託財産（年金信託）		0%	信託口(4)に記録又は記載されている一般債
40	少額貯蓄非課税（マル優）		0%	課税分口座に記録又は記載されている一般債
50	少額公債非課税(特別マル優)		0%	〃
60	財形貯蓄非課税		0%	〃
70	非居住者		0%	〃
71	非居住者		10%	〃
72	非居住者		12%	〃
73	非居住者		12.5%	〃
74	非居住者		15%	〃
75	非居住者		25%	〃
90	非課税法人及び源泉徴収不適用、又は非居住者（わかち分）	総合課税分又は非居住者分	15%※	〃
91		非課税分	0%	
92	マル優（わかち分）	分離課税分	15%	〃
93		非課税分	0%	
94	特別マル優（わかち分）	分離課税分	15%	〃
95		非課税分	0%	

（注）非居住者保有分について、租税条約に関する届出書が提出された場合には、租税条約に基づく軽減税率を適用する。
出所：証券保管振替機構資料より、みずほコーポレート銀行証券部作成

ⓔ　ⓓの税区分ごとの当該一般債の金額
　　ⓕ　ⓔの金額に係る償還金の額
　　ⓖ　ⓔの金額に係る利金に対する課税額および課税額控除後の利金の額
　　ⓗ　発行会社が利用する資金決済会社
　　ⓘ　機構加入者が利用する資金決済会社
　　ⓙ　機構が付した決済番号
　　ⓚ　当該一般債の銘柄に係る個別承認方式の採用の有無
　　ⓛ　当該一般債の銘柄が定時償還銘柄であるときは、ファクターおよび実質金額
②　償還金および利金（その通貨が円である場合に限る）の配分に関する情報（「決済予定額情報」）
　　ⓐ　発行会社が利用する資金決済会社
　　ⓑ　機構加入者が利用する資金決済会社
　　ⓒ　機構が付した決済番号
　　ⓓ　決済番号ごとに集約した配分額

　この機構から支払代理人に対する「元利金請求データ」の通知が、発行会社に対する、社債権者からの償還金および利金の支払の請求、および口座管理機関からの課税情報の通知となる。支払代理人の立場からすると、元利払の対象となる銘柄のすべての残高について、間違いなく支払の請求が行われたことになり、同データの内容に従って、元利金の支払を行うこととなる。ただし、当該銘柄について差押等があった場合には、差押等の対象残高を除いて「元利金請求データ」が作成される（本節5(6)）。

　支払代理人は、「元利金請求データ」の内容を確認のうえ、15：30までに、機構に対し「元利金請求内容承認可否通知」を行う。これは、ある銘柄についてなんらかの事由により他の銘柄との合算で元利金を決済することが困難になった場合に、同銘柄について「個別承認方式」に切り替えることができるようにするものである。支払代理人が資金決済の集約方法を「個別承認方式」に切り替えた場合には、機構は「元利金請求データ」を再作成のうえ、支払代理人および機構加入者に対して配信する（「元利金請求データ（再計算結果）」）。

F　元利払期日当日の実務

　機構は日本銀行に対し、日銀ネットにより資金決済が行われるために必要となる以下の情報を、システムを通じて通知する（業務規程規則27条の39第1項）。
① 　決済番号
② 　発行会社が利用する資金決済会社
③ 　機構加入者が利用する資金決済会社
④ 　資金決済金額
⑤ 　償還金または利金の配分日

　日本銀行は、日銀ネットシステムを通じて、支払代理人および機構加入者に対して、元利払に関する資金決済情報を通知する。支払代理人は、9時以降できるだけすみやかに、日銀ネットを利用して元利金の決済を行う。

(4)　償還金の支払に伴う抹消記録

A　DVP決済による抹消について

　社債等振替法は振替債の抹消について、抹消により自らの口座において減額の記録がされる加入者、すなわち償還金を受け取る社債権者が申請するものとしている（社債等振替法71条2項）。しかし、発行会社が償還金の支払をしたにもかかわらず社債権者が抹消申請を行わない場合、振替口座簿の記録がいつまでも残ることとなり、発行会社に不測の不利益を生じる可能性も否定できない。そこで、社債等振替法は、振替債の償還と振替口座簿の記録の抹消を同時履行関係に立たせることができるよう、発行会社が社債権者に対し、償還と引き換えに抹消の申請を口座管理機関等に対して行うことを請求できる旨を定めている（社債等振替法71条7項）。

　このような社債等振替法の趣旨をふまえ、一般債振替制度においては、支払代理人から機構加入者に対する償還金の支払と、機構加入者が機構に保有する振替口座簿の記録の抹消を同時に実現する仕組み（償還時DVP）を用意している。具体的には、社債権者からその利用する口座管理機関、さらに上

位の口座管理機関、機構加入者に対して抹消手続が委任される(業務規程58条の25)ことを前提として、支払代理人が日銀ネットにて償還金の支払を行った場合、日本銀行は資金決済が完了した旨を機構に対し通知し(「当座勘定入金済通知(振替社債権者等)」を送信)、これを受けた機構が抹消記録を行う(業務規程58条の28第1項2号、58条の29第1項2号)。なお、機構は機構加入者および支払代理人に対して「抹消済通知」を行う。

B 非DVP決済による抹消について

機構における抹消手続について、以下の場合は非DVP決済とされる(業務規程58条の26第2項各号)。これらの場合、償還金を受け取った機構加入者が、機構に対して「資金振替済通知(抹消)」を通知しなければならない。機構はこの通知を受けて、抹消記録を行い、機構加入者および支払代理人に対して「抹消済通知」を行う。

① 発行会社の資金決済会社(通常は支払代理人)と機構加入者の資金決済会社(通常は機構加入者自ら)が同一の場合
② 償還金が外貨の場合
③ 償還が金銭以外の財産で行われる場合(たとえば、株式による代物弁済等)

なお、「機構非関与銘柄」の場合および定時償還等の場合についても非DVP決済とされるが、これらについては後述する。

C 定時償還等の場合におけるファクター管理について

一般債振替制度において取扱可能な償還方法として、償還期日に全部の発行残高を償還する満期一括償還のほかに、①定時償還(利払日のいずれかの日において、各社債の金額に対して均一の割合のみを償還する)と、②繰上償還(払込日翌日から償還期日の前日までにおいて、発行残高の全部または一部を償還する)が認められている(繰上償還は、コール・オプション行使に伴うものと、プット・オプション行使に伴うものが認められている)(業務規程8条の2第2項4号、2条19号)。

これらの償還方法のなかで、定時償還や各社債の金額に対してその一部の

みを償還する繰上償還（以下「一部繰上償還」という）が行われる場合の社債権者の保有金額の管理方法として、一般債振替制度はファクターおよび実質金額を利用している。ファクターは以下の算式により算定される値であり、実質金額とは振替口座簿に記録または記載された金額にファクターを乗じて得たものである（業務規程2条37号・38号）。

$$\text{ファクター} = \frac{\text{各社債の金額} - \text{各社債の金額に対する直前利払期までの償還額の総額}}{\text{各社債の金額}}$$

そして、定時償還や一部繰上償還される銘柄については、振替口座簿にファクターまたは実質金額を記載または記録するものとされている（業務規程58条の2第2項4号・4項4号）。

このような場合における残高管理の方法として、振替口座簿の記録金額自体を減額することも考えられるが、海外ではファクターの利用が一般的であることや口座管理機関における減額記録の負担等を考慮し、一般債振替制度ではファクターを導入することとされた。機構はファクターに関する情報を提供（業務規程69条1項、業務規程規則30条4項18号・19号、業務規程58条の2第2項4号・第4項4号）することとされており、口座管理機関等は、機構が示すファクターを参照することにより、自らの管理する振替口座簿においてファクターまたは実質金額を容易に記録することができる。

なお、定時償還および一部繰上償還に伴う抹消記録は非DVP決済により行われる（業務規程58条の26第2項5号）。定時償還または一部繰上償還に伴う償還金を受け取った機構加入者は、機構に対して償還金の受領を確認した旨を通知しなければならないが（業務規程58条の28第1項1号ロ）、機構は定時償還または一部繰上償還の期日が到来したときには、機構加入者から当該通知があったものとして取り扱うこととされている（業務規程58条の28第4項）。したがって、実務的には定時償還または一部繰上償還の期日に、機構加入者が機構に対して通知を行う必要はない。

D　プットオプションの行使による抹消について

一般債振替制度ではプット・オプションの利用が可能であるが、プット・

オプション行使による償還方法については、各社債の金額の全額を償還する全額繰上償還のみが可能で、一部繰上償還は取り扱われていない。これは、社債権者の意思により当該社債権者の保有する残高についてのみ一部繰上償還することが、ファクターによる残高管理になじまないためである。

また、プット・オプションの行使による繰上償還は、当該銘柄の利払日においてのみ可能とされている。これは、プット・オプション行使に伴う処理を、通常の元利払スキームのなかに取り込むことで、効率的な制度構築を目指したものである。

なお、プット・オプション行使による償還に伴う抹消記録は、DVP決済により行われる。

(5) 「機構非関与方式」について

「機構非関与方式」は、支払代理人が唯一の社債権者であったり、支払代理人が口座管理機関でもあり、当該銘柄のすべての社債権者の残高を記録している場合等に利用可能な方式である。このような場合には、一般債振替制度の階層構造を利用することなく、支払代理人と社債権者の間で容易に元利払を行うことができるからである。

「機構非関与方式」の場合、その名のとおり、機構は課税情報の取りまとめ等について、ほとんど関与しない。具体的には「機構非関与銘柄」については、「元利払日程通知ファイル」および「元利払対象残高データ」による還元対象外とされ、また、口座管理機関は課税情報申告を行う必要がない。唯一、満期償還または全額繰上償還時において、機構は「元利金請求データ」のうち「元利金請求内容明細通知データ」についてのみ対象としている（「決済予定額通知データ」には反映されない）。これは、「機構非関与銘柄」の抹消記録について、支払代理人から償還金を受け取ったことを確認した機構加入者が、機構に対して「資金振替済通知（抹消）」を行うことを可能とするための措置である。

なお、定時償還または一部繰上償還の場合におけるファクターの管理については、「機構関与方式」の場合と同様である。

(6) 納税事務

A 振替債における納税事務

　発行会社から利子所得税に係る納税事務の委託を受けた銀行等は、振替債については、口座管理機関からの課税情報申告に基づき、機構から受領した「元利金請求データ」を利用して、利子所得税源泉徴収額を確定のうえ、利払日の翌月10日までに納付する。

　なお、口座管理機関による課税情報申告の内容になんらかの誤りがあった場合でも、機構は「元利金請求データ」の再作成は行わない。したがって、課税情報申告の訂正を行う口座管理機関は、自らの上位の機構加入者を通じて、支払代理人に対して訂正を依頼する。

B 非居住者債券所得非課税制度（J-BIEM）について

　非居住者等が受け取る利子に関する非課税制度については、振替国債については1999年度より、振替地方債については2007年度より税制改正が漸次進展しているところであるが、2010年度の税制改正においては、振替国債・振替地方債に加え、振替社債等についても非課税対象とされる（具体的には、2010年6月1日以後にその計算期間が開始する振替社債等の利子および同日以後に取得する振替社債等の償還差益（CPの場合は2010年6月1日以降に発行されるものの償還差益）とともに、手続の簡素化および非課税対象者の範囲拡大が行われている（現状は、2013年3月31日までに発行されたものに対する時限措置との位置づけ）（租税特別措置法5条の3））。

　今般対象となった振替社債等については、一般債振替制度に含まれる社債等が含まれるが、利益連動債や発行会社の特殊関係者が受ける利子については非課税制度の対象外である（租税特別措置法5条の3、租税特別措置法施行令3条の2、社債等振替法66条2号）。なお、特殊関係者の把握に関しては、発行会社による所轄税務署への届出により行われる。

　振替社債等に関する非居住者非課税措置については、制度運用が始まったばかりであり、非居住者の投資活発化等の効果測定や、特殊関係者の届出等

における実務の習熟については、今後の課題と思われる。

(7) 元利払手数料の取扱い

　一般債振替制度における元利払手数料の取扱いについて、機構の「元利金支払に係る業務処理要領」において、次のように定められている。

　口座管理機関等が、機構の業務規程等に基づいて、発行会社のために提供する元利金支払に関する役務に対し、発行会社が負担する手数料については、別段の定めがある場合を除き、以下のように取り扱う。

① 発行会社は、発行時に手数料率を決定後、その情報をすみやかに発行代理人を通じて機構に通知し、機構は機構加入者に当該手数料の情報を配信する。さらに機構加入者は直近下位機関に対し、当該情報を提供する。

② 発行会社から支払を受けた支払代理人は、機構が備える振替口座簿において機構加入者の顧客口および信託口に記録された残高についての元利金支払に関する手数料を、当該機構加入者に支払う。発行会社および支払代理人の当該手数料の支払に係る債務の履行は、機構加入者への支払をもって完了する。

③ 支払代理人から支払を受けた機構加入者は、自らが備える振替口座簿においてその加入者（非居住者を除く）の顧客口および信託口に記録された残高についての元利金支払に関する手数料を、直近下位機関に支払う。

④ 直近上位機関から支払を受けた間接口座管理機関は、自らの備える振替口座簿においてその加入者（非居住者を除く）の顧客口および信託口に記録された残高についての元利金支払に関する手数料を、直近下位機関に支払う。

　なお、支払代理人から機構加入者に対する元利金支払に関する手数料の支払方法については、支払代理人と機構加入者の調整により、任意のやり方で行うことができる。実務では、同月に行われた元利払分について、翌月まとめて支払う方法がとられることが多いようである。

❺ その他の期中実務

　その他の期中実務として、元利払以外の期中の実務につき記載する。これらの業務は、目的に応じ、機構における情報把握のための実務、銀行等における実務、社債権者のための実務、その他特例対応に大別される。

　機構における情報把握のための実務とは、機構に対し銘柄情報等の変更の通知を行うものであり、具体的には利率や定時償還額が想定されている。また、銀行等における実務とは、発行会社に関する事項や、機構より情報を受領し残高管理を行うこと等であり、買入消却への対応や新株予約権付社債における新株予約権行使の管理などが代表的なものである。

　以下においては、公募社債を中心に、一般債振替制度および機構に係るその他の期中実務の詳細につき、説明していきたい。

(1) 機構における情報把握のための実務

A　支払代理人の通知事項

　支払代理人は、発行会社から委託を受けた銘柄に関し、以下の事項の決定がなされた場合には機構に対しその内容を通知しなければならない（業務規程規則27条の7）。

① 利率
② 利払期日
③ 定時償還の額
④ コール・オプションの内容
⑤ プット・オプションの内容
⑥ 機構関与・非関与の別
⑦ 個別承認方式の採用の有無
⑧ 1通貨あたりの利子額

　①利率については、変動利付債である場合等に発生するものであり、条件決定日には利率計算方法のみが決定しており利率が確定していない場合や、

期中の利率決定に応じて行うものであり、⑧1通貨あたりの利子額について
も同時に連絡が必要となる。なお、これらの変更については、機構の業務処
理をふまえ、元利払期日の7営業日前までに機構へ通知を行う必要があり
（元利払に係る業務処理要領）、支払代理人としては適時性をもった把握を要す
ことから、通知事項によっては、契約等において発行会社に対し通知義務を
定め、余裕のあるタイミングで通知を受領できるような措置が必要であろ
う。

B 利率確認事務

　上述したとおり、変動利付債等については期中（場合によっては当初も）
の利率につき決定のつど、機構へ通知を行う必要があり、以下では、利率確
認事務について説明を行う。
　対象となる商品としては、利払期日ごとに適用利率が変動となるいわゆる
変動利付債とともに、銀行劣後債のように、当初は利率が不変であるが一定
期間経過後に適用利率が変更となるような商品についても同様の実務が発生
する。

a　期日管理

　支払代理人は、変動利付債等の対象となる銘柄に関しては、社債発行時に
社債要項の記載に基づき、当該社債の基準レート、利率算定方法、利率基準
日、処理日、参照画面等を把握し、期日管理を行う必要がある。
　基準レートについては、流通を前提とする社債の商品性にかんがみ、原則
公示性のあるレートが用いられる。
　また、利率基準日については、当該利率が適用される利息計算期間の直前
の利払日の2営業日前に設定されることが一般的であるが、ロンドン時間等
海外で決定する基準レートを用いる場合については基準レートの確認が翌日
となることについては留意が必要であろう。

b　利率確認事務

　支払代理人は、利率基準日においては、発表後すみやかに基準レートを確
認し、社債要項の定めに従い、適用利率を算定する。また、機構への通知に
おいては、以下の社債要項等に定められる算式に基づき、1通貨あたりの利

子額についても算定が必要であるが、経過日数、基準日数等、銘柄により異なる場合があるため留意を要する。

［計算式例］
　　1通貨あたりの利子額＝適用利率（％）／100×（経過日数／基準日数）

c　関係者・機構への通知

　支払代理人は、契約の定めに従い、発行会社等に必要な事項（適用利率、1通貨あたりの利子額など）につき通知を行うとともに、機構に対しても、銘柄情報の変更を行い、機構より通知される変更結果の確認を行う。

(2) 発行会社に関する情報の確認

　銀行等においては、取引先管理や、社債管理者・担保の受託会社としての善管注意義務の観点より、発行会社に関する情報（住所・連絡先、合併、商号変更、担保の状況、決算期変更（新株予約権付社債の場合）等）について、適宜フォローする必要がある。元利払業務等の関係では、発行会社との間で請求書等のやり取りが発生することから、住所・連絡先の確認が重要である。なお、ABSや投資法人債については、発行会社のみならず、オリジネーターや運営代理人など、事務上必要な対象先についても把握が必要と思われる。

(3) 買入消却

　期中事務代行会社や支払代理人を務める銀行等は、期中に社債等の残高が減少する場合には、これを適切に管理する必要がある。期中に残高が減少するケースとしては、定時償還、繰上償還、買入消却、新株予約権の行使（新株予約権付社債の場合）が想定される。

　このうち定時償還と繰上償還については、支払代理人が関連情報を機構に対して通知しなければ行うことができないものであり、銀行等が期中残高管理を行ううえで、特段の問題は生じない。

　これに対し買入消却は、発行会社が社債を自己取得するとともに振替口座簿の抹消を行い、償還と同様の効果を実現するものである。したがって、買入消却による残高の減少は、発行会社による残高抹消の申請（機構に対しては、発行会社の上位の機構加入者による買入消却申請）に基づき行われるた

め、銀行等としては、事前に買入消却の予定を確認し、残高の減少に備えることが必要となる。具体的な実務は以下のとおり。

A　発行会社からの通知

銀行等は、買入消却の実施状況を把握するため、発行会社との契約において、買入消却を実施する際は書面にて通知を行うとの定めを行うことが望ましい。発行会社は契約の定めに基づき、買入消却を行う際には銀行等に対し、対象銘柄、買入消却日、金額などの必要事項の通知を行う。

B　機構からの通知

発行会社の買入消却申請を受けた口座管理機関は、振替口座簿の減額記録を行うとともに、その上位の口座管理機関に対する通知を行う。かかる通知を受けた機構加入者は、機構に対し、買入消却申請情報を通知する。機構は申請金額について機構加入者の口座の減額記録を行うとともに、当該機構加入者および支払代理人に対し、買入消却を実施した旨を通知する（業務規程規則27条の30、27条の31）。

C　内容確認と残高管理

銀行等は、発行会社からの通知と機構からの通知の内容を照合し、自ら管理する残高情報の更新を行う。また、当該買入消却が元利金支払基金および元利金手数料支払基金の請求後のタイミングで行われた場合には、発行会社より受領した当該支払基金に関し、契約に定めるとおり、買入消却相当額につき、返戻処理を行う必要がある。

(4)　社債権者集会

A　社債権者集会開催に係る証明書について

社債権者集会の開催に際し、集会日における議決権を有する社債権者を確定させるため、各社債権者は、自己が口座を有する口座管理機関に証明書の発行を請求し、当該証明書を社債管理者、担保の受託会社もしくは発行会社

へ提示しなければならない。なお、当該証明書が発行された後は、その返還がなされない限り当該振替債の振替・抹消はできず、証明書発行後に社債権者が変動することを回避する仕組みとなっている。一般債振替制度においては償還時DVPによる抹消を回避するため、当該証明書が発行されている残高については機構における元利払処理（償還のみ）の対象外の扱いとなる（社債等振替法86条、業務規程68条の2、元利払に係る業務処理要領）。

B 「社債権者集会における対応に関するガイドライン（一般債振替制度）」

　社債権者集会における対応に関するガイドライン（以下「社債権者集会ガイドライン」という）は、2008年12月26日に機構より公表された運用指針であり、振替社債の匿名性にかんがみ、社債権者の公平な取扱いや社債権者集会の円滑な開催に資することを目的とするものである。

　このようなガイドラインが制定された背景としては、社債権者集会開催の困難性があげられる。まず、社債権者集会を開催し決議を得るためには、公告により各社債権者へ周知と社債権者集会への参加を促すことで社債権者集会の定足数を確保し、決議を行う必要があるが、匿名の社債権者に周知を行うことの困難性は容易に想像できるところである。また、社債権者集会は破綻処理や社債の条件変更など、他の重要事案における必要性をふまえ行われるものであり、もし社債権者集会において議案が否決または定足数に満たなかった場合については、他の重要事案の審議に悪影響を与えることが見込まれる。

　社債権者集会ガイドラインは、社債権者集会の開催にあたって、一般債振替制度の階層構造を利用して社債権者に対する情報周知を図るものである。社債権者に対し、個別の情報提供が必要と判断される場合には、情報周知のなかで各社債権者において連絡先等を発行会社へ通知することを求めることも想定されており、各社債権者から通知が得られれば、社債権者集会前に発行会社が各社債権者を把握することも可能である。

　なお、社債権者集会ガイドラインの活用はあくまで社債権者集会に係る対応に限定されているとともに、機構よりすべての口座管理機関へ情報を周知

することや、通知事項のなかに社債権者集会の目的が含まれることから、幅広い状況で使用可能な仕組みとはいえない。

(5) 担　　保

　一般債振替制度において、社債を担保として取得するためには、振替申請により振替口座簿における担保権者の質権口（担保権に係る権利を記録する口座）への増額の記録が行われることが必要である（社債等振替法74条）。なお、担保権を設定された社債は振替口座簿において、担保権者自身が保有する社債と分別管理される。

　また、日本銀行への担保差入れの場合の振替申請については、日本銀行が行う（業務規程58条の15）。

　なお、担保権が設定されている場合における元利払については留意を要する。担保権者の質権口に記録された社債の元利金は、担保権者の保有残高として管理されるため、本来の所有者である担保権設定者に対する元利払が当然になされるわけではなく、一般債振替制度においては、原則として、いったんは担保権者が元利金を受領し、担保権者と担保権設定者の間で個別に決済を行うことが想定されている。

　ただし、担保権者より口座管理機関を通じ機構に対し、担保受入状況の明細情報が、元利払期日の3営業日前までに予定データ、2営業日前まで本番データとして通知された場合については、機構における残高照合等のチェックを経て、担保権設定者に対し元利払が行われる。

(6) 差　　押

　差押命令等を受けた場合、口座管理機関は、差押の内容、関連する口座等に関する情報を機構へ通知し、機構は、同様の内容を支払代理人に通知する。

　機構においては、差押対象残高について元利払処理の対象外とし各種還元データより除外し、抹消処理についても行わないこととなる。なお、機構は支払代理人に対し書面にて差押に関する通知を行う（元利払に係る業務処理要領）。

(7) デフォルト時等の処理

A　発生時の対応

　社債のデフォルトは、元利払の遅延、破綻処理の開始、コベナンツ等遵守事項への違背などの期限の利益喪失事由に起因し、発生する。

　期限の利益喪失事由が発生した場合、発行会社は機構に対し書面により通知を行う必要がある（業務規程規則28条）。なお、期限の利益喪失は生じていないが元利金の支払遅延が発生した場合については、支払代理人が機構に対し通知を行う必要がある（元利払に係る業務処理要領）。

　機構は、当該通知を受けた日以降、通知を受けた銘柄についての元利払処理を行わない。なお、元利払の遅延が直ちに期限の利益喪失に至らないものとして、元利払につき支払猶予期間（いわゆるグレイス・ピリオド）が設けられている銘柄が存在するが、支払遅延発生時における支払代理人と機構の処理については同様の取扱いとなる。

B　支払期日経過後の資金決済

　元利払の遅延が発生した後、資金決済が行われるケースとしては、グレイス・ピリオド内に対応が行われる場合や、第三者の保証が付されており保証履行がなされる場合および破綻処理の進捗により弁済金が支払われる場合などが想定される。これらの事象には、期限の利益喪失事由に該当する場合としない場合が混在するが、資金決済における機構の取扱いは同様である。すなわち、原則として日銀ネットを活用した機構の元利払の仕組みの対象とはならず、資金決済は、支払代理人と口座管理機関との間の取決めに基づき個別に行われることが想定されている。

　ただし、2011年2月に機構より公表された「社債等に係る期限の利益が再付与される場合又は支払遅延が解消される場合の対応について」においては、期限の利益喪失に伴う機構向けの通知が行われている銘柄で、一定の条件を満たすものについては、機構の元利払の仕組みを活用することも可とするとの方針が示されており、このようなケースにおける対応は、機構等関係

者との個別調整が必要と思われる。

❻ 特定口座管理機関業務

(1) 概　　説

A　特定口座管理機関と実質記番号管理方式

　特定口座管理機関とは、社債等登録制度から一般債振替制度への移行において、実質記番号管理方式により移行が行われた銘柄（以下「実質記番号管理銘柄」という）につき、振替債残高について記番号管理等を行う機関である。

　実質記番号管理方式とは、登録制度において定時償還を行っていた銘柄のうち、一般債振替制度におけるファクター管理方式に適合しなかった銘柄につき、振替債への移行後も記番号に基づき定時償還を行う方式である。一般債振替制度においては、ファクター管理方式と実質記番号管理方式の２種類の定時償還が認められているが、新発債においてはファクター管理方式のみ認められている。また、制度移行時の定めにおいても、ファクター管理方式で移行可能な銘柄については、実質記番号管理方式での移行は認められず、ファクター管理方式が適合せず、かつ振替債への移行を要する場合のみ、実質記番号管理方式で一般債振替制度への移行が行われている（一般債の移行に係る業務処理要領（以下「移行に係る業務処理要領」という））。

B　実質記番号管理方式の対象

　ファクター管理方式に適合しない銘柄が実質記番号管理方式の対象であるが、具体的には、定時償還債において、以下の条件のいずれかに該当する場合が対象となる。

① 社債権者が複数存在する場合で、社債権者全員が振替債への移行に同意していないこと（すなわち、発行総額の全額が同時に振替債に移行できないこと）。

② 発行会社および各社債権者の償還フローがファクターで表現できないこと（すなわち、ファクター算出結果が小数点以下10位以上となること）。

C 実質記番号管理方式導入の背景

一般債振替制度においてファクター管理方式が原則とされるなか、実質記番号管理方式が導入された背景としては、利子所得税の取扱いが考えられる。

社債等の有価証券の有力な投資家としては銀行のほか、保険会社、信託銀行等の機関投資家などがあげられるが、これらの投資家は、社債等登録制度においては登録社債について、一般債振替制度においては振替債について、利子所得に対する源泉徴収不適用が認められている（租税特別措置法8条1項）。これは、業として大規模に有価証券投資を行い、頻繁に売買を行うことが想定される機関投資家については、利子所得税につき源泉徴収を行うよりは、源泉徴収不適用として総合課税としたほうが実態に即していることや、税制面でのメリットを付与することでペーパーレス化を推進するとの発想が背景にあったものと思われる。

一般債振替制度導入に際し、2008年1月をもって社債等登録法および登録制度が廃止されるとともに、租税特別措置法についても改正が行われ、同年同月以降は振替債にのみ源泉徴収不適用が認められることとなった。このことは、振替債への移行を税制面から後押しすることとなる一方、一般債振替制度の想定するファクター管理方式に適合しない社債を保有する社債権者についても、当該銘柄につき引き続き源泉徴収不適用が認められるための措置の必要性が意識され、その結果、例外として実質記番号管理方式が設けられたものと考えられる。

D 留意事項

実質記番号管理銘柄の取扱いについては、機構より公表されている手続等に準拠して行う必要がある。実質記番号管理銘柄は、法的には振替債であり、残存の登録債とは位置づけが異なる商品だが、実際には、既存の登録債の事務・システムに基づき取り扱うことが現実的な実務対応であろう。

特定口座管理機関は、金商法において「社債等の振替を行うために口座の開設を受けて社債等の振替を行うこと」と定められている口座管理機関業務である（金商法2条8項17号）。この業務は、有価証券等管理業務として第一種金融商品取引業に属するものであり（同法28条1項）、銀行等においては、内閣総理大臣への登録を受けなければ取り組むことのできない登録金融機関業務に該当する（同法33条の2）。そのため、同法に基づくさまざまな行為規則が存在していることについては留意が必要である。

　また、口座開設に際し、本人確認が必要なことについても実務上考慮すべき事柄であろう（犯罪による収益の移転防止に関する法律施行令8条1号ネ）。

　なお、特定口座管理機関は、登録制度における登録機関が移行後に就任することが想定されており、登録制度における社債等登録簿の管理手法の流用が許容されている（移行に係る業務処理要領）。

(2) 特定口座管理機関の実務

　社債権者が常任代理人に特定口座管理機関業務における口座開設およびいっさいの手続に係る請求または申請を行う権限を委任し口座開設を行う場合は、特定口座管理機関は常任代理人との間で実務を行うこととなる。

A　口座開設

a　金商法に基づく行為規則

　社債権者より口座開設の依頼を受けた場合、特定口座管理機関は、金商法に基づき、当該社債権者の投資家区分について判定を行う必要がある。判定結果は契約終了後一定期間は保存を行うことが望ましい。また、口座開設に先立ち、社債権者に対し同法の趣旨をふまえた説明を十分に行うとともに、投資家区分に応じ、契約締結前書面の交付を行い、実質記番号管理銘柄の取扱いにつき十分な説明を行うことや、顧客属性の把握・確認を行う資料を作成することも必要であろう。

b　口座開設申込書の受領

　社債権者から口座開設の希望があった場合、特定口座管理機関は以下の書類の徴求を行う。通常、特定口座管理機関には登録金融機関と同一の銀行等

が就任する。
① 実質記番号管理銘柄振替決済口座開設申込書（以下「口座開設申込書」という）（機構制定、裏面に約款を記載）
② 振替申請等委任届出書（機構制定、常任代理人が口座開設を申し込む場合に使用）
③ 印鑑票（特定口座管理機関ごとに制定）

なお、口座開設申込書の記載内容は以下のとおりである。
ⓐ 口座開設の申込み。
ⓑ 振替申請や元利払は登録債に準じて行うこと。
ⓒ 償還金を受領した場合には、口座残高の抹消申請を特定口座管理機関に委任すること。
ⓓ 元利金は特定口座管理機関より受け取ること。
ⓔ 元利払期日の前3週間は振替停止期間とすること。

c 本人確認

特定口座管理機関は、口座開設申込みと同時に本人確認書類の提示を受け、本人確認を行う。なお、社債権者に委任された常任代理人が口座開設を行う場合は、社債権者の本人確認は常任代理人が行うこととなり、特定口座管理機関においては、常任代理人の本人確認を行うこととなる。本人確認書類としては、法人については登記事項証明書、印鑑登録証明書等、取引担当者（個人）については運転免許証、各種健康保険証等を用いることとなろう。

なお、本人確認においては、必要なチェック事項を網羅するとともに、経緯・情報について、契約締結前書類等とともに適切に保管を行うことが必要である。

B 振替申請・変更登録

実質記番号管理銘柄については、特定口座管理機関に対し振替申請を行うことで譲渡が可能であり、特定口座管理機関所定の請求書を提出する必要がある。また、社債権者の名称・住所等の変更があった場合は、特定口座管理機関に対し変更登録を行うため、同じく特定口座管理機関所定の変更届を提

出する必要があろう。

C　振替口座簿の保管・管理

　実質記番号管理銘柄は、登録債からの移行が前提となるため、特定口座管理機関は、登録制度にて使用する社債等登録簿に基づき、振替口座簿を作成し保管を行う。

　振替口座簿については、振替停止期間等を利用し、銘柄・回号ごとの枚数照合を行うことが望ましい。

D　元利払

　社債権者に対する元利払は、登録債のように社債権者が元利金支払場所を設定するのではなく、特定口座管理機関において行われることとなる。

　社債権者は、口座開設時にあらかじめ口座開設申込書において元利金の振込先を記載し、特定口座管理機関は、元利払の3週間前の振替停止期間に入って後、社債権者に対し元利金振込みの通知を行う。

　特定口座管理機関は、支払代理人に対し元利金を請求し、支払代理人は元利払期日に特定口座管理機関に該当金額の支払を行い、特定口座管理機関はその支払を受け、社債権者への支払を行う。

　実質記番号管理銘柄に関する元利払は機構非関与方式にて行われる。

E　残高証明

　特定口座管理機関は、社債権者より残高証明の依頼に対応する必要がある（社債等振替法277条）。

　特定口座管理機関は、社債権者より残高証明の依頼があるつど、登録債における手続に準じ、社債権者より証明対象社債の銘柄・金額を記入した書面の提示を受け、その内容につき確認を行う。

F　償　還

　社債権者は、口座開設時にあらかじめ口座開設申込書において償還金受領時の口座残高の抹消申請を特定口座管理機関へ委任することとなる。特定口

座管理機関は、これに基づき、社債権者が償還金を受領した場合、振替口座簿の減額を行う。

　特定口座管理機関は、減額後の振替口座簿を一定期間保管する必要があろう。

第3節

その他の振替制度における実務

❶ 概　説

　第2節においては、社債を念頭に一般債振替制度に基づく証券関連実務について述べた。振替制度で取り扱われる債券としては、一般債だけではなく、株式等振替制度に基づく新株予約権付社債も金融機関の証券関連実務において重要な位置づけを占めている。本節においては、通常の社債等との比較を念頭に、株式等振替制度における新株予約権付社債の実務につき記載したい。なお、新株予約権付社債固有の実務である行使請求取扱事務については、その他の商品とあわせ、第4節にて記載する。

❷ 新株予約権付社債に関する実務

(1) 株式等振替制度と新株予約権付社債

　新株予約権付社債は債券と株式の双方の性格を有する証券であるが、社債、株式等の振替に関する法律（以下、「社債等振替法」という）においては、株式とあわせて規定が整備されており、㈱証券保管振替機構（以下「機構」という）においても株式等振替制度にて取り扱われている。

　しかし、発行代理人および支払代理人として銀行等に期待される役割は、一般債振替制度におけるものと、ほぼ同様である。すなわち、機構の「株式等の振替に関する業務規程」（以下「株式等の業務規程」という）において

は、発行支払代理人および支払代理人について、次のような、一般債振替制度と同様の定義規定が設けられている（同規程2条29号・30号）。
① 発行代理人……発行者の代理人として、この規程の定めるところにより振替新株予約権付社債の新規記録に関する手続を行う者として、あらかじめ機構が指定した者をいう。
② 支払代理人……発行者の代理人として、この規程の定めるところにより振替新株予約権付社債に係る新規記録後から抹消までの手続を行う者として、あらかじめ機構が指定した者をいう。

(2) 新株予約権付社債における発行代理人・支払代理人の役割

　新株予約権付社債の発行代理人・支払代理人については、社債と同じく機構の業務規程において定められており、また、オンラインを活用し機構と情報授受を行う必要があるため、固有の業務システムなどの設備や適正・確実に業務遂行が可能な能力を要し、機構の定める申請手続にのっとり、機構より指定を受ける必要があること、機構より指定を受けた場合は公表されることについても同様である（株式等の業務規程14条、15条）。

　なお、発行会社による発行代理人・支払代理人の選任についても、社債同様に所定の様式により、機構へ選任届を提出する必要がある。

　これらの業務は、社債管理者やFAの業務遂行と密接に関連しており、事務の効率性、正確性、迅速性の観点より、社債管理者の代表もしくはFAが発行代理人・支払代理人を兼ねるのが一般的である。また、発行代理人と支払代理人には同一の銀行等が就任する。

　発行代理人、支払代理人の実務としては、社債と略同様であるが、特徴的な点について以下説明したい。

　まず、新株予約権付社債においては、発行会社が発行決議を行って後、自ら機構に対し発行要項等を提出し事前相談を行うため、発行代理人による銘柄情報登録の段階では、すでに機構による銘柄コード、ISINコード採番の手続が終了していることがあげられる。なおこの場合の銘柄コードとは、株式等振替制度において振替株式等の銘柄および新旧の別を特定するために機

構が銘柄および新旧の別ごとに定めるコードである（株式等の振替に関する業務規程施行規則1条2項6号）。

　また、元利金支払手数料等について銘柄情報登録に含まれていることから、社債において必要となるその他の情報の通知は不要である。

　あわせて、商品性に起因し新株予約権行使の状況管理が業務として加わることとなる。新株予約権の行使に伴う手続については、減債事務として、通常の事務の取扱いとは別個に契約を締結することが一般的である。

第4節 その他の証券代理事務

　国内における振替制度は一般債振替制度だけではなく、国債に関する国債振替決済制度や、株式や新株予約権付社債における株式等振替制度が存在しており、それぞれにおいて金融機関の実務は発生することとなる。また、振替制度開始後も残存する現物債等に関する実務も引き続き対応を要するものであろう。

　これらをふまえ、本節においては、現物債における公社債元利金支払代理事務、振替制度および現物債を念頭に置いた国債元利金支払代理事務、新株予約権付社債の行使請求取扱事務、株式払込金の受入事務および株式配当金支払事務について触れることとしたい。

❶ 現物債における公社債元利金支払代理事務

(1) 事務フロー概略

　発行会社から公社債の元利金支払事務の委託を受け、これにかわって社債権者に元利金の支払を行うのが、公社債元利金支払代理事務であり、その主体を元利金支払事務取扱者と呼ぶ。

　元利金支払代理事務は、大きく「元利金支払のまとめ事務」と「取扱店における元利金支払事務」とに分けることができる（図表9－5）。

　「元利金支払のまとめ事務」とは、発行体から元利金支払基金および元利払手数料を受領し、これを支払事務を取り扱う銀行・証券会社（以下「取扱会社」という）に分配すると同時に、各取扱会社から支払ずみの債券や利札

図表9－5　無記名公社債の事務フロー

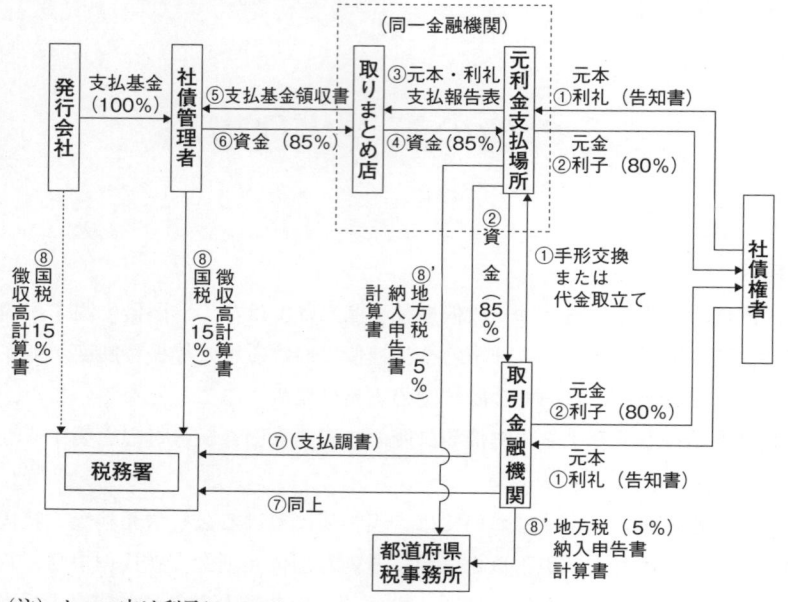

（注）カッコ内は利子について
出所：みずほコーポレート銀行証券部作成

を回収して、その精査および原簿謄本の消込みを行ったうえで取りまとめて発行体に返戻するとともに、発行体にかわって利子所得税を納付するという一連の業務を指す。元利金支払のまとめ事務は、通常、政府保証債や地方債等の場合は募集の受託会社、無担保社債の場合は社債管理者・FA、担保付社債の場合は担保の受託会社、円建公募外債の場合は債券の管理会社（これらは一般に受託会社と称される）のそれぞれ代表者となる銀行（いわゆる代表受託銀行）が行っており、こうした銀行は取扱会社を代表して発行体との間に元利金支払事務取扱契約を締結する。

一方、「取扱店における元利金支払事務」は、各取扱会社の支店網において、社債権者から債券や利札などの呈示を受けて元利金の支払を行う業務であり、その際には、見本券との照合、支払期日および抽せん・繰上償還の確認、消滅時効完成の有無、故障の有無など必要なチェックが行われる。

以下では、「元利金支払のまとめ事務」と「取扱店における元利金支払事務」のそれぞれについて事業債を中心に説明する。このため、元利金支払のまとめ事務の主体について「社債管理者・FA」という表現を用いるが、政府保証債や地方債等および円建て外債の事務も事業債とほぼ同様であり、一般化して考える場合には適宜「代表受託銀行」と読み替えていただきたい。

(2) 元利金支払のまとめ事務

A 諸契約の締結

社債管理者・FAは各取扱会社を代表して、元利金支払事務の委託を受けるため、発行会社と社債管理委託契約等の諸契約を締結し、次の事項を取り決める。

① 取扱会社（元利金支払事務取扱者）および取扱店（元利金支払場所）
② 元利払手数料
③ 支払基金の授受方法
④ 支払済債券等の受渡し
⑤ 発行残高の通知（新株予約権付社債の場合）

また、社債管理者・FAは各取扱会社との間に社債元利金支払事務取扱者間契約を締結し、支払基金、元利払手数料の分配方法等を約定する。

B 社債原簿謄本、整理簿の備置

担保付社債の場合には、担保の受託会社は発行会社から社債原簿の謄本（原本と相違ないことを発行会社の取締役または代表社員が署名、認証したもの）の交付を受け、受託会社の本店に備置し、社債権者の請求がある場合には閲覧または謄写させる必要がある（担保付社債信託法29条、30条）。

無担保社債の場合には、社債原簿の謄本の作成は法律上要求されていないが、元利金支払事務を正しく行う必要上、契約上の定めに従い、社債原簿謄本の交付を受け、これを備置することが多い。

C　支払基金の受入れ・分配

　社債管理者・FAは、元利金支払基金および取扱会社に分配する元利払手数料を、発行会社から、社債管理委託契約に定める日（通常は支払期日の3営業日前、当日が休日の場合はその前営業日）に受領する。

　各取扱会社は、自社の取扱店における取りまとめ店1店舗を定め、この取りまとめ店が一括して、社債管理者・FAに請求手続をとる。具体的には、元利金支払基金の請求に関しては、①現物債の場合は支払のつど、②記名債および自社保有分現物債の場合はあらかじめ支払予定額の把握ができるため事前に、公社債支払基金内訳明細書を送付し、期日に公社債支払基金領収書を社債管理者・FAへ呈示することにより行う。社債管理者・FAは、手形交換、預金口座への振込みまたは為替送金等により基金を回送する。

　元利払手数料については、取りまとめ店が、自社の1カ月分を取りまとめて社債管理者・FAへ請求するので、社債管理者・FAは上記に準じた回送手続をとる。

D　支払済債券等および報告書の精査・照合、回送高の確認

　取りまとめ店では、「公社債元利金支払報告書」（以下「報告書」という）を徴求した日の属する月の翌月第3営業日15：00までに社債管理者・FAに送付するとともに、各取扱店が支払った債券・利札（以下「支払済債券等」という）を1カ月分（毎月1日～末日）取りまとめたうえで、「公社債支払基金受払総括表」（以下「総括表」という）を添えて、支払月の翌月10日までに社債管理者・FAに送付する。

　社債管理者・FAでは、支払済債券等について、
① 取扱店の支払済印の有無
② 期日の到来・未到来
③ 偽造・変造の有無
④ 故障申立て中または無効確定ずみか否か
⑤ 欠缺利札や利札欠缺債券の支払の適否（注）
（注）　欠缺利札の支払は元金として取り扱われる。このため、手数料は元金償還

の利率が適用され、また利子所得の対象とはならない（会社法700条）。
等を点検する。同時に報告書については、手数料率、課税区分、手数料額および国税額の記載が適正かをチェックのうえ、報告書で報告された支払済債券等の枚数・金額と、実際に送付された現物を照合する。さらに、総括表の金額と報告書に記載された元利金支払額および1カ月間の実際の回送高を照合し、該当期間の取引に誤りがないことを確認する。

精査・照合の結果、誤りを発見したときは、取りまとめ店に通知して訂正させ、元利金および元利払手数料を適宜回送または回収する。

E　社債原簿謄本への記入

社債管理者・FAは、債券番号ごとの当せん、故障、元利金支払状況等を社債原簿謄本に記入する。

社債原簿は、社債権者および債券に関する事項を記載する帳簿であり、第一面に法定の社債発行要項を記載し（会社法681条、担保付社債信託法28条）、内部に債券番号ごとの当せん、故障、支払状況等を記載する。なお、近年は業務のシステム化に伴い、システムにおいて管理する形態が一般的と思われる。

無記名債券の場合は、この支払状況等を記載する部分が、無記名債の部と登録債の部とに分かれる。無記名債の部は、発行された債券を券種別に分け記番号順に債券1枚ごとに欄が設けられており、各欄には、

① 摘要欄……登録の事実および年月日、故障、除権判決等の事実および年月日等の記入
② 償還期日……抽せん償還、繰上償還等の実施および実施日の記入
③ 支払期日……元金の支払日の記入
④ 利金欄……各渡期別の利金支払日の記入

が設けられている。

社債管理者・FAは各取りまとめ店から送付された支払済債券等を精査のうえ、債券番号欄に支払ずみの旨の記入（これを消込みという）を行う。このような原簿謄本への記入により、支払状況が把握され、二重払や故障債券の支払など誤払の防止に役立てることができる。

a　発行会社からの通知により行う記入

発行会社が抽せん償還、繰上償還等定時償還を行った場合には、発行会社は社債原簿にその旨を記入すると同時に（会社法681条、担保付社債信託法28条）、社債管理者・FAにこれを通知し、また社債管理者・FAはこの通知書を原簿謄本に添付するものとされている。しかし実際は、発行会社から委託された抽せん事務や元利払いのまとめ事務を正確に行う必要から、社債管理者・FAでは原簿謄本にこの通知書を添付しておくにとどまらず、以下の事項につき、債券番号ごとに原簿謄本への記入を行っている。

① 社債を抽せん償還または繰上償還するとき、および買入消却するとき
② 新株予約権付社債について株式への転換があったとき
③ 債券または利札の紛失もしくは盗取の通知またはその解除の通知があったとき
④ 除権判決確定後、新債券交付の通知があったとき
⑤ 信託設定の通知があったとき

b　社債権者からの請求により行う記入

記名債券の場合、その移転等は、その旨を社債原簿（原本）に記載しなければ第三者に対抗できない（会社法688条等）。したがって、名義変更、質権もしくは信託設定の請求が社債権者よりなされた場合には、発行会社は原簿上および本券上にその旨記載する必要がある。円建て外債の場合、契約により社債管理者・FAが社債原簿原本を備置きすることとなっているので、実際には、社債管理者・FAが名義書換代理人となり所定の手続を行ったうえで発行会社に連絡することとなろう。

なお、記名債券の元利金の支払は、所定期日の社債原簿上の社債権者に対して、元利金領収書を作成・送付し、その呈示を社債権者から受けることにより行われる。

F　利子所得税の納付

社債の利金は利子所得として所得税が課され、利子の支払者である発行会社が源泉徴収義務者となる（所得税法181条）。

各取扱店の利金支払に際しては、社債権者に対し、利金額から国税額およ

び地方税額を差し引いて支払い、社債管理者・FAは取りまとめ店を経由して各取扱店に利金支払基金として利金額から国税額を差し引いた金額（注）を回送する。なお、取りまとめ店より送付を受けた報告書をもとに税額を集計し、発行会社ごとの利子所得税源泉徴収額が確定する。

納付は納付書、所得税徴収高計算書を添えて、発行会社の所轄税務署に行う。納付期限は、「所得税徴収の日の属する月の翌月10日までに納付すべき」と定められており（所得税法181条）、通常は、源泉徴収義務者である発行会社にかわり、期中事務代行会社（社債管理者・FAである銀行が兼ねる）が納付事務を行うよう期中事務委託契約に定められている。

（注） 地方税については、支払の取扱者が別途各都道府県に納付する。

G 支払済債券等の発行会社への引渡し

精査、消込みを終了した支払済債券等は、社債管理委託契約に基づき、計算書を添えて発行会社に引き渡す。

以上で元利金支払のまとめ事務の一連の手続は終了する。

H 買入消却事務

社債の買入消却とは、社債の発行会社が発行した社債を自ら買い入れ、それを廃棄することにより、償還と同様の効果を生じさせることをいう。社債管理者・FAは、社債管理委託契約に基づき、買入消却社債の廃棄手続を実施している。すなわち、社債管理者・FAは、現物債の場合は買入消却債券の提出を受け、精査のうえ、原簿謄本への買入消却ずみの記入処理を行う。現物債は廃消する。

(3) 取扱店における元利金支払事務

A 元利金支払場所としての取扱い

社債権者から債券元本、利札の呈示を受けた場合は、本人確認を行うとともに、自店がその公社債の元利金支払場所に指定されているか否かを確認する。支払場所に指定されている場合は、以下の諸点に関し精査を行ったう

え、社債権者の要求に従い窓口での現金払、預金口座への振替入金、為替送金などの支払手続を行う。

a　見本券との照合

債券元本や利札を見本券と照合し、偽造・変造されていないかを確認する。見本券は社債管理者・FAから各取りまとめ店を経由してすべての元利金支払場所へ送付されている。

b　支払期日の確認

債券元本や利札には支払期日（満期日または利払日）が記載されているので、支払にあたってはその期日がすでに到来しているか否かを確認する。支払期日が銀行の休日に当たる場合は前営業日払が一般的であるが、銘柄により取扱いが異なるので（国債、円建外債は翌営業日払）、見本券の記載事項等で確認する。

c　抽せん償還または繰上償還の確認

呈示された債券元本、利札が抽せん償還または繰上償還に該当しているか否かを、社債管理者・FAから各取りまとめ店を経由して各元利金支払場所へ送付される当せん番号表などにより確認する。抽せん償還または繰上償還に該当している場合、その償還日翌期以降の利札はすべて元金の一部として取り扱われることになるので、それらの利札がすべて付属しているときに限り元金全額を支払うことができ、償還日翌期以降の利札が欠けている場合は、その欠けている利札面金額相当額を元金額から控除して支払うことになる。この欠けている利札を欠缺利札といい、欠缺利札の支払請求を受けた場合は元金扱いとなるので（会社法700条）、利子所得税および地方税を控除することなく利札面金額を支払う。

d　消滅時効完成の有無の確認

原則として、公社債の元金は10年、利金は5年をもって時効により支払請求権が消滅する。しかし、消滅時効が完成している債券元本、利札の呈示を受けた場合でも、時効を援用せずに支払に応ずる場合もあるので、社債管理者・FAに確認する必要がある。確認を行った後、時効が援用されるものについては支払を行うことはできない。

e　故障の有無の確認

呈示を受けた債券元本や利札が故障債券に該当しているか否かを社債管理者・FAから送付される故障通知等で確認する。故障債券に該当している債券として支払を拒むことができるのは、除権判決が確定したもの、または判決は確定していないが特別に裁判所に申請してその仮処分を受けたものに限られる。したがって、公示催告中または事故届受理中のときはこれを理由に支払を拒絶しえないので、呈示者に事情を説明して支払を留保し、社債管理者・FAまたは発行会社へ連絡してその指示に従う。

f　利子所得課税適用方法の確認

利子の支払を請求された場合には、利札を呈示した社債権者に応じて課税方法を確認し、必要書類を徴求する。

B　支払の事務手続

a　窓口支払

窓口に現物債の支払請求があった場合は、前述項目の精査を行い支払えることを確認したうえで公社債元（利）金支払票（以下「支払票」という）を徴求する（様式9－1、9－2）。

公社債はほとんど無記名式であるため、現物債については債券元本または利札と引き換えたうえで支払う。そのため、事故防止および事後の整理の都合上、支払請求者の了承のもとに支払票に住所、氏名の記入および捺印を受ける。

利金の支払請求時の課税については、個人の場合は原則源泉分離課税が適用され税務書類は不要であるが、法人の場合は総合課税が適用されるため利子等の告知書を徴求する。利子等の告知書により告知を受けた場合、利子の支払の取扱者は法定の確認書類によって告知内容を確認する義務がある。

さらに、顧客の指示に従い現金払、預金口座入金、為替送金などの手続をとる。

b　手形交換による支払

現物債は、公社債元利金支払明細票（以下「明細票」という）とともに所定の交換袋に封入され手形交換所を経由して送付されるので、明細票記載の

[様式9－1]

枚数、金額を照合のうえ支払票を作成し、支払処理を行う（様式9－3）。

　精査の結果、支払不能のものについてはその理由を記入した不渡付箋を貼付し、不渡返還期限（公社債の場合、交換日の翌々営業日の11時）までに持出銀行へ返還する。なお、不渡事由としては金額相違、支払期日未到来、支払場所相違等があげられる。

c　代金取立てによる支払

　社債権者より元利金取立ての依頼を受けた銀行から為替担当課を経由して

[様式9－2]

公社債利金支払票

番号札 _____

居住者・内国法人	課税区分		非居住者・外国法人	課税区分	
	％1	非課税		11	日（ ）租税条約
	2	源泉徴収不適用銘柄		12	直審による免税
	3	総合課税（法人）		13	課税対象外
	4	分離課税（個人）		14	本則扱
	5	信託財産		15	非課税
	6	旧法適用		16	総合課税（法人）
				17	分離課税（個人）

| 金融機関等自己保有区分（地方等の特別徴収義務者区分） | 自己保有 2 | 一般 1 | 確認書類 | 住・登 | 保・規 | 免申 | 支払調書 | 要否 |

振替科目 _____ 　出納済印　交換　　本部出納 _____

※ 請求者欄にご記入ご押印下さい。

利子等の告知書　所得税法第224条第2項の規定により下記のとおり告知します。

請求受領者　住所又は所在地　氏名又は名称

（支払日）　　年　月　日
利子所得の支払の取扱者（告知先）

利渡日 年月日	記号・番号	枚数 枚	利札面金額		国税（所得税）		地方税	
			1枚分 円	計 円	1枚分 円	計 円	1枚分 円	計 円

種別　第　回　号

合計　　ⓐ　　ⓑ　　ⓒ

税差引支払額（ⓐ－ⓑ－ⓒ）　百万　千　円

仮払金起票額（ⓐ－ⓑ）　百万　千　円

｛受託銀行｝　｛まとめ店｝

第4節　その他の証券代理事務

[様式9-3]

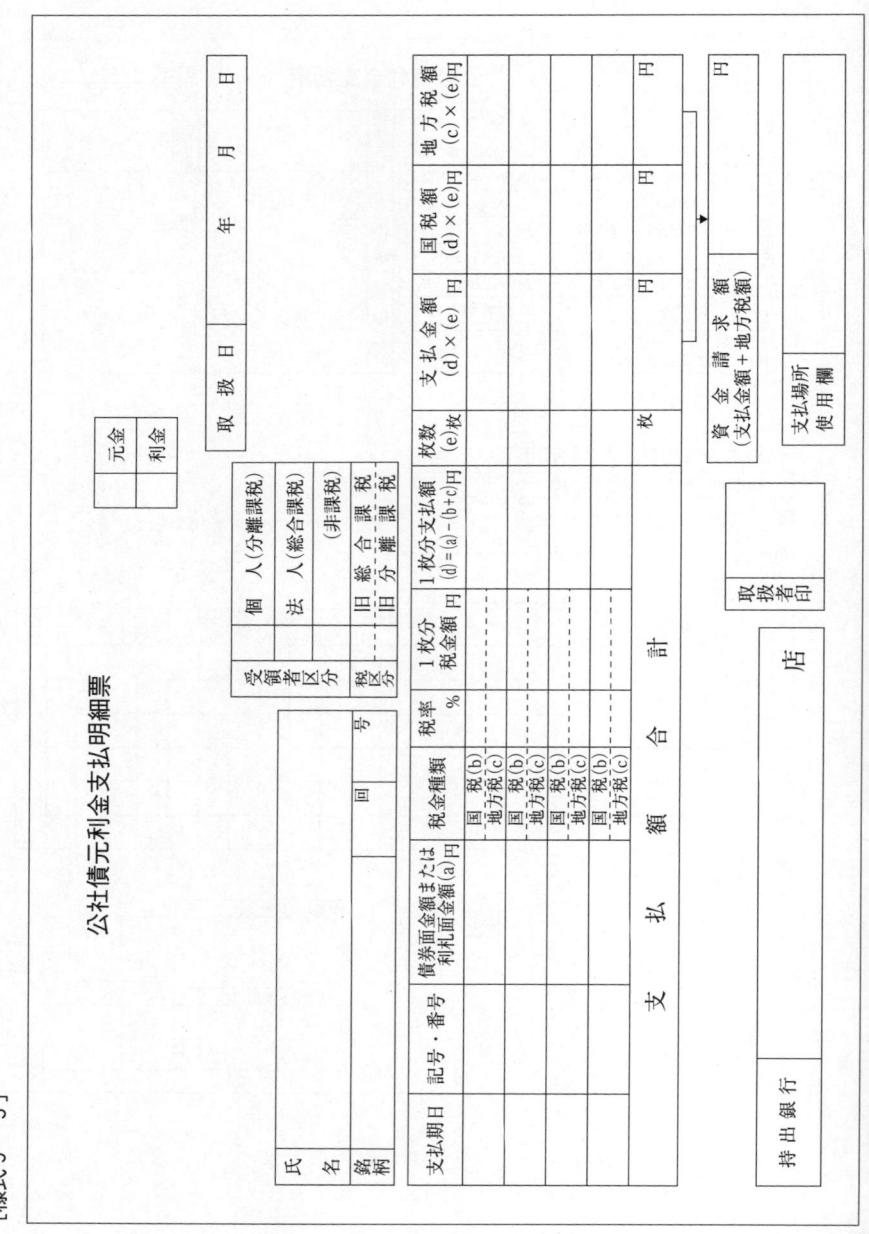

公社債元利金支払明細票

氏名				
銘柄		記号・番号		回

受領者区分	個 人（分離課税） 法 人（総合課税） （非課税） 旧 総 合 課 税 旧 分 離 課 税			元金	
税区分				利金	

支払期日	債券面金額または利札面金額(a)円	税金種類	税率 %	1枚分税金額 円	1枚分支払額 (d)=(a)-(b+c)円	枚数 (e)枚	支払金額 (d)×(e) 円	国税額 (d)×(e)円	地方税額 (c)×(e)円	取扱日 年 月 日
		国税(b)								
		地方税(c)								
		国税(b)								
		地方税(c)								
		国税(b)								
		地方税(c)								
支払額合計						枚	円	円	円	

資金請求額
（支払金額＋地方税額）
円

持出銀行	取扱者印	店	支払場所使用欄

債券元本または利札および明細票が送付されるので、交換支払に準じて支払処理を行い、為替担当課を通じて取立てを依頼した銀行へ送金する。

 d 郵送による支払

　債券元本または利札の支払請求を郵送によって受けた場合には、窓口支払に準じて支払処理を行う。また現物の授受を明確にし、送金もれを防ぐため送金控帳等を適宜作成する。

C 支払後の事務手続

　債券元本については表面の発行会社の印影上に、利札については裏面に、それぞれ元利金支払場所の店舗名入りの支払済印を押捺する。

　その後、自店が取りまとめ店でない場合は、支払済印を押捺した債券元本と利札を分類し、直ちに取りまとめ店へ送付し、社債管理者・FAに対する支払資金の請求手続を依頼する。

D 地方税の納付

　徴収した地方税は、納入申告書特別徴収税額計算書等を添付し、原則翌月10日までに都道府県に納付することとなっている。

E 元利金支払場所でない場合の取扱い

　自店に預金口座を有する社債権者から債券元本、利札の呈示を受けた場合で、自店が元利金支払場所に指定されていないときは、支払期日、時効の完成の有無、利子所得税の適用方法等を元利金支払場所の取扱いに準じて精査し、手形交換または代金取立ての方法により元利金支払場所へ資金を請求する。

　なお、地方税については自店で徴収し納付する。ただし、社債権者が指定金融機関の場合は当該金融機関が直接納付することになっている。

(4) 利子課税

　利子課税の取扱いは、支払請求日のいかんにかかわらず当該利子計算期間の属する時期の利子税制に基づいて行う。

ここでは、2011年4月1日以降の現行税制を中心に述べることとする。

A　利子所得税（国税）および地方税の税率

公社債の利払を受ける者は、原則として利子所得税および地方税を納付しなければならず、また公社債利子の支払を行う者は、利子所得税および地方税を源泉徴収しなければならない。

公社債の利子所得税の基本的な規定は所得税法に、また地方税については地方税法に定められているが、このほか租税特別措置法により源泉分離課税などの特例措置がとられている。

なお、利子所得税および地方税の計算にあたっては、現物債については利札1枚ごとに、それぞれ税率を乗じて算出し、円位未満は切り捨てる。

B　総合課税の取扱い──法人分の原則

法人（内国法人および国内に恒久的施設を有する外国法人等をいう。以下同じ）が利子所得を受け取る場合については、支払の取扱者は次のとおり取り扱い、所定の税率を適用する。

支払の取扱者とは、債券に記載されている元利金支払場所であるか否かにかかわらず、社債権者から直接利子の支払請求を受けた金融機関等をいう。

a　社債権者の住所・氏名（名称）の確認

支払の取扱者は、社債権者から住所・氏名（名称）の告知を受け、その告知内容を住民票の写し等法定の書類の呈示を求めて確認し（所得税法224条）、確認した日付、書類の名称を帳簿（以下「確認帳簿」という）に記録しなければならない（所得税法施行令338条、同法施行規則81条の8）。確認帳簿は、支払の取扱者においてその帳簿が閉鎖された日の属する年の翌年から起算して5年間保管することとされている（同法施行規則81条の8、81条の12）。

現物債の場合、支払の取扱者は利子の支払の際社債権者から利子等の告知書（注）を徴求し、そこに記載されている住所・氏名（名称）を呈示を受けた書類によって確認しなければならず、支払の取扱者は告知書の提出を受け、住所・氏名（名称）を確認した後でなければ利子の支払をすることはで

きない（所得税法224条）。

（注）利子等の告知書については支払票（様式9－2）を用いて確認することが可能である。

なお、実務上は告知書に住所・氏名（名称）を確認した書類の名称を記入しておくことで告知書を確認帳簿にかえることができる。

告知書は、支払の取扱者において、受理した日の属する年の翌年から起算して5年間保管することとされている（所得税法施行規則81条の12）。

b 支払調書の提出

記名債・無記名債にかかわらず、支払の取扱者は、利子の支払者（公社債の発行者）にかわって支払調書を作成して、その支払の取扱者の所轄税務署に提出することになっている。

支払調書の提出方法には、本則の方法（所得税法225条）と特例の方法（租税特別措置法3条の2、同法施行規則2条の2）があるが、通常は特例の方法により提出することが多い。

特例の方法による場合、支払調書は同一人に対する1回の支払ごとに作成して、1カ月分をまとめて翌月末日までに支払調書合計表を添えて提出する。ただし、1回の支払金額が次の表の金額以下である場合には提出を要しない（租税特別措置法施行規則2条の2）。

利子等の計算期間	提出不要限度
1年以上	10,000円
6カ月以上1年未満	5,000円
6カ月未満	2,500円

利子の支払を受ける者が、国内に恒久的施設を有しない外国法人の場合は、支払を受ける者別に年間支払額を合計（名寄せ）のうえ、合計額が3万円超の場合、支払調書を作成し、翌年1月末日までに提出する本則扱いにより支払調書を提出する（所得税法225条、同法施行規則82条）。

c 告知・支払調書の例外

次の場合は、住所・氏名（名称）の告知義務の例外として規定されている（所得税法224条、同法施行令336条）。

① 公共法人等の除外（同法施行令335条）（注）
② 障害者等の少額貯蓄非課税制度（所得税法10条）
③ 公益信託等に係る非課税制度（同法11条2項）
③ 信託財産に係る利子課税の特例制度（同法176条・180条の2）
④ 障害者等の少額公債非課税制度（租税特別措置法4条）
⑤ 勤労者財産形成住宅貯蓄の利子所得等の非課税制度（同法4条の2）
⑥ 勤労者財産形成年金貯蓄の利子所得等の非課税制度（同法4条の3）
⑦ 金融機関等の受ける利子所得に対する源泉徴収の不適用（同法8条）
⑧ 特定の投資法人等の運用財産等に係る利子等の課税の特例（同法9条の4）
⑨ 上場証券投資信託等の償還金等に係る課税の特例（同法9条の4の2）
⑩ 公募株式等証券投資信託の受益権を買い取った金融商品取引業者等が支払を受ける収益の分配に係る源泉徴収の特例（同法9条の5）

（注）なお、告知義務が免除される公共法人等については、以下のとおり定められている（所得税法施行令335条）。
　① 法人税法別表第一に掲げる法人
　② 特別の法律により設立された法人（当該特別の法律において、その法人の名称が定められ、かつ、当該名称として用いられた文字を他の者の名称の文字として用いてはならない旨の定めのあるものに限る）
　③ 外国政府、外国の地方公共団体および所得税法23条（職員の給与が非課税とされる国際機関の範囲）に規定する国際機関

また、次の場合は、支払調書の提出義務の例外として規定されている（所得税法施行規則82条）。
① 非課税所得（所得税法9条）
② 障害者等の少額貯蓄非課税制度（同法10条）
③ 公共法人等に係る非課税制度（同法11条1項）
④ 信託財産に係る利子課税の特例制度（同法176条・180条の2）
⑤ 国外で発行された公社債等の利子所得の分離課税等（租税特別措置法3条の3）
⑥ 障害者等の少額公債非課税制度（同法4条）
⑦ 勤労者財産形成住宅貯蓄の利子所得等の非課税制度（同法4条の2）

⑧ 勤労者財産形成年金貯蓄の利子所得等の非課税制度（同法4条の3）
⑨ 金融機関等の受ける利子所得に対する源泉徴収の不適用（同法8条）
⑩ 特定の投資法人等の運用財産等に係る利子等の課税の特例（同法9条の4）

C 源泉分離課税の取扱い──個人分の原則

個人が公社債利子を受け取る場合は、源泉分離課税が適用される。その際に利子の支払を受ける者の納税義務は完結するので、その利子所得については確定申告を要せず、また支払の取扱者はその利子について支払調書を提出する必要はない。

D 地方税の取扱い

1988年4月1日以降の期間に対応する利子に対しては、原則、利子所得税が非課税となる利子、源泉徴収不適用となる利子、および非居住者、外国法人が受け取る利子以外は、すべて地方税が課されることとなった（地方税法23条、71条の6）。地方税の徴収および納付については、振替債は直接社債権者へ支払を行う口座管理機関が、現物債は直接支払を請求された金融機関がこれを行う。ただし、現物債で社債権者が指定金融機関の場合は、当該金融機関が直接納付することになっている。なお、地方税に関しては利子等の告知書徴求、支払調書作成等の手続は不要である。

E 租税条約の適用を受ける非居住者、外国法人の取扱い

わが国と租税条約を結んでいる相手国の居住者、法人が、租税条約に基づき公社債に対する源泉所得税の軽減、免除を受けようとする場合には、その非居住者、外国法人は、その利子の支払者（公社債の発行者）を経由して、租税条約に関する届出書（以下「届出書」という）を、租税条約の効力発生日以降、最初に支払を受ける日の前日までに（現物債については支払を受けるつど）、それぞれの発行者の所轄税務署に提出しなければならない（租税条約の実施に伴う所得税法、法人税法、および地方税法の特例等に関する法律の施行に関する省令2条）。

支払の取扱者は、発行者およびその所轄税務署の受付印のある届出書の写しを徴求する。

F 特殊な取扱い

a 非課税法人

公共法人等が所有する公社債の利子、および公益信託の信託財産に係る公社債の利子については、一般債振替制度に基づき振替口座簿への記録があること等を要件とし、非課税の適用を受けることが可能である。この場合は、この適用を受けようとする旨を記載した「非課税申告書」を、利払日の前日までに当該金融機関等の営業所等を経由して所轄税務署へ提出した者に限り、当該公共法人等が引き続き所有していた期間に対応する額について非課税の適用を受けることができる（所得税法11条3項、同法施行令51条の2・3）。

b 信託財産に係る非課税

信託会社が引き受けた証券投資信託等の信託財産に属する社債の利子は、支払をする者の備え付ける帳簿に登載を受けているものに限り、非課税となる（所得税法176条1項）。

c 障害者等の少額貯蓄非課税制度等

障害者等の少額貯蓄非課税制度の適用を受ける公社債の利子は非課税となるが、この制度の適用を受けようとするものは、公社債の保管を委託しようとする金融機関等の営業所において最初に公社債を購入する際、「非課税貯蓄申告書」を当該金融機関等の営業所等を経由してその個人の住所地の所轄税務署に提出するとともに、購入のつど当該金融機関の営業所等に「非課税貯蓄申込書」を提出しなければならない。

また「非課税貯蓄申告書」および「非課税貯蓄申込書」を提出する際、住民票の写し等の確認書類を提示のうえ、住所、氏名、生年月日を告知し、「非課税貯蓄申告書」には告知内容を確認した旨の金融機関等の営業所の長の証印を受けなければならない（所得税法10条、同法施行令34条）。

障害者等の少額公債特別非課税制度、勤労者財産形成年金貯蓄非課税制度の適用および勤労者財産形成住宅貯蓄非課税制度を受ける場合の取扱いも略

同様である。

d 課税対象外

　所得税法および法人税法上、非居住者、外国法人は国内源泉所得（所得税法161条、法人税法138条）を有するときに納税義務を負うこととされている（所得税法5条、法人税法4条）。公社債の利子に関し、国内源泉所得とは、主として、国債、地方債および内国法人の発行する債券の利子および、外国法人の発行する債券の利子のうち当該外国法人が国内において行う事業に帰せられるものをいう。したがって非居住者、外国法人が円建外債の利子等国内源泉所得に該当しない利子所得を有するときは、納税義務を負わない（課税対象外）。

2 国債元利金支払代理事務

(1) 新しい国債振替決済制度

　国債振替決済制度は、1980年に創設され、30年以上にわたり、日本銀行が運営を行っているものであり、1990年には日本銀行金融ネットワーク（いわゆる日銀ネット）が稼働、1994年にはDVP決済導入、2001年にはRTGS（注）を達成している。

(注)　RTGS（Real Time Gross Settlement）とは、「即時グロス決済」を指し、債権額・債務額につき、決済指図と最終的な決済が連続して（即時に）決済が行われることをいう。

　一方、2002年に社債等の振替に関する法律が制定され、統一的な証券決済法制整備との目的のもと、社債・CPのみならず国債や投資信託受益証券等も対象として包含し、完全ペーパーレスにより保有・決済の効率化を実現した、新たな法的枠組が整えられることとなっており、国債の決済においても、ペーパーレス化の実現等、関係者に恩恵のある制度であったことをふまえ、国債振替決済制度についても2003年に新たな枠組みへの移行を行っている。

　以下においては、日本銀行国債振替決済業務規程（以下「国債業務規程」

という）および国債振替決済制度に関する規則（以下「国債規則」という）に基づき、新たな国債振替制度に基づく実務について、社債等における一般債振替制度との相違点を中心に概略を記載したい。

(2) 国債振替決済制度の実務

A 振替機関への指定

　社債、株式等の振替に関する法律（以下「社債等振替法」という）においては、振替機関が複数存在する可能性を前提に、振替制度を利用する際、特定の振替機関に対し発行者が取扱いの同意を与える旨が定められている。また、特定の振替機関に同意を与えた場合、同一の社債等について他の振替機関へ取扱いの同意を与えることは禁じられている（社債等振替法13条）。

　一方、振替国債については、財務大臣が告示その他の方法により日本銀行が振替機関となる旨の同意を行うことが定められている（国債業務規程6条、国債規則3条）。

B 関係者と役割

　社債等においては、事務代行会社や代理人といった役割が存在しているが、振替国債においては、日本銀行がこれらの役割を担うことから、国債等振替制度においては、一般債振替制度における口座管理機関に相当する参加者の役割のみが定まっている。なお、日本銀行は振替機関であるが、自己のために参加者口座を開設することも可能である（国債業務規程7条）。

C 参加者としての制度参加

　日本銀行は、参加者口座の開設の申出を受けた場合、基準に適合した場合については、参加口座の開設を行う。なお、参加者口座の開設を受けようとする者は、日本銀行に対し登記事項証明書等を提出する必要がある（国債業務規程7条）。

　また、間接参加について振替機関の承認が必要な点は一般債振替制度と同様であるが、国外において他人の振替国債の管理を行うために口座を開設す

る外国間接参加者については、別基準を定めているのは特徴であろう（国債業務規程15条）。

D　元利分離・統合

　社債等振替法においては、国債固有の商品性である元利分離（ストリップ債）および統合に対応するため、特別な規定が置かれており、実務についても整備がされている（国債業務規程第四・五節）。

　分離適格振替国債を保有する参加者等は、投資家の要請に基づき、対象となる銘柄・金額等を示し、日本銀行に元利分離の申請を行い、日本銀行はその申請に基づき、振替口座簿に、当該元利分離に関する記載または記録を行う。参加者等においても同様である（国債業務規程47条、48条、49条）。

　元利統合についても、同様である（国債業務規程54条、55条、56条）。

E　振替等停止期間

　振替国債の元利払期日の2営業日前から前営業日までについては、振替・抹消の申請を行うことはできない。なお、承継国債の振替・抹消の申請や、振替分離適格振替国債における元利分離・統合の申請については償還期日または利子支払期日の3営業日前から前営業日までが停止期間である（国債業務規程72条、国債規則21条）。

　なお、本件については、元利払期日の前営業日が振替停止日となっている社債等や先進国の動向をふまえ、短縮に向けた検討が進んでいる状況である。

(3)　その他国債固有の実務

　以下においては、日本銀行作成の「国債事務例規集」に基づき、現物債を中心とした国債固有の実務につき概略を記載したい。

A　基本事項

a　統轄店

　日本銀行の本支店は自店の業務区域内にある代理店・国債代理店・国債復

代理店および国債元利金支払取扱店の事務を統轄し、これらの代理店等が取り扱った元利払資金の決済、支払済証券類等の受入・取りまとめ整理などを行う。この場合の日本銀行本支店を統轄店という。

b 代理店

国債保有者の利便および国債事務の円滑な運営を図るため、日本銀行の国債元利金の支払等の特別取扱手続に関する省令に基づき、市中金融機関・金融商品取引業者等との間に各種の代理店契約を締結し、国債事務の一部を委嘱している。

① 代理店（一般代理人）……代理店契約に基づき、国庫金の出納事務および政府有価証券の受払事務をはじめ、国債事務一般を取り扱う。

② 国債代理店……国債代理店契約に基づき、国債事務のうち元利金支払事務およびこれに付随する事務のみを取り扱う。

③ 国債復代理店……国債代理店契約の追約を締結した金融機関から、国債事務のうち元利払の支払事務およびこれに付随する事務の取扱いの復託を受けてこれらの事務を取り扱う店舗をいう。

④ 国債元利金支払取扱店……国債の元利金支払取扱店契約に基づき、無記名国債証券と登録国債の元利金支払事務およびこれに付随する事務のみを取り扱う代理店をいい、記名式国債証券の元利払事務は取り扱わない。

c 支払取りまとめ店

国債代理店で支払った元利金について統轄店との資金決済、支払済の証券・利札・賦札・領収証書の統轄店への送付など、元利払事務の取りまとめにあたる本支店をいう。

d 割賦償還国債と賦札

一定期間内において定期的（年1回または2回の支払期ごと）に、均等分割払の方法により償還される国債を「割賦償還国債」といい、割賦償還には、元金と同時に利子を支払う元利均等償還と、元金だけを支払う元金均等償還の2つの方式がある。この支払期ごとの元利金額または元金額（償還額）が記載されているものを「賦札」といい、国債証券の額面金額等を記載した部分の下部に支払期順についている。

B 国債の元利金支払

a 一般的事項

(a) 国債元利金支払票

支払に際しては、「国債事務例規集」に定める国債元利金支払票（以下「支払票」という）を用いる。

なお、支払票は、元利金の支払およびその支払後の計算整理に必要な事項が記載される様式であれば、自店で定めた公社債用の帳票を代用してもさしつかえない。

(b) 支払期日

呈示された証券または利賦札につき、その償還期日または利渡日が到来ずみであることを確認する。支払期日が銀行休業日に当たる場合、一般公社債の多くが前営業日払になっているのに対して、一部の例外（承継国債）を除き、国債はその期日の翌営業日以降に支払を行うこととされているので注意を要する。

(c) 時　　効

元金および賦金については10年、利子については5年をもって時効が完成する。消滅時効の完成した元利金は支払うことができないので、支払に際しては確認が必要である。この点はその他公社債の大宗について時効完成後も、時効の援用をしないで支払に応じているのとまったく異なった取扱いとなっている。

ただし、遺族国庫債券、引揚者国庫債券、特別給付金国庫債券および特別弔慰金国庫債券については、特例措置により消滅時効は援用されず、時効期間満了後も支払を行う。

このほか、特別な消滅時効が適用される国債や、時効計算に特別な取扱いを要する国債等のような、例外も存在するため、時効については日本銀行ホームページにて、国債便覧を用い十分確認することが必要であろう。

(d) 廃　　印

国債証券および利賦札の支払を行った後は、日本銀行所定の廃印を押捺する。

廃印は、証券については表面の額面金額の個所および付属利賦札のあるときは全利賦札表面中央部、また、利賦札については裏面指定個所に押印する。なお、廃印についてはひな型が定められているが、一般公社債用の支払済印（支払済と表示し、自店の名称・店舗名が入っているものに限る）を使用してもさしつかえない。

b　無記名国債・記名国債の元利金支払事務

無記名国債証券・記名国債証券またはその利賦札の支払請求を受けた場合は、一般的事項のほか次の各事項に留意する。

(a)　備付見本国債証券との照合

呈示された証券および利賦札について備付見本国債証券と照合し、偽造・変造の有無を確認する。偽造、変造の疑いのあるもの、または真偽不明のものについては、支払取りまとめ店を経由し、統括店に照会し、その指示により取り扱う。

(b)　繰上償還の確認

満期償還のほかに繰上償還されるものがあり、必ずしも証券面に記載の償還期日によらない場合もあるので、繰上償還の有無、期日等を国債便覧により確認する。

なお、繰上償還された国債の時効の起算は証券面に記載された償還期日によらず、繰上償還日より起算する。

(c)　欠缺利札の取扱い

繰上償還になった証券の支払請求を受けた場合で、その証券に繰上償還期日後の支払期に属する利札が欠缺しているときは、欠缺利札に相当する金額を元金から控除して支払う。また、後日この欠缺利札を呈示して前述の控除金額の支払請求があったときは、元金としてその利札と引き換えに支払う。しかし、当該利札に対する利子の消滅時効完成後は、これを支払うことができない。

(d)　記名国債証券印鑑票の取扱い

記名国債証券については、記名者が支払を受ける店舗を国債元利金支払場所のうちからあらかじめ指定することになっており、支払場所の指定を受けた店舗には、記名者の印鑑票があらかじめ日本銀行から送付される。

自店を元利金支払場所に指定している記名国債証券の利賦札の支払請求を受けたときは、利賦札の裏面に届出の受領印を押捺させ、その印影を前述の印鑑票と照合して、印鑑票の該当支払期日欄に支払済年月日を記入し支払を行う。

(e) 支払資金の決済

支払請求を受けたものは、支払取りまとめ店へ支払済証券等を回送し、支払取りまとめ店は、各国債代理店から送付を受けた支払済証券等につき精査を行う。自店支払分とともに集計を行い国債元利金受払報告表および国債元利支払金領収証書を作成し、手形交換決済等により統轄店と支払金の決済を行う。その際、支払基金に加え地方税額も含めて請求する。

(f) 支払済証券類の整理保管

支払取りまとめ店は、支払済証券等の1カ月分を取りまとめて日本銀行の定める方法に従って区分整理し、各々所定の送付内訳表を作成し、国債利子の税区分内訳表とともに統轄店に送付する。

(4) 利子課税

国債利子の支払にあたっては、一般公社債の支払の場合と同様に利子所得税および地方税を徴収しなければならない。課税方法は一般の公社債とほぼ同様である。

(5) 国債証券の滅失・紛失および汚損

A　無記名国債の滅失・紛失

無記名国債証券または利札を滅失または紛失した場合は、民法施行法57条（無記名証券等の公示催告による無効措置）の規定が排除されているため（国債ニ関スル法律8条）、一般公社債のように除権判決を受け、証券または利札の再交付を受けることはできない。ただし、国債の場合は承認払という独自の制度により、滅紛失した者を救済している。

承認払とは、無記名国債証券または利札を滅紛失した者が、その証券または利札につき第三者が元利払を受けた場合には所定の弁償金を支払う旨を約

し、かつ担保等を提供したうえ、領収証書と引き換えに滅紛失証券または利札に対する元利金の支払を受ける制度であり（国債ニ関スル法律6条）、日本銀行の支払承認が必要であることからこのように呼ばれている。

承認払を請求する場合には、国債の名称、証券・利札の記号・番号、元金・利子の金額や紛失の顛末などを記載し記名捺印した書類（支払承認請求書）を、日本銀行本店および代理店に提出することが必要である。

B 記名国債の滅失・紛失

記名国債証券の場合は、印鑑票により国債権者を確認しうるので、無記名社債とは異なった取扱いとなる。

記名国債の滅紛失時の取扱いについては、滅紛失対象に支払期日が到来していない利札が含まれる場合と、支払期日が到来している利札のみの場合に大別される。滅紛失対象に支払期日が到来していない利札が含まれる場合、滅紛失届提出後3カ月を経過してもなお発見されないときは、代り証券が交付されることとなる。また、支払期日が到来している利札のみの場合は、代り証券は交付されず滅紛失元利金支払通知書が発行される。

C 国債証券の汚損

国債証券を汚損または毀損した場合は、所定の事項を記載した書面にその証券を添えて取扱店に提出し、代り証券の交付を請求することができる。

(6) 手数料の受入れ

国債代理店事務についての取扱手数料は、通常、取扱銀行の本店に対して、一定の基準に従い、半期分を取りまとめて一括して支払われる。

③ 新株予約権付社債の行使請求取扱事務

(1) 概　　説

A　新株予約権制度の創設

　2002年の商法改正においては、株式制度の見直しが行われ、ストック・オプション制度の改善や種類株式制度の弾力化とならび、新株予約権制度が創設された。新株予約権とは、発行会社に対し一定期間、あらかじめ定めた価格で発行会社の株式を取得できる権利であり、改正前における転換社債および新株引受権付社債は、新株予約権の概念を通じ、新株予約権付社債として再構成されることとなった。

　新株予約権付社債の社債部分と新株予約権部分を分離して譲渡することは、原則禁止されている（会社法254条2項）。また、会社法においては、新株予約権を行使する場合に必ずその社債が消滅する転換社債型（同法280条4項、旧来の転換社債に相当）と、金銭等当該社債以外の財産を出資するかたちで新株予約権が行使される非分離の新株予約権付社債型の2種類が想定されている。

B　株式等振替制度と行使請求取扱実務への影響

　新株予約権付社債の行使請求取扱事務については、株式等振替制度の導入に伴い、新発債については当該制度に基づく実務が大宗となる一方、既発債については、現物債・登録債としての実務が継続している状況である。株式等振替制度とは、社債等振替法により、上場会社の株式等に係る株券等をすべて廃止し、株券等の存在を前提として行われてきた株主等の権利の管理（発生、移転および消滅）を、機構および証券会社等に開設された口座において電子的に行うものである。新株予約権付社債については、株式等振替制度導入に伴い、2009年1月より株式等振替制度の対象となっている。以下においては、転換社債型新株予約権付社債（以下「新株予約権付社債」という）を

前提に、株式等振替制度に基づく新株予約権付社債の行使請求取扱実務と株式等振替制度に基づかない現物債における新株予約権付社債の行使請求取扱実務についてそれぞれ述べることとする。

(2) 株式等振替制度における新株予約権付社債の行使請求取扱事務

A 事務フロー概略

新株予約権の行使手続においては、その行使期間内に発行会社に対し行使請求に必要な事項を通知することが必要である。株式等振替制度においては、新株予約権の行使請求者（以下「行使請求者」という）は㈱証券保管振替機構（以下「機構」という）もしくは口座管理機関へ行使請求を行い、機構もしくは口座管理機関は発行会社より委託を受けた行使請求受付場所（株主

図表9－6 株式等振替制度における新株予約権の行使

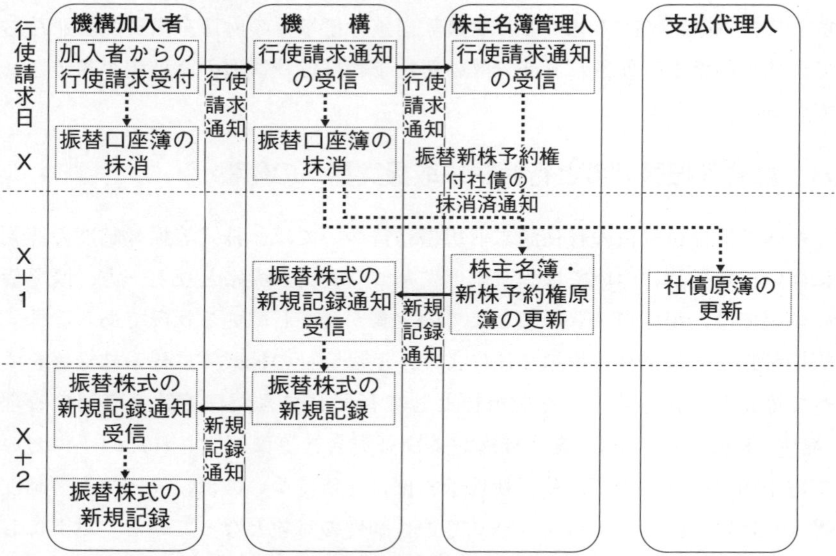

行使請求日	機構加入者	機構	株主名簿管理人	支払代理人
X	加入者からの行使請求受付 / 振替口座簿の抹消	行使請求通知の受信 / 振替口座簿の抹消	行使請求通知の受信 / 振替新株予約権付社債の抹消済通知	
X+1		振替株式の新規記録通知受信	株主名簿・新株予約権原簿の更新	社債原簿の更新
X+2	振替株式の新規記録通知受信 / 振替株式の新規記録	振替株式の新規記録		

出所：証券保管振替機構資料より、みずほコーポレート銀行証券部作成

名簿管理人）へその旨の取次を行うこととなる。なお、通知事項に従い関係者は各種原簿の更新を行う（図表9－6）。

なお、新株予約権行使に伴い、投資家にとって売買困難な単元未満株式が発生する場合については、買取請求の手続が発生することとなる。

以下においては、機構の「株式等振替制度に係わる業務処理要領」に基づき、実際の手続につき述べたい。

B 新株予約権行使請求の取次ぎおよび抹消請求

a 行使請求受付場所への通知

行使請求者は、当該新株予約権付社債の保有口座を有する口座管理機関へ行使請求の取次依頼を行う。

取次依頼を受けた口座管理機関は、機構もしくは直近上位機関（直接口座管理機関）に対し、以下の事項を通知し、新株予約権の行使請求の取次ぎを委託する。

① 銘柄コード
② 新株予約権行使請求に係る新株予約権付社債の金額
③ 新株予約権行使を行った加入者（投資家）口座コード
④ 新株予約権行使請求をする加入者の電話番号
⑤ 単元未満株式の同時買取請求の有無
⑥ 単元未満株式の買取代金、端数償還金および調整金の受取りに関する事項

直近上位機関が取次依頼を受けた場合については、機構に対し上記の事項に信託財産についての事項を加え通知する。

なお、通知においては、機構のWEBを用いるが、入力時間の制限等には留意が必要であろう。

口座管理機関より通知を受けた機構は、通知事項に基づき、通知と同日付で行使請求受付場所へ必要事項の通知を行う。

なお、取次依頼を受けた口座管理機関は、請求日を抹消日とする当該新株予約権付社債の抹消請求を受けたものとして取り扱うこととなり、傍ら、新株予約権付社債の支払代理人は、機構からの通知に基づき、社債原簿の更新

を行う。

b 行使請求受付場所からの通知

　新株予約権の行使請求受付場所は、実務上の合理性を勘案し、発行会社の株主名簿管理人（信託銀行等）が就任することが一般的である。

　行使請求受付場所は、通知の翌営業日に、機構より通知を受け株主名簿および新株予約権原簿の更新を行うとともに、以下の事項を機構へ通知する。

① 銘柄コード
② 新規記録日
③ 株式等レファレンスナンバー
④ 新株予約権行使による交付される振替株式の数
⑤ 信託財産表示分
⑥ 効力発生日
⑦ 株式等照会コード
⑧ 自己株式の充当の有無
⑨ 自己株式充当株数
⑩ 自己株式の充当元の加入者口座コード
⑪ 単元未満株式の同時買取請求の有無
⑫ 単元未満株式の同時買取請求の対象となる株数

　機構は、行使請求受付場所より上記の通知を受け、通知受領日の翌営業日に直近上位機関（直接口座管理機関）もしくは口座管理機関への通知を行うとともに、振替口座簿に振替株式の増加の記録を行う。

c 単元未満株式についての買取手続

a 行使請求受付場所からの通知

　行使請求受付場所は、買取価格が決定したときは、その翌営業日に以下の事項を機構へ通知する。

① 買取請求に係る振替株式の銘柄コード
② 権利行使等取次不能区分
③ 株式等レファレンスナンバー

④ 買取請求に係る振替株式の数
⑤ 加入者口座コード（単元未満株式の振替先口座）
⑥ 株式等照会コード
⑦ 買取日（振替日）
⑧ １株あたりの買取価格
⑨ 買取代金

　機構は上記の通知を受けたときは、通知受領日の翌営業日に直近上位機関（直接口座管理機関）もしくは口座管理機関へ通知する。

b　単元未満株式の振替と買取代金の支払

　機構は、買取日の業務開始時（午前９時）に、当該単元未満株式に関する振替を行い、一方、行使請求受付場所は、指定された方法により行使請求者に対し買取代金の支払を行う。

D　新株予約権の行使請求等の制限

　機構における新株予約権の行使請求の取次ぎにおいては日程的な制約があり、以下の日程においては取次ぎを行うことができないことにつき、留意が必要であろう。

① 株主確定日およびその前営業日
② 元利払期日の前営業日
③ その他

　なお、機構は、取引所取引における権利付最終日の翌営業日から株主確定日までの間は、新株予約権行使請求により生じる単元未満株式の買取請求の取次は行わない。

（3）　現物債における新株予約権付社債の新株予約権行使請求取扱事務

A　新株予約権行使請求の取次場所

　現物債において、行使請求者から申出を受け、その行使請求取次事務を行うのは、主として、新株予約権付社債の管理委託契約等に基づき発行会社と

新株予約権行使請求取次事務委託契約を締結した行使請求取次場所である。行使請求取次場所には銀行、証券会社等の複数の金融機関の複数の店舗が指定され、各金融機関ごとに1店舗が取りまとめ店とされる。

なお、行使請求受付場所において行使請求者から直接申出を受けた場合についても、行使取次場所と同様の実務が行われる。

以下においては、現物債を中心に行使請求取次事務につき述べる。

B　事務フロー概略

行使請求取次場所は、行使請求者より行使請求の取次依頼を受け、必要書類を受領するとともに、行使請求者に行使請求取次受付票を交付したうえで、取りまとめ店へ送付し、取りまとめ店は、関係書類の受入・確認を実施し、行使請求受付場所および社債管理者へ送付する。

行使請求受付場所および社債管理者においては、行使請求取次場所から通知を受け、それぞれ、株券の交付および株主名簿・新株予約権原簿・社債原簿の更新が行われる（図表9－7）。

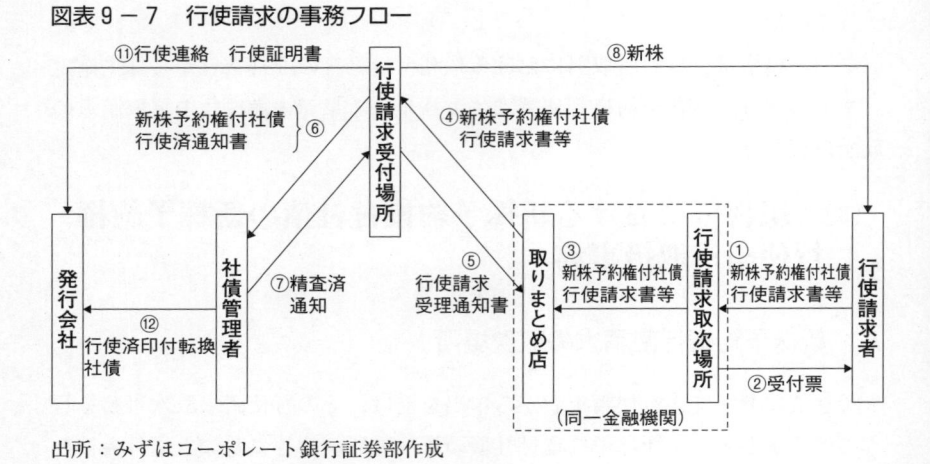

図表9－7　行使請求の事務フロー

①新株予約権付社債行使請求書等：行使請求者→行使請求取次場所
②受付票：行使請求取次場所→行使請求者
③新株予約権付社債行使請求書等：行使請求取次場所→取りまとめ店（同一金融機関）
④新株予約権付社債行使請求書等：取りまとめ店→行使請求受付場所
⑤行使請求受理通知書：行使請求受付場所→取りまとめ店
⑥新株予約権付社債行使済通知書：行使請求受付場所→社債管理者
⑦精査済通知：社債管理者→行使請求受付場所
⑧新株：行使請求受付場所→行使請求者
⑪行使連絡　行使証明書：行使請求受付場所→発行会社
⑫行使済印付転換社債：社債管理者→発行会社

出所：みずほコーポレート銀行証券部作成

図表9－8　徴求書類

	現物債の場合	備　　考
①	新株予約権行使請求書	
②	社　債　券	
③	株主票2葉	新規株主となるとき
④	株券送付先指定書	届出住所以外の場所に株券の送付を希望するとき
⑤	欠缺利札金相当の現金	欠缺利札があるとき
⑥	委　任　状	代理人による行使請求のとき
⑦	単元未満株式買取請求書	単元未満株式の買取請求があるとき
⑧	調整金支払請求書	調整金が発生するとき(注)

(注)　調整金とは、発行会社の決算期の変更が行われる場合に、それまで決算日に合致していた利渡日の変更が事実上困難（社債権者集会の決議事項）であるため、行使請求者にとって、従来連続していた新株予約権付社債の利子計算期間と株式の配当計算期間（期中の行使であっても、配当計算起算日は期初にさかのぼる）とが不連続となるため、利子および配当の未払期間を生じるが、この未払期間に対応する経過利子相当額を行使請求受付場所が行使請求者に支払うもの。
出所：みずほコーポレート銀行証券部作成

C　行使請求取次場所の事務

a　関係書類の徴求

　行使請求の取次依頼を受けた行使請求取次場所は、行使請求者より図表9－8の書類を受領する。新株予約権行使の効力が発生するのは、行使請求に必要なすべての書類が行使請求受付場所（発行会社の株主名簿管理人が就任することが一般的）に到着した時と定められており、行使請求取次事務においては、徴求書類の確認や本人確認の実施等に留意し、行使請求受付場所へ完全な書類が到着するよう十分配慮する必要がある。

b　行使請求者に対し説明すべき事項

　行使請求の取次依頼を受けた場合は、提出書類を点検するとともに、行使請求者に対して次の事項を十分説明することが望ましい。
① 　新株予約権行使の効力は、行使請求に必要な書類および払込金が行使請求受付場所に到着した時に発生すること。

図表9－9　行使請求取次受付票の構成

	帳票名称	用　　途	
A	行使請求取次票	取次場所控	
B	行使請求取次票	取りまとめ店控	
C	行使請求受理通知書	行使請求受付場所	→取りまとめ店
D	行使事務整理票	行使請求受付場所控1	
E	行使事務整理票	行使請求受付場所控2	
F	行使済通知書	行使請求受付場所	→社債管理者
G	行使請求取次受付票	行使請求者控	

出所：みずほコーポレート銀行証券部作成

② 行使価額は、行使請求受付時における所定の価額であり、新株予約権の行使請求後は取消しできないこと。
③ 株券は、新株予約権行使の効力発生後ほぼ2週間後に行使請求書記載の住所または指定された送付先へ郵送されること。
④ 単位未満株式についての留意事項
⑤ その他

c 「行使請求取次受付票」の作成

　行使請求取次場所は、行使請求取次受付票を作成する。行使請求取次受付票は7連の書式であり、うち、行使請求取次受付票（G）を行使請求者に交付するとともに、行使請求取次票（A）を行使請求取次場所の控えとし、その他書類は、徴求した関係書類とともに、取りまとめ店へ送付する（図表9－9）。

　なお、欠缺利札相当の現金（以下「欠缺利札金」という）が発生する場合は、行使請求者が受入れを行った当該金額につき、取りまとめ店の勘定へ、行内での付替えを行う。

D　取りまとめ店の事務

　取りまとめ店は、行使請求取次場所より関係書類および欠缺利札金を受領し、内容を精査のうえ、行使請求取次票（B）を取りまとめ店の控えとし、その他書類にいては、徴求した関係書類とともに、行使請求受付場所へ送付

する。

　なお、欠缺利札金についても、小切手等により、関係書類とともに行使請求受付場所へ送付する。

❹ 株式払込金の受入事務

(1) 概　　説

　株式会社の設立に際し、発起人は、設立時発行株式の全部を発起人が引き受ける発起設立の場合（会社法25条1項1号）、払込みを取り扱うべきものとして定めた銀行、信託会社など（以下総称して「払込取扱銀行」という）に株式払込金を払い込まなければならない（同法34条1項・2項）。また、株式会社の設立に際し発起人の引き受ける株式以外に株式を発行し株主を募集する募集設立の場合（同法25条1項2号）、および既存の会社が新株を発行する場合等についても、株式の申込みをしようとする者（以下「申込人」という）は株式申込みに際し通知される払込みを取り扱うべきものとして定めた払込取扱銀行に株式払込金を払い込まなければならない（同法63条1項、208条1項等）。

　これら会社法上の規定は、株式会社の資本の充実を確実に行うことをおもな目的とするものである。

　この会社法の規定に基づき、払込取扱銀行は会社から株式払込金受入れの事務委託を受け、申込人から申込証拠金を受け入れ、申込人には株式申込受付票を交付するとともに、払込期日まで申込証拠金を保管する。受け入れた申込証拠金額は1日分を集計のうえ会社または名義書換代理人（名義書換代理人を置いている場合）に報告し、株式申込証についても送付する。保管した申込証拠金は、その総額を事務委託書で定めた振替日に株式払込金に振替充当し、証明書を発行する。これが株式払込金受入事務の概略である。

　なお、募集設立の場合については払込取扱銀行に対し、払込金保管証明制度（会社法64条）が設けられている。

　また、銀行または信託会社以外では、商工組合中央金庫、農業協同組合、

漁業協同組合、信用組合、信用金庫、労働金庫、農林中央金庫なども払込取扱機関として認められている（会社法施行規則7条）。

株式等振替制度の導入に伴い、株式払込金の受入事務は変容しており、以下においては、株式等振替制度に基づく株式払込金の受入事務について述べることとする。

払込事務取扱いを受託する場合には、株式払込取扱事務委託書（募集株式の発行等用）の提出を受けるとともに、定款（写し）、株主総会議事録や取締役会議事録など会社決定を確認できる書面、株式の引受けの申込者に通知すべき事項を記載した書面の見本、株式の引受けの申込みをするために会社に交付すべき書面の見本、委託会社の印鑑証明書および登記事項証明書等を添付書類として受領する。募集にあたって目論見書が使用される場合にはその提出も受ける。また、一括払込みの場合は、株式引受人明細表または引受人名簿（株主名簿）の提出を受ける。

(2) 株式払込事務の受託

A 受付

払込事務の委託申出を受けた場合には、会社法の趣旨をふまえ、「委託先」の状態（取引状況および財務内容等）および「仮装払込み（預合いおよび見せ金）」のおそれがないことを確認する必要があろう。

仮装払込みとなる場合は、払込取扱金融機関は保管証明責任（民事責任）を問われる可能性があり、また預合いとなる場合や見せ金による払込みであっても「委託先」と通謀している場合には、払込取扱金融機関の役職員は刑事責任を問われるおそれがあるので注意する。

なお、払込事務取扱委託契約を締結するに際しては、取扱金額にかかわらずに「犯罪による収益の移転防止に関する法律」に基づく本人確認を行うこととなる。

B 株式払込事務取扱委託書の受付

会社は、払込取扱銀行へ株式申込事務取扱委託書と添付書類を提出して、

[様式9－4]

発起設立時の株式払込取扱事務委託書

平成　年　月　日

株式会社
＿＿＿＿＿＿＿＿部・店　御中

設立会社名
発起人（代表）住所
委託者（発起人）
代表者名

印鑑証明ある印

下記の要領により当社株式に関する事務の取扱を貴行に委託します。
なお、貴行所定の取扱に従い、正当と認めて取扱った事項について事故が生じた場合には、すべて発起人および当社において処理します。

委 託 事 項	株式会社の発起設立に関する払込受入事務
発行可能株式総数	株
今回発行する株式の種類	□ 普通株式　　　□ その他（　　　　　　　　）
今回発行する種類の株式の発行可能種類株式総数	株
今回発行する株式数	株
1株の払込金額	円
払込金額の総額	円
払 込 期 限	平成　年　月　日　まで
証明書の発行	「払込金受入証明書」2通を平成　年　月　日付（払込期限の最終日またはそれ以後の日）をもって作成し、速やかに当社に交付する。
株式払込金の振替	当社への振替日は、原則として払込が行われた日の（当日・翌営業日）とする。
取扱手数料および所要実費	1. 取扱手数料は取扱金額の1,000分の＿＿＿〔但し、最低取扱手数料は、　　　円（消費税別）〕とする。
添 付 書 類	・定款（写） ・発起人代表の印鑑証明書 および 登記事項証明書（法人の場合） ・発起人会議事録（写）または 発起人決定（写） ・引受株数明細表（発起人名、1株の払込金額、払込株数 および払込金額を記載したもの）
備　　考	

[様式9-5]

募集設立時の株式払込取扱事務委託書

平成　年　月　日

株式会社　　　　　　　御中

　　　　　　　　　　設立会社名

　　　　　　　　　　発起人（代表）住所

　　　　　　　　　　委託者（発起人）

　　　　　　　　　　代表者名　　　　　　　　　　　㊞

　　　　　　　　　　　　　　　　　　　　　　印鑑証明ある印

下記の要領により当社株式に関する事務の取扱を貴行に委託します。
なお、貴行所定の取扱に従い、正当と認めて取扱った事項について事故が生じた場合には、すべて発起人および当社において処理します。

委託事項	平成　年　月　日発起人会の決議に基づく株式の申込取扱および払込金の受入・保管事務
発行可能株式総数	株
今回発行する株式の種類	□ 普通株式　　□ その他（　　　　）
今回発行する種類の株式の発行可能種類株式総数	株
今回発行する株式数	株
1株の払込金額	円
払込金額の総額	円
申込取扱期間	平成　年　月　日から平成　年　月　日（申込期日）まで
払込期日・払込期間	払込期日：平成　年　月　日 払込期日：平成　年　月　日から平成　年　月　日まで
取扱店	1. 貴行取りまとめ店 2. 貴行取扱店

取 扱 要 領	全国株懇連合会制定の標準募集株式申込事務取扱要領を準用する。
証 明 書 の 発 行	株式払込金保管証明書および株式申込取扱証明書各2通を払込期日または払込期末日以後の日をもって作成し、速やかに当社に交付する。
株式払込金の振替	設立登記完了後、登記事項証明書等および印鑑証明書が提出された日以降の日に、当社設立後に貴行に開設する当社名義の預金口座に振り替える。
取 扱 手 数 料 および所要実費	1. 取扱手数料は取扱金額の1,000分の＿＿〔但し、最低取扱手数料は、＿＿＿円（消費税別）〕とする。
添 付 書 類	・定款（写） ・発起人会議事録（写）または発起人会決定（写） ・発起人代表の印鑑証明書および登記事項証明書（法人の場合） ・引受株数明細表（発起人会議事録に引受株数明細の記載がない場合） ・引受証 ・設立時募集株式の引受の申込者に通知すべき事項を記載した書面の見本（会社法59条1項） ・設立時募集株式の引受の申込をするために会社に交付すべき書面の見本（株式申込証等）（会社法59条3項） ・設立時募集株式の総数引受契約書（写） ・目論見書　見本
株主名簿管理人の 所在地、名称	
備　　　考	貴行以外の取扱店については、添付書類の記載のとおり

（銀行使用欄）

[様式9−6]

株式払込取扱事務委託書(募集株式の発行等)

平成　　年　　月　　日

株式会社　　　　　　　　　御中

　　　　　　　所　在　地
　　　　　　　委　託　者
　　　　　　　代表者名

　　　　　　　　　　　　　　　　　　　　印鑑証明ある印

下記の要領により当社株式に関する事務の取扱を貴行に委託します。
なお、貴行所定の取扱に従い、正当と認めて取扱った事項について事故が生じた場合には、すべて当社において処理します。

委 託 事 項	□　平成　年　月　日付　取締役決定 □　平成　年　月　日付　取締役会決議 □　平成　年　月　日付　株主総会決議 □　平成　年　月　日付　種類株主総会決議 (複数該当する場合は全て記載) に基づく募集株式の発行等にかかる株式の申込取扱および払込金の受入事務
発行可能株式総数	株
発行済株式の総数	株
今回募集する株式の種類	□　普通株式　　□　その他(　　　　　　　)
今回募集する種類の株式の発行可能種類株式総数	株
今回募集する種類の株式の発行済株式総数	株(内自己株式の総数　　　　株)
今回募集する株式数	株
1株の払込金額	円
払込金額の総額	円
募集の方法	□　株式割当　　□　第三者割当　　□　一般募集
申込取扱期間	平成　年　月　日から平成　年　月　日(申込期日)まで
払込期日・払込期間	払込期日：平成　年　月　日 払込期間：平成　年　月　日から平成　年　月　日まで
取扱店	1.　貴行取りまとめ店 2.　貴行取扱店

取　扱　要　領	全国株懇連合会制定の標準募集株式申込事務取扱要領による。
証明書の発行	払込金受入証明書および株式申込取扱証明書各2通を払込期日または払込期間末日以後の日をもって作成し、速やかに当社に交付する。
株式払込金の振替	1. 株式払込金の当社への振替日は、以下のとおりとする。 　□ 払込期日を定めている場合 　　払込期日の（ □当日　□翌営業日 ）　　□その他：　年　月　日 　□ 払込期間が定められている場合 　　各出資履行日の（ □当日　□翌営業日 ）　□その他：　年　月　日 2. 下記口座を払込金振替時の指定口座とする。 　　普・当　［　　　　　］
取扱手数料および所要実費	1. 取扱手数料 　　取扱金額の1,000分の ＿＿＿ 　　〔但し、最低取扱手数料は、＿＿＿円（消費税別）〕とする。 2. 所要実費 　　（　　　　　　　　　　　　　　　　　　　）
添　付　書　類	・定款（写） ・委託会社の印鑑証明書、登記事項証明書 ・取締役決定を確認できる書面（該当する場合） ・取締役会議事録（写）（該当する場合） ・株主総会議事録（写）（該当する場合） ・種類株主総会議事録（写）（該当する場合） ・目論見書　見本（募集にあたって交付される場合） ・募集株式の引受の申込者に通知すべき事項を記載した書面の見本（会社法203条1項）（募集株式の総数引受契約がある場合は不要） ・引受の申込をするために会社に交付すべき書面（株式申込書等）の見本（会社法203条2項）（募集株式の総数引受契約がある場合は不要） ・募集株式の総数引受契約書（写）（該当する場合） ・株式引受人明細表または引受人名簿（一括払込の場合）
株主名簿管理人の所在地、名称	
備　　考	貴行以外の取扱店については、添付書類の記載のとおり

（銀行使用欄）

株式の申込みの受付および株式払込金受入れに関する事務を委託する。委託書は、委託先の株式取扱いに関する委託契約書で、委託事項の具体的内容を記載したものである。

銀行は委託書の各項目およびそれに添付された書類の記載事項を精査し、委託を受け付ける（様式9－4、9－5、9－6）。

(3) 株式払込金の受入事務

A 株式払込金の受入事務における役割

委託者より株式払込金の受入事務に関する委託を受けた銀行等の営業店を取扱店という。取扱店が複数設置される場合は、取りまとめ事務の委託を受けた営業店として取りまとめ店が指定される。

なお、取扱店への取次ぎのみを行う取次店も存在する。

以下においては、取扱店が1店舗である場合（取扱店が取りまとめ店の業務も行う場合）を前提に記載する。

B 受　　付

株式申込証および払込金を受け付けた場合は、内容を精査し受付を行う。

受入れの方法は、取扱店の窓口で直接行う方法と郵送等による方法とに大別される。

郵送等による受付については、居住地の近くに株式払込金の受入事務の取扱店のない場合に想定されるものであり、申込証と払込金（小切手・為替送金を含む）の双方が到着した後、受付を行うこととなる

なお、取扱期間の終了等により申込証等の取扱いが困難である場合は、返却等の処理を行う必要があるとともに、株式払込金の申込みを受けた場合は、株式申込受付票等を作成し、株式申込人に交付する必要があろう。

C 株式申込取扱日報の作成

払込金の受入事務においては、取扱期間中その日の取扱高を報告する必要があるので、取扱店（＝取りまとめ店）においては取次店分も含め、その日

の申込株数と申込証拠金の数字が正しいことを確認したうえで、「株式申込取扱日報」を作成し、申込証とともに株式名義書換代理人等、必要な関係者へ送付する。

D 株式払込手続に係る証明書

　株式払込金の受入事務の結果については、取扱最終報告および株式払込金の残高に基づき、株式払込金保管証明書、株式申込取扱証明書を払込期日（またはそれ以降の日）付けで作成する。証明書はそれぞれ3通（正→登記用、副→会社用、銀行控）を作成し、正副2通を会社に交付する。証明書には発行責任者の印を押印し、さらに申込取扱証明書には証書見本を添付し、同印で契印する。

　委託書記載の証明書発行日（払込期日もしくは払込期間の最終日またはそれ以降の日）に取扱別（図表9－10）の証明書を会社用と登記用および控えの3通作成し、2通を会社に交付する。

　また、控えについては、店名表示箇所に担当者印を押印し、関係書類とともに保管する（様式9－7、9－8）。

　株式会社の募集設立に際し、保管証明を行った払込取扱金融機関は、保管証明責任を負うこととなる。保管証明を行った場合には、その証明した金額について払込みがなかったこと、または返還に関する制限を会社に対抗することができず、また、預合いの罪、公正証書原本不実記載罪を負う場合もある。

図表9－10　株式払込手続に係る証明書

会社形態	払込の証明書（帳票名）	申込の証明書（帳票名）
株式会社発起設立	払込金受入証明書	－
株式会社募集設立	株式払込金保管証明書	株式申込取扱証明書
株式会社募集株式の発行等	払込金受入証明書	株式申込取扱証明書

出所：みずほコーポレート銀行証券部作成

［様式9－7］

使 用 区 分 （○印）	会社法人用・登記用 組合用

払 込 金 受 入 証 明 書

払 込 金 額	
法 人 名 （組 合 名）	
証明書発行の目的	□ 株式会社 　□ 発起設立　□ 募集株式の発行等 　□ 新株予約権発行 □ 合同会社 　□ 設立　　　□ 社員加入 　□ 合同会社への持分会社の種類変更 □ 投資法人 　□ 募集投資口の発行 □ 有限責任事業組合 　□ 設立　　　□ 組合員加入 □ 一般財団法人 　□ 設立 □ その他（　　　　　　　　　） 　□（　　　　　　　　　　　　）
摘　　要	

当行は、払込取扱場所として、その払込事務を取扱い、上記のとおり払込金を受け入れたことを証明します。

　　　平成　年　月　日

　　　　　　所　在　地
　　　証明者　銀行名・店名
　　　　　　代　表　者　　　　　　　　　　　　　印

[様式9-8]

| 使用区分
(○印) | 会社用・登記用 |

株式払込金保管証明書

保管金額	円
払込期間・払込期日	払込期間　平成　　年　　月　　日～平成　　年　　月　　日 払込期日　平成　　年　　月　　日
株式の発行会社名	
払込株数	株
1株の払込金額	円
摘　要	募集設立

当行は、株式払込取扱場所として株式の払込事務を取扱い、上記のとおり払込金を保管していることを証明します。

平成　　年　　月　　日

　　　　所　在　地
証明者　銀行名・店名
　　　　代　表　者　　　　　　　　　　　　　印

E　株式払込金の引渡払込金・保管金の払出し

　株式払込金は正規の受取人へ引き渡すことを要請されているため、委託書の定めた振替日に基づき、払出しを行う。

　なお、払込金を正規の受領者（委託者・新会社）へ返還した証拠として領収書を徴求する。

F　取扱手数料および立替実費の請求

　取扱手数料は、通常取扱高と発行した受付票枚数に基づいて算出する。立替実費の内容は、申込人に対する受付票郵送料、証書を会社または名義書換代理人へ送付する際の郵送料など、株式払込みに関して要した実費であり、取扱手数料と合算のうえ請求する。

(4) 株式等振替制度に基づく実務

A　概　　説

　株式等振替制度においては振替株式発行時のDVPが実現されている。

　以下においては、機構の「株式等振替制度に係わる業務処理要領」に基づき、公募発行時のDVP決済の事務フローと払込取扱銀行の関わりにつき述べたい。

B　事務フロー

　払込取扱銀行は、発行者より発行に関わる事項の連絡を受け、払込金受領に関する実務を行うこととなる（図表9－11）。

　なお、日本証券業協会の標準事務指針において、発行時のDVP決済を行う場合においては、引受主幹事証券会社が代表して払込金の払込みを行うことが定められている。

　発行時のDVP決済についての事務フローとしては以下のとおりである。
① 引受主幹事会社は機構に対し、払込取扱銀行を含む新規記録情報を通知する。

図表 9 −11　株式等振替制度における株式払込金の受入事務

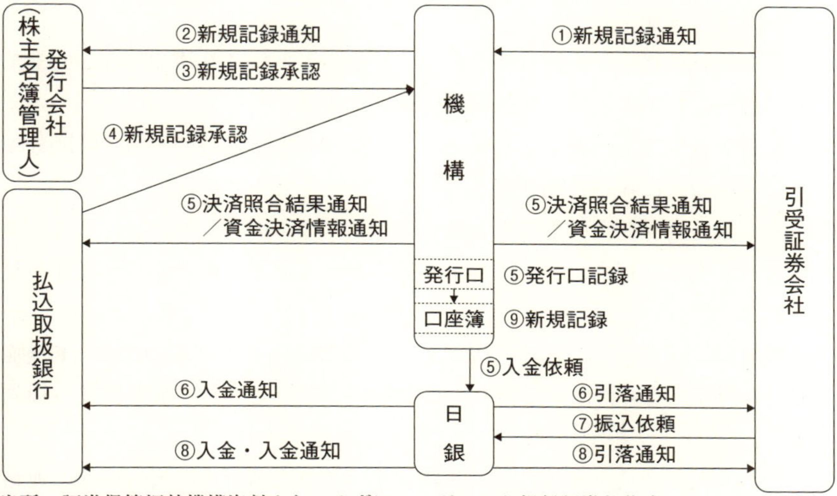

```
（発行会社  ←②新規記録通知──　       ←①新規記録通知──　引
　株主名簿　 ──③新規記録承認→　機　                        受
　管理人）                       構                          証
　　　　　　 ←④新規記録承認──　                            券
　　　　　                                                  会
　　　　　　 ←⑤決済照合結果通知  　  ⑤決済照合結果通知→　社
　　　　　    ／資金決済情報通知　　    ／資金決済情報通知
　　　　　                    発行口
　払                             ↓    ⑤発行口記録
　込                          口座簿   ⑨新規記録
　取　       ←               ──↓
　扱　                        　　     ⑤入金依頼
　銀　       ←⑥入金通知───　 日     ──⑥引落通知→
　行                             　     ←⑦振込依頼──
　　         ←⑧入金・入金通知─ 銀     ──⑧引落通知→
```

出所：証券保管振替機構資料より、みずほコーポレート銀行証券部作成

② 機構は、引受主幹事証券会社より新規記録情報の通知を受け取り、発行会社に通知を行う。
③ 発行会社は機構から新規記録情報の通知を受け、内容を確認し、払込取扱銀行の同意を得たうえで、機構に対し承認の通知を行う。
④ 払込取扱銀行は、機構より新規記録情報の通知を受けた場合については、内容を確認し、決済条件の一致および引受主幹事証券会社が払込みを行うことを条件として、承認を行う。
⑤ 機構は、発行会社および払込取扱銀行より新規記録情報の承認を得た後、引受主幹事証券会社および払込取扱銀行へ決済照合の結果を通知するとともに、新規記録情報の内容につき発行口への記録を行う。発行口とは、発行会社からの払込み等に係る事前通知の内容を振替口座簿上に一時的に記録するために設ける口座である（株式等の振替に関する業務規程52条10項）。また、機構は払込取扱銀行および引受主幹事証券会社に対し、資金決済に関する情報を通知するとともに、日本銀行に対し、払込期日の午前9時に日本銀行金融ネットワークシステム（以下「日銀ネット」という）

により引受主幹事証券会社の当座勘定の引落しと払込取扱銀行の当座勘定への入金の通知を行う。
⑥　日本銀行は機構からの通知を受け、日銀ネットにより通知内容を引受主幹事証券会社および払込取扱銀行へ通知する。
⑦　引受主幹事証券会社は、日銀ネットにより、払込期日の午前10時30分までに日本銀行に振込依頼を行う。
⑧　日本銀行は引受主幹事証券会社の依頼に基づき引落しを行い、払込取扱銀行へ入金し、機構、引受主幹事証券会社および払込取扱銀行へ通知を行う。
⑨　機構は、日本銀行の通知を確認し、振替口座簿への増額の記録（新規記録）を行うとともに、その旨を発行会社および引受主幹事証券会社へ通知する。
⑩　なお、発行会社は当該払込済連絡に基づき株主名簿管理人へ同様の連絡を行う、株主名簿管理人はこの連絡に基づき、株主名簿へ新株式の記録を行うこととなる。

非DVP決済においては、引受主幹事証券会社は払込期日に払込取扱金融機関に対して払込金額の払込みを行う。払込金額の払込みが行われなかった場合には発行会社を経由し、機構へ連絡し、機構および関連する口座管理機関は当該金額の増加の記録を行わないこととなる。

5　株式配当金支払代理事務

(1)　概　説

剰余金の配当（会社法453条）と中間配当（同法454条5項）を総称して株式配当金という。株式の発行会社は、通常は、決算期末日現在の株主名簿上の株主へ配当の支払を行うこととなる（図表9－12）。

株式等振替制度においては、犯罪による収益の移転防止に関する法律に基づき本人確認義務を負う口座管理機関が、株主が発行者に対して行う諸届の受付と取次を行うこととなる。会社法においては、株式配当金の支払は、株

図表9－12　株式配当金の受取方法

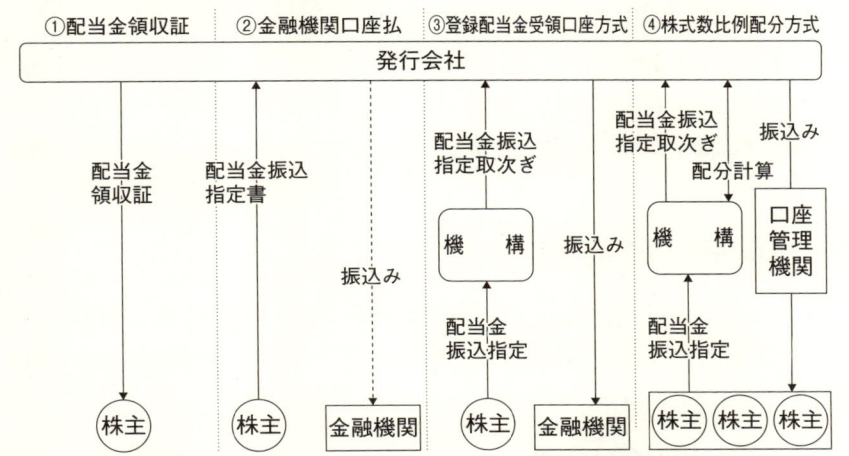

①配当金領収証　②金融機関口座払　③登録配当金受領口座方式　④株式数比例配分方式

発行会社

①配当金領収証　②配当金振込指定書　③配当金振込指定取次ぎ　④配当金振込指定取次ぎ／配分計算

振込み　機構　振込み　機構　振込み

配当金振込指定　配当金振込指定　口座管理機関

株主　株主　金融機関　株主　金融機関　株主　株主　株主

出所：証券保管振替機構資料より、みずほコーポレート銀行証券部作成

主が会社へ通知した場所（銀行預金口座等）などにおいて交付することが定められているが（会社法457条）、これは、口座管理機関において受け付けられた株式配当金の振込指定が、機構のシステムを通じ会社へ伝達する仕組みとして実現されている。

　以下においては、株式等振替制度に基づく配当金支払事務につき記載する。

(2) 株式配当金の振込指定方法

　株式等振替制度においては、株式配当金の振込指定方法として、配当金振込指定の単純取次ぎ、登録配当金受領口座方式および株式数比例配分方式の3種類を想定しており、これらの併用はできない。

　なお、金融機関に事前に配当金振込指定書を提出することで、株式配当金の振込みを受ける金融機関口座振替払や、事前に振込指定を行わない株主に対し配当金領収証を送付し窓口へ持込みを受ける配当金領収証方式についても、従前どおり存在している。

　以下においては、株式等振替制度において想定される3方式につき記載する。

A 配当金振込指定の単純取次ぎ

配当金振込指定の単純取次ぎにおいては、株式等振替制度の階層構造を活用し、株主による口座管理機関への株式配当金振込指定の取次請求と、当該口座管理機関が機構へ再委託を行うことにより、発行会社への株式配当金振込指定を行う。

B 登録配当金受領口座方式

登録配当金受領口座方式とは、株主はその口座管理機関を通じ機構の加入者情報登録簿に登録配当金受領口座を登録し、当該株主が保有するすべての株式配当金がその口座に振り込まれる仕組みである。

C 株式数比例配分方式

株式数比例配分方式においては、株主は発行者より支払われる配当金の受領を口座管理機関へ委託し、発行会社は口座管理機関の口座に記録された振替株式数に応じた株式配当金の支払を行うこととなる。

なお、この方式については、株式配当金の支払が口座管理機関宛てとなることから、株主は口座を開設する口座管理機関が発行会社に明らかとなるため、たとえば、当該株式につき担保提供を行ったとの推定が可能となることにより、担保株式の匿名性を維持することが困難であり、また、口座管理機関においても、入金確認や顧客資産の分別管理に伴う事務管理体制構築を要することから、口座管理機関は機構に対し、株式数比例配分方式の取扱いを行わないとの届出を事前に行うことができる。

(3) データ授受手法

大量処理を行う観点から、金融機関の実務としては、さまざまなデータ授受手法を用いることが一般的となっている。

データ授受の手法としては、全銀データ伝送を活用する手法、MT交換や総合振込みと同様にMT／FDを活用する手法が想定される。

(4) 事務フロー

A 株式配当金振込指定の取次ぎの請求

　株式配当金を指定する金融機関預金口座等への振込みによる受取りを希望する場合、株主は、口座管理機関に対し取次ぎの請求を行う。

　口座管理機関は、本人確認および当該株主の過去の株式配当金受取方法等を確認のうえ、上位の口座管理機関もしくは機構に対し、発行会社への株式配当金振込指定の取次ぎを請求する。なお、機構に対しての請求については機構指定のデータにより行うこととなる。また、書類等については適切に保管を行う。

　なお、株主が株式数比例配分方式を利用する場合については、必要な同意事項につき株主の同意を得る。

B 株式配当金の支払

a 株式配当金支払資金の受入れ

　支払資金は、原則、支払開始日の前営業日までに発行会社から受け入れ、別段預金（配当金口）に入金する。別段預金（配当金口）は、発行会社ごとに口座開設し、受入金額に対しては付利しない。

　原則、配当金支払開始日前営業日までに委託会社から支払資金（振込代り金）を受領し、管理計表に基金受入事項を記入する。配当金支払資金領収証を作成し、委託会社宛てに交付する。

b 配当金の支払

　全銀データ伝送方式・MT交換方式等により、振込日当日に、株主の指定口座宛てに配当金が入金される。

(5) 現物債における株式配当金支払事務

　現物債における株式配当金支払事務としては、配当金領収証を用いる領収証制、あらかじめ指定した金融機関等の振込口座へ振込みを行う振込制が予定されている。

第10章

カストディ業務

第 1 節

対日証券投資カストディ業務

　本章では、第1節、第2節においてクロスボーダー（対日、対外）証券投資におけるカストディ業務を説明するほか、第3節では、カストディ業務との位置づけではないものの、一般的にカストディアンがクロスボーダー証券取引関連業務として行っている「預託証券（DR）原株保管業務」「新株予約権付社債の副転換代理人業務」について紹介する。

1 　常任代理人

(1) 　常任代理人の必要性・意義

　海外の投資家による対日株式投資、対日公社債投資には、地理的制約、時差、制度や手続上の違いなどから、投資家・発行会社双方にとって不便さがある。投資家側には、①証券売買に伴う証券受渡し等のコストおよびリスク、②証券の保有者としての届出、③証券の保有者としての権利行使（株主総会における議決権行使、株主割当有償増資申込み等）、④諸官庁に対する届出・報告等の事務が負担になる。一方、発行会社側にとっては、①外国投資家に対する諸通知、および②配当金・利金・償還金の支払事務やコストが問題となる。
　こうした外国投資家の対日株式投資に伴う問題に対応するために、外国株主に対しては国内の代理人を指名して届け出ることを定款等で求めている会社がわが国には多い。代理人については一定の権限のみ授権される場合と、ある程度広い範囲で包括的な代理権が授与される場合とがあるが、外国株主

の代理人には、上述のとおり諸通知の受領、配当金の受領、新株の申込み、そして株主総会での議決権の行使等、株主としての権利行使いっさいに加えて、諸官庁に対する諸届出等まで包括的・継続的に授権するのが便利である。このような代理人を常任代理人（Standing Proxy）と呼んでおり、証券の保管機関（Custodian）を兼ねるのが一般的である。外国投資家は対日株式投資と同様、対日公社債投資に際しても常任代理人を設定することが一般的である。常任代理人の呼称として、本来証券保管機関の意である「カストディアン」が用いられることもある。

　常任代理業務に係る、「有価証券、貴金属その他の物品の保護預り」（銀行法10条2項10号）および「振替業」（同項10号の2）は銀行法上、銀行の付随業務として位置づけられており、銀行は証券保管業務であるカストディ業務およびこれに伴う保管証券の決済・管理業務である常任代理業務を行っている。また金融商品取引法上は、「有価証券等管理業務」（同法2条8項16号・17号）および「有価証券等清算取次ぎ」（同項5号）と位置づけられる。

　カストディ業務で取り扱う有価証券は「社債、株式等の振替に関する法律」に基づき、ほとんどペーパーレスであり、証券決済機関における口座振替で証券の権利が移転する。したがって、以前は証券保管業務といえば、証券現物の存在を前提としたものであったが、2009年1月の「株券電子化」に至る一連の証券決済制度改革により、業務内容は大きく様変わりした。

(2) 常任代理契約の内容

　委任状（Power of Attorney）に基づく常任代理契約は、一般に委任契約（民法643条）と寄託契約（同法657条）の性質を有していると解されており、常任代理人は善良なる管理者の注意義務を負うとされる。常任代理人の代理権の範囲は、法令または公序良俗（同法90条）に反しない限り、委任者である外国投資家が自由に定めることができるが、かなり広範囲になるのが一般的である。実際の契約では外国投資家と常任代理人とが相対で調整し委任状の内容を定めるが、委任状の例は別掲資料のとおりである。

　なお、会社法は株主総会における議決権を代理人を通して行使する際には、代理権の授与を総会ごとに行い（会社法310条2項）、代理権を証する書

面（委任状）を会社に提出すること（同条1項）を要求している。しかしながら、外国株主が総会ごとに代理人を定めて委任状を会社に提出するのは実際には困難である。外国株主の常任代理人には、株式の取得から処分、国内の法的事項その他のいっさいの手続が委任されていることから、常任代理人による議決権行使は本人によるものと考えることができること、また当該規定の趣旨が代理人による議決権の濫用を防ぐ点にあることから、常任代理人が会社に届けられている場合には、この規定の適用はなく総会ごとの委任状の提出は不要と考えられている。

● 資　　料

Date：
　　to：
Power of Attorney
1．We hereby appoint you our agent in Japan with full power of substitution and authorize you：
　⑴　To perform any and all matters relating to our acquisition, disposal or transfer of securities in accordance with our instructions.
　⑵　To take necessary steps and procedures to transfer the title of the acquired securities to us and to hold them in your custody for our accounts or to register them in our name.
　⑶　To collect and to receive dividend or interest payable on securities and to credit the proceeds to our Yen account and to take necessary steps and procedures to secure the privilege and benefit on the taxation granted to foreign investors under the Japanese tax laws or international treaties, agreements or conventions to which Japan is a party with respect to such dividend and interest.
　⑷　To vote as our proxy at any shareholders' meeting upon our instructions or at your discretion in the absence of such instructions.
　　　If you regard any matter on the agenda as a matter to be performed in the normal course of business or as not of sufficient importance to be notified to us, you need not send us any notice or report of such matter.
　⑸　To perform any and all matters regarded by you as necessary in relation to the foregoing.
2．With respect to the powers hereinabove granted to you, we agree to and promise the following：
　⑴　We shall hold you harmless from and indemnified against any and possi-

> ble losses which you may suffer arising out of the securities transactions involved except any such losses resulting from your gross negligence or willful misconduct.
> (2) We agree to pay the fees and expenses to you in accordance with the schedule attached hereto and authorize you to debit from time to time our Yen account with you within the amount of such fees and expenses.
> (3) You are authorized to select and appoint your substitute or substitutes if you find it necessary.
> (4) This Power of Attorney shall remain in full force and effect until our further notice in writing.
>
> Name
> Nationality
> Address
>
> By：
> (Authorized signature)
> Name
> Title
>
> Acknowledgement before
> Notary Public

❷ 外国投資家による本邦証券取得に関する法的取扱い

　以下では、常任代理業務の内容に入る前に、外国投資家の対日証券投資について本邦での税法、外国為替及び外国貿易法（以下「外為法」という）上の取扱いについて概説する。

（1）　税法上の取扱い

A　源泉課税と租税条約

　わが国の課税権の範囲を明らかにし、同時に国際間の二重課税を回避する

目的から、所得税法では「非居住者および外国法人（以下「非居住者等」という）」と「居住者および内国法人（以下「居住者等」という）」とを明確に区別している（注１）。さらに、国際間の課税関係の明確化と二重課税の排除とをより効果的に実施するため、わが国は多くの国と租税条約を締結しており（注２）、租税条約に記載された事項はわが国の国内法に優先して適用される。なお租税条約による制限税率は締結国により異なる。

　非居住者等については日本国内にその源泉がある所得のみが課税対象となり、外国法人は源泉徴収のかたちで、また非居住者は申告納税または源泉徴収のかたちで納税することになっている。なお、対日投資において源泉徴収の対象となる国内源泉所得としては以下のものがあげられ（所得税法169条、170条、212条、213条）、租税条約の適用を受ける。

① 利子等……利子所得に関して非居住者等には15％の所得税が課税される（居住者の場合と異なり、５％の住民税は課税されない）が、租税条約の多くは所得の源泉地国と居住地国の双方に課税権があるものとして、わが国による課税限度税率を10％に制限している。

② 割引債の償還差益……割引債の償還差益に対して、非居住者等は発行時点で償還差益相当額の18％を所得税として課税されるが、租税条約の適用を受ける場合、同償還差益を「利子所得」と同様に考え、限度税率を10％としている場合がある。なお、非課税および租税条約により制限税率が適用される場合は、償還差益受取り時に還付請求を行う必要がある。

③ 配当金……配当金に関して「国内に恒久的施設を有しない非居住者（３％以上保有の個人の大株主を除く）および外国法人」には上場株式等の場合７％（配当支払開始日が2014年１月以降は15％（注３））、それ以外の場合20％の所得税が課税される。租税条約の多くは居住地国における課税権を原則としているものの、源泉地国においても０〜15％の限度税率内での課税を認めている。

（注１）　所得税法上、法人の居住性は本店所在地主義に基づき、本邦内にその主たる事務所を有するか否かによって判断される。したがって、本邦内に設立された外国法人の支店もあくまでも外国法人として扱われる。ただし、租税条約では相手国の税法が法人の居住性につき管理支配地主義（法人の

居住性を実質的な支配を行う場所で判断する考え）を採用している場合をも考慮し、法人の国籍は「その法人の実質的管理の場所が存在する国」とみなしている。

（注2）　わが国と現在租税条約を締結している国（2011年4月現在）

アイルランド、アメリカ、アゼルバイジャン、アルメニア、イギリス、イスラエル、イタリア、インド、インドネシア、ウクライナ、ウズベキスタン、エジプト、オーストラリア、オーストリア、オランダ、カザフスタン、カナダ、韓国、キルギス、グルジア、ザンビア、シンガポール、スイス、スウェーデン、スペイン、スリランカ、タイ、タジキスタン、中国、スロバキア、チェコ、デンマーク、ドイツ、トルコ、トルクメニスタン、ニュージーランド、ノルウェー、バミューダ、ハンガリー、バングラデシュ、パキスタン、フィジー、フィリピン、フィンランド、フランス、ブラジル、ブルガリア、ブルネイ、ベラルーシ、ベルギー、ベトナム、ポーランド、マレーシア、南アフリカ、メキシコ、モルドバ、ルーマニア、ルクセンブルク、ロシア　以上59カ国

（注3）　平成23年度税制改正による経過措置2年延長を反映した。

B　利子等に関する非居住者等非課税制度

振替国債および振替地方債ならびに振替社債の利子等については、一定の要件のもとに、非居住者等の所有期間に対応する金額の源泉徴収が免除される非課税制度がある。

a　国債利子に関する非居住者等非課税制度

国債の円滑かつ確実な消化を図るためには、多様で厚みのある投資家層を形成することが必要である。外国投資家が日本国債に投資しやすくするための諸施策の一環として非居住者等に対し、一定の要件のもとで振替国債の利子を非課税とするなどの税制措置が講じられている。

(a)　**利付国債**

非居住者・外国法人（適格外国証券投資信託、適格外国年金信託の受託者、外国組合契約の業務執行者等を含む。以下「非居住者等」という）が、国債の利子について、一定の要件を満たせば、その所有期間に対応する利子は非課税となる。要件は、日本銀行を通じて決済が行われるものであること、非居住者等が国内の国債振替決済制度参加者（国債の口座管理機関となっている国内の

金融機関・金融商品取引業者等、サブカストディアン）または適格外国仲介業者（以下「QFI等」という）に開設した振替口座により保有しているものであること、本人確認手続をとること、非課税適用申告書等を提出すること等である。

　(b)　国庫短期証券

　割引債の償還差益については発行時の源泉徴収により課税されるが、国庫短期証券でその発行の際にその銘柄が同一であるものすべてがQFI等に開設した振替口座により保有されるものについては、その償還差益に係る発行時の源泉徴収は免除される。また国庫短期証券は保有できる対象が法人に限定されていることから、国庫短期証券の償還差益に対しては法人税が課されるが、国内に恒久的施設を有しない外国法人については、法人税も非課税になる。

　b　地方債利子に関する非居住者等非課税制度

　非居住者等が、一定の要件を満たせば、振替地方債の利子について、その所有期間に対応する利子は非課税となる。要件は、㈱証券保管振替機構（以下「機構」という）を通じて決済が行われるものであること、非居住者等が適格外国仲介業者または特定振替機関等を通じて保有しているものであること、本人確認手続をとること、非課税適用申告書等を提出すること等である。

　c　社債利子に関する非居住者等非課税制度

　2010年度税制改正により、非居住者等が受ける振替社債等（2013年3月31日までに発行されたもの。ただし利益連動債、発行者の特殊関係者が受ける振替社債等は対象外）の利子および償還差益について、一定の要件を満たせば非課税措置が適用される。要件は、機構を通じて決済が行われるものであること、非居住者等が適格外国仲介業者または特定振替機関等を通じて保有しているものであること、本人確認手続をとること、非課税適用申告書等を提出すること等である。

(2)　外為法上の規則

　1998年4月に外為法が改正され、それまで資本取引（資金の移動のみでモ

ノやサービスの移転を伴わない対外的な金融取引）を中心に残っていた「事前届出・許可制」が原則として廃止された（注）。この結果、外為法上の規制は、対日証券投資取引を行った後に当該取引の内容を財務大臣や事業所管大臣等に報告する「事後報告制」になった。

　事後報告は、統計の作成や対外取引の実態把握を目的として、対外取引の当事者に対してさまざまな報告書の提出を義務づけている。かかる報告の代行も常任代理業務である。

(注)　外為法上、「対外取引に対し必要最小限の管理・調整を行う」（同法1条）と定める「管理・調整」の対象は以下のとおり。
　　・管理を行う場合の発動要件は、「日本が締結した、国際約束（国連安保理制裁決議等）を誠実に履行するため必要があると認めるとき」「国際平和のための国際的な努力に日本として寄与するため特に必要があると認めるとき」または「（我が国の平和及び安全の維持のための対応措置を講ずる）閣議決定が行われたとき」等に限られる。管理の方法としては、対外取引や支払等を行う前に、主務大臣の認可や承認を得ることが義務づけられる。
　　・また調整については、外国投資家が特定の対外取引を行おうとする場合に、主務大臣や事業所管大臣が当該取引の内容等について、「日本の経済（産業）運営に悪影響をおよぼすおそれ」がないかどうか、また「国際平和を損なうおそれ」がないかどうか、あらかじめ審査する必要があるため、事前に取引の内容等を届け出させることを義務づけている。

③　常任代理人業務の仕組みと実務

(1)　証券の決済事務

A　株　式

　対日投資における株式の決済は、投資家の指示に基づいて常任代理人が行う（図表10-1）。投資家からのSWIFTによる決済指示は、売買の区別、決済日、銘柄、株数、決済金額（Against Paymentの場合）、決済相手、相手先口座を含んでおり、その内容および証券・資金の受渡方法につき、常任代理人は事前に機構決済照合システムにより決済相手との照合・確認を行う。

図表10－1　一般振替DVPに係るフロー

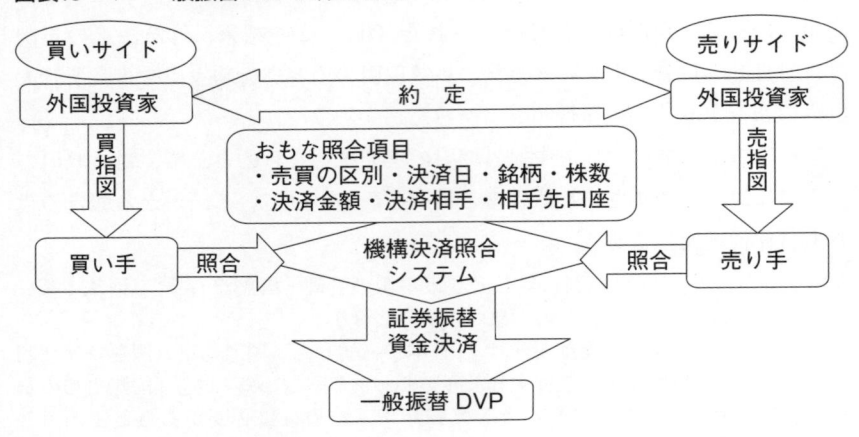

```
     買いサイド                                          売りサイド
    ┌─────────┐         約　定              ┌─────────┐
    │外国投資家│◄─────────────────────────►│外国投資家│
    └────┬────┘   ┌─────────────────────┐   └────┬────┘
       買│        │おもな照合項目         │       売│
       指│        │・売買の区別・決済日・銘柄・株数│       指│
       図│        │・決済金額・決済相手・相手先口座│       図│
         ▼        └─────────────────────┘         ▼
    ┌─────────┐         機構決済照合              ┌─────────┐
    │買い手  │◄─ 照合 ─ システム ─ 照合 ─►│売り手  │
    └─────────┘                                    └─────────┘
                       証券振替
                       資金決済
                          ▼
                   ┌─────────────┐
                   │一般振替 DVP │
                   └─────────────┘
```

　決済日においては株券の受渡しと資金の決済を行うが、決済方法としては機構の「一般振替DVP (Delivery versus Payment)」を通常用いる。「一般振替」とは、株券を売り手のカストディ銀行から証券会社に渡したり、買い手のカストディ銀行が証券会社から株券を受け取ることで、証券会社間の「取引所取引に伴う振替」以外のものとして定義されている。

　一般振替DVPは、㈱ほふりクリアリング（機構の子会社）が清算機関として関与するスキームで、2004年5月より開始された。証券は日中に1件ごとにグロス・ベースで機構にて振替が行われる一方、資金決済は証券振替が終了後、日銀ネット（当預系）システムで参加者ごとにネッティングを行った差引額で受払が行われる。かかるDVPの方式は「グロス＝ネット型DVP」と呼ばれる。

B　債　券

a　国　債

　国債決済は、日銀ネット（国債系）システムを利用したオンラインにより参加者間で振決国債を口座振替することで受渡しを行っている（図表10－2）。投資家より、SWIFT指図を受領し、事前に受渡先と指図照合（電話照合／機構の決済照合システムによる照合）をしたうえで決済日当日に受渡しを

図表10−2　国債DVPに係るフロー

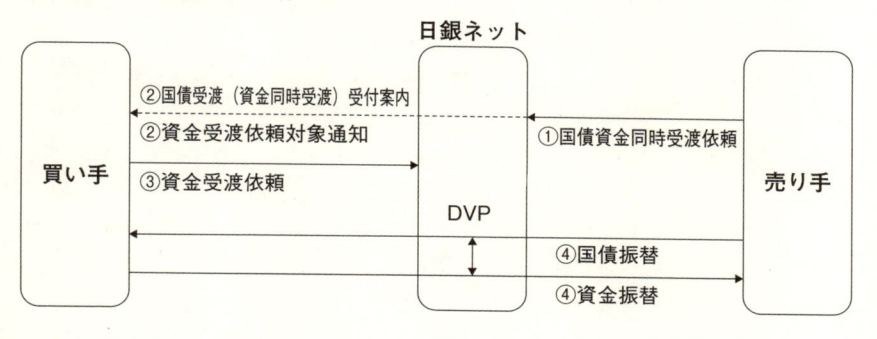

```
                           日銀ネット
       ②国債受渡（資金同時受渡）受付案内
       ②資金受渡依頼対象通知          ①国債資金同時受渡依頼
買い手  ③資金受渡依頼            DVP                          売り手
                           ④国債振替
                           ④資金振替
```

する。

　日銀ネット（国債系）システムは、日銀ネット（当預系）システムとの連動により、DVP決済が可能となっている。DVP決済は、①国債の売り手が買い手に受渡しする指図と、②国債の買い手が売り手に代金を支払う指図の両方を受けて行われる。

　まず、売り手は買い手に対し、日銀ネットシステムを介して①国債資金同時受渡依頼電文を発信する。買い手は②国債受渡（資金同時受渡）受付案内の電文を受領・確認のうえ、③資金受渡依頼の電文を発信する。①〜③が実行されることで、④国債（モノ）が買い手の口座に、資金が売り手の口座に同時振替されることで受渡完了となる。かかるDVPの方式は証券・資金ともに日中1件ごとに決済されるので、「グロス＝グロス型DVP」と呼ばれる。

　なおDVP決済ではない方法として、国債（モノ）と資金（カネ）を別々に受渡しする「FOP（Free of Payment）決済」があり、カストディ業務においても同方法が利用されることがある。

b　一般債

　社債や地方債などの「一般債」は「一般債振替制度」に基づいて決済される（図表10−3）。「一般債振替制度」の対象債券は、社債、地方債、財投機関債、政府保証債、地方公社債、投資法人債、特定社債、相互会社債、サムライ債などの外債、等である。決済の前提条件として発行者が機構に対して

図表10-3　一般債振替に係るフロー
［振替のフロー（DVPの場合）］

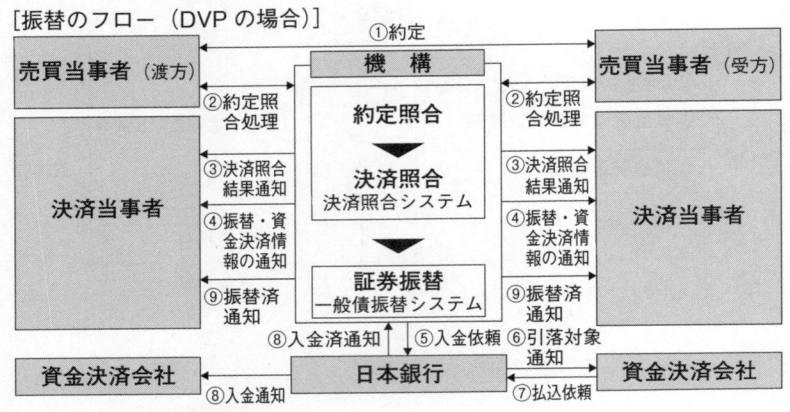

出所：㈱証券保管振替機構

取扱いを同意することが必要である。

決済指図とその受領方法は株式と同様であるが、照合事項には課税区分（課税／非課税）が加わる。一般債の証券決済機関としての機能は従来の債券決済ネットワーク（JBネット）および登録機関から機構に引き継がれた。

決済はDVP決済（グロス＝グロス方式）、FOP決済の両方が可能である。

(2) 保管証券の権利に係る管理事務

A　株　式

常任代理人の業務として、前節の証券決済のほかに、名義書換、配当受領、新株受領、議決権行使、単元未満株の買取請求等、株主の権利保護に関する業務があり、これらをCorporate Action業務という。

一般的に会社法上で株主権は、①当該株主の利益に関係する「自益権」（例：配当請求、名義書換請求、帳簿閲覧）、②会社・株主全体の利益につながる「共益権」（例：議決権行使、議案提案）の2つに分かれる。ところが海外では、Corporate Action業務を株主の選択権の有無で、①Mandatory Corporate Action（株主に選択権なし）（例：配当、株式分割、合併、商号変更）、②Voluntary Corporate Action（株主に選択権あり）（例：公開買付申込み、議決権行使、単元未満株の買取請求、議案提案）の2つに分けるのが一般的で、さらには現金配当を①とは分けて利子・償還金受領とあわせ③Income Collectionとして3つに分けることもある。

　株券電子化後、常任代理人による上場株の名義書換業務は、機構を通じ電子的な株主報告で行われるようになった。また株式分割・合併、商号変更等のMandatory Corporate Actionの多くは常任代理人としてではなく、振替法上の口座管理機関として行う業務となった。

　配当受領の際、顧客希望で租税条約を適用して源泉所得税を軽減するためには、常任代理人は租税条約届出書を作成し、源泉徴収義務者の所轄税務署に提出する。さらに英米の租税条約は居住者証明書等の添付が必要である。もし税務署の期限後の届出書等提出となった場合は、税の還付請求業務も行われる。

　外国人株主増加により常任代理人による議決権行使数は増加しているが、大量に処理するため㈱ICJの議決権電子行使プラットホーム等、電子的なVoting Serviceが提供されている。したがって海外同様、議決権行使作業の電子化は今後いっそう進むものと思われる。

　また、単元未満株の買取請求・売渡請求以外にも、公開買付の申込み、新株予約権（Rights Issue）の行使等、Voluntary Corporate Actionの種類は近年ふえており、これらは申込みに期限や制限もあるため、顧客との連絡内容が複雑化する一方、迅速な対応が求められる。

B　債　　券

　常任代理人は債券銘柄ごとの期日管理を行い（注）、利金、償還金支払日に支払代理人から受け取った利金、償還金をあらかじめ指定された口座に入金する。利金入金時に租税条約による所得税の制限税率適用を受ける場合は、利払日前日までに所轄税務署に到着するよう発行会社に「租税条約に関する届出書」を提出する。

　非課税措置適用を受ける方法としては非居住者非課税制度がある。たとえば振替国債の場合、常任代理人（国債の口座管理機関）が日銀に非課税区分

口座を設定し、顧客からは非課税適用申告書の提出を受けたうえで当該口座のなかに保管することで、非課税適用を受ける際に必要となる諸手続が簡素化できる。

また、繰上償還があった場合には情報入手次第、該当する投資家へ連絡のうえ、指定された口座へ入金する。

(注) 利落ちは現物債で利払日、振替国債で２営業日前（３営業日前まで振替可能）、国債以外の振替債で利払日の前営業日（２営業日前まで振替可能）である。

４ 証券決済指示・レポーティング時の通信手段等

A　SWIFTメッセージ（MT500番台）

外国投資家との証券決済指示・レポーティング時の通信手段としては、世界的な金融機関向け情報ネットワーク提供機関である「SWIFT」が1984年５月に証券決済用メッセージ（MT500番台）をリリースし、1990年６月の投資顧問会社への開放もあわせて多くの銀行、証券会社等が利用をしている。

指図の照合状況（一致もしくは不一致）ならびに決済完了の通知は、同様にSWIFTにて外国投資家になされる。

B　機構決済照合システム

決済照合システムは、決済の前段階の処理効率化、ひいては証券取引の約定から決済までのSTP化を推進することをねらいとし、機構がサービス提供するインフラである（図表10－４）（2001年９月より稼働、非居住者取引は2002年２月に取扱開始）。

非居住者取引は、海外で約定およびその内容照合が行われることから、海外の関係当事者から決済指図を受ける本邦カストディアンと証券会社との間の決済照合機能のみを利用し、両当事者がそれぞれ決済指図データを送信し、決済照合システムがセンターマッチングを行う業務フローとなってい

図表10-4 決済照合システム相関図

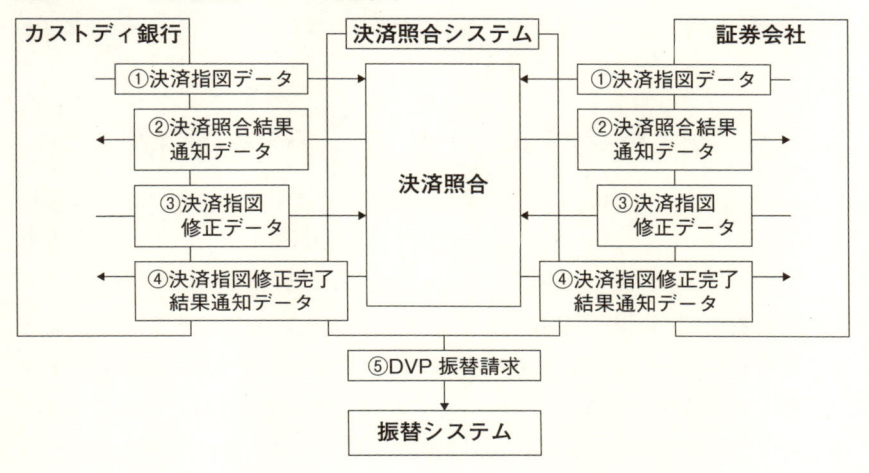

```
┌─────────────┐      ┌──────────────────┐      ┌─────────────┐
│ カストディ銀行 │      │  決済照合システム  │      │   証券会社   │
│             │─①決済指図データ→│                  │←①決済指図データ─│             │
│             │←②決済照合結果  │     決済照合     │ ②決済照合結果→│             │
│             │   通知データ    │                  │   通知データ   │             │
│             │─③決済指図     →│                  │←③決済指図    ─│             │
│             │   修正データ    │                  │   修正データ   │             │
│             │←④決済指図修正完了│                  │ ④決済指図修正完了→│           │
│             │   結果通知データ │                  │   結果通知データ│             │
└─────────────┘      └──────────────────┘      └─────────────┘
                              │
                      ⑤DVP振替請求
                              ↓
                       ┌──────────┐
                       │ 振替システム │
                       └──────────┘
```

る。

　カストディ業務を行う銀行、証券会社などの決済代理人から決済指図データ（SWIFT MT540～3）が送信される（図中①）と照合の相手データ探しを行う。相手データが特定できた場合には両データのマッチングを行い、その結果をデータの両送信元に対してステータスを付した決済照合結果通知データ（SWIFT MT548/578）をリアルタイムで送信する（図中②）。

　照合結果が一致しなかった場合は決済代理人が決済指図修正データを送信する（図中③）。修正後のステータスを付した決済指図修正完了結果通知データ（SWIFT MT548/578）をデータの両送信元に送信する（図中④）。

　上記で連動・決済手段区分に「連動・DVP」が指定されている決済指図データが「一致（受渡実行可）」になった場合、即時に渡方および受方の決済指図データからDVP振替請求を生成し、振替システムに送信する（図中⑤）。これによって決済当事者を含む関係者が決済照合システムへのデータ入力を行った後は、再入力なく、システム間のデータ授受により決済まで完了させることができる、つまりSTP化が実現されている。

第2節 グローバル・カストディ業務

　機関投資家等が国際分散投資を目的として対外証券投資を行う際、複数国・市場のカストディアンと直接委託契約を締結するのは事務的にも効率面からも大きな負担となる。グローバル・カストディ業務とは、そのような投資家をサポートするため、各投資対象国におけるサブ・カストディアンとの連繋により証券保管の事務やレポーティングの一本化、また、投資対象国の決済制度や税制等の情報収集をサポートすることで、対外証券投資に関する各種サービスを一元的に提供する業務である（図表10－5）。また、問合せやトラブル発生時にはグローバル・カストディ業務を提供する金融機関が窓口になって、投資家の母国語で対応できることも機関投資家には大きな利点である。前節でいうような対日投資を行う外国投資家においても、直接日本国

図表10－5　イメージ図

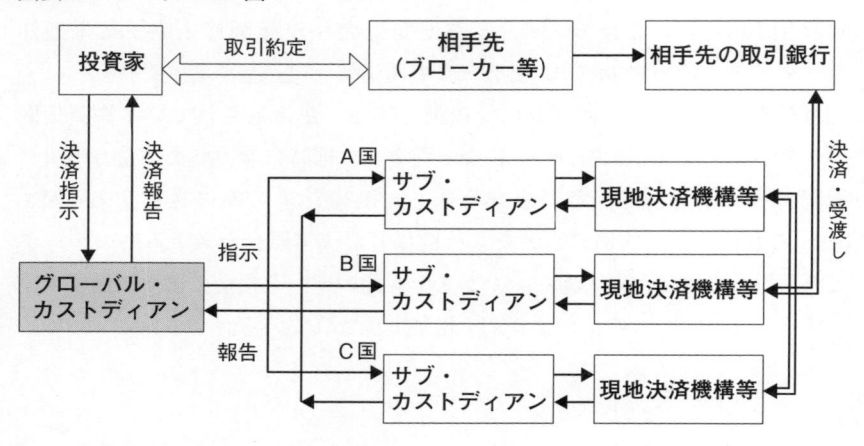

内に常任代理人を設置するよりグローバル・カストディアンを通して対日投資を行うことが多い。

第 3 節

その他クロスボーダー証券取引に関する業務

1　預託証券（DR）原株保管業務

(1) DRの意義

　預託証券（DR：Depositary Receipt）とは、会社が国外における資金調達、もしくは国外での知名度の向上のため国外で株式を流通させようとしたとき、地理的制約による株式受渡負担、配当金の送金事務負担等を回避するため、国内原株保管銀行（Custody Bank）で株式を保管すると同時に外国に設置された預託銀行（Depositary Bank）で発行される代替証券である。

(2) 発行・解約の具体的手続

　原株保管銀行は、DRの発行を希望する外国投資家の常任代理人より原株式と組入依頼書（Lodgement Form）とを受け入れ、預託銀行（Depositary Bank）宛てSWIFTで預託通知を発送・発信する。受け入れた株式は、預託銀行が指定した名義で株主としての届出を行う。預託銀行は、原株保管銀行の通知に基づいて見合いのDRを発行する。解約の際は、預託銀行からの解約指示（SWIFT）により原株を引渡指定先に届ける。引渡しに伴い解約通知を作成し、預託銀行宛て送付する。

❷ 新株予約権付社債の副転換代理人業務

　本邦企業が海外で発行した新株予約権付社債を保有している投資家が外国の転換代理人（Conversion Agent）に対し、転換行使を請求すると、転換代理人はSWIFT等を用いて発行会社と副転換代理人（Custodian's Agent in Japan or Standing Agent）に転換を通知する。副転換代理人はSWIFT内容につき発行会社と照合のうえ、照合日（株式の発行日）から4営業日目（照合日を含む）に信託銀行等の株式事務代行機関から株式と単元未満株の買取代金を受け取り、同日中に指定された先（カストディアン等）に株式・買取代金を引き渡す（株券電子化後に発行した新株予約権付社債は、単元未満株を含めた転換株式全体を引き渡す取扱いが主流となっていくと思われる）。

事項索引

【A～Z】

ABCP ……………………………408
ABL ……………………………409
ABS ……………………………408
ALM ……………………………493
CD ………………………………475
Corporate Action業務 …………706
CP ………………………………466
Dodd-Frank法 …………………585
DVP ………………………70、243、605
EDINET ……………………292、554
FOP ……………………………244
GC (general collateral) 取引 …227
GSE ……………………………510
IPMA ……………………………421
ISINコード ……………………604
JB-Net …………………………71
J-SOX法 ………………………33
MTN (Medium Term Note) プログラム …………………424、457
NTT債 …………………………282
Regulation S …………………420
RMBS ……………………………397
RTGS (即時グロス決済) ……241
SB (ストレートボンド) ………282
SC (special collateral) 取引 …226
SPAN® …………………………252
SPC ……………………………390
SPV ……………………………390
SWIFT …………………………708
WI取引 …………………………159

【あ】

アービトラージ (裁定取引) ……212
アームズ・レングス・ルール ……111
アウトライト ……………………210
赤字国債 ………………………148
赤字地方債 ……………………162
アキュムレーション ……………502
アクティブファンド ……………566
アット・ザ・マネー ……………215
アメリカン・オプション／ヨーロピアン・オプション ……………214
アモチゼーション ………………502
アレンジャー……………………391、404

【い】

イタリア国債 ……………………515
一括移行……………………………77
一般会計債 ……………………165
一般債振替制度………………244、277
一般担保…………………………185、325
一般担保付社債…………………284、325
移動平均法 ……………………504
イベントドリブン ………………574
入替取引…………………………202、496
インヴィテーション・テレックス…455
インサイダー取引規制 …………550
イン・ザ・マネー ………………215
インターバンク市場 ……………462
インデックス運用 ………………497

【う】

ウェーバー条項 …………………309

【え】

英国債 …………………………516
エージェンシー債 ………………509
円建外債 ………………………354

円建私募債 …………………356

【お】

オープン・エンド・モーゲージ方式 ………………………284
オープン市場 ………………462
応募者利回り ………………198
オプション取引 …………10、214
オプション・ライティング ……219
親会社保証付私募債 …………328
オリジネーター ……………391

【か】

買入消却 …………336、629、649
外国税額控除制度 ……363、435
外債 …………………………416
会社法 ………………277、288
買取引受け …………………312
買取引受方式 ………………369
格付会社 ……………………18
カナダ国債 …………………517
カバーボンド ………………516
株価キャッシュフロー・レシオ …528
株価指数オプション取引 ……557
株価指数先物取引 …………555
株価収益率 …………………527
株価純資産倍率 ……………528
株券の電子化 ………………542
株式 …………………………8
株式払込金 …………………677
株式保有制限法 ……………554
株式ロングショート ………573
株主割当て …………………532
借換債 ………………………148
ガンマ・ニュートラル ………220
元利払手数料 ………………626

【き】

機関投資家 …………………14
企業担保 ……………………324
機構関与方式 ………………611
機構非関与方式 ………611、624
期中事務代行会社 …………300
共同発行市場公募地方債 ……171
均一価格販売方式 …………310
銀行保証付私募債 …………328
金融商品仲介業 ……………65
金融商品取引業 ……………62
金融商品取引業協会 ………66
金融商品取引所 ……………65
金融商品取引法 ……………35
金融商品販売法 ……………31

【く】

組込方式 ……………………292
繰上償還 ……………………333
クレジットアービトラージ ……573
クレジットデリバティブ ………10
クローズド・モーゲージ方式 ……284
グローバル・カストディ業務 ……710
グローバルマクロ ……………574
クロスマーケティング ………110

【け】

継続開示 ……………………59
決済照合システム ……232、708
現金担保付債券貸借取引（債券レポ取引） ………225、484、486
欠缺利札 ……………………334
現先取引 ……………………203
建設国債 ……………………147
建設地方債 …………………162

事項索引　715

【こ】

公営企業債 …………………………165
公共債 …………………………………134
口座管理機関 …………………19、301
豪ドル債 ………………………………517
交付国債 ………………………………150
公募 ………………………………………58
公募（株式の）………………………533
公募ファンド …………………………566
コーポレート …………………………355
コール・オプション／プット・オプション …………………………214
国債 ……………………………137、146
国際機関 ………………………………359
国際機関債 ……………………………515
国債先物オプション取引 …………221
国債市場特別参加者制度 …………154
国債振替決済制度…………238、661
国庫短期証券（T-Bill）……152、478
固定価格販売方式 …………………310
5％ルール ……………………………548
コンバージョン・ファクター（CF）………………………………206
コンベンショナル方式 ……………156

【さ】

サービサー ……………………391、405
債券 …………………………………………6
債券アービトラージ ………………575
債権管理回収業に関する特別措置法 ……………………………………400
債券現先取引 …………………………482
債券先物取引 …………………………204
債権者集会 ……………………………381
債券の管理会社 ………………………368
債券ポートフォリオ …………………493
債権保全権限 …………………………338

最終利回り ……………………197、199
最終利回りアップ入替え …………202
再生ファンド …………………………567
財投機関債 ……………………………182
財投債 …………………………………149
財務および発行・支払代理契約証書 ……………………………………312
財務上の特約 …………………………306
財務制限条項 …………………………285
財務代理人 ……………………299、439
財務代理人（FA）………………16、368
先物取引 …………………………9、204
サムライ債 ……………………………354
参照方式 ………………………………293

【し】

直取引 …………………………………536
時間的価値（Time Value）………215
時効 ……………………………………334
自己信託 ………………………………398
資産運用子会社 ………………………124
資産の流動化に関する法律 ………399
市場公募地方債 ………………………171
事前預託方式 …………………………77
シ団引受け ……………………………139
実効利回り ……………………………199
実質記番号管理方式 …………………634
支払代理人 ……………………………593
私募 ………………………………………58
私募債 …………………………………325
私募ファンド …………………………566
社債 ……………………………………262
社債、株式等の振替に関する法律（社債等振替法）……………73、78
社債間限定同順位特約 ……………307
社債管理委託契約書 ………………312
社債管理者……………………16、265、337
社債管理者（社債管理者設置債と

社債管理者不設置債）……………298
社債管理者の義務 ……………339
社債管理者の権限 ……………337
社債管理者の損害賠償責任 …340
社債権者集会 ………266、340、630
社債原簿 ………………300、647
社債原簿管理人 ………………300
社債浄化運動 …………………270
社債等登録制度 …………………69
社債等登録法 ……………………69
社債法 …………………………262
住宅金融支援機構………398、412
住宅抵当証券制度 ……………396
住宅ローン債権信託 …………395
集団投資スキーム持分 ………409
住民参加型市場公募地方債 …178
受益証券発行信託 ……………398
主支払代理人 …………………439
出資・拠出国債 ………………150
純資産額維持条項 ……………307
純投資 …………………………530
償還時DVP …………………621
証券化 …………………………386
証券化商品………………………9
証券決済制度 ……………………68
証券子会社 ……………………102
証券取引等監視委員会 …………67
証拠金 …………………………251
上場代理人 ……………………440
少人数向け私募債 ……………327
常任代理人 ……………………696
除権決定 ………………………335
所有期間利回り ………………198
新株予約権 ……………………669
新株予約権付社債………283、318
新規記録申請 ……………314、597
真正譲渡 ………………………393
シンセティックCDO ………409

信託受益権 ……………………408
信託証書………………323、443
信用格付 ………………………266
信用取引 ………………………558
信用保証協会共同保証付私募債 …328

【す】

スプレッド運用 ………………203
スプレッド・プライシング ………377
スペキュレーション …………220

【せ】

政策投資 ………………………529
清算機関 …………………20、234
政府関係機関債 ………………181
政府短期証券（FB） ………151、479
政府保証 ………………………185
政府保証債 ……………………181
選択権付債券売買取引 ………259

【そ】

総平均法 ………………………504
ソブリン ………………………355

【た】

第一種金融商品取引業 …………62
第三者割当て …………………532
第二種金融商品取引業 …………62
大量保有報告書 ………………553
抱合せ取引 ……………………111
多層構造…………………………74
ダッチ方式 ……………………156
短期社債 …………………72、600
単純売買 ………………………201
担付切替条項 …………………308
担保付社債 ……………283、321
担保附社債信託法・担保付社債信託法 ……………279、321

事項索引　717

担保提供制限条項 …………………306
担保の受託会社 ………………16、265

【ち】

地方公共団体金融機構 ………………167
地方公共団体金融機構債券 …………180
地方公社債券 …………………………180
地方債 …………………………………160
地方債協議制度 ………………………162
地方債計画 ……………………………163
地方債・政府関係機関債 ……………141
着地取引 ………………………………203
調査権 …………………………………339
直接利回り ……………………………199
直利アップ入替え ……………………202

【つ】

通常方式 ………………………………292

【て】

ディーラー………………………………18
定時償還 ………………………………333
ディスクロージャー …264、290、358
ディスクロージャー規制……………49
適格機関投資家向け私募債 …………326
デリバティブ（金融派生商品）……9
デリバティブ取引………………………47
デルタ・ニュートラル ………………220
転換社債アービトラージ ……………574
電力債 …………………………………282

【と】

ドイツ国債 ……………………………514
統計アービトラージ …………………575
動産及び債権の譲渡の対抗要件に
　関する民法の特例等に関する法
　律 ……………………………………400
倒産隔離 ………………………………392

投資運用業 ………………………63、127
投資助言・代理業 ………………63、126
投資信託…………………………………8
投資法人…………………………………8
投資法人債 ……………………………289
投信窓販…………………………………97
ドキュメンテーション ………………449
独占禁止法11条 ………………………549
特定口座管理機関 ……………………634
特定社債 ………………………………289
特定投資家向け私募債 ………………327
特定目的会社 …………………………399
特例国債 ………………………………147
特例債 …………………………………162
トラスティ ……………………………438

【な】

ナショナル・シ団 ……………………186

【に】

日銀乗換 ………………………………160
日本証券業協会…………………………67
日本版金融ビッグバン構想…………3
日本版プライマリー・ディーラー
　制度 …………………………………154

【ね】

値洗い …………………………………253
ネガティブ・プレッジ（Negative
　Pledge）条項 ………………………371

【は】

バーベル型運用 ………………………497
バイアウトファンド …………………567
配当制限条項 …………………………308
配当利回り ……………………………529
ハイブリッド債 ………………………309
発行開示…………………………………56

発行事務代行会社 …………………299
発行代理人 ……………300、368、593
支払代理人………………………300、368
発行登録制度……………………293、376
パッシブファンド ………………566
パリ・パス（Pari Passu）条項 …371

【ひ】

引受証券会社……………………303、369
引受審査…………………………264、310
非居住者ユーロ円債 ……………429
非居住者債券所得非課税制度（J-BIEM）………………………625、701
標準物 ……………………………205

【ふ】

ファクター ………………………623
ファンドオブファンズ …………572
ファンド投資 ……………………565
普通会計債 ………………………165
普通国債 …………………………146
普通社債 …………………………282
プットオプション ………………623
不動産ファンド …………………567
ブラック・ショールズ・モデル …217
フランス国債 ……………………514
振替機関 ……………………19、301
ブリッジ条項 ……………………308
プレースメント型私募債 ………328
プレミアム ………………………215
ブローカー………………………18
プロテクティブ・プット ………218

【へ】

弊害防止措置（銀行法上の）……122
弊害防止措置（独占禁止法関連の）………………………………123
弊害防止措置（ファイアーウォール規制）……………………………107
平均償還年限利回り ……………200
米国債 ……………………………508
ベーシス取引 ……………………212
ヘッジ ……………………………210
ヘッジ取引 ………………………555
ヘッジファンド …………………567
弁済受領 …………………………338
ベンチャー・ファンド …………566
変動利付債 ………………………282

【ほ】

保証社債 …………………………285
保証付私募債 ……………………327
本源的価値（Intrinsic Value）…215

【ま】

マクロヘッジ ……………………575
マスタートラスト ………………410
マルチストラテジー ……………575
満期一括償還 ……………………333
マンデート・レター ……………448

【み】

みなし外国税額控除制度……364、435
民事再生手続 ……………………348

【む】

無担保社債 ………………………285

【め】

銘柄情報通知 ……………………313
銘柄情報登録 ……………………603
銘柄統合 …………………………278

【も】

モーゲージ債 ……………………510
目論見書……………………294、444

【や】

約定権限 ……………………339
ヤンキー債 …………………416

【ゆ】

有価証券………………………44
有価証券関連業………………64
有価証券届出書……………291、376
有担保原則 …………………272
ユーロMTN…………………424
ユーロ円債 …………………423
ユーロ円CB…………………425
ユーロ債 ……………………419
ユーロドル債 ………………421

【よ】

預託証券（DR：Depositary Receipt）……………………712

【ら】

ラダー型運用 ………………497

【り】

利益維持条項 ………………307
リオープン …………………158

【る】

ルール144A…………………422

【れ】

劣後特約 ……………………309
レバレッジ …………………579

【ろ】

ローリング決済………………71
ローンチ ……………………451

【わ】

割引短期国債（TB）………152、479

| 銀行実務詳説　証券 |

平成23年9月22日　第1刷発行

　　　　　　　編　者　みずほコーポレート銀行証券部
　　　　　　　発行者　倉　田　　勲
　　　　　　　印刷所　三松堂印刷株式会社

〒160-8520　東京都新宿区南元町19
発　行　所　一般社団法人 金融財政事情研究会
　　編集部　TEL 03(3355)2251　FAX 03(3357)7416
販　　売　株式会社きんざい
　　販売受付　TEL 03(3358)2891　FAX 03(3358)0037
　　　　　URL http://www.kinzai.jp/

・本書の内容の一部あるいは全部を無断で複写・複製・転訳載すること、および磁気または光記録媒体、コンピュータネットワーク上等へ入力することは、法律で認められた場合を除き、著作者および出版社の権利の侵害となります。
・落丁・乱丁本はお取替えいたします。定価はカバーに表示してあります。

ISBN978-4-322-11908-4

好評図書

株式上場の実務 [第4版]

みずほ銀行証券業務部・みずほインベスターズ証券引受部　著

A5判・296頁・定価2,520円（税込⑤）

私募債の実務 [改訂版]

みずほ銀行証券・信託業務部　編著

A5判・224頁・定価2,310円（税込⑤）

逐条解説　新社債、株式等振替法

高橋康文　編著／尾﨑輝宏　著

A5判・上製・548頁・定価7,350円（税込⑤）

注釈　金融商品取引法

岸田雅雄　監修

〔第1巻〕定義・情報開示（1条〜27条の35）
A5判・上製・1,164頁・定価9,870円（税込⑤）

〔第2巻〕業者規制（28条〜66条の26）
A5判・上製・948頁・定価9,870円（税込⑤）

〔第3巻〕行為規制（157条〜196条の2）
A5判・上製・580頁・定価6,510円（税込⑤）